Jörg-Dieter Gauger

Kontinuität und Wandel – Bildungsbegriff und Bildungssystem in den Grundsatzerklärungen der CDU zwischen 1945 und 2011

D1723248

© 2011, Konrad-Adenauer-Stiftung e.V., Sankt Augustin/Berlin
Druck: Druckerei Franz Paffenholz GmbH, Bornheim.
Gestaltung: SWITSCH Kommunikationsdesign, Köln.
Printed in Germany.
Gedruckt mit finanzieller Unterstützung der Bundesrepublik Deutschland.

ISBN 978-3-942775-42-7

INHALT

ZUM GELEIT

„Waren bildungspolitische Themen in den 1990er Jahren noch von nachrangigem Gewicht, so zeigt sich an der Jahrhundertwende hier eine Zäsur. Sowohl im Bund wie in den Ländern ist die Bildungspolitik zunehmend in das Rampenlicht der politischen Wahrnehmung getreten und hat die politischen Akteure in Bund und Ländern unter erheblichen Handlungszwang gesetzt. Dies zeigen die Bundestagswahlkämpfe seit 2002, vor allem aber die letzten Landtagswahlkämpfe, in denen bildungspolitische Themen durchweg Spitzenplätze erreichten, wenn nicht gar wahlentscheidend wurden."

Mit diesen Worten kennzeichnet der Heidelberger Politikwissenschaftler Gerd Hepp in seiner kürzlich erschienenen Einführung in die „Bildungspolitik in Deutschland" den aktuellen Stellenwert der Bildungspolitik auf der politischen Agenda. Dem zweifellos gewachsenen öffentlichen Interesse bis hin zum „Schulkampf" wie noch jüngst in Hamburg, entspricht das Bemühen aller Parteien, auf diesem Politikfeld ein eigenes Profil zu entwickeln. Es ist allgemeiner Konsens, dass die Zukunftsfähigkeit unserer Gesellschaft wesentlich auf dem geistigen Potential und den ethischen Ressourcen der nachwachsenden Generation beruht und die Grundlagen dafür durch Familie und Bildung gelegt werden. Das betrifft nicht nur die wirtschaftliche Konkurrenzfähigkeit im globalen Rahmen, die in der „Wissensgesellschaft" durch ein zunehmend steigendes Ausbildungs- und Qualifikationsniveau gesichert werden muss. Das betrifft aber nicht minder das geistige, kulturelle und politische Klima unserer Gesellschaft. Und das betrifft die Lebenschancen jedes einzelnen und seine Möglichkeiten für berufliche, gesellschaftliche und kulturelle Teilhabe.

Daher finden sich in den Programmdokumenten aller Parteien mehr oder minder ausführliche Aussagen zur Bildungspolitik, am ausführlichsten sicher bei CDU und CSU. Freilich liegt es am Charakter von Wahlkämpfen, dass man sich holzschnittartig auf ganz wenige Ausschnitte beschränkt, zuletzt in NRW etwa auf den Gegensatz: „längeres gemeinsames Lernen" versus differenziertes System, und es liegt in der Natur von Programmatik, sich auf Thesen zu konzentrieren und auf Begründungen weitestgehend zu verzichten. Daher reduziert sich, was in der medialen Wahrnehmung unter Bildungspolitik verstanden wird, oft auf die Struktur des Schulsystems, hingegen verbleiben Fragen der frühkindlichen Bildung und der Grundschuldidaktik, die Probleme der Hochschulen, der beruflichen Bildung und der Weiterbildung im Kreis der Fachleute und der Fachjournalisten und erreichen nur im Falle studentischer Proteste eine jedoch nicht nachhaltig interessierte Öffentlichkeit.

Vor diesem Hintergrund begründen wir mit dem vorliegenden Band eine neue bildungspolitische Reihe „Bildungsrepublik Deutschland", die zum Ziel hat, die bildungspolitischen Konkretionen der christlich-demokratischen Idee wissenschaftlich und empirisch zu „unterfüttern", neue Entwicklungen zu thematisieren und insbesondere zur Entfaltung ihres geistigen Fundaments beizutragen. Denn in all den Strukturdebatten droht immer wieder unterzugehen, dass ein Bildungssystem ja nicht nur von Strukturen lebt, sondern zuerst einmal von Bildungszielen und Bildungsinhalten: Mit welchen Zielen sollen junge Menschen etwas lernen? Mit welchen Inhalten will ich sie zu diesen Zielen führen? Und mit welchen Methoden, um „guten Unterricht" zu erreichen?

Das ist zunächst einmal die Grundfrage jeder Bildungspolitik, die allen Strukturfragen vorangehen müsste, es aber in der öffentlichen Debatte offensichtlich nicht tut. Wenn wir daher diese neue Reihe mit einem historischen Rückblick eröffnen, so ist dieser Blick zurück nach dem bekannten Diktum Martin Heideggers „Herkunft ist Zukunft" sicher dazu geeignet, die Breite der Bildungspolitik und ihrer Herausforderungen zu verdeutlichen. Damit wird wieder der Blick dafür geschärft, dass das Leitbild „lebenslangen Lernens" eine enge Verzahnung der Bildungsstufen voraussetzt – die vorangehende bereitet auf die folgende vor –, um wieder zu einer Politik „in einem Guß" zu finden, wie sie Wilhelm Hahn einmal in Anlehnung an Wilhelm von Humboldt für die 1970er Jahre gefordert hatte. So hat die CDU schon sehr früh, lange vor PISA, die Bedeutung frühkindlicher Bildung entdeckt, hat sich ebenfalls früh der besonderen Rolle der beruflichen Bildung zugewandt, und schon 1993 war die Frage Zweigliedrigkeit oder Dreigliedrigkeit ein umstrittenes Thema; beim Thema Weiterbildung hat die CDU eine klare Position auch zugunsten der politischen und kulturellen Bildungsinhalte bezogen. Aber dieser Rückblick macht auch deutlich, dass es der CDU, und das ist ihr Alleinstellungsmerkmal, immer wieder darum gegangen ist, christliches Menschenbild (Entfaltung der Person in Freiheit), Werterziehung (incl. der sog. Sekundärtugenden), Vermittlung der Prinzipien demokratischen und humanen Zusammenlebens (sozial gebundene Freiheit) und Bildungsinhalte (ganzheitliche Bildung) zusammenzudenken und diese Bildungsinhalte und ihre erwünschten Wirkungen auch ganz konkret zu benennen.

Da die programmatischen Äußerungen gerade aus der Frühzeit sehr verstreut und auch teilweise nur mehr sehr entlegen vorhanden sind, haben wir sie im Anhang zusammengestellt. Auch wenn sich naturgemäß viele programmatische Wandlungsprozesse erkennen lassen, so herrschen doch in den Grundsätzen deutliche Kontinuitäten, die auch weiterhin und jenseits der Strukturdebatten die Identität der Union prägen.

Sankt Augustin / Berlin, im Oktober 2011

Michael Thielen
Generalsekretär der
Konrad-Adenauer-Stiftung e.V.

„Der Fundamentalsatz des Programms der CDU, der Satz, von dem alle Forderungen unseres Programms ausgehen, ist ein Kerngedanke der christlichen Ethik: die menschliche Person hat eine einzigartige Würde, und der Wert jedes einzelnen Menschen ist unersetzlich."

Konrad Adenauer, Kölner Rede 1946[1]

„Die CDU macht Politik auf der Grundlage des christlichen Menschenbildes, dessen Grundansatz am besten im Galater-Brief des Apostels Paulus beschrieben ist. Dort steht, dass der Mensch zu Freiheit berufen ist, aber auch zur Verantwortung für seinen Mitmenschen. In diesen Sätzen drückt sich alles aus. Und das ist der Maßstab für die Politik der CDU."

Volker Kauder, Vorsitzender der CDU/CSU-Fraktion im Deutschen Bundestag[2]

„Ihr seid zur Freiheit berufen, Brüder. Nur nehmt die Freiheit nicht als Vorwand für das Fleisch, sondern dient einander in Liebe. Denn das ganze Gesetz ist in dem einen Wort zusammengefasst: Du sollst deinen Nächsten lieben wie dich selbst."

Paulus an die Galater 5,13-14

Wenn es Gott gäbe, könnte das durchaus zu einer spezifischen und akzeptablen Begründung der Moral führen.

Bernard Williams[3]

„Alle Versuche, die Moral anstatt durch Hinblick auf ein Jenseits auf irdische Klugheit zu begründen – selbst Kant hat dieser Neigung nicht immer widerstanden –, beruhen auf harmonistischen Illusionen. Alles, was mit Moral zusammenhängt, geht letzten Endes auf Theologie zurück, alle Moral, zumindest in den westlichen Ländern, gründet in der Theologie – wie sehr man sich auch bemühen mag, die Theologien behutsam zu fassen."

Max Horkheimer[4]

1| *Zitiert nach: Hans-Peter Schwarz (Hrsg.), Konrad Adenauer Reden 1917– 1967, Stuttgart 1975, S. 86.*

2| *In: Der Spiegel Nr. 3 vom 17.01.2011, S. 28. Das ist zwar zunächst nur Gemeindetheologie, aber es gibt durchaus ntl. Hinweise auf einen universalen Bezug.*

3| *Bernard Williams, Der Begriff der Moral. Eine Einführung in die Ethik, Stuttgart 1986, S. 82.*

4| *Zitiert nach: Max Horkheimer, Die Sehnsucht nach dem ganz Anderen usf., Hamburg 1970, S. 61.*

„DAS HEISSE EISEN ANFASSEN"

28. November 1960 Gelsenkirchen. Der Vorsitzende der
CDU/CSU-Fraktion im Deutschen Bundestag, Heinrich Krone,
eröffnet in Vertretung des erkrankten Bundeskanzlers
Konrad Adenauer den ersten „Kulturpolitischen Kongress"
von CDU und CSU, der dem Thema „Erziehung, Bildung,
Ausbildung" gewidmet ist. Zehn Jahre nach Gründung der
CDU auf Bundesebene in Goslar 1950 steht zum ersten Mal
das Bildungsthema auf der Tagesordnung der Bundes-CDU,
die zusammen mit ihrer Schwesterpartei auf diese Weise
zu programmatischen „Grundsätzen" finden will.

Dass die Führung der beiden Parteien erst 1960 zu diesem
Thema Stellung bezog, hing weniger damit zusammen, dass
Bildungspolitik Ländersache war, sondern eingestandener-
maßen vielmehr damit, dass man erst jetzt die Wideraufbau-
phase des Bildungswesens als halbwegs abgeschlossen be-
trachtete und sich programmatisch der Zukunft zuwenden
wolle, nachdem man sich zuvor auf der CDU-Vorstandsebene
nur eher sporadisch mit diesem Thema beschäftigt hatte.
Zwar hatte man sich im Bundesvorstand der CDU[1] im Januar
1954 mit Hinweis auf einen Beschluss des Hamburger
Parteitages 1953 darauf verständigt, das „heiße Eisen"
Schule „anzufassen", nicht nur um das „völlig durcheinander
geratene Bildungs- und Erziehungswesen neu zu ordnen"
(Adenauer), sondern um auch aus dem Ruf herauszukommen, „daß sich unsere ganze Kulturpolitik lediglich auf die
Volksschule erstreckt".[2] Aber 1955 beschließt die CDU zu-

nächst nur ihre „Leitsätze zum Elternrecht" (Anhang 1), und es vergehen noch weitere fünf Jahre, bis es im Vorfeld dieses 1. Kulturpolitischen Kongresses, im Mai 1960, zu einer ersten intensiven Debatte über den bildungspolitischen Kurs der CDU kommt[3], die freilich in einer konfusen Kontroverse mündete. Einig war man sich in der Einschätzung, dass es der SPD immer mehr gelinge, als „Partei des Geistes" zu erscheinen. Hingegen war man in der Einschätzung der Realität und in der Strategie unterschiedlicher Meinung: Adenauer, der nicht nur die Leistungen des deutschen Bildungswesens schon damals als ungenügend beurteilte und sich darin mit Handwerk und Industrie[4] einig wusste („mit den Kenntnissen sieht es schlecht aus"), sondern auch den Verfall der „Arbeitsmoral" beklagte („mit dem Arbeitswillen sieht es eher noch schlechter aus heute") wollte zum Erhalt des Standorts Deutschland („Gehirn und Hände sind das einzige, was Deutschland noch hat"; es gab also schon damals ein klares ökonomisches Motiv) dem Akademisierungsweg der SPD ein Qualifizierungsprogramm für die „kleinen Leute" entgegenstellen, also konzentriert auf Volksschule, Berufsschule und Berufsausbildung. Die Mehrheit des Bundesvorstandes, allen voran der schleswig-holsteinische Kultusminister Edo Osterloh, sprach sich hingegen für eine gleichgewichtete Einbeziehung der „höheren Bildung" und der Universität aus. Heraus kam eine bildungspolitische „tour d'horizon", von den allgemeinbildenden Schulen (Werner Schütz) über die Berufsbildung (Karl Abraham, Universität Frankfurt), „Bildungsfragen in der Entwicklungshilfe" (Klaus Mehnert), Erwachsenenbildung (Alois Schardt) bis hin zu „Forschung – Wissenschaft – Hochschulen" (Helmut Coing) und „Nachwuchsförderung" (Gerhard Stoltenberg), die mit Adenauers Idee nicht mehr viel gemein hatte.[5]

Aber immerhin lässt sich mit 1960 die „realistische Wende" in der Bildungspolitik der Bundes-CDU verbinden, auch wenn auf diesem 1. Kulturpolitischen Kongress in den Reden des Eröffnungstages, den Beiträgen von Eugen Gerstenmaier, Bernhard Hansslik und Bruno Heck, noch deutlich anklingt, was man zuvor unter „Kulturpolitik" (= „Bildungspolitik") verstanden wissen wollte und noch bis in die 1950er Jahre verstand, obwohl sich auch schon dort Akzentverlagerungen ankündigten. Damit wurde man freilich noch jenem Anspruch gerecht, den im Vorfeld des folgenden 2. Kulturpolitischen Kongresses 1962 Konrad Adenauer formulierte, als CDU-Generalsekretär Bruno Heck das Thema „Leibeserziehung, Sport und Spiel" vorschlug. „Das ist doch keine Kultur". Vielmehr sei es Zweck eines solchen Kongresses, „in die intellektuellen und geistig gehobenen Schichten einzudringen, denn wir gelten in diesen Kreisen – lassen Sie mich das ganz offen sagen – als eine Banausenpartei".[6]

Kulturpolitische (bildungspolitische) Debatten gab es natürlich auch vor 1960.[7] Aber das Bedürfnis, dazu auf der Leitungsebene konkret Stellung zu nehmen, war offenbar gering ausgeprägt. Denn weder das Ahlener Programm (1947) noch die Düsseldorfer Leitsätze (1949) verlieren darüber auch nur ein Wort.

Auf dem Goslarer Parteitag (Oktober 1950) wurden in den Redebeiträgen des rheinland-pfälzischen Staatssekretärin Mathilde Gantenberg und des hessischen Kultusministers Erwin Stein Erziehung und Bildung zwar erneut als zentrales Element der Rechristianisierung hervorgehoben, eingebettet in eine entsprechend gestaltete Gesellschaftsordnung.[8] Aber konkret machte die CDU im Namen der „sittlichen Grundlagen unseres Gemeinwesens", „auf der Grundlage der Kulturtradition des Abendlandes" als Bildungsziel („deutscher Mensch und guter Europäer") und zugunsten des „Elternrechts" nur Front gegen „Liberalismus und Sozialismus" auch in der „Kulturpolitik" als „wesentliche(n) Bestandteil unserer ganzen politischen Arbeit" und lehnte „sozialistische Schulreformexperimente" ab. Dass man sich genötigt sah, über diese allgemeinen Bekenntnisse, die ja im wesentlichen nur die „innere Schulreform" betrafen, hinaus-zugehen, ist weder dem Hamburger Programm (1953)[9] zu entnehmen, auf dem auf Anregung von Johannes Hofmann aber immerhin beschlos-sen wurde, Grundlinien eines Erziehungs- und Bildungsprogramms der CDU zu entwickeln, noch dem Hamburger Manifest (1957; hier beschränkt man sich auf die „großzügige Förderung" u.a. von „For-schung, Lehre und Erziehung") noch der Karlsruher Grundsatzentschlie-ßung (1960). Erst 1961, im Kölner Manifest, taucht das Thema Bildung etwas prominenter auf und reagiert damit auf den Anstoß aus Gelsen-kirchen: Gefordert wird eine „solide Ausbildung unserer Jugend", „För-derung aller Begabten" „durch Stipendien und Darlehen, für jeden die gleiche Chance *nach Begabung und Neigung*", der Bundesparteitag von Hannover (1964) trat für die Verbesserung der „Bildungsmöglichkeiten auf dem Lande" ein.[10]

Dieses geringe Bedürfnis bis zum Ende der 1950er Jahre hatte offen-sichtlich drei Gründe. Eine Rolle spielte sicher die grundgesetzliche Zu-weisung des Themas an die Länder und deren Gremien. Aber diesen Einwand konnte Gerstenmaier in Gelsenkirchen mit zwei Argumenten locker überspielen, einerseits mit dem Hinweis, die Kompetenzzuweisung des Grundgesetzes gelte ja nicht für die Partei, und andererseits hätten wir es nicht mit „Stammeskulturen, sondern mit einer deutschen Nationalkultur zu tun".[11]

Der zweite Grund, und auch den nennt Gerstenmaier ausdrücklich, bestand darin, dass der Bundestag überfordert wäre, wäre er auch noch für „Schul- und andere Kulturfragen zuständig" gewesen.

1| *Vgl. Günter Buchstab (Bearb.), Adenauer: „Es mußte alles neu gemacht werden." Die Protokolle des CDU-Bundesvorstandes 1950–1953, Stuttgart 1986 (Protokolle 1) s. Index s siehe vor allem Kulturpolitik: nur vier Nebenbei-Erwähnungen; Ders. (Bearb.), Adenauer: „Wir haben wirklich etwas geschaffen."; ebd. 1953–1957, Düsseldorf 1990 (Protokolle 2) (Elternrecht S. 455–457); Ders. (Bearb.), Adenauer: „... um den Frieden zu gewinnen"; ebd. 1957–1961, Düsseldorf 1994 (Protokolle 3); Ders. (Bearb.), Adenauer: „Stetigkeit in der Politik"; ebd. 1961–1965, Düsseldorf 1998 (Protokolle 4); Ders. (Bearb.) Kiesinger: „Wir leben in einer veränderten Welt."; ebd. 1965–1969, Düsseldorf 2005 (Protokolle 5). Ders. (Bearb.), Barzel: „Unsere Alternativen für die Zeit der Opposition"; ebd. 1969–1973, Düsseldorf 2009, (Protokolle 6). Konkrete bildungspolitische Debatten gibt es erst seit Mitte der 1960er Jahre, 1965 bei der Hochschulpolitik etwa u.a. über eine Verbesserung der Ausbildungsförderung (Honnefer Modell), deutlich verstärkt unter dem Eindruck der beginnenden Studentenproteste (Protokolle 4, S. 959–965), 1967/1968/1969 über die Unruhen (Protokolle 5, S. 649f., 865f., 873–876, 895f., 997f., 1337–1339 [falsche Personalpolitik], 882, 969f., 1427–1429; 1968 über die Bund-Länder-Verantwortung für die Hochschulen (ebd. 827, 829); Zugang zu Ingenieur-Akademien (ebd. S. 994–996); zur christlichen Gemeinschaftsschule / Schülermitwirkung / Privatschule / Gesamtschule usf. in Vorbereitung des Berliner Programms 1969 (ebd. S. 1165–1192); 1969 Deidesheim / Kulturpolitischer Kongress (ebd. S. 1302–1304); zum Wahlprogramm 1969 (ebd. S. 1473–1475); 1970 Ausbau der Hochschulen (Protokolle 6, S. 238f.); Bildungsplanung (ebd. S. 252–258, 415–429 / Universität Bremen (ebd. S. 429–433); 1972 Bund Länder (ebd. S. 898f.) / Berufsbildung (ebd. S. 1304). Lit. zur frühen CDU-Bildungspolitik: Alfred Hoffmann, Die bildungspolitischen Vorstellungen der CDU und SPD. Eine pädagogische Analyse ihrer Entwicklung 1945–1965, Diss. Erlangen-Nürnberg 1968; Rudolf Hars, Die Bildungsreformpolitik der Christlich-Demokratischen Union in den Jahren 1945 bis 1954. Ein Beitrag zum Problem des Konservatismus in der deutschen Bildungspolitik, Frankfurt / Main 1981; Studien zur Bildungsreform, hrsg. von Wolfgang Keim, Bd 1; aus „linker" Sicht, wie schon der Untertitel verrät; Manfred Schwarz, Bildungspolitik im Interessenstreit von Kapital und Arbeit usf., Hamburg 1975. – Wir können hier nur die Verlautbarungen der Bundes-CDU behandeln; die vielfältigen Initiativen und Papiere auf Länderebene können hier ebenso wenig berücksichtigt werden wie die v.a. von RCDS, Schülerunion oder Sozialausschüssen.*

2| Gemeint ist die Volksschule als evangelische oder katholische „Bekenntnis-
schule" (darauf lag der Akzent der CDU-Position), die erst in den 1960er Jahren durch die sog. „christliche Gemeinschaftsschule" flächendeckend abgelöst
wurde. Dabei liegt ein klares Erbe des „Zentrums" vor (vgl. Hars [Anm. 1],
S. 82f.) Dazu Konrad Adenauer (Kölner Rede 1946): „Auf allen anderen Gebieten werden die Rechtsbrüche, die die nationalsozialistische Regierung be-
gangen hat, beseitigt. Der frühere Rechtszustand wird wieder hergestellt. Das
wollen wir auch für das Volksschulwesen. Es geht nicht an, gerade den Rechts-
bruch der Nationalsozialisten zu sanktionieren, der von den breitesten Schichten der Bevölkerung als besonders schwer empfunden wird. Darum verlangen
wir für die preußischen Teile der britischen Zone Wiederherstellung der bekenntnismäßig gegliederten Volksschule als Regelschule entsprechend dem
preußischen Gesetz von 1906 und dem preußischen Konkordat von 1929.
Dieser Rechtszustand muß wieder hergestellt werden und muß bleiben, es sei
denn, daß ein frei gewähltes Parlament ihn auf verfassungsmäßigem Wege
ändert. Für eine solche Neuregelung, die durch ein gewähltes Parlament etwa
vorgenommen würde, fordern wir, daß der Wille der Erziehungsberechtigten,
der Eltern, über die weltanschauliche Gestaltung der Volksschule entscheiden
soll. Die Erziehung ist bei der Volksschule wesentlicher als die Vermittlung von
Wissen. Für die Erziehung der Kinder sind aber in erster Linie die Eltern verantwortlich und nicht der Staat. Ihr Wille muß daher entscheidend sein auch hinsichtlich der weltanschaulichen Art der Schule, auf die sie ihre Kinder schicken
wollen."

3| Protokolle (Anm. 1) 3, S. 675–697.

4| Solche Klagen scheinen allerdings zeitunabhängig zu sein. Ich entnehme
Karl-Heinz Huber, Jugend unterm Hakenkreuz, Frankfurt am Main / Wien
1982, S. 279, dass sich 1940 die Wirtschaft darüber beschwerte, ihre Lehrlinge
hätten sich nicht einmal „Grundbegriffe im Rechnen und Schreiben angeeig-
net".

5| Dokumentation in: Bundesgeschäftsstelle der Christlich Demokratischen Union
Deutschland (Hrsg.), Erziehung Bildung Ausbildung, Bonn 1961.

6| Die ganze Debatte in: Protokolle (Anm. 1) 4, S. 265–270; Adenauer-Zitat
S. 266.

7| Zitate aus den Parteiprogrammen nach Peter Hintze (Hrsg.), Die CDU-Partei-
programme. Eine Dokumentation der Ziele und Aufgaben (Bonn 1995).

8| Vgl. auch Hoffmann (Anm. 1), S. 56–63.

9| Hier heißt es nur: „Das bäuerliche Schulwesen ist weiter zu fördern" mit „er-
gänzenden Bauernhochschulen" (Hintze, Parteiprogramme [Anm. 7], S. 35);
das Kapitel „Unsere Forderung für die Jugend" konzentriert sich auf Rahmen-
setzungen für die Berufsausbildung, auf die aus der SBZ geflüchtete Jugend
und deren Aufnahme, auf ein Jugendhilfegesetz, auf den Schutz vor „Schmutz
und Schund" und hebt generell darauf ab: „Der Jugend, die im nationalsozialistischen Staat schwer mißbraucht worden ist, muß jede Möglichkeit gegeben
werden, den sozialen Rechtssaat, um den wir uns bemühen, als ihren Staat
zu empfinden und anzuerkennen." (ebd. S. 41f.)

10| Zitiert nach Wulf Schönbohm (Red.), Geschichte der CDU. Programm und Poli-
tik der Christlich Demokratischen Union Deutschlands seit 1945, Bonn 1980,
S. 32.

11| Zitat Dokumentation (Anm. 5), S. 10f.

DIE REALITÄT:
NEUAUFBAU NACH 1945

Denn Realität war, dass zunächst einmal die äußeren Verhältnisse geregelt werden mussten, und das ging nicht von „oben nach unten", sondern nur „vor Ort": Der Pädagoge Hermann Nohl hat 1945 vor Lehrern der britischen Zone die Situation beschrieben: „Die Schwierigkeiten der Schule sind so groß, dass es beinahe lächerlich wirkt, da mit Forderungen kommen zu wollen. Es fehlen Schulräume, es fehlen alle Schulmittel, die Klassen sind überfüllt, Schüler wie Lehrer körperlich wie geistig geschwächt. Da scheint es sinnlos Reformpläne bringen zu wollen. Man ist froh, wenn der primitivste Schulbetrieb läuft."

Die geburtenstarken Jahrgänge und die Flüchtlingskinder drängten in die Schule, dafür mussten die vielerorts völlig zerstörten Schulgebäude wiederhergestellt werden. 1951 wurde die Zahl der Kinder, die aus Mangel an Schulraum keinen vollen Unterricht hatten, auf zwei Millionen geschätzt. Noch 1952 fehlte trotz siebenjährigen Wiederaufbaus noch ein Viertel des Schulraumbestandes von 1939. Die personellen Probleme mussten gelöst werden (die Lehrerschaft war üblicherweise in der NSDAP oder zumindest anhängigen Organisationen erfasst, daher wurden 60 % zunächst entfernt[1]), bei den Lehrplänen konnte man auf Weimar zurückgreifen, hingegen mussten Schulbücher neu entwickelt werden usf.[2] Zudem wurde in den Besatzungszonen auch

im Westen (die SBZ schlug von vornherein eine eigenständige Entwicklung nach sowjetischem Vorbild ein) nach Vorlieben der Besatzer[3] sehr
unterschiedlich agiert (damals kam das Wort vom „Schulchaos" auf),
auch wenn sich das ebenfalls aus Weimar übertragene dreigliedrige
Schulwesen (hier konnten sich die Amerikaner nicht durchsetzen[4]) –
Volksschule mit vierjähriger Grundschule, Mittelschule, das Anfang der
1950er Jahre wieder neunjährige Gymnasium – bis auf West-Berlin (bis
heute sechsjährige Grundschule) länderweit durchsetzte. Aber erst im
Düsseldorfer Abkommen von 1955 wurde eine grundlegende Vereinheitlichung festgelegt, u.a. mit der gegenseitigen Anerkennung der Reife-
zeugnisse, der sechsstufigen Notenskala und der Unterscheidung der
Gymnasialformen alt-, neusprachlich und mathematisch-naturwissen-
schaftlich.

1| Im Herbst 1945 waren in der französischen Zone 3/4 der Lehrer suspendiert,
in der amerikanischen wurde die Hälfte der Lehrer entlassen.
2| Vgl. die sehr konzise Schilderung bei Hermann Glaser, 1945. Ein Lesebuch,
Frankfurt /Main 1995, S. 163–171 s. weiter Theodor Wilhelm, Pädagogik
der Gegenwart, Stuttgart 1963, S. 459–488; zu den Reformen und den Aus-
einandersetzungen mit den Besatzungsmächten in den Ländern Bayern, Berlin,
Württemberg-Hohenzollern, Hessen s. Hars (Kapitel 1, Anm. 1), S. 126–205.
3| Zum Beispiel wurde in der französischen Zone Französisch als erste Fremd-
sprache eingeführt, hingegen in NRW als einzigem Land Latein als obligatorische gymnasiale Anfangssprache.
4| Vgl. Hars (Kapitel 1, Anm. 1), S. 112–117.

CHRISTLICHER HUMANISMUS: DIE CDU IN DER MISSIONIERUNGSPHASE

Den dritten Grund für dieses geringe Bedürfnis wird man darin zu sehen haben, dass ein parteiinterner Konsens über das bestand, was Bildung nach dem Zusammenbruch 1945 zu leisten habe. Dieser Konsens spiegelt sich in Grundsatzreden und jener „grauen" bildungspolitische Literatur, die diesem Konsens Ausdruck verliehen, repräsentiert durch Persönlichkeiten wie den ehemaligen preußischen Kultusminister Otto Boelitz[1], die spätere nordrhein-westfälische Kultusministerin Christine Teusch[2] oder den Münsteraner Althistoriker und neben Johannes Hofmann führenden Kulturpolitiker bis in die 1950er Jahre Hans Erich Stier[3].

In den Diskussionen der CDU vor 1960[4] dominierte ein Verständnis von Bildungspolitik, wie es Hans Erich Stier beim Parteitag der CDU in der britischen Zone am 14./15. August 1947 in Recklinghausen zum Ausdruck brachte.[5] Seine zentrale These lautete: „Die altehrwürdigen Grundwerte, auf denen die abendländische Kultur ruhte, Wahrheit, Freiheit, Humanität, Christlichkeit, haben sich der harten Prüfung , der sie – wir werden ganz objektiv sagen müssen: zum Besten der abendländischen Menschheit – im Zeitalter des Vorherrschens der Kritik im Geistesleben unterworfen worden sind, schließlich gewachsen gezeigt [...] Wir glauben dementsprechend, nicht frommen Wünschen und traditionsgebundener Voreingenommenheit, sondern der unerbittlichen Realität geschichtlicher Erfahrungen Rechnung zu tragen, wenn wir in der uns durch Christus gewordenen Offenbarung des Willens Gottes den einzigen Wegweiser für die Überwindung der materiellen und geistigen Not erblicken, eine geistige Haltung, in der wir uns mit vielen führenden Staatsmännern und Persönlichkeiten des Auslandes einig wissen." Darin begründete Stier sein Plädoyer für die humanistische Bildung: „Durch das Christentum [...] ist die sogenannte humanistische Bildung als der eigentliche Bildungsfaktor in unserer abendländischen Kultur definitiv festgelegt worden. Gegenüber dieser Tatsache berührt es seltsam, wenn heute auch in gut christlichen Kreisen immer wieder Stimmen laut werden – und eigenartigerweise scheinen sich, von einigen Theologen abgesehen, ausgerechnet leitende Schulmänner hier zu Wortführern zu machen –, die dem ‚christlichen Humanismus' den Kampf ansagen [...] Es wäre an der Zeit, den Begriff des Humanismus wieder zu präzisieren und unter ihm das alte echte, von Sehnsucht nach Gott und Wissen um die Grenzen des Menschlichen getragene Bildungsanliegen der klassischen Antike zu verstehen, das sich von der kurzsichtigen Überheblichkeit des neuheidnischen, zu Unrecht auf das Wort Humanismus sich berufenden Säkularismus grundlegend unterscheidet. Letzterer ist antichristlich, kann also niemals christlich werden. So müssen wir uns entschieden dagegen verwahren, dass man es uns als engherzige Standesvoreingenommenheit auslegt, wenn wir die Erhaltung des altsprachlichen humanistischen Gymnasiums zu einem unserer wichtigsten kulturpolitischen Programmpunkte machen. Wer hier gefährliche, das Urteil der Sachverständigen missachtende Abstriche vornimmt, trachtet der abendländischen Geisteskultur nach dem Leben. Ich sehe mit Erschütterung auch jenseits unserer Grenzen in sozialistisch regierten Ländern, wie weit die Bereitschaft vieler dazu geht, in dieser Frage einem kurzfristigen, ‚vom grünen Tisch der goldenen Praxis' her die Dinge betrachtenden ‚Zeitgeist' Konzessionen zu machen. Wir Deutschen sollten jedenfalls noch nicht vergessen haben, dass die nazistische Schulpolitik auf denselben Bahnen wandelte. Uns geht es primär um die Reinerhaltung und gedeihliche Weiterentfaltung unserer abendländischen Kultur."

Hier ist *in nuce* alles zusammengefasst, was man damals in Führungskreisen der Union über Bildung dachte und sich von ihr versprach. Die dort explizit vertretene Bildungsidee, in der sich die bildungsbürgerliche Quadriga: Jerusalem, Athen, Rom, Weimar spiegelte[6], war auf die Herausbildung v.a. christlich-humanistisch geprägter Eliten bezogen (aber natürlich sollten auch die anderen Schulformen daran abgestuft teilhaben) und war neben anderen „Vermittlern" (Familie, Kirche, Medien usf.) einem umfassenderen Ziel zugeordnet. Dabei ging es gar nicht um Theorie, sondern um die eigene Erfahrung insbesondere mit dem Nationalsozialismus, wie Hermann Ehlers 1953 auf dem Hamburger Parteitag formulierte[7]: „Wir sind beim Neubeginn unseres politischen Weges 1945 nicht aus theoretischen Erwägungen, sondern aus praktischen, in Not und Tod bewährten Erfahrungen zu der Überzeugung gekommen, daß es für uns keine andere tragfähige Grundlage unseres politischen Handelns geben kann als die Verantwortung vor dem Worte Gottes." Insofern hat Alfred Hoffmann durchaus recht mit der Feststellung, dass sich durch die konkrete Erfahrung mit dem Nationalsozialismus (als christentumsfeindlich) nicht nur die Erkenntnis der Gemeinsamkeit der Konfessionen einstellte, sondern gerade der angefeindete christliche Wertekosmos (als überzeitlich und universal gültig) als gemeinsames Band der Union und Heilmittel für alle gelten konnte.[8] Konrad Adenauer hat diesen Zusammenhang 1962 wie folgt formuliert: „Ich betone, daß wir das Wort ‚christlich' gewählt haben nicht nur, um damit zu sagen, daß wir Antinationalsozialisten sind. Dazu hätten wir keine neue Partei zu gründen brauchen. [...] Wir haben uns gesagt, wir können diese ganze auseinandergerissene Welt nur dann wieder in Ordnung bringen, wenn wir eine Partei gründen, die auf der dem großen Teil des Volkes gemeinsamen christlichen Weltanschauung steht."[9]

1| *Lebensbild: Jörg-Dieter Gauger, Otto Boelitz, in: Internetportal zur Geschichte der CDU, http://www.kas.de/wf/de/71.9774/ (23.10.2010). Boelitz beschwor schon 1921 als Fundament seines einem ideellen Preußentum verpflichteten Politikverständnisses die „Hoheit des Evangeliums", und auch 1945 war für ihn der Wiederaufstieg Deutschlands nur möglich auf dem „Grund der Sittlichkeit, die hervorquillt aus den ewigen Wahrheiten des Christentums". Daher sei neben der „geistigen Erziehung zum Staatsbürger" „die sittliche Erziehung zum Christen die erste Aufgabe". Durch neue Sammlungspartei CDU „nach den Grundwahrheiten und Lebenskräften der Religion" müsse der Konfessionsstreit überwunden werden, neben den Linksparteien dürfe es nur noch eine große Partei geben, in der auch alle Liberalen und v.a. das Zentrum ihr Heimatrecht fänden; s. Otto Boelitz, Erziehung und Schule im christlich-demokratischen Staat. Politik aus christlicher Verantwortung Heft 6, Recklinghausen 1946.*

2| *Lebensbild: Jörg-Dieter Gauger, Teusch, Christine, in: Internetportal zur Geschichte der CDU, http://www.kas.de/wf/de/71.8603/ (23.10.2010); zu ihr s. auch Hars (Kapitel 1, Anm. 1), S. 233-239; Horstwalter Heitzer, Die CDU in der britischen Zone, Düsseldorf 1988 (Forschungen und Quellen zur Zeitgeschichte Bd. 12), S. 521-534.*

3| *Lebensbild Jörg-Dieter Gauger, Hans Erich Stier (1902–1979). Althistoriker, Mitbegründer der CDU, Kulturpolitiker, in: Historisch-Politische Mitteilungen 14 (2007), S. 187–212.*

4| *Zugrunde liegen im folgenden: Helmuth Pütz, Vom christlichen Humanismus zur sozialen Bildungsgesellschaft, in: Konrad-Adenauer-Stiftung (Hrsg.), Christliche Demokratie in Deutschland, Melle 1978, S. 145–252; Gründungs-aufruf der CDU vom 26. Juni 1945 (ACDP 07-011-2376; Gründungsaufruf 1945); Kölner Leitsätze. Vorläufiger Entwurf zu einem Programm der CHRIST-LICH DEMOKRATISCHEN UNION DEUTSCHLANDS, vorgelegt von den Christ-lichen Demokraten Kölns im Juni 1945 (Kölner Leitsätze); Leitsätze der Christ-lich-Demokratischen Partei in Rheinland und Westfalen, September 1945, in: Konrad-Adenauer-Stiftung (Hrsg.), Konrad Adenauer und die CDU der briti-schen Besatzungszone, Bonn 1975, S. 109–113 (Leitsätze Rheinland/Westfalen 1945); Politische Leitsätze der Christlich-Demokratischen Union Stadtkreis Frankfurt a. M., September 1945 (Leitsätze Frankfurt 1945); Robert Lehr, Der neue Geist im neuen Staat, in: Sekretariat der Christlich-Demokratischen Uni-on (Hrsg.), Reden Gründungsversammlung Düsseldorf, 24. November 1945, S. 3–13; Karl Arnold, Der soziale und sittliche Geist in der Demokratie, ebd. S. 14–27; Aufruf der CDU in der britischen Zone vom 1. März 1946 (ACDP 06-007-002; Aufruf 1946); Wilhelm Simpfendörfer, Die CDU als Weltanschauungs-partei, in: Union in Deutschland vom 25. Juli 1951, S. 1–2; Aufruf zur Politik aus christlicher Sicht, in: Union in Deutschland vom 3. Oktober 1951, S. 1–2 (Beitrag über Kurt Georg Kiesinger; Kiesinger 1951); Konrad Adenauer, Deutsche Politik und europäischer Friede, Rede Bamberg am 20. Juli 1952 (Adenauer 1952); Hans Ehard, ebd., S. 8–14; Eugen Gerstenmaier, Darf sich die CDU christlich nennen?, in: Politisches Jahrbuch der CDU/CSU 3. Jahrgang, Recklinghausen 1957, 7, S. 14–18.*

5| *Zitiert nach Konrad-Adenauer-Stiftung (Hrsg.). Konrad Adenauer und die CDU in der britischen Zone, Bonn 1975, S, 397–408.*

6| *Vgl. Otto Boelitz, Erziehung, S. 11: „ [...] wollen wir die Tore wieder aufstoßen in die Welt des Geistes. Unsere Jugend muß endlich wieder teilnehmen an dieser Welt des Geistes, den herrlichen Werken deutschen Geistes, aber auch an den gewaltigen Erzeugnissen der Literatur, der Wissenschaft und Kunst der uns umgebenden Völker." Genannt werden Lessing, Goethe, Schiller, Bach und Beethoven, daneben Dante, Shakespeare, Molière, Dostojewski, Raffael, Rembrandt, Rubens.*

7| *Zitiert nach Schönbohm (Kapitel 1, Anm. 10), S. 32.*

8| *Hoffmann (Kapitel 1, Anm. 1), S. 51–53.*

9| *Zitat: Politische Akademie Eichholz (Hrsg.), Dokumente zur Christlichen Demokratie, Wesseling 1969 (Handbücher der Politischen Akademie Eich-holz 2), S. 292f.*

ZURÜCK ZU „ABENDLÄNDISCHEN WERTEN": DIE GESCHICHTSTHEOLOGISCHE DEUTUNG VON 1945

Das umfassendere Ziel bestand daher in der christlichen Remissionierung / „Re-Christianisierung" („tiefgehende Umerziehung" / „heroischer Gesinnungswandel"[1]) des einzelnen wie des deutschen Volkes („den inneren Schutt beseitigen"[2]), wobei die Erziehung und Bildung der künftigen Generation naturgemäß eine besondere Rolle spielt[3], denn ihnen wird auferlegt, die junge Generation nach den „Grundsätzen des Christentums" zu „formen".[4] Der NS-Staat wird geschichtstheologisch gedeutet als Höhe- und (jetzt zu überwindender) Endpunkt des großen Abfalls vom Christentum, wobei dieser Abfall mit der Renaissance[5] im Sinne stetig zunehmender Säkularisierung („Entchristlichung") und damit zugleich zunehmender Selbstermächtigung des Menschen bis hin zur „Menschenvergötterung"[6] einsetzt[7] während noch das Mittelalter, deutlich an Novalis' „Die Christenheit oder Europa" erinnernd, als einheitliches corpus christianum verstanden[8], und damit verbunden das „Abendland" / „die „abendländische Kultur" / „abendländische Gesittung" / „abendländische Lebenswerte" noch als historisches Vorbild dienen kann[9], als neues Fundament. Damit verbindet sich eine Scheidung der Nationalgeschichte nach Bewahrenswertem und zu Überwindendem; zu ersterem zählen Hervorbringungen der deutschen Kultur, des deutschen Geistes[10], „die demokratische Überlieferung der deutschen Vergangenheit"[11], „die schönsten Werte der deutschen Vergangenheit"[12], zu letzterem der Nationalismus, Militarismus[13], Imperialismus („Machtrausch"), „Staatsvergötterung", „totaler Staat"[14], Rassenhochmut usf.[15]

Die Niederlage wird gedeutet als „Gottesgericht"[16] und Aufruf zur Rückkehr zur im Christentum geoffenbarten Transzendenz, zu den „Geboten Gottes"[17], die Rückkehr selbst rückwirkend als Buße und Sühne für Schuld[18] und vorausweisend als ethisches Fundament für die geistige, politische und soziale Neuordnung Deutschlands[s], dem auch durch Bildung und Erziehung die Wiederbelebung des damit zu verbindenden Werthorizonts[20] zugrunde liegen müsse: Gottesfurcht[21], Respekt vor Autorität[22], das Bekenntnis zu Wahrheit (Wahrhaftigkeit), Gerechtigkeit, Frieden, Hilfsbereitschaft, „Duldsamkeit dem Mitbürger gegenüber" (heute würde man Toleranz sagen), Nächstenliebe, „gemeinschaftlichen Sinn", Achtung vor anderen Völkern, allgemein: „beharrliche Werte der Sittlichkeit und des Geistes"[23], was dann auch Eingang in die Landesverfassung von Baden-Württemberg (1953) findet.[24]

Auch die (neue) gesellschaftliche, gedacht als Gemeinschaft, und staatliche Ordnung wird an diese Leitbilder und Prinzipien gebunden: „Soziale Gerechtigkeit und soziale Liebe"[25], Gerechtigkeit[26], „ein friedliches Miteinander und Nebeneinander im eigenen Vaterland und unter den Kulturvölkern [...] Zusammenschluß aller gutgesinnten Aufbaufähigen und Aufbauwilligen, die in gegenseitiger Toleranz und mit den Mitteln des Geistes und der Überzeugung sich der Aufbauarbeit widmen und die hohen letzten Ziele der Menschheit nicht außer Auge lassen. In diesem Sinne bekennen wir christlichen Demokraten uns zu einem Christentum der Tat, zu dem hohen Ethos christlicher Weltanschauung, zu einem Staat, der nach diesen Richtlinien ausgerichtet ist."[27] Dazu bedarf es einer „neuen Staatsgesinnung in demokratischen Formen", die auf innerer Überzeugung gründet, nicht auf äußeren Formen.[28] Schließlich verspricht man sich davon eine positive Wirkung nach außen, für das Zusammenleben der Völker, ja sogar für die „innerliche Vollendung der Menschheit".[29]

Die (als alleiniges Heilmittel empfundene) Rückwendung zum Christentum ist zugleich die Rückkehr zu einem Menschenverständnis, das sich nach Auffassung der CDU eben diesem (geläuterten) Christentum verdankt, nämlich zur Würde jedes einzelnen Menschen[30], der zur Freiheit[31] berufen ist, dessen Bestimmung aber darin liegt, sich im Sinne der skizzierten Werte und Tugenden zum sittlichen Subjekt[32] zu formen,

wobei das Christentum sowohl als Wertelieferant wie auch als Werte-
garant in Anspruch genommen wird: von der Rückbindung (eine Bedeutung von *religio*) an christlich geoffenbarte Transzendenz verspricht man
sich, dem Charakter jeder Religion[33] entsprechend, sowohl die Vorgabe
(Gebote, Tugenden, Leitbilder[34]) wie auch deren Garantie dadurch, dass
das Urteil über ihre Befolgung einer höheren Instanz obliegt, wobei man
sich daran zurückerinnere, dass man damals Kollektivstrafe ("Gottesgericht") durchaus unterstellte und "Gottesfurcht" naturgemäß vom
Gedanken an Strafe begleitet ist: ein rein immanenter Humanismus,
zu dem auch Liberalismus und marxistischer Sozialismus gerechnet
werden, ist zu schwach, schwebt immer in Gefahr, in Inhumanität um-
zuschlagen, den Menschen, wie es damals drastisch formuliert wurde,
zur Bestie werden zu lassen, gemäß Grillparzers Diktum: "Der Weg der
neuern Bildung geht von Humanität, durch Nationalität zur Bestialität",
das schwingt immer mit.[35] Und das ist das Entscheidende: Eben kein
optimistisches, sondern ein pessimistisches Bild der *conditio humana*:
Der Mensch ist zwar grundsätzlich befähigt, sich zu einem sittlichen
Wesen zu formen (daher auch die Rolle von Erziehung und Bildung und
dafür gibt es ja auch durchaus historische Beispiele), aber es gibt sehr
viel mehr historische Beispiele für das Abgleiten des Menschen in schran-
kenlose Inhumanität, daher bedarf es der Sicherung, eben letztlich einer
Sicherung vor sich selbst.

Natürlich wusste man auch damals schon um die Problematik einer
"christlichen" Partei und einer "christlichen Politik". Eugen Gerstenmaier
hat es 1957 auf den Punkt gebracht: "Der deutsche Staat der Gegenwart
ist jedenfalls kein christlicher Staat, und doch ist es möglich, christliche
Politik in ihm zu treiben. Ich will mich hier nicht noch einmal mit dem
Mißverständnis auseinandersetzten, als ob ein moderner Staatsmann die
Bibel oder das Naturrecht einfach als politisches Rezeptbuch benutzen
könnte. Es gibt weder eine naturrechtliche Kasuistik noch einen christlichen Katechismus, aus dem die politischen Einzelentscheidungen ab-
gelesen werden könnten. Es gibt nicht und darf auch nicht geben einen
kirchlich approbierten Katalog dafür. Dennoch gibt es christliche Politik.
Sie wird dort getrieben, wo die politische Zielsetzung im ganzen, die politische Methode und die politische Einzelentscheidung dem Anspruch der
Gebote Gottes und der christlichen Berufung des Menschen und der Welt
unterworfen werden. [...] Gewiß garantiert das grundsätzliche Bekenntnis
einer Partei zum Christentum noch nicht, daß ihre politischen Entscheidungen auch stets das christlich Gebotene, das Rechte und das Mögliche

treffen. Aber dieses wache, selbstkritische Bewußtsein darf nicht in ein allgemeines Relativitätsbewußtsein münden, das auf die Realisierung christlicher Einsichten in der Politik überhaupt verzichtet. Christliche Politik treiben heißt, den Tatbestand der Säkularisation unseres gesellschaftlichen Lebens eben nicht einfach hinnehmen und sich taktisch-politisch mit ihm abfinden, sondern es heißt im Widerspruch zu ihm, in einer angreifenden Spannung zu ihm zu verharren und damit die Staats- und Öffentlichkeitsgestaltung einem Leitbild unterwerfen, das weder einer selbstgemachten Illusion noch einem machtaktischen Kalkül entstammt."[36]

Daher ist auch die Mahnung an die CDU ebenso wenig neu, „nie das innere Gesetz zu vergessen", nach dem sie angetreten sei, wie auch die Einladung an Nichtchristen zur Mitarbeit an der „Überwindung des drohenden Chaos". Und dass mit der Union ein Neubeginn in der deutschen Parteiengeschichte verbunden war, dessen war man sich ebenfalls sehr wohl bewusst: „Ob die CDU/CSU sich mit Recht eine christliche Partei nennt, erweist sich also nicht darin, ob sie anderen Parteien moralisch von vornhinein überlegen ist. Das kann sie ebenfalls nicht in Anspruch nehmen. Nein, ob wir eine christliche Partei sind, erweist sich vor allem darin, ob wir ein christlich verantwortetes Leitbild von Staat, Mensch und Gesellschaft haben und ob wir willens und fähig sind, die uns abverlangten politischen Entscheidungen auch daran zu orientieren. Die CDU hört auf, sie selbst zu sein, wenn sie sich anders verhält. Aus einer unfassenden politischen Tatgemeinschaft katholischer und evangelischer Christen würde sie im Handumdrehen zu einer Rahmensorganisation politischer und wirtschaftlicher Gruppen, zu einer vielleicht noch immer politisch attraktiven Interessensgemeinschaft, die aber aufgehört hätte, von Bedeutung für das deutsche Volk und die Sache des Christentums in unserem Volk zu sein. Denn dies muß auch nun gesagt werden: Die Christen in Deutschland, die christlichen Kirchen, können und dürfen am wenigsten übersehen, daß mit der CDU/CSU ein neues, nicht nur für die deutsche Politik, sondern auch für die Kirchen bedeutsames Element in unserem öffentlichen Leben erschienen ist."[37]

Da diese Remissionierungsaufgabe im Mittelpunkt des damaligen Denkens der Union stand, gab es nur wenig an konkreten bildungspolitischen Vorstellungen[38]: der skizzierte christlich gebundene Humanismus, dem die damalige Führung der CDU schon auf Grund ihres eigenen Bildungshorizonts nahe stand, daher die Forderung nach einem obligatorischen konfessionellen Religionsunterricht, das Bekenntnis zur konfessionellen Volksschule[39], zum Privatschulwesen und damit zur Beseitigung des staatlichen Schulmonopols und zum Elternrecht[40]; mit der damit verbundenen Wahlmöglichkeit ließ sich das plurale Schulsystem begründen, und zugleich versprach man sich eine Stärkung des christlichen Elements, weil man unterstellte, dass „christliche Eltern" auch „christlich"-konfessionell wählten, was sich freilich schon in den 1950er Jahren als Fehleinschätzung erwies.[41]

1| *„Wir wissen, daß es einer tiefgehenden Umerziehung unseres Volkes bedarf, um hier Wandel zu schaffen. Dennoch wollen wir diesen Wandel im Glauben an die edlen Kräfte unseres Volkes herbeiführen, vor allem durch die Erziehung unserer Kinder." (Leitsätze Rheinland 1945); „Eins aber wissen wir: Alles wird nicht gelingen, wenn wir nicht durch heroischen Gesinnungswandel tiefen Abscheu vor den politischen Freveltaten des Hasses empfinden und uns nicht in verpflichteter Volksgemeinschaft zu den beharrlichen Werten der Sittlichkeit und des Geistes erheben." (Arnold 1945, S. 15); Konrad Adenauer, Erinnerung 1945-1953, Stuttgart 1965, S. 51: „notwendige erzieherische Aufgabe am deutschen Volk" „nach den „Grundsätzen der christlichen Ethik"; dazu Hars (Kapitel 1, Anm. 1), S. 122–127. Warum Eberhard Straub, Zur Tyrannei der Werte, Stuttgart 2010, 128 Adenauer zuschreibt, er habe „dem rein wirtschaftlich-technischen Denken eindeutig die Vorherrschaft (eingeräumt), dem sich alles unterzuordnen habe", bleibt angesichts massiver Gegenzeugnisse unerfindlich.*

2| *„Auf dem Wege, der vor uns liegt, müssen wir nicht nur die äußeren Schuttmassen beseitigen, die auf dem Wege, der hinter uns liegt, aufgetürmt worden sind, sondern wir müssen zuerst den inneren Schutt beseitigen." (Lehr 1945, S. 12).*

3| *„Dennoch wollen wir diesen Wandel im Glauben an die edlen Kräfte unseres Volkes herbeiführen, vor allem durch die Erziehung unserer Kinder." (Frankfurter Leitsätze). „Wenn ich die Jugend recht begreife, verlangt sie zutiefst nach einem starken und erhabenen Bildungsideal, an dem sie sich wieder aufrichten und innerlich erheben kann. Und dieses Ideal wird sie finden in dem großen Geheimnis der lebendigen Wechselbeziehung zwischen Gott und Mensch, denn aus diesem Gnadenstrom entfaltet sich der Mensch in aller Demut zum heiligen Geschöpf und Ebenbild Gottes." (Arnold 1945, S. 25).*

4| *„Nur eine christliche Sinndeutung, die den Menschen hinnimmt, wie er ist und ihn nach den Grundsätzen des Christentums zu formen sucht, hat ihre Berechtigung. Diese Erkenntnis muß die junge, christliche Generation mit Selbstbewusstsein vertreten und die Folgerungen aus der Zeit und ihrer erlebten Bestialisierung ziehen: Das darf niemals wieder geschehen und jeder hat die Pflicht, sich mit seiner Person in die Gestaltung von Staat und Politik einzuschalten! Das Christentum, das zunächst dem Einbruch der neuen Ideen defensiv gegenüberstand und sich erschreckt an die alten Mächte anlehnte, hat nun eine neue Haltung gewonnen. Demokratie ist nicht eine Heilsbotschaft oder ein Religionsersatz, sondern eine gerade dem Christen besonders auferlegte Pflicht, die gerade wieder die junge Generation dringlichst angeht. Die Christen haben, was andere nicht haben, einen Standort, ein Maß der Dinge." (Kiesinger 1951).*

5| Ein Entwurf für ein kulturpolitisches Grundsatzprogramm der CDU, das 1952 im Bundeskulturausschuss der CDU beraten wurde, ging sogar bis Adam und Eva zurück: „Kultur ist demnach die Überwindung und dauerhafte Niederhaltung des durch den Sündenfall hereingebrochenen Chaos und die Wiedergewinnung der von Gott ursprünglich beabsichtigten Ordnung." (zitiert nach Pütz, Humanismus, S. 148).

6| (Die Ruinen unserer Städte, Trümmer alles jenen, was mit äußeren Machtmitteln aufgebaut wurde,) „sind eine eindringliche Lehre, wie der Fluch des vergänglichen an den irdischen Gütern haftet, und wie Gott der Herr sein Verwerfungsurteil über alles Zeitliche ausgesprochen hat, das sich in überheblichen Handlungen und Reden einst vermaß, aus eigener Kraft ein letztes Ziel zu sein. Das Ende der Menschenvergötterung war die Giftkapsel oder der Strick, mit dem die falschen Propheten ihrem Leben ein Ende setzten. Sie vermochten es nicht, für ihre Taten vor dem deutschen Volke und der Menschheit Rechenschaft abzulegen." (Lehr 1945, S. 5).

7| „Da setzte im 15. Jahrhundert eine Bewegung ein, die Renaissance, die die Befreiung der Menschen von allen Bindungen und vor allem kirchlicher Art proklamierte. Der Mensch mit seiner Vernunft wurde zum Maß aller Dinge erklärt. Dieser nun autonom und selbstherrlich gewordene Mensch befreute sich zunächst nur von der Bevormundung der Kirche, indem er noch an der Religion selbst festhalten wollte. Dann wandte er sich aber auch gegen die Religion in dem Wahn, wenigstens die Moral noch festhalten zu können, aber bald wurde auch sie, da sie über das Sichtbare und Begreifliche hinausragt, beiseite geschoben. Man glaubte, in der Wissenschaft den Ersatz für Religion und Moral gefunden zu haben. Aber nachdem man alle absoluten Maßstäbe weggeworfen hatten, konnte auch die Wissenschaft keinen wirklichen Halt mehr bieten. So führte die Renaissance über Rationalismus, Aufklärung und Idealismus schließlich zum Liberalismus, Relativismus und Nihilismus." (Simpfendörfer 1951).

8| „Unser christlicher Glaube ist mehr als historische Reminiszenz. Er ist ein Bekenntnis zur Ordnung des Menschen, der Wirtschaft, der Kultur und des Staates. Er ist aber auch das Bekenntnis zu Europa. Indem wir im Schatten des Bamberger Domes von Europa sprechen, erinnern wir und der Völkergemeinschaft des Mittelalters. In ihm besaß der christliche Glaube die Kraft, das die Völker Trennende auszuscheiden und das Gemeinsame im Denken und Handeln herauszustellen. Diese Kraft des Glaubens war kein unverdientes Geschenk. Es wurde von jeder Generation durch Anstrengung aller Kräfte und durch Bereitschaft zu opfern erreicht." (Ehard 1952, S. 10).

9| „Helft mit, ein neues und schöneres Deutschland aufzubauen auf dem unerschütterlichen Fundament des Christentums und der abendländischen Kultur." (Kölner Leitsätze). „Wir sehen die tiefste Ursache für die Bedrohung des Menschseins der gesamten Welt, für den immer offenbarer werdenden Verfall abendländischer Gesittung und insbesondere für die Niederlage unseres Volkes in dem schon seit Jahrhunderten währenden Prozeß der Entchristlichung des persönlichen und öffentlichen Lebens. Wir erwarten eine Heilung, insbesondere auch des gesellschaftlichen und kulturellen Lebens nur von einem neuen Ernstnehmen des christlichen Glaubens und seiner sittlichen Bindung." (1949; zitiert nach Pütz, Humanismus, S. 148). „Wohlan, Freunde! Auch wir wollen Deutschland und das christliche Abendland schützen und retten. Erfüllt von der Liebe zu unserem Volke, getragen von dem Bewusstsein, unserer Verantwortung, getragen auch von dem Glauben an jene Kraft, die uns von Gott zuströmt, wollen wir beherzt voranschreiten." (Adenauer 1952, S. 7).

10| „Es hat in westeuropäischen Raum eine Periode gegeben, in der sich auf der Grundlage der christlichen Religion Ideen und Überzeugungen gebildet hatten, die die menschlichen Gemeinschaften und Ordnungen durchwalteten und gestalteten. Es war die Zeit des Mittelalters, die Hoch-Zeit des christlichen Abendlandes. Weihe und Halt erhielten die weltlichen Ordnungen in erster Linie durch die Kirche" (Simpfendörfer 1951). – „Die äußeren Machtmittel sind nicht allein das Entscheidende. Zu einer Zeit, als Technik und Wissen weit hinter dem Gegenwärtigen zurückstanden, aber die Seele des deutschen Volkes reich und stark war, entstanden im christlichen Mittelalter ragende Dome und Kunstwerke von einer Schönheit, die heute noch die Welt mit Ehrfurcht erfüllt. (Lehr 1945, S. 12). „Wissenschaft und Kunst sollen sich frei entfalten und die Lehre echter Humanität, deren deutsche Künder der ganzen Menschheit gehören, sollen den sittlichen Wiederaufbau unseres Volkes tragen helfen." (Gründungsaufruf 1945). „Was uns in dieser Stunde der Not allein noch retten kann, ist eine ehrliche Besinnung auf die christlichen und abendländischen Lebenswerte. Die einst das deutsche Volk beherrschten und es gros und angesehen machten unter den Völkern Europas." (Kölner Leitsätze 1945).

11| Unser fester Wille ist es, eine soziale Ordnung aufzurichten, die der demokratischen Überlieferung der deutschen Vergangenheit ebenso entspricht, wie der Weite und dem Geiste des christlichen Naturrechts. (Kölner Leitsätze).

12| „Mit der Parole ‚Jugend kann nur durch Jugend geführt werden' hat er (i. e. der Nationalsozialismus) die Jugend verführt, der Achtung der elterlichen und kirchlichen Autorität beraubt und sie die schönsten Werte der deutschen Vergangenheit verlachen und verhöhnen gelehrt. Dann, ohne eigenen sittlichen Halt, verfiel sie dem Rassenhochmut, dem Machtrausch, teilweise der Verlotterung." (Frankfurter Leitsätze 1945)

13| „Mit besonderem Nachdruck bekennen wir uns zu einer inneren Läuterung unseres politischen Bewusstseins von militärischer Tradition und nationalistischen Vorstellungen. Wir müssen nicht nur die Nazi-Lehre von der Überlegenheit der germanischen Rasse überwinden, sondern auch die älteren Vorstellungen von der so genannten ‚Größe und Herrlichkeit' des Soldatentums und von der angeblichen Berufung Deutschlands zur politischen Vorherrschaft in Europa oder gar zur Weltherrschaft." (Frankfurter Leitsätze 1945) – „Sie (die Jugend) muß klar den Unwert des Militärischen und den Widersinn des Krieges erkennen und dem Idol eines Staates absagen, der nur sich selbst sucht und nicht dienen will." (ebd.). 1953 steht man dann allerdings zu „den deutschen Soldaten, die ihrer besten Überlieferung getreu, sich dem Volk in sittlicher Verpflichtung verbinden". (Hamburger Programm 1953).

14| „Wir wünschen keinen totalen Staat der Diktatur und menschlicher Überheblichkeit." (Lehr 1945, S. 5)

15| „Die Loslösung des Staatsbegriffs von der göttlichen Ordnung fand in der Französischen Revolution ihre stärkste Ausprägung. Diese Revolution gebar den Nationalsozialismus, der das vorige Jahrhundert beherrscht hat. Er hat das Denken der Menschen und der Völker in steigendem Maße beherrscht und sie nationalistisch gemacht. Der Nationalsozialismus brachte das erste große Unheil über fast die gesamte Menschheit in den napoleonischen Kriegen. Eine zweite Orgie feierte der Nationalismus im System des Nationalsozialismus. Er brachte Blut und Tränen, Zerstörung und Verderben in unendlichem Ausmaß. Einen dritten Höhepunkt nationalistischen Denkens erleben wir im heutigen Sowjetrussland, das ebenfalls jetzt schon unermessliches Leid über die Menschheit gebracht hat und, nach meiner Überzeugung, noch viel größeres Unheil über die Menschen bringen wird, wenn es nicht gelingt, ihm einen starken Damm entgegenzusetzen. Der Nationalismus, meine Freunde, gleichgültig wo und in welcher Form er auftritt, macht den Staat in jedem Volk zum Götzen. Eines der Grundprinzipien des Christentums ist aber die Liebe zum

Nächsten, die Achtung vor dem Nächsten. Dieses Prinzip gilt nicht nur für die Einzelmenschheit, es gilt auch für die Haltung eines Volkes gegenüber einem anderen Volke. Eben gegen dieses Prinzip des Christentums verstößt der Nationalismus und deswegen darf unser neuer Staat niemals wieder von einem solchen Nationalismus beherrscht werden." (Adenauer 1952, S. 3).

16| „Inmitten einer ihrem Grundgefüge erschütterten Welt und in einer in Ausmaß und Tiefenwirkung noch unvorstellbaren Wandlung aller Bereiche menschlichen Daseins erkennen wir im deutschen Zusammenbruch ein Gericht Gottes über unsere Gottlosigkeit, zugleich aber auch einen ebenso gnädigen wie ernsten Aufruf zu einer grundlegenden Erneuerung unseres gesamten Lebens." (zitiert nach Pütz, Humanismus, S. 148).

17| „Gott ist der Herr der Geschichte und der Völker, Christus die Kraft und das Gesetz unseres Leben. Die deutsche Politik unter der Herrschaft des Nationalsozialismus hat diese Wahrheit geleugnet und missachtet. Das deutsche Volk ist deshalb in die Katastrophe getrieben worden. Rettung und Aufstieg hängen ab von der Wirksamkeit der christlichen Lebenskräfte im Volk. Deshalb bekennen wir uns zum demokratischen Staat, der christlich, deutsch und sozial ist." (Leitsätze Rheinland/Westfalen 1945, S. 109).

18| „Jede Schuld verlangt Sühne. Mit den Schuldbeladenen leidet auch die große Zahl der Deutschen, die ihren Schild reinhielten." (Gründungsaufruf 1945).

19| „Die gegenwärtige Situation ist für eine Weltanschauungspartei, wie die CDU, besonders gefährlich. Es ist für sie von entscheidender Bedeutung, daß bei aller sachlichen politischen Arbeit nie das innere Gesetz vergessen wird, nachdem sie angetreten ist. Dieses innere Gesetzt ist die Forderung der geschichtlichen Stunde, daß die Christen beider Konfessionen in der Gestaltung der menschlichen Ordnung den göttlichen Geboten als den ewigen Fundamenten der menschlichen Gemeinschaft Gehör schenken und Gehorsam leisten; daß sie gleichzeitig alle diejenigen zur Mitarbeit aufrufen, die ohne konfessionelle Bindung in der Erfüllung dieser Gebote eine unentbehrliche Hilfe in der Überwindung des drohenden Chaos sehen." (Simpendörfer 151); vgl. auch Landesverfassung Bayern Präambel (1946): „Angesichts des Trümmerfeldes, zu dem eine Staats- und Gesellschaftsordnung ohne Gott, ohne Gewissen und ohne Achtung vor der Würde des Menschen die Überlebenden des zweiten Weltkrieges geführt hat, in dem festen Entschlusse, den kommenden deutschen Geschlechtern die Segnungen des Friedens, der Menschlichkeit und des Rechtes dauernd zu sichern, gibt sich das Bayerische Volk, eingedenk seiner mehr als tausendjährigen Geschichte, nachstehende demokratische Verfassung; vgl. auch Aufruf 1946.

20| „Es ist der Geist, der schließlich in bedrängter Schicksalsstunde von unseren Seelen Besitz ergriff und uns einmütig geloben ließ: Verbannt sei die Zwietracht unter den Christus, wir wollen uns aus dem gemeinsamen Glauben an Gott und Christus zusammenschließen, wollen die öffentliche Lüge verfemen und die politische Macht des Ungeistes zerschlagen, wollen ein Werk der Wahrheit, der Gerechtigkeit und des Friedens begründen." (Arnold 1945, S. 16).

21| „Das Recht der Eltern auf die Erziehung der Kinder muß gewahrt werden,; die Jugend in Ehrfurcht vor Gott, vor Alter und Erfahrung erzogen werden. Der von der Kirche geleitete Religions-Unterricht ist Bestandteil der Erziehung. Durch die verderblichen Lehren des Rassenhasses und der Völkerverhetzung hat Hitler Teile der Jugend vergiftet. Sie muß wieder zur Erkenntnis wahrer sittlicher Werte geführt werden. Wissenschaft und Kunst sollen sich frei entfalten und die Lehre echter Humanität, deren deutsche Künder der ganzen Menschheit gehören, sollen den sittlichen Wiederaufbau unseres Volkes tragen helfen." (Gründungsaufruf 1945)

22| *„Der Nationalsozialismus hat der Jugend die Wurzeln des gesunden Wachstums abgegraben. Er hat sie der Familie entfremdet, aus den kulturellen, morali- schen und religiösen Bindung herausgerissen, um, sie allein seiner Staatsver- götterung und seinem Imperialismus dienstbar zu machen [...] Wir wollen, daß die Jugend wieder gottesfürchtig werde, gehorsam und ehrfürchtig den Eltern, dem Alter, Lehrern und Trägern der staatlichen Autorität gegenübertrete daß sie sich als werdendes Glied des eigenen Volkes und der Menschheit fühle, und zwar im Bewusstsein ihrer guten Anlagen einerseits, ihrer Verantwortung und Aufgaben gegenüber Volk und Menschheit andererseits [...] Das Ziel der Neuerziehung muß sein, die echten republikanischen Tugenden zu wecken: Gerechtigkeit, Duldsamkeit dem Mitbürger gegenüber. Wahrhaftigkeit. Ge- meinschaftlichen Sinn und Achtung vor anderen Völkern und ihren Lebens- formen." (Frankfurter Leitsätze 1945).*

23| Vgl. *„Unsere Jugend soll wieder lernen, dass nicht Macht, sondern Geist die Ehre Deutschlands vor der Welt ausmacht. Wahrheit, Ehrlichkeit und Treue zu gegebenem Wort soll unser öffentliches Leben leiten." (Kölner Leitsätze 1945).*

24| *„Der Mensch ist berufen, in der ihn umgebenden Gemeinschaft seine Gaben in Freiheit und in der Erfüllung des christlichen Sittengesetzes zu seinem und der anderen Wohl zu entfalten." (Landesverfassung Baden-Württemberg Art. 1).*

25| *„Soziale Gerechtigkeit und soziale Liebe sollen eine neue Volksgemeinschaft beschirmen, die gottergebene Freiheit des Einzelnen und die Ansprüche der Gemeinschaft mit den Forderungen des Gemeinwohls zu verbinden weiß. So vertreten wir einen wahren christlichen Sozialismus, der nichts gemein hat mit falschen kollektivistischen Zielsetzungen, die dem Wesen des Menschen von Grund auf widersprechen. Unser fester Wille ist es, eine soziale Ordnung aufzurichten, die der demokratischen Überlieferung der deutschen Vergangen- heit ebenso entspricht, wie der Weite und dem Geiste des christlichen Natur- rechts. Im Glauben an den lebendigen Gott beugen wir uns seinen Geboten, den wahren und einzigen Stützen sozialer Ordnung und Gemeinschaft." (Kölner Leitsätze 1945); zum schon 1948 aufgegeben Begriff des „christlichen Sozialis- mus" vgl. Hars (Kapitel 1, Anm. 1), S. 96–107.*

26| *„Nur die Gerechtigkeit aus Gott, die in geistiger und materieller Hinsicht gleich stark wirkt, kann die enttäuschungsfreie und sichere Grundlage für den gesell- schaftlichen Neubau geben." (Arnold 1945, S. 22).*

27| *Lehr 1945, S. 5.*

28| *„In Erkenntnis dieser ewigen Wahrheit muß unser Streben nicht nur auf Tech- nik, auf äußeren Fortschritt gerichtet sein, sondern vor allem auf die innerliche Vollendung der Menschheit. Wir müssen unser privates Handeln und unseren Staatsapparat ausrichten auf ein überweltliches, ein letztes Ziel in Gott. Wenn wir uns heute zu neuer Staatsgesinnung in demokratischen Formen bekennen, dann müssen wir uns klar sein: äußere demokratische Formen sind verhältnismäßig leicht zu schaffen, namentlich, wenn die starke Macht der Militärregierung als Lehrmeister hinter uns steht, die von einem Volk ausgeht, das Demokratie in Jahrhunderten erprobt und zu hohen Formen in seinem Staatsleben entwickelt hat. Aber die äußere Form ist nicht das Wesentliche. Wesentlich ist der Geist, der sie erfüllt." (Lehr 1945, S. 5).*

29| *„Wir bekennen uns vorbehaltlos zur Kulturgemeinschaft der Menschheit, zu ihrer geistigen Verbundenheit, zu dem Gebote der Nächstenliebe, von der es in dem Buche der Bücher in so wunderbarer Sprache heißt: daß der Mensch ohne Liebe und Güte, der humanitätlose Mensch trotz allen Wissens und Kön- nens nichts ist als ein tönendes Erz und eine klingende Schelle. Für die gegen- wärtige Kultur der Menschheit ist das Christentum seit zwei Jahrhunderten das wirkungsvollste Band geistiger Gemeinschaft gewesen. Ich sehe kein besseres*

Band unter den verschiedenen Rassen, Völkern und Nationen auf unserem zukünftigen Wege als das einigende Band der Bekenntnis zum Christentum.
Nochmals deshalb christliche Demokratie. Klarheit über den Weg vor uns.
Wenn wir Deutschen uns zu dem Ideal des christlichen Ethos als dem völker-
einigendem Ideal bekennen, so müssen wir selbst mit gutem Beispiel vorangehen und im eigenen Haus uns unter dem Banner des christlichen Ethos einigen." (Lehr 1945, S. 7). — "In Erkenntnis dieser ewigen Wahrheit muß unser
Streben nicht nur auf Technik, auf äußeren Fortschritt gerichtet sein, sondern
vor allem auf die innerliche Vollendung der Menschheit." (Lehr 1945).

30| „Wir betrachten das lebendige Christentum aller Bekenntnisse als Grundlage
unseres politischen Handelns. Wir wollen vor allem die in Jahrhunderten bewährte christliche Auffassung von unschätzbarem Wert des einzelnen Menschen mit allen politischen Konsequenzen in unserem Volke wieder verwirklichen. Ferner wollen wir die aus dem Glauben geborene Hilfsbereitschaft aller
Christen für den tatkräftigen Dienst an unserem niedergebrochenen Volk ein-
setze. Da das christliche Menschenbild in wesentlichen Zügen das gleiche ist,
wie es auch viele Nichtchristen als das einer weltlichen Humanität vorschwebt,
werden auch sie mit uns zusammengehen können." (Frankfurter Leitsätze
1945).

31| Zum hochkomplexen philosophisch-theologischen Problem des (immer be-
grenzt gedachten) Freiheitsbegriffs, spez. zum Problem der Entscheidungsfreiheit, seit Antike/AT Roger Mehl/Alexander Schwan, TRE 11, Berlin / New
York 1983, S. 497–549 s. v. Freiheit.

32| „Sittlich/Sittlichkeit", das meint die Moralität sozialen Handelns, das sich dem
Prinzip, Gutes zu tun und Schlechtes zu meiden, selbstbestimmt unterwirft;
das setzt die Freiheit der Person als Träger individueller Sittlichkeit voraus
(Kant: innere Gesetzgebung nach dem „Gesetz der Freiheit"), allerdings mit
dem Gewissen als Korrektiv. Die Frage ist nur, warum ich mich dem Sittlich-
Guten verpflichtet sehen soll, wenn dahinter kein religiöser Anspruch besteht.

33| Vgl. Wolfgang Trillhaas, Dogmatik, 4. Auflage Berlin New York 1980, S. 230:
„Die göttliche Welt verpflichtet zum Guten. Und wenn auch, von unserer
modernen Erfahrung her geurteilt, eine Emanzipation der Ethik von der Religion denkbar und wirklich ist, so ist jedenfalls das Umgekehrte nicht denkbar,
dass eine Religion ohne Ethik, also ohne den Reflex eines Verhaltens denkbar
ist, das nicht auf das uns umschließende Sinngefüge der Welt bezogen wäre…
Schließlich aber gehört zum Bild dieser Religion, dass sie sich objektiviert, dass
sie sich in Glaubenssätzen, in Traditionen, Bräuchen, in Geboten und Ordnungen niederschlägt. Man kann die Jugend in sie einweihen. Man kann sie
lehren."

34| Vgl. Christine Teusch / Karl Abraham, Das christliche Bildungsideal, in: Bruno
Dörpinghaus / Kurt Witt (Hrsg.), Politisches Jahrbuch der CDU/CSU, 1. Jahr-
gang, Frankfurt/Main 1950, S. 25–33; Erwin Stein, Über die neue deutsche
Erziehung, in: ebd., S. 34–39. Man kann sich die Frage nach konkreten Bestimmungen „christlicher Werte" stellen. Natürlich lässt sich das inhaltlich
füllen, und solche Bestimmungen sind ja Inhalt Theologischer wie Sozialtheo-
logischer Ethiken bzw. Moraltheologien: die einfachste Grundlage (Minimalethik) bilden biblisch die 10 Gebote; hinzukommen das Doppelgebot der Liebe,
Jesu Stellung zur Ehe bis hin zu den paulinischen Haustafeln (1 Kol 3,18-4,1;
Eph 4, 4,23-6,9 als Gottesgebote); die Vermeidung, die Vermeidung klar ge-
nannter Laster des „Fleisches" (Gal 1 Kor 6,9f.; Kol 3,5f.; Gal 6,19-21), die
Forderung nach „guten Werken" usf.; manches ist freilich zeitbedingt (etwa
Stellung zur Homosexualität, die freilich in bestimmten Kreisen der Kirchen
noch heute Wirkung zeigt, oder zur Sklaverei). Aber solche, man mag sie auch

„bürgerliche" bzw. universale Werte humanen Zusammenlebens nennen, lassen nicht nur jüdisch-christlich nachweisen, sondern auch säkular, sind nicht „spezifisch christlich"; denn hier steht das Verhältnis zu Gott/Christus als Ausgangspunkt aller Ethik im Zentrum. Daher gibt es keinen „BGB der christlichen Gemeinde" (Rendtorff, a.a.O. I S. 117). S. weiter Trutz Rendtorff, Ethik Bd. I/II, Berlin / Köln / Mainz 1980; Martin Honecker, Einführung in die theologische Ethik, Berlin / New York 1990 (1); Ders., Grundriß der Sozial-ethik, Berlin/New York 1995 (2); alle notwendigen Hinweise bei Rudolf Smend / Wolfgang Schrage / Eric Osborne / Johannes Gründel / Trutz Rendtorff, TRE 10, Berlin / New York 1982, S. 396–517 s. v. Ethik, spez. S. 428, 434, 439f., 448 (zu Paulus), S. 501 (Kant: „Moral führt unumgänglich zur Religion …") und zuletzt Michael Wolter, Paulus, Neukirchen-Vluyn 2011, bes. S. 321.

35| *„Wer die Entartung des Menschen zur Bestie miterlebt – und wir allen haben es –, erkennt, wie weitgehend Liberalismus und marxistischer Sozialismus ihre Substanz und damit ihrem Glauben an sich selbst verlieren müssen." (Kiesinger 1951). – „Aber all das, wissenschaftlich-technischer Fortschritt, wie auch die Proklamation einer neuen Humanität, können nicht darüber hin-wegtäuschen, daß die vermeintliche Emanzipation der Menschen erkauft wurde durch eine fortschreitender Auflösung aller religiösen, sittlichen und geistigen Werte. Es bewahrheitet sich der Satz: Humanität – Menschentum – ohne Divinität führt zur Bestialität." (Simpfendörfer 1951).*

36| *Gerstenmaier 1957, S. 15.*

37| *Gerstenmaier 1957, S. 16.*

38| *Leider nicht mehr im Original erhalten und auch rasch wieder in der Versen-kung verschwunden war ein „Muster-Schulgesetz" der CDU in der britischen Zone vom Frühjahr 1950, dazu Hars (Kapitel 1, Anm. 1), S. 230–232.*

39| *„Wir sehen eine Staatsschule vor, die den jungen Menschen auf der Grundlage einer, aus den Werten der europäischen und deutschen Geschichte erwachse-nen, positiven humanitären Ethik bildet, eine Staatsschule, die nicht antichrist-lich und antikirchlich ist, sondern dem Geist des Christentums und anderen in unserem Bereich gewachsenen geistigen Strömungen offen steht." (Frankfurter Leitsätze 1945).*

40| *„Den christlichen Bekenntnissen erkennen wir das recht zur Errichtung und Führung eigener Privatschulen zu, andern weltanschaulichen Gruppen seien sie nicht verwehrt. Den Privatschulen sollen vom Staate verhältnismäßig die gleichen geldlichen Zuwendungen gemacht werden wie den Staatsschulen selbst; diese Schulen unterliegen in den profanen Fächern der Prüfung und staatlichen Kontrolle. Ihre Zeugnisse sind mit denen der Staatsschulen gleich-wertig. Wir erheben diese Forderung, weil wir glauben, daß nur der entschie-dene und auch aus der Kraft und Fülle einer religiösen und weltanschaulichen Bindung gebildete Mensch den Aufgaben des Lebenskampfes gewachsen ist und alle Möglichkeiten des Menschen ausschöpfen kann. In den Staatsschulen, nach Möglichkeit auch in den Berufsschulen, muß den Kindern nach Bestim-mung der Eltern die Möglichkeit des Religionsunterrichtes in kirchlichem Auf-trag geboten werden, Diese Grundsätze gelten sowohl für die Volksschule, wie auch für die höhere Schule." (Frankfurter Leitsätze 1945). „Das natürliche Recht der Eltern auf Erziehung ihrer Kinder ist die Grundlage der Schule. Dies gewährleistet die Bekenntnisschule für alle vom Staat aner-kannten Religionsgemeinschaften wie auch die christlichen Gemeinschafts-schule mit konfessionellem Religionsunterricht als ordentlichem Lehrfach." (Kölner Leitsätze / vgl. Leitsätze Rheinland/Westfalen 1945, S. 110).*

41| *Zum gescheiterten Kampf um das „Elterrecht" im Parlamentarischen Rat und zur weiteren Entwicklung s. Hars (Kapitel 1, Anm. 1), S. 207–218.*

AUF DEM WEG ZUR „REALISTISCHEN WENDE": DER 1. KULTURPOLITISCHE KONGRESS 1960

Wenn man mit dem 1. Kulturpolitischen Kongress 1960 eine „realistische Wende" verbinden kann, so bedeutet das zunächst nur, dass jetzt erstmals Fragen zur Verbesserung der Strukturen des Bildungswesens auf der Tagesordnung stehen, also Bildungspolitik im heute üblichen Sinne auch als Politik zur Setzung bzw. Verbesserung der Rahmenbedingungen des Systems verstanden wird. Dadurch verschiebt sich der Akzent von der bis dato als zentral propagierten christlich-sittlichen Vollendung der Person auf die Bewährung des Christen in der Welt und die individuelle wie gesellschaftliche Rolle des Bildungssystems. Auch der CDU konnte nicht entgehen, dass die „massenhafte Hinwendung zum Metaphysischen" nach 1945 „keine dauerhafte habituelle Veränderung des modernen säkularisierten Menschen" brachte[1], zumal das zunächst befürchtete „Chaos" nicht nur ausgeblieben, sondern durch einen positiv bewerteten Zustand überwunden worden war, mit dem Adenauer 1956 allerdings die „Gefahr der Sattheit" verband[2]. Und dass das Thema Bildung eine Eigendynamik entwickelte, die jetzt die Frage nach effizienten Strukturen aufwarf. Der vormalige nordrhein-westfälische Ministerpräsident Karl Arnold konstatierte im *Jahrbuch CDU/CSU 1957*, Deutschland falle angesichts der Entwicklung in der Sowjetunion wissenschaftlich zurück: „Für den Augenblick freilich müssen wir feststellen, daß wir im Hintertreffen sind – und zwar in der ganzen westlichen Welt [...] Wir müssen es uns eingestehen: Beim Aus- und Aufbau unserer Wirtschaft ist der Geist zu kurz gekommen [...] Wir haben in der Auffassungswelt der ausklingenden Kaiserzeit und der Weimarer Demokratie gelebt, in der es noch keine östliche Ideologie mit einer so auf Hochtouren geschraubten wissenschaftlichen Konkurrenz gab und glaubten deshalb, die Geistesarbeiter jenem alten Grundsatz zu überlassen, daß sich der Begabte sowieso durchsetzt und daß ein voller Magen der Geistesarbeit sowieso nicht allzu zuträglich sei."[3]

Denn natürlich wusste man immer um die ökonomische und sozialpolitische Bedeutung von Bildung, Wissenschaft und Forschung, aber diese Funktion wird erst jetzt, in der zweiten Hälfte der 1950er Jahre zum Thema, beschleunigt auch durch äußere wie innere Entwicklungen, den Wettstreit der Systeme, verschärft durch den Sputnik-Schock 1959, und den „Rahmenplan zur Umgestaltung und Vereinheitlichung des allgemeinbildenden öffentlichen Schulwesens" des Deutschen Ausschusses vom Februar 1959, der sich zwar noch ausdrücklich zur „Dreigliedrigkeit" des Schulwesens bekannte, damals noch nach Volksschule, Realschule und Gymnasium differenziert, aber eine Neugliederung anregte aus einer eigenständigen Grundschule, einer Förderstufe (Kl. 5–6; von der CDU zunächst abgelehnt[4], später als Orientierungsstufe übernommen) und einer Volksschuloberstufe, was 1964 dann zur Hauptschule als dritte weiterführende Schule neben Realschule und Gymnasium führte. Im Juni 1960 legte die Arbeitsgemeinschaft Deutscher Lehrerverbände (AGDL, bestehend aus GEW und BLLV) den sogenannten „Bremer Plan" vor, der erstmals die Einführung einer Gesamtschule forderte.[5]

Die Union war also nicht nur selbst in Bewegung, sondern wurde auch von außen geradezu gezwungen zu reagieren. So forderte der damalige Bundesminister Siegfried Balke auf dem Gelsenkirchener Kongress sogar ein Institut für „Forschung in technischen und wirtschaftlichen Bildungsfragen" v.a. auch mit Blick auf ausländische Entwicklungen. Wenn wir heute davon sprechen, dass unser Wohlstand auf dem Reichtum der Köpfe beruhe, so entspricht das der damaligen Formulierung, „die Tüchtigkeit des Volkes (sei) das Gold des Landes", wobei Tüchtigkeit natürlich von entsprechender Qualifikation abhängig ist, auch das wusste man damals genauso gut, wie man es heute weiß.

Dieser Realismus bezieht sich nicht nur auf die Redebeiträge des zweiten Teils des Kongresses, zu dem man auch Persönlichkeiten von außen herangezogen hatte und bei dem höchst moderne Töne zu hören waren: So diagnostizierte der damalige Präsident des Wissenschaftsrates, der Frankfurter Jurist Helmut Coing, eine auf Grund der technischen Entwicklung notwendig steigende und dem Aufstiegswillen entsprechende höhere Akademisierung der Gesellschaft, brachte das Argument von Kurzstudiengängen ins Spiel (s. heute Bologna-Prozess) und forderte den für damalige Verhältnisse massiven Ausbau der Universitäten.

Formuliert wurden aber auch „Grundsätze" (s. Anhang 2), manche naturgemäß zeitgebunden wie das neunte Volksschuljahr, die Ablehnung der Förderstufe, der Ausbau des Realschulwesens, Neugründung von Hochschulen, Lehrerausbildung an pädagogischen Hochschulen (heute nur noch in Baden-Württemberg) oder verbesserte Professorenbesoldung (damals Kolleggeldfrage). Manche überzeitlich weil bis heute in der Diskussion stehend wie die Verminderung der Klassenstärken (höchstens dreißig Schüler), die bessere personelle und sächliche Ausstattung der Hochschulen, Berufsausbildung für alle Jugendlichen usf.; wieder andere „Grundsätze" verweisen auf programmatische Kontinuität bis heute, so bei den Privatschulen: „Die Gründung und die Arbeit der Privatschulen müssen durch materielle Gleichstellung mit den öffentlichen Schulen ermöglicht werden." Oder Schulbildung „nach (seiner) Neigung und Eignung", also differenziert, damals noch dreigliedrig, aber von der Union bis heute durchgehalten. Betont werden „Elternrecht und Elternpflicht" und die „Gewissensentscheidung" der Eltern bei der Schullaufbahnwahl. Auch inhaltlich positioniert man sich: hier ist die Rede von den „freien Entfaltungsmöglichkeiten" der „christlichen Kräfte", die „im Erziehungs- und Bildungswesen (zu) gewähren" seien, von der Pflege der „kulturelle(n) Überlieferung des deutschen Volkes" und den „Erfordernissen der modernen Gesellschaft". Allen Schularten wird die Aufgabe zuteil, „sittliche Bildung sowie die Kenntnisse und Fähigkeiten zu vermitteln, die Beruf und Arbeit erfordern", und ersteres betrifft expressis verbis die Politische Bildung: „Politische Bildung muss vor allem sittliche Bildung sein. Sie hat der Stärkung der freiheitlich demokratischen Ordnung unseres Staatswesens und der Versöhnung der Völker zu dienen."[6]

Schon aus diesen wenigen inhaltlichen Festlegungen ist abzuleiten, auch das zieht sich ebenfalls bis heute durch, dass Bildung auch weiterhin mehr sein soll als rein ökonomisch ausgerichtet, dass Bildung als Primärziel, darauf deutet der Vorrang in der Formulierung hin, der Persönlichkeitsprägung im Sinne des oben skizzierten „sittlichen" Anspruchs (heute würde man „Wertevermittlung" sagen) zu dienen hat und dass der Vermittlung des kulturellen Erbes eine besondere Bedeutung zukommt, was ebenfalls im Sinne eines „übernützlichen" Bildungsbegriffs zu interpretieren ist.

1| *Gerhard Schulz, Die CDU – Merkmale ihres Aufbaus, in: Max Gustav Lange u.a., Parteien in der Bundsrepublik, Stuttgart und Düsseldorf 1955, S. 147.*

2| *Zitat: Christlich Demokratische Union Deutschlands, Bundesgeschäftsstelle (Hrsg.), 6. Bundesparteitag, 26.–29.4. 1956, Stuttgart / Hamburg o .J., S. 23.*

3| *Karl Arnold, Wird der Mensch durch die Technik überflüssig?, in: CDU/CSU (Hrsg.), Jahrbuch CDU/CSU. 3. Jahrgang, Recklinghausen 1957, S. 25f.*

4| *Abgelehnt 1960/1964; Anhänge 1; 4., dann als „Orientierungsstufe" auch in der CDU-Programmatik (Anhang 7), dazu auch Hars (Kapitel 1, Anm. 1), S. 253–255; 1993 erneut abgelehnt im Rahmen des G8 (Anhang 23).*

5| *Zu beiden Plänen Hanna Walz, Protestantische Kulturpolitik, Stuttgart/Berlin 1964, S. 8.*

6| *Dokumentation (Kapitel 1, Anm. 5), S. 227–230.*

UM DIE FREIHEIT DES MENSCHEN IN DER MODERNEN GESELLSCHAFT

Dieses „übernützliche" Verständnis belegen auch die Beiträge des ersten Tages des Kongresses; hier überlappen sich erkennbar die nach dem Krieg entwickelte Position zur Bildung als zentrales Element christlicher (Volks-)Erziehungsaufgabe, eine einschränkende Neujustierung des humanistischen Bildungsideals[1] und die soeben skizzierte „realistische Wende" zum Konkreten. Die Beiträge des gelernten evangelischen Theologen Eugen Gerstenmaier („Freiheit – wozu?"), des katholischen Theologen Bernhard Hanssler („Christentum – Humanismus – Neue Zeit") und des gelernten Altphilologen Bruno Heck („Bildung und Ausbildung in der modernen Gesellschaft") boten einen zeitdiagnostischen Dreiklang auf hohem Niveau, der sich grundsätzlich mit der Stellung des Menschen in der modernen Gesellschaft, insbesondere mit der Frage, wie seine äußere wie innere Freiheit zu gewährleisten sei, auseinandersetzte und dafür auf „die geheiligten Grundsätze weltanschaulicher Art" zurückgriff, wie Eugen Gerstenmaier im Rückblick urteilte.[2]

Wir können diese Reden hier nicht im Einzelnen wiedergeben und müssen uns auf ihren Ertrag zum Bildungsbegriff und zum Bildungswesen beschränken, wobei man auch noch einzurechnen hat, dass der Freiheitsbegriff, der alle Reden durchzieht, noch die historische Situation des Kalten Krieges

spiegelte. Aber es bleibt bis heute die Frage, wie in einer durchtechnisier-
ten, durchregulierten Welt, die vor allem ökonomischen Gesetzen unterliegt, wie diese Freiheit, zu der der Mensch berufen sei, gesichert werden
kann. Eugen Gerstenmaier wendet sich gegen die „Mode", die Sache
Kultur in den „Kategorien der Zahl, der Quantität, zu präsentieren. Wir
Christlichen Demokraten bleiben auch darin unserer Grundorientierung
treu, daß wir den Fragen der Kultur in erster Linie in den Kategorien
der Qualität, des Geistes und des Charakters, begegnen. [...] Niemand
kann uns weismachen, daß der größere Ausstoß an Akademikern und
Ingenieuren allein schon ein verläßlicher Beweis für die höhere Qualität
und Produktivität, geschweige gar für den geistigen und moralischen
Rang einer nationalen Kultur wäre". Kultur müsse auch „moralisch" sein.
Denn auch Freiheit bedeute nicht, dass der Mensch machen könne,
was er wolle, dass also der Mensch „sich selbst gehöre", in „gottloser
Ichbezogenheit". (Bildung als) Formung der Persönlichkeit durch Begegnung mit und Aneignung von „Kulturgütern" (hier beruft sich Gerstenmaier auf Theodor Litt) verlange „die Hingabe des Menschen", verlange
„Verehrung, ja Anbetung" eben dieser Kulturgüter, sie sind nicht nur
Mittel „um dem Kunstwerk der eigenen Persönlichkeit zu leben". So sehr
freilich Persönlichkeitsbildung ein „kunstvolles und mühsames Werk"
sei, darauf verzichten hieße, sich „vom Zug der Zeit" „formen und bilden"
zu lassen. Gegen die Folgen des Versorgungsstaates, neben dem Kommunismus die westliche Variante der Freiheitsbedrohung, setzt Gerstenmaier eine „Kultur der Arbeit" und daneben „so etwas wie eine Kultur
der Freiheit", die nur auf einer „zureichenden Allgemeinbildung" gründen
könne. In der Folge wendet sich Gerstenmaier gegen „Verschulung,
Diplomjägerei und ‚Wissen ist Macht'-Streben", plädiert für die Freiheit
von Forschung auch ohne „handfeste Nützlichkeiten", rechnet das handwerkliche Können und das Ethos in den Dienstleistungsberufen zu den
„Bastionen der kulturellen Freiheit" und fordert einen „richtigen Umgang
mit der Natur".[3]

An das prägnante Bekenntnis zur notwendigen Transzendenzbezogen-
heit des Menschen („Wir mißtrauen dem Bild des auf sich selbst gestellten Menschen, wir mißtrauen der noch so ideal entworfenen Humanität,
wenn sie nicht zur Divinität transzendiert, wenn sie nicht auf Gottesfurcht gründet") konnte Bernhard Hanssler direkt anknüpfen, der eben
diesen säkularen Humanismus und seine Spielarten historisch bis in das
18. Jahrhundert zurückverfolgte und gegenwartsbezogen dessen Karriere
in der DDR würdigte: Wie immer man ihn begründe oder zu „heilen"

versuche, die Frage sei doch, „ob diese Erneuerungsideen sich einwurzeln
können in den Herzen der Menschen, wie religiöser Glaube es kann".
Heute nach dem Glauben an „unbeirrten Fortschrittsglauben und einem
schon peinlichen Glücksoptimismus", bestehend in der „Bemeisterung
der Natur und in ihrer geistigen Überformung", bewege den Menschen
die „Frage nach dem Sinn des Menschseins mehr als die nach dem Sinn
des Schaffens", in das er dann doch wieder hinein flieht: „Sinnerfüllung
durch Sachleistung": „Sein Bildungssystem wird er dann immer noch
von den sächlichen Aufgaben her entwerfen, von der gesellschaftlichen
Funktion, nicht aber von der Idee der Selbstgründung des Menschen
her als der wahren Voraussetzung auch aller menschlichen Sachleistung,
[...] also: „Vorrang des Menschlichen (als übergreifender Instanz) vor
dem Sächlichen [...] Nur eine Bildung, die primär die Person entwickelt,
setzt den Menschen instand, das ganze System seiner Funktionen und
Aufgaben zu ordnen von einer leitenden Idee und einer führenden Kraft
aus." Die „Substanz des Menschlichen" ist die Freiheit, die sich freilich
erst in der Bindung konstituiert: „[...] *Bindung ist geradezu der eigentliche Akt der Freiheit*, denn Freiheit öffnet sich ihrem Wesen nach dem
sittlichen Anspruch und dem Anspruch des menschlichen und göttlichen
Gegenübers".

Am fragwürdigsten sei der Humanismus „herkömmlicher Art" dadurch,
„daß er Individualismus ist", wie er sich auch in der Humboldt'schen
Bildungsidee spiegle („künstlerisch gefärbter Individualismus des Stre-
bens", so Max Scheler). Der Mensch sei hingegen „auf das Du angelegt,
auf das menschliche wie auf das göttliche [...] Wer sich der religiösen
Begegnung verschließt, ist daher ein defekter Mensch, und wer einen
autonomen weltimmanenten Humanismus als Bildungsidee vertritt, der
vertritt eine defekte Menschenlehre." Bezogen auf Bildung bedeute dies:
„Wie wir den Menschen denken, so werden wir die Schule entwerfen.
Unsere Schule darf nicht mehr die alten schwärmerischen Träume weiter
nähren vom edlen Menschen, vom aufrechten Menschen, vom autonomen Menschen, vom natureingepaßten Menschen, vom prometheischen
Menschen, vom homo faber, vom sachen- und funktionsbezogenen
Menschen, vom schicksalhaft milieubestimmten Menschen, vom trieb-
bestimmten Menschen. In unserer Schule, unserer Bildungsidee und
unserer Bildungsorganisation muß zum Ausdruck kommen, daß der
Mensch sich versteht als geistbestimmt, was zumal die Freiheitsberufung
einschließt und daß er sich versteht als den zur Mitmenschlichkeit Beru-
fenen, was etwas sehr anderes ist als es alle Humanitätsschwärmerei und

alle Altruismus-Ideale vergangener Zeiten waren [...]" An die Figur der *„Freiheit in Bindung"* knüpfte wiederum Bruno Heck als dritter Redner an[4]: Was bedeutet Freiheit, was heißt Bildung unter den Bedingungen der industriellen Produktion, unter dem für sie geltenden Gesetz der rationalen Zweckmäßigkeit, dem „Gesetz der Sache", die den Menschen einerseits „in einen strengen Dienst genommen hat", andererseits seinen Freiheitsraum „bis an die letzte uns erkennbare Grenze ausgeweitet" hat? Ist der wissenschaftsbasierte Glaube richtig, der Mensch könne „vieles, ja das meiste und in Zukunft vielleicht alles machen und organisieren", ja er selbst könne „durch entsprechende Ordnungen vollkommen zivilisiert werden"? Weder kann der Mensch Geschichte vollenden noch sich dem „Gesetz der Sache" verweigern. Daher: „Daß er diesem Gesetz nicht verfalle, daß er es dienend in Freiheit erfülle und sich *dabei die Freiheit für sein individuelles Personsein wahre, das ist wie immer unsere Aufgabe geblieben.* Diese Aufgabe – und nur sie – kann und muß die Bildung bestimmen", auch zugunsten derer, die die geringsten, aber notwendigen Dienste verrichten: „Raum für das Menschliche auch in der modernen Welt", das „fordert eine bildende Ausbildung und ausbildende Bildung auf allen Stufen". Das Manko der neuhumanistischen Bildungsidee liege darin, „praktisch das Volk von der Bildung ausgeschlossen" zu haben. Dabei wird Bildung, die sich nicht nur auf die Arbeitswelt, sondern auch auf sinnvoll gestaltete Freizeit und auf das Leben in der Demokratie bezieht, immer wieder eine versittlichende Funktion zugeschrieben, „deren Wurzelboden die Religion ist", etwa: „Kenntnisse in Geschichte und Gesellschaftslehre, im Wirtschafts- und Sozialleben sind notwendig und nützlich; sie machen aber politische Bildung allein nicht aus. Politische Bildung muß auch sittliche Bildung sein; d.h. sie muß darum besorgt sein, die Familie, die Gesellschaft und den Staat in uns in Ordnung zu bringen", im Sinne von Pflichtgefühl und Verantwortungsbewusstsein. „Die Tüchtigkeit des Volkes (ist) das Gold des Landes", so formulierte Heck die ökonomische Bedeutung von Bildung, aber Bildung müsse zugleich gegen den „einseitigen Anspruch" stehen, „den Menschen zu verplanen und zu funktionalisieren. Deshalb ist Bildung, Allgemeinbildung und Berufsbildung, heute notwendiger geworden denn je, notwendiger in des Wortes wörtlicher Bedeutung, nämlich, um die Not in der Arbeit, die Not in der Freizeit, die Not im Staat und die Not des Staates zu wenden".

Diesem 1. Kulturpolitischen Kongress wurde im Rückblick nicht nur deswegen größerer Raum zugestanden, weil sich hier erstmals die in der unmittelbaren Nachkriegszeit ausbildende Gedankenwelt der CDU und ihre Vorstellungen von Kultur und Bildung, beide sozusagen „von oben her gedacht", mit konkreten Vorstellungen über die strukturelle wie inhaltliche Gestaltung des Schul- und Hochschulwesens verbinden, in die die Berufliche Bildung wie auch die Weiterbildung gleichwertig eingebunden werden, wobei sich in den folgenden programmatischen Äußerungen der Schwerpunkt auf letztere verlagert, ohne das erstere, den geistigen Unterbau wesentlich zu verändern. Gewiss, Begrifflichkeiten ändern sich; immer weniger gebräuchlich wird der damals noch beliebte Leitbegriff des „Sittlichen", der durch „Werte" (Wertebezug" o.ä.) ersetzt wird; abschwächt sich der volksmissionarische Ton, auch wenn man sich den Kampf gegen den Säkularismus weiterhin auf die Fahnen schreibt. Aber jetzt wird nicht mehr so sehr der Rückfall in die Inhumanität gefürchtet als vielmehr jene geistigen Erosionserscheinungen, die von Materialismus und Wohlstandsstreben ausgehen. Das „christliche Verständnis vom Menschen" dient daher primär zur eigenen Positionsbestimmung in Abgrenzung zu anderen Positionen (Liberalismus, Sozialismus, Kommunismus), der freilich eine höhere Binde- und daher Gestaltungskraft zugunsten einer echten „moralischen Kultur" zugeschrieben wird, während die anderen sich nur auf einen historisch freilich nicht sehr erfolgreichen Idealismus, sei er individuell oder kollektiv gedacht, berufen können.

1| *Nach einem Hinweis bei Hoffmann (Kapitel 1, Anm. 1), S. 333, Anm. 1, soll Bruno Heck geäußert haben, der Angriff gegen den Neuhumanismus sei auf „passive Resistenz in großen Teilen der eigenen Reihen" gestoßen. „Man kann, glaube ich, in diesem Punkt nicht von einem vollen Erfolg des Kongresses sprechen. Die Bildungsidee von Humboldt ist eine achristliche Bildungsidee. Der Humanismus soll aber nicht völlig beseitigt werden; er ist vielmehr vom Religiösen her aufzuwerten."*

2| *Protokolle (Kapitel 1, Anm. 1) 3, S. 895.*

3| *Dokumentation (Kapitel 1, Anm. 5), S. 8–30.*

4| *Ebd. S. 51–75.*

1962: HINWENDUNG ZUR BERUFSBILDUNG

Die damals einsetzende Tendenz zum Konkreten ohne Vernachlässigung des weltanschaulichen Fundaments, aber jetzt thematisch und zugleich schon wesentlich detailreicher auf die Berufsbildung eingegrenzt, prägt auch den 2. Kulturpolitischen Kongress „Bildung und Beruf in der modernen Gesellschaft" vom 4. bis 6. November 1962 in Augsburg[1], auf dem Ludwig Erhard und Theodor Maunz die Grundsatzreferate hielten, der sich aber auch nicht nur auf „Spezielle Vorschläge" zur strukturellen Verbesserung der Dualen Ausbildung, zur Beruflichen Weiterbildung/Erwachsenenbildung, zum Zweiten Bildungsweg bis hin zu sozialpflegerischen und sozialpädagogischen Berufen beschränkte (Anhang 3).

Vielmehr wies Kurt Georg Kiesinger, der neben Franz Josef Strauß und Josef Hermann Dufhues den Kongress eröffnete, gleich eingangs darauf hin, dass sich für die CDU als christliche Partei notabene in diesem Kontext zwei Fragen stellten: Einerseits die nach der Erhöhung der Qualifikation für die moderne Arbeitswelt, also die ökonomische Dimension von Bildung (die sich durch alle Reden hindurchzieht), andererseits, aber damit verbunden die Frage: „Wie bewahren wir ihn (sc. den Menschen) vor der geistigen und seelischen Verkümmerung, die ihm durch die moderne Arbeitswelt droht?"[2], was wiederum auf die Freiheitsthematik des Vorläuferkongresses zurückverwies. Für Strauß lag die Antwort in einer „möglichst umfassenden allgemeinen Bildung", Dufhues sah in der Bildungsfrage, auch und gerade in der „Beruflichen Erziehung", das zentrale Element „für eine sinnvolle Daseinsgestaltung": „Die Berufsbildung hat nicht die bloße Vermittlung technischer Fähigkeiten zu sein; sie muß den ganzen Menschen und seine vielfältigen Beziehungen zum Staat, zur Gesellschaft und zur Familie umfassen." Und daher müsse, so Ludwig Erhard, Berufsbildung verstanden werden „als Teil einer ganzheitlichen (der Begriff taucht hier m. W. zum ersten Mal auf) Menschenbildung", um „Kräfte und Persönlichkeiten zu wecken, die geistig und charakterlich befähigt erscheinen", den heutigen Anforderungen zu genügen. Daher: „Uns ist aufgegeben, die Bildung des Menschen heute und für die Zukunft in einem umfassenden Sinn zu fördern. Dieses *vorwiegend strukturell zu begreifende Bildungsproblem* zwingt uns, immer mehr geistiges Kapital nicht nur in den naturwissenschaftlich-technischen Bereichen, sondern auch in den geisteswissenschaftlichen Disziplinen zu investieren. Nur so wird der Mensch befähigt sein, sich aus der Versklavung durch den Fortschritt zu befreien und Gestalter und Beherrscher der Apparaturen zu bleiben. Der Mensch im Beruf mag indessen noch so leistungsfähig und erfolgreich sein, er ist damit doch kein vollgültiger Staatsbürger, wenn er nicht um seinen eigenen Standort in Wirtschaft, Gesellschaft und Staat weiß [...] *Unsere Bildungsbemühungen dürfen deshalb nicht vor der Wirtschaft* halt machen. Nur wenn es durch Allgemeinbildung gelingt, das Erkennen von wirtschaftlichen Abläufen, die Abhängigkeit der Leistung des einen von dem Einsatzwillen des anderen, die Wechselwirkung zwischen Lohn- und Preisbildung, Produktivität und Volkseinkommen, Wachstum und Stabilität – zusammenfassend also die ordnungspolitischen Zusammenhänge durch systematische Unterrichtung in den Volks-, Berufs- und höheren Schulen wesentlich zu vertiefen, schaffen wir *Wandel* [...] Der Stand der Allgemeinbildung in bezug auf alle Fragen wirtschaftlicher Art ist geradezu beschämend. Der Volks- und Mittelschüler bis hin zu den Oberschulen und Gymnasien erfährt zwar in einem rein formalistischen Sinn etwas von sogenannter Staatsbürgerkunde, aber von jenen Kräften, deren Zusammenwirken einmal sein Leben mitbestimmen wird, hat er kaum eine Ahnung. Wir müssen uns dessen bewußt werden, daß die Vermittlung von noch so viel Wissen die geradezu besorgniserregende Unbildung einer heranwachsenden Jugend in lebensentscheidenden Fragen nicht aufwiegt. [...] *Bildung*, Lehre, Ausbildung und Forschung werden immer erkennbarer zu Lebensfragen unseres Volkes."

In dieselbe Kerbe schlug Theodor Maunz („Berufserziehung als Men-
schenbildung"), der in Auseinandersetzung mit Humboldt den Dreiklang
Berufsbildung, Allgemeinbildung, Charakterbildung anschlug, die sich
„nur begrifflich trennen lassen. In der Wirklichkeit der Schule und des
Lebens sind sie aufs engste ineinander verwoben". Daher sind auch in der
Berufsbildung neben fachlichen allgemeinbildende Elemente vorzusehen.
Konkret nennt Maunz die „Ausdrucksfähigkeit in der Muttersprache",
Institutionen, denen „er verhaftet ist", aus der Vergangenheit heraus
verstehen, Politische Bildung („Die Rechte und Pflichten des Staatsbür-
gers, die großen politischen Institutionen, der Aufbau der modernen
Demokratie und das Wirken der politischen Parteien in ihr, das sind
Dinge, die dem Lehrling genauso wie anderen jungen Menschen von
einem bestimmten Alter an geläufig sein müßten. [...] *Politische Bildung
wird nur dann sinnvoll, wenn sie mit dem Leben in Zusammenhang*
steht und gewisse Triebkräfte im jungen Menschen weckt. Es genügt
nicht, daß er von den Dingen etwas weiß. Wichtiger ist es, daß er in die
Institutionen hineinwächst: Familie, Betrieb, politische Gemeinde, Staat,
Kirche sollten für ihn Gemeinschaften werden, zu denen er sich hinge-
zogen fühlt, die er als seine natürlichen Lebensbereiche empfindet und
die er bejaht. Von der Wissensvermittlung muß die Brücke zur Willensbildung geschlagen werden. [...] Die Briten werfen uns manchmal vor,
daß wir unsere Jungen und Mädchen zu guten Schülern erziehen; in ihren
Schulen sei es aber wichtiger, daß man zum guten Mitschüler erzogen
wird. Man könnte entsprechend sagen: Es genügt nicht nur die Erziehung
zum guten Arbeiter – mindestens ebenso wichtig ist die Erziehung zum
guten Arbeitsgefährten. Die Kenntnisse über die Verflochtenheit der
modernen Gesellschaft sind nur dann fruchtbar, wenn sie sich in die Tat
umsetzen und den Geschulten unmittelbar zu einem echten mitmenschlichen Verhalten veranlassen."), Erziehung des Körpers und Zugang zum
Musischen, religiöse und ideelle Bildung: „Nötig ist aber auch ein Wort
zum Letzten und Tiefsten: Was wollte der Heranwachsende mit all seinen
Begabungen und Fähigkeiten anfangen, wenn er nicht wüßte, welchen
Standort er in der Welt hat und wie er zu Gott steht? Die religiöse Bildung wird deshalb immer die Krönung aller Menschenbildung sein müssen, und auch eine Berufserziehung können wir uns nicht vorstellen,
ohne daß der junge Mensch immer wieder erfährt, welches der Grund
und das Ziel seines Daseins sind. Wie will ein Mensch bestehen, in dem
nicht der Sinn für die Werte des Sittlichen und Heiligen ausgeprägt ist
und wach gehalten wird?" Vor diesem Hintergrund konnten Bruno Heck
und Kurt Georg Kiesinger abschließend noch einmal unterstreichen, im

Anschluss an Alexis de Tocqueville, dass nur die Kombination von Christentum und Moralität freiheitssichernd sei, „Freiheit ohne Religion (ist) auf die Dauer nicht möglich und vor allem nicht fähig, die vielfältigen Gefährdungen gerade in der modernen Welt zu bestehen" und konnte Kiesinger grundlegende Differenzen markieren: „Unser Freiheitsbegriff [...] ist von einer ganz anderen Qualität. Weithin lebt das liberalistisch rechtsstaatliche Denken immer noch von dem Grundgedanken Montesquieus, der die politische Freiheit des Bürgers in jener, wie er sagte, Ruhe des Geistes sah, die aus dem Bewußtsein stammt, daß jeder seine Sicherheit habe. Dieser formal negative Freiheitsbegriff war zweifellos für die konstitutionelle Entwicklung, für die Entwicklung des Rechtsstaates in der Welt von der allergrößten Bedeutung, und wir wollen den großen Beitrag Montesquieus, den er zur institutionellen und konstitutionellen Sicherung des Rechtsstaates geleistet hat, gewiß nicht schmälern. Aber die Sache hat auch eine andere Seite. Erst uns, in diesem Jahrhundert, ist ganz deutlich geworden, daß *Freiheit ohne ganz bestimmten Inhalt* eine sehr große Gefahr sein kann. [...] *Als ob eine wertneutrale Demokratie wirklich existieren könne*. Ich habe oft an Gustav Radbruchs erschütterndes Beispiel erinnert, der das sein Leben lang gelehrt hat und erst nach der Katastrophe sich zu dem Bekenntnis durchrang, daß Demokratie keine wertneutrale Gesinnung ertragen könne, sondern daß sie eine besondere Gesinnung, die der Freiheit als Pflanzstätte der Persönlichkeit verpflichtet sei, voraussetze. Wir müssen also in der Demokratie nach gemeinsamen Werten suchen. Nur wenn es solche gemeinsamen Werte gibt, dürfen wir hoffen, daß sie Bestand hat. [...] Es ist kein Wunder, daß die großen Theoretiker des modernen Staatswesens, wie Montesquieu und Jacques Rousseau [...] darauf hingewiesen haben, daß Demokratie nicht existieren könne ohne die ‚Vertue' ihrer Bürger. Ich kann ‚Vertue' nicht mit dem Worte Tugend übersetzen, es trifft nicht ganz, die römische ‚virtus' lebt ja darin weiter, Gesinnung und Tüchtigkeit für den Staat. Und wer das vergißt, wer glaubt, die Freiheit wäre nur ein leerer Raum, in dem sich das Individuum bewegen könne, wie es wolle, ohne irgendwelchen Werten verpflichtet zu sein, der spricht der Demokratie das Todesurteil."

1| Dokumentation: Bundesgeschäftsstelle der Christlich Demokratischen Union Deutschlands (Hrsg.), Bildung und Beruf in der modernen Gesellschaft. Zur Kulturpolitik der CDU/CSU, Bonn 1963.

2| Noch sehr viel tiefer hatte beim 1. Kongress 1960 Karl Abraham das Thema Berufsbildung betrachtet: „Um die Probleme der modernen Kultur möglichst objektiv erfassen zu können, ist es vielmehr notwendig, sie durch das Mittel der theoretischen Abstraktion von allem Nebensächlichen und Zufälligen zu befreien und dadurch ihren eigentlichen Kern herauszuarbeiten. [...] Es wird dabei von einigen Fundamentalaussagen über den Sinn und die Bedeutung einerseits des Wirtschaftens und andererseits der Erziehung ausgegangen. Der Zusammenhang zwischen Wirtschaft und Erziehung kann nur dann richtig erkannt werden, wenn er aus einer anthropologischen Gesamtsicht betrachtet wird. [...] Es wird daher hier ausdrücklich festgestellt, daß die folgenden Ausführungen auf den Aussagen der christlichen Anthropologie über die Natur des Menschen beruhen. Wenn andere philosophische Grundvorstellungen von den Menschen den Ausgangspunkt der Überlegungen bilden, dann bewirkt ein solcher Unterschied in den Prämissen eine grundsätzlich andere Auffassung von den Beziehungen zwischen Wirtschaft und Erziehung und dadurch auch von dem Sinn der modernen Berufsbildung. [...] Wer danach strebt, auch in dem Bereich der wirtschaftlichen Erziehung christliche Prinzipien zu verwirklichen, der darf sich nicht darauf beschränken, die Beachtung bestimmter sittlicher Grundsätze bei der praktischen Gestaltung der pädagogischen Prozesse zu ordern, denn er würde damit nicht bis zum Kern der Problematik vordringen. Er muß vielmehr zuerst die Frage stellen, wo Wirtschaft und Erziehung in dem Seinsgefüge des einzelnen Menschen und der menschlichen Gesellschaft ihren Platz haben und wie sie miteinander und mit den anderen Bestandteilen der menschlichen Natur so verbunden sind, daß sie konstitutive Elemente der Ordnung der menschlichen Existenz bilden."

1964: SCHWERPUNKT AUF SOZIALEM AUFSTIEG UND ÖKONOMISCHER BEDEUTUNG

Gegenüber diesem noch als zumindest gleichgewichtig einzuschätzenden Anteil allgemeiner Reflexion, in die das Christentum noch sehr prominent eingebunden ist, und konkreten Vorstellungen zur Qualitätsverbesserung der beruflichen Bildung hat sich auf dem 3. Kulturpolitischen Kongress (9. und 10. November 1964; Anhang 4) „Bildung in der modernen Welt" in Hamburg (der übrigens erstmals auch die Kultur im engeren Sinne einbezog und bei dem kein Geringerer als Siegfried Lenz mitdebattierte) der Schwerpunkt jetzt deutlich auf Bildung als Vehikel sozialen Aufstiegs und ihre ökonomische Bedeutung vor allem im internationalen Wettbewerb verschoben, erhält der Bildungsbegriff eine klare gesellschaftspolitische Funktion, sicher auch unter dem Eindruck des Kassandra-Rufs von Georg Picht „Die deutsche Bildungskatastrophe" (1964), dessen düsterer Diagnose man sich dann allerdings doch nicht anschließen wollte.[1]

Aber damit setzt zugunsten einer „aktiven modernen Bildungspolitik" (Ludwig Erhard) eine Epoche intensiver „technokratischer" Reformen und noch vielfältigerer Reformvorschläge ein, bei denen sich CDU und SPD geradezu überbieten, schon vom Umfang her mit dem Anspruch umfassender Regelungsdichte; auf Unionsseite verbunden mit

Namen wie Bernhard Vogel, Wilhelm Hahn, Hans Maier, Hanna Renate Laurien, bei der SPD mit Carl-Heinz Evers, Ludwig von Friedeburg, Peter von Oertzen, Jürgen Girgensohn.

Es stimmt also nicht: „1968" war kein Auslöser, sondern nur ein Beschleuniger und schlug sich weniger in Strukturen nieder (hier ging es letztlich nur um Mitbestimmung/Paritäten), als vielmehr in der Fächerkultur und in der Personalpolitik.[2] Denn auch in der CDU huldigte man der Überzeugung von der tiefgreifenden Reformnotwendigkeit für das Bildungswesen, auch mit Blick auf das Ausland: Bundeskanzler Kurt Georg Kiesinger brachte es 1967 wie 1964 schon der nordrhein-westfälische Kultusminister Paul Mikat (Anm. 4) auf den Punkt[3]: „Wer vergleichbare Verhältnisse im Ausland kennt, der weiß, daß wir mit dem bisherigen System – von der Volksschule an bis hin zu den Universitäten – auf Dauer nicht mehr weiterkommen. Das wäre eine Aufgabe vor allem für die CDU. Wenn wir glauben, uns den Luxus leisten zu können, noch einmal zehn Jahre lang mit einem veralteten Erziehungswesen weiterknarren zu können, dann werden wir eines Tages böse aufwachen. Ich appelliere deshalb an den Bundesvorstand der CDU, hier in seinen programmatischen Bemühungen besonders energisch zu sein."[4]

Zwar erinnerte Josef Hermann Dufhues, der damals auch den Begriff der „Bildungsgesellschaft" prägte (heute: „Bildungsrepublik"), in der Einleitung des Kongresses daran, es könne „der Politik der Union nicht darum gehen, den Menschen für gewisse technische Funktionen im Produktionsapparat einer Gesellschaft zu drillen. Unsere Politik hat immer und zuerst den Menschen zum Inhalt und zum Ziel. Ich meine, wir sollten nicht zu gebildet werden, um diese einfache Wahrheit wie so viele andere einfache Wahrheiten aus dem Auge zu verlieren.

Dem Menschen zu einer sinnvollen Daseinsgestaltung zu verhelfen, ihn unter seine ewige Bestimmung zu stellen und die Menschenwürde zu einem bestimmenden Faktor unseres Lebens zu machen, ist nicht zuletzt auch eine Bildungsfrage".

Und auch der bayerische Kultusminister Ludwig Huber mahnte: „Bei uns steht im Mittelpunkt aller Bemühungen um Bildung und Ausbildung der Mensch um seiner selbst willen, die freie Persönlichkeit in ihrer Würde. Ihre Aufgabe ist es, den Sinn ihres Daseins zu erkennen und zu erfüllen in einer personalen Einmaligkeit und geschichtlichen Unwiederholbarkeit.

Wer die außerweltliche, übernatürliche Garantie dieser Menschenwürde nicht kennt und die Aufgabe des Menschen – in der Entfaltung seiner Anlagen eine übernatürliche Daseinserfüllung zu gewinnen – außer Betracht läßt oder gar ablehnt, der entfernt den Menschen aus dem Mittelpunkt der Bildung und macht ihn zum fremdgesteuerten Objekt gesellschaftlicher und politischer Prozesse. Daß der Mensch Mensch bleibe, daß er in Würde und Freiheit leben, sein Dasein meistern und sein Heil gewinnen könne auch in einer veränderten technisierten Umwelt, in einer ungewissen Zukunft, das ist das erste und oberste Ziel."[5]

Schon aus diesen wenigen Sätzen lässt sich ableiten, dass man sich vom vorangegangenen Transzendenzbezug *als Zentrum* der Bildungspolitik der Union endgültig gelöst hat, auch wenn Huber noch auf die Transzendenzbegründung der Menschenwürde abhob. Hanna Walz ließ jedenfalls 1964 erkennen, dass „die Überzeugung, mit Hilfe der Kulturpolitik nicht nur das Wohl, sondern auch das Heil des Menschen besorgen zu müssen", gescheitert sei.[6] Bildung erhält jetzt das Ziel der Befähigung zu positiver Lebensbewältigung, ergänzt um die internationale ökonomische Selbstbehauptung. Denn das eigentliche Thema war die zu sichernde Leistungskraft der Wirtschaft, und darauf konzentrierte sich auch Ludwig Erhard in seiner Abschlussrede, in der er letztlich den Satz aus seiner Regierungserklärung vom Oktober 1963 fortschrieb: „Es muß dem deutschen Volk bewußt sein, daß die Aufgaben der Bildung und Forschung für unser Geschlecht den gleichen Rang besitzen wie die soziale Frage für das 19. Jahrhundert."[7] Zwar forderte der Kongress in seinen Empfehlungen, die „Hebung des Niveaus auf allen Stufen" müsse sich mit Weckung und Bildung „sittlicher Verantwortung", also einer „Erziehung zur Verantwortung vor Gott und den Menschen" verbinden. Der damalige Bundeskanzler wies darauf hin, Kulturpolitik müsse „Ausdruck einer geistigen Haltung", die „persönliche Existenz und Verantwortung in Staat und Gesellschaft (müsse) gewahrt" und der Mensch müsse durch ein „umfassendes Weltbild" geleitet sein, aber das Interesse und der Schwerpunkt Erhards, der sich ausdrücklich gegen das Humboldt'sche Bildungsideal aussprach, lagen auf der Bedeutung von Bildung für die ökonomische und soziale Zukunft des Landes: „Kulturpolitik in der modernen Industriegesellschaft läßt sich [...] mit Erfolg nur dann treiben, *wenn man sie in eine systematische Beziehung zur Wirtschaft und zur sozialen Struktur setzt*", das ist der Schlüsselsatz für diese Tendenz, auf die auch die Vorschläge verweisen, die teils zeitgebunden sind, wie etwa der programmierte Unterricht oder das Sprachlabor usf.

als moderne Unterrichtsmethoden oder das dezidierte Bekenntnis
zur damals en vogue befindlichen Bildungsplanung[8], teils aber auch
vorausweisen wie damals schon geforderte *Steigerung der Abiturienten-*
zahlen (was Adenauer noch ein Greuel gewesen wäre, aber natürlich
nicht „auf Kosten des Niveaus") oder neben dem üblichen Halbtagsunterricht vor allem in ländlichen Gebieten *zusätzlicher Unterricht, um Unter-*
schiede des familiären Bildungsmilieus auszugleichen, was die heutige
Ganztagsschule vorwegnimmt; es fehlte nur noch das Argument von der
notwendigen Beruftstätigkeit der Frau, obwohl man auch dieses Faktum
schon im Blick hatte.

Mit dem „Berliner Programm" in seiner ursprünglichen Fassung von
1968 (s. Anhang 5) wird die doppelte Funktion von Bildung jetzt wie folgt
definiert: „Ein leistungsfähiges Erziehungs- und Bildungswesen muß
das Recht auf Bildung des einzelnen so verwirklichen, daß er seine Persönlichkeit nach Begabung und Leistung voll entfalten kann und den
Anforderungen der Gesellschaft gewachsen ist. Diese Bildungspolitik
muß vorausschauend geplant und gestaltet werden [...] Abschlußzeugnisse müssen europäische Anerkennung finden [...] Ganztagsschulen
und Schulen mit Tagesheimen müssen vermehrt angeboten werden [...]
Die Studienzeiten müssen verkürzt werden. Zudem nimmt die CDU
Abschied von der von ihr bislang favorisierten konfessionellen Bekennt-
nisschule: „Neben den christlichen Gemeinschaftsschulen können Be-
kenntnis- und bekenntnisfreie Schulen dort rechtlich und materiell ermöglicht werden, wo Eltern dies in ausreichender Zahl für ihre Kinder
wünschen."

1| *Dokumentation: Bundesgeschäftsstelle der Christlich Demokratischen Union*
Deutschlands (Hrsg.), Bildung in der modernen Welt, Bonn 1965.
2| *Nur zur Erinnerung: Die beiden großen bildungspolitischen Grundwellen der*
1960er Jahre, die ökonomisch induzierte (Georg Picht 1964) wie auch die
sozialpolitisch begründete (Ralf Dahrendorf 1965), führten dazu, dass der
Ausbau des Bildungswesens und die Beseitigung diskriminierender Faktoren
unter dem Stichwort „Ausschöpfung der Begabungsreserven" (was zumindest
auf deren Begrenzung verwies) zu einem Allgemeingut der bildungspolitischen
Debatte wurden, es also nicht erst „68" bedurft hätte, um umgesetzt zu wer-
den, und zwar in allen parteipolitischen Richtungen. Schulpolitische Projekte,
die jetzt relevant werden, waren längst vorgedacht: Die später zwischen SPD
und CDU immer wieder umstrittene Orientierungsstufe, als Förderstufe schon
1959 im „Rahmenplan" des Deutschen Ausschusses für das Erziehungs- und
Bildungswesen vorgesehen, ging 1970 in den „Bildungsplan" des Deutschen

Bildungsrates ebenso ein wie in den Bildungsgesamtplan der Bund-Länder-Kommission von 1973. Sie ist also ebensowenig ein „68er"-Produkt wie die Ganztagsschule – ein erster Modellversuch startete 1968 – oder die Gesamtschule (den Begriff prägte schon 1963 der West-Berliner Schulsenator Carl-Heinz Evers), die der Deutsche Bildungsrat bereits 1969 als Modellversuch vorsah, auch damals schon mit dem auch heute wieder so beliebten Blick ins Ausland: erinnert sei nur an Hildegard Hamm-Brüchers bildungspolitischen Report „Aufbruch ins Jahr 2000" von 1967. Die erste Gesamtschule wurde 1967 in NRW eingerichtet, ab 1968 in Berlin; heute taucht die alte Debatte unter dem Stichwort „Gemeinschaftsschule" und mit Blick auf Finnland wieder auf. Die wieder zurückgedrehte Oberstufenreform wurde zwar erst 1972 beschlossen, aber schon die Saarbrücker Rahmenvereinbarung von 1960 sah eine deutliche Verringerung der Leistungsanforderungen durch Fächerkonzentration vor. Auch wenn die erste Gesamthochschule erst 1971 unter dem hessischen Kultusminister Ludwig von Friedeburg in Kassel entstand und 1972 in Nordrhein-Westfalen als „praktisches Reformmodell" fünf Gesamthochschulen in Duisburg, Essen, Paderborn, Siegen und Wuppertal gegründet wurden, außerdem die Fernuniversität-Gesamthochschule Hagen, die heute alle zu Universitäten mutiert sind – diskutiert wurden Pläne zum Aufbau von Gesamthochschulen seit Mitte der 1960er Jahre in mehreren Bundesländern, unter anderem in Baden-Württemberg (Dahrendorf-Plan) und Berlin (Evers-Modell). Mit dem im Oktober 1968 von den Ministerpräsidenten der Länder verabschiedeten „Abkommen zur Vereinheitlichung auf dem Gebiet des Fachhochschulwesens" wurde die Fachhochschule als eigenständige Einrichtung des Bildungswesens im Hochschulbereich definiert; ihr Ausbau begann 1969. Feststellen lässt sich daher, dass der quantitative Ausbau des westdeutschen Bildungswesens hin zu immer höheren Abschlussformen nichts mit „68" zu tun hat, sondern ökonomisch wie sozialpolitisch längst induziert war.

3| *Protokolle (Kapitel 1, Anm. 1) 5, S. 718.*

4| *Vgl. schon Adenauers Bemerkung vom 10. Mai 1962 (Protokolle [Kapitel 1, Anm. 1] 3, S. 267): „ [...] der Schulunterricht in der Bundesrepublik ist hundsmiserabel. Hier in der Universität Bonn werden Klassen eingerichtet, damit die jungen Leute, die dahin kommen, im ersten Semester Deutsche Geschichte und Latein lernen", um anschließend auf die Franzosen zu verweisen, die „an Bildung und Können weit über uns stehen" und die daher nach Adenauer in zehn Jahren „ein sehr viel höherstehendes Land als wir" seien. „Weil letzten Endes auch die wirtschaftliche Produktion auf dem Wissen und Können der Menschen beruht, wird es mehr und besser produzieren als wir." Mikat formulierte 1964, der „gegenwärtige Stand unseres Bildungs- und Erziehungswesens (genügt) den Anforderungen, die heute und morgen gestellt werden, nicht mehr", zit. nach Hoffmann (Kapitel 1, Anm. 1), S. 273. Dazu eine kleine Debatte aus dem 3. Kulturpolitischen Kongress, Helmut Thielicke: „Wenn das, was ich bisher sagte, ein wenig staatsfromm geklungen haben mag, dann wird es im nächsten Augenblick anders. Ich denke an einen Beschluß, den die Ministerpräsidenten kürzlich gefaßt haben, um den Griechischunterricht an humanistischen Gymnasien zu reduzieren. Dieses habe ich nicht nur sehr bedauert als jemand, der von Hause aus Humanist ist und sich einbildet, daß diese Art der humanistischen Tradition ein sehr wesentlicher Träger unserer Kultur sei. – (Beifall) – Mich hat das auch nicht deshalb beunruhigt, weil die Leute die Verba auf ‚-mi' nicht mehr so gründlich lernen, sondern weil mir – und jetzt wäre ich froh, wenn ich widerlegt würde – in dieser Entscheidung der Ministerpräsidenten ein Verhältnis zur Kultur sichtbar zu werden scheint, das ich für verhängnisvoll halte. Man möchte offenbar in einer unmittelbaren Weise*

die Menschen „funktionstüchtig" machen. Der Ton liegt dabei auf „unmittel-
bar". Das kann man natürlich viel schneller mit Englisch (was die jungen Leute
übrigens auch lernen sollen). – (Heiterkeit und Beifall) – Der Weg über das
Griechische und über den Anschluß an die althellenische Kultur ist natürlich ein
Umweg. Aber der Satz, daß die Gerade die kürzeste Verbindung zwischen zwei
Punkten sei, gilt wirklich nur in der Mathematik, nicht in der Kultur. – (Beifall)
– Ich finde jenen Beschluß deshalb so verheerend, weil mir hier ein bestimmter
Begriff der Funktionstüchtigkeit des Menschen sichtbar zu werden scheint, der
(wenn ich sage: „mich an den Osten erinnert", dann klingt das ein bißchen all-
zu bombastisch; ich möchte den Vergleich nicht in die billige Schwarz-Weiß-
Manier abgleiten lassen) jedenfalls unseren Traditionen widerspricht."

5| Zitate Dokumentation (Anm. 1), S. 3.45f.
6| Walz (Kapitel 5, Anm. 5), S. 108–129.
7| Zitiert nach: Ludwig Erhard, Politik der Mitte und der Verständigung. SD
aus dem Bulletin des Presse- und Informationsamtes der Bundesregierung
Nr. 186/1963, S. 22.
8| Dazu s. Hans Maier, Können Bildungspolitiker planen?, in: Horst Dreier /
Dietmar Willoweit (Hrsg.), Wissenschaft und Politik, Stuttgart 2010, S. 150–
162.

1969: „LEISTUNGSFÄHIGKEIT DER GESELLSCHAFT"

Die Tendenz, die gesellschaftspolitische und ökonomische Funktion von Bildung immer deutlicher in den Vordergrund zu stellen, setzt sich auf dem 4. Kulturpolitischen Kongress (28. Februar–1. März 1969) in Bonn-Bad Godesberg[1] mit den ihm zugrundeliegenden, aber nicht verabschiedeten „Deidesheimer Leitsätzen" (Anhang 6), in denen vor allem die Hochschulreform im Mittelpunkt stand, fort, die lapidar mit dem Satz einleiten: „Bildung und Ausbildung bestimmen die Entfaltungsmöglichkeit des einzelnen und sind Grundlage für die Leistungsfähigkeit der Gesellschaft" (das entspricht genau dem Berliner Programm, s.o.), oder wie es Huber in seiner Kritik an der Gesamtschule auf die einfache Formel brachte: „Wir aber müssen Bildung um unserer Kinder willen und im Interesse unserer nationalen geistigen Wettbewerbsfähigkeit betreiben und nicht zur Herstellung einer simplen sozialistischen Gesellschaftsordnung", die also individuellen Lebenserfolg und nationale ökonomische Selbstbehauptung mit dem „Grundrecht Bildung" verbinden, die Herstellung von „Chancengleichheit beim Zugang" fordern und eine Fülle konkreter Verbesserungsvorschläge für alle Bereiche des Bildungswesens, vom Kindergarten über die „gegliederte Leistungsschule" bis zur Bildungsplanung, anschließen. Immerhin wurde schon damals die *Verringerung der Gymnasialzeit auf acht Jahre angestrebt*. (Zi V 6).

Damit haben sich die grundsätzlichen Positionen der Union zu Bildung und Bildungspolitik im Vergleich zu Gelsenkirchen 1960, schon weniger noch zu Augsburg 1962 deutlich verschoben in Richtung des seitdem durchgängigen Dreiklangs der Funktionen von Bildung: Entfaltung der individuellen Persönlichkeit und Ausstattung für ein Leben in (innerer wie äußerer) Freiheit, zugleich verbunden mit der Bereitschaft zur Übernahme persönlicher und gesellschaftlicher Verantwortung, und als Beitrag zur internationalen Wettbewerbsfähigkeit. Darauf hoben der damalige Generalsekretär der CDU Bruno Heck einleitend und abrundend Bundeskanzler Kurt Georg Kiesinger ab: „Es geht um den Menschen von heute und um seine Chancen von morgen; er soll seine Bildung und Ausbildung erhalten, die seine Anlagen und Fähigkeit voll entfaltet, ihn zur Verantwortung in Gesellschaft und Staat reif macht und ihm genügend Einsicht in Zusammenhänge der Welt vermittelt, damit er den Dingen und der Gesellschaft nicht zum Objekt werde. Das wollen wir nicht für eine Elite, nicht für Wenige, das wollen wir für alle Bürger in diesem Land.", so Heck. Wie gelingt es, das ist Kiesingers Frage, „in den Zwangsläufigkeiten der modernen, technischen und künstlichen Welt dem Menschen die Fähigkeit der Freiheit (zu) bewahren, und zwar die innere Freiheit, ohne die in der Tat nicht mehr das Gefühl haben kann, eine solche Welt lohnt".

Unsere Politik müsse mit dafür sorgen, „daß der Mensch mit seiner Welt fertig wird, fertig wird *eben nicht nur, indem er sie materiell meistert, sondern fertig wird, in dem er sie nicht nur so aushält, daß er ein Leben in Freiheit und Würde zu führen vermag, sondern daß er sie in den besten Fällen meistert, im allerbesten Fall souverän meistert. Das ist das, was wir unseren Menschen mitgeben müssen.* Das wird natürlich ganz verschieden aussehen, wo immer der einzelne versteht. Für die schlichte Existenz heißt das soweit zu kommen. daß sie in der Lage ist, ein *kritisches Verhältnis* zu dieser Welt zu entwickeln, das Wesentliche zu sehen und sich danach zu entscheiden, wo immer Entscheidungen zu treffen sind: im persönlichen Leben, in der Familie, der Nachbarschaft, in der Gemeinde, als Staatsbürger wie auch als Weltbürger. Das geht dann hinauf bis auf die Höhen philosophischer Weltdeutung und Staatsführung." Und er betont am Ende seines Beitrags, die *Bedeutung der Tradition und der Geschichte für die Kultur eines Volkes.* „Was weiß denn die junge Generation von in diesem Lande? Was weiß sie noch von der Kontinuität und den Brüchen seiner Geschichte, *und was muss sie davon wissen, um eine Zukunft Deutschlands – nicht nur eine abstrakte Zu-*

kunft, sondern eine sehr konkrete, sehr existierende Zukunft, die Zu-
kunft des Landes, dieses Volkes – gestalten zu können? Bildung ist auch
immer Tradition und das Bewußtsein einer Tradition [...] Wer keine Tradition mehr hat, wer erinnerungslos ist, hat keine Kultur mehr."

1| *Dokumentation: Christlich Demokratische Union Deutschlands, Bundes-*
   geschäftsstelle (Hrsg.), Politik für die Zukunft, Bonn 1969. Zitate: S. 8, 22,
   31, 123, 129.

NACH 1970: ZEITGEISTEINFLÜSSE

In gewissem Sinne als ein zeitgeistbedingter „Ausrutscher"
zu werten ist das Hochschul- und Schulreformprogramm der
CDU von 1971 (Anhang 7), in dem die CDU nicht nur eine
„Politik der Chancengleichheit" vertritt (ohne Zusatz wie
oben: „beim Zugang; s. auch Anhang 8)[1], sondern sich auch
für Gesamthochschulen und für Assistenzprofessoren aus-
spricht. Aber immerhin taucht hier erstmals der Begriff des
„lebenslangen Lernens" auf (Zi I 5), ebenso die kostenlose
Kindergartenerziehung für die Drei- bis Vierjährigen, von
der man sich auch den Abbau von „Milieusperren" verspricht,
und zugleich soll die soziale und finanzielle Lage der Kindergartenpädagogen entscheidend verbessert werden (das
nimmt heutige Debatten vorweg). Und bei der Erwachsenenbildung betont die Union immerhin, dass sie nicht nur
„dem beruflichen Fortkommen, sondern auch denjenigen
dienen (soll), denen es auf ihre persönliche und gesellschaftspolitische Bildung, auf eine Weiterbildung im Interesse der Erziehungsaufgabe in der Familie auch unabhängig
von einem Arbeitsverhältnis und auf eine entsprechende
Gestaltung der Erwachsenenfreizeit ankommt".

Schließlich ist bemerkenswert, dass sich hier die CDU jenseits allgemeiner und eher marginaler Hinweise zu Bildungsinhalten erstmals der Lehrplandebatte zuwendet, wohl unter
dem Eindruck der seit 1967 mit Saul Robinsohn initiierten
(im Rückblick gescheiterten und eher unheilvollen) Curri-
culum-Reform[2]; dem Zeitgeist dürfte auch die Aufnahme des

Kritik-Begriffs zu verdanken sein: „Aufgabe der inneren Reform ist es, die Stofffülle und die Beliebigkeit der Unterrichtsgegenstände zu überwinden, eine Auswahl an Stoffen und Methoden zu treffen, durch die der Schüler die für seine weitere Ausbildung und für sein künftiges Leben in unserer Gesellschaft notwendigen, ihn *zu Kritik* und Engagement befähigenden Kenntnisse erhält. Die Entwicklung solcher *Curricula* für alle Stufen unseres Schulsystems kann nicht von jedem einzelnen Bundesland geleistet werden. Die CDU wird die entsprechende Zusammenarbeit fördern." Der Curriculum-Begriff wird im überarbeiteten 2. Berliner Programm (1971/73; Anhang 8) noch einmal aufgenommen.[3]

Das Berliner Programm (Anhang 8) in der Form der zweiten Fassung vom 18. Bundesparteitag (25.–27. Januar 1971, Düsseldorf) mit der Ergänzung vom 22. Bundesparteitag (18.–20. November 1973, Hamburg) setzte folgende Akzente:

„Bildung bestimmt über die *Persönlichkeit* und den Lebensweg des einzelnen Menschen, ermöglicht ihm Entwicklung und Leistung in der Gesellschaft und *bestimmt die kulturelle und wirtschaftliche Struktur und Qualität der Gesellschaft.* Bildungspolitik ist ein Kernstück zukunftsorientierter Politik. [...] Deshalb muß das Bildungswesen *jedem die gleiche Chance geben, seine Anlagen, Neigungen und Fähigkeiten zu entwickeln* und zu nutzen. Die Bildungseinrichtungen sind nach den verschiedenen Bildungszielen und Begabungsrichtungen zu differenzieren. *Integrationen sind zu erproben, wo sie sich fachlich anbieten.* Unser Bildungssystem muß außerdem so orientiert werden, *daß es dem fortschreitenden europäischen Integrationsprozeß gerecht wird.* Für die Fortentwicklung unseres Bildungswesens ist eine *Reform der Bildungsziele und -inhalte* sowie der sich daraus ergebenden Organisationsformen entscheidend. *Ziel der Bildung ist, den Menschen zu befähigen, mit kritischem Urteil und bereit zu verantwortungsvoller Leistung seine Persönlichkeit zu entfalten und zu behaupten. Lehrstoff und didaktische Formen müssen sich auf die Wirklichkeit beziehen.* Bildung muß auch zur Toleranz in einer Welt der Konflikte erziehen. [...] *Mathematik und Naturwissenschaften sind in den Lehrplänen stärker zu berücksichtigen.* Die moderne industrielle Gesellschaft verlangt von jedem die Bereitschaft, sich ihren ständig wechselnden Gegebenheiten immer neu zu stellen. Dies erfordert einen *lebenslangen Lernprozeß* [...] Wir befürworten *wissenschaftlich kontrollierte Schulversuche* mit Schulmodellen, insbesondere mit verschiedenen Formen von *Gesamtschulen* und einem modernen System gegliederter

Schulen. *Grundlegende Änderungen in der Schulorganisation können nur aufgrund der Ergebnisse solcher Versuche erfolgen. Wesentliche Voraussetzung für jede Neuordnung im Schulwesen ist jedoch die Über-prüfung und Neufassung der Bildungsinhalte und Lernziele. Dies muß in Form der sogenannten Curriculum-Entwicklung geschehen,* die als fortlaufender Prozeß die Gestaltung des Bildungswesens zu bestimmen hat. [...] Kindergärten und Vorschulklassen sollen die Familienerziehung durch eine frühzeitige Förderung der Persönlichkeit des Kindes und durch den *Abbau von Milieusperren* unterstützen und ergänzen. [...] *Ebenso wie der Schulbesuch muß auch der Besuch von Kindergärten und Vorschuleinrichtungen kostenlos sein* [...] Wir wollen vermehrt Schulzentren, Tagesheime und *Ganztagsschulen* schaffen. [...] *Der Bil-dungsanspruch der Kinder von Ausländern muß berücksichtigt werden.* [...] Es muß sichergestellt werden, daß alle b*ehinderten Kinder* frühzeitig betreut werden, damit ihnen eine auf ihre besondere Lage zugeschnitte-ne Ausbildung vermittelt werden kann; das gilt auch für behinderte Jugendliche. Dafür sind zentrale Beratungsstellen einzurichten, die die Eltern auf mögliche Hilfen für ihre Kinder hinweisen. Eine frühzeitige Betreuung außerhalb des Elternhauses soll in Sonderkindergärten und Sondervorschulklassen erfolgen, auf die eigene weiterführende Schulen, Berufsschulen, Fachschulen sowie beschützende Werkstätten für ihre speziellen Begabungen aufbauen.

Allgemeine und berufliche Bildung sind gleichrangige Aufgaben unseres Bildungswesens. In den allgemeinbildenden Schulen ist frühzeitig eine vorberufliche Bildung zu vermitteln.

[...] Die Erwachsenenbildung soll nicht nur dem beruflichen Fortkommen, sondern auch denjenigen dienen, denen es auf ihre persönliche und gesellschaftspolitische Bildung, auf eine Weiterbildung im Interesse der Erziehungsaufgabe in der Familie, auch unabhängig von einem Arbeits-verhältnis, und auf eine entsprechende Gestaltung der wachsenden Freizeit ankommt. [...] Die Studien- und Prüfungsordnungen sind zu vereinheitlichen. Ausbildungsziele und Abschlüsse, Leistungsnachweise während des Studiums, die Ausbildungsdauer und die gegenseitige Anerkennung von Zeugnissen und Berechtigungen müssen bundesein-heitlich festgelegt werden. Diese Bestimmungen sollen mit denen der anderen Mitgliedstaaten der Europäischen Gemeinschaften in Einklang stehen.[...] Durch vermehrte Promotions- und Habilitationsstipendien sowie durch Graduiertenprogramme soll der Hochschullehrernachwuchs gefördert werden. [...] Kurzfristig muß der Lehrermangel durch die Einstellung von Assistenten, die Teilzeitbeschäftigung von ausgeschiedenen Lehrkräften, den Einsatz von Fachkräften aus der Wirtschaft in geeigneten Fächern sowie eine angemessene Vergütung der Lehraufträge überbrückt werden. [...] Die Summe der Bildungsausgaben ist in den nächsten 5 Jahren mindestens zu verdoppeln. [...] Die Zahl der Europaschulen ist zu vermehren; die Errichtung einer europäischen Universität sowie eines Informations- und Dokumentationszentrums ist anzustreben."

Das Wiesbadener Regierungsprogramm von 1972 (Anhang 9) führt das *„Leitbild der humanen Leistungsgesellschaft"* ein, der dann 1993 die „humane Leistungsschule entspricht: „Leistungsbereitschaft des einzelnen wecken und ihn seiner Begabung und Neigung entsprechend fördern".

Ebenfalls 1972 legten unter dem Titel „Bildungspolitik auf klaren Wegen. Ein Schwerpunktprogramm der CDU/CSU" (Anhang 10) die CDU-Kultusminister Walter Braun, Wilhelm Hahn, Hans Maier, Werner Scherer, Bernhard Vogel und das vormalige Bundestagsmitglied Berthold Martin ein umfängliches Papier vor, aus dem neben dem zeitgeistorientierten Eintreten für die Mengenlehre (sicher ein Irrweg) und die Gesamthochschule die nach vorne weisende Bedeutung der vorschulischen „Bildung" hervorzuheben ist: *„Die familienergänzende Bildung und Erziehung der drei- bis fünfjährigen Kinder in Kindergärten* und vorschulischen Einrichtungen muß durch die öffentliche Hand und durch die freien Träger entscheidend gefördert werden. Dabei ist der Übergang vom Elementarbereich zur Grundschule und die curriculare Abstimmung der beiden Bereiche besonders zu beachten. [...] Während manche Kinder aufgrund des Interesses und Bildungswillens ihres Elternhauses frühzeitig in ihrer Entwicklung gefördert werden, *fehlt diese Unterstützung bei anderen*. In Familien mit ein oder zwei Kindern sind die Erfahrungsmöglichkeiten dieser Kinder häufig so eingeschränkt, daß ihnen wichtige Anregungen für ihre körperliche, geistige und soziale Entwicklung fehlen. Hier muß die vorschulische Erziehung individuell fördern und helfen.

Ziel der so verstandenen vorschulischen Erziehung ist es daher:

- Die Kinder zu befähigen, sich ihrer selbst bewusst zu werden und ihre eigene Leistungsfähigkeit erkennen und richtig einschätzen zu können,

- die besonderen Begabungen der Kinder *frühzeitig zu wecken und zu fördern,*
- sie durch die *Begegnung mit anderen Kindern in eine Gemeinschaft einzuführen, in der sie verantwortlich* handeln sollen,
- umweltbedingte Benachteiligungen des Kindes, insbesondere *Sprachbarrieren*, zu überwinden und seine Fähigkeiten systematisch zu entwickeln,
- sie besser auf den Eintritt in die Grundschule vorzubereiten.
- Dabei darf jedoch weder die Freiheit der Eltern bei der Erziehung ihrer Kinder noch auch ihre Verantwortung für die Erziehung beeinträchtigt werden.

Weitere Akzente: *„In Schulversuchen muß erprobt werden, ob die Einführung in eine Fremdsprache schon in der Grundschule sinnvoll ist.* [...] Berufliche und allgemeine Bildung sind *gleichwertig.* [...] *Absage an alle ideologisch begründeten Integrationsabsichten* [...] (Diese) Reform des beruflichen Bildungswesens bietet attraktive Alternativen zum allgemeinbildenden Schulwesen. *Gleichzeitig schließt sie bei entsprechender Qualifikation die Möglichkeit ein, eine Studienberechtigung zu erreichen.* [...] Ziel der Sonderschule ist die soziale und berufliche Eingliederung der behinderten Kinder und Jugendlichen in die Gesellschaft *durch eine ihrer Begabung und Eigenart entsprechende Bildung und Erziehung.* [...] Der Ausgleich des Lehrerbedarfs ist eine unerläßliche Voraussetzung für die Differenzierung des Unterrichts sowie für die Gewinnung wünschenswerter Klassenstärken und damit für die Verwirklichung von *Chancengleichheit* und individueller Förderung in der Schule. [...] Ein ausreichendes und ausgeglichenes Angebot von Studienplätzen muß neben dem Studienwunsch des Einzelnen auch den *Bedarf an entsprechend ausgebildeten Kräften berücksichtigen.* [...] Die Weiterbildung [...] *muß neben der allgemeinen und berufsbezogenen Bildung auch die politische Bildung einschließen.* Im Blick auf die zunehmende Technisierung und die wachsende Freizeit fördert die Weiterbildung auch die Kreativität des Einzelnen und dient damit der Entfaltung und *Selbstverwirklichung* seiner Persönlichkeit. [...] Durch die Errichtung von Lehrstühlen und die Erteilung von Lehraufträgen müssen die *Voraussetzungen für die wissenschaftliche Ausbildung von hauptberuflichen Mitarbeitern* geschaffen werden."

Auch bei der Reform der Beruflichen Bildung[4], die in den Beschlüssen auf dem 22. Bundesparteitag in Hamburg 1973 (18.–20. November 1973) im Mittelpunkt stand und bei der es wieder um eine Vielzahl von Strukturverbesserungen ging (s. Anhang 11), ist noch eine gewisse Zeitgeistrhetorik spürbar, die sich in Begriffen niederschlägt wie „Selbstverwirklichung", die Rücknahme der Bejahung unserer Ordnung („[Bildung und Erziehung] helfen ihm, sich in die humane Wertordnung einer freiheitlichen und demokratischen Gesellschaft *einzufügen* und diese mitzugestalten"), die Rücknahme der sozialen Verpflichtung („Berufliche Bildung soll den jungen Menschen zu beruflicher und *sozialer Mündigkeit* befähigen") (was immer das sei) oder der Kritikbegriff („Der junge Mensch soll lernen, sich mit den bestehenden Verhältnissen kritisch auseinanderzusetzen und in Selbständigkeit, Verantwortlichkeit und Leistungsbereitschaft zur Gestaltung unserer Gesellschaft beizutragen"). Aber hervorzuheben ist auch: „Die CDU bekennt sich zum Leistungsprinzip und zu der im Grundgesetz festgelegten Pflicht des Staates, allen jungen Menschen gleiche Chancen im Bildungswesen zu sichern. [...] Die CDU wird die *Gleichwertigkeit* der beruflichen Bildung mit anderen Bildungswegen in ihrem politischen Handeln durchsetzen. Berufliche Bildung ist Teil eines umfassenden Gesamtbildungskonzepts [...] Für den berufsbezogenen Weg muß die Durchlässigkeit zur Hochschule hin eröffnet werden. Für Abiturienten müssen als Alternative zum Studium qualifizierte berufsbezogene Bildungswege im dualen System eine dem Hochschulabschluß gleichwertige Berufsqualifikation ermöglichen." Erwähnt sei noch der Hinweis von Bernhard Vogel, der auch heute noch (wieder) bedenkenswert ist: „(Wir meinen), daß wir mit der Verbesserung der beruflichen Bildung auch unseren Hochschulen und unseren Gymnasien am besten helfen können. Wir sagen es, [...] weil wir einen großen Denkfehler unserer Konkurrenten korrigieren müssen, als ob die geistige und materielle Wettbewerbsfähigkeit dieses Landes nur von der Zahl der Abiturienten und Akademiker abhinge und nicht ebenso sehr von der Qualität der Ausbildung unserer Ingenieure, unserer Techniker, unserer Handwerker, unserer Landwirte und unserer Winzer."[5]

Damit gliedert sich auch die Berufsbildung in eine Konzeption von Bildungspolitik ein, die, wie es in der Mannheimer Erklärung von 1975 (23. Parteitag 23.–25. Juni 1975, Zi 9; Anhang 12) heißt, „wesentliche Voraussetzungen für die Entfaltung des einzelnen in der Gesellschaft" schafft, allerdings orientiert „an den gesellschaftlichen Anforderungen und Möglichkeiten". Dieser Parteitag setzte auch erstmals einen bildungs-

politischen Akzent zu „Frau und Gesellschaft", nachdem zuvor Mädchen-
und Frauenbildung eher sporadisch angesprochen wurde.

1| *Zur Kritik an diesem Begriff, der dann auch mit dem Grundsatzprogramm 1978
(Anhang 23) endgültig verschwunden ist, s. Wolfgang Kluxen und Manfred
Hättich, in: Heiner Geißler, Grundwerte in der Politik usf., Frankfurt am Main
u.a. 1979, S. 65f., 74f.*

2| *Zur Erinnerung: Saul B. Robinsohns „Bildungsreform als Revision des Curricu-
lum", Neuwied 1967, erhob die Forderung, man dürfe nicht mehr einen weithin
traditionsgeprägten (daher polemisierte Robinsohn gegen die „humanistische
Bildung"), sondern einen „am Gefüge der Wissenschaft", an „Weltverstehen"
und an „Verwendungssituationen" orientierten lernzielbestimmten („Qualifikationen") Ansatz (Curriculum) zur Grundlage der Erziehungs„wissenschaft"
machen. Strukturreform (Gesamtschule) und Lehrplanreform sollten zu einer
neuen „modernen" Schule führen. Da allerdings „Wissenschaft" nur eruieren
kann, was ist, nicht was sein soll, Wissenschaft und Lebenspraxis auseinander-
fallen und es „die" Wissenschaft im Bereich der Kulturwissenschaften nicht
gibt, bedurfte es dann doch einer einenden „Bildungsidee". Aus der Frankfurter
Schule entlehnt und in Wechselwirkung mit der dem Kollektivsymbol „68"
verbundenen Studentenbewegung und ihrer Gesellschaftskritik wurde „Emanzipation" zum dominierenden Leitbild, in der Spannbreite von offen neomar-
xistischen bis zu eher weicheren systemkritischen oder fundamentaldemokra-
tischen Varianten, das andere Strömungen für mindestens ein Jahrzehnt an
den Rand drückte: Die Erziehungswissenschaft mutierte zur „kritischen" Erziehungswissenschaft. Beim Leitbild des emanzipierten Menschen ging es nicht
mehr um ein individuelles Ereignis („Mündigkeit"), sondern um eine Kollektiv-
befreiung von den Zwängen einer endlich „kritisch" durchschauten „bürger-
lich-spätkapitalistischen" (Klassen-) Gesellschaft. Diese drei Entwicklungen
bestimmten das Bild. Ihre Konsequenz war die Aufgabe des Bildungsgedan-
kens, das Bekenntnis zur Empirie, der Erziehungsoptimismus, die Planungs-
euphorie, der Glaube, durch „Wissenschaftsorientierung" könne man das In-
haltsproblem lösen, die Hoffnung, Unterricht technologisch durchkonstruieren
zu können und der „emanzipatorische" Antrieb, widerständig gegen „das Bestehende" zumindest eingenommen zu sein und einnehmen zu müssen. Die folge-
richtige Tendenz, die Schule auch bildungspolitisch zum Instrument „emanzi-
patorischer" Gesellschaftsveränderung zu erheben, wurde v.a. in Hessen (von
Friedeburg), Niedersachsen (von Oertzen), NRW und Berlin (Carl-Heinz Evers)
öffentlich erkennbar, anfällig dafür wurden Deutsch, Geschichte und Politische
Bildung. Schulbücher gerieten in die politische Auseinandersetzung.*

3| *Intensiv hat sich der Bundeskulturausschuss 1973 mit dem Curriculum-
Problem beschäftigt, in Auseinandersetzung mit den in Kapitel 10, Anm. 2
skizzierten Vorgängen: zitiert nach Konrad-Adenauer-Stiftung. Politische Akademie Eichholz (Hrsg.), Die europäischen Parteien der Mitte, Bonn 1978
(Handbücher der Politischen Akademie Eichholz Bd. 6), S. 434–443. Hervorzuheben: „Bejahen" des demokratischen und sozialen Rechtsstaates über die
Bildungsinhalte, geschichtliche Dimension in den Fächern mit „Korrektivfunk-
tion" der Geschichte.*

4| *Vgl. schon „Berufliche Bildung – Schwerpunkt der Bildungspolitik der Union".
Argumente, Dokumente, Materialien, Lfd.-Nr. IV/10 (August 1972).*

5| *Christlich Demokratische Union Deutschlands, Bundesgeschäftsstelle (Hrsg.),
22. Bundesparteitag Niederschrift, Hamburg 18.–20. November 1973, Bonn
o. J., S. 329.*

1976: ZURÜCK ZUM NORMATIVEN

In das Jahr 1976 fällt ein kulturpolitisches Programm, ver-
fasst von durch die CDU/CSU gestellten Kultusministern
(Anhang 13), das sich intensiv und wohl unter dem Eindruck der curricularen Entwicklung in Hessen und Niedersachsen mit der Lernzieldebatte auseinandersetzte und eine
Gegenposition formulierte, der auch den eigenen Wertbezug,
der in den Reformpapieren der späten 1960er und frühen
1970er Jahre offensichtlich keine Rolle mehr spielte, wieder
einführte, auch Kritik in Grenzen verwies, ebenso die Vorstellung der „Selbstverwirklichung".

Man wird daher mit diesem Programm eine erneute Wende
in der CDU-Bildungspolitik zurück zum Normativen verbinden können; zweifellos hat die Auseinandersetzung mit „68"
und den Folgejahren, in denen der „CDU-Staat" durchgängig im Zentrum der linken Kritik stand, die Bereitschaft
gefördert, wieder zu jenen Wurzeln zurückzufinden, jetzt
allerdings immer kombiniert mit Maßnahmen zur weiteren
Effizienzsteigerung des Systems, so dass bildungspolitische
Programme immer zwei Elemente vereinigen, nämlich
Grundsatzbekenntnis und konkrete Vorschläge (man darf
in diesem Zusammenhang daran erinnern, dass aus Sorge
um die Darstellung der Zeitgeschichte 1975 das Archiv für
Christlich-Demokratische Politik im Rahmen der Konrad-
Adenauer-Stiftung geschaffen wurde): „Jedem Menschen
soll ein Bildungsgang eröffnet werden, der seiner Begabung,
seinen Fähigkeiten und seinen Neigungen entspricht und zu

einer beruflichen Tätigkeit führt. *Daher muß bei der Weiterentwicklung des Bildungswesens auf das Beschäftigungssystem Rücksicht genommen werden.* Ziele und Inhalte aller Bildungsgänge müssen *verfassungskonform* sein und politisch verantwortet werden. [...] Bildungsziele und Erziehungsziele (sind) aus dem Grundgesetz und den jeweiligen Landesverfassungen abzuleiten (s. Anhang 34). Die Schule erzieht *in Verantwortung vor Gott und den Mitmenschen zu verantworteter Freiheit und sozialer Verantwortung, zur Achtung vor religiöser Überzeugung, zu Toleranz, Gerechtigkeit, Friedensliebe, Liebe zur Heimat, Urteils- und Entscheidungsfähigkeit, Leistungswillen und Eigenverantwortung.* [...] Die Bildungsinhalte sind an diese Ziele gebunden und dürfen *nicht Instrumente der Gesellschaftsveränderung* sein. Der freie und demokratische Staat kann staatliche und gesellschaftliche Strukturen durchaus in Frage stellen, um sie an verpflichtenden Normen und Werten kritisch zu messen. Diese Möglichkeit erfährt aber ihre *Begrenzung durch die Rechte des Mitmenschen und durch die verfassungsmäßige Ordnung.* Bildungs- und Erziehungsziele müssen den Werten und Normen unserer freiheitlich-demokratischen Gesellschaftsordnung verpflichtet sein. [...] Im Rahmen der politischen Bildung müssen Werte und Normen einer freiheitlich-demokratischen Gesellschaftsordnung einsichtig gemacht und die Bereitschaft zu ihrer Beachtung und Einhaltung und zur Wachsamkeit gegenüber freiheitsbedrohenden Strategien gefördert werden. Die politischen Aspekte einzelner Bildungsinhalte sollen unverkürzt und frei von Einseitigkeit behandelt werden. Bildungsziele und Bildungsinhalte müssen die Selbständigkeit und die Verantwortungsbereitschaft des einzelnen fördern. Der Mensch soll befähigt werden, seine Zukunft im privaten, beruflichen und öffentlichen Leben selbst zu gestalten. Die Selbstverwirklichung des einzelnen steht nicht im Gegensatz zu Ausbildungsanforderungen; denn Selbstverwirklichung setzt voraus, daß der einzelne auf die Übernahme von Aufgaben in verschiedenen Lebensbereichen vorbereitet ist. *Bildung und Erziehung müssen zum Bejahen des demokratischen und sozialen Rechtsstaates führen, der das Recht des einzelnen gegen totalitäre Ansprüche garantiert, ihm einen Staat- und politikfreien Raum sichert und ihm seine persönliche Freiheit gegenüber den Interessen einzelner und von Gruppen der Gesellschaft gewährleistet.* Erziehung muß sich daran orientieren, daß zur Freiheit nur findet, wer auch *Selbstbeherrschung und Selbstüberwindung* gelernt hat. Soziales Miteinander verwirklicht nur, wer auch unter Zurückstellung eigener Interessen zur Rücksichtnahme auf den Mitmenschen fähig ist. Ein solcher Prozeß der Persönlichkeitsfindung vollzieht sich nicht ohne Erfahrung von *Vorbild*

und Autorität. Zur Wahrung der *Chancengerechtigkeit* müssen Bildungsziele und Bildungsinhalte den individuellen Begabungen, Fähigkeiten und
Neigungen angemessenen sein, Anspruchsstufungen zulassen und zu
klar definierten Abschlüssen hinführen. Sie müssen sich als tragfähige
Voraussetzungen für den Eintritt in einen Beruf erweisen."

Das auf dem 24. Parteitag (24.–26. Mai 1976) in Hannover verabschiedete Wahlprogramm von CDU und CSU konstatiert nicht nur das „Scheitern" der SPD/FDP-Bildungspolitik („ideologisches Experimentierfeld"),
mit der jetzt auch inhaltlich scharf ins Gericht gegangen wird, und bekennt sich zur „humanen Schule", Förderung nach „Begabung und Leistungsfähigkeit", Entfaltung (auch) „praktischer Anlagen und Fähigkeiten
des Kindes", seiner künstlerischen und musischen Begabungen sowie
seiner sportlichen Neigungen", daher erneut zu einem „vielfältig differenzierten Bildungs- und Ausbildungssystem". Das Programm setzt auch
neben der eigens hervorgehobenen Bedeutung des Sports und des Schul-
sports einen klaren inhaltlichen Akzent auf dem *Bekenntnis zur eigenen
Geschichte*: „Wir brauchen junge Menschen, die wach, kritisch und solidarisch zur Gemeinschaft stehen und ihr frischen Ansporn geben. Die
Traditionen unserer deutschen Geschichte sind lebendiges Unterpfand
für eine kraftvolle Erneuerung. Ein Volk, das seine Geschichte vergißt,
hat auch keine Zukunft. Wir müssen *unsere gemeinsamen Werte zu
neuem Leben erwecken*, und dazu gehören Bekenntnis zur Geschichte
und Liebe zum Vaterland. Groß sind die Gefahren und Herausforderungen
unserer Zeit, größer jedoch die Chancen entschlossenen und gemeinsamen Handelns. [...] Erbe und Auftrag: Gegenwart und Zukunft sind
ohne unser kulturelles und geschichtliches Erbe nicht zu meistern. Wir
bewahren, was sich bewährt hat, und verändern, was verbessert werden
kann.

1. Bildung vermittelt *unser kulturelles und geschichtliches Erbe*. Sie
soll den Menschen befähigen, seinen beruflichen und gesellschaftlichen
Aufgaben in der Familie und der Gemeinschaft gerecht zu werden, damit
er seine *Erfüllung und sein Lebensglück* findet. Bildung soll insbesondere
unsere Jugend darauf vorbereiten, als mündige Bürger in der demokratischen Gesellschaft frei und verantwortlich zu handeln sowie zur Lösung
humaner und sozialer Probleme beizutragen. *Bildung muß die Bereitschaft zu Menschlichkeit, Toleranz und Leistungsbereitschaft wecken.*
Chancengerechtigkeit in der Bildungspolitik bedeutet, nicht jedem den
gleichen, sondern jedem seinen Weg zu eröffnen.

2. Wir setzen uns ein für die Erhaltung von Inhalt und Form *der deutschen Sprache*. Wir wenden uns gegen die Verfälschung ihrer Begriffe und Inhalte im Dienste revolutionärer Ideologien. Wir richten unser Augenmerk hier vor allem auf unsere Schulbücher und den Deutschunterricht an unseren Schulen.

3. Die Kenntnis der Geschichte läßt uns Chancen und Grenzen menschlichen Handelns in der Gegenwart begreifen und *schützt vor den Gefahren totalitärer Heilslehren*. Verständnis für unsere Geschichte stärkt Verantwortungsbereitschaft und Toleranz. Für uns hat deshalb der Geschichtsunterricht in den Schulen besondere Bedeutung. Wir bekennen uns zu unserer Geschichte. Wir wollen neben den großen Leistungen im Leben unseres Volkes auch die dunklen Kapitel nicht aussparen. Wir werden die Schulbücher wieder von der einseitigen Beeinflussung durch sozialistische und marxistische Lehrinhalte befreien. *Die junge Generation soll sich selbst ein Urteil bilden können, um endlich wieder ein ungebrochenes Verhältnis zu Deutschland zu bekommen. Dazu gehört auch die Kenntnis der Geschichte des deutschen Ostens.*

4. Die Entfaltung künstlerischer und musischer Neigungen sowie das Verständnis für die Zeugnisse der Vergangenheit bereichern das Leben der Menschen Wir wollen deshalb die Voraussetzungen dafür schaffen, daß die schöpferischen Kräfte des einzelnen, sein Reichtum an Ideen und sein Sinn für Schönheit erschlossen werden. Kultur und Kunst haben hier eine große Aufgabe."

Geschichtsbewusstsein ist auch Thema der „Deutschlandpolitische(n) Grundlinien", die der 25. Bundesparteitag der CDU (7.–9. März 1977) in Düsseldorf beschloss: „Wir werden die geschichtlichen, geistigen und kulturellen Gemeinsamkeiten der Nation für alle Deutschen bewahren und lebendig halten. Geschichtslosigkeit und ideologische Verfälschungen werden wir nicht hinnehmen. Für uns ist es eine vordringliche Aufgabe, das Geschichtsbewußtsein zu vertiefen und den Unterricht entsprechend zu gestalten [...]"

Die 1976 eingeleitete normative Neuorientierung in eine dritte Phase der Unions-Bildungspolitik als Reaktion auf die „68er", die zwar die Ergänzung eines personalen Bildungsbegriffs durch die ökonomische und gesellschaftspolitische Funktion des Bildungssystems verbunden mit einer entsprechender Reform fortschreibt, aber zugleich die spezifisch christliche Wertgebundenheit wieder festschreibt (zuvor tauchte das Christentum zwar in den Reden, nicht aber in den Beschlüssen oder Papieren auf; der Religionsunterricht als Pflichtfach wurde nicht eigens hervorgehoben) erfährt ihren ersten Höhepunkt durch das erste Grundsatzprogramm der CDU, „Freiheit, Solidarität, Gerechtigkeit", verabschiedet auf dem 26. Bundesparteitag (23.–25. Oktober 1978) in Ludwigshafen, mit dem sich die CDU ihre Wertvorstellungen[1] durch intensive Aufnahme der seit 1975 geführten Grundwertedebatte in neuer Weise verdeutlicht[2]; der damalige Generalsekretär Heiner Geißler gab dazu einen Begleitband heraus, der die Ergebnisse in die Öffentlichkeit tragen soll; das Bildungskapitel stammt von Erwin Nutz.[3] (Anhang 15)

Neu ist hier nicht so sehr die nur fortgeschriebene allgemeine Bestimmung des „christlichen Verständnisses vom Menschen" (sicher eine bessere Formulierung als „Menschenbild") und des Bildungsbegriffs zwischen Persönlichkeitsbildung (jetzt taucht erneut der Begriff „Person" auf) und gesellschaftlichem Anspruch, aber auffällt das sonst nicht in dieser Klarheit zu findende Bekenntnis zur Unterschiedlichkeit der Menschen, die nur „Chancengerechtigkeit" zulässt („Bildungspolitik muß von der grundlegenden Rechtsgleichheit aller Menschen ausgehen und zugleich die Unterschiede ihrer Anlagen und Fähigkeiten berücksichtigen. Sie ist ein Kernstück zukunftsorientierter Politik. Chancengerechtigkeit erfordert ein Bildungswesen, das in gleichwertige Bildungswege gegliedert ist. Gliederung und Durchlässigkeit der Bildungs- und Weiterbildungseinrichtungen entsprechen den unterschiedlichen Begabungen und wirken Schranken sozialer Herkunft entgegen [...] *Es hat sich als Illusion erwiesen, daß grundsätzlich jeder Schüler jeden Schulabschluß erreichen könne. Diese Vorstellung hat von den angeborenen Fähigkeiten eines Menschen zu wenig und von seiner Förderung durch die Schule zu viel erwartet*"). Betont wird die Erziehung zu Werten als Lernprozess („Die freiheitliche Demokratie braucht Bürger, die selbständig urteilen und entscheiden können. Aufgabe von Erziehung und Bildung kann weder weltanschauliche Parteilichkeit noch wertneutrale Beliebigkeit sein. Der Mensch *muß lernen*, seine Würde und Freiheit zu erkennen, Pflichten zu erfüllen und Rechte zu gebrauchen, Toleranz und Mitmenschlichkeit zu üben und *den demokratischen und sozialen Rechtsstaat zu bejahen.*") und die hier zugeordneten unabdingbaren Bildungsinhalte: Dazu gehören Politische Bildung (auch als besondere Aufgabe der Erwachsenenbildung), religiös-ethische Bildung, historische und kulturelle Bildung.

Fortgeschrieben wird diese Hinwendung zu Wertevermittlung und zu Bildungsinhalten auf dem 30. Bundesparteitag der CDU „Mit der Jugend – Unser Land braucht einen neuen Anfang" (30. Bundespartei- tag, 2.–5. November 1981; Anhang 16) in Hamburg. Bei den fortwir- kenden Vorschlägen zur Strukturreform sind nur die (hier erneuert) Ablehnung der Gesamtschule, Verkürzung der Studienzeiten und die Forderung nach einem achtjährigen Gymnasium, das Zurückdrehen der Oberstufenreform, die Möglichkeit auch zur Errichtung privater Hoch- schulen und die Warnung hervorzuheben: „Die Schulorganisation muß so angelegt sein, daß die deutschen Schüler *nicht in ihren Bildungs- möglichkeiten durch einen übergroßen Ausländeranteil mit mangelhaften Kenntnissen der deutschen Sprache behindert* werden." Der erstmals vorfindliche Hinweis:*„*Am Anfang des schulischen Lernens muß *wieder* die *sichere Beherrschung der Grundfertigkeiten* Lesen, Schreiben und Rechnen stehen. Darauf aufbauend soll die Schule in den einzelnen Fächern ein solides Grundwissen vermitteln sowie die allgemeine Sprach-, Denk- und Lernfähigkeit fördern. *Schullaufbahn und Ausbil- dungserfolg dürfen nicht länger abhängig sein von familiären oder anderen außerschulischen Leistungen und Hilfen.* Allgemeinbildung bedeutet die Entfaltung aller menschlichen Fähigkeiten" weist auf da- mals schon empfundene Defizite hin. Und der Hinweis auf notwendige Freiräume, deren ein Studium zur Entwicklung der Persönlichkeit bedarf, muss auch heute gelten.

Im Zentrum aber steht aber auch hier die notwendige Vermittlung von Werten und Normen, die auch in einer pluralistischen Gesellschaft An- erkennung finden müssen, wobei der Grundkonsens darüber im Grund- gesetz und in den Länderverfassungen (s. Anhang 34) niedergelegt sei. Schule muss einen Beitrag dazu leisten, dass junge Menschen den demo- kratischen und sozialen Rechtsstaat aus Überzeugung bejahen und für die Erhaltung unserer freiheitlichen Ordnung eintreten, und dazu gehört die Vermittlung der Bedeutung wichtiger Grundwerte des gesellschaft- lichen Zusammenlebens wie Gemeinsinn, Solidarität, Verantwortungs- bewusstsein, Toleranz, Rechtstaatsbewusstsein, Wahrhaftigkeit und Nächstenliebe, ein vertieftes Verständnis für die jüngere Geschichte und (Stichwort: Patriotismus) die Pflege guter Traditionen und verständ- licher Symbole, die „ein natürliches Zugehörigkeitsgefühl zum eigenen Vaterland erleichtern". Auch auf diesem Parteitag hält die CDU an ihrem Credo unterschiedlicher „Begabungen und Fähigkeiten", „unterschied- lichem Leistungsvermögen" bzw. an „unterschiedlichen Begabungen im theoretischen und praktischen Können" fest, tritt daher wieder für ein „vielfältig gegliedertes Schulwesen" ein (damals noch unter ausdrücklicher Nennung der Hauptschule) und bekennt sich zum Leistungsprinzip: Leistung freilich nicht nur in ökonomisch verengter Sicht, sondern auch, und das ist sicherlich ein Hinweis auf reformpädagogischen Einfluss, Leistung auch in der Solidarität mit anderen als Verpflichtung für die Gemeinschaft. Und von den Lehrern wird auch die Bereitschaft erwartet, unsere Verfassung und den politischen Grundkonsens unserer Gesellschaft zur Grundlage der Erziehung der Schule zu machen und der jungen Generation Sympathie und eine positive Haltung zu unserer staatlichen und vom Grundgesetz gewollten Gesellschaftsordnung zu vermitteln.

Hervorgehoben sei eine Bemerkung des damaligen Niedersächsischen Ministerpräsidenten Ernst Albrecht, Berichterstatter über das Forum 1: „Es ist bedauert worden, daß das Christentum als Wertfundament nicht stärker als Erziehungsziel in der Schule herausgestellt wird. Es wurde das Beispiel des Religionsunterrichtes genannt. Hierbei wurde deutlich, ich erwähne dies deshalb, weil sich das generell gezeigt hat –, daß es keinen Zweck hat zu verordnen, daß Religionsunterricht stattfindet, wenn diejenigen, zum Teil gilt das auch für die Pfarrer, die Religionsunterricht geben, ihn im wesentlichen als Sozialkundeunterricht begreifen."

Der 36. Parteitag (13.–15. Juni 1988, Wiesbaden) „Politik auf der Grundlage des christlichen Menschenbildes", das „Manifest zur Vereinigung der Christlich Demokratischen Union Deutschlands: „Ja zu Deutschland – Ja zur Zukunft" (1. Parteitag, 1.–2. Oktober 1990, Hamburg), das Dresdner Manifest: „Die Zukunft gemeinsam gestalten. Die neuen Aufgaben deutscher Politik" (2. Parteitag, 14.–17. Dezember 1991, Dresden), in dem sich auch eine Äußerung zur kulturellen Bildung und zur Verkürzung der Bildungszeiten findet, variieren in unterschiedlichen Formulierungen das christliche Verständnis vom Menschen; zum eigenen Thema wird Bildungspolitik erst wieder im neuen Grundsatzprogramm „Freiheit in Verantwortung" (5. Parteitag, 21.–23. Februar 1994, Hamburg) mit der Forderung „Erziehung und Bildung erneuern", das freilich im wesentlichen vorangehende Formulierungen zusammenfasst. Hervorzuheben sind daher nur: „Die gemeinsame Erziehung und Bildung von Mädchen und Jungen bildet die Grundlage für ein partnerschaftliches Miteinander; sie darf jedoch nicht die spezifischen Bedürfnisse von Mädchen und Jungen außer acht lassen [...] Im zusammenwachsenden Europa sind Kenntnisse

der anderen Kulturen, Sprachen und Lebensbedingungen unverzichtbar
[...] Auftrag der Schule ist die Vermittlung von Allgemeinbildung und
Grundlagenwissen, von Kulturtechniken, der deutschen Sprache und von
Werten." Erneuert wird das Bekenntnis zu „unserer Kultur", darunter auch
der des „deutschen Ostens".

1| *Eine solche Dreier-Phase auch für die CSU hat Heinrich Oberreuter, Politik
aus christlicher Verantwortung usf. in: Hans Zehetmair (Hrsg.), Politik aus
christlicher Verantwortung, Wiesbaden 2007, S. 138–148 rekonstruiert.*
2| *Ursprung und Bewertung der Debatte bei Honecker (Kapitel 4, Anm. 34.1),
S. 225–234.*
3| *Geißler (Kapitel 10, Anm. 1), darin: Emil Nutz, Entfaltung der Person,
S. 42–47. Zur Bildungspolitik der CDU zwischen 1970 und 1980 s. noch
Lutz-Rainer Reuter / Bernhard Muszynski (Hrsg.), Bildungspolitik. Dokumentation und Analyse, Opladen 1980.*

1993: EIN MEILENSTEIN IN DER PROGRAMMGESCHICHTE DER CDU

Das Grundsatzprogramm von 1994 konnte sich insofern kürzer fassen, als im Jahr zuvor der 4. Parteitag in Berlin (12.–14. September 1993) einen Grundsatzbeschluss mit dem Titel *Erziehung und Ausbildung in unserem freiheitlichen und demokratischen Bildungssystem. Zukunftssicherung durch Leistung, Verantwortung und Gemeinsinn* verabschiedet hatte[1], der bis heute einen Meilenstein in der CDU-Bildungsdebatte darstellt und der die jetzt ausführlichste Behandlung von der CDU favorisierter Strukturen mit einer ebenfalls intensiven Behandlung der erwünschten Lernziele und notwendigen Bildungsinhalte verband. Zwar wird das schon bekannte Bildungsverständnis nur fortgeschrieben: „Erziehung, Ausbildung und Bildung sind wesentliche Grundlagen für die freie Entfaltung der Persönlichkeit. Bildung befähigt den Menschen sein Leben selbstständig und verantwortlich zu gestalten, Rechte wahrzunehmen und Pflichten zu übernehmen, das Leben als Chance zu begreifen und seinen Platz in Familie, Gesellschaft und Beruf zu finden. Zu diesen Rechten und Pflichten bekennen wir uns *aus einem christlichen Verständnis vom Menschen*."

Und komplementär („gleichermaßen") wird die Gemeinwohlbezogenheit des Bildungswesens auch für die Leistungsfähigkeit von Staat, Wirtschaft und Gesellschaft betont. Beileibe nicht überholt ist der Katalog der Erziehungsziele in Kapitel 2 (offensichtlich nach Wolfgang Brezinka[2]) – Ehrfurcht vor Gott, Achtung vor der Würde des Menschen und ausgeprägter Gemeinsinn", aber auch „Patriotismus und Weltoffenheit" –, das klare Bekenntnis zu sogenannten Sekundärtugenden wie Ordnung, Ausdauer, Pünktlichkeit, Belastbarkeit und Höflichkeit und zum humanen Leistungsprinzip, das das gegliederte Schulwesen begründet: „Das humane Leistungsprinzip und das Prinzip der Chancengerechtigkeit bedingen aneinander, ein an diesen Prinzipien orientiertes Bildungssystem schafft die Voraussetzung, um den Schwächeren zu fördern und den Starken mehr Leistung abzuverlangen." Konkretisiert wird die Forderung, die Schule müsse Allgemeinbildung und Grundlagenwissen vermitteln, durch Kulturtechniken, europäische Integration, Geographie und Geschichte Deutschlands, deutsche Sprache und Literatur, Fremdsprachen, Erwerb elementarer Kenntnisse in Naturwissenschaften, Mathematik, Auseinandersetzung mit den Kommunikations- und Informationstechniken und den Medien, Geschichtsbewusstsein mit systematisch vermittelten Geschichtskenntnissen über historische Ereignisse und wirtschaftliche und soziale Zusammenhänge einschließlich der Grundzüge der Geschichte anderer Völker, die Urteilsfähigkeit begründen und die eigene Position richtig einzuschätzen lehren, ein ordentliches Lehrfach Religion, aber auch Kenntnisse nicht-christlicher Religionen, Kulturen und Jugendsekten. Schließlich die kulturelle Bildung: „Die musisch-kulturelle Bildung ist im Hinblick auf die ganzheitliche Entwicklung nicht weniger wichtig als muttersprachliche, fremdsprachliche und mathematisch-naturwissenschaftliche Kenntnisse." Unter den strukturellen Vorschlägen hervorzuheben sind die erstmals stärkere Betonung der Integration, die Differenzierung jetzt auch nach Bildungsgängen, die besonders hervorgehobene Bedeutung der Begabtenförderung, die Verleihung von Abschlüssen nur an der entsprechenden Schulform, der erste Schritt zur Öffnung der Hochschule auch für qualifizierte Berufstätige, die lebenslange Verbeamtung von Hochschullehrern bei Erstberufung nur als Ausnahme, die Betonung der politischen Weiterbildung.

In das Papier führte der vormalige rheinland-pfälzische Kultusminister Georg Gölter ein, aus dessen Referat für die heutige Debatte folgende Punkte hervorzuheben sind: Im Streit über Strukturen geraten die Grundlagen von Erziehung und Ausbildung immer mehr in Gefahr; nicht überall muss alles gleich geregelt sein; formuliert werden müssen die Erziehungs- und Ausbildungsziele als „unverzichtbare Grundhaltungen". Es ist eine Illusion, „der Mensch sei im Kern, wenn man es nur gut genug macht, unbegrenzt förderungsfähig", die aber heute niemand mehr vertrete, der Anspruch auf Seriosität erheben will (was sicher nicht stimmt; Verf.); aber die zweite Illusion sei weiter wirksam (bis heute, Verf.), es liege, wenn man ausreichend Zwänge beseitige und entsprechend Voraussetzungen schaffe, der gute Kern im Menschen offen und davon könne man ausgehen: „Es gibt kein Buch, das die Menschen realistischer und nüchterner schildert als die Bibel", hält Gölter dagegen, der Mensch ist dem Menschen ein Wolf, wenn die Zwänge alle weggefallen sind, dann ist „das Problem nicht in erster Linie: wie gehen wir mit dem Guten um? Vielmehr ist dann das Problem: wer wird mit dem Bösen fertig?" Chancengerechtigkeit als „Gleichheit der Startchancen im Rahmen des Möglichen" in der „humanen Leistungsschule" (der Begriff wurde damals eingeführt), die sich unmittelbar verbindet mit einer ausführlichen Beschreibung der Inhalte von Schulbildung, wobei es bei den Inhalten „immer um die Vermittlung einer breiten Grundbildung, einer breiten Allgemeinbildung geht. Inhalte bedürfen der Legitimation mit Blick auf die Entwicklung des Kindes und des jungen Menschen, mit Blick auf die wesentlichen Traditionen der europäischen und der deutschen Kultur, mit Blick auf die Entwicklung unserer modernen Welt". Bildung und Bildungsabschlüsse werden am besten in Schularten mit klaren Leistungsprofilen und durchgehender Lehrerverantwortung vermittelt. Das auch hier wieder geforderte achtjährige Gymnasium werde allerdings „dann ein Fehlschlag sein, wenn es nur eine gekappte Kopie des heutigen neunjährigen Gymnasiums ist. Das achtjährige Gymnasium muss anders konzipiert werden, und zwar als pädagogische inhaltliche Einheit von Anfang an, beginnend mit der Klasse 5", könne sich den „nicht zu leugnenden Zeitverlust der mit viel Watte arbeitenden Orientierungsstufe nicht mehr leisten"; 2. Fremdsprache ab Klasse 6; zugrunde liegen müsse eine 5+3-Struktur. Die Gesamtschule ist erheblich aufwendiger in der Finanzierung, ohne bessere Leistungen als im gegliederten System zu erreichen, in vielen Fällen sogar eindeutig unterlegen (das stimmt bis heute). Bei der Berufsbildung müsse die Berufsschule höheres Gewicht erhalten, beim Hochschulzugang müsse man die Hochschulen in die Lage versetzen bzw. verpflichten, sich stärker an der Auswahl der eigenen Studenten zu beteiligen (beides bis heute Desiderate), zudem seien die Hochschulen besonders für qualifizierte Berufstätige zu öffnen (das geschieht heute langsam). Norbert Lammert, damals Parlamentarischer Staatssekretär im BMBW[3], ergänzte, man habe eine „schwer zu übersehende", aber seit vielen Jahren verdrängte akute Gleichgewichtsstörung zwischen Eignungen und Neigungen; aber die

Anmeldung von Neigungen alleine reicht nicht, zumal sie insbesondere Eignungen nicht ersetzen können, die für jede konkrete Art von Ausbildung gebraucht werden. „Man muss schon ein hohes Maß an Borniertheit aufbringen, wenn man nicht bereit ist, zur Kenntnis zu nehmen, daß das deutsche Bildungssystem seit vielen Jahren genau dadurch gekennzeichnet ist: durch die Anmeldung von Interessen anstelle der Ermittlung der Begabung. Und damit verbunden eine „Gleichgewichtsstörung von Befähigungen und Berechtigungen: [...] Kein Mensch hat sich ernsthaft die Mühe gemacht, sich mit der [...] unangenehmen Frage zu beschäftigen, ob die wundersame Vermehrung der Zertifikate in dieser Gesellschaft mit einer ähnlich eindrucksvollen Vermehrung der Begabungen verbunden ist, oder ob man nicht längst auch im Bildungssystem Inflationierungseffekte beobachten könne [...] Wir empfehlen diesem Parteitag [...] die Wiederherstellung verbindlicher, an der Verfassung orientierter Wertorientierungen in unserem Bildungssystem, die Wiederherstellung unaufgebbarer Leistungsstandards, die Gewährleistung verläßlicher und fairer Förderbedingungen, Sicherung der Durchlässigkeit eines differenzierten gegliederten Bildungssystems und eine Neuordnung des Verhältnisses von der Erststausbildung zur Weiterbildung."

1| Zitiert nach: Christlich demokratische Union Deutschlands, Bundesgeschäftsstelle (Hrsg.), Niederschrift, Bonn o. J.; Zitate: S. 142f., 158f.

2| Wolfgang Brezinka, Erziehungsziele in der Gegenwart – Problematik und Aufgaben für Familien und Schulen, in: Klaus Weigelt (Hrsg.), Werterziehung (Vorträge und Beiträge der Politischen Akademie der Konrad-Adenauer-Stiftung 19), Wesseling 1991, S. 11–25; vgl. auch Ders., Erziehung in einer wertunsicheren Gesellschaft, München / Basel 1986; Jörg-Dieter Gauger, Verantwortung der Politik für wertorientierte Erziehung in einer wertrelativen Zeit, in: Toni Hansel (Hrsg.), Werterziehung im Fokus schulischer Bildung, Freiburg 2009, S. 81–124.

3| Begleitend hat Norbert Lammert (Hrsg.) einen Titel vorgelegt: Persönlichkeitsbildung und Arbeitsmarktorientierung. Grundlagen und Perspektiven christlich-demokratischer Bildungspolitik, Baden-Baden 1992; aus diesen Jahren weiter Jörg-Dieter Gauger (Hrsg.), Grundlagen und Perspektiven christlich-demokratischer Bildungspolitik. Fachkongreß der Konrad-Adenauer-Stiftung in Heidelberg am 14./15. September 1992, Bonn 1992; Norbert Lammert, Königswege und Trampelpfade. Zur Modernisierung des deutschen Bildungssystems, Bochum 1994. – Zur bildungspolitischen Programmatik der frühen 1990er Jahre s. zuletzt, aber nicht weiterführend Jutta Stern, Programme versus Programmatik, Frankfurt/M. u.a. 2000.

2000: ANPASSUNG DER PROGRAMMDISKUSSION

Nach diesem sehr konkreten und detaillierten Beschluss von 1993 will sich das zweite Programm vor dem neuen Grundsatzprogramm der Union von 2007, nämlich die „Bildungspolitischen Leitsätze: Aufbruch in die lernende Gesellschaft", am 20. November 2000 in Stuttgart verabschiedet[1], nur als Ergänzung verstehen, die sich in besonderer Weise auf Weiterbildung, Innovation und berufliche Bildung, die Hochschule und nachhaltige Politik für die „lernende Gesellschaft" konzentrierten.[2] (Anhang 25)

In ihrer einführenden Rede hob die damalige baden-württembergische Kultusministerin Annette Schavan noch einmal die beiden Seiten hervor, die die Bildungspolitik der CDU prägen: „Unser Verständnis vom Menschen als selbstständiger Person und unser Wille zur Modernisierung". Niemand dürfe zum Modernisierungsverlierer werden, keiner müsse seine Talente verstecken, „das sei das Prinzip unserer Bildungspolitik." Wobei sie im Wettbewerb mit den Sozialdemokraten die CDU-regierten Länder deutlich vorne sieht. Bildungspolitik, so Schavan weiter, habe es mit einem grundlegenden Wandel bei der Schaffung von Wohlstand zu tun, deren Quellen Bildung, Erfindungsgabe und die Organisation neuer Technologien sei. Hinzu komme als Faktor die demographische Entwicklung und die damit verknüpfte Notwendigkeit, in jedem Lebensalter „lebensbegleitendes" Lernen zu ermöglichen. Allerdings spreche man bei Bildung nicht nur über technokratische Prozesse und Konzepte. Daher unterstrich die Ministerin die Bedeutung der kulturellen Bildung, zu der auch die Beschäftigung mit der Substanz unseres Grundgesetzes und unserer Rechtsordnung, mit den Prinzipien des freiheitlichen Denkens, der Rationalität, der vernunftgeleiteten Wertorientierung und christlichen Lebensgestaltung gehört: „Das schafft Verbindungen zu den Grundwerten europäischer Kultur." Daher auch der Einsatz für den Religionsunterricht an öffentlichen Schulen; „dabei geht es nicht nur um Werte sondern auch um religiöse Entwicklung und die Gottesfrage, um das Wertvollste, von dem wir christlichen Demokraten überzeugt sind, dass wir es unseren Kindern und Jugendlichen vermitteln müssen". Dazu gehöre auch zu prüfen, wie muslimischen Kindern und Jugendlichen ein Religionsunterricht ermöglicht werden kann. Bildung für den ganzen Menschen bedeute, dass Kinder und Jugendliche mit musischen, mit gestalterischen und praktischen Talenten ebenfalls zum Zug kommen müssen; daher müsse damit Schluss sein, wie die SPD die Hauptschule kaputt zu reden. „Wer sich leidenschaftlich für die Hauptschule einsetzt", müsse für entsprechende Rahmenbedingungen sorgen, müsse dafür sorgen, dass „nicht alle interessanten Berufsbilder und Berufswege verschlossen bleiben". Wer über Bildung, wer über Begabung spricht, kann nicht einfach über Menschen mit mehr oder weniger Begabung sprechen. Menschen haben unterschiedliche Begabungen. „Und deshalb zeigt sich nach unserer Überzeugung die Qualität des Bildungswesens darin, dass es den unterschiedlichen Begabungen gerecht wird." Zudem verwies Frau Schavan auf „neue Impulse" für die Lehrerbildung, Fremdsprache ab Klasse 1, Abitur nach zwölf Jahren („das ist innovativ, das ist toll"), sprach sich für mehr Investitionen in die Weiterbildung aus („Stiftung Bildungstest"), bekannte sich zum dualen Systems, zur Weiterentwicklung des Meister-BAföG, zu mehr Wettbewerb und mehr Freiheit an den Hochschulen, wobei die Ministerin ausdrücklich unterstrich, dass die Hochschulen für uns „Orte der nachhaltigen Pflege kultureller Traditionen" sind, Orte der naturwissenschaftlichen *und* geisteswissenschaftlichen Grundlagenforschung („Nicht Verzweckung, sondern Stärkung der Grundlagenforschung, das ist ein wichtiger Punkt bei der Weiterentwicklung des Wissenschaftsstandorts"), trat für die Weiterentwicklung des differenzierten Hochschulsystems ein, für Wettbewerb auch um Studierende, wobei künftig Studierende ihre Hochschulen und die Hochschulen ihre Studierenden selbst auswählen können, dazu auch mehr ausländische Studierende und Nachwuchswissenschaftler. Einen abschließenden

Schwerpunkt legte die Ministerin auf das Thema Studienfinanzierung und Studierende aus sozial schwachen Familien, deutete Folgerungen aber nur an: Eine Debatte über Studiengebühren dürfe nicht isoliert geführt werden, sondern müsse eingebettet sein in den Ausbau eines Stiftungs- und Stipendienwesens. In der Debatte wies Karin Wolff auf die Bedeutung der Bildungsinhalte hin, Thomas Rachel und Bernhard Vogel wollten Studiengebühren auf Langzeitstudenten beschränken, Jürgen Rüttgers monierte, die CDU-Bildungspolitik müsse sich mehr um die „praktisch Begabten" kümmern.

Auch hier das Bekenntnis zum Erziehungsauftrag der öffentlichen Schulen, zur Komplementarität der Förderung von Lernschwachen wie auch Begabten, also Eliteförderung als eigener Punkt, das Eintreten für Chancengerechtigkeit, Bildungseinrichtungen in freier Trägerschaft und schließlich für lebenslanges Lernen. Die Leitsätze nehmen moderne oder modern klingende pädagogische Debatten auf (Begriff der Schlüsselqualifikation und „das Lernen lernen").

Erneut bekräftigt werden Mut zur Erziehung, Werteerziehung, Persönlichkeitsbildung, Erziehungspartnerschaft zwischen Elternhaus und Schule, christlicher Religionsunterricht im Fächerkanon, islamischer Religionsunterricht auf der Grundlage des Grundgesetzes in deutscher Sprache und auch in Deutschland ausgebildeten Lehrern unter deutscher Schulaufsicht, Aufwertung der Hauptschule, Weltoffenheit und Heimatverbundenheit als Lernziel, gefordert werden Kopfnoten, Ganztagsangebote, zentrale Prüfungen und Vergleichsstudien, natürlich auch der Umgang mit den neuen Medien, Aufwertung der Kernfächer Deutsch, Mathematik, Fremdsprache, Naturwissenschaften und Geschichte, achtjähriges Gymnasium.

Demgegenüber nur marginal beachtet wurden die Ausführungen zu Erziehung und Bildung im 2001 veröffentlichten Papier *Die neue Aktualität des christlichen Menschenbilds*, das die „Wertekommission" der CDU unter Leitung von Christoph Böhr vorlegte. Das entsprechende Kapitel versucht, Bildungsziele und Bildungsinhalte enger an das christliche Fundament heranzuführen; daher wird es zum Abschluss näher behandelt. (Anhang 26)

1| *Zitiert nach Christlich Demokratische Union Deutschlands, Bundesgeschäfts-stelle (Hrsg,), Protokoll Kleiner Parteitag der CDU Deutschlands. Bildungs-vorsprung, 20. November 2000, Stuttgart o.J.*

2| *Darauf bezieht sich die „Programmatische Offensive für Deutschland. Norderstedter Erklärung" vom 07.01.2000, S. 7–9.*

2006: NEUER AUFSCHLAG ZUR FRÜHKINDLICHEN BILDUNG

Ging es 2000 noch einmal um eine breite Sicht auf das Bildungswesen, so konzentrierte sich das auf dem Dresdner Parteitag 2006 (Anlage 27) verabschiedete Programm *Klein und einzigartig – Auf den Anfang kommt es an* auf frühkindliche Bildung und die aktuelle Situation der Kinder in der Familie (hervorzuheben: *„Eine gelungene Erziehung ist nach wie vor der Regelfall*[1] [...] Das Erleben von Gerechtigkeit, Solidarität und Toleranz schon im Kindesalter legt den entscheidenden Grundstein für die Wertorientierung im späteren Leben [...] Kulturelle Bildung trägt entscheidend dazu bei, den Lernerfolg auch in anderen Bereichen zu verbessern. Sie unterstützt die Vermittlung eines verbindlichen Wertegerüstes. Damit weist sie einen Weg in ein verantwortungsvolles, selbstsicheres Erwachsenenleben. Auch die *frühe Musik-, Kunst- und Bewegungserziehung sowie das spielerische Sprachenlernen* ist ein elementarer Bestandteil von Bildung. *Die frühzeitige Begegnung mit Kultur, mit Liedern, Märchen und Gedichten in den Familien ebenso wie im Kindergarten und der Grundschule stiftet Identität und schafft Verbundenheit mit den eigenen kulturellen Wurzeln.* Außerdem liegt ein beträchtliches Potenzial für die soziale Integration im *Gemeinschaftserleben von Musik und Sport*. [...] aufsuchende Elternarbeit [...] Darüber hinaus müssen Erzieherinnen und Erzieher in ihrer Aus- und Weiterbildung auch dafür vorbereitet werden, Kinder und *Jugendliche an*

*Natur und Technik, deren Zusammenhänge, Ursachen und Wirkungen
heranzuführen. Insbesondere bei Mädchen muss frühzeitig das Interesse
an technischen Berufen geweckt werden.* [...] *Für alle Kinder gilt, dass
sie die Normen und Werte der Gesellschaft, in der sie leben, verinnerlichen müssen.* [...] Jedes Gemeinwesen basiert auf gemeinsamen moralischen Grundlagen. Bei der Suche junger Menschen nach Antworten
auf die Frage nach dem Sinn des Lebens müssen auch Kindergarten
und Schule Orientierung geben. Wer seine religiösen und kulturellen
Wurzeln nicht kennt, besitzt weder ein verlässliches Wertefundament
für sein Leben noch die Fähigkeit zur Integration und zur Toleranz. *Daher
brauchen wir neben der festen Verankerung des christlichen Religionsunterrichts im Fächerkanon auch Religionsunterricht in anderen Weltreligionen, insbesondere des Islam, der an öffentlichen Schulen in deutscher
Sprache, unter deutscher Schulaufsicht und mit in Deutschland ausgebildeten Lehrern erteilt wird.* Die Einrichtung eines Faches ‚Ethik' als Wahlpflichtfach neben dem Religionsunterricht verstehen wir als ein Bekenntnis zum ethischen Auftrag der öffentlichen Schule.")

1| *Plädoyer für Normalität bei Joachim Käppner, „Bei aller Liebe", in: SZ
(Wochenende) vom 05./06.02.2011; s. aber Kapitel 17, Anm. 21.*

2007: DAS JÜNGSTE GRUNDSATZPROGRAMM

In dem nur ein Jahr später vorgelegten jüngsten Grundsatzprogramm der CDU von 2007 *Freiheit und Sicherheit. Grundsätze für Deutschland* (Anhang 28) wird der rein ökonomische Akzent bei der Bestimmung der Funktion der Hochschule, bei der (gering gewerteten) Bedeutung der Geisteswissenschaften (ganz anders Anm. 1) oder der nur beruflich gewürdigten Rolle der Weiterbildung deutlich betont, hingegen steht bei der Schulbildung wieder der normative und inhaltsbezogene an erster Stelle. Das Programm ordnet Erziehung und Bildung (diese richtige Reihenfolge wie auch bei der CSU) gleich eingangs im Kontext „Unser Gesellschaftsbild" zu („Erziehung und Bildung schaffen wesentliche Voraussetzungen für die *freie Entfaltung der Person* und für die Fähigkeit zur Wahrnehmung von Freiheitsrechten und Bürgerpflichten"), setzt auf Persönlichkeitsbildung („Kinder zu starken Persönlichkeiten heranbilden, die Vertrauen haben in ihre eigenen Fähigkeiten, soziale Rücksicht lernen und fähig sind zu Eigenverantwortung und Solidarität"), wobei dazu auch „Leistungsbereitschaft und Leistungsfähigkeit" gehören, die entwickelt werden müssen. Daher bekennt sich die CDU zu einem ganzheitlichen Bildungsbegriff als „Anregung aller Kräfte des Menschen, damit dieser sich entfalten und zu einer sich selbst bestimmenden Individualität und Persönlichkeit entwickeln kann". Und daher steht die CDU auch ganz konkret zur Übernützlichkeit von Bildung und zu „Werten" und Inhalten, die das leisten und über „verbindliche nationale Standards/überprüfbare Lerninhalte und Schlüsselkompetenzen in Kerncurricula" umgesetzt werden sollen: „unsere moralischen und ökonomischen Werte", neue Bedeutung der „Allgemeinbildung", musische, auch eigens erwähnt politische Bildung, „konfessioneller" (das ist differenzierter als „christlicher") Religionsunterricht als Pflicht (daneben auch in anderen Religionen nach Bedarf mit in Deutschland ausgebildeten Lehrern und in deutscher Sprache), Verstärkung der „ökonomischen und mathematisch-naturwissenschaftlichen Bildung".

Dieser Ansatz wird auch dadurch erweitert, dass in dem hier zugeordneten Kapitel „Kultur: Ausdruck nationaler Identität und Weltoffenheit" betont wird: Es geht nicht allein und vordergründig darum, dass auch in Zukunft der Bestand der Kultureinrichtungen gesichert werden soll, es geht um Grundsätzlicheres: „Ohne Kultur entsteht keine Bildung, ohne Bildung wächst keine Kultur. Kulturelle Bildung ist unerlässlich, um dem Einzelnen zu helfen, seine Persönlichkeit zu entfalten und an Demokratie und Gesellschaft teilzuhaben", ist daher „unverzichtbarer Bestandteil des öffentlich verantworteten und geförderten Bildungssystems".

Bei der Verbesserung der Rahmenbedingungen plädiert die CDU für: Frühkindliche Bildung ab dem 3. Lebensjahr, verbindliche nationale Standards, Umsetzung der beschlossenen Bildungsstandards, mehr Eigenverantwortung der Schule, verbunden mit Evaluation, empirische Bildungsforschung und kontinuierliche Bildungsberichterstattung, Vergleichbarkeit v.a. bei den Abschlüssen, „pädagogische Praxis im Mittelpunkt" der Lehrerausbildung, bedarfsgerechten Ausbau der Ganztagsschule mit einem pädagogischen Konzept, das „Gesundheitserziehung und Sport, musisch-künstlerische Tätigkeiten und die Vermittlung von sozialen Kompetenzen" einschließt, besondere Förderung von Lernschwachen und Menschen mit Behinderungen („selbstverständliches Miteinander" früh vermitteln), Förderung von Spitzenleistungen („Hochbegabte"), gezielte Sprachförderung mit Sprachtests v.a. für Migranten, mindestens eine Fremdsprache ab der 1. Klasse.

Ihr Bekenntnis zu einem „vielfältige(n) gegliederte(n) Schulwesen" und die Ablehnung der „Einheitsschule" begründet die CDU mit der Feststellung, es habe sich „bewährt und erfolgreich weiterentwickelt", „mit der Vielfalt an Lernkonzepten und Lernwegen" und der Begabungsgerechtigkeit („begabungsgerechtes differenziertes Schulwesen").

Seit der Verabschiedung des Grundsatzprogramms sind weitere Papiere vorgelegt worden[1], die sich teilweise eher Spezialaspekten widmen, ein Beschluss des Karlsruher (23.) Parteitags „Faire Chancen – für jedes Kind!" vom 14.–16. November 2010 (Anhang 30), der sich höchst detailliert mit Defiziten beim Aufwachsen von Kindern (Armut, Vernachlässigung, Gewalt usf.) und bei Jugendlichen (Schulabbrecher, ohne Berufsabschluss) auseinandersetzt, ebenfalls aus 2010 ein Papier von drei Kultusministern der Union (Anhang 31) „Individuelle Förderung statt Einheitsschule", eine Erklärung der bildungspolitischen Sprecher der Union (Anhang 32) und (Anhang 33) ein Leitantrag des Landesvorstands der CDU Nordrhein-Westfalen „Jedem Kind gerecht werden". Aus allen drei Papieren sind das klare Bekenntnis zur Differenzierung, aus dem letzteren allerdings unter Einschluss der erstmals positiv bewerteten Gesamtschule, und die wieder neu aufgenommenen Überlegungen zur Inklusion Behinderter hervorzuheben.

Eine noch einmal tiefere, wenn auch nur die schon bekannte Position variierende Aussage über ihr Bildungsverständnis traf ein Beschluss des Bundesvorstandes vom 13. Oktober 2008 (Anhang 29) unter dem Titel *Auf dem Weg zur Bildungsrepublik. Gemeinsam Bildung in Deutschland stärken* Hier verbinden sich noch einmal konkrete Vorschläge (Ablehnung der Einheitsschule, vergleichbare Abschlussprüfungen, Aufwertung der Lehrerrolle, Gewinnung von Migranten für diesen Beruf, bedarfsgerechter Ausbau von Ganztagsschulen, Halbierung der Zahl von Menschen ohne Schul- und Berufsausbildung innerhalb von fünf Jahren, Erleichterung des Zugangs zur Hochschule für Techniker und Meister, Ausbau der Studienfinanzierung, bis 2015 10 % des BIP) mit einer Grundsatzbestimmung, die die ökonomische Funktion von Bildung als nur eine unter anderen beschreibt: *„Bildung schafft die Voraussetzung für den Eintritt in ein selbstverantwortetes Leben, für kulturelle Identität, für die Übernahme von Aufgaben in der Gemeinschaft, für die Erarbeitung der ökonomischen Grundlagen. Deshalb ist für uns Bildung mehr als die reine Vermittlung von Wissen. Bildung umfasst auch die Entwicklung von Urteilskraft und die Fähigkeit zur Orientierung am Gewissen als innerem Kompass. Deshalb sind kulturelle und religiöse Bildung Grundlage für die Entwicklung einer gefestigten Persönlichkeit."*

1| Im CDU-Portal ist ein weiteres Papier zu finden, das wohl nur offiziösen Charakter hat, aber zumindest hier aufgenommen werden sollte: Aufstieg durch Bildung. Aufbruch in die Bildungsrepublik (Stand: 16.07.2009): „Freiheit ist die Triebfeder, Leistung der Maßstab. Für die CDU gilt: Leistung soll entscheiden, nicht Herkunft. Aufstieg durch Bildung lautet das Ziel. „Wohlstand für alle" heißt heute „Bildung für alle". Deshalb will die CDU die Bundesrepublik noch stärker als bisher zu einer Bildungsrepublik machen. [...] Bildung dagegen schafft die Voraussetzung, damit sich jeder seinen eigenen Wohlstand erarbeiten kann. [...] Bund und Länder verpflichten sich daher, bis 2015 gesamtstaatlich 10 Prozent des Bruttoinlandsprodukts in die Zukunft und damit in Bildung und Forschung zu investieren. [...] Eine zentrale Voraussetzung für einen erfolgreichen Bildungsweg ist die Verzahnung von Bildungsstufen und -bereichen. Die CDU setzt sich für eine intensive Zusammenarbeit zwischen Kindertagesstätten und Grundschulen ein.] Die CDU will mehr und bessere Betreuungsangebote. Für Kinder unter drei Jahren wird bis 2013 mit Unterstützung des Bundes durch Länder, Kommunen und freie Träger ein bedarfsgerechtes Angebot geschaffen. Danach gilt ein Rechtsanspruch auf einen Betreuungsplatz ab dem ersten Lebensjahr. [...] Wir wollen zwischen Bund, Ländern und den Tarifpartnern konkrete Schritte verabreden, um gut qualifizierte Erzieherinnen und Erzieher zu gewinnen und zu halten. [...] Die CDU will den Kindergartenbesuch langfristig beitragsfrei ermöglichen. [...] Die CDU bekennt sich zu einem begabungsgerechten, gegliederten Schulwesen, das sowohl praxis- als auch theorieorientierte Ausbildungsmöglichkeiten eröffnet. [...] Bildungsstandards und eine verstärkte Eigenverantwortung von Schulen und Kindergärten sind hierfür unerlässlich. Die CDU bekennt sich zum Erziehungsauftrag der öffentlichen Schulen in staatlicher und privater Trägerschaft, der über die Vermittlung von Wissen hinausgeht. Unser Ziel ist, Bildung für alle zu verbessern und darüber hinaus möglichst viele Schülerinnen und Schüler zu Spitzenleistungen zu befähigen. Die verbindliche und überprüfbare Festlegung von Schlüsselkompetenzen und Lerninhalten leistet hierfür einen entscheidenden Beitrag. [...] Die CDU will für die Bildungseinrichtungen und Bildungsabschlüsse bundesweite Leistungsmaßstäbe entwickeln und durchsetzen. Wir brauchen einen transparenten und ehrlichen Leistungsvergleich zwischen den Schulen in Deutschland. Die CDU tritt dafür ein, dass konfessioneller Religionsunterricht in allen Ländern zum Kanon der Pflichtfächer zählt. Neben dem evangelischen und katholischen Religionsunterricht soll bei Bedarf auch Unterricht in anderen Religionen in deutsche Sprache mit in Deutschland ausgebildeten Lehrern und unter staatlicher Schulaufsicht angeboten werden. Die Achtung vor Demokratie und Rechtsstaat muss immer wieder neu vermittelt werden. Politische Bildung ist ebenso unverzichtbar. [...] Neben der Beherrschung der deutschen Sprache ist – mit Blick auf das Zusammenwachsen Europas und die Erfordernisse des globalen Wettbewerbs – der Erwerb mindestens einer Fremdsprache ab der ersten Klasse notwendig, auf dem die weiterführenden Schulen aufbauen sollen. [...] Die CDU unterstützt die gezielte Sprachförderung vor der Schule, verbindliche Sprachstands-Tests für alle Kinder im Alter ab vier Jahren und eine intensive Förderung bei erkannten Defiziten sowie unterrichtsbegleitende Sprachprogramme. [...] Die berufliche Bildung ist ein Standortvorteil im internationalen Wettbewerb. [...] An keiner anderen Stelle bietet unser Bildungssystem vergleichbar viele Einstiegsmöglichkeiten und so vielfältige Aufstiegswege. [...] Oft sind Abschlüsse der deutschen dualen Berufsausbildung ausländischen Studienabschlüssen gleichwertig. Die erworbenen Qualifikationen müssen anerkannt werden, um international Transparenz herzustellen und Mobilität zu erleichtern. [...] Berufliche Aus- und

Weiterbildung aus Deutschland wird im Ausland verstärkt nachgefragt. Ausbildung und Weiterbildung in Deutschland genießen weltweit einen hervorragenden Ruf. Die CDU will Deutschland zum Weltmeister im Export beruflicher Bildungsangebote machen und die Vermarktung gezielt fördern. Die CDU will Deutschlands Stellung als eine international anerkannte Talentschmiede weiterentwickeln und Qualifikationsvorsprünge sichern. Eine grundlegende Voraussetzung für dieses Ziel ist ein differenziertes System von Universitäten, Fachhochschulen, pädagogischen Hochschulen, Musik- und Kunsthochschulen, Berufsakademien und privaten Hochschulen. Kein Hochschultyp darf in seiner Entwicklung behindert werden. [...] Exzellenz auch in der Lehre muss zum Selbstverständnis deutscher Hochschulen gehören. Mit sozialverträglichen Studienbeiträgen sollen die Hochschulen ihre Lehrangebote ebenfalls gezielt verbessern und besondere Lehrprofile entwickeln können. [...] Die Reform der Studienstrukturen nach dem „Bologna-Prozess" muss unvoreingenommen überprüft und darf nicht schematisch auf alle Studiengänge erstreckt werden. [...] Hochschulen sind mehr als nur ein Instrument zur Sicherung unseres Wirtschafts- und Forschungsstandortes. Sie sind Kultureinrichtungen mit Langzeitperspektive. Sie sollen historisches Bewusstsein und Zukunftsverantwortung miteinander verbinden und in die Gesellschaft hinein mit prägender Wirkung vermitteln. Ihr Auftrag und die ethischen Grenzen ihrer Arbeit ergeben sich aus der Verantwortung für die Würde des Menschen und die Bewahrung der Schöpfung. Die nachhaltige Pflege kultureller Traditionen und die naturwissenschaftliche und geisteswissenschaftliche Grundlagenforschung dürfen durch kurz- und mittelfristige Zweckorientierung von Forschung und Lehre nicht eingeschränkt werden. CDU setzt auf ein starkes Selbstbewusstsein der Geistes- und Sozialwissenschaften, die zum kulturellen Gedächtnis und zur Gestaltung unserer die zum kulturellen Gedächtnis und zur Gestaltung unserer Zukunft wichtige Beiträge leisten. Sie fördern die Verankerung und die Diskussion über Werte und schaffen damit Orientierungsangebote. Darüber hinaus eröffnen sie das Verständnis und den Zugang zu anderen Völkern und Kulturen. Wir werden Deutschlands neu geschaffene Nationale Akademie der Wissenschaft für die Politikberatung nutzen."

KONTINUIERLICHE UND NEUE THEMENSCHWERPUNKTE DER CDU-BILDUNGSPOLITIK

(Die Zahlen beziehen auf den Anhang)

Es ist unvermeidlich, dass programmatische Äußerungen zu Erziehung und Bildung bezogen auf das Bildungssystem, in dem sie stattfinden, zeitbedingte Elemente enthalten, die auch wieder aufgegeben werden können, wenn sie sich als falscher Weg erwiesen haben. Dazu gehören sicherlich methodische Präferenzen wie das Sprachlabor, der programmierte Unterricht (4; weiter 7) oder die Mengenlehre (10). Oder die wieder aufgegebene Trennung zwischen Abitur I und Abitur II (7), die später als zu weitgehend bewertete Reform der gymnasialen Oberstufe (15) oder das Studienjahr (5). Oder dass Akzente gesetzt werden, die aus einer bestimmten Situation heraus zu verstehen sind, wie sie sich in der unmittelbaren Nachkriegszeit bis in die 1950er Jahre ergaben (dazu gehört sicher die später deutlich abgeschwächte Betonung des Elternrechts in der Re-Christanisierungs-Phase) oder nach 1967 in der Auseinandersetzung mit durch „68" inspirierten Fehlentwicklungen, wie bei der Gesamthochschule (7, zuletzt 10). Oder es werden alte Fragestellungen erneut wieder aufgegriffen, etwa bei der *Ganztagsschule* (die frühen positiven Äußerungen der CDU sind wohl in Vergessenheit geraten, 4.5.6.7; freiwillige Angebote erst wieder 23.24; bedarfsgerechter Ausbau 30).

Oder bei der ebenfalls früh vorgedachten Bedeutung der *vorschulischen Bildung (Kindergarten 7.8 [kostenlos]*. 10.29 [mittelfristig letztes Kindergartenjahr kostenlos]); Hochschulniveau für einen Teil des Personals (30). Schließlich kommen neue Probleme und Herausforderungen in den Blick wie Kinderarmut, defizitäres Familienverhalten, Bildungsverweigerung, und zwar auch bei Kindern und Jugendlichen ohne „Migrationshintergrund" (vgl. 28.30).

Aber zugleich sind zwischen 1945 und 2010 deutliche Kontinuitätslinien zu ziehen, die auch in Zukunft fortgeführt werden können: das von Anfang an vorhandene Bekenntnis zu einem differenzierten (vielfältigen) und durchlässigen Bildungssystem auf allen Ebenen, v.a. zu einem entsprechend organisierten Schulwesen (dabei variieren die Begriffe, etwa „gegliederte/humane Leistungsschule[1]); daher auch das Bekenntnis zum Privatschulwesen, zur Hochbegabtenförderung (2.16.24.25: „Heranbildung von Eliten"; 31; europäisch 23) und die klare Ablehnung der „Einheitsschule" (4; der integrierten Gesamtschule 23.25.29 u.ö.).[2] Dafür gibt es mehrere Begründungen: Differenzierung vom Schüler her: „nach Eignung und Neigung"[3]; „Begabung und Neigung"[4]; „leistungs- und begabungsgerechte Gruppierung" (gemeint homogene Klassen)[5]; „verschiedene Begabungs- und Interesserichtungen". Vom Elternrecht her: Wahlfreiheit setzt Pluralität des Angebots voraus (15.16).[6] Unter dem Förder-Aspekt: „beste Möglichkeit, alle Begabungen zu fördern"[7]. Hinzu kommt der Leistungsaspekt: Seit PISA 2000 wurde immer wieder nachgewiesen, dass das differenzierte Schulwesen, repräsentiert durch Bayern, Baden-Württemberg, Sachsen und Thüringen, bessere fachliche Leistungen mit höherer Integration von Migrantenkindern verbindet.

In der aktuellen Schulwahldebatte nur mit dem Elternwillen zu operieren, eine der ältesten Forderungen der CDU, hat sich insofern als problematisch erwiesen, als der Wille gerade der Mittelschichteltern für das eigene Kind notabene sich auf das Gymnasium richtet (skeptisch auch 32) und daher v.a. die Hauptschule immer weniger gewollt ist (Fehleinschätzung 13), was dann allerdings dazu führt, dass sich der Zusammenhang zwischen sozialer Herkunft und Bildungsnachfrage weiter verschärft.[8] Dabei spielen zwei Faktoren zusammen: die Ausdünnung der Angebote auf dem Ausbildungs- und Arbeitsmarkt zuungunsten von unterhalb des Abiturniveaus liegenden Abschlüssen, die undifferenzierte Akademiker-propaganda von Wirtschaft und Politik, und die Eliminierung seit Heinrich Roth des zuvor zugrunde gelegten Begabungsbegriffs (praktisch – zwi-

schen praktisch und theoretisch – theoretisch) jedenfalls im Bewusstsein
der Öffentlichkeit. Man glaubt, letztlich könne man jeden durch entsprechende Förderung wenigstens zum Abitur „begaben". Unerwünschte
Aussagen zur Genetik werden rasch in die rechte Ecke gesteckt, hingegen steigt die Zahl der Kinder ständig, bei denen Eltern „Hochbegabung"
unterstellen.

Daher hat die Union 1993 (vgl. 23, Zi. 39) erstmals gefordert, das *Leh-
rergutachten* der Grundschule stärker zu gewichten und das Erreichen
von Abschlüssen exklusiv nur mit der jeweiligen Schulform zu verbinden.
Vergleichsuntersuchungen, Bildungsstandards (27.29: deutschlandweit
31), zentrale Abschlussprüfungen (25.31.32: Haupt- und Realschulen)
und Kopfnoten (32) sollen ebenfalls zu mehr Leistungsgerechtigkeit
beitragen (s. 23). Daran ist ebenso festzuhalten wie an der einfachen
Einsicht, dass die Abschaffung der Hauptschule nicht den Hauptschüler
beseitigt[9]; hinzukommen die demographischen Zwänge. Daher wird man
auch hier zu differenzierten Formen kommen zwischen einer eigenständigen Form und Verbundformen, bei denen ein hauptschulorientierter
Bildungsgang im Angebot bleibt (analog zum Zwei-Säulen-Modell in
Sachsen/Thüringen). Dabei ist angesichts der heutigen Schülerpopulation
der Bildungsakzent auf die Vertiefung der Kulturtechniken (vgl. auch 25)
und die Förderung von Beruflichkeit zu legen. Das eigenständige achtjährige *Gymnasium* (eine seit Deidesheim 1969, 6; s. 16, immer wieder-
kehrende CDU-Forderung) ist als im wesentlichen studienvorbereitende
(s. auch 23), daher primär allgemeinbildende Schulform ab Klasse 5 in
der Abfolge 5+3 zu erhalten (Weiteres s. zuletzt 30).

Bei den vorangehenden Bildungsphasen ist der Erziehungs- und Bildungsauftrag der *Grundschule* als vorbereitender Schulform wieder stärker
an der Gewöhnung an Formen zivilisierten Umgangs, der Einübung von
Arbeitstugenden, der Vermittlung der elementaren Kulturtechniken und
systematisches Lernen auszurichten – dazu gehört auch korrekte Recht-
schreibung und die Fähigkeit, mit der Hand zu schreiben; Defizite bei
der Beherrschung des Deutschen sind rasch zu beheben; es ist zu prüfen,
ob ein Fach „Heimatkunde", dessen Abschaffung in die 68er-Pädagogik
gehörte, die derzeitige „Sachkunde" zugunsten ortsnaher Integration
ersetzen sollte; der Ertrag früher Begegnung mit einer ersten Fremdsprache ist zu evaluieren (vgl. noch 10; erstmals 1993, 23; ab Kl. 1
24.27!, zuletzt wieder ab Klasse 3, 32[10]); eine enge Verzahnung *mit der
frühkindlichen Bildung* ist inhaltlich wie personell ebenso vorzusehen

wie eine Abstimmung mit den Anforderungen der weiterführenden
Schulen, daher bedarf es der Zuordnung des Kindergartens in den fachlichen Kompetenzbereich der Schulbehörden (32). Weiteres s. Anhang
7.10.13.22.26.32.

Die besondere Hinwendung zur *beruflichen Bildung* und ihrer Modernisierung war immer ein Schwerpunkt der CDU-Programmatik seit den frühen
1960er Jahren (vgl. 2; „gleichwertig" 7.11.14.16.31.32), auch wenn sich
die CDU schon 1964 (4) für eine (damals noch moderate) Erhöhung der
Abiturientenzahlen ausgesprochen hat.

Hervorgehoben werden muss (auch mit Blick auf die Akademikerpropa-
ganda der OECD), dass das deutsche System (dual wie vollzeitschulisch)
für Berufe ausbildet, die in anderen Ländern den Hochschulen zugeschla-
gen werden, dass die Jugendarbeitslosigkeit vergleichweise gering ist,
dass auch auf dem hohen Ausbildungsstand des deutschen Facharbeiters
der Wettbewerbsvorteil Deutschlands beruht (s. oben S. 61, Bernhard
Vogel) und dass dieses System nicht nur für die Integration von Migranten eine zentrale Rolle spielt, sondern auch eine Fülle von Möglichkeiten
eröffnet, alle Abschlüsse bis zur Hochschulreife zu erreichen (vorgesehen
erstmals 1972, 10), wie wir umgekehrt erreichen wollen, dass sich die
Hochschulen für besonders qualifizierte Berufstätige leichter öffnen (vgl.
schon 10, weiter 23.27; für Techniker/Meister 29). Die berufsschulischen
Leistungen sind bei den Prüfungen einzubeziehen (11.13), für die beruflichen Schulen ist der allgemeinbildende Fächeranteil zu erhalten (historisch-politische Bildung, Religion; vgl. auch 3.11.23), eine Öffnung der
staatlichen Laufbahnregelungen nennt die CDU Anhang 16.23. Qualifi-
ziertere Arbeitsplätze für *Frauen* 18. Ablehnung einer gesetzlichen Ab-
gabe 25.

Zur *Bildungsforschung* hat sich die CDU seit 1964 bekannt (4.5.7[11]),
ebenso zum Ausbau eines eigenständigen *Sonderschulwesens* (statt der
bisherigen Hilfsschule; später mit Modifikationen (7.8.10); behinderte
Jugendliche (11); Unverzichtbarkeit (13); in Richtung Integration (16),
differenziert (23), aber zu erhalten (25); „soweit wie möglich unterschiedslos an allen Bildungsangeboten teilnehmen" (30.31), „Vielfalt
der Förderorte"; schon in Richtung Inklusion (32). Der damals schon
als notwendig empfundene Ausbau professioneller *Beratung* (4.6.14:
„wachsende Arbeitslosigkeit von Akademikern") ist heute angesichts der
Spezialisierung der Studienangebote, und der Unübersichtlichkeiten auf

dem Arbeitsmarkt zu forcieren, die *europäische Anerkennung* der Abschlüsse wird schon 1968 gefordert (5; weiter 8.23; europäische Berufsbildungspolitik 11). Die Verkürzung der *Ausbildungszeiten* ist Thema seit 1968 (4.5.15.22: nach der Einheit), „mathematisch-naturwissenschaftliches und technisches Denken" schon in der Grundschule 1971 (7. vgl. 28); 1971/1973 tauchen zum ersten Mal *Ausländer* und ihre Bildungsansprüche auf (8; Warnung vor übergroßem Ausländeranteil mit sprachlichen Defiziten 16; Integration als Anstrengung 23; Sprachförderung 27.28; für alle Kinder 29). Ab 1976 (Anhang 13) soll die Zahl der Schulabgänger *ohne Hauptschulabschluss* verringert werden; Halbierung 29.

Den Ausbau von Fachhochschulen und damit eines differenzierten *Hochschulwesens* fordert die CDU seit 1968 (5.6), ebenso freie Träger im Hochschulbereich (auch 16.25), die Entwicklung der Hochschuldidaktik; „übermäßiges Wachstum" beklagt in 14, mangelnde Eignung 23; Auswahlverfahren neben dem Abitur bei der Hochschulzulassung (13.16; freie Auswahl von beiden Seiten 25); weitere Erhöhung der Studentenzahlen 29.[12]

Berufsakademien nennt die Union erstmals 1976, weiter 23; Weiterentwicklung der Verwaltungs- und Wirtschaftsakademien (24). Mangel an Kinderbetreuung beseitigen (23); Berufsperspektive durch entsprechende Stellenstruktur für den wissenschaftlichen Nachwuchs (23). Die Hochschulen als „Kultureinrichtungen" und auch die geisteswissenschaftliche Grundlagenforschung betont (25) (s. auch Anm. 1). Hochschulfinanzierungsmodelle Schwerpunkt (25): u.a. Prüfauftrag für „Gebühren"; Frauen für MINT-Fächer interessieren (29).

Bessere didaktische Ausbildung der *Lehrer*, ihre Entlastung durch nichtpädagogisches Personal (7, vgl. 8.16), Verfassungstreue (16), „erheblicher Anteil unter den Besten" für den Beruf (23); Migranten für den Beruf gewinnen (28); Weiterbildung als „Pflicht" (23); ethisch-philosophisches Grundlagenstudium (25).

Dass die Schüler „immer weniger wissen" beklagt die CDU 16, daher für „breiteres Grundlagenwissen" 17 als Voraussetzung für „lebenslanges Lernen" (Begriff erstmals 7 u. ö.; Schwerpunkt 25).

Bei der *Weiterbildung* als „viertem Bildungsbereich" (23.24) hat sich die
CDU durchgängig für ein plurales und professionelles Trägersystem mit
allen gleichberechtigten Weiterbildungsformen (allgemeinbildend, kulturell, berufsbildend und politisch) eingesetzt (13.23), auch wenn ein ge-
wisser Vorrang der Berufsbildung spürbar ist. Aber die Bedeutung der
politischen Bildung betont Anhang 23. Dass die CDU/CSU (Anhang 13)
1976 „ein Sonderprivileg für die politische Bildung zu Lasten der anderen
Lernfelder" ablehnte, ist Reaktion auf „68".

Aus der Vorstellung der „Entfaltung" des Menschen durch Erziehung
und Bildung bzw. seiner „Ganzheitlichkeit" (13.23.26.27.31) als Ziel
des Bildungsprozesses folgt notwendig eine nähere Bestimmung dessen,
durch welche Form von Erziehung und Bildung dies zu erreichen sei.
Nun wird man nicht erwarten, dass sich eine Partei auf die Bestimmung
eines allgemeinen Bildungsbegriffs einlässt[13], wohl aber, dass bezogen
v.a. auf „Schulbildung" und in Grenzen auch Hochschulbildung (vgl.
Anhang 7: „persönlichkeitsprägende Wirkung des Umgangs mit Wissenschaft"; Anhang 16: „Entwicklung seiner Persönlichkeit") jene Erzie-
hungs- und Bildungsziele (vgl. bes. 23, u.a. „Ehrfurcht vor Gott", abgeleitet aus Grundgesetz und Länderverfassungen; 26.27[14]; erwähnt
werden sollten auch die entsprechenden Schulgesetze) und jene *Bildungsinhalte konkret* benannt sein müssen, von denen man eben diese
Leistung erwartet. Das wiederum heißt: Das Bildungssystem hat die
Aufgabe, eine möglichst breite Allgemeinbildung zu vermitteln (Anhang
16; dazu gehört heute auch die sog. Medienkompetenz Anhang 25.27),
hat „Basisstation" zu sein für die Entwicklung und Formung des jungen
Menschen im Sinne „werdender Freiheit" durch Entfaltung der Dimensionen („Anregung aller Kräfte des Menschen", Grundsatzprogramm
2007, Anhang 27) des Humanum – der Mensch als musisches (Anhang
15.27.28), körperliches (Sport Anhang 14) Wesen (Allgemeinbildung,
s. im einzelnen Anhang 23.27, darunter auch ökonomische Grundkenntnisse, Anhang 3.25, zusammenfassend 30: *nicht nur Erwerbsfähigkeit
und soziale Kompetenzen, sondern auch Gewissens- und Herzensbildung,
religiöse und kulturelle Bildung sowie ethisches Urteilsvermögen*), der
Mensch als Gemeinschaftswesen (Integration durch Erziehung und Bildung), der Mensch als arbeitendes Wesen (Berufsfähigkeit[15]), der Mensch
als sinnsuchendes, über seine eigene Existenz hinausweisendes und
zur Werterkenntnis, Wertentscheidung und Wertsetzung fähiges Wesen
(Werterziehung[16]: Verankerung des Religionsunterrichts mit Ersatzfach,
Sinnfrage als Unterrichtsprinzip, erstmals 1976, Anlage 13, weiter 23.24

u.ö., Ergänzung durch einen islamischen Religionsunterricht in deutscher Sprache mit in Deutschland ausgebildeten Lehrern und deutscher Schulaufsicht (Anhang 25).

1| *1969 (Anhang 6).*

2| *1969 (Anhang 6); 1993 (Anhang 23).*

3| *1960 (Anhang 2); 1962 (Anhang 3); 1969 (Anhang 6);*

4| *Wiesbadener Regierungsprogramm von 1972 (Anhang 9, Zi 10)*

5| *1971 (Anhang 7, Zi I 8).*

6| *1964 (Anhang 4).*

7| *3. Kulturpolitischer Kongreß 1964, zit. nach: Christliche Demokratie in Deutschland S. 181.*

8| *Für die Beibehaltung einer gymnasialen Eignungsprüfung bei Diskrepanz zwischen Elternentscheidung und Grundschuleinschätzung plädiert auch das Gutachten: „Herkunft und Bildungserfolg"". Empfehlungen für bildungspolitische Weichenstellungen in der Perspektive auf das Jahr 2020 (BW 2020), Leitung: Jürgen Baumert, April 2011, S. 17.*

9| *Richtig und zur adäquaten Förderung Achim Leschinsky, Die Hauptschule – von der Be- zur Enthauptung, in: MPI für Bildungsforschung (Hrsg.), Das Bildungswesen der Bundesrepublik Deutschland, Reinbek bei Hamburg 2008, bes. S. 399f.; mit Verweis auf eine niederländische PISA (2006)-Analyse betont Hartmut Esser: „Der Zusammenhang zwischen sozialen Status und Schulleistungen ist für die Migrantenkinder in den weiterführenden Stufen bei einem gegliederten System kleiner und bei einem integrierten Systems größer als bei den Einheimischen. Das heißt: ein gegliedertes Bildungssystem nutzt beim sozialen Aufstieg also gerade den Migrantenkindern aus den unteren Bildungsschichten und eine Umstellung würde eher den ethnischen Eliten zugute kommen", in: Stefan Luft/Peter Schimany (Hrsg.), Integration von Zuwanderern usf., Bielefeld 2010, S. 291; s. weiter Thomas Vitzthum, „Der Hauptschüler bleibt", in: DIE WELT vom 25.06.2011; Maria Braun, „Adieu, Hauptschüler", in: WamS vom 03.07.2011.*

10| *So auch das Gutachten: „Herkunft und Bildungserfolg" (Kapitel 16, Anm. 8), S. 15.*

11| *Es wäre allerdings wünschenswert, wenn sich die empirische Bildungsforschung nicht nur Schülerströmen widmen oder die Erfüllung selbstgewählter Leistungskriterien (PISA) preisen würden (vgl. Manfred Prenzel, „Deutsche Lehrer müssen die Stärken ihrer Schüler sehen", in: FAZ vom 20.01.2011), sondern z.B. die realen Verhältnisse an den Schulen untersuchen würde (z.B. Erzieher-/ Lehrerumfragen über Schüler-/Elternverhalten). Besonders spannend wäre auch die Frage nach den Schulleistungen und deren Bewertung im chronologischen Vergleich, um die sonst allzu plausible Vermutung zu widerlegen (dass alles besser geworden ist, behauptet, soweit ich sehr, nur der schon erwähnte Manfred Prenzel, in: Der Spiegel Nr. 4 vom 24.01.2011, S. 32–34; ich kenne keinen Universitätslehrer, der das genauso sieht), die permanente Steigerung der Zahl der Hochschulzugangsberechtigen sei durch permanente Senkung der Leistungsanforderungen erreicht worden oder Hauptschulen an besonderen Brennpunkten stünden höchstens auf Klippschulniveau; Norbert Lammert (s.o.) hat das 1993 auf die schöne Formel gebracht, es gehe um Bildung „nach Interessen", nicht um das Ermitteln von Begabungen. Sicher interessant wären* auch Untersuchungen über das, was unsere Schüler etwa im Bereich Geschichte, Musik oder Religion wirklich wissen. Oder wie gut sie Englisch wirklich beherrschen, etwa bei der verstehenden Lektüre (literacy) wissenschaftlicher Aufsätze. Oder zu dem, was das sog. Latinum heute noch bescheinigt. Wohltuend die Kritik von Konrad Liessmann, „Was der Glaube an Statistiken bewirkt – eine Nachlese zu Pisa", in: FAZ vom 23.12.2010. Zur Problematik allg. Jörg-Dieter Gauger / Josef Kraus (Hrsg.), Empirische Bildungsforschung. Notwendigkeit und Risiko. Im Plenum, Sankt Augustin 2010.

12| Bemerkenswert ist, dass der aktuelle Bologna-Prozess nur einmal in Anhang 24 (Modularisierung) positiv angedeutet wird; offensichtlich vermieden wird auch der Begriff Studiengebühren (Anhang 28: Studienbeiträge).

13| Vgl. Jörg-Dieter Gauger, Rezension: Andreas Dörpinghaus / Andreas Poenitsch / Lothar Wigger, „Einführung in die Theorie der Bildung", in: Freiheit der Wissenschaft 2, 2006, S. 23f.; zur Begriffsgeschichte auch Rudolf Lennert, TRE Bd. 6, Berlin / New York 1980, S. 569–582 s. v. Bildung I; „Soweit hier von einem inneren Consensus zu sprechen ist, deutet er auf eine Bestimmung der B. als einen durch Personalität, Bewußtseinserhellung und soziale Verantwortung ausgezeichneten Modus des menschlichen In-der-Welt-Seins", so Ernst Lichtenstein, Historisches Wörterbuch der Philosophie Bd. 1, Basel 1971, S. 937 s. v. Bildung.

14| Vgl. Anhang 13 (1976): „Ziele und Inhalte aller Bildungsgänge müssen verfassungskonform sein und politisch verantwortet werden. Da das Bildungswesen in unsere demokratische, soziale und rechtsstaatliche Ordnung einbezogen ist, sind Bildungsziele und Erziehungsziele aus dem Grundgesetz und den jeweiligen Landesverfassungen abzuleiten. Die Schule erzieht in Verantwortung vor Gott und den Mitmenschen zu verantworteter Freiheit und sozialer Verantwortung, zur Achtung vor religiöser Überzeugung, zu Toleranz, Gerechtigkeit, Friedensliebe, Liebe zur Heimat, Urteils- und Entscheidungsfähigkeit, Leistungswillen und Eigenverantwortung."

15| Vgl. Anhang 33: „Schulbildung soll dazu beitragen, dass Kinder und Jugendliche die Fähigkeit entwickeln, ein
– selbstbestimmtes Leben zu führen. Sie soll dazu beitragen, dass junge Menschen
– zu selbständigen und selbstbewussten Persönlichkeiten heranreifen,
– am gesellschaftlichen Leben teilhaben können,
– auf einen ihren Fähigkeiten und Interessen entsprechenden Beruf vorbereitet werden."

16| Vgl. Anhang 31: Ganzheitliche Bildung und Erziehung in einer demokratischen Gesellschaft muss auf die Trias Wissen – Kompetenzen – Werte orientieren. Dieser Dreiklang ermöglicht Persönlichkeitsentwicklung, Eigenverantwortung und verantwortungsbewusste Teilhabe am beruflichen und gesellschaftlichen Leben. Der Erwerb von inhaltsbezogenem, flexibel nutzbarem und anschlussfähigem Wissen – auch als solide Basis für weiteres lebenslanges Lernen – ist dabei fundamental und durch nichts zu ersetzen, auch nicht durch allgemeine Kompetenzen. Die sukzessive, systematische Entwicklung von Methoden- und Sozialkompetenz ist Grundlage für weiteres Lernen und befähigt dazu, neue Anforderungen zu bewältigen. Werteorientierung ist zentral sowohl hinsichtlich der Ausbildung individueller Werte als auch hinsichtlich der Vermittlung demokratischer Grundwerte. Zielperspektive sind in gleicher Weise Selbstbestimmungsfähigkeit und Gemeinschaftsfähigkeit. Werteerziehung im schulischen Kontext gelingt dann, wenn sich das Wissen über Werte einerseits und die konkrete Erfahrung von Werten andererseits gegenseitig durchdringen.

ZUM „CHRISTLICHEN VERSTÄNDNIS VOM MENSCHEN" UND SEINE AUSWIRKUNGEN AUF ERZIEHUNG UND BILDUNG

Parteiprogramme sind keine theologischen bzw. philosophischen Abhandlungen, soweit sie sich überhaupt auf derartige Festlegungen einlassen. Für eine Partei wie die CDU, die sich auf eine christlich fundierte Anthropologie als ihr geistiges Fundament beruft, ist es hingegen unumgänglich, zumindest die Grundlinien dieser spezifischen Anthropologie darzulegen, ungeachtet der teilweise erheblichen, auch konfessionell bedingten theologischen Differenzen, die sich schon mit einzelnen Begrifflichkeiten verbinden. Begriffe wie Person/Personalität, Solidarität (folgt aus der Nächstenliebe, Anhang 24), Subsidiarität oder Gemeinwohl entstammen der katholischen Soziallehre[1], aber ihr geistiger Gehalt wie auch ihre Praktikabilität sind Protestanten ebenso zugänglich wie Nichtchristen; bei der Berufung auf das Naturrecht wird die Sache schon problematischer.[2]

Sie muss zugleich die Folgerungen erkennen lassen, die sich daraus für einzelne Politikfelder ergeben, soweit sie sich überhaupt ergeben können. Die Quellen dafür gibt das Grundsatzprogramm von 1993 (25) an: „Die geistigen und politischen Grundlagen der CDU sind in der *Sozialethik der christlichen Kirchen, in der liberalen Tradition der Auf-*

klärung, in der wertkonservativen Pflege von Bindungen und dem Wissen darum, dass der Staat nicht allmächtig sein darf, sowie im christlich und patriotisch motivierten Widerstand gegen den Nationalsozialismus zu finden. Zur Identität der CDU gehören auch die friedliche Revolution von 1989, die die kommunistische Diktatur der DDR überwand, und die Wiedervereinigung unseres Vaterlandes." Orientieren kann man sich dafür an den diversen Präambeln der Grundsatzprogramme sowie an den 2001 vorgelegten Überlegungen der Wertekommission der CDU, die das neunte Kapitel ihres Papiers *Die neue Aktualität des christlichen Menschenbildes* unter die Überschrift gestellt hatte „Die religiöse Begründung des christlichen Menschenbildes", die bislang ausführlichste parteioffizielle Darstellung.

Dabei konzentriert sich diese politische Anthropologie auf politik-ethische Vorgaben, die großenteils auch nichtchristlich (rational) begründet werden können bzw. zunächst sogar nicht-christlich entwickelt wurden, aber nachträglich auch eine theologische Herleitung erfahren, die ihnen dann ein freilich anderes Gewicht verleiht. Es wäre angesichts der grassierenden Geschichtsvergessenheit und auch mit Blick auf den schulischen Unterricht schon notwendig, diese geistesgeschichtlichen Stränge einmal zusammenzuführen, schon um dem Eindruck vorzubeugen, es handle sich um Selbstverständlichkeiten und nicht um das Resultat eines 2500 Jahre währenden schmerzhaften Prozesses der europäischen Geistesgeschichte.

Nur religiös möglich, daher als religiöses Grundphänomen, wenn auch nicht genuin christlich und auch dort mit ethischen Konsequenzen[3], ist die Aussage, der Mensch sei von Gott geschaffen (15.19.20.24.27) und er sei Teil der Schöpfung (20.27), wobei die Unterscheidung zwischen (einer gemäßigten) Anthropozentrik und (gemäßigten) Biozentrik zugunsten letzterer, zugunsten des Eigenwerts der Natur, die zur Hege und Pflege aufgegeben ist, entschieden wird: Im Programm (Anhang 20) „Die Schöpfung bewahren[4] – die Zukunft gewinnen: dies ist Auftrag und Ziel unserer Politik." (1989) heißt es: „ [...] Die Christlich Demokratische Union Deutschlands hat die besondere Verpflichtung, die Natur und die Umwelt zu schützen, zu gestalten und zu nutzen *und damit das Werk des Schöpfers für uns, unsere Kinder und Kindeskinder zu erhalten* und Ökologie und Ökonomie in einer Ökologischen und Sozialen Marktwirtschaft miteinander zu versöhnen. [...]

Unsere Verantwortung für die Schöpfung

1. Wir stehen in der Schöpfung, wir sind Teil der Schöpfung, wir haben Verantwortung zu übernehmen für die Vielfalt der Schöpfung, die nicht nur nach Nützlichkeit und Verwertbarkeit beurteilt werden darf. Pflanzen und Tiere sind Mitgeschöpfe, nicht bloße Werkzeuge des Menschen. Wir sind daher verpflichtet, die Natur auch um ihrer selbst willen und nicht nur als Lebensgrundlage des Menschen zu schützen. *Die Sorge um die Vielfalt ist aber auch Ausdruck unserer Achtung vor der Schöpfung und Verpflichtung aus der christlichen Wertordnung, die Grundlage unserer Politik ist".*[5]

Auch wenn man den (scheinbaren) Widerspruch zwischen naturwissenschaftlich belegter Evolution und biblischer Schöpfungstheologie nicht durch Kreationismus auflösen will und zudem die weiterführenden theologischen Implikationen der jüdisch-christlichen Schöpfungstradition nicht teilt, bei denen man sich ja durchaus darauf beschränken kann, dass nur durch sie „die „Sinndimension der endlichen Wirklichkeit in ihrem Verhältnis zu Gott" in den Blick kommt[6], schon aus Gründen des Überlebens der Gattung und der für jeden tagtäglich spürbaren Gefährdungen ist der notwendige weltweite Einsatz für den „Erhalt der Natur/ Umwelt" auch für den Nicht-Christen unmittelbar einsichtig.[7]

Zur Freiheit gerufen

Das gilt gleichermaßen für das zweite Element dieser politisch-christlichen Minimalethik: „Der Mensch ist zur Freiheit gerufen" (Formulierung nach Gal 5,13; vgl. Anhang 15).

Die vielfältigen historischen, philosophischen und neuerdings neurobiologischen Implikationen des Freiheitsbegriffs wie auch die Besonderheit des theologischen (christliche Freiheit / Freiheit vor Gott; imago Dei-Vorstellung, vgl. CDU-Grundsatzprogramm 2007, Anhang 28[8]) sind hier nicht weiter zu thematisieren.[9] Denn auch hier kommt es, wie schon beim Schöpfungsgedanken, nur auf den ethischen Kontext an, der ebenfalls rational vermittelbar erscheint: Freiheit als Fähigkeit zur sittlichen Selbstbestimmung und daher als Grundvorsetzung verantwortlichen Lebens, wobei Verantwortung bedeutet: nicht nur für sich selbst, sondern auch für andere.

Einzigartigkeit, Einzigkeit und damit Eigensein (Persönlichkeit), unmittelbare Bezogenheit auf andere und die Eigenschaft, Träger rationaler wie irrationaler Akte zu sein (Vernunft, Gesinnung, Gefühle, Werten usf.), all dies spiegelt sich im Begriff der „Person" (Anhang 5.8.13 u. ö.): „Die mehrfache Spannungseinheit der menschlichen Freiheit (Geistes- und Handlungsfreiheit; substantielle und endliche Freiheit; individuelle und soziale Freiheit) fassen wir im Begriff der personalen Freiheit, der Freiheit der Person zusammen. Denn als ‚Person' ist der Mensch [...] das Wesen der Individualität und der Sozialität in der Einheit der Dialogizität: In seiner Lebenspraxis ereignet sich die Selbstverwirklichung des Ich im Austausch, in der Begegnung mit anderen Ich, mit dem Du [...] Die Verantwortung (= Antwort auf den Anruf des Du) wird zum Grundzug der personalen Freiheit [...]"[10]

Jede Lebenspraxis vollzieht sich immer im Zusammenleben mit anderen und deren Freiheit (bedingte Freiheit 1), die der je eigenen Grenzen setzen. Daraus folgt sozialethisch eine die Entfaltung individueller Freiheit ermöglichende und unterstützende Staats- und Gesellschaftsordnung mit Anerkennung der Menschenrechte als Grundfreiheiten (bedingte Freiheit 2) und die Verpflichtung sozialen Ausgleichs.[11]

Die Bestimmung des Menschen als sittliches Subjekt mit Entscheidungsfreiheit kann nicht nur christlich oder allgemein religiös (viele Religionen bieten sowohl individual- wie sozialethische Gebote) begründet werden. Hans Wagner hat diese ethische Bestimmung erkenntnistheoretisch erweitert: Das „Doppelwesen" Mensch ist mehr als Natur (animal / Objekt), gewinnt vielmehr seine einzigartige Sonderstellung schon dadurch, allein animal rationale / Subjekt von Wissenschaft und Erkenntnis zu sein.[12] Dieser Ansatz geht dem der Praktischen Philosophie voraus, der Mensch sei zur Sittlichkeit verpflichtet, der dann nach Platon und der Stoa bei Kant seinen modernen Ausdruck findet in der Vorstellung der juridischen und moralischen Gesetzgebung durch die eigene (autonome) reine praktische Vernunft.

In dieser einzigartigen Sonderstellung gründet die ebenfalls nur ihm zukommende „Würde des Menschen", und zwar jedes Menschen als Individuum, und die zuzuordnenden Menschenrechte als oberster Maßstab aller Politik, die man freilich ebenfalls nicht nur religiös begründen kann[13], sondern auch über den Weg eines wirkmächtigen Stranges europäischer Philosophie.

Das große Problem bei aller (theoretischen) ethischen Reflexion über die Selbstbestimmung des Menschen zur Sittlichkeit, Achtung der Menschenwürde, Übernahme von Verantwortung für sich und andere usf. bleibt durchweg die Frage, was den Menschen in der Daseinsrealität dazu bewegen soll, entsprechend zu handeln. Denn das Wissen darum ist zwar Voraussetzung (an dieser Stelle ist der Ort des Gewissens, antik wie christlich[14]), aber der Wille, sich entsprechend zu verhalten, ist ja keineswegs allgemein ausgeprägt; zwar öffnen sich Erkennen, Urteilen und Handeln der Fähigkeit zur Unterscheidung von richtig und falsch, von gut und böse, unterliegen aber stets auch Neigungen, Trieben, Bedürfnissen, Launen, Emotionen und anderen nicht-vernünftigen und ungeregelten Regungen.[15] Das verhält sich zumal dann so, wenn man nicht auf Gebote Gottes setzt, gegenüber dem man sich verantworten muss und deren Verletzung mit der Verheißung göttlicher Ahndung zusammengeht (auch das schon ein vorchristlich-antiker Gedanke), sei es rasch, sei es im 7. Glied, sei es nach dem Tod, sei es beim Endgericht; mangelnde „Verantwortung gegenüber den Menschen" trifft hingegen auf juristische Regelungen, sofern damit Rechtsverstöße einhergehen, für die man sich „vor Menschen" verantworten muss. Auch hier zeigt sich die Doppelnatur des Menschen: von der Fähigkeit zu blankem Egoismus und Selbstbezug bis hin zum Genozid, und zugleich ist unübersehbar, dass sich viele Menschen „sozial" verhalten, helfen, sich engagieren, sich für Mitmenschen einsetzen usf., also „gut" handeln. Der Mensch mithin als Wesen, das aus Freiheit gut wie böse handeln, Schuld auf sich laden kann, fehlbar ist und der darum auch weiß. Auch das ist nicht nur christlich begründbar (der „gefallene Mensch" / Erbsünde / Rechtfertigung), dieser ganze Kontext ist der zentrale Gegenstand der klassischen attischen Tragödie, allerdings auch hier mit religiösen Vorzeichen.

Die abschließende Frage ist daher: Was kann Politik, näherhin Bildungspolitik dafür tun, um den jungen Menschen auf ein Leben in freier Selbstbestimmung in der Gesellschaft und auf seine Verantwortung für die Gesellschaft vorzubereiten? Wie können Erziehung und Bildung nicht nur zu Wissen und Können, sondern zugleich zu positiven Wertentscheidungen motivieren?[16] Was lässt sich aus dem „christlichen Verständnis vom Menschen" für dieses Ziel gewinnen?

Dafür müssen wir uns zunächst grundsätzlich darauf verständigen, dass pädagogisches Handeln sinnvoll ist, also zum Erfolg führen kann. Denn es ist ja offensichtlich, dass wir in ein gesellschaftliches Umfeld hineinbil-

den und -erziehen, das eher durch „Wertlosigkeit" oder zumindest „Wert-
relativismus" geprägt zu sein scheint, wenn man darunter den öffentlichen, durch die Medien verstärkten und zuletzt in der Finanzkrise erneut
vermittelten Eindruck versteht, dass sich wert„volles" Verhalten gerade
nicht auszahlt.

Man mag die Zahl von 800.000 (so der Neurologe Manfred Spitzer) unserer Kinder im Vorschulalter, die pro Tag bis 22 Uhr vor dem Fernseher
hocken, für zu hoch halten; aber auch 100.000 wären schon zuviel.
Was wird ihnen dort für eine dekultivierte Welt präsentiert? Oder Leit-
idole, wie sie – „Deutschland sucht den Superstar" – die Trash-Medien
Abend für Abend vermitteln? Oder im Computerspiel? Oder im Internet?
Und warum sollte Jugend anders sein oder nach anderem streben als
das, was die „Erwachsenen" ihr vorleben, für „wert"voll erachten: Geld,
Karriere, Konsumorientierung, Spaß, Geringschätzung von Bildung,
Abzocken der Sicherungssysteme. Es scheint niemanden zu kümmern,
dass das, was man früher als „loser" bezeichnet hätte, heute zum
medienwirksam hochgepuschten „Lebensmodell" wird: Stolz werden die
Sechsen auf dem „schlechtesten Zeugnis" Deutschlands in die Kamera
gehalten: „Zur Not geh ich zu ‚Burger King' oder putzen [...]" (*Bild* vom
30. Januar 2006).

Wenn der Gesellschaft die positiven „Werte" ausgehen, dann befinden
wir uns in der „Wertefalle", tun wir uns sehr schwer, hier gegenzusteuern.
Dann reden wir über etwas, das in der Realität nicht oder kaum stattfindet, nämlich über die Forderung, sich nicht realitätsgerecht zu verhalten. Dann versuchten wir, in der Schule (und idealtypisch auch in der
Familie) eine Gegenwelt zu konstruieren zur realen Welt. Inwieweit ist
das realistisch? Inwieweit kann das Erfolg haben in einer Gesellschaft,
in der mittelständische Milieus, traditionelle Träger „bürgerlicher" Wertvorstellungen, sich immer weiter ausdünnen? Umgekehrt ist die Sorge
nicht unberechtigt, ob alle Milieus, die sich heute entwickelt haben, noch
mit pädagogischen Mitteln überhaupt erreichbar sind.

Allerdings würde ein Verzicht bedeuten, dass wir Bildung und Erziehung
über Wissensvermittlung und Qualifizierung hinaus aufgeben müssten
und damit die einzige Instanz aufgeben, in der Verbindlichkeit noch stattfinden kann, eben das Bildungssystem. Nur hier kann man überhaupt
noch steuern! Die gegenteilige Konsequenz wäre nämlich nicht die Hoffnung auf Verbesserung, sondern die sicher weitere Verschlechterung der

Situation. Der Pädagoge Theodor Litt hat 1920 einmal formuliert, der Erzieher müsse vom Menschen immer etwas besser denken als dieser tatsächlich sei; allerdings dürfe es auch nicht zu überdehnten Zerrbildern kommen.

Daher ist eher Bescheidenheit angesagt, zwischen übertriebenem „pädagogischem Optimismus" und pädagogischem Realismus. Denn ob jemand wirklich „sittlich" handelt oder nur äußerlich angepasst, aus Angst vor rechtlichen Sanktionen oder gesellschaftlicher Ächtung, oder sich eine Mischung einstellt, was wohl die Realität am ehesten trifft, ist individuell höchst unterschiedlich: Ins Herz kann man mit Kant bekanntlich niemandem schauen, und ob ein so hehres Ziel wie „Gewissensbildung" je erreicht werden könnte, sei dahingestellt. Aber wenn es gelänge, Werthaltungen wenigstens partiell als positiv oder zumindest als nicht abzulehnen zu verinnerlichen, wäre schon viel gewonnen. Was ist daher durch die Schule leistbar und wie ist die Selbstverpflichtung auf einen ganzheitlichen Bildungsbegriffs einzulösen?

Dabei beschränken wir uns hier auf die wesentlichen Folgerungen, ansonsten s. auch Anhang 26.

1. Allen Erziehungs- und Bildungsvorstellungen der CDU liegen Lernprozesse zugrunde (vgl. Anhang 15. 27). Daher ist sie erziehungs- und bildungsoptimistisch; der Mensch ist nicht nur erziehungs- und bildungsbedürftig, um „lebenskompetent" zu werden, er ist auch erziehungs- und bildungsfähig.[17] Das entspricht seiner Sonderstellung als erkenntnisproduzierendes und sittliches Subjekt, das dazu ausgestattet und geformt werden muss, (nach Kant) durch Kultivierung, Zivilisierung, Moralisierung, (Selbst-)Disziplinierung. Dabei sind individualethische und sozialethische Vorgaben nicht zu trennen, Lebenskompetenz umfasst gleichermaßen Selbst- und Sozialkompetenz, sie äußert im Verhältnis zu sich selbst (Urteilskraft, Selbständigkeit, Verantwortungsbereitschaft) wie auch zum Mitmenschen (Toleranz, Kultur- und Weltoffenheit, Herzensbildung und Mitmenschlichkeit). Der Mensch soll lernen, sich im Sinne des Guten zu entscheiden und danach zu handeln.

Daher wird das Bildungswesen insgesamt, also auch die Hochschule (vgl. Kapitel 15, Anm. 1) und die Weiterbildung (vgl. Anhang 23, Zi.85), v.a. aber die Schule grundsätzlich als affirmative Einrichtung in (und zugunsten) einer bei allen Defiziten im einzelnen grundsätzlich positiv

bewerteten Staats- und Gesellschaftsordnung verstanden, deren Bejahung (Anhang 15.16; „positive Haltung (zu) unserer staatlichen und
vom Grundgesetz gewollten Gesellschaftsordnung"; besonders deutlich
auch 27) durch innere Überzeugung ein Primärziel öffentlich verantworteter Bildungsanstrengungen ist (Patriotismus ausdrücklich genannt 27;
„Liebe zur Heimat", Anhang 13) und die so Gemeinschaftscharakter
(vgl. Anhang 28) annimmt bzw. dazu geformt werden soll.[18] Zwar wird
durchaus gesehen, dass individuelles wie gesellschaftliches Leben mit
Konflikten zu tun hat (wie sie die 68er-Pädagogik in den Vordergrund
stellte, in den Erklärungen der 1970er Jahre Anhang 7.13.14 als Signum
der Gesellschaft), aber das darf nicht bestimmend sein (Anhang 23):
„Der junge Mensch muß erfahren können, *daß das Leben nicht allein
durch Konflikte, sondern auch durch Liebe, Solidarität und gegenseitige
Rücksichtnahme geprägt werden kann.*"

2. Aus dem Vorrang der Person (Individualität) und ihrer Freiheit folgt
für die CDU der Vorrang der Persönlichkeitsbildung vor allen anderen
Zwecken, die sich mit diesem Prozess auch verbinden lassen, insbesondere jenen, die sich auf die ökonomische[19] und/oder ideologische Funk-
tionalisierung beschränken. Daher kommt dem kulturellen, allgemeinbildenden, auf Vermittlung von Grundwerten, Tugenden (auch „Sekundär"tugenden) und Sinnkonzepten angelegten Auftrag von Bildung und
Erziehung Vorrang vor reiner Berufsbefähigung, gar Berufsfertigkeit zu,
der auch die beruflichen Schulen einbezieht.

3. Allerdings erfordert die Realisierung dieses Auftrags wiederum die
Verständigung darüber, welche Voraussetzungen gegeben sein müssen,
um erfolgversprechend zu sein.

DIE GRUNDLEGENDE BEDEUTUNG DER FAMILIE

Natürlich kann man ein Bildungssystem entwerfen, das familienunabhän-
gig ist; schon Platon hat das vorgeschlagen. Aber auch die beste frühkindliche Erziehung oder die beste Ganztagsschule können das familiäre
Milieu nicht überspringen, nach 16.00 Uhr wird es spätestens wieder
dominant; daher betont die Union durchgängig die unersetzbare Erziehungsleistung der Familie und das notwendige partnerschaftliche Zusammenwirken mit der Schule, so dass alle weitere Maßnahmen nur
komplementär zu verstehen sind.[20] Nur in der Familie erfährt der junge
Mensch hautnah, was Solidarität ist (81 Prozent unserer Bevölkerung

setzen darauf), grundlegende moralische Kompetenzen werden dort entwickelt, das Gefühl für gut und böse, die Fähigkeit zu Bindung und Vertrauen. Daher kommt es darauf an, inwieweit die Familie sich als bildende und erziehende Einrichtung verstehen will, die ihr das Grundgesetz ja ausdrücklich als „Pflicht" auferlegt, bei der Erziehung zu Umgangsformen etwa, bei der Einhaltung von Regeln, bei der Grenzziehung – man muss nicht alles diskutieren, manchmal muss man auch ganz einfach „müssen" –, bei „Sekundärtugenden" – Stichwort: „Kinderstube" – oder bei der Sprachentwicklung, ohne die vieles andere ins Leere läuft, oder auch bei der religiösen Erziehung.[21] Das ist keine Frage von „arm" oder „reich", sondern des Willens, das zu leisten. Es muss alarmieren, dass nach seriösen Schätzungen bis zu einem Drittel der Eltern mit der Erziehung komplett überfordert ist. Hier besteht daher die ganz zentrale Aufgabe der Politik darin, Familienförderung auch durch Familienbildung zu flankieren.

DER LEHRER ALS VORBILD

„Die Verinnerlichung von Grundwerten („Werteerziehung") und Tugenden ist immer auf das Vorbild angewiesen, das vorlebt, (in der Familie und) als Lehrer. Daher sind es weniger Unterrichtskonzepte als vielmehr der im Dialog bildende und erziehende, fachlich gut ausgebildete Pädagoge, nicht der Coach oder Lernmoderator, dem hier eine entscheidende Rolle zukommt, die auch in der Aus- und Weiterbildung zu würdigen ist." (Wertekommission, Anhang 26).

Es hat sich hierzulande eingebürgert, den Lehrer für schuldig zu erklären, v.a. in der Boulevardpresse, in Fortsetzung der Diffamierung als „faule Säcke" des vormaligen Bundeskanzlers Schröder. Sogar ein „Lehrerhasserbuch" findet reißenden Absatz. Der Autoritätsabbau ist unübersehbar, auch durch überzogene Elternansprüche: „Mein Kind, das Kunstwerk." Dabei kann, und darauf weisen alle Untersuchungen hin, nur durch Vorbild, das heißt durch den engagierten Pädagogen, so etwas wie Werteerziehung in dem Sinne, wie wir sie hier verstehen wollen, gelingen. Gefühl für Verantwortung, Gerechtigkeit, Zivilcourage und Toleranz müssen vorgelebt werden, nur dann entstehen Wirkungen. Das setzt allerdings voraus, das Lehrerbild wieder politisch und gesellschaftlich positiv zu besetzen, nicht zuletzt zugunsten ausbleibenden Nachwuchses. Das bedeutet freilich umgekehrt, dass Lehrer ihre Aufgabe ernst nehmen, ihren Beruf als Berufung verstehen, nicht nur als ferienorientierten Job. Gerade beim Lehrer kommt es mehr denn bei vielen anderen Berufen auf die Persönlichkeit und ihre Vorbildfunktion an.[22]

DIE BEDEUTUNG DER SCHULKULTUR

Wir haben uns hierzulande ebenfalls angewöhnt, Verantwortung hyper-moralisch zu verstehen und in möglichst weite Ferne zu verlegen: Der Kaffeebauer in Nicaragua scheint uns näher zu stehen als der Nachbar, der hilfsbedürftig ist. Das scheint daran zu liegen, dass „Fernverantwor-tung" vergleichsweise mühelos zu handhaben ist, zugleich einen hohen moralischen Anspruch suggeriert, tätige Hilfe dem kranken Nachbarn gegenüber hingegen tätigen Einsatz verlangt und nicht auf die Wolken weltumspannender Solidarität trägt. Verantwortung beweist sich im Kleinen, im Nahraum. Man mag ja durchaus „global denken", handeln kann man fast immer nur lokal. Dafür, dass sich Schüler für die Schule und in der Schule engagieren – also die sogenannte Innere Schulentwick-lung fördern – ist wichtig, dass sie so, wie sie sind, angenommen wer-den, Zuwendung erfahren, als Person und in ihren Lernbemühungen ernst genommen und anerkannt werden, sich gerecht behandelt fühlen und dass ihrem Streben nach Selbsttätigkeit und Unabhängig-Werden sowie nach Mitwirkung am Unterrichts- und Schulgeschehen entsprochen wird. Schule ist zwar nicht das Leben selbst, doch sie stellt neben Eltern-haus und Freundeskreis einen bedeutsamen Lebensraum dar, der gerade für sozial benachteiligte Schüler wichtiger wird denn je und der Anreize zum gemeinschaftlichen Tun und zur Übernahme von Verantwortung bieten muss. Schul-, Klassengröße und -ausstattung müssen das Gefühl der Anonymität verhindern und vielmehr Motivation zum Engagement in, Identifikation mit und Verantwortungsbereitschaft für ihre Schule fördern. Die „gute Schule" zeichnet sich daher durch pädagogischen Konsens, ein kooperatives Schulklima und ein intensives Schulleben aus, an dem sich alle Gruppen angemessen und altersgerecht beteiligen. Die auch von der CDU favorisierte größere Eigenverantwortung der Einzel-schule und ihre besondere inhaltliche Profilbildung können dazu einen weiteren positiven Beitrag leisten, wenn sie nicht durch staatliche Vor-gaben wieder konterkariert werden. Hier kann eine Aufgabe der Politik daher ebenfalls darin bestehen, entsprechende Rahmenbedingungen zu schaffen (was allerdings u.a. Geld kostet) und professionelle Begleitung zu sichern.[23]

EIN REALISTISCHES SCHÜLERBILD

Die heute nicht unübliche Idealisierung des Schülers könnte unrealistisch sei. Dass die Jugend schlecht sei, ist ein alter Topos seit Platon. Darum geht es mithin nicht. Vielmehr lässt die 14. Shellstudie erkennen, dass wir es mit einer sehr „normalen" Jugend zu tun haben. Und wenn man einem Gutachten des 7. Deutschen Präventionstages (2007) folgt, lässt sich die öffentliche Wahrnehmung, jugendliche Täter würden immer zahlreicher, immer jünger und immer brutaler, empirisch nicht belegen. Die Publizistin Sonja Margolina hat das eigentliche Problem einmal wie folgt formuliert: „[...] es ist die Gesellschaft, die der Schule ein idealtypisches Kind oktroyiert: einen verspielten, konzentrationsunfähigen, ewig pubertierenden kleinen Tyrannen, dem man keine Grenzen setzen und nichts zumuten kann und der möglichst lange vor Selbstverantwortung und Pflichterfüllung zu schonen ist. Dieses Bild ist Produkt der libertären Aufhebung von Autoritäten und Macht, aber auch der spekulativen Wissenschaft, die diese gesellschaftlichen Bedürfnisse bereitwillig bedient. Die Umwertung dieses dank eines antibürgerlichen Affekts entstandenen Kindesbildes durch die Gesellschaft wäre ein erster fundamentaler Schritt in Richtung Bildungsreform."

Daher ist es auch falsch, Bildung von Erziehung trennen zu wollen (die CDU hat sich immer zur Zusammengehörigkeit beider Begriffe bekannt), zumal eine neue Erziehungsdebatte ins Haus stehen könnte[24], wenn man Erziehung als „vormundschaftliches Handeln", als „unentbehrliche pädagogische Hilfe für den Heranwachsenden auf dessen Weg zur ‚inneren Freiheit'" versteht. Denn „innerlich frei" sei nicht, wer „dauernd momentanen Impulsen unterliege und an die Laune des Augenblicks gebunden bleibe, sondern wer sich selber durch vernünftige Überlegungen bestimmen könne. Erziehung solle den eigenen Willen mit dem durch Bildung entwickelten eigenen Verstand in Übereinstimmung bringen".[25]

DIE BEDEUTUNG DER INHALTE

4. Ziel eines im christlichen Menschenbild begründeten Bildungs- und Erziehungsverständnisses ist nicht die Bildung „zur", sondern „der" Persönlichkeit[26] und ihrer Anlagen. Der Mensch ist nach dieser Auffassung also nicht tabula rasa, die erst „gefüllt" werden muss, sondern jeder Mensch bringt seine je eigene Voraussetzungen mit, die jetzt zur „Entfaltung" (Formulierung nach GG Art. 2,1) gebracht werden müssen.[27]

Damit hat der Erziehungs- und Bildungsprozess nach Auffassung der CDU klare Zielvorgaben: Wertevermittlung und das Erschließen des Menschen in dieser Welt und für diese Welt: Schul-Bildung im engeren Sinne bezieht sich auf das Fächerspektrum der Schule (in der Frage nicht nur nach dem „wie" des Lernens[28] und nach dem „worin" [in welchen Strukturen], sondern auch in der Frage nach dem „was" des Lernens hat die Union gegenüber allen anderen Parteien bis heute ein Alleinstellungsmerkmal[29]),das primär der Entfaltung der anthropologischen Dimensionen des Menschen dienen muss und ihn dadurch „lebenstüchtig" macht: der Mensch als geschichtliches (Geschichte/politisch-historische Grundbildung), räumliches (Geographie) sprachliches (Deutsch, Fremdsprachen), naturerschließendes (Mathematik, Naturwissenschaften), politisches und wirtschaftendes (politisch-ökonomische Grundbildung), ästhetisches (Kunst, Musik, Literatur), motorisches (Sport), sinnsuchendes, sittliches und religiöses (Religion, Philosophie) Wesen.

Auch die Binnengestalt der Fächer muss dazu dienen, nicht nur in diese als positiv bewertete Gesellschaftsordnung zu integrieren, sondern darüber hinaus Engagement für sie hervorzubringen. Seit sich die CDU konkret zur identitätsstiftenden Bedeutung von Inhalten äußert, also seit Mitte der 1970er Jahre, *äußert sie sich fast durchgängig in diesem Sinne*[30], wozu auch gehört, identitätstiftende Elemente aus der eigenen Geschichte positiv vermitteln zu wollen. Daher müsste es für die CDU ein zentrales Anliegen sein, sich ganz konkret in die Lehrplanentwicklung einzuschalten, die derzeit im Namen einer missverstandenen „Kompetenzdidaktik" immer kuriosere Blüten zu treiben scheint.[31]

„Dabei hat Schule die Balance zwischen Tradition und Innovation zu wahren. Eine bloße Selbst-, Gegenwarts- und Erlebnisorientierung der Schule unter dem Prinzip falsch verstandener Kindgemäßheit würde die Teilhabe junger Menschen an der Welt verengen und den Kindern die Zukunft rauben. Denn ein augenblicks- und lustorientiertes Verständnis von Teilhabe würde Kinder in einer ewigen Gegenwart einkerkern: was sie an selbsterlebten Paradigmen bereithält, wäre absolut. Bildung vor einem christlichem (oder auch einem sonst wie begründeten ganzheitlichen) Horizont kann in diesem Kontext von wissen, werten, urteilen und handeln daher nicht nur bei der Auswahl „wert"voller Unterrichtsinhalte (die daher keineswegs beliebig sind) ihr besonders Profil zeigen, sondern auch in Form „erziehenden Unterrichts" und fächerübergreifend (Unterrichtsprinzip) in der Verbindung von Wissen, Werten und moralischem

Urteil, von „Sachlichkeit" und „Sittlichkeit", die den Schüler zur wertenden Selbstunterrichtung und Selbstbestimmung motiviert und die Transzendenz einbezieht[32]:

Jedes Fach, jeder Unterricht kann zu wertorientiertem Verhalten „erziehen": zum toleranten Umgang miteinander, zu Zusammenarbeit, zu Disziplin, zu Genauigkeit, zu sogenannten Sekundärtugenden usf.

Alle Unterrichtsfächer thematisieren unmittelbar auch Wertfragen: die Naturwissenschaften etwa die Frage nach Machbarkeit und Erlaubsein, nach dem Grenznutzen des Fortschritts, die Sprachen durch Einblick in andere Kulturkontexte und ggf. andere Menschenbilder und Gesellschaftsvorstellungen, die musisch-ästhetischen Fächer durch Schulung des ästhetischen Gefühls, des Geschmacks und von Phantasie und Kreativität. Und wenn man „Patriotismus" will, warum hat man „Heimatkunde" durch „Sachkunde" ersetzt und damit ein falsches Signal gesetzt?

Inhaltlich sind Fächer wie Deutsch, Geschichte, politische Bildung und natürlich Ethik oder Religion besonders gefordert. An allen Fällen gilt: Jeder Wissenszuwachs erhöht auch die wertbezogene Urteilsfähigkeit oder schafft Einsicht in Wertfragen. Wissen[33] ist die Grundvoraussetzung, um sich sinnvoll über Wertfragen zu verständigen, sich vor Manipulation zu schützen und nicht nur in Betroffenheit, Alarmismus oder Abwendung zu verharren. Die künftigen Bürger unseres Landes, und das gilt auch für jene mit „Migrationshintergrund", müssen verstehen und verinnerlichen, dass und warum sie in einer Gemeinschaft leben, der gegenüber sie verantwortlich sind, welches die Quellen ihres Selbstverständnisses sind, was sich in ihrer Geschichte bewährt und nicht bewährt hat und welchen allgemeinen sittlichen Regeln und Grundwerten sie verpflichtet ist. Das hier Gemeinte kann man sich leicht am Beispiel des Religionsunterrichts klarmachen: Bekanntlich lässt sich zwischen Religionsbindung und Rechtstreue ebenso ein empirischer Zusammenhang herstellen wie nach neuester Erkenntnis mit höherem freiwilligen politischen Engagement.[34] Der Primärzweck muss aber doch wohl sein, Religion als umfassendes Selbst- und Weltverständnis und die christliche als Fundament unserer Kultur zu erschließen und sie gerade nicht nur auf „Ethik" zu reduzieren.[35] Die Beschäftigung mit Fragen der Ethik und Transzendenz helfen jungen Menschen gerade in der Moderne mit ihrer unüberschaubaren Komplexität, den Sinn des Lebens und des eigenen Lebens zu ergründen. Ohne Beschäftigung mit solchen Fragen entgingen den Heranwachsenden wesentliche Dimensionen menschlichen Daseins – Fragen wie: Wozu leben wir? Ist mit unserem Tod alles zu Ende? Was ist Gott, Schöpfung, Glück, Angst, Leid, Schuld, Sünde, Endlichkeit, Unendlichkeit [...]? Auch im Zeitalter von Gentechnologie und Hirnforschung bleiben die alten, immer auch religiös inspirierten Menschheitsfragen: Was kann ich wissen, was soll ich tun, was darf ich hoffen, was ist der Mensch [...]

„Daher kommt nach Auffassung der CDU dem auch weiterhin als Fach an allen Schulformen, auch in der Berufsschule gemäß Grundgesetz zu verankernden, konfessionell und an Bibel und Bekenntnis ausgerichteten Religionsunterricht eine eigene Bedeutung zu. Sein Bildungsauftrag kann durch Ersatzfächer wie Ethik oder Philosophie nicht erfüllt werden, zumal Philosophie mehr ist als Ethik. Das religiöse Angebot überschreitet wiederum Ethik und Philosophie. Religiöses Wissen und Bibelkenntnis sind unumgängliche Grundlage für Teilhabe an der christlich-abendländischen Kultur. Der Religionsunterricht muss das für diese Kultur auch weiterhin prägende und besondere Deutungspotential des Christentums gegenüber anderen Weltdeutungen in seiner pluralen Erscheinungsform vermitteln und zugleich als überzeitliches sinnstiftendes Angebot erschließen (inklusive der heute darbenden Kenntnis der großen biblischen Erzählungen[36]). Das schließt andere Religionen als Fächer (allerdings mit in Deutschland ausgebildeten Lehrern, in deutscher Sprache und unter deutscher Schulaufsicht) ebenso wenig aus (so die Position der CDU) wie die Information innerhalb des christlichen Religionsunterrichts, aber auch in anderen Fächern (zum Beispiel Geschichte) über andere Weltreligionen. Aber Toleranz und Diskurs mit anderen Religionen setzen einen eigenen Standpunkt voraus, der erst ein Urteil begründen kann. Die heute weit verbreitete Reduktion der religiösen Grundbildung auf sozialkundliche oder politische Themen oder auf nur religionskundlich orientierte Ersatzangebote (LER) greifen daher zu kurz und befördern höchstens den immer weiter um sich greifenden religiösen ‚Analphabetismus'". (Wertekommission, Anhang 26)

Zugleich kommt in diesem Kontext auch der ästhetischen Bildung, der politischen Bildung, der historischen Bildung eine große Bedeutung zu. Sie haben mit Werteerziehung unmittelbar zu tun, als durch sie Wertentscheidungen begründet, geprägt oder historisch verdeutlicht werden. Nur ein Beispiel: In Kleists *Michael Kohlhaas* geht es um das Thema Recht durch Gesetz oder Gerechtigkeit, also Werterziehung durch Literatur; die *Antigone* mag ein zweites bekanntes Beispiel sein. Das sind zwar eher Gymnasialbeispiele, aber es müsste auch im Hauptschul- und Realschulbildungsgang entsprechende Texte geben, an denen solche Fragen „geschult" werden können.

Bei „Werterziehung" geht es also nicht nur um Sekundär- und Arbeitstugenden, also um funktionale Einstellungen, sondern es geht auch um Formen von Bildung und Erziehung, die auf die geistigen Grundlagen unserer Kultur ebenso verweisen wie auf Lebenssinn, Lebensbewältigung jenseits ökonomischer Bedürfnisse. Hier hat die Politik die Verpflichtung, eine solche Fächerkultur durch entsprechende Unterrichtvorgaben zu fördern, die Rahmenbedingungen dafür sicherzustellen, dass für diese Fächer genug Zeit im Stundenplan vorgesehen ist, und der aktuellen Versuchung nicht zu erliegen, sie zugunsten vermeintlich ökonomisch wirksamer Zielbestimmungen weiter zurückzudrängen.

Für die Schule gilt, dass gerade in diesem Kontext Bildung und Erziehung eine Einheit bilden, die nicht auflösbar ist. Denn bei „Werten" wollen wir ja nicht nur Wissen und Urteilsfähigkeit vermitteln, angestrebt wird ja vielmehr die Synthese von wissen, werten, urteilen und handeln. Man kann sehr viel über Werte wissen, man kann sich etwa über Menschenwürde unterrichten, über die Entwicklung des Begriff aus Christentum und Aufklärung im europäischen Kulturkreis, man kann sich über Solidarität informieren oder man kann sich über die sogenannten „Grundwerte" unterrichten, die bis heute die Parteiprogramme der CDU (aber auch der SPD) einleiten. Das Ich soll aber auch handeln, solidarisch, gerecht, zugunsten von Freiheit, Demokratie als freiheitssichernd und Menschenwürde, wo sie mit Füßen getreten werden. Oder: ich kann viel über den Sinn des Toleranzgedankens wissen. Wenn ich selbst nicht tolerant bin, ist dieses Wissen als Wertwissen tot. Wenn ich aus Wissen kein Handeln ableite, wenn ich es nicht irgendwie umsetzen will in konkretes Alltagshandeln als Handlungsmaxime, dann fehlt eine wesentliche Dimension der ganzen Wertedebatte, nämlich die, danach auch leben und handeln zu wollen. Denn erst leben und handeln, nicht nur wissen und urteilen, realisiert Wertvorstellungen.

Dabei ist Erziehung „mit Liebe" nicht mit „alles dulden" zu verwechseln: „Ob man den jungen Menschen von vornherein aus ‚krummem Holz' (Kant) sein lässt oder als sittlich gleichermaßen zum Guten wie zum Bösen fähiges Wesen, Erziehung aus christlicher Verantwortung bedeutet in beiden Fällen: klare Regeln, Sanktionen setzen und Orientierung und Führung geben" (Wertekommission Anhang 26).

Differenzierende Strukturen

5. Bei den Strukturen des Bildungswesens bekennt sich die CDU durchgängig zu einem gegliederten vielfältigen und vertikal wie horizontal durchlässigen „begabungsgerechten o.ä." System (immer unter Einschluss privater Träger und durchgängiger Betonung der gleichwertigen Rolle der beruflichen Bildung), neuerdings (s. Anhang 33/NRW) sogar unter Einschluss der Gesamtschule. Begründen lässt sich dieses Bekenntnis zur Begabungsdifferenz theologisch über Mt 25,14 (Talente-Gleichnis[37]). Aber das entspricht nur alltäglicher Erfahrung über die Unterschiedlichkeit des Menschen in seiner kognitiv-intellektuellen Grundausstattung, aber auch nach Neigungen und Willensregungen. Daher stoßen fordern und fördern auf höchst unterschiedliche Grenzen bis hin zum kognitiv Hochbegabten, der einfach nicht will: „Jeder nach seinen Fähigkeiten, jedem nach seinen Bedürfnissen!", auf diese Formel hat es bekanntlich auch Karl Marx gebracht.[38] Begründen lässt es sich aber auch durch nachweislich höhere pädagogische Effizienz, sowohl unter dem Aspekt des Förderns wie des Forderns, im Vergleich zu wie immer integrierten Systemen, die nur mit dem „Prinzip Hoffnung" und Hauptschulvermeidungsstrategien der Eltern begründet werden können. Daraus leitet sich notwendig ein Bekenntnis zum Leistungsprinzip (durchgängig bei der CDU), welches objektiven Kriterien unterliegen muss und das damit das sozial gerechteste, als einziges einer freiheitlichen Demokratie angemessene Aufstiegs- und Differenzierungskriterium darstellt, und zu einem differenzierten und bildungsgerechten Schulwesen ebenso ab wie die pädagogische Erkenntnis, dass Fordern und Fördern individuell und daher gegliedert zu geschehen habe und dass Bildungsgerechtigkeit durch einen nur an der Leistungsfähigkeit orientierten Zugang zum und durch die Durchlässigkeit im Bildungswesen zu gewährleisten sei. Daher sind leistungsstarke (durchgängiges Bekenntnis der CDU zu einer eigenen Begabtenförderung!) und schwächere Schüler individuell zu fördern; behinderte Kinder müssen die für sie besten Fördermöglichkeiten erhalten. Bei der Schulwahl hat das Kindeswohl Vorrang.

Bildungsgerechtigkeit darf nicht durch Nivellierung und die Einschränkung der Chancen anderer erreicht werden. Auch Hochbegabte bzw. besonders Leistungsstarke haben Anspruch auf individuelle Förderung. Eine „Schule für alle" bedeutet Gleichheit auf Kosten der individuellen Freiheit und damit der je eigenen Entwicklung.[39]

Mit einem differenzierten System verbindet sich im Vergleich zu wie immer integrierten Systemen ein nachweislich höheres Leistungsniveau ebenso wie bessere Fördermöglichkeiten besonders für Schüler, die besonderer Zuwendung bedürfen: für bildungsferne Milieus, für die Integration von Migranten. Oder für Schüler, die auf Grund ihrer Behinderung in einer auf ihre spezifischen Bedürfnisse zugeschnittenen Einrichtung besser gefördert werden können als im Regelschulwesen. Denn eher homogene Klassenstrukturen sind sowohl für leistungsschwache wie für leistungsstarke Schüler von Vorteil, die Wirksamkeit längeren gemeinsamen Lernens an Grundschulen ist empirisch nirgends belegt und schwächt nur das Gymnasium, an dessen Grundständigkeit nach Klasse 4 die CDU auch weiterhin ebenso festhält wie bei den Schulen der Sekundarstufe I an der auch curricularen Differenzierung zwischen einem hauptschul- und einem realschulorientierten Bildungsgang.

„Bildung und Erziehung sind heute in eine pluralistische, sich immer weiter säkularisierende Gesellschaft eingebunden; im Sinne dieses Pluralismus findet auch das Schulwesen in kirchlicher Trägerschaft seinen durch das Elternrecht legitimierten und daher staatlich garantierten Ort; anhaltend hohe Schülerzahlen müssen sich auch in öffentlicher Förderung niederschlagen. Das genuin ‚Konfessionell-Christliche' hat dort naturgemäß einen anderen Stellenwert als im staatlichen Schulwesen, daher hat es die Chance, im Wettbewerb mit staatlichen Schulen als Vorbild und Modell zu wirken. Aber auch die staatliche Schule hat einen ‚christlichen' Auftrag: Denn die Frage nach der ‚Bildung der Persönlichkeit', nach dem Zusammenhalt unserer Gesellschaft auf der Grundlage gemeinsamer Kulturbestände und schließlich die Frage nach Sittlichkeit und Sinn bestehen unabhängig von der Trägerschaft einer Schule. Das sind allgemeine und daher verbindliche Themen, die allem Pluralismus vorangehen müssen." (Wertekommission, Anhang 26).

1| *Vgl. Honecker (Kapitel 4, Anm. 34.1), S. 339–344.*

2| *Das Ausbleiben solcher Debatten, hier bezogen auf Naturrecht und Subsidiarität, positiv bewertet von Eugen Gerstenmaier, in: Politische Akademie Eichholz (Hrsg.), Dokumente zur Christlichen Demokratie, S. 287.*

3| *Daher sind weitere christliche schöpfungstheologische Elemente hier nicht näher zu thematisieren, s. Trillhaas, Dogmatik (Kapitel 4, Anm. 33), S. 132–176 (kosmologisch: unsichtbare Welt, providentia Dei, Wunder, Theodizee); aus der Anthropologie wirken weiter Sündenfall (status integritatis) und Sündenproblematik, imago Dei und dominium terrae-Vorstellung. Zum Problem* des Verhältnisses zur Evolution Johannes Köhler, Historisches Wörterbuch der Philosophie Bd. 8, Basel 1992, S. 1408 s. v. Schöpfung und jetzt Hermann Stinglhammer, Einführung in die Schöpfungstheologie, Darmstadt 2011, S. 110-116: der Mensch als homo religiosus.

4| Nach christlicher Lehre wäre es allerdings Gott (creatio continua), der allein seine Schöpfung „bewahren" will und kann, vgl. Martin Honecker, Schöpfer/ Schöpfung IX, TRE 30, Berlin / New York 1999, S. 353. Es geht also eher um Ethik der Selbstbegrenzung: Schutz der Natur, Erhaltung der Biodiversität, Nachhaltigkeit und Folgenabschätzung; s. weiter Martin Rock, Theologie der Natur und ihre anthropologisch-ethischen Konsequenzen, in: Dieter Birnbacher (Hrsg.), Ökologie und Ethik, Stuttgart 1988, S. 72–102.

5| Bedauerlicherweise verengt sich im Begleitband zum Grundsatzprogramm 1993, Reinhard Göhner (Hrsg.), Freiheit und Verantwortung. Das CDU-Grundsatzprogramm kontrovers diskutiert, München 1993, das Kapitel „Bewahrung der Schöpfung" (S. 217–256) auf eine rein pragmatische Debatte.

6| Vgl. Stinglhammer (Anm. 3), S. 18.

7| Man mag sich dann eben auf Hans Jonas, Das Prinzip Verantwortung. Versuch einer Ethik für die technologische Zivilisation, Frankfurt am Main 1985, berufen.

8| Zur Problematik s. Robert Spaemann, Historisches Wörterbuch der Philosophie, Bd. 2, Basel 1972, S. 1063–1097 s. v. Freiheit; Mehl / Schwan, TRE 11 (Kapitel 4, Anm. 31), S. 533–549 s. v. Freiheit VI.

9| Auch nicht die Frage nach dem Warum, dem Grund der Freiheit vgl. Anhang 14: „Der Mensch ist zur freien Entfaltung im Zusammenleben mit anderen geschaffen. Seine Freiheit beruht auf einer Wirklichkeit, welche die menschliche Welt überschreitet." Denn dann ist Entscheidungs-Freiheit eben Gabe der Geschöpflichkeit und damit Gottes als Voraussetzung für die christliche Variante der „Heilsgeschichte".

10| Weiter entfaltet bei Mehl / Schwan, TRE 11, S. 533–549 und Johannes Heinrichs / Konrad Stock, TRE 26, Berlin / New York 1996, S. 220–231 s. v. Person; Martin Brasser (Hrsg.), Person, Stuttgart 1999; Georg Scherer, Historisches Wörterbuch der Philosophie Bd. 7, Basel 1989, S. 263–319 s. v. Person.

11| Vgl. Anhang 15: „Die Verhältnisse, unter denen der Mensch lebt, dürfen der Freiheit nicht im Wege stehen. Aufgabe der Politik ist es daher, der Not zu wehren, unzumutbare Abhängigkeiten zu beseitigen und die materiellen Bedingungen der Freiheit zu sichern. Die freie Entfaltung der Person wächst auf dem Boden möglichst gerecht verteilter Chancen und Güter. Persönliches Eigentum erweitert den Freiheitsraum des einzelnen für eine persönliche und eigenverantwortliche Lebensgestaltung."

12| Vgl. Hans Wagner, Die Würde Menschen, Würzburg 1992, vgl. S. 187; s. weiter Walter Hirsch, TRE 22, Berlin / New York 1992, S. 567–577 s. v. Mensch X.

13| Historischer Rückblick Wolfgang Huber, TRE 22, Berlin / New York 1992, S. 578–582 s. v. Menschenrechte/Menschenwürde: atl. imago Dei-Verständnis; ntl. Gal 3,26–28. Zur Herleitung aus der christlichen Tradition Ada Neschke-Hentschke, Tradition und Identität Europas usf., in: Hans-Helmuth Gander (Hrsg.), Menschenrechte. Philosophische und juristische Positionen, Freiburg / München 2009, S. 24f.; zu aktuellen christlichen (ev.) Deutung Honecker (Kapitel 4, Anm. 34.1), zus. S. 46f.; zur juridischen Problematik Carl Nipperdey, Die Würde des Menschen, in: Franz L. Neumann u.a. (Hrsg.), Die Grundrechte. Handbuch der Theorie und Praxis der Grundrechte Bd. 2, Berlin 1968, 2. Aufl., S. 1–50; Kurt Seelmann, „Menschenwürde" als ein Begriff des Rechts, in: Gander (Hrsg.), a.a.O., S. 166–180; zur Problematik der imago Dei s. allerdings Trillhaas, Dogmatik, S. 205–215; Honecker (Kapitel 4, Anm. 34.1),

S. 48f. Bei Kant geht es in Anverwandlung des reformatorischen Impetus um die eine und gleiche W., verstanden als schlechthin „unverlierbare" Auszeichnung des (moralischen) Menschen als „homo noumenon". In seiner Würde ist der Mensch „Zweck an sich selbst". Als „dignitas interna" hat sie „nicht bloß einen relativen Werth, d. i. einen Preis, sondern einen innern Werth" oder „absoluten Werth". Die Autonomie begründet die „Würdigkeit eines jeden vernünftigen Subjects, ein gesetzgebendes Glied im Reiche der Zwecke zu sein", und führt von der Moralphilosophie ins Feld der Religion. Den Pädagogen gibt er den Rat, der Mensch müsse „Selbstschätzung und innere Würde statt der Meinung des Menschen, – innern Werth der Handlung und des Thuns statt der Worte und Gemüthsbewegung" setzen; s. weiter Andreas Grossmann, Historisches Wörterbuch der Philosophie Bd. 12, Basel 2004, S. 1089f. s. v. Würde. Durch die religiöse Begründung (vgl. im einzelnen Huber, a. a. O., S. 591–594) entsteht gegenüber dem „Unverfügbaren" allerdings eine „Begründungstiefe, die der säkulare Staat aus sich selbst nicht zu vermitteln vermag", so Friedrich Kardinal Wetter, Im Anspruch des „C" usf., in: Zehetmair, Politik, S. 284f.; vgl. auch Bernhard Vogel u.a., in: Michael Borchard (Hrsg.), Im Zentrum: Der Mensch, Sankt Augustin 2006, bes. S. 31–33.

14| Zur Antike J. Stelzenberger, Handbuch Theol. Grundbegriffe, Bd. 2, München 1970, S. 151f. s. v. Gewissen; Hans Reiner, Historisches Wörterbuch der Philosophie Bd. 3, Basel 1974, S. 591 s. v. Gewissen; zum daimonion des Sokrates F. P. Hager, ebd. Bd. 2, Basel 1972, S. 1 s. v.; s. weiter Robert Spaemann, in: Brasser, Person (Anm. 10), S. 192: „Gewissen zu haben ist das eindeutigste Signum der Person. Es vereinzelt den Menschen radikal und entreißt ihn zugleich jedem egozentrischen Individualismus. Es vereinzelt, weil es alle Bindungen und Verpflichtungen, alle Verantwortlichkeiten und Solidaritäten unter die Verantwortung für sich selbst stellt."

15| Zum Begriff des „Amoralisten" s. Williams (S. 9, Anm. 3), Moral, S. 9–20.

16| Unbeschadet der anthropologischen Debatte, ob wir es mit einem von Natur aus hilfsbereiten und mitfühlenden Menschen zu tun haben (Rousseau) oder mit dem homo homini lupus-Typ John Lockes, der erst durch kulturelle Überformung zur Sozialität gezähmt wird. Im ersten Fall können Erziehung und Bildung verstärken, was schon da ist, im zweiten Fall sind sie neben dem Gesetz das einzige Mittel zur Begrenzung; vgl. Helmut Mayer, „Teilen lernen, wer schon kann", Rez.: Michael Tomasello, „Warum wir kooperieren" (2010), in: FAZ vom 08.11.2010; s. weiter Jörg Blech, „Wer hilft, dem wird geholfen", in: Der Spiegel Nr. 51 vom 20.12.2010, S. 126–128 (Belohnung durch guten Ruf).

17| Der Gedanke, die Bildungsfähigkeit mit der imago Dei-Vorstellung (= Verwirklichung des göttlichen Anspruchs) zusammenzubringen, bei Thomas Rachel, Christliche Bildung usf., in: Hans-Gert Pöttering (Hrsg.), Damit ihr Hoffnung habt. Politik im Zeichen des „C", Sankt Augustin, 2010, S. 184.

18| Vgl. Anhang 14: „Wir wollen die freie, gerechte und solidarische Gemeinschaft. Jeder soll sich frei entfalten, wie es seinen Fähigkeiten entspricht [...] Wir brauchen junge Menschen, die wach, kritisch und solidarisch zur Gemeinschaft stehen und ihr frischen Ansporn geben" u.v.a.m.

19| Vgl. Eberhard von Kuenheim, „Wider die Ökonomisierung der Bildung", in: FAZ vom 13.04. 2011: „Bildung wird – so das klassische Verständnis –zweckfrei erworben. Gerade darum ist sie hilfreich, ja sogar nützlich." „Eine Bildungs- und Forschungspolitik, deren Horizont nur die praktische Verwertbarkeit kennt, wird auch diese verfehlen. Teilhabe, Sicherheit und Wohlstand für alle durch Bildung für alle wird es nur geben, wenn Bildung ihren Sinn und Zweck in sich selber trägt und ihr Wert anerkannt wird" (CDU-Grundsatzprogramm 2007, Anhang 28).

20| Vgl. Anhang 15: „[...] Die Familie ist als Lebens- und Erziehungsgemeinschaft der erste und wichtigste Ort individueller Geborgenheit und Sinnvermittlung. [...] Die Familie ist die erste und wichtigste Erziehungsgemeinschaft für das Kind, da gerade in den ersten Lebensjahren die entscheidenden Weichen für das ganze Leben gestellt"; Anhang 23: „Die Schule ist auf das Engagement der Eltern angewiesen. Eine klare Wertorientierung setzt Konsens zwischen Elternhaus und Schule voraus. Nur dann, wenn das Elternrecht nicht wahrgenommen oder mißbraucht wird, muß das Wohl des Kindes durch die Gemeinschaft sichergestellt werden"; Anhang 27: „In der Familie lernen Menschen soziale Tugenden, wechselseitige Verpflichtungen, Vertrauen und Verantwortung. Hier erfahren sie das Miteinander der Generationen. Die Familienwerte, wie wir sie kennen, sind elementar für die Entwicklung des Einzelnen, aber auch für den sozialen Zusammenhalt. Aus diesen Gründen ist uns die Bewahrung solcher Familienwerte eine Verpflichtung"; Anhang 28: „Eine gelungene Erziehung ist nach wie vor der Regelfall. Doch der gesellschaftliche Wandel bringt Veränderung und Neuorientierung in der Lebens- und Arbeitswelt und führt zu einem Wandel der Beziehungen in den Familien und zwischen den Generationen. Verändert haben sich auch das Rollenverständnis von Männern und Frauen, die Erziehungskonzepte von Eltern und die Ausprägung der Eltern-Kind-Beziehung. Die überwiegende Zahl der Eltern kümmert sich liebevoll um ihre Kinder, ist aufmerksam und engagiert in deren Erziehung. Die Familie ist der Kern unserer Gesellschaft. In ihr werden die grundlegenden Werte des Zusammenlebens vermittelt und gelebt. In der Familie werden Kinder um ihrer selbst willen geliebt und lernen das Leben in der Gemeinschaft. In der Familie wird Solidarität gelebt, Gerechtigkeit eingeübt und Freiheit in Verantwortung ganz praktisch vorgelebt. Die Familie ist unersetzlich. Die Erziehungsleistung, die sie erbringt, ist unersetzlich. Keine andere Institution kann diese Aufgabe besser erfüllen."

21| „Zunächst einmal muss das Elternhaus die Voraussetzungen für den Erfolg im Beruf schaffen [...] Dazu gehört allerdings ein hohes Maß an Leistungsbereitschaft, Einsatzwillen und Zuverlässigkeit. Wenn Eltern hier versagen, dann sind die Aussichten der Kinder, aus dem Teufelskreis der Armut auszubrechen, gering", so Walter Hamm, „Aktivierende Sozialpolitik", in: FAZ vom 26.04.2011.

22| Bemerkenswert ist in diesem Zusammenhang, dass Gerhard Roth, Bildung braucht Persönlichkeit usf., Stuttgart 2011, S. 298 wieder an die bildende Bedeutung des lehrergelenkten, aber immer wieder diffamierten „Frontalunterrichts" erinnert.

23| Vgl. auch D. Neumann, Kleine Schulen? usf., in: Pädagogische Rundschau 65, 2011, S. 325-335.

24| Anlass sog. „chinesische" Erziehungsmethoden, s. Der Spiegel Nr. 4 vom 24.01.2011, S. 128f.; Henrik Bork, „Der Chinakracher", in: SZ vom 08.01.2011; Sandra Kegel, „Wie die Tigermutter ihre Kinder zum Siegen drillt", in: FAZ vom 22.01.2011.

25| Erich E. Geissler, Die Erziehung usf, Würzburg 2006, S. 44f. im Anschluss an Herbart.

26| Näheres Jörg-Dieter Gauger (Hrsg.), Bildung der Persönlichkeit, Freiburg u.a. 2006.

27| Vgl. Dieter Neumann (neben Anm. 23), Illusion Fortschritt? Die Pädagogik vor dem Anspruch einer naturwissenschaftlichen Anthropologie, in: Zeitschrift für Pädagogik: Pädagogische Anthropologie, Beiheft 52, 2007, S. 220–236, hier S. 228: „Für eine ‚tabula-rasa'-Anthropologie, die behauptet, dass im wesentlichen Milieu, Erfahrung und Lernprozesse über Begabungsstrukturen entscheiden, stehen keine wissenschaftlichen Beweismittel zur Verfügung." Zur „Intelligenz" als „in höherem Maße als andere Persönlichkeitsmerkmale angeboren"

Gerhard Roth (Anm. 22), S. 159. – s. weiter Jörg-Dieter Gauger, „68" – Wirkung auf Bildung und Erziehung, in: Bernhard Vogel / Matthias Kutsch, 40 Jahre 1968. Alte und neue Mythen – Eine Streitschrift, Freiburg 2008, S. 225-258; Dieter Neumann, Die „68er"-Bewegung und ihre pädagogischen Mythen. Auswirkungen auf Erziehung und Bildung, Sankt Augustin, 2008; ausgewogen jetzt Martin Diewald, Zur Bedeutung genetischer Variation für die soziologische Ungleichheitsforschung, in: Zeitschrift für Soziologie 39, 2010, S. 4-21. Nur ein Satz S. 8: „Wenn beispielsweise innerhalb des Schulsystems homogene Lernumwelten geschaffen werden, kann diesen weniger Erklärungskraft für Leistungsunterschiede von Schülern zukommen, und so steigt der genetisch bedingte Anteil der Varianz von Schulleistungen."

28| Diese Frage steht im Mittelpunkt des neuen Buches von Gerhard Roth (Anm. 22).

29| Vgl. Jörg-Dieter Gauger, „Bildung" in den Grundsatzerklärungen der Parteien im Deutschen Bundestag, in: Historisch-Politische Mitteilungen 17 (2010), S. 25-53; s. auch Annette Schavan, Bildungsrepublik Deutschland, in: Heinrich Oberreuter (Hrsg.), Bildungspolitik im Umbruch. ZfP Sonderband 4, 2011, S. 95: „Seit 40 Jahren diskutieren wir in Deutschland über Schulstrukturen, ohne wirkliche Bildungsdebatten zu führen. Das schafft Verunsicherung und vernachlässigt die Verständigung über Bildungsinhalte und Curricula"; zur dringend wieder notwendigen Kanondebatte Josef Kraus, ebd. S. 71f.

30| Politische Bildung zur Stärkung unsere Ordnung (und der Versöhnung der Völker, Anhang 2; vgl. Anhang 15: „argumentativ verteidigen"), Pflege kultureller Traditionen (Anhang 2.4; ganz deutlich Anhang 13.16), geschichtliche Dimension (Anhang 14.17.27), Eintreten für die deutsche Sprache (Anhang 14.27), Geschichte des deutschen Ostens (ebd.; vgl. Anhang 24.27), Wertevermittlung durch Begegnung mit Kultur (Anhang 13).

31| Ich entnehme der FAZ vom 03.02.2011 (Beitrag von Hans Peter Klein, „Biologie ohne fachwissenschaftliche Inhalte"), dass man in Hessen jetzt Biologie ohne fachwissenschaftliche Vorgaben lernen soll. Difficile est...

32| Vgl. die klare Formulierung bei Max Horkheimer, Sehnsucht (S. 9, Anm. 4), S. 42: „Was der Jugend an moralischen Impulsen vermittelt wird, auch insofern sie frei von Konfessionen mit bewußtem Atheismus zusammengehen, ohne Hinweis auf ein Transzendentes wird es zur Sache von Geschmack und Laune wie das Gegenteil."

33| Vgl. Anhang 25: „Es gibt Wissensbestände und Kulturgüter, die nicht veralten. Es gibt Kompetenzen und Qualifikationen, die ein ganzes Leben lang wichtig sind. Sie müssen im Mittelpunkt des nachhaltigen Lernens in den Einrichtungen des Bildungswesens stehen"; Anhang 31: „Ganzheitliche Bildung und Erziehung in einer demokratischen Gesellschaft muss auf die Trias Wissen – Kompetenzen – Werte orientieren. Dieser Dreiklang ermöglicht Persönlichkeitsentwicklung, Eigenverantwortung und verantwortungsbewusste Teilhabe am beruflichen und gesellschaftlichen Leben. Der Erwerb von inhaltsbezogenem, flexibel nutzbarem und anschlussfähigem Wissen – auch als solide Basis für weiteres lebenslanges Lernen – ist dabei fundamental und durch nichts zu ersetzen, auch nicht durch allgemeine Kompetenzen."

34| So Antonius Liedhegener, „Linkage" im Wandel. Parteien, Religion und Zivilgesellschaft in der Bundesrepublik Deutschland, in: Ders. / Ines-Jacqueline Werkner (Hrsg,), Religion zwischen Zivilgesellschaft und politischem System usf., Wiesbaden 2011, S. 251: „Dieses Engagement kommt den Parteien und dem nicht an Parteien gebundenen politischen Engagement in etwa gleichem Unfang zugute."

35| So auch Hermann Lübbe, „Das Recht der Religionen", in: FAZ vom 26.04.2011.

36| Ich entnehme einem Beitrag von Matthias Kamann, „Erzähl mir mehr von Gott", in: WamS vom 24.12.2010, S. 5, dass die Nachfrage danach unter Eltern wieder deutlich anwächst.

37| Hinweis bei Jan-Hendrik Olbertz, Potenziale erkennen: Gleiche Chancen für jede und jeden, in: Pöttering (Anm. 17), S. 178.

38| Karl Marx: Kritik des Gothaer Programms, MEW 19, Berlin 1973, S. 21.

39| S. auch Andreas Gold, „Gleich oder gerecht?", in : FAZ vom 14.04.2011.

ANHANG

(1) Die Stellung der CDU zum Elternrecht
Bundesvorstandsbeschluss, 2. Mai 1955

(2) „Erziehung-Bildung-Ausbildung"
1. Kulturpolitischer Kongress von CDU und CSU, 28.–30. November 1960, Gelsenkirchen

(3) „Bildung und Beruf in der modernen Gesellschaft"
Leitsätze zu Bildung und Beruf
2. Kulturpolitischer Kongress, 4.–6. November 1962, Augsburg

(4) „Bildung in der modernen Welt"
Hamburger Empfehlungen der CDU/CSU zur Kulturpolitik
3. Kulturpolitischer Kongress, 9.–10. November 1964, Hamburg

(5) Berliner Programm (1968)
16. Bundesparteitag, 4.–7. November 1968, Berlin

(6) „Deidesheimer Leitsätze"
Entwurf eines schul- und hochschulpolitischen Programms
4. Kulturpolitischer Kongress, 28. Februar – 1. März 1969, Bad Godesberg

(7) Schul- und Hochschulreformprogramm der CDU (1971)
Argumente, Dokumente, Materialien Nr. 5258
Hrsg.: CDU-Bundesgeschäftsstelle

(8) Berliner Programm
in der Form der zweiten Fassung vom 18. Bundesparteitag, 25.–27. Januar 1971, Düsseldorf, mit der Ergänzung vom 22. Bundesparteitag, 18.–20. November 1973, Hamburg

(9) Wiesbadener Regierungsprogramm für CDU und CSU 1972

(10) „Bildungspolitik auf klaren Wegen"
Ein Schwerpunktprogramm der CDU/CSU (wohl September 1972)
Ein Papier der vorm. Kultusminister Walter Braun, Wilhelm Hahn, Hans Maier, Werner Scherer, Bernhard Vogel und des vorm. MdB Berthold Martin

(11) Hamburger Beschlüsse

22. Bundesparteitag der CDU, 18. –20. November 1973, Hamburg

(12) Mannheimer Erklärung „Frau und Gesellschaft" 1975

23. Parteitag , 23.–25. Juni 1975, Mannheim

(13) Kulturpolitisches Programm 1976

Vorgelegt von den Kultusministern der von CDU und CSU regierten Bundesländer

(14) Wahlprogramm der CDU und CSU 1976

24. Bundesparteitag der CDU, 24.–26. Mai 1976, Hannover

(15) „Freiheit, Solidarität, Gerechtigkeit"

Grundsatzprogramm 1978
26. Bundesparteitag, 23.–25. Oktober 1978, Ludwigshafen

(16) „Mit der Jugend – Unser Land braucht einen neuen Anfang"

30. Bundesparteitag, 2.–5. November 1981, Hamburg

(17) Stuttgarter Leitsätze für die 80er Jahre: „Deutschlands Zukunft als moderne und humane Industrienation"

32. Bundesparteitag, 9.–11. Mai 1984, Stuttgart

(18) Leitsätze der CDU für eine neue Partnerschaft zwischen Mann und Frau

33. Bundesparteitag, 20.–22. März 1985, Essen

(19) Politik auf der Grundlage des christlichen Menschenbildes

36. Bundesparteitag, 13.–15. Juni 1988, Wiesbaden, und Bundesausschüsse am 12. und 26. September 1988

(20) Unsere Verantwortung für die Schöpfung

37. Bundesparteitag, 11.–13. September 1989, Bremen

(21) Manifest zur Vereinigung der Christlich Demokratischen Union Deutschlands: „Ja zu Deutschland – Ja zur Zukunft"

1. Parteitag, 1.–2. Oktober 1990, Hamburg

**(22) Dresdner Manifest „Die Zukunft gemeinsam gestalten.
Die neuen Aufgaben deutscher Politik"**
2. Parteitag, 14.–17. Dezember 1991, Dresden

**(23) „Erziehung und Ausbildung in unserem freiheitlichen und
demokratischen Bildungssystem – Zukunftssicherung durch
Leistung, Verantwortung und Gemeinsinn"**
4. Parteitag, 12.–14. September, Berlin 1993

(24) Grundsatzprogramm „Freiheit in Verantwortung"
5. Parteitag, 21.–23. Februar 1994, Hamburg

(25) „Aufbruch in die lernende Gesellschaft"
Bildungspolitische Leitsätze
Beschluss des Bundesausschusses der CDU Deutschlands vom
20. November 2000, Stuttgart

**(26) „Christliche Werte. Die neue Aktualität des christlichen
Menschenbildes"**
Wertekommission der CDU 2001

**(27) „Klein und einzigartig – auf den Anfang kommt es an!
Bildungschancen fördern, Erziehung stärken."**
Beschluss des 20. Parteitages, 27.–28. November 2006, Dresden

(28) „Freiheit und Sicherheit", Grundsätze für Deutschland
Grundsatzprogramm 2007

**(29) Auf dem Weg zur Bildungsrepublik. Gemeinsam Bildung
in Deutschland stärken**
Beschluss des Bundesvorstands der CDU, 13. Oktober 2008

(30) „Faire Chancen – für jedes Kind!"
Beschluss des 23. Parteitages, 14.–16. November 2010, Karlsruhe

(31) „Individuelle Förderung statt Einheitsschule" (2010)
von Kultusministerin Prof. Dr. Marion Schick, Baden-Württemberg /
Kultusminister Dr. Ludwig Spaenle, Bayern / Kultusminister
Prof. Dr. Roland Wöller, Sachsen

(32) Erklärung der bildungspolitischen Sprecher der Union in den Bundesländern

30. Juni 2010

(33) „Jedem Kind gerecht werden"

Leitantrag des Landesvorstands der CDU Nordrhein-Westfalen

Schulpolitisches Konzept der CDU Nordrhein-Westfalen

33. Landesparteitag, 12. März 2011, Siegen

(34) Auszüge aus Landesverfassungen und Schulgesetzen

(1) DIE STELLUNG DER CDU ZUM ELTERNRECHT[1]
2. MAI 1955

Demokratische Freiheit gründet sich auf vorstaatliche Rechte und Verpflichtungen. Die persönliche Verantwortung und die Mitarbeit des einzelnen umfassen mehr als die Wahl der Vertretungskörperschaften. Die vorstaatlichen Menschenrechte und die mit ihnen gegebenen Pflichten sind unverletzlich.

Zu diesen natürlichen Menschenrechten gehört die Erziehung der Kinder durch die Eltern. Das Erziehungsrecht der Eltern (Elternrecht) geht deshalb allen Verfassungen und Gesetzen voraus und bindet Gesetzgebung, Verwaltung und Rechtsprechung. Eine gesellschaftliche oder staatliche Ordnung, welche die wirksame Wahrnehmung der elterlichen Verantwortung beeinträchtigt oder gar unmöglich macht, verstößt, auch bei äußerlich demokratischen Formen, gegen die natürliche Ordnung und die Grundlagen der Demokratie.

Der Mensch lebt in Gemeinschaften, in welche die Kinder hineinwachsen. In den Grenzen ihres Auftrages wirken diese Gemeinschaften bei der Erziehung mit. Unter den Gemeinschaften haben vornehmlich Staat und Gemeinde die Verpflichtung und das Recht, die Bildung aller ihrer Bürger zu fordern und zu fördern. Der Staat hat das Recht, von seinen heranwachsenden Bürgern zu verlangen, daß sie sich Kenntnisse und Fähigkeiten erwerben, durch die sie zu einem geordneten Zusammenleben und zum Dienst an der Gemeinschaft befähigt werden. Zu diesem Zweck steht es ihm auch zu, eine Schulpflicht gesetzlich zu begründen und nach Umfang und Höhe bestimmte Bildungsforderungen als Voraussetzung für öffentlich anerkannte Berechtigungen zu stellen. Dabei muß die Freiheit der Berufswahl und der Bildungswege gewährleistet sein.

Der Erfüllung dieser Bildungsaufgaben dienen öffentliche und private Schulen. Die Privatschulen, deren Errichtung grundgesetzlich garantiert ist, haben ebenfalls das Recht auf Förderung, insbesondere durch öffentliche Mittel in genügendem Ausmaß.

Grundvoraussetzung jeder Erziehung ist ihre Einheit im inner- und außerhäuslichen Bereich. Diese verlangt Zusammenarbeit aller Miterzieher mit den Eltern. Bei der Aufstellung von pädagogischen und unterrichtlichen

Zielen und Grundsätzen ist die Verwaltung daher gehalten, die Eltern und die Miterzieher zu hören und berechtigten Wünschen Rechnung zu tragen. Soweit es sich jedoch um die Grundrichtung ihrer Kinder handelt, haben die Eltern das letzte Bestimmungsrecht.

Jede Menschenbildung wurzelt in Glauben oder Weltanschauung. Erziehung ist Gewissensangelegenheit im engsten Sinne des Wortes. Die Gewissensfreiheit ein unverletzliches Grundrecht. In ihrer Ausübung sind daher die Eltern berechtigt, diejenigen Schularten zu verlangen, welche Erziehung und Unterricht entsprechend der eigenen Überzeugung sicherstellen. Die Träger des öffentlichen Schulwesens haben dieser Forderung zu entsprechen, da nur auf diese Weise dem vorstaatlichen Grundrecht der Eltern Genüge getan werden kann.

(2) „ERZIEHUNG-BILDUNG-AUSBILDUNG"
1. KULTURPOLITISCHER KONGRESS VON CDU UND CSU, 28.–30. NOVEMBER 1960, GELSENKIRCHEN

EMPFEHLUNG

Der Kulturpolitische Kongreß der CDU/CSU empfiehlt der Bundespartei der CDU und der CSU, folgende Grundsätze anzunehmen:

1. Elternrecht und Elternpflicht bilden die Grundlage der Erziehung und Bildung der deutschen Jugend.

2. Im Erziehungs- und Bildungswesen ist den christlichen Kräften freie Entfaltungsmöglichkeit zu gewähren, *die kulturelle Überlieferung des deutschen Volkes zu pflegen* und den Erfordernissen der modernen Gesellschaft Rechnung zu tragen.

3. Das Schulwesen muß in Übereinstimmung mit der Gewissensentscheidung der Eltern jedem Kind eine seiner *Neigung und Eignung* gemäße Schulbildung sichern.

4. Alle Schularten haben die Aufgabe, *sittliche Bildung* sowie die Kenntnisse und Fähigkeiten zu vermitteln, die Beruf und Arbeit erfordern.

5. Die *Klassenstärken* sind schrittweise auf höchstens 30 Schüler *herab-zusetzen*. Die Pflichtstundenzahl für die Lehrer ist so zu vermindern, daß die Schularbeit wirksamer werden kann.

6. *Bei der Gestaltung des Schulwesens ist der Eigenart der Geschlechter Rechnung zu tragen. Die Mädchenbildung soll insbesondere auf die Aufgaben der Frau in Familie, Beruf und Volk vorbereiten.*

7. *Politische Bildung muß vor allem sittliche Bildung sein. Sie hat der Stärkung der freiheitlich-demokratischen Ordnung unseres Staatswesens und der Versöhnung der Völker zu dienen.*

8. Die Volksschule hat allen Kindern unseres Volkes die Grundbildung zu vermitteln. Der Ausbau der Volksschule ist die vordringliche Aufgabe der nächsten Jahre. Wir fordern das 9. Schuljahr und bejahen die Ge-schlossenheit und Eigenständigkeit einer gediegenen Volksschulbildung. *Wir lehnen die Förderstufe ab*, weil sie diese Einheit zerreißt. Im Bremer Plan sehen wir keine Diskussionsgrundlage für die weitere Entwicklung des deutschen Schulwesens.

9. Der Übergang von der Volksschule in die weiterführenden Schulen ist so zu gestalten, daß Fehlleitungen der Schüler vermieden werden.

10. Das mittlere Schulwesen ist weiter auszubauen. Es soll die *mehr praktisch und organisatorisch begabten* Schüler weiterführen und für gehobene Stellungen in Wirtschaft und Verwaltung vorbereiten.

11. Die Höhere Schule hat die Aufgabe, zur Hochschulreife zu führen. Grundsätzlich gliedern sich die Höheren Schulen in drei Hauptgruppen, altsprachliche, neusprachliche und naturwissenschaftliche Gymnasien; weitere Differenzierungen sind nicht ausgeschlossen.

12. Für später erkennbare Begabungen sind weitere Einrichtungen zu schaffen, die zur Fachschul- und Hochschulreife führen.

13. *Die Berufsausbildung ist ein wichtiger Bestandteil der Bildung.* Es ist dafür zu sorgen, daß alle Jugendlichen eine Berufsausbildung erhal-ten. Die betriebliche und handwerkliche Lehre sind von der Institution der wirtschaftlichen Selbstverwaltung zu ordnen. Beim Ausbau des be-rufsbildenden Schulwesens sind Mammutsysteme zu vermeiden oder

aufzulösen. Die Ausbildung der Berufserzieher muß pädagogisch und fachlich den Ansprüchen der modernen Gesellschaft angepaßt werden.

14. Die Ausbildung der Lehrer findet an eigenständigen pädagogischen Hochschulen statt; dabei sind die einzelnen Volksschularten zu berücksichtigen.

15. Das im Grundgesetz verankerte Recht auf Privatschulen bindet Gesetzgebung und Verwaltung. *Die Gründung und die Arbeit der Privatschulen müssen durch materielle Gleichstellung mit den öffentlichen Schulen ermöglicht werden.*

16. Die Einheit von Forschung und Lehre hat sich als Grundlage des deutschen Hochschulwesens bewährt. Die Hochschulen sind jedoch in die Lage zu setzen, ihren gesteigerten und ihren neuen Aufgaben in Forschung, Bildung und Ausbildung gerecht zu werden. Dazu müssen neue Lehrstühle errichtet, die Zahl der wissenschaftlichen Räte und Assistenten vermehrt sowie die sachliche Ausstattung verbessert weiden. Neue wissenschaftliche Hochschulen sind zu gründen. Die Prüfungsordnungen sollen mit dem Ziele überarbeitet werden, sie von Ballast zu befreien und den Studenten Konzentration und Vertiefung des wissenschaftlichen Arbeitens zu ermöglichen. Die Besoldung der Hochschullehrer, insbesondere das Kolleggeldwesen, ist neu zu ordnen.

17. Der Bau von Studentenwohnheimen ist großzügig zu fördern.

18. Besondere Aufmerksamkeit verdienen die Studenten aus den Entwicklungsländern. Es ist dafür zu sorgen, daß diesen Studenten das Einleben in unserem Lande erleichtert und bei der Gestaltung des Studiums geholfen wird. Damit läßt sich ein wirksamer Beitrag für die Entwicklungshilfe leisten. Für bestimmte Disziplinen, die für die Entwicklungsländer besondere Bedeutung haben, sind entsprechende Institute zu schaffen, an denen auch eigene Fachkräfte für die Entwicklungsländer ausgebildet werden. Ebenso sind die Voraussetzungen dafür zu schaffen, daß deutsche Lehrer und Ausbilder in den Entwicklungsländern tätig werden können.

19. Die Nachwuchsförderung durch finanzielle Ausbildungsbeihilfen ist auf die höheren Fachschulen, die Fachschulen, die Einrichtungen des zweiten Bildungsweges und auf die Weiterbildung in der Wirtschaft auszudehnen. Die Beihilfen sollen durch Stipendien und Darlehen gewährt werden.

20. Der Staat hat alle Gruppen der Gesellschaft, die sich der *Erwachsenenbildung* widmen, in gleicher Weise zu fördern. Dafür ist eine *brauchbare rechtliche Grundlage* zu schaffen. Die finanzielle Unterstützung der
Erwachsenenbildung ist zu erweitern.[2]

(3) „BILDUNG UND BERUF IN DER MODERNEN GESELLSCHAFT"
LEITSÄTZE ZU BILDUNG UND BERUF
2. KULTURPOLITISCHER KONGRESS, 4.–6. NOVEMBER 1962,
AUGSBURG

I. ALLGEMEINE GRUNDSÄTZE

1. Die Christlich Demokratische und Christlich Soziale Union fassen
ihre freiheitliche Kulturpolitik als das wesentlichste Element ihrer Gesellschaftspolitik auf. Der Dezentralisation weiter Gebiete der Kulturpolitik
sollen für die Gesamtpartei verbindliche, gemeinsame Richtlinien gegen-
überstehen. Bildung, Lehre und Forschung sind Grundgüter eines Volkes,
die *für seine Existenzsicherung entscheidende Bedeutung haben. Bildung
und Ausbildung sind heute untrennbar.* Die Welt der Arbeit und des Be-
rufs bietet nicht nur natürliche *Ansatzpunkte für eine echte Persönlich-
keits- und Menschenbildung,* sondern sie ist darüber hinaus ein *entscheidendes Feld der Bewährung in der Verantwortung vor Gott* und den Mitmenschen. Formen der Berufsausbildung und der Berufsweiterbildung,
die den Menschen endgültig auf bestimmte Funktionen einengen, werden
entschieden abgelehnt. Berufsbildung und Berufsweiterbildung dürfen
sich deshalb nicht nur in der Vermittlung von Fachwissen erschöpfen.
Sie müssen so gestaltet sein, *daß bei allen in Arbeit und Beruf Stehenden
das Verständnis der Zusammenhänge des Lebens in Gesellschaft und
Staat geweckt und gefördert wird.* Auch fachliche Aus- und Weiterbildung
müssen *der Entfaltung der menschlichen Persönlichkeit dienen* und den
Menschen in den Stand setzen, in Beruf und Arbeit seine Freiheit zu
verwirklichen.

2. Die immer komplizierter werdenden technischen und wirtschaftlichen
Apparaturen stellen wachsende Anforderungen an Verantwortung und
Leistungsvermögen des Menschen im Beruf. Sie verlangen eine Auswei-
tung der Berufsausbildung und der Berufsbildung.

3. Im Hinblick auf die strukturellen Veränderungen in der Arbeitswelt ist eine breit angelegte *Berufsweiterbildung, die die Berufsgrundausbildung fortführt und vertieft, wichtig*. Diese Berufsweiterbildung ist der Berufsausbildung gleichwertig. Sie hat auf das notwendige Maß der ständig wachsenden Anforderungen in der Arbeitswelt und auf die Berufsorientierung Rücksicht zu nehmen. Sie legt die Grundlage für den sozialen Aufstieg.

4. Es ist zunächst Recht und Pflicht der Eltern, ihren Kindern diejenige Ausbildung zu ermöglichen, die *deren Eignung und Neigung* entspricht. Die gesellschaftlich angemessene Ausbildungshilfe des Staates besteht darin, die wirtschaftliche Leistungsfähigkeit und die Eigenverantwortlichkeit der Familien durch geeignete Maßnahmen zu stärken. Damit sollen die Eltern bei der Ausbildung ihrer Kinder von der Hilfe des Staates möglichst unabhängig werden. Wo die Leistungsfähigkeit der Familie nicht gegeben ist, muß der Staat durch finanzielle Hilfe zur Ausbildung der jungen Menschen beitragen.

5. *Die Vermittlung grundlegender Kenntnisse über die Berufs- und Arbeitswelt ist eine Aufgabe, die die Schule und alle außerschulischen Institutionen mehr als bisher pflegen sollten.* Die Berufsberatung ist personell und fachlich so auszugestalten, daß sie den jungen Menschen zu Berufen hinführen kann, die seinen *Eignungen und Neigungen angemessen* sind und zugleich den gewandelten Strukturen der Wirtschaft entsprechen. Damit soll der junge Mensch die Möglichkeit erhalten, *seine Persönlichkeit zu entfalten*. Die Berufsberatung muß Auskunft geben können über die vorhandenen Förderungsmöglichkeiten.

II. SPEZIELLE VORSCHLÄGE

Berufsbildung

1. Die Berufsausbildung kann weder einseitig der Schule noch einseitig den Betrieben überantwortet werden. *Lehrbetriebe und Berufsschulen haben in gegenseitiger Ergänzung einen eigenen spezifischen Bildungsauftrag. Zusammen tragen sie eine gemeinsame Verantwortung.*

2. Eine Neuformung der Volksschuloberstufe in Verbindung mit dem 9. Schuljahr muß bessere Voraussetzungen dafür schaffen, daß die nachfolgende Berufsausbildung in Betrieb und Berufsschulen intensiviert

werden kann. Dem Volksschulabschlußzeugnis sollte wieder sein voller Wert zukommen.

3. Für die Verbindung von betrieblicher Lehre und Meisterlehre mit dem Berufsschulunterricht müssen Lösungen gefunden werden, die es beiden Seiten ermöglichen, ihre Bildungs- und Ausbildungsfunktionen umfassender als bisher wahrzunehmen. Im gesamten Bereich der Berufsausbildung ist eine engere Zusammenarbeit zwischen Lehrherrn, Arbeitnehmern und berufsbildenden Schulen herzustellen.

4. *Erst auf einer breiten Bildungsgrundlage kann die notwendige Spezialisierung sinnvoll aufbauen.* Umfassende Berufsgrundausbildung wird umso notwendiger, je mehr die Mobilität im Arbeitsleben zunimmt. Dafür ist die Verminderung der Zahl anerkannter Lehrberufe erforderlich. Die in der Berufsausbildung entwickelten und erprobten Grundsätze sind entsprechend bei der Ausbildung von jungen Arbeitern, Anlernlingen und Ungelernten anzuwenden.

5. Die *Selbstverwaltung* der Wirtschaft und andere Träger von Ausbildungsbetrieben haben ergänzende fachpraktische Ausbildungsmöglichkeiten auf überbetrieblicher Grundlage geschaffen. Diese Einrichtungen sind zu fördern.

6. Um den mittleren und gehobenen Führungskräften in den Betrieben eine bessere Ausbildung zu sichern und um die Universitäten und technischen Hochschulen von sachfremden Aufgaben zu entlasten, sind die Berufsschulen und die Berufsaufbauschulen sowie die Fachschulen, insbesondere die Technikerschulen und die Ingenieurschulen auszubauen. Letzteren soll das Recht gegeben werden, den Titel „Ingenieur" (Architekt) zu verleihen.

Berufliche Weiterbildung – Erwachsenenbildung

1. Die Berufsweiterbildung ist eine individuelle und gesellschaftliche Notwendigkeit nicht nur für Aufstiegswillige. Ihre Ausweitung und Intensivierung erfordern ein Zusammenwirken der Betriebe mit den Bildungseinrichtungen der freien Gesellschaft und den weiterführenden berufsbildenden Schulen.

2. Berufsweiterschulung und -umschulung stellen auch der Erwachsenenbildung besondere Aufgaben. Obgleich ihre Einrichtungen keine Berechtigungen aussprechen können, sollten *Leistungsbescheinigungen* über den Besuch von kontinuierlichen, *allgemeinbildenden* und berufsvorbereitenden Kursen ausgestellt werden. Diese Bescheinigungen sollten beim beruflichen Aufstieg berücksichtigt werden.

Zweiter Bildungsweg

Der zweite Bildungsweg hat sich in seinen bisherigen Stufen und Formen bewährt. Er ist weiter auszubauen und in seinen Bildungsgehalten noch sorgfältiger zu differenzieren. Er verdient weiterhin staatliche Unterstützung, die es ermöglicht, allen entsprechend begabten jungen Menschen, die keine weiterführende Schule besuchen konnten, im Berufsleben einen Aufstieg zur größeren Verantwortung zu ermöglichen oder den Zugang zur Hochschule zu eröffnen. Als Sonderform sollte auch die Fakultätsreife möglich bleiben.

Ausbildungsbeihilfen

1. Durch Ausbildungsbeihilfen sollen die Eigenleistung und die zumutbare Eigenverantwortung der Familie nicht ersetzt oder eingeschränkt, sondern im Sinne der sozialen Gerechtigkeit ergänzt werden. Würdigkeit und Bedürftigkeit bleiben Voraussetzung einer Förderung.

2. Für Fachschulen, Höhere Fachschulen, Ingenieurschulen und Hochschulen ist eine gleichwertige Förderung im ganzen Bundesgebiet zu sichern, wobei die bisher auf diesem Gebiet geleisteten Hilfen weiter auszubauen sind. Die Grundsätze der Studentenförderung an wissenschaftlichen Hochschulen sollten hier sinngemäß Anwendung finden.

3. Die von der Arbeitsverwaltung des Bundes ermöglichte Förderung von Lehrlingen und Anlernlingen hat sich bewährt und sollte von ihr als Pflichtaufgabe fortgeführt werden.

4. Die allgemeine Studentenförderung (Honnefer Modell) und die Hochbegabtenförderung sollen nach den bisherigen Richtlinien weiter entwickelt werden.

5. Ausbildungsförderung ist hauptsächlich eine kulturpolitische Aufgabe. Länder und Bund sollten sich daran gemeinsam beteiligen. Die gemeinsam erarbeiteten Förderungsrichtlinien sollen überall gleichmäßig angewendet werden.

6. Die auf freier gesellschaftlicher Initiative beruhende Förderung verdient besondere Anerkennung; sie sollte auch mit staatlicher Unterstützung weiter ausgebaut werden. Private Initiativen der Wirtschaft sind eine wertvolle und im Einzelfall eine höchst wirksame Ergänzung aller Förderungen.

Sozialpflegerische und sozialpädagogische Berufe

1. Die Sorge für die Bildung in den sozialpflegerischen und sozialpädagogischen Berufen ist ein besonderes Anliegen der CDU/CSU, da sie sich als christliche Partei zu einer Politik aus personaler Verantwortung bekennt.

2. Alle durch Leistung bewährten staatlichen und privaten Bildungseinrichtungen dieses Bereichs sind zeitgemäß auszugestalten und großzügig zu fördern. Die in der öffentlichen, kirchlichen und freien Sozialarbeit tätigen Männer und Frauen müssen eine ihrem verantwortlichen Beruf entsprechende gesellschaftliche Stellung, Besoldung und Alterssicherung haben.

3. Für Jugendliche, die sich diesen Berufen zuwenden wollen, sind nach dem erfolgreichen Abschluß der Volksschule Bildungseinrichtungen bereitzustellen und auszubauen, die zu diesen Berufen hinführen. Ihr Besuch ist durch Ausbildungsbeihilfen zu fördern.

4. Für Aufstiegsmöglichkeiten der Absolventen der sozialpflegerischen und sozialpädagogischen Fachschulen ist Sorge zu tragen.

5. Die Fachkräfte, die aus den Höheren Fachschulen für Sozialarbeit hervorgehen, müssen einen ihrer besonderen Ausbildung entsprechenden selbständigen Aufgabenbereich erhalten.

6. Befähigten Absolventen der Höheren Fachschule für Sozialarbeit mit guter Abschlußprüfung soll in gleicher Weise die Fakultätsreife wie den Absolventen anderer Höherer Fachschulen gewährt werden.

7. Alle Maßnahmen und Einrichtungen, die der Weiterbildung der Fachkräfte und der Vertiefung ihrer Kenntnisse dienen, müssen mehr als bisher gefördert werden.

8. Für die in der Sozialarbeit tätigen Führungskräfte mit wissenschaftlicher Ausbildung muß die Möglichkeit zusätzlicher sozialpädagogischer Ausbildung gegeben werden.

9. Auf das Wirken ehrenamtlicher Kräfte, die einst einen großen Teil der Sozialarbeit getragen haben, kann heute nicht verzichtet werden; bei den ständig wachsenden Aufgaben kommt ihnen in Zukunft große Bedeutung zu. Deshalb muß ihre Arbeit durch Lehrgänge vertieft und gefördert werden.

ERKLÄRUNG DES 2. KULTURKONGRESSES DER CDU/CSU IN AUGSBURG

Christliche Kulturpolitik ist der Kern freiheitlicher Gesellschaftspolitik. Ihre vornehmste Aufgabe ist die Erfüllung der Freiheit in der geistigen Auseinandersetzung unserer Zeit. Zur Sicherung der Existenz unseres Volkes sowie im internationalen wirtschaftlichen und politischen Wettbewerb kommt es zunehmend auf Kenntnisse und *Tüchtigkeit an. Die Qualität deutscher Erzeugnisse hängt vom fachlichen Können und Fleiß unseres Volkes ab.* Jeder Tüchtige muß die Möglichkeit erhalten, *seine Fähigkeiten voll zu entfalten.* Damit ist ihm die Möglichkeit zum sozialen Aufstieg gegeben. Die Christlich Demokratische und Christlich Soziale Union setzen sich weiterhin dafür ein, daß Einrichtungen und finanzielle Mittel zur Erreichung dieses Zieles im ausreichenden Maße zur Verfügung stehen.

Die wirtschaftliche Leistungsfähigkeit und die Eigenverantwortlichkeit der Familie zu stärken, ist die gesellschaftlich wirksamste Ausbildungshilfe. Wo die Leistungsfähigkeit der Familie nicht gegeben ist, tritt der Staat unmittelbar mit einer eignungsgerechten Ausbildungsbeihilfe ein.

a) Die allgemeine Studentenförderung (Honnefer Modell) und *die Hochbegabtenförderung* sollen nach den bisherigen Richtlinien weiter entwickelt werden.

b) Entsprechend der allgemeinen Studentenförderung sind Ausbildungsbeihilfen für Schüler und Studenten der Fachschulen, Höheren Fachschulen, Ingenieurschulen und Hochschulen gleichwertig im ganzen Bundesgebiet zu leisten.

c) Die finanzielle Förderung von Lehrlingen und Anlernlingen sollte
nunmehr als Pflichtaufgabe von der Arbeitsverwaltung des Bundes fortgeführt werden.

d) Eine den modernen Anforderungen genügende Berufsbildung ist
von so großer Bedeutung, daß sie der Mithilfe aller gesellschaftlichen
Gruppierungen bedarf. Schule und Betrieb müssen dabei entsprechend
unserer deutschen Tradition nach ihren verschiedenen Möglichkeiten
und Zielsetzungen zusammenarbeiten.

e) Die Einrichtungen des zweiten Bildungsweges sind in einer Anzahl
zur Verfügung zu stellen, die es ermöglicht, allen entsprechend begabten
jungen Menschen, die keine weiterführende Schule besuchen konnten,
im Berufsleben einen Aufstieg zur größeren Verantwortung zu gewährleisten oder den Zugang zur Hochschule zu eröffnen.

Eine gute Zusammenarbeit von Bund und Ländern bietet die beste Ge-
währ für die sachgerechte Lösung dieser großen Aufgabe. An einem
Streit über Zuständigkeiten darf die christliche Kulturpolitik nicht scheitern.

(4) „BILDUNG IN DER MODERNEN WELT"
HAMBURGER EMPFEHLUNGEN DER CDU/CSU ZUR KULTURPOLITIK
3. KULTURPOLITISCHER KONGRESS, 9.–10. NOVEMBER 1964, HAMBURG

I. BILDUNGSPOLITIK

Gegenwart und Zukunft stellen der Bildungspolitik neue Aufgaben. Eine
elementare Schulbildung genügt nicht mehr als Vorbereitung für den
Beruf. Die fortschreitende Entfaltung der Wissenschaft und der Technik,

die industrielle Entwicklung, die Technisierung von Gewerbe und Land-
wirtschaft, die ständig wachsende Zusammenarbeit einer zunehmenden
Zahl von Völkern und Staaten Europas und der Welt, die Bevölkerungs-
zunahme und ein wachsender Wohlstand sind Kennzeichen einer neuen
Situation.

Nicht nur die Berufsarbeit, sondern auch die größere Freiheit des einzelnen, sowie seine Mitwirkung im öffentlichen Leben erfordern eine bessere
Schulbildung für jeden. *Kultur, Politik und Wirtschaft erwachsen aus
dem schöpferischen Vermögen des Menschen. Dieses aber muß in seinem Willen und seiner Fähigkeit zur Leistung, wie in seiner sittlichen
Verantwortung geweckt und gebildet werden.* Für unser Bildungswesen
bedeutet das: Hebung des Niveaus auf allen Stufen und Erziehung zur
Verantwortung vor Gott und den Menschen.

Die von der Christlich Demokratischen Union und der Christlich Sozialen
Union geschaffene soziale Marktwirtschaft bildet die Grundlage für die
günstige wirtschaftliche Entwicklung und den steigenden Lebensstandard
aller Schichten unseres Volkes. Auf dieser Grundlage ist es möglich und
vordringlich, allen die vielfältigen Formen der Bildungs- und Weiterbildungsmöglichkeiten in vollem Umfang zu erschließen und dabei jeden
einzelnen wirksam zu fördern. Das deutsche Bildungswesen muß so gestaltet sein, daß es jedem, der *bereit und fähig ist, seine Chance bietet.*
Das erfordert langfristige Planungen und Maßnahmen. Sie müssen vom
Bildungswillen der Jugend unseres Volkes getragen werden. Diesen
Bildungswillen zu wecken und zu fördern, sehen wir daher als eine wichtige politische Aufgabe an.

(1) Das *Bildungswesen muß zunehmend Gegenstand der wissenschaftlichen Forschung und Planung werden.* Ein Bildungsrat, an dem Bund,
Länder und Gemeinden mitwirken, wird den politisch Verantwortlichen
bei den Entscheidungen über Ausbau und Reform des Bildungswesens
wertvolle Hilfe leisten. Seine Arbeit muß ergänzt werden durch Schulversuche und Schulentwicklungspläne in den einzelnen Ländern. Ein solches
Zusammenspiel von Bund, Ländern und Gemeinden ermöglicht eine
wirkungsvolle, vorausschauende Bildungspolitik.

(2) Die Christlich Demokratische Union und die Christlich Soziale Union
halten *möglichst differenzierte und den individuellen und regionalen
Besonderheiten angepaßte Formen der Schul- und Berufsbildung* für die

beste Möglichkeit, *alle Begabungen zu fördern. Sie halten die Einheits-schule für ungeeignet, dieses Ziel zu erreichen.* Die CDU und CSU emp-fehlen i. E. die folgenden Grundsätze und Maßnahmen:

1. Die Volksschule

Die Volksschule, die alle Kinder unseres Volkes besuchen, bildet die Grundlage unseres Bildungswesens. Ihre Leistungsfähigkeit muß verbes-sert werden. Deshalb sind die Verlängerung der Schulpflicht auf 9 Jahre und ein intensiverer, fachlich stärker ausgerichteter Unterricht in ihrer Oberstufe, der Hauptschule, notwendig. Dazu gehört auch der Unterricht in einer Fremdsprache vom 5. Schuljahr an. Das wird die Bildung von Schulgemeinschaften (Nachbarschaftsschulen, Verbandsschulen) überall dort erfordern, wo wenig gegliederte Schulen diesen Notwendigkeiten nicht genügen. Formen solcher Schulgemeinschaften müssen den regio-nalen Verhältnissen angepaßt sein. Bei der Entscheidung über die Zu-sammenfassung von Klassen sind die Gemeinden und die Eltern zu be-teiligen.

2. Das berufsbildende Schulwesen

Das berufsbildende Schulwesen muß der Tatsache Rechnung tragen, daß die für die einzelnen Berufe geforderten Qualifikationen einem stän-digen Wandel unterliegen und zunehmend höhere Anforderungen stellen. Neben die Berufsschule, die die betriebliche Ausbildung begleitet und ergänzt, treten in wachsender Zahl die Berufsfachschulen, die auf den Beruf vorbereiten, und die Berufsaufbauschulen, die neben dem Abschluß der Berufsausbildung zur Fachschulreife führen. Wo Versuche eines 10. Schuljahres stattfinden, sollten sie nicht nur in Verbindung mit der Hauptschule, sondern auch in Verbindung mit der Berufsschule als Berufsgrundschuljahr erprobt werden.

3. Das mittlere Schulwesen (Die Realschule)

Die Realschule dient der Vorbildung für Führungsberufe, die eine akade-mische Ausbildung nicht erfordern. Unterricht und Ausbildungszeit sind daher so zu gestalten, daß der erfolgreiche Abschluß dieser Schule als Voraussetzung für den Eintritt in die gehobene Beamtenlaufbahn und alle vergleichbaren Berufe anerkannt werden kann. Das Netz der Realschulen ist insbesondere in den ländlichen Gebieten weiter auszubauen. In der

Regel sollten die Realschulen eigen- und grundständige Schulen sein. Für Schüler, die länger als vier Jahre auf der Volksschule verblieben sind, sind Aufbauformen der Realschulen oder Abendrealschulen zu entwickeln. Für begabte Realschüler können gymnasiale Aufbauzüge an Gymnasien eingerichtet werden, die vom 9. bzw. vom 10. Schuljahr in vier, bzw. in drei Schuljahren zur Hochschulreife führen. An die Realschule schließen die Ingenieurschulen und Höheren Fachschulen an.

Im Ausbau der Ingenieurschulen ist Vorbildliches geleistet worden. In gleichem Maße sind auch die Höheren Wirtschafts- und Verwaltungsfachschulen sowie die entsprechenden sozialpflegerischen und landwirtschaftlichen Schulen auszubauen.

4. Das Gymnasium

Wir brauchen mehr Abiturienten. Die Erhöhung der Abiturientenzahl darf jedoch nicht auf Kosten des Niveaus gehen. Deshalb muß das grundständige Gymnasium die Normalform bleiben. Sie wird durch das Aufbaugymnasium ergänzt, wo immer es sich empfiehlt. Eine wichtige Aufgabe ist es, *alle Begabungen aufzufinden und zur Entfaltung zu bringen.* Dazu könnte dienen:

a) Für die Aufnahme von Schülern der Grundschule in das Gymnasium sind Formen der Beobachtung, Beratung und Erprobung zu finden, die allen Begabungen gerecht werden. Die einmalige Aufnahmeprüfung sollte demgegenüber immer mehr zurücktreten. *Die obligatorische Förderstufe ist abzulehnen.*

b) Die Formen der fachgebundenen Hochschulreife für die Förderung individueller Begabungen sind weiterzuentwickeln und auszubauen. Denkbar sind technische, wirtschaftliche, soziale, pädagogische und musische Formen der fachgebundenen Hochschulreife.

c) *Neben dem üblichen Halbtagsunterricht soll – vor allem in ländlichen Gebieten – zusätzlicher Unterricht angeboten werden. Auf diese Weise können Unterschiede des familiären Bildungsmilieus ausgeglichen werden.*

d) Die Durchlässigkeit und die Übergangsmöglichkeiten sind durch Aufbauzüge, Aufbaustufen und Aufbaugymnasien, denen Internate angegliedert werden, zu verstärken. Jede Begabung, auch wenn sie erst später sichtbar wird, muß gefördert werden können. *In unserem Bildungswesen darf es keine „Sackgassen" geben.*

e) Dem Zweiten Bildungsweg, der durch Abendgymnasien oder über Berufsaufbauschulen und Kollegs zur allgemeinen Hochschulreife führt, ist besondere Bedeutung beizumessen. Ausreichende finanzielle Beihilfen für bedürftige Schüler sind in vermehrtem Maße bereitzustellen.

5. Das Sonderschulwesen

Für die Förderung körperlich oder geistig behinderter Kinder müssen in verstärktem Maße besondere Schulen eingerichtet werden. Die einklassige Hilfsschule kann den ihr gestellten Aufgaben nicht mehr gerecht werden. *Es muß vielmehr das gegliederte Sonderschulwesen, das durch weiterführende Bildungseinrichtungen ergänzt wird, weiter ausgebaut werden.*

6. Lehrer

Alle Forderungen nach einem Ausbau des Schulwesens führen nicht zum Erfolg, wenn nicht geeignete Lehrer in ausreichender Zahl zur Verfügung stehen. Der Zugang zu den pädagogischen Hochschulen sollte durch die fachgebundene Hochschulreife erweitert werden. Auch sollten die Pädagogischen Hochschulen das Recht erhalten, qualifizierten Absolventen einen akademischen Grad zu verleihen. Die Studienplätze für Lehrer an Gymnasien, Realschulen und berufsbildenden Schulen sind zu vermehren. In allen Bundesländern sind Ausbildungswege für Fachlehrer in den sog. musisch-technischen Fächern zu entwickeln. Die Frage, ob pädagogische Assistenten an den Volksschulen eingesetzt werden können, muß geprüft werden. Zum Unterricht in der Unterstufe der Gymnasien können geeignete Volks- und Realschullehrer herangezogen werden.

7. Elternpflicht und Elternrecht

Da die Erziehung der Kinder vor allem eine den Eltern obliegende Pflicht ist, darf die Bildungspolitik *nicht an dem Recht der Eltern vorbeigehen, ihre Kinder in Schulen ihrer Wahl zu senden.* Wo entsprechende Möglichkeiten im öffentlichen Schulwesen nicht gegeben sind, *sind Privatschulen anzuerkennen*, denen die zur Erfüllung ihrer Aufgaben erforderliche finanzielle Unterstützung aus öffentlichen Mitteln zu gewährleisten ist. Hierbei ist jede Sonderung der Schüler nach dem Besitzstande oder dem Einkommen der Eltern auszuschließen. *Aus der Verantwortung der Eltern für die Erziehung ihrer Kinder folgen ihr Recht und ihre Pflicht, an der Gestaltung des Schulwesens mitzuwirken.*

8. Moderne Unterrichtsmittel

Neue Unterrichtsmittel sollten in allen Bundesländern erprobt und entwickelt werden. Hierzu gehören insbesondere der programmierte Unterricht, das Sprachlabor, die Tonbildschau, das Tonband, der Film, das Fernsehen und der Schulfunk. Ihre Einführung in den Unterricht muß durch fachliche Weiterbildung der Lehrer vorbereitet werden. Pädagogische Forschungsstellen sollten sich der Erprobung und Verbesserung dieser Lehrmethoden widmen.

9. Fernunterricht

Das Fernstudium in seinen modernen Formen, die den Fern-Studenten in einen engeren persönlichen Kontakt mit seinen Lehrern und Mitstudenten bringen, ist ein Bildungsmittel, das bei weitem noch nicht genügend genützt wird. Es soll durch folgende Maßnahmen stärker in das allgemeine Bildungswesen einbezogen werden:

a) Es soll eine staatlich anerkannte und geförderte Institution errichtet werden, der die einzelnen Fernschulen als Mitglieder beitreten können. Sie soll die Geschäfts- und Lehrmethoden überprüfen und unter pädagogischen Gesichtspunkten überwachen.

b) Schüler solcher Fernschulen, die der vorgenannten Einrichtung als freiwillige Mitglieder angehören, sollen zu Prüfungen an den öffentlichen Schulen zugelassen werden.

c) Die Forschung auf dem Gebiet des Fernunterrichts sowie die Auswertung der entsprechenden Auslandserfahrungen sollen durch den Staat gefördert werden.

d) Fern-Schüler und Fern-Studenten sollen in die Ausbildungsförderung des Staates einbezogen werden.

10. Bildungs- und Berufsberatung

Die Eltern sind bei der schwierigen Entscheidung darüber, welchen Bildungsweg ihre Kinder einschlagen sollten, zu beraten. Diese Beratung sollte erstmals bei Beginn des 4. Schuljahres stattfinden. Zum Wohle des Schülers wie zum Nutzen der Gemeinschaft sollte dabei sorgfältig ermittelt werden, wie die *Begabung des Schülers am günstigsten entfaltet werden* kann. Jede Art von Planungsdirigismus ist dabei jedoch zu vermeiden. Die derzeitige Berufsberatung muß zu einer Bildungsberatung ausgebaut werden. Besonders vorgebildete Lehrer sollen sich in enger Zusammenarbeit mit den Klassenlehrern der Aufgaben der Bildungsberatung annehmen. Weit stärker als bisher müssen Schulpsychologen für die Bildungsberatung herangezogen werden. Diese Bildungsberatung muß die Eltern auch über die Möglichkeiten der finanziellen Unterstützung bei weiterführendem Schulbesuch orientieren. Neben solcher individueller Bildungsberatung darf die bisherige Information durch besondere Publikationen in Zeitschriften, Broschüren usw. nicht aussetzen. *Auch die Massenmedien sollten für die Bildungswerbung gewonnen werden*. Ebenso erwächst hier den gesellschaftlichen Gruppen und den Kirchen eine große Aufgabe. Auch ist die berufskundliche Beratung der Erwachsenen beim Übergang zu einer andersartigen Tätigkeit und bei Umschulung zu fördern.

11. Ausbildungsförderung

Ein umfassendes System von Ausbildungsbeihilfen muß allen Jugendlichen, die *hierzu geeignet und bereit* sind, eine weiterführende Bildung ermöglichen, falls die Eltern nicht in der Lage sind, die dadurch entstehenden Kosten zu tragen. Dazu sind die bestehenden staatlichen Förderungsmaßnahmen zu vereinheitlichen. Neben den Ausbildungskosten sollten auch Fahrkosten und – soweit erforderlich – Internatskosten berücksichtigt werden. Die individuelle Förderung für Besucher von Berufsaufbauschulen, Fachschulen und Höheren Fachschulen ist nach den Grundsätzen des „Honnefer Modells" zu gestalten. Die von der Bundesregierung beabsichtigte generelle Förderung, die im Rahmen des Familienlastenausgleichs Kindern beim Besuch von Realschulen, Berufsfachschulen und Gymnasien zugute kommen soll, wird für berechtigt und dringlich gehalten.

II. MASSENMEDIEN

[...]

Es ist Aufgabe der Parteien und der Bildungseinrichtungen, speziell der Erwachsenenbildung, auf den Umgang mit den Massenmedien vorzubereiten sowie die Verstärkung der Bildungsarbeit und -werbung zu fordern. Die CDU/CSU unterstützt die Bemühungen der Bundesregierung, durch eine Kommission alle Aspekte der Massenmedien untersuchen zu lassen. Sie setzt sich dafür ein, daß die Massenmedien untereinander gleiche Entwicklungschancen haben und daß die Wettbewerbsgleichheit gegeben ist. Gegenüber dem Reiz des optisch bewegten Bildes bleibt die Bedeutung des geschriebenen Wortes bestehen. Dabei ist der besonderen Lage der Regionalzeitungen, speziell der Heimatzeitungen, Rechnung zu tragen, weil sie eine führende Rolle dabei spielen, die demokratische Erziehung zu sichern und mitbürgerliches Verhalten zu fördern. Sie vermögen damit am besten eine aktive Beteiligung am Leben des Staates vorzubereiten.

III. KULTURPFLEGE

Kunst und Freiheit gehören eng zusammen. Für die Christlich Demokratische Union und die Christlich Soziale Union bildet die Freiheit der Kultur ein grundlegendes Prinzip ihrer Kulturpolitik. Das künstlerische und kulturelle Schaffen kann nur auf dem Boden der Freiheit gedeihen. Sie zu gewährleisten, ist eine der wichtigsten Aufgaben des Staates. Der Staat hat sich jedes Dirigismus im Bereich der Kultur und Kunst zu enthalten. Der freiheitliche Rechtsstaat sieht seine vornehmste Aufgabe darin, die Künste vor der Unterjochung unter eine totalitäre politische Doktrin in Schutz zu nehmen. Die Freiheit des kulturellen Schaffens besagt jedoch nicht, daß der Staat Kultur und Kunst völlig sich selbst überläßt. Die Freiheit der Kultur kann auch durch Monopolisierungstendenzen starker gesellschaftlicher Kräfte gefährdet werden. Der sich seiner Verantwortung für die Kultur bewußte Staat hat dafür Sorge zu tragen, daß auch gegenüber diesen unkontrollierten Einflüssen die kulturelle Freiheit aufrechterhalten bleibt.

Die Zeiten, als die Kunst weitgehend von einem privaten Mäzenatentum getragen wurde, sind vorüber. Große künstlerische Unternehmungen können heute fast nur noch vom Staat oder von den Kommunen finanziert werden. In der Bundesrepublik wurden auf diesem Gebiet in den Jahren nach dem Zweiten Weltkrieg außerordentliche Leistungen vollbracht, die fortgesetzt werden sollen. Die finanzielle Förderung künstlerischen Schaffens auch beim Unerprobten und Umstrittenen, *die Pflege ererbten Kulturbesitzes sowie die Heranführung möglichst breiter Volksschichten an Kunst und Kultur bilden eine wichtige Aufgabe der Kulturpolitik.* Dazu gehören auch die Erhaltung und Pflege der Natur. Deshalb verdient die Errichtung von Naturparken staatliche Förderung.

Jede Art von Freiheit – auch die Freiheit der Kunst – bedarf einer Ordnungsmacht, die sie garantiert und schützt. Ohne diese Ordnungsmacht wird bald das Recht des Stärkeren herrschen, das der Freiheit ein Ende bereitet. Die Freiheit hat dort eine Grenze, wo sie sich gegen sich selbst wendet. Die Ordnungsmacht ist für uns der demokratische und soziale Rechtsstaat mit seinen sittlichen Grundwerten. Es wäre widersinnig, sich unter Berufung auf die Freiheit gegen die Ordnungsmacht des Staates zu wenden. Von daher erwächst eine besondere Verantwortung für die Kunst und die Künstler gegenüber Staat und Politik.

(5) BERLINER PROGRAMM 1968
16. BUNDESPARTEITAG, 4.–7. NOVEMBER 1968, BERLIN

PRÄAMBEL

[...] [...]

Die Christlich Demokratische Union Deutschlands *orientiert sich am christlichen Glauben und Denken.* Politik aus der gemeinsamen Verantwortung der Christen in der Welt richtet sich auf die Freiheit der Person, die sich der Gemeinschaft verpflichtet weiß, auf die Gerechtigkeit für jedermann und *auf die Solidarität, die auf der Eigenverantwortung der Person aufbaut.*

[...]

V. Bildung, Jugend, Kunst, Forschung

34. Ein leistungsfähiges Erziehungs- und Bildungswesen muß das Recht auf Bildung des einzelnen so verwirklichen, *daß er seine Persönlichkeit nach Begabung und Leistung voll entfalten kann und den Anforderungen der Gesellschaft gewachsen ist.* Diese Bildungspolitik muß vorausschauend geplant und gestaltet werden; deshalb ist in der Abstimmung von Bund und Ländern eine umfassende Finanzplanung für das Bildungswesen notwendig. Wir wollen dafür sorgen, daß die *schul- und die hochschulpolitische Entwicklung in den Bundesländern die Freizügigkeit sichert und damit den Wechsel ohne Nachteile ermöglicht. Abschlußzeugnisse müssen europäische Anerkennung finden.*

Das Recht der Eltern, denen zuerst die Pflicht zur Erziehung ihrer Kinder obliegt, ist zu gewährleisten. Elternhaus und Schule müssen so eng wie möglich zusammenarbeiten. Neben den christlichen Gemeinschaftsschulen *können Bekenntnis- und bekenntnisfreie Schulen dort rechtlich und materiell ermöglicht werden, wo Eltern dies in ausreichender Zahl für ihre Kinder wünschen.*

Schulen *in freier Trägerschaft sind wie staatliche Schulen zu för*dern, soweit sie die staatliche Schulversorgung entlasten. Die *Mitverantwortung der Eltern und Schüler muß erweitert werden.*

35. Schulreife, aber noch nicht schulpflichtige Kinder sollen schon vom fünften Lebensjahr an am Unterricht teilnehmen können. Schulpflichtige, aber nicht schulreife Kinder sollen einen Schulkindergarten besuchen. Dementsprechend müssen neue Schulkindergärten eingerichtet werden.

36. Das System der Jahrgangsklassen muß aufgelockert werden; wer sich schneller entwickelt, soll früher zum Schul- oder Ausbildungsziel gelangen können. In unserem gegliederten Schulsystem ist die Durchlässigkeit zwischen den einzelnen Schulformen durch Übergangsmöglichkeiten und durch eine verstärkte Zusammenarbeit zu verbessern. Die weiterführenden Schulen sollen vor dem Abitur weitere qualifizierte Abschlüsse anbieten, die den Besuch von Akademien und Fachhochschulen ermöglichen und einige der Berechtigungen einschließen, die bisher mit dem Abitur verbunden waren. Die Laufbahnordnungen des öffentlichen Dienstes müssen entsprechend geändert werden.

37. *Ganztagsschulen und Schulen mit Tagesheimen müssen vermehrt angeboten werden.*

38. *Sonderschulen* müssen künftig auch jene Kinder aufnehmen können, die bildungsfähig sind, *aber zu ihrer Entfaltung eigener Unterrichtsformen und Erziehungshilfen bedürfen. Das Sonderschulwesen soll erweitert* und durch Sonderschulkindergärten, Sonderberufsschulen und Internate für Sonderschüler ergänzt werden.

39. Der Wechsel der Lehrer zwischen verschiedenen Schulformen und die Übernahme wissenschaftlicher Fachkräfte in den Schuldienst sollen erleichtert werden.

40. Beim zweiten Bildungsweg und beim Fernunterricht muß die Berufserfahrung für das Ausbildungsziel nutzbar gemacht werden. Der Fernunterricht und der Fernsehunterricht sollen in die staatliche Aufsicht einbezogen werden, soweit sie ordentliche Schuleinrichtungen ersetzen oder ergänzen.

41. Die Erwachsenenbildung muß in das öffentliche Bildungswesen auch für die berufliche Fortbildung einbezogen werden; für gleiche Leistungen sind gleiche Berechtigungen zu gewähren. *Die freien Träger der Erwachsenenbildung müssen öffentlich gefördert werden; ihre hauptamtlichen Mitarbeiter sind rechtlich denen gleichzustellen, die in der öffentlichen Erwachsenenbildung tätig sind.*

42. Bildung und Ausbildung befähigen den einzelnen, sich im Wandel von Wirtschaft und Gesellschaft zu behaupten. Staat und soziale Gruppen sollen deshalb Fortbildung, Umschulung und berufliche Rehabilitation unterstützen.

Besonders das behinderte Kind hat ein Anrecht auf Hilfe und Förderung. Deshalb müssen die Eltern über alle staatlichen Hilfen unterrichtet und verpflichtet werden, Schädigungen rechtzeitig zu melden.

43. Ein Ausbildungsförderungsgesetz soll allen – *nach Begabung und Leistung* – materiell die gleichen Chancen für ihre Bildung gewähren. Die Förderung umfaßt die Kosten für die Ausbildung und den Lebensunterhalt; die Belastbarkeit der Familie ist zu berücksichtigen. Kolleggelder und Gebühren für die Benutzung der Ausbildungseinrichtungen

sollen abgebaut werden. Ausbildungsaufwendungen und Berufsaufstiegskosten sollen steuerlich von jenen abgesetzt werden können, die keinen
Anspruch auf direkte Ausbildungsbeihilfen haben.

44. Ein Berufsausbildungsgesetz muß auf den bewährten Grundlagen der
Berufsausbildung aufbauen und neue Formen berücksichtigen; es soll alle
Ausbildungsverhältnisse erfassen. An Ausbildungsbetriebe und Ausbilder
sind Mindestanforderungen zu stellen; werden sie nicht erfüllt, soll die
Ausbildungsbefugnis untersagt werden. Bei der Gestaltung der Berufsausbildung sind die Organisationen der Unternehmer und Arbeiter zu
beteiligen.

45. Hochschulreform und Schulreform erfordern ein abgestimmtes bildungspolitisches Gesamtkonzept. Die Gründung neuer und der Ausbau
bestehender Hochschulen müssen von Bund und Ländern gemeinsam
geplant und finanziert werden. Die organisatorische Struktur und die
Verwaltung der Hochschulen müssen den Anforderungen von Forschung,
Lehre und Stadium genügen. Alle Mitglieder der Universität sollen in der
Selbstverwaltung ihren Funktionen entsprechend beteiligt werden. Frei-
gewordene Lehrstühle sollen ausgeschrieben und müssen innerhalb einer
bestimmten Frist besetzt werden. Die *Stellung der Nichtordinarien und
der Assistenten* muß rechtlich verbessert werden; ihnen ist eine angemessene Zeit für eigene Forschungsarbeit zu garantieren

46. *Die Studienzeiten müssen verkürzt werden*. Eine Reform der Studien-
und Prüfungsordnungen muß den Lehr- und Prüfungsstoff sinnvoll beschränken. Zwischenprüfungen sollen Teile des Abschlußexamens vor-
wegnehmen können. Durch ein Studienjahr ist mehr Zeit für Übungen,
Praktika und Arbeitsgemeinschaften zu schaffen.

47. Die Studentenschaft hat ein *hochschulpolitisches Mandat*; ihr ist eigene Rechtsfähigkeit zu verleihen. Das Disziplinarrecht ist neu zu ordnen.

48. Zur Entlastung der Universitäten sind *verkürzte Ausbildungsgänge,
insbesondere an Akademien und Fachhochschulen zu schaffen*; ihre
Examen müssen zum Eintritt in qualifizierte Stellungen in Verwaltung
und Wirtschaft berechtigen.

49. Die Jugendförderung durch Bundes- und Landesjugendpläne soll fortgesetzt werden. Erziehung und Bildung der Jugend verlangt eine ausreichende Zahl befähigter Jugendleiter; ihre Ausbildung ist verstärkt zu fördern und einheitlich zu gestalten. In Ergänzung des Deutsch-Französischen Jugendwerkes soll ein Europäisches Jugendwerk geschaffen werden.

50. Der Schutz des Kindes ist eine dringliche öffentliche Aufgabe. Verkehrswege sind so zu planen, daß Gefahren für Kinder und Jugendliche vermindert werden. Der Schutz der Kinder vor Kriminalität und vor Mißbrauch der elterlichen Gewalt muß verstärkt werden; diesen Gefahren muß durch Erziehungsberatung und Elternschulung und durch entschiedeneres Handeln von Jugendämtern, Polizei und Gerichten begegnet werden. Die Zahl der Kindergärten und Spielplätze ist zu vermehren; der Beruf der Jugendleiterin und der Kindergärtnerin soll stärker gefördert und durch bessere Bezahlung anziehender gemacht werden.

(6) „DEIDESHEIMER LEITSÄTZE"
ENTWURF EINES SCHUL- UND HOCHSCHULPOLITISCHEN PROGRAMMS
4. KULTURPOLITISCHER KONGRESS
28. FEBRUAR – 1. MÄRZ 1969, BAD GODESBERG[3]

I. PRÄAMBEL

1. Bildung und Ausbildung bestimmen die Entfaltungsmöglichkeit des einzelnen und sind Grundlage für die Leistungsfähigkeit der Gesellschaft. Deshalb ist eine moderne *Bildungspolitik* eine der vordringlichsten Aufgaben, die Gesellschaft und Staat gemeinsam zu lösen haben und *denen sich eine christliche Partei besonders verpflichtet fühlt.*

2. *Bildung ist ein Grundrecht jedes Menschen.* Jeder muß die Möglichkeit haben, *seine Persönlichkeit seinen Fähigkeiten und Neigungen entsprechend frei zu entfalten.* Die *Herstellung der Chancengleichheit im Zugang zu Bildungs- und Ausbildungseinrichtungen* ist Voraussetzung für eine demokratische Sozialordnung, *in der die Leistung über den sozialen Standort des einzelnen entscheidet.*

3. Die Gesellschaft hat ein elementares Interesse an der Entfaltung aller Begabungen und Fähigkeiten. Die raschen Veränderungen in Wissenschaft, Wirtschaft und Gesellschaft verlangen vom einzelnen ein Höchstmaß an Ausbildung als Grundlage beruflicher Mobilität. Sie *zwingen zu höchster wirtschaftlicher und geistiger Wettbewerbsfähigkeit*, um die Aufgaben der Zukunft zu meistern.

4. Eine auf die Zukunft gerichtete Bildungspolitik muß den Bildungswillen in allen Schichten unseres Volkes wecken. Sie muß der Entscheidung der Eltern und den Wertvorstellungen der gesellschaftlichen Gruppen im Rahmen der organisatorischen Bedingungen für ein leistungsfähiges Bildungswesen gerecht werden; der Anspruch der Kinder auf optimale Förderung darf nicht beeinträchtigt werden.

5. Staat und Gesellschaft haben die Aufgabe, allen begründeten Anforderungen entsprechende Institutionen für Bildung und Ausbildung bereitzustellen und auch *in freier Trägerschaft finanziell zu ermöglichen, soweit sie die staatlichen Einrichtungen entlasten und deren Leistungsanforderungen entsprechen*.

6. Um der *Eignung und Neigung* des einzelnen möglichst gerecht zu werden und die vielgestaltigen Ausbildungsanforderungen der Gesellschaft zu erfüllen, muß die *gegliederte Leistungsschule* entwickelt werden; ihre Ausbildungswege müssen differenziert, durchlässig und organisatorisch übersichtlich gestaltet werden. *Die gegliederte Leistungsschule muß alle, einschließlich der sozial, geistig und körperlich Behinderten und der Spitzenbegabungen, gleichermaßen gezielt fördern.*

7. Sachgerechte Bildungspolitik verlangt ein Schul- und Hochschulwesen, bei dem Bildungsinstitutionen und Bildungsinhalte mit dem Prozeß des technischen und sozialen Wandels ständig abgestimmt werden. Dies bedeutet auch, daß bildungspolitische Zielsetzungen formuliert werden, die sich an den finanziellen Möglichkeiten orientieren und klare Prioritäten setzen.

II. VOR- UND GRUNDSCHULE

1. Der Kindergarten ist eine Einrichtung für die Drei- und Vierjährigen; er bleibt grundsätzlich eine Aufgabe der freien Träger und Kommunen. Der Besuch ist freiwillig. *Das Angebot muß so erweitert werden, daß es der Nachfrage entspricht. Dazu sind verstärkte Zuschüsse der öffentlichen Hand notwendig.*

2. Jedes schulreife Kind kann mit fünf Jahren in die Grundschule eintreten. Besonders begabten Schülern wird die Möglichkeit angeboten, die in der Regel 4jährige Grundschule in 3 Jahren zu durchlaufen. Es wird die Einführung eines Vorschuljahres angestrebt. Der Besuch des Vorschuljahres bereitet einerseits milieubenachteiligte Kinder auf den Eintritt in die Grundschule vor und bietet andererseits *hochbegabten Kindern eine Chance, die anschließende Grundschule in 3 Jahren zu durchlaufen.*

3. Die Grundschulerziehung soll elternhausnah sein. Sie hat die Aufgabe, die Begabung des Kindes zu wecken, die elementaren Kulturtechniken zu vermitteln, insbesondere die Sprachfähigkeit zu fördern und an ihrem Ende den weiteren Bildungsweg zu klären.

III. HAUPTSCHULE-REALSCHULE-GYMNASIUM-KOLLEG

1. Weiterführende Schulen sind die 5jährige Hauptschule, die 6jährige Realschule und das 9- bzw. *8jährige Gymnasium. Eine 2jährige Eingangsstufe* an den weiterführenden allgemeinbildenden Schulen dient einer sicheren Begabungsfindung. Sie ermöglicht eine Korrektur der eingeschlagenen Schullaufbahn ohne Zeitverlust. *Dazu ist es notwendig, die Lehrpläne der weiterführenden Schulen in der Eingangsstufe soweit wie möglich aufeinander abzustimmen.*

2. In der Hauptschule, in der Realschule und der Mittelstufe des Gymnasiums wird das Leistungsprinzip durch die Einführung des Kern- und Kursunterrichts stärker zur Geltung gebracht. Die Klasseneinteilung wird jedoch nicht aufgelöst, sie bleibt für den Kernunterricht als Erziehungseinheit erhalten.

3. Der größere Teil aller Kinder wird auch in den nächsten Jahrzehnten die Hauptschule besuchen, die mit der Berufsreife abschließt. An die Hauptschule schließt sich in Form eines Berufsgrundschuljahres zunächst fakultativ, mittelfristig jedoch obligatorisch ein 10. Vollzeitschuljahr an.

Das Berufsgrundschuljahr wird im Bereich der berufsbildenden Schulen eingerichtet. Nach Abschluß der Hauptschule kann auch eine Berufsfachschule besucht werden, die nach 2 Jahren zur Kollegreife führt und den Eintritt in das Berufsleben oder die Fachoberschule (Fachkolleg) ermöglicht.

4. *Am Ende der Realschule und der Mittelstufe des Gymnasiums wird ein Examen, die Kollegreife, abgelegt*, dessen Bestehen zum Eintritt in eine Berufsausbildung, in die Fachoberschule (Fachkolleg) oder bei entsprechender Leistung in die gymnasiale Oberstufe (Studienkolleg) berechtigt.

5. An die Hauptschule bzw. das Berufsgrundschuljahr schließt die Lehre an, die von der Teilzeitberufsschule begleitet zu einem berufsqualifizierenden Examen führt. Dieses Examen berechtigt einerseits zum Berufseintritt und andererseits zum Besuch einer weiteren berufsvorbereitenden Schule im neu zu ordnenden Fachschulbereich (Berufskolleg).

6. In der Fachoberschule (Fachkolleg) wird ein 2jähriger praxisorientierter Unterricht angeboten. Am Ende der Fachoberschule (Fachkolleg) wird die Fachhochschulreife erworben.

7. Die gymnasiale Oberstufe (Studienkolleg) führt in 3 Jahren zur Hochschulreife (Abitur). *Leistungsstarke Schüler können dieses Examen nach 2 Jahren ablegen.* Das bisherige Jahrgangsklassenprinzip wird aufgelockert. Das Lehrangebot in der gymnasialen Oberstufe muß stärker differenziert werden.

8. Voraussetzung zum Eintritt in die wissenschaftliche Hochschule ist die Hochschulreife. Ein genereller numerus clausus wird als unzureichendes Mittel der Bildungspolitik abgelehnt. Wo er aus zwingenden Gründen zeitlich begrenzt ausgesprochen werden muß, sind detaillierte Vorschläge zur Finanz- und Ausbauplanung sowie zur Studienordnung vorzulegen, die die Überwindung der bestehenden Schwierigkeiten aufzeigen.

9. Falls in einzelnen Studienfächern die Zahl der Studienbewerber die Anzahl der verfügbaren Studienplätze erheblich übersteigt, können in Zusammenwirkung von Hochschule und Schulverwaltung besondere Leistungskriterien für den Zugang zu diesen Disziplinen festgelegt werden.

10. Auch nach Abschluß der Berufsausbildung und nach mehrjähriger beruflicher Tätigkeit stehen Begabten besondere Institutionen offen (Abendgymnasium, Studienkollegs), die zur Kolleg- oder Hochschulreife führen.

IV. HOCHSCHULEN

1. Der Ausbau und die Erweiterung bestehender und die Gründung neuer Hochschulen ist dringlich und muß aufgrund seiner gemeinsamen Rahmenplanung von Bund und Ländern erfolgen sowie überregionale Schwerpunkte für Forschung und Lehre ermöglichen. Planungsgrundlagen müssen stärker als bisher die langfristigen beruflichen Chancen der Studenten sein; dazu ist das Instrumentarium der Bedarfsforschung zu verfeinern und stärker als bisher zu nutzen. Der Bedarf an Akademikern, die vorhandenen und zukünftigen Kapazitäten sowie die Berufswünsche der Studenten sind in gleicher Weise zu berücksichtigen. Es müssen vordringlich neue Kapazitäten geschaffen und finanziell sichergestellt werden. Dies ist bei der Beurteilung von Forderungen nach weiteren Statusanhebungen vorhandener Einrichtungen zu berücksichtigen.

2. Die *Errichtung von Fachhochschulen ist von besonderer Bedeutung*. Sie soll eine praxisorientierte Ausbildung auf wissenschaftlicher Grundlage in einer Gesamtdauer *bis zu 3 Studienjahren* anbieten. Eine Neuregelung der Laufbahn und Besoldungsrichtlinien in der öffentlichen Verwaltung und eine Neufestlegung der vergleichbaren Anforderungen in der Industrie muß die Zahl der Berufswege vergrößern, für die diese berufsspezifisch ausgerichtete Ausbildung geeignet ist.

3. Um alle Möglichkeiten zur Kapazitätserweiterung optimal zu nutzen, muß stärker als bisher zwischen kurzfristigen Entlastungsmaßnahmen und langfristigem Ausbau unterschieden werden. Zusätzliche Möglichkeiten zur Erweiterung der Ausbildungs- und Fortbildungskapazitäten bietet die verstärkte Gründung von Teiluniversitäten, vor allem im Bereich der Naturwissenschaften. Dabei soll möglichst auf vorgegebene Einrichtungen zurückgegriffen werden.

4. Stärker als bisher müssen die Möglichkeiten der Massenmedien für die Aus- und Fortbildung genutzt werden. *Der Rundfunk und insbesondere das Fernsehen sollen in Zusammenarbeit mit den Hochschulen Programme zur Einführung in ein wissenschaftliches Studium und zu*

dessen Ergänzung anbieten. Dabei sind akademisch und staatlich anerkannte Prüfungen vorzusehen.

5. *Die Initiative freier Träger im Bereich von Schule, Fachhochschule
und Hochschule wird begrüßt und muß gefördert werden.* Dies ist bei der
Neuregelung des Stiftungsrechts zu berücksichtigen.

6. Fachhochschule und Hochschule bilden einen institutionell differenzierten Hochschulbereich, für den Formen einer wirkungsvollen Kooperation zu entwickeln sind. Übergänge zwischen Fachhochschulen und
Hochschulen in beiden Richtungen sind zu gewährleisten. Hochschule
und Fachhochschule sollen das Recht der Selbstverwaltung besitzen. Das
Disziplinarrecht wird durch ein Ordnungsrecht abgelöst.

7. Verfassung und Verwaltung der wissenschaftlichen Hochschule müssen
reformiert werden. Neuregelungen sollen die Bedingungen dafür schaffen, daß die wissenschaftlichen Hochschulen ihren Aufgaben in der akademischen Forschung und Lehre wieder voll gerecht werden können.
Voraussetzung dazu ist, die Leistungsfähigkeit der Selbstverwaltung zu
erhöhen.

8. Die Hochschule soll in Zukunft von einem *Präsidenten* geleitet und
nach außen vertreten werden. Er ist auf der Grundlage der Universitäts-
verfassung für die Erfüllung ihrer Aufgaben in Forschung und Lehre verantwortlich. Der Präsident wird im Einvernehmen von Hochschule und
Staat auf Zeit berufen.

9. Im Rahmen des Hochschuletats muß ein größeres Maß an Flexibilität
durch Deckungsfähigkeit und Übertragbarkeit einzelner Positionen erreicht werden. Personal- und Sachmittel für die Forschung werden dem
Fachbereich zugewiesen. Das Mitsprache- und Entscheidungsrecht der
Hochschule bei der Verteilung der Mittel ist zu stärken.

10. Die Strukturreform der Hochschulorganisation muß auf die Aufgliede-
rung der Fakultäten *in Fachbereiche* abzielen. Unterste Ebene der Selbstverwaltung soll grundsätzlich der Fachbereich sein, zu dem Institute und
Seminare verwandter Disziplinen zusammengefaßt werden. Die Fachbereiche werden durch Kollegialorgane geleitet. Zur Koordinierung der
Fachbereiche sind spezielle Gremien zu schaffen.

11. Eine *funktionsgerechte Mitwirkung aller Personengruppen* der Universität ist ohne schematische Beteiligungsverhältnisse bei allen Organen der Selbstverwaltung zu gewährleisten.

12. Eine Verkürzung der Studienzeiten soll durch eine Neugestaltung der Studiengänge, Prüfungs- und Examensordnungen und eine intensivere, individuellere Betreuung und Anleitung der Studenten in den Anfangssemestern erfolgen. Dabei ist auf eine Präzisierung und sinnvolle Beschränkung des Studien- und Prüfungsstoffes zu achten. Die Studiengänge sind nach Dauer und Berufsbezogenheit einerseits und Forschungsorientierung andererseits zu differenzieren und durchlässig zu gestalten. In den Prüfungsordnungen sind das Prinzip der *Teilabschlußprüfungen*, die kollegiale Durchführung der Prüfungen und in geeignetem Umfang Öffentlichkeit anzustreben.

13. Die Entwicklung einer *Hochschuldidaktik im Rahmen der allgemeinen Wissenschaftsdidaktik ist zu fördern*. Ziel der Wissenschaftsdidaktik muß sein, die fachspezifischen und allgemeinen Ziele wissenschaftlicher Studien, die mit diesen Zielen gesetzten Inhalte, deren methodische Aufbereitung sowie den Umfang und die Grenzen bestimmter Lehr- und Lernverfahren und deren objektive Überprüfungen näher zu bestimmen. Die differenzierten Methodenansätze und Studienziele innerhalb eines jeden Faches sind zu beachten.

14. Um eine größere Flexibilität und eine bessere Nutzung für Forschung und Lehre zu erreichen, wird das Studienjahr eingeführt.

15. Zur Reform des Lehrkörpers gehört die *Neugestaltung des Habilitationswesens*. Das Habilitationsverfahren muß gestrafft und objektiviert werden. Habilitanden sind von Lehrverpflichtungen zu entlasten und für die Erbringung ihrer Habilitation freizustellen. Die Befähigung zur eigenständigen Forschung kann ohne Habilitation nachgewiesen werden: durch bereits veröffentlichte Arbeiten von anerkannter wissenschaftlicher Bedeutung, durch eine Dissertation, die in ihrem wissenschaftlichen Gehalt nach Auffassung der Hochschule einer Habilitationsschrift gleichsteht oder durch den Nachweis einer wesentlichen Beteiligung an einer wissenschaftlichen Gruppenarbeit von außerordentlicher Bedeutung.

16. Freie Professuren sind auszuschreiben und innerhalb einer angemessenen ist neu zu besetzen. Bei Berufungen sind in größerem Umfang als bisher qualifizierte Wissenschaftler außerhalb der Hochschule zu berücksichtigen. Ferner sollen in verstärktem Maße geeignete Praktiker für eine Lehrtätigkeit im Haupt- oder Nebenamt gewonnen werden. Bei der Berufung ist eine didaktische Befähigung Voraussetzung. Berufungszusagen werden auf die persönlichen Bezüge beschränkt.

17. Die Stellung der nichthabilitierten wissenschaftlichen Beamten und Angestellten und der wissenschaftlichen Assistenten an der Universität muß verbessert werden. Vordringlich ist, wissenschaftliche Begabungen früh zu erkennen und ihnen eine selbständige Stellung in Forschung und Lehre zu sichern. Innerhalb des Lehrkörpers werden wissenschaftliche Assistenten, wissenschaftliche Beamte in Dauerstellung und Professoren unterschieden.

18. Der Studentenschaft als Teilkörperschaft der Hochschule wird die Rechtsfähigkeit verliehen. Sie regelt ihre Angelegenheiten in eigener Verantwortung und besitzt Beitragshoheit. Sie hat ein hochschulpolitisches Mandat.

19. An den wissenschaftlichen Hochschulen müssen die Bedingungen für eine leistungsfähige Forschung verbessert werden. Dazu gehört auch, daß neue Formen der Zusammenarbeit zwischen staatlichen und privaten Trägern der Forschungseinrichtungen entwickelt und sektorale und regionale Schwerpunkte gebildet werden.

V. ALLGEMEINE REFORMEN

1. Die *didaktische Ausbildung* aller Lehrer, insbesondere der Gymnasial- und Berufsschullehrer muß *intensiviert* werden. Die Ausbildung der Grund- und Hauptschullehrer ist stärker fachbezogen zu gestalten. Für eine engere Zusammenarbeit zwischen Pädagogischen Hochschulen und Universitäten müssen neue Formen gefunden werden.

2. Die Einführung *neuer Lehr- und Lernmethoden* soll die Lehrer entlasten und den Unterricht stärker an dem Leistungsvermögen des Schülers orientieren. Besondere Aufmerksamkeit ist dem programmierten Unterricht, dem Schulfernsehen sowie dem Fernunterricht zu schenken. Die Möglichkeiten dieser neuen Methoden sollten intensiv erprobt und

möglichst rasch in allen Bereichen des Bildungswesens eingesetzt werden.

3. *Die Schullaufbahn-, Studien- und Berufsberatung ist auszubauen. Eltern, Schüler, Studenten und Lehrer müssen sich anhand exakter neuester Forschungsergebnisse über Voraussetzungen, Anforderungen und Aussichten eines Berufes orientieren können.*

4. Die Rationalisierung im Schul- und Hochschulbau ist vordringlich. Verstärkte Aufmerksamkeit ist auf die bauliche Zusammenfassung von Schulen in Schulzentren zu richten.

5. Von entscheidender Bedeutung für die soziale und ökonomische Zukunft einer Gesellschaft ist die berufliche Mobilität ihrer Mitglieder. Die berufsbegleitende Fortbildung und die Umschulung bedürfen der besonderen Förderung durch Staat und Industrie. Die Teilnahme an solchen Veranstaltungen soll in den Tarifverträgen geregelt werden. Die Fortbildung gehört zu den Aufgaben der Ausbildungsinstitutionen. *Insbesondere das Hochschulwesen soll sich der ständigen Weiterbildung seiner Absolventen annehmen (Kontaktstudium).*

6. *Die Ausbildungszeiten sind in der Bundesrepublik vielfach zu lang.* Die vorhandene Zeit muß durch eine Senkung der Klassenfrequenzen und durch eine Erhöhung der Lehrerzahlen optimal genutzt werden. Ganztagsunterricht ist anzustreben. Er ist entsprechend den finanziellen Möglichkeiten einzuführen. Nach dem Auslaufen der Kurzschuljahre *wird angestrebt, die Dauer des Gymnasiums auf 8 Jahre zu verkürzen.*

7. Ein Ausbildungsförderungsgesetz soll allen – *nach Begabung und Leistung* – materiell die gleichen Chancen für ihre Bildung gewähren. Die Förderung umfaßt die Kosten für die Ausbildung und den Lebensunterhalt; die Belastbarkeit der Familie ist zu berücksichtigen. Kolleggelder und Gebühren für die Benutzung der Ausbildungseinrichtungen sollen abgebaut werden. Ausbildungsaufwendungen und Berufsaufstiegskosten sollen steuerlich von jenen abgesetzt werden können, die keinen Anspruch auf direkte Ausbildungsbeihilfen haben.

8. Ein Berufsausbildungsgesetz muß auf den bewährten Grundlagen der Berufsausbildung aufbauen und neue Formen berücksichtigen; es soll alle Ausbildungsverhältnisse erfassen. An Ausbildungsbetriebe und Ausbilder

sind Mindestanforderungen zu stellen; werden sie nicht erfüllt, soll die Ausbildungsbefugnis untersagt werden. Bei der Gestaltung der Berufsausbildung sind die Organisationen der Unternehmer und Arbeitnehmer zu beteiligen.

9. *Reformmaßnahmen im Bildungswesen verlangen ein Höchstmaß an vertikaler und horizontaler Kooperation zwischen Bund, Ländern und Gemeinden. Zur Gewährleistung der notwendigen Einheitlichkeit ist die Abstimmung der Planung sicherzustellen.* Eine leistungsfähige Bildungsplanung verlangt darüber hinaus, daß das Bildungswesen im Zusammenhang mit anderen Bereichen der Gesellschaft gesehen wird, um so einseitige Entscheidungen zu verhindern.

10. *Die Bildungsplanung muß stärker als bisher unter europäischen Gesichtspunkten betrieben werden. Dazu gehört auch, daß die gegenseitige Anerkennung der Examina erreicht wird.*

11. Zur Formulierung der Bildungspolitik müssen in wesentlich größerem Umfang als bisher die *Bildungsforschung und andere Bereiche der Wissenschaft zu Rate gezogen* werden. Die Bildungspolitik wird ihren über die Zukunft unserer Gesellschaft entscheidenden Aufgaben nur dann gerecht werden können, wenn die Priorität dieser Aufgaben in den öffentlichen Haushalten entsprechend berücksichtigt wird.

12. Die öffentlichen Ausgaben für Bildung und Wissenschaft sind Investitionen in die Zukunft. Die Finanzierung des Ausbaus und der Fortentwicklung unseres Bildungswesens ist deshalb vorrangig und muß durch klare finanzpolitische Entscheidungen sichergestellt werden. Den öffentlichen Ausgaben für Bildung und Ausbildung, für Wissenschaft und Forschung ist eine überproportionale Zuwachsrate in den Haushalten von Bund, Ländern und Gemeinden einzuräumen. Nur so können mittelfristige Entwicklungsprogramme verwirklicht werden, die im Zusammenwirken mit den Gebietskörperschaften formuliert werden müssen.

(7) SCHUL- UND HOCHSCHULREFORMPROGRAMM DER CDU (1971)
ARGUMENTE, DOKUMENTE, MATERIALIEN NR. 5258
HRSG.: CDU-BUNDESGESCHÄFTSSTELLE[4]

I. SCHULE

Grundsätze

1. Das Schulprogramm der CDU ist ein gestuftes Reformprogramm. Es zielt darauf ab, eine jugendgerechte Schule *mit Chancengleichheit für alle* zu schaffen. Durch eine *Reform sowohl der Bildungsziele und -inhalte* sowie der sich daraus ergebenden Organisationsformen soll *sowohl eine an verbindlichen Werten orientierte Leistung wie auch eine optimale Entfaltung der Persönlichkeit des Schülers ermöglicht werden. Ziel unserer Schulpolitik ist es, Schule entsprechend den pädagogischen und psychologischen Erkenntnissen zu organisieren und die innere Reform der Schule zu fördern*.

Aufgabe der inneren Reform ist es, die *Stoffülle und die Beliebigkeit der Unterrichtsgegenstände zu überwinden*, eine Auswahl an Stoffen und Methoden zu treffen, *durch die der Schüler die für seine weitere Ausbildung und für sein künftiges Leben in unserer Gesellschaft notwendigen, ihn zu Kritik und Engagement befähigenden Kenntnisse erhält.* Die Entwicklung solcher *Curricula* für alle Stufen unseres Schulsystems kann nicht von jedem einzelnen Bundesland geleistet werden. Die CDU wird die entsprechende Zusammenarbeit fördern.

2. Das Schulprogramm der CDU dient *einer pluralistischen* Gesellschaft, die verschiedenartige Bildungsgänge bejaht und deren *Gleichwertigkeit* als Grundlage in Beruf und Gesellschaft anerkennt.

3. Die CDU vertritt eine *Politik der Chancengleichheit*. Unsere Schulpolitik wird Einseitigkeit und Brüche im Bildungsgang des einzelnen vermeiden. Wir werden die vertikale und horizontale *Durchlässigkeit* im Bildungswesen verwirklichen, damit Übergänge von einem Bildungsgang in einen anderen, aber auch kontinuierliche Fortsetzung innerhalb eines Bildungsganges möglich sind. Deshalb müssen für alle Schulen gemeinsame *Kernpflichtfächer* eingeführt, muß Individualisierung des Unterrichts

durch ein Wahlpflichtfachsystem, durch Leistungsdifferenzierung und durch den Einsatz moderner technischer Unterrichtsmethoden erreicht werden. Durchlässigkeit darf nicht auf Kosten der individuellen Förderung gehen oder mit hohem Risiko für den Schüler belastet sein; sie muß durch ein Angebot zusätzlicher Kurse (Ergänzungs- und Liftkurse) mehr als bisher möglich werden. *Qualifizierte Abschlüsse, die in allen Schulen eingeführt werden müssen*, sichern den Zugang zu den jeweils weiterführenden Bildungswegen.

4. Die CDU vertritt die *Politik der Chancengleichheit* auch durch den Abbau des *Bildungsgefälles zwischen Stadt und Land*. Wir werden vermehrt weiterführende Schulen möglichst in Form von Schulzentren bauen und *dabei mehr Ganztagsschulen* einrichten. [...]

5. Soll Schule „*lebenslanges Lernen*" einüben, so muß sie auch selbst den Schüler immer wieder neu zum Lernen motivieren. Das geschieht durch leistungsfördernde Unterrichtsangebote, die im Laufe der Schulzeit zunehmend zu einer vertikalen Differenzierung führen. Ist in der Grundschule die Klasse Organisationsprinzip, so treten im Sekundarbereich I Wahlpflichtfächer, Leistungs- und Neigungsgruppen hinzu. In der Oberstufe des Sekundarbereichs (Sekundarstufe II) wird der Klassenverband weitgehend durch Leistungs- und Neigungsgruppen ersetzt. Damit sind die organisatorischen Voraussetzungen dafür gegeben, daß die Schüler die Lernziele in unterschiedlichen Schulzeiten erreichen können.

6. Das Schulprogramm der CDU kann von dem bestehenden Schulsystem her verwirklicht, alle vorhandenen Gebäude und Einrichtungen können genutzt werden. Es bietet die Chance einer realistischen Reform.

7. Der *Schulbau ist als Funktion der Pädagogik* zu sehen und muß für künftige Entwicklung offen bleiben. Bauverfahren, die wirtschaftlich sind und zu zügiger Verwirklichung der Baupläne führen, sollen bevorzugt werden.

8. Die Schulkonzeption der CDU führt durch ein System der leistungs- und begabungsgerechten Gruppierung für jeden Schüler zu einem qualifizierten Abschluß. Der neue Sekundarbereich *überwindet die Dreigliedrigkeit durch einen übersichtlichen und durchlässigen Schulverbund.*

9. Der erste qualifizierte Abschluß wird am Ende der Sekundarstufe I erworben: *Abitur I.* Die Sekundarstufe II schließt mit dem Abitur II. Beide Abschlüsse können berufs- oder studienbezogen profiliert werden. Sie eröffnen den unmittelbaren Zugang zur Berufswelt und zu weiteren Ausbildungsgängen. Sackgassen im Bildungswesen sind daher unmöglich. Dieses Schulsystem ermöglicht auch *individuelle Verkürzungen der Schulzeit.*

10. Die Verwirklichung des Schulprogramms der CDU setzt die *institutionalisierte Zusammenarbeit* der Eltern, Schüler, Lehrer, der Träger von Bildungseinrichtungen und der Schulverwaltungen voraus.

Die Organisation des Schulwesens muß die Verantwortung der Eltern für die Schullaufbahn ihres Kindes erhalten und die *Mitwirkung der Eltern am schulischen Leben* sichern. Schüler und Eltern sind als wichtigste Interessenten am Bildungssystem berechtigt zur Mitverantwortung und Mitsprache. *Die Schule ist deshalb zugleich für die Schüler das erste Erfahrungsfeld demokratischer Verhaltensweisen im öffentlichen Bereich und soll die Jugendlichen aus dieser unmittelbaren demokratischen Erfahrung zu Kritikfähigkeit und Mitverantwortung im Staate führen.*

Zusammensetzung und Organisation der Schülervertretung bestimmen die Schüler gemäß demokratischen Prinzipien selbst. Zu den parlamentarischen Ausschußsitzungen auf kommunaler und landespolitischer Ebene, in denen schulische Fragen anstehen, sind Schülervertreter zu hören.

Die Mitwirkungsrechte der Lehrer gegenüber Schulträger und Schulverwaltung sind zu *erweitern.* Wir werden die *Rechte der Eltern* und Elternvertretungen an den Schulen erhalten und eine institutionelle Verankerung dieser Rechte in den Schulverwaltungsgesetzen durchsetzen.

Die *Gleichwertigkeit von allgemeiner und beruflicher Bildung* muß auch in einer Angleichung der Stellung und in Mitwirkungsrechten der Auszubildenden an die Rechte der Jugendlichen in anderen Ausbildungsbereichen Ausdruck finden. Den Auszubildenden ist ein Mitwirkungsrecht in den Berufsbildungsausschüssen auf der Ebene der Kammern, der Länder und des Bundes einzuräumen. Im betrieblichen Bereich haben die Auszubildenden ein Mitwirkungsrecht in sie betreffenden Fragen der betrieblichen Berufsausbildung.

11. Die Vielgestaltigkeit unseres Bildungssystems erfordert eine fortlaufende Bildungsberatung. Die Bildungsberatung umfaßt den schulpsychologischen Dienst, die Schulaufnahmeberatung, die Studienberatung sowie die Berufs- und Weiterbildungsberatung. Der Aufbau eines alle Stufen des Bildungsprozesses umfassenden Dokumentations- und Informationswesens ist die Grundlage für eine wirksame Bildungsberatung. Dabei ist eine enge Kooperation von Schule, Hochschule, Kultusverwaltung und Bundesanstalt für Arbeit zu sichern.

12. Die schulischen Verwaltungsaufgaben müssen rationalisiert werden. Die Verwaltung muß personell ausreichend besetzt sein, und für die Bedienung der modernen technischen Hilfsmittel in den Schulen (z.B. Sprachlabor, naturwissenschaftliche Geräte) müssen *Schulassistenten* eingestellt werden.

13. Die CDU fördert den Einsatz moderner Unterrichtshilfen, wie programmierten Unterricht, audiovisuelle Hilfsmittel, Sprachlabor, Lernmaschinen, Demonstrationsmedien und Buchprogramme. Sie fördert die Erforschung moderner Unterrichtstechnologien und wird die *Entwicklung des Unterrichts im Medienverbund* weiter fördern.

14. Moderne Lehr- und Lernmethoden müssen stärker als bisher für die innere Reform und die Neugestaltung unseres Bildungswesens genutzt werden. Dazu gehört der *Fernunterricht*, der von privaten Fernlehrinstituten aufgebaut wurde. Ihre Tätigkeit ist im Hinblick auf pädagogische Eignung und Leistung sowie auf ihr Geschäftsgebaren durch eine Zentralstelle für Fernunterricht regelmäßig zu überprüfen. Dazu ist eine bundeseinheitliche Rahmenordnung für das private Fernschulwesen zu schaffen. Die jeweiligen Programme für das Studium im Medienverbund sind in enger Zusammenarbeit von Rundfunk- und Fernsehanstalten sowie Schule und Hochschule, Kultusverwaltungen und anderen Organisationen des Bildungssystems herzustellen.

15. Die CDU fordert von *Wissenschaftlern kontrollierte Schulversuche* mit der vorschulischen Erziehung, der integrierten und kooperativen Gesamtschule, mit der Oberstufenreform und dem Berufsgrundbildungsjahr. Die Ergebnisse der Schulversuche müssen dem übrigen Schulwesen zugänglich gemacht werden, die Modelle selbst müssen ergebnisoffen und korrigierbar bleiben. Die CDU ist bereit, ihr Schulmodell jederzeit entsprechend den Ergebnissen der Versuche fortzuentwickeln.

16. Moderne *Lehrerbildung* ist für die CDU Voraussetzung und Mittel der Reform. Der Zusammenhang von Lehrerbildung, sowie Lehrerfort- und -weiterbildung sichert die Entwicklung des Schulwesens. Ausbau und Systematisierung von Fortbildungsangeboten werden von der CDU vorrangig gefordert.

Kindergartenerziehung

17. Der Kindergarten ist eine Einrichtung der vorschulischen Bildung für die Drei- und Vierjährigen; er bleibt grundsätzlich eine Aufgabe der freien Träger und Kommunen. Die Kindergartenerziehung muß in ihrem Zusammenhang mit Elternhaus und Grundschule gesehen werden. Das Angebot an Kindergärten ist so zu erweitern, daß es der Nachfrage entspricht. Der *Besuch ist freiwillig und soll kostenlos werden*. Dazu ist eine höhere finanzielle Beteiligung von Ländern und Gemeinden/Gemeindeverbänden zu gewährleisten. Durch Landesgesetze soll die Verpflichtung des Staates zur finanziellen Unterstützung der freien Träger von Kindergärten gesichert werden.

18. Aufgabe der Kindergärten ist, die Erziehungs- und *Bildungsmöglichkeiten* in der Familie zu *unterstützen und zu ergänzen* sowie frühkindliche Entwicklungs- und Lernprozesse zu fördern. Dabei müssen in besonderem Maße die verminderten Umwelterfahrungen und der Mangel an produktiven Reizen bei *sozio-kulturell benachteiligten Kindern durch gezielte pädagogische Maßnahmen ausgeglichen werden*. Ein dichtes Netz von modernen, pädagogisch gut ausgestatteten Kindergärten soll die Familienerziehung durch eine frühzeitige Förderung der kindlichen Persönlichkeit und *durch den Abbau von Milieusperren* unterstützen und ergänzen.

19. Die CDU verlangt eine Reform der Ausbildung für Kindergartenpädagogen, die sich an einer intensiven Vermittlung von entwicklungspsychologischem und pädagogischem Wissen orientiert. *Die soziale und finanzielle Stellung der Kindergartenpädagogen ist entscheidend zu verbessern.*

Vorschulerziehung

20. Die CDU verlangt die Einführung von *Vorschulklassen* für die Fünfjährigen. Das Vorschuljahr soll durch den behutsamen Übergang von
der Kindergartenpädagogik zur Schulpädagogik unterschiedliche Lernvoraussetzungen der Kinder abbauen und auf den Eintritt in die Grundschule vorbereiten. Insbesondere in der Übergangszeit soll die Möglichkeit bestehen, in den Kindergärten für die 5- und 6jährigen der Vorschul-
klasse entsprechende Fördergruppen einzuführen.

21. Die Erziehung in Vorschulklassen ist so zu leiten, daß ohne verfrühte
Verschulung Lernhaltungen vorbereitet, entfaltet und gestützt werden.
Im Spiel soll der Vorstellungshorizont des Kindes erweitert, Anregung
vermittelt werden. Im Vorschuljahr unterrichten Kindergartenpädagogen
und Lehrer der Grundschule gemeinsam.

22. Die Vorschulklassen sind in der Trägerschaft der nach Landesrecht
vorgesehenen Schulträger zu errichten.

Grundschule

23. Die Grundschule setzt die Bildungsarbeit der vorschulischen Erziehung sinnvoll fort. Sie hat die Aufgabe, die Leistungsfähigkeit des Kindes,
seine Sozialisation und seine individuelle Entfaltung im Sinne der Begabungsförderung zu vertiefen und zu steigern. Die Grundschule soll *die
elementaren Kulturtechniken vermitteln, die Sprachfähigkeit fördern und
die Voraussetzung schaffen, um das mathematisch-naturwissenschaftliche sowie technische Denken zu fördern.* Die Vermittlung und Einübung
sachspezifischer Arbeitsverfahren ist einzuführen.

24. Um eine bessere Förderung des Kindes zu sichern, muß die Schüler-
Lehrer-Relation in der Grundschule so verbessert werden, daß eine Indi-
vidualisierung des Unterrichts möglich ist. Die technische und sächliche
Ausstattung der Grundschule muß verbessert werden.

25. Die Grundschule ist *grundsätzlich vierklassig.* Das Einschulungsalter
für die Grundschule ist flexibel zu halten. Es muß die individuelle Möglichkeit geschaffen werden, die Grundschule in drei Jahren zu durchlaufen.
Dafür wird die CDU die Voraussetzungen durch ein Differenzierungsange-
bot in der 3. und 4. Grundschulklasse schaffen.

Orientierungsstufe

26. Die Orientierungsstufe soll die Begabungsförderung der Grundschule fortsetzen und vertiefen, damit eine bessere Bestimmung des weiteren Bildungsganges gewährleistet wird. Die Orientierungsstufe hat im Sekundarbereich die Aufgabe, die Schüler in die Inhalte und Arbeitsweisen der Sekundarstufe einzuführen und für sie ihre eigenen Lernschwerpunkte deutlicher werden zu lassen.

27. Die Orientierungsstufe umfaßt die Schüler des 5. und 6. Schuljahres. Sie ist eine pädagogische Einheit. Sie muß so organisiert sein, daß die Schüler *in relativ homogenen Lerngruppen* gefördert werden. Grundsätzlich sind daher eine fachübergreifende Differenzierung und eine methodische Niveaudifferenzierung anzustreben. Die Durchlässigkeit ist durch zusätzliche Kurse zu fördern. Die Zusammenarbeit der Lehrer aller Schularten muß gewährleistet sein.

28. Die Zuordnung der Orientierungsstufe ist so zu regeln, daß unter Wahrung ihres Charakters als eigenständiger pädagogischer Einheit den jeweiligen organisatorischen Möglichkeiten Rechnung getragen wird.

29. Die Entscheidung am Ende des 6. Schuljahres über den weiteren Bildungsweg jedes Schülers im Sekundarschulbereich muß durch die Schule in Zusammenarbeit mit den Eltern erreicht werden. Das soll auf der Grundlage von pädagogischen Gutachten und differenzierten Leistungsnachweisen, häufigen Informationen der Eltern während der zwei Schuljahre sowie Tests und schulpsychologischer Beratung erfolgen.

Sekundarstufe I und II (Sekundarbereich)

30. Die Sekundarstufe I umfaßt das 5.-10. Schuljahr in einem *mehrzügig gefächerten Schulsystem*; die Sekundarstufe II führt in 2- und 3-jährigen Ausbildungsgängen zu berufs- und studienbezogenen Abschlüssen: Abitur II. Das Abitur II berechtigt jeweils unmittelbar zum Übergang in Beruf und Studium.

Die Unterscheidung zwischen allgemeiner, fachgebundener und Fachhochschulreife ist abzubauen und durch ein System gleichwertiger berufs- und studienbezogener Abschlüsse (Abitur II) zu ersetzen.

31. Grundlage für die Gestaltung des Sekundarbereichs sind die *verschiedenen Begabungs- und Interessenrichtungen der Schüler*, die notwendigen Anforderungen in den anschließenden Ausbildungswegen sowie die Möglichkeiten eines Wechsels in der Schullaufbahn. Individuelle Schwerpunktbildungen und die Vermittlung der notwendigen Grundlagenkenntnisse an alle Schüler sind zu fördern. Daher muß der Unterricht in Kernfächer, Wahlpflichtfächer und Wahlfächer, Leistungskurse und Arbeitsgemeinschaften differenziert werden. Die Schwerpunktwahl in der Sekundarstufe I bindet den Schüler noch nicht für die Sekundarstufe II. Sie dient der Erprobung eigener Neigung und Fähigkeit und dem Einüben in das Wählen.

32. Die 10-jährige Schulpflichtzeit wird nach der Sekundarstufe I abgeschlossen mit unterschiedlich profilierten berufs- oder studienbezogenen Abschlüssen (Abitur I). Die Hauptschule schließt mit der Berufsreife ab. An die Hauptschule schließt sich in Form eines Berufsgrundschuljahres zunächst fakultativ, mittelfristig jedoch obligatorisch ein 10. Vollzeitschuljahr an. Das Berufsgrundschuljahr wird im Bereich der berufsbildenden Schulen eingerichtet. Das Berufsgrundschuljahr als 10. Schuljahr und die Berufsfachschule (9. und 10. Schuljahr) gehören zum Sekundarbereich I und ermöglichen ein berufsfeldbezogenes Abitur I. Je nach Art der Profilierung berechtigt der Abschluß zur Aufnahme einer Berufsausbildung und zum Eintritt in die Sekundarstufe II.

33. Im Zeitalter der Automation und der beruflichen Mobilität muß Berufsausbildung gleichzeitig die Fähigkeit zur Weiterbildung und zum Übergang in andere Berufe entwickeln. Die auf dem Berufsgrundschuljahr aufbauende Fachbildung führt stufenweise in die speziellen Berufsinhalte. Die Stufenausbildung umfaßt in der Regel zwei Jahre. Dazu gehört, daß die Zahl vermindert und die Inhalte der Berufsbilder der Entwicklung von Wirtschaft und Gesellschaft angepaßt werden.

34. Die Berufsbildung soll in der Regel im dualen System von Schule und Betrieb, daneben aber auch in rein schulischen Bildungsgängen vermittelt werden. Dabei ist der Anteil von schulischer und betrieblicher Bildung zu prüfen. Für den schulischen Bereich ist verstärkt der Blockunterricht einzuführen. Das Verhältnis von betrieblicher und schulischer Ausbildung ist vor allem *inhaltlich neu zu konzipieren*. Lehrpläne und Ausbildungspläne sind aufeinander abzustimmen. Die grundsätzliche Verantwortung

des Staates für den Bildungsanspruch der Jugend gilt auch in diesem Bereich. Im betrieblichen Bereich sind hinsichtlich der Zahl und der *pädagogischen Eignung der* Ausbilder und hinsichtlich des Schutzes vor ausbildungsfremder Beschäftigung eindeutige Maßstäbe anzulegen. Dort, wo eine gute Ausbildung im einzelnen Betrieb nicht gesichert ist, sollen genügend qualifizierte überbetriebliche Ausbildungsstätten, deren Ausbau mit dem des berufsbildenden Schulwesens zu koordinieren ist, geschaffen werden.

35. Die Berufsfachschulen sind für alle Berufsfelder als 2-jährige Einrichtungen zu entwickeln. Der erfolgreiche Besuch der Berufsfachschule gewährt den Zugang zur Sekundarstufe II und ermöglicht den Berufseintritt.

36. Die Stellung des berufsschulpflichtigen Jugendlichen ist verbesserungsbedürftig. Sie soll der von Jugendlichen in anderen Ausbildungsgängen im Sekundarbereich vergleichbar sein. Die SMV soll in allen schulischen Bereichen ausgebaut, die Teilnahme des Schülers an der Gestaltung des Schullebens gesichert werden.

37. Die Sekundarstufe II hat die Aufgabe, in qualifizierte Berufs- und Wissenschaftsfelder einzuführen, Sach- und Methodenkenntnis zu vermitteln, die zur allgemeinen beruflichen Fortbildung, zum Studium und zu beruflicher Mobilität befähigen. *Didaktik ist bei der Planung vor allem als Theorie der Bildungsinhalte zu verstehen, wenn nicht unüberschaubare Fülle und Beliebigkeit entstehen sollen*. Die Sekundarstufe II wird differenziert konzipiert, der Schüler bildet Schwerpunkte unter Beachtung bestimmter verbindlicher Bereiche.

38. Die Lehrveranstaltungen in der Sekundarstufe II sind obligatorische Kern-/Grundfächer, Schwerpunkt- und Orientierungsfächer, fakultative Arbeitsgruppen und Praktika. In dieser Stufe sollen Leistungs- und Neigungsgruppen die Klassengemeinschaft weitgehend ersetzen. Die Sekundarstufe II gliedert sich in Ausbildungsgänge, die sich auf Berufsfelder und Wissenschaftsbereiche beziehen. Ausbildungsgänge der Sekundarstufe II sind geisteswissenschaftliche, sozialwissenschaftliche, mathematisch-naturwissenschaftlich-technische, sozialpflegerische, landwirtschaftlich-hauswirtschaftliche, musische und andere.

Sonderschulen

39. Kinder und Jugendliche, die geistig und körperlich behindert sind, haben das gleiche Recht auf Bildung und Ausbildung wie alle anderen Kinder. Sie bedürfen besonderer Bildungshilfen, um ihre Behinderung zu meistern und in der Gesellschaft den Platz einzunehmen, der ihren geistigen und körperlichen Möglichkeiten entspricht.

40. Der Ausbau der verschiedenen Formen der Sonderschulen muß den Vorschul-, den Elementar- und den Sekundarbereich umfassen. Das Ausbauprogramm ist auf die Behindertenzahlen zu beziehen und regional gestreut zu entwickeln. Das Sonderschulwesen muß so differenziert gestaltet werden, daß behinderte Kinder ihrer Bildungsfähigkeit entsprechend auch qualifizierte Abschlüsse im Sekundarbereich I und II erreichen können.

41. Die Früherfassung behinderter Kinder ist von außerordentlicher Bedeutung, damit eine phasengerechte Entwicklung gewährleistet wird. Ein ausreichendes Sonderschulangebot ist daher zu sichern. Auf Kreisebene sind zentrale Beratungsstellen einzurichten, die den Eltern Hinweise für die weitere Betreuung ihrer geschädigten Kinder geben. In diesen Beratungsstellen sollen Fachpädagogen, Psychologen, Mediziner und Vertreter der Sozialämter eng zusammenarbeiten. Für die Frühbetreuung übernehmen Sonderkindergärten und Sondervorschulklassen wichtige Aufgaben neben dem Elternhaus.

42. Der Ausbau von Berufssonderschulen ist notwendig, um behinderte Jugendliche auch beruflich zu fördern. Bisher fehlt es an Forschungsergebnissen, welche modernen Tätigkeitsfelder für diese Jugendlichen besonders geeignet sind, wie die berufliche Spezialisierung in eine Berufssonderschule eingebracht werden kann. Die CDU wird diese Forschungen fördern.

43. Um die bestmögliche Eingliederung zu sichern und unnötige Isolierung zu vermeiden, müssen neben den Sonderschulen für irreversibel behinderte Kinder auch Ambulatorien für nur gestörte Kinder eingerichtet werden (Sprachheilambulatorien u.a).

Lehrerbildung

44. Grundlage jeder Lehrerbildung muß ein wissenschaftliches Studium sein. Die Ausbildung umfaßt das wissenschaftliche Studium und die Einführung in den Beruf. Das Studium gliedert sich in die Fachwissenschaften einschließlich der Fachdidaktiken und die Erziehungswissenschaften. Je nach der Schulstufe und dem gewählten Tätigkeitsfeld soll Erziehungs- oder Fachwissenschaft bzw. Didaktik den Schwerpunkt darstellen.

Für jede Schulstufe ist das Studium in zwei Fachwissenschaften erforderlich. Für die Grundschule ist das Studium eines Faches durch das Studium der Grundschulpädagogik zu ersetzen. Für die Grundschule und die Sekundarstufe I ist ein Studium von mindestens 6 Semestern, für die Sekundarstufe II ist ein Studium von mindestens 8 Semestern erforderlich. Die Qualifikation für die Sekundarstufe II schließt die Qualifikation für die Sekundarstufe I ein. Für die Sonderschule ist ein Studium von mindestens 8 Semestern notwendig.

45. Für die Lehrerbildung werden Rahmenstudienordnungen erlassen. Entsprechend der Aufteilung des Schulwesens nach Bereichen und Stufen soll die Ausbildung der Lehrer unter Zugrundelegung der Vorschläge der Bildungskommission des Deutschen Bildungsrates nach Stufenschwerpunkten und Tätigkeitsfeldern erfolgen.

46. Der Abschluß des Studiums wird durch den Nachweis erbrachter Leistungen im Studienverlauf und durch ein Prüfungsverfahren erreicht (kumulatives Prinzip). Teile der Prüfung können vorweggenommen werden, so daß individuell variierende Studienzeiten möglich sind. Bereits für eine Stufe erbrachte Prüfungsleistungen werden beim Abschluß für eine andere Stufe angemessen angerechnet. Damit ist auch die Durchlässigkeit und die Möglichkeit zusätzlicher Qualifikation innerhalb der Lehrerlaufbahn gesichert.

47. Die zweite Phase der Bildung für Lehrer aller Schulstufen besteht in einer Einführung in den Beruf. Sie soll künftig 1 1/2 Jahre betragen. Sie erfolgt in Studienseminaren. In der zweiten Phase soll die Einübung in den Beruf und in die Reflexion des eigenen beruflichen Tuns im Vordergrund stehen. Das Maß des selbständigen Unterrichts soll daher im Verlauf der Ausbildung zunehmen. Voraussetzung für eine sachgerechte

Lehrerbildung ist die Ausbildung der Ausbilder. Sie soll in Kontaktstudien entwickelt werden.

48. Angesichts des raschen Veraltens von Wissen heute ist Lehrerfort- und -Weiterbildung eine Notwendigkeit. Wir wollen sicherstellen, daß in regelmäßigen Abständen jeder Lehrer seine erziehungs- und fachwissenschaftlichen Kenntnisse erweitern kann. Zukunftsziel ist, jeden Lehrer für Kontaktstudien freizustellen. Bis dahin müssen Fort- und Weiterbildungsveranstaltungen während des Schuljahres systematisch organisiert werden.

49. Der bestehende Lehrermangel kann wirksam nur durch langfristige Maßnahmen verringert werden. Die Studienreform und der Ausbau der Hochschulen sind dafür ebenso wesentlich wie die Verbesserung der Arbeitsbedingungen in der Schule durch die pädagogisch bestimmte Reform, den *ausreichenden Einsatz nichtpädagogischen Personals* und die Verwendung moderner Unterrichtsmittel. Die Berufskontinuität der verheirateten Lehrerin wird durch die Gesetze zur Teilzeitarbeit ermöglicht.

50. Um den Lehrermangel so rasch wie möglich zu mildern, müssen aber auch kurzfristige Maßnahmen ergriffen werden. Moderne Lehr- und Lernprogramme, technische und Verwaltungskräfte können den Einsatz des Lehrers rationalisieren; der Einsatz von ausgeschiedenen Lehrkräften und von Fachleuten aus der Wirtschaft für bestimmte Fächer und die angemessene Vergütung zusätzlicher Lehraufträge für Lehrer sind Überbrückungshilfen.

Allgemeine Erwachsenenbildung

51. Die öffentlichen und freien Träger der Erwachsenenbildung sind in den Ländern gesetzlich abzusichern; ihre hauptamtlichen Mitarbeiter sollen einander gleichgestellt werden. Die Erwachsenenbildung soll nicht nur dem beruflichen Fortkommen, sondern auch denjenigen dienen, denen es auf ihre persönliche und gesellschaftspolitische Bildung, auf eine Weiterbildung im Interesse der Erziehungsaufgabe in der Familie, auch unabhängig von einem Arbeitsverhältnis, und auf eine entsprechende Gestaltung der wachsenden Freizeit ankommt.

Durch gesetzliche Regelung ist die Möglichkeit eines in festen Zeitabständen zu gewährenden Bildungsurlaubs von mindestens 7 Tagen zu gewährleisten. Beim Besuch von Bildungseinrichtungen über einen längeren
Zeitraum muß der Arbeitsplatz für den Arbeitnehmer gesichert bleiben.
*Wir sehen in der nachgewiesenen Leistung im Arbeitsprozeß eine Quali-
fizierung für das Studium, die der rein intellektuellen Schulausbildung
gleichwertig ist. Wir befürworten deshalb die Einrichtung und den Ausbau
eines Bildungsweges in zentralen Orten, der den Erwerb wissenschaftlicher Fähigkeiten und exemplarischen Wissens bei Fortsetzung der Berufstätigkeit erlaubt. Dieser Bildungsweg darf nicht eine schematische
Übertragung des traditionellen Schulwissens sein.* Er schließt mit einer
Prüfung ab. Ein *Bundesfernsehstudienprogramm* muß auch der beruflichen und allgemeinen Erwachsenenbildung dienen.

II. HOCHSCHULE

Die Hochschule in Gesellschaft und Staat

52. In einer vom raschen wissenschaftlich-technischen Fortschritt geprägten Welt bedürfen Gesellschaft und Staat einer leistungsfähigen
Hochschule. Im Zusammenwirken ihrer Mitglieder dient sie der Wissenschaft und Kunst, der beruflichen Ausbildung und Praxis.

Zentrale Aufgabe der Hochschule ist wissenschaftliches Arbeiten als ein
methodisches, rationales, kritisches und nachprüfbares Bemühen um
das Gewinnen und Vermitteln von Erkenntnis über Gegenstände, Sachverhalte und Sachzusammenhänge. Die Arbeitsformen der Wissenschaft
sind Forschung, Lehre und Studium. Wissenschaft kann alles zu ihrem
Gegenstand machen. Ihr kritisches Verhalten gegenüber Axiomen, Fragestellungen, Werturteilen, Sachanforderungen und Zwecken ist für sie
konstitutiv und zugleich ein begründendes Moment der Freiheit der
Wissenschaft. *Ideologische Verfremdung und gesellschaftspolitische Instrumentalisierung der Wissenschaft sind damit unvereinbar.*

Die Freiheit der Wissenschaft schließt die Freiheit der Wahl des Gegen-
standes und der Arbeitsweise für jeden ein, der wissenschaftlich arbeitet.
Dem widerspricht nicht, daß beim Gebrauch moderner naturwissenschaft-
licher und technologischer Einrichtungen die gegenseitige Abstimmung
unter Wissenschaftlern des gleichen Funktionsbereiches erforderlich ist.

In Bindung an die Freiheit und Eigengesetzlichkeit der Wissenschaft entfaltet die Hochschule ihre Beziehung zur Gesellschaft, indem sie wissenschaftliche Erkenntnisse und Methoden vermittelt und gesellschaftliche Sachverhalte zum Gegenstand ihres Arbeitens macht.

Ihre Aufgaben in Ausbildung und Fortbildung erfüllt die Hochschule, indem sie:

- auf Berufe vorbereitet, für die ein Studium erforderlich oder nützlich ist,
- den wissenschaftlichen und künstlerischen Nachwuchs ausbildet und fördert,
- sich der Fortbildung Berufstätiger annimmt,
- für eine ständige Studienberatung sorgt.

53. Ausbildung und Fortbildung stehen als Aufgaben der Hochschule zu einseitig im Mittelpunkt des aktuellen gesellschaftlichen Interesses. *Dagegen gerät die persönlichkeitsprägende Wirkung des Umgangs mit Wissenschaft mehr und mehr aus dem allgemeinen Bewußtsein. Dieser technokratischen Verzerrung des Verhältnisses zur Wissenschaft wollen wir entgegenwirken.*

Im Umgang mit der Wissenschaft sollen die intellektuellen Grundhaltungen vermittelt werden, die für wissenschaftliches Arbeiten notwendig sind: Sachlichkeit, intellektuelle Redlichkeit, die Bereitschaft, die Verschiedenheit und Freiheit anderer zu respektieren und Konflikte rational auszutragen, konsequentes und methodisches selbstkritisches Verhalten, die Fähigkeit, sich durch kritische Distanz gegenüber vorgegebenen Sachverhalten, Vorurteilen und Postulaten vor den Gefahren der Entfremdung und Manipulation zu bewahren. Durch die kritische Besinnung auf die Herkunft seiner Fragestellungen und die Konsequenzen und Wirkungen seines Tuns und seiner Erkenntnisse in Wissenschaft und Gesellschaft manifestiert der Wissenschaftler seine persönliche Bereitschaft zu gesellschaftlich-politischer Verantwortung.

Diese Eigenschaften werden im Prozeß wissenschaftlichen Arbeitens eingeübt. Sie in andere Lebensbereiche zu übertragen, ist Aufgabe individueller Persönlichkeitsentfaltung.

54. *Die Wissenschaft dient dem menschlichen und gesellschaftlichen Fortschritt.* In Verantwortung für die Hochschule handelt der Staat daher im Interesse seiner Bürger, deren Gemeinwohl die Hochschule in ihrem Bemühen um wissenschaftlichen Fortschritt dient.

Pflicht des Staates ist es, die Freiheit und Eigengesetzlichkeit wissenschaftlichen Arbeitens in der Hochschule zu ermöglichen und zu gewährleisten. Die Selbstverwaltung der Hochschule dient diesem Ziel und hat in dem Maße ihre Berechtigung, als es mit ihrer Hilfe verwirklicht werden kann.

Öffentliche Hochschulen sind Einrichtungen des Staates und als solche Körperschaften des öffentlichen Rechts mit dem Recht der Selbstverwaltung. Ihre Selbstverwaltung ist so zu gestalten, daß alle an der Hochschule arbeitenden Gruppen entsprechend ihren Aufgaben daran mitwirken. Der Staat übt über die Selbstverwaltung der Hochschule die Rechtsaufsicht aus.

Zur Sicherung der Freiheit wissenschaftlichen Arbeitens kann der Staat auch im Wege der Fachaufsicht in die Selbstverwaltung der Hochschule eingreifen. Fachaufsicht des Staates ist auch dort möglich, wo Studiengänge und Prüfungsordnungen durch staatliches Recht geregelt sind. Außerdem unterliegt die Wirtschaftsverwaltung der Hochschule in dem Maße staatlicher Aufsicht wie es zur Gewährleistung der Hochschulplanung, insbesondere der allgemeinen Schwerpunktplanung erforderlich ist. Die Beamten und Angestellten der Hochschule stehen in einem unmittelbaren Dienstverhältnis zu dem Bundesland, in dem sich die Hochschule befindet.

Die Gesamthochschule

55. Die künftigen Organisationsformen des Hochschulbereichs haben der breiteren Differenzierung der Studiengänge in den hergebrachten Fächern, dem Hinzutreten neuer Studiengänge und der quantitativen Ausweitung der Hochschule Rechnung zu tragen. *Die inhaltlich differenzierte, organisatorisch zusammengefaßte Gesamthochschule bietet die Möglichkeit, innerhalb einer einheitlichen Rahmenorganisation Forschungsaufgaben und Studiengänge zu differenzieren.* Differenzierte Eingangsmöglichkeiten und stufenweise Abschlüsse schaffen die Voraussetzungen für wechselseitige Übergänge und den Eintritt in das Berufs-

leben. Studien- und Prüfungsordnungen sowie die Organisation des Studiums sind in besonderen Gremien aufeinander abzustimmen, um die Übergänge zu erleichtern. Integrierte Formen sind zu erproben und zu verwirklichen, wenn sie sich vom Fachgebiet her anbieten.

56. Die Gesamthochschule bietet Studiengänge an, die nach Ausbildungsziel und Ausbildungsinhalt sowie nach Ausbildungsphasen differenziert sind. Die Differenzierung der Studiengänge muß deren Durchlässigkeit gewährleisten.

Studienkapazität und Studienreform

57. Der Numerus clausus ist das zentrale Ärgernis in der Bildungspolitik. Zu seinem Abbau fordert die CDU die gleichberechtigte und beschleunigte Durchführung folgender Maßnahmen:

- Kapazitätsberechnungen auf Bundesebene nach allgemein gültigen Kriterien vorrangig für Massen- und Engpaßfächer;
- Ausbau der Hochschuleinrichtungen in den Fächern mit totalem Numerus clausus und den vom Numerus clausus bedrohten Fächern;
- Reform der Studien- und Prüfungsordnungen unter besonderer Berücksichtigung einer Intensivierung, Rationalisierung und Verkürzung der Studiengänge;
- Erweiterung des Lehrangebotes;
- Studium im Medienverbund, d.h. sinnvolles Zusammenwirken von Gruppenarbeit mit Lehrern, Fernunterricht, Hörfunk, Fernsehen, „Kassettenfernsehen" und Lehrprogrammen;
- *Zentrale Nachweisstelle für alle Studienplätze*;
- Schaffung eines zentralen Fonds beim Bund zur Beseitigung unmittelbarer Engpässe (Schnellbauvorhaben);
- Verfeinerung der Bedarfsfeststellung und -vorausschau.

58. Wesentlicher Bestandteil der Hochschulreform ist die Reform des Studiums als gemeinsame Aufgabe von Hochschule und Staat. Zur ständigen Reform und zur Vereinheitlichung der Studien- und Prüfungsordnungen werden Fachkommissionen gebildet aus Vertretern der Hochschule, des Staates und der beruflichen Praxis. Sie arbeiten Rahmen- und Musterordnungen aus, die bei Aufstellung, Erlaß und Genehmigung der Studien- und Prüfungsordnungen zugrunde zu legen sind. Die von den Hochschulen zu erlassenden Studien- und Prüfungsordnungen müssen

vereinheitlicht werden. In den Prüfungsordnungen des Bundes und bundeseinheitlich geregelten Rahmenstudienordnungen müssen zumindest Ausbildungsziele und Abschlüsse, Leistungsnachweise während des Studiums sowie die Ausbildungsdauer festgelegt und die internationale Anerkennung von Zeugnissen und Berechtigungen gewährleistet werden.

59. Die Hochschulausbildung gliedert sich in Studium, Aufbaustudium und Kontaktstudium. Die Prüfungen müssen am Ausbildungsinhalt orientiert sein. Die für die Ausbildung verantwortlichen Hochschullehrer müssen an diesen Prüfungen mitwirken. Die Prüfungen sind grundsätzlich hochschulöffentlich, sofern der Kandidat bei der Meldung zur Prüfung keinen Widerspruch erhebt.

60. Ausbildungsziele und die zu ihrer Erreichung notwendigen Studieninhalte bestimmen wesentlich die Gesamtdauer eines Studienganges. *Dort, wo das Ausbildungsziel es zuläßt, muß die Hochschule Studiengänge anbieten, die im Allgemeinen nach 3 Jahren einen Studienabschluß sichern.* Die Einbeziehung neuer Studiengänge in die künftige Gesamthochschule aufgrund struktureller und quantitativer Veränderungen darf nicht automatisch zu einer Verlängerung der Ausbildungszeit führen.

61. Unter Berücksichtigung der von Fach zu Fach unterschiedlichen Verwendungsmöglichkeiten moderner Kommunikationsmittel müssen Gelegenheiten zu *Studien im Medienverbund* geschaffen werden.

62. Um die neuesten Erkenntnisse der Hochschuldidaktik unverzüglich für Lehre und Studium nutzbar zu machen, sind *hochschuldidaktische Zentren* zu errichten. Ihre Aufgabe ist insbesondere,

- Studienziele sowie Studien- und Prüfungsinhalte zu erforschen,
- sich der Erforschung und Koordination der allgemeinen Didaktik und der Fachdidaktik anzunehmen,
- die in der Lehre tätigen Angehörigen der Hochschule mit den didaktischen und methodischen Erkenntnissen vertraut zu machen.

Lehrkörper

63. Der Lehrkörper der Gesamthochschule ist in seinen Korporations-
rechten gleichrangig, in seiner Tätigkeit nach dem Schwerpunkt in Forschung oder Lehre, in seiner Besoldung nach Funktionen differenziert.
Die Aufgaben in Forschung und Lehre werden für jede Stelle in der Aus-
schreibung mitgeteilt und bei der Anstellung vertraglich festgelegt. Eine
zeitliche Begrenzung der Vereinbarungen kann eine flexible Anpassung
an veränderte Umstände ermöglichen. Die Durchlässigkeit innerhalb des
Lehrkörpers ist zu gewährleisten. Auch das nicht mit Forschungsaufgaben
betraute wissenschaftliche Personal muß sich über den jeweiligen Stand
der Forschung orientieren und die für seine Lehraufgabe bedeutsamen
Forschungsergebnisse aneignen können.

64. Die sachlich nicht gerechtfertigten Unterscheidungen in der Struk-
turierung des an den Hochschulen tätigen wissenschaftlichen Personals
müssen überwunden werden. In Übereinstimmung mit dem Wissenschaftsrat empfiehlt die CDU für die Gliederung des wissenschaftlichen
Personals eine der selbständigen und eigenverantwortlichen Tätigkeit
in Forschung und Lehre entsprechende Gliederung in Hochschullehrer
mit Professoren und Assistenzprofessoren sowie in Wissenschaftliche,
Technische und Ärztliche Mitarbeiter.

65. Professoren und Assistenzprofessoren haben grundsätzlich die gleichen Rechte und Pflichten. Art und Umfang ihrer Aufgaben in Forschung
und Lehre werden im Einzelnen im Anstellungsvertrag festgelegt. Zu
den Professoren gehören alle Personen, die in der Regel auf Dauer mit
der selbständigen Wahrnehmung von Aufgaben in Forschung und Lehre
betraut sind, ohne Rücksicht darauf, ob das Schwergewicht ihrer Tätigkeit im Bereich der Forschung oder in dem der Lehre liegt. Die Assistenzprofessoren werden für eine begrenzte Zeit berufen, in der sie sich durch
ihre Leistungen in Forschung und Lehre für eine dauernde Übernahme
von Aufgaben in einer Gesamthochschule qualifizieren sollen. Das zahlen-
mäßige Verhältnis zwischen Professoren und Assistenzprofessoren soll
unter dem Gesichtspunkt des erforderlichen Nachwuchses in dem jeweiligen Fach bestimmt werden. Um den Nachwuchsbedarf für die in den
nächsten Jahren in erheblichem Umfang erforderlichen Professorenstellen
befriedigen zu können, muß zunächst jedoch eine größere Anzahl von
Stellen für Assistenzprofessoren geschaffen werden. In jedem Fall muß
sichergestellt werden, daß der wissenschaftliche Leistungswettbewerb

erhalten bleibt und nicht durch ein wissenschaftsfremdes Laufbahnden-
ken ausgehöhlt wird.

66. In der Gruppe der Wissenschaftlichen, Technischen und Ärztlichen
Mitarbeiter sind diejenigen Personen zusammengefaßt, die eine fest-
umschriebene Tätigkeit ausüben, ohne Hochschullehrer zu sein. Wesentliche Kriterien der Tätigkeit dieses Personenkreises sind die Abgegrenzt-
heit der Aufgaben, die auch leitende sein können, und die je nach der
Aufgabenstellung abgestufte Weisungsgebundenheit. Art und Umfang
der Tätigkeit im Einzelnen werden im Anstellungsvertrag festgelegt. Die
Berufung zum Professor muß Mitgliedern dieser Gruppe offenstehen.

67. Zur Heranbildung eines qualifizierten Hochschullehrernachwuchses
bedarf es eines breit angelegten Graduiertenprogramms sowie eines
vergrößerten Angebots von Promotions- und Habilitationsstipendien.
Dem Hochschullehrernachwuchs muß hinreichend Zeit zu eigener wissenschaftlicher Arbeit gegeben werden.

68. Der Nachweis der Qualifikation wird in der Regel in einem formellen
Verfahren erbracht. Das bisherige Habilitationsverfahren muß reformiert
werden. Es besteht ein Rechtsanspruch auf Zulassung zum Habilitationsverfahren. Habilitanden sind von Lehrverpflichtungen zu entlasten und
für ihre Habilitation freizustellen. Die Befähigung zu eigenständiger
Forschung kann ohne Habilitationsschrift nachgewiesen werden: durch
bereits veröffentlichte Arbeiten von anerkannter wissenschaftlicher Bedeutung, durch eine Dissertation, die in ihrem wissenschaftlichen Gehalt
einer Habilitationsschrift gleichsteht oder durch den Nachweis einer
wesentlichen Beteiligung an einer wissenschaftlichen Gruppenarbeit
von außerordentlicher Bedeutung.

Planung und Rationalisierung

69. Die Hochschulen stellen Entwicklungspläne auf, die laufend den veränderten Verhältnissen anzupassen sind. Diese sollen die Vorstellungen
der Hochschulen über ihren stufenweisen Ausbau und den jeweils hierfür erforderlichen Personal- und Sachbedarf enthalten. Das jeweilige
Bundesland stellt jährlich im Zusammenwirken mit den Hochschulen
des Landes und ihren zentralen Koordinationsgremien den Hochschul-
gesamtplan auf. Sie berücksichtigen dabei die Entwicklungspläne der
Hochschulen des Landes sowie den von Bund und Ländern gemeinsam

aufgestellten Rahmenplan nach dem Hochschulbauförderungsgesetz. In der Planung von neuen Hochschulen ist die Struktur- und Regional-planung zu berücksichtigen, um eine gleichmäßige Verteilung der Stand-orte von Hochschulen zu gewährleisten. Bei den Hochschulgesamtplänen ist sowohl von der voraussichtlichen Nachfrage nach Studienplätzen als auch *von dem voraussichtlichen Bedarf der Gesellschaft an wissenschaft-lich ausgebildeten Kräften auszugehen.*

70. Eine unabhängige Institution – besonders geeignet ist die Bundes-anstalt für Arbeit – soll die *quantitativen Prognosen erarbeiten, die sich aus der Erforschung der individuellen Bildungswünsche und des gesell-schaftlichen Bildungsbedarfs herleiten.* Die so gewonnenen Daten sollten zweimal jährlich veröffentlicht werden. *Bildungsbedarf und Bildungs-wunsch sind organisatorisch und pädagogisch in das bestmögliche Ver-hältnis zu bringen.*

71. Unter Anwendung detaillierter System- und Nutzungsanalysen ist eine möglichst optimale Nutzung der vorhandenen Einrichtungen herzu-stellen. Der Ausbau und Neubau von Hochschuleinrichtungen ist durch eine Standardisierung des Hochschulbaus weitgehend zu rationalisieren. Durch die rechtzeitige Erarbeitung von Planungsvoraussetzungen und durch frühzeitige Grundsatzentscheidungen kann der Planungsprozeß erheblich verkürzt werden. Voraussetzungen hierfür sind neben allgemein anwendbaren groben Flächenrichtwerten und Kostenrichtwerten eine Vereinfachung der Bedarfs- und Kostenabgrenzungen durch Rahmen-bauprogramme sowie eine Straffung der Bauplanung. Hierdurch sind erhebliche Kosteneinsparungen möglich.

Auch die Baudurchführung soll durch den verstärkten Einsatz moderner Bauverfahren, d.h. durch die allgemeine Anwendung von Fertigbauver-fahren sowie auf dem Markt befindlicher Konstruktionssysteme soweit wie möglich rationalisiert werden. Die Standardisierung der Baudurch-führung wird nicht zuletzt durch die Möglichkeit des Bauens in größeren Serien dazu beitragen, die Baukosten nicht unerheblich zu reduzieren. Unter Beachtung des Grundsatzes der Wirtschaftlichkeit ist bei der Pla-nung und Baudurchführung eine höchstmögliche Flexibilität, d.h. eine bessere Anpassung der Gebäude an Nutzungsänderungen anzustreben.

Der Haushalt der Hochschule

72. Die Finanzmittel für die einzelnen Ausgabepositionen der Hochschule sind im Landeshaushalt zu etatisieren. Soweit haushaltsrechtlich zulässig, werden einzelne Titel jedoch für übertragbar und gegenseitig deckungsfähig erklärt. Bei der Beratung ihrer Etats im Landtag sollen die Hochschulen beteiligt werden. Der Berechnung des Finanzbedarfs sind unter Berücksichtigung des Hochschulentwicklungsplans der jeweiligen Hochschule und des Hochschulgesamtplans des jeweiligen Landes genaue Kapazitätsberechnungen zugrunde zu legen.

Verwaltung und Leitung der Hochschule

73. Akademische und wirtschaftliche Verwaltung werden in einer Einheitsverwaltung zusammengefaßt. Die notwendige Kontinuität in der Leitung der Hochschule wird durch einen Präsidenten oder ein mehrjähriges Rektorat gewährleistet. Präsident bzw. Rektor werden von der Versammlung der Hochschule aus einem vom Senat aufgrund von Bewerbungen (Ausschreibungsverfahren) vorgeschlagenen Personenkreis gewählt. Der Vorschlag des Senats, der mindestens drei Personen umfassen soll, wird im Einvernehmen mit dem Kultusminister erstellt. Qualifikationskriterien zur Leitung der Hochschule sind eine mehrjährige selbständige Tätigkeit in Forschung und Lehre oder eine entsprechende Leitungserfahrung in Verwaltung oder Wirtschaft.

74. Zur Mitwirkung an der Selbstverwaltung der Hochschule sind alle Mitglieder und die nichtwissenschaftlichen Mitarbeiter berechtigt und verpflichtet. Dabei ist eine Verwaltungsorganisation anzustreben, die sich in hauptamtliche Exekutivorgane und in Beschluß- und Kontrollorgane der Hochschulangehörigen gliedert. Art und Umfang der Mitwirkung der Hochschulangehörigen sowie die Zusammensetzung der Organe bestimmen sich nach den Aufgaben der Organe, nach der Funktion der Hochschulangehörigen innerhalb der Hochschule sowie nach ihrer Bindung an die Hochschule. Entscheidungen über die Planung und Durchführung eines Forschungsvorhabens treffen diejenigen, die an dem Vorhaben selbständig wissenschaftlich mitarbeiten.

75. Die Studentenschaft ist als eine Gliedkörperschaft der Hochschule mit den Rechten einer Körperschaft des öffentlichen Rechts zu organisieren. Sie erhält das Recht zur Erhebung von Beiträgen von ihren Mitgliedern

für die Finanzierung ihrer Aufgaben und in diesem Rahmen Etathoheit. Organisationszweck der Studentenschaft ist vornehmlich die korporative Wahrnehmung der Mitgliedsrechte und -pflichten innerhalb der Selbstverwaltung der Hochschule. Darüber hinaus dient die Studentenschaft der Wahrnehmung der sozialpolitischen und jugendrechtlichen Anliegen der Studentenschaft.

III. FORSCHUNG

76. An den Hochschulen müssen die Bedingungen für eine leistungsfähige Forschung verbessert werden. Dazu gehört, daß durch neue Organisationsformen die Zusammenarbeit zwischen staatlichen und privaten Trägern der Forschungseinrichtungen gewährleistet und sektorale und regionale Schwerpunkte, wie Sonderforschungsbereiche, gebildet werden. Durch Auftragsforschung darf die Erfüllung der Aufgaben der Hochschulen nicht beeinträchtigt werden.

77. *Die staatliche Förderung von außeruniversitären Forschungsstätten, die vor allem auf den Gebieten von Naturwissenschaften und Technik auszubauen* ist, soll in einem ausgewogenen Verhältnis zur Förderung der Forschung in der Hochschule selbst stehen. Eine enge Kooperation beider Bereiche muß gewährleistet sein. Auch die außeruniversitären Forschungsstätten sollen stärker als bisher für die wissenschaftliche Weiterbildung genutzt werden.

78. Für die Grundlagenforschung muß der Bund den Selbstverwaltungsorganisationen der Wissenschaft verstärkt Mittel zuweisen. In der angewandten Forschung und projektorientierten technischen Entwicklung sind, soweit sie öffentlich gefördert werden, für mehrere Jahre umfassende nationale Programme in Zusammenarbeit von Staat, Wissenschaft und Wirtschaft aufzustellen. Um Forschungsergebnisse in Wissenschaft und Wirtschaft voll ausschöpfen zu können, muß die wissenschaftliche Dokumentation mit Methoden der Datenverarbeitung ausgebaut und gefördert werden. Außerdem sollen mit staatlichen Mitteln Kreditprogramme ermöglicht werden, um die Risiken der kommerziellen Auswertung technologischer Neuerungen zu vermindern.

IV. BILDUNGSPLANUNG

79. Bildungsplanung ist Grundlage für eine zukunftsorientierte Bildungspolitik. Sie muß alle Stufen und Bereiche des Bildungswesens umfassen
und an einer bildungspolitischen Gesamtkonzeption ausgerichtet sein.
Bildungsplanung findet ihre Voraussetzungen in der Bildungsforschung.
Bildungsplanung muß durch wissenschaftliche und empirische Ergebnisse
korrigiert und durch Personal- und Finanzplanung abgesichert werden.

80. Bildungsplanung setzt ein bildungspolitisch integriertes Informations-
system voraus, das eine rechtzeitige Erfassung, Verarbeitung und Fort-
schreibung aller Daten ermöglicht. Dazu ist die Errichtung einer entsprechenden *Datenbank erforderlich.*

V. PRIORITÄTEN UND BILDUNGSFINANZIERUNG

81. Die Verwirklichung der im Schul- und Hochschulreformprogramm
der CDU dargestellten bildungspolitischen Zielvorstellungen und Reformmaßnahmen erfordert einen Finanzbedarf, der weit über die bisherigen
Größenordnungen in diesem Bereich hinausgeht. Zu diesen Beträgen
kommen noch die Kosten für den übrigen Bereich der Kulturpolitik und
insbesondere auch der Erwachsenenbildung hinzu, die entsprechend
ihrer ständig zunehmenden Bedeutung wesentlich höhere Kosten bean-
sprucht. Die voraussichtlichen Kosten für die Erwachsenenbildung lassen
sich zur Zeit noch nicht genau abschätzen. Für den Bereich der Kunst-
und Kulturpflege haben die Länder und Gemeinden im Jahre 1970 rd.
1,9 Mrd. DM ausgegeben. Wenn man eine jährliche Steigerungsquote
von 10% zugrunde legt, erhöht sich dieser Betrag auf 4,9 Mrd. DM im
Jahre 1980.

82. *Auch die bildungspolitischen Zielvorstellungen müssen sich jedoch
am volkswirtschaftlich Notwendigen orientieren.* Angesichts des begrenzten finanziellen Spielraums müssen Prioritäten gesetzt und Stufenplane
aufgestellt werden. Das Aufstellen einer Prioritätenliste mit klar voneinander abgegrenzten Maßnahmen ist allerdings schwierig, da

- einzelne Maßnahmen so zusammenhängen, daß sie nicht ohne weiteres
  voneinander getrennt werden können,

- die Beseitigung von bildungspolitischen Mißständen bzw. die Durchführung bildungspolitischer Reformmaßnahmen nicht nur ein finanzielles, sondern teilweise auch ein strukturelles Problem ist.

In der Praxis werden daher eine Reihe von Maßnahmen gleichzeitig – wenn auch mit unterschiedlicher Intensität – in Angriff genommen werden müssen.

83. An erster Stelle aller Überlegungen zur Bildung von Prioritäten stehen die *Verbesserung des Bildungswesens und die Beschleunigung der Bildungsreform.* Eine entscheidende Rolle spielt dabei die Beseitigung des Lehrermangels insbesondere in Berufsschulen und in Engpaßfächern des mathematisch-naturwissenschaftlichen Bereichs. Reformen und Strukturveränderungen im Bildungsbereich haben von den vorhandenen Einrichtungen auszugehen. Eine radikale Änderung des Bildungswesens stößt auch im finanziellen Bereich auf größte Schwierigkeiten.

84. Im Rahmen der Beseitigung des Lehrermangels soll auch auf eine schrittweise Verbesserung der Lehrer-Schüler-Relation abgezielt werden. Daneben ist eine stufenweise Verbesserung und Umstrukturierung des Bildungswesens anzustreben:

- *Der Ausbau der Kindergartenerziehung und die Einführung des Vorschuljahres haben Priorität gegenüber der generellen Einführung des zehnten Schuljahres.*

- Der Ausbau des berufsbildenden Schulwesens hat Priorität gegenüber der Einführung der *Ganztagsschule.*

- Zusätzliche Studienplätze an den Hochschulen sollen in erster Linie in den für die Lehrerausbildung relevanten Fachbereichen geschaffen werden:

  a) Naturwissenschaftliche Fachbereiche, insbesondere Mathematik, Physik, Chemie, Biologie
  b) Neuere Sprachen und Germanistik
  c) Zahnmedizin
  d) Vorklinische Medizin
  e) Pharmazie
  f) Ingenieurwissenschaftliche Fachbereiche, insbesondere Elektrotechnik.

85. Es ist Aufgabe des Bundes, die Finanzierung der Bildungsaufgaben im Rahmen des öffentlichen Gesamthaushaltes zu klären und zu sichern, da der Bund vorrangig für das Steuerrecht, für die Verteilung der Steuereinnahmen aus Bund, Ländern und Gemeinden und für die Wirtschafts- und Konjunkturpolitik zuständig ist. Wenn die derzeitge Lastenverteilung im Bildungsbereich, wonach der Bildungsbedarf zu 94% von Ländern und Gemeinden und nur zu 6% vom Bund finanziert wird, nicht geändert wird, ist es Aufgabe des Bundes, die Länder finanziell so auszustatten, daß sie ihren Aufgaben im Bildungsbereich nachkommen können. Eine Steuerumverteilung zugunsten der Länder ist anzustreben.

86. Unabhängig von der Verteilung der Einnahmen und Ausgaben auf Bund, Länder und Gemeinden müssen im öffentlichen Gesamthaushalt folgende Maßnahmen ergriffen werden:

1. Über die jährlichen Zuwachsraten des Gesamthaushaltes hinaus müssen für *den Bildungsbereich überproportionale Steigerungsraten* vorgesehen werden. Eine Reihe von Maßnahmen muß zurückgestellt, bzw. mit wesentlich geringeren Zuwachsraten versehen werden, um dem Bildungswesen die erforderliche Priorität zu geben. Die Finanzierung der Bildungsaufgaben erfordert mindestens eine Verdoppelung der Bildungsausgaben in den nächsten 5 Jahren.

2. Durch Rationalisierungsmaßnahmen im Schul- und Hochschulbereich müssen Kosten eingespart werden.

3. Durch entsprechende Maßnahmen muß sichergestellt werden, daß die volkswirtschaftliche Steuerlastquote des Jahres 1969 von rd. 24% nicht unterschritten wird.

4. Bei Auflösung von Konjunkturausgleichsrücklagen sind die Mittel vorrangig für Bildungsinvestitionen zu verwenden.

5. Soweit es volkswirtschaftlich vertretbar ist, können kurzfristige Investitionen auch durch Anleihen finanziert werden. Da aber nur etwa 20% des geschätzten Finanzbedarfs auf Investitionen entfallen, kann die Finanzierung aus öffentlichen Anleihen nicht als brauchbare Alternative angesehen werden. Selbst wenn zu Investitionen öffentliche Anleihen herangezogen werden, müssen auch die Folgekosten in der Finanzierung berücksichtigt werden.

6. Sofern die vordringlichen Maßnahmen im Bildungsbereich nicht voll
   aus dem derzeitigen Steueraufkommen gedeckt werden können, muß
   langfristig eine volkswirtschaftlich und sozial vertretbare Erhöhung der
   Steuerlastquote ins Auge gefaßt werden.

(8) BERLINER PROGRAMM

IN DER FORM DER ZWEITEN FASSUNG VOM 18. BUNDES-PARTEITAG, 25.–27. JANUAR 1971, DÜSSELDORF, MIT DER ERGÄNZUNG VOM 22. BUNDESPARTEITAG, 18.–20. NOVEMBER 1973, HAMBURG[5]

PRÄAMBEL

Die Christlich-Demokratische Union Deutschlands orientiert ihre Politik
an den Grundsätzen christlicher Verantwortung. Zielsetzungen dieser
Politik sind die *Freiheit des einzelnen, der sich der Gemeinschaft verpflichtet weiß*, die Gerechtigkeit und *die Chancengleichheit für jedermann*
sowie die Solidarität aller Bürger, die auf der Eigenverantwortung der
Person aufbaut.

Die CDU versteht die Demokratie als eine dynamische, fortzuentwickeln-
de politische Ordnung, die die Mitwirkung der Bürger gewährleistet
und ihre Freiheit durch Verteilung und Kontrolle der Macht sichert. Diese
Ordnung muß für den einzelnen durchschaubar sein; sie kann nur verwirklicht werden, wenn sich die Bürger für ihre Gestaltung verantwortlich
fühlen und sich aktiv und opferbereit daran beteiligen. Die CDU will den
gesellschaftlichen Fortschritt fördern und die *Bedingungen für eine freie
Selbstentfaltung der Person schaffen.*

Die CDU vereint als moderne Volkspartei Männer und Frauen aller Schichten in dem Willen, das deutsche Volk in Frieden, Freiheit und Gerechtigkeit zu einen. Sie bekennt sich zum Selbstbestimmungsrecht des ganzen
deutschen Volkes, zu einem politisch geeinten Europa und einer Völkergemeinschaft, die den Frieden in der Welt sichern hilft und dem Wohle
und der Entwicklung aller Völker dient.

[…]

II. BILDUNG, WISSENSCHAFT UND FORSCHUNG

27. Bildung bestimmt über die *Persönlichkeit* und den Lebensweg des einzelnen Menschen, ermöglicht ihm Entwicklung und Leistung in der Gesellschaft und *bestimmt die kulturelle und wirtschaftliche Struktur und Qualität der Gesellschaft.* Bildungspolitik ist ein Kernstück zukunftsorientierter Politik.

Im Bildungsgang soll niemand durch Herkunft und soziale Stellung der Eltern, durch Wohnort und soziale Struktur, durch materielle Nachteile und mangelnden Bildungswillen seiner Umwelt behindert werden. Deshalb muß das Bildungswesen *jedem die gleiche Chance geben, seine Anlagen, Neigungen und Fähigkeiten zu entwickeln* und zu nutzen. Die Bildungseinrichtungen sind nach den verschiedenen Bildungszielen und Begabungsrichtungen zu differenzieren. *Integrationen sind zu erproben, wo sie sich fachlich anbieten.* Unser Bildungssystem muß außerdem so orientiert werden, *daß es dem fortschreitenden europäischen Integrationsprozeß gerecht wird.*

28. Für die Fortentwicklung unseres Bildungswesens ist eine *Reform der Bildungsziele und -inhalte* sowie der sich daraus ergebenden Organisationsformen entscheidend. *Ziel der Bildung ist, den Menschen zu befähigen, mit kritischem Urteil und bereit zu verantwortungsvoller Leistung seine Persönlichkeit zu entfalten und zu behaupten. Lehrstoff und didaktische Formen müssen sich auf die Wirklichkeit beziehen.* Bildung muß auch zur *To*leranz in einer Welt der Konflikte erziehen. Das Bildungssystem muß durchlässig gestaltet werden; die Bildungsinhalte sind aufeinander abzustimmen. *Mathematik und Naturwissenschaften sind in den Lehrplänen stärker zu berücksichtigen.* Die moderne industrielle Gesellschaft verlangt von jedem die Bereitschaft, sich ihren ständig wechselnden Gegebenheiten immer neu zu stellen. Dies erfordert einen *lebenslangen Lernprozeß.*

29. Wir wollen *ein bundeseinheitliches Bildungssystem*, das die verschiedenen Begabungen anspricht und deren volle Leistungsfähigkeit herausfordert. Staatliche und freie Träger haben, miteinander konkurrierend oder sich gegenseitig ergänzend, ein breitgefächertes Bildungsangebot bereitzuhalten. *Den freien Trägern ist bei gleichen Leistungsanforderungen die entsprechende Förderung zu gewähren.* Die sozialen Leistungen für die Mitarbeiter sind zu garantieren. Im Rahmen ihrer Altersstufe

sollen die Begabungen und Fähigkeiten ein individuell zu nutzendes Angebot vorfinden. Dabei sind moderne Lehrformen und technische Medien einzusetzen.

Wir wollen, daß es allen Eltern ermöglicht wird, ihrer Verantwortung für Erziehung und Ausbildung der Kinder gerecht zu werden.

Kindergarten und Schule

30. Das Bildungssystem muß neuen *pädagogischen Erkenntnissen* und sich ständig verändernden gesellschaftlichen Anforderungen gerecht werden. Wir befürworten *wissenschaftlich kontrollierte Schulversuche* mit Schulmodellen, insbesondere mit verschiedenen Formen von *Gesamtschulen* und einem modernen System gegliederter Schulen. *Grundlegende Änderungen in der Schulorganisation können nur aufgrund der Ergebnisse solcher Versuche erfolgen.*

Wesentliche Voraussetzung für jede Neuordnung im Schulwesen ist jedoch die Überprüfung und Neufassung der Bildungsinhalte und Lernziele. Dies muß in Form der sogenannten Curriculums-Entwicklung geschehen, die als fortlaufender Prozeß die Gestaltung des Bildungswesens zu bestimmen hat.

31. Kindergärten und Vorschulklassen sollen die Familienerziehung durch eine frühzeitige Förderung der Persönlichkeit des Kindes und durch den *Abbau von Milieusperren* unterstützen und ergänzen. Vorschulklassen sollen durch den behutsamen Übergang von der Kindergartenpädagogik zur Schulpädagogik gleiche Lernvoraussetzungen der Kinder schaffen und auf den Eintritt in die Grundschule vorbereiten. Durch Landesgesetz soll die Verpflichtung des Staates zur finanziellen Unterstützung auch der freien Träger gesichert werden. *Ebenso wie der Schulbesuch muß auch der Besuch von Kindergärten und Vorschuleinrichtungen kostenlos sein.*

Wir werden das Bildungsangebot, insbesondere auf dem Land, verbessern. Wir wollen vermehrt Schulzentren, Tagesheime und *Ganztagsschulen* schaffen. Auch im Schulbereich soll der freie Samstag angestrebt werden.

32. In der Grundschule werden die Schüler in der Regel nach Jahrgängen gemeinsam unterrichtet. Die Sekundarstufe I umfaßt das 5. bis 10. Schuljahr in einem mehrzügig gefächerten Schulsystem und schließt mit dem *Abitur I* ab. Dabei muß es jedoch für alle Schulen *verbindliche Kernpflichtfächer* geben, um Übergänge von einem Bildungsgang in den anderen zu ermöglichen.

Die Sekundarstufe II führt in zwei- und dreijährigen Ausbildungsgängen zu berufs- und studienbezogenen Abschlüssen. *In dieser Stufe sollen Leistungs- und Neigungsgruppen die Klassengemeinschaft weitgehend ersetzen.* Qualifizierte Abschlüsse müssen den Zugang zu den jeweils weiterführenden Bildungswegen eröffnen. Die Lernziele können in unterschiedlichen Schulzeiten erreicht werden. *Der Bildungsanspruch der Kinder von Ausländern muß berücksichtigt werden.*

33. Wir werden stufenweise eine Bildungsförderung vom 18. Lebensjahr an schaffen, die eine selbständige und eigenverantwortliche Wahl der Ausbildung sicherstellt. Die Förderung ist zeitlich zu begrenzen und an Leistungsnachweise zu binden.

34. Es muß sichergestellt werden, daß alle b*ehinderten Kinder* frühzeitig betreut werden, damit ihnen eine auf ihre besondere Lage zugeschnittene Ausbildung vermittelt werden kann; das gilt auch für behinderte Jugendliche. Dafür sind zentrale Beratungsstellen einzurichten, die die Eltern auf mögliche Hilfen für ihre Kinder hinweisen. Eine frühzeitige Betreuung außerhalb des Elternhauses soll in Sonderkindergärten und Sondervorschulklassen erfolgen, auf die eigene weiterführende Schulen, Berufsschulen, Fachschulen sowie beschützende Werkstätten für ihre speziellen Begabungen aufbauen.

35. Schüler und Eltern sind als wichtigste Interessenten am Bildungssystem berechtigt zur Mitverantwortung und Mitsprache. Die Schule ist deshalb zugleich für die Schüler das erste Erfahrungsfeld demokratischer Verhaltensweisen im öffentlichen Bereich und soll die Jugendlichen *aus dieser unmittelbaren demokratischen Erfahrung zu Kritikfähigkeit und Mitverantwortung im Staate* führen.

Zusammensetzung und Organisation der Schülervertretung bestimmen die Schüler gemäß demokratischen Prinzipien selbst. Zu den parlamentarischen Ausschußsitzungen auf kommunaler und landespolitischer Ebene, in denen schulische Fragen anstehen, sind Schülervertreter zu hören.

Die *Mitwirkungsrechte der Lehrer* gegenüber Schulträger und Schulverwaltung sind zu erweitern. Wir werden die Rechte der Eltern und Elternvertretungen an den Schulen erhalten und eine institutionelle Verankerung dieser Rechte in den Schulverwaltungsgesetzen durchsetzen.

Berufliche Bildung

36. Allgemeine und berufliche Bildung sind *gleichrangige Aufgaben* unseres Bildungswesens. *In den allgemeinbildenden Schulen ist frühzeitig
eine vorberufliche Bildung zu vermitteln.* Die berufliche Bildung ist als
öffentliche Aufgabe in der Regel im dualen System durch Zusammenwirken von Schule, Betrieb, den Selbstverwaltungsorganen der Wirtschaft
und der freien Berufe auf der Grundlage des Berufsbildungsgesetzes auszubauen. Angesichts einer neuen Berufsstruktur muß der theoretische
Teil der Berufsbildung verstärkt werden.

37. Jeder Jugendliche soll eine berufliche Grundausbildung erhalten, die
seine allgemeine Bildung weiterführt und den Zugang zu mehreren Berufen eröffnet; dafür bietet sich insbesondere das Berufsgrundbildungsjahr an. Eine auf der Grundbildung aufbauende Fachbildung muß stufenweise ein spezielles Berufskönnen vermitteln. Wir wollen, daß alle Ausbildungsverhältnisse durch ein umfassendes Gesetz einheitlich geregelt
werden. Den Berufsbildungsausschüssen sind Mitbestimmungsrechte einzuräumen.

Die berufliche Bildung ist durch eine „Bundesanstalt für Arbeit und berufliche Bildung" ergänzt zu fördern.

Berufs- und Berufsbildungsforschung dienen dazu, die Berufsbildung an
die technische, wirtschaftliche und gesellschaftliche Entwicklung anzupassen. Diese Aufgabe ist auch in die Forschungsaufgabe des Bundesinstituts für Berufsbildungsforschung einzubeziehen.

38. Berufliche Fortbildung eröffnet den Weg zu höheren beruflichen
Qualifikationen, ermöglicht die Anpassung an wirtschaftliche und technische Veränderungen und erleichtert strukturbedingte Umschulungen.
Um diesen Aufgaben gerecht zu werden, müssen die Träger der beruflichen Fortbildung stärker zusammenarbeiten mit dem Ziel, eine bessere
Ordnung des Bildungsangebotes zu erreichen, ausreichende Fortbildungs-
einrichtungen zu schaffen und eine höhere Effizienz beruflicher Fortbil-

dungsgänge zu gewährleisten. Auch das berufliche Schulwesen soll sich stärker als bisher der beruflichen Fortbildung annehmen.

Erwachsenenbildung

39. Die öffentlichen und freien Träger der Erwachsenenbildung sind in den Ländern gesetzlich abzusichern; ihre hauptamtlichen Mitarbeiter sollen einander gleichgestellt werden. Die Erwachsenenbildung soll nicht nur dem beruflichen Fortkommen, sondern *auch denjenigen dienen, denen es auf ihre persönliche und gesellschaftspolitische Bildung, auf eine Weiterbildung im Interesse der Erziehungsaufgabe in der Familie, auch unabhängig von einem Arbeitsverhältnis, und auf eine entsprechende Gestaltung der wachsenden Freizeit ankommt.*

Durch gesetzliche Regelung ist die Möglichkeit eines in festen Zeitabständen zu gewährenden Bildungsurlaubs von mindestens 7 Tagen zu gewährleisten. Beim Besuch von Bildungseinrichtungen über einen längeren Zeitraum muß der Arbeitsplatz für den Arbeitnehmer gesichert bleiben.

Wir sehen in der nachgewiesenen Leistung im Arbeitsprozeß eine Qualifizierung für das Studium, die der rein intellektuellen Schulausbildung *gleichwertig* ist. Wir befürworten deshalb die Einrichtung und den Ausbau eines Bildungsweges in zentralen Orten, der den Erwerb wissenschaftlicher Fähigkeiten und exemplarischen Wissens bei Fortsetzung der Berufstätigkeit erlaubt. Dieser Bildungsweg darf nicht eine schematische Übertragung des traditionellen Schulwissens sein. Er schließt mit einer Prüfung ab.

Ein Bundesfernsehstudienprogramm muß auch der beruflichen und allgemeinen Erwachsenenbildung dienen.

Hochschule

40. Die Hochschule hat im Zusammenwirken ihrer Mitglieder die Aufgabe, der Gesellschaft in Wissenschaft, Kunst und beruflicher Praxis durch Forschung und Lehre, Studium und Ausbildung zu dienen. Der Staat muß sicherstellen, daß die Hochschulen in ihren Selbstverwaltungsorganen ihre Aufgaben erfüllen können. Die Freiheit von Forschung und Lehre ist zu gewährleisten. Die Hochschule hat den wissenschaftlichen und künstlerischen Nachwuchs auszubilden und zu fördern, muß sich der Fortbil-

dung Berufstätiger annehmen und für eine begleitende Studienberatung sorgen. An der Selbstverwaltung der Hochschule sollen ihre Mitglieder ihren Aufgaben entsprechend mitwirken.

41. Die Hochschulen im Gesamthochschulbereich sind Körperschaften des öffentlichen Rechts und Einrichtungen des Staates. Sie haben das Recht der Selbstverwaltung. Sie sind zur Zusammenarbeit verpflichtet. Die Studienabschlüsse bauen in Stufen aufeinander auf, so daß Übergänge innerhalb des Gesamtbereichs ebenso möglich sind wie ein Eintritt in das Berufsleben auf verschiedenen Ebenen. Formen der integrierten Gesamthochschule sind zu erproben. Studien- und Prüfungsordnungen sowie die Organisation des Studiums sind aufeinander abzustimmen, um die Übergänge zu erleichtern. Die Stellung privater Hochschulen wird entsprechend geregelt.

42. Hochschule und Staat müssen gemeinsam das Studium neu gestalten. Die soziale Lage der Studenten ist zu verbessern. Die Studien- und Prüfungsordnungen sind zu vereinheitlichen. Ausbildungsziele und Abschlüsse, Leistungsnachweise während des Studiums, die Ausbildungsdauer und die gegenseitige Anerkennung von Zeugnissen und Berechtigungen müssen bundeseinheitlich festgelegt werden. Diese Bestimmungen sollen mit denen der *anderen Mitgliedstaaten der Europäischen Gemeinschaften in Einklang stehen.*

43. Entscheidend für die Hochschulreform ist ferner die Neuordnung des Lehrkörpers, die von einer grundsätzlichen Gleichrangigkeit aller Hochschullehrer ausgeht und die verschiedenartigen Funktionen berücksichtigt. Aufgaben und Stellung der wissenschaftlichen Mitarbeiter sind neu zu regeln. Neben den Habilitierten soll als befähigt auch gelten, wer sich in Forschung, Lehre, in Ausbildung und Praxis entsprechend bewährt hat; alle Stellen für Hochschullehrer sollen öffentlich ausgeschrieben werden. *Durch vermehrte Promotions- und Habilitationsstipendien sowie durch Graduiertenprogramme soll der Hochschullehrernachwuchs gefördert werden.*

44. Eine der vordringlichsten Aufgaben der Hochschulpolitik ist der Abbau der Zulassungsbeschränkungen. Dazu sind unter anderem folgende Maßnahmen erforderlich:

- Kapazitätsberechnungen für Massen- und Engpaßfächer;
- Ausbau der Hochschuleinrichtungen;
- Intensivierung, Rationalisierung und Verkürzung der Studiengänge;
- Erweiterung des Lehrangebotes;
- *zentrale Nachweisstelle für alle Studienplätze;*
- verstärkte Abstimmung der Bildungs-, Arbeitsmarkt- und Berufs-forschung sowie
- verbesserte Berufsberatung.

In Ballungsgebieten sind Zweituniversitäten zu errichten. Im Übrigen sollen Neugründungen in bisher hochschulfernen Gebieten erfolgen.

45. Die Ausbildung der Lehrer gliedert sich in ein wissenschaftliches Studium und in die Einführung in den Beruf. *Je nach Stufenschwerpunkt und Tätigkeitsfeld, die ein Lehrer anstrebt, soll Erziehungs- oder Fachwissenschaft mit Fachdidaktik Schwerpunkt seines Studiums sein.* Jeder Lehrer soll für ein Kontaktstudium freigestellt werden können. In der Zwischenzeit soll die fachliche Fortbildung der Lehrer verstärkt werden.

46. Der Lehrermangel kann langfristig nur durch Studienreform und Ausbau der Hochschulen sowie durch eine Verbesserung der Arbeitsbedingungen in den Schulen behoben werden. Kurzfristig muß der Lehrermangel durch die *Einstellung von Assistenten*, die Teilzeitbeschäftigung von ausgeschiedenen Lehrkräften, den Einsatz von Fachkräften aus der Wirtschaft in geeigneten Fächern sowie eine angemessene Vergütung der Lehraufträge überbrückt werden.

Lehr- und Lernmethoden

47. Moderne Lehr- und Lernmethoden müssen stärker als bisher für die innere Reform und die Neugestaltung unseres Bildungswesens genutzt werden. Dazu gehört ein sinnvolles Zusammenwirken von Gruppenarbeit mit Lehrern, Fernunterricht, Hörfunk, Fernsehen, Kassetten-Fernsehen und Lehrprogrammen. Die jeweiligen Programme sind in enger Zusammenarbeit von Rundfunk und Fernsehanstalten sowie Schule und Hochschule, Kultusverwaltungen und anderen Organisationen des Bildungssystems herzustellen.

Bildungsberatung, Bildungsplanung, Bildungsfinanzierung

48. Wir fordern eine fortlaufende Bildungsberatung; sie soll neben den Erziehungsberatungsstellen einen schulpsychologischen Dienst, die Beratung für Schule und Studium sowie für den Beruf und für die Weiterbildung umfassen. Sie muß sich auf eine Dokumentation stützen können, die ständig alle Daten des Bildungswesens auswertet. Dabei ist eine enge Zusammenarbeit von Schule, Hochschule, Wirtschaft, Kultusverwaltung, Bundesanstalt für Arbeit und des Bundesinstituts für Berufsbildungsforschung zu sichern.

49. Die weitere Entwicklung unseres Bildungswesens und die Beseitigung regionaler Schwächen müssen durch eine abgestimmte Bildungsplanung in Bund und Ländern vorbereitet werden; sie muß durch eine sorgfältige Bildungsforschung beraten, durch Bedarfsanalyse gestützt und durch Personal- und Finanzplanung abgesichert werden. Die institutionelle Zusammenfassung von Bildungsrat und Wissenschaftsrat ist erforderlich.

50. Der Ausbau und die Entwicklung des Bildungswesens haben Vorrang; dies muß durch entsprechende Entscheidungen in den öffentlichen Haushalten sichergestellt werden.

Wir fordern:

- Bei der Verteilung des Steueraufkommens zwischen Bund, Ländern und Gemeinden müssen die bildungspolitischen Zielvorstellungen und Kompetenzen entsprechend berücksichtigt werden.

- Die Haushaltmittel bei Bund, Ländern und Gemeinden müssen zugunsten der Bildungsaufgaben umgeschichtet werden.

- Den öffentlichen Ausgaben für Bildung, Wissenschaft und Forschung ist eine überproportionale Zuwachsrate in den Haushalten von Bund, Ländern und Gemeinden einzuräumen. *Die Summe der Bildungsausgaben ist in den nächsten 5 Jahren mindestens zu verdoppeln.*

- Die künftige Bildungsfinanzierung setzt die Aufstellung eines *nationalen Bildungsplanes* und Bildungsbudgets voraus. *Bildungseinrichtungen freier Träger* sind in gleicher Weise öffentlich zu fördern wie vergleichbare Einrichtungen öffentlicher Träger.

51. Bildungs- und Finanzplanung sind in Übereinstimmung zu bringen, damit eingeleitete Reformen nicht scheitern. Die *Bildungsausgaben sollen grundsätzlich aus den öffentlichen Haushalten bestritten werden*, erforderlichenfalls durch Umverteilung der Ausgaben und Erhöhung der Steuern. Die bildungspolitischen Aufgaben sind bei der Verteilung des Steueraufkommens entsprechend zu berücksichtigen. Im Rahmen einer sinnvollen Aufgabenteilung ist eine verstärkte Mitfinanzierung durch den Bund in Bereichen wie der laufenden Förderung der Hochschulforschung erforderlich. Durch eine Rationalisierung beim Bau und Betrieb der Bildungseinrichtungen müssen die Kosten erheblich gesenkt werden.

52. Eine wirkungsvolle Abstimmung der Bildungspolitik der europäischen Staaten muß mehr Freizügigkeit für Lehrkräfte, Schüler, Lehrlinge und Studenten und *die gegenseitige Anerkennung der Zeugnisse und Examen gewährleisten*. Ein europäisches Jugendwerk, das schrittweise auch auf die osteuropäischen Länder ausgedehnt werden soll, soll den Austausch junger Menschen einschließlich der berufstätigen Jugendlichen fördern. Die Zahl der *Europaschulen* ist zu vermehren; die Errichtung einer europäischen Universität sowie eines Informations- und Dokumentationszentrums ist anzustreben.

Forschungsförderung

53. Wir wollen, daß die deutsche Forschungspolitik im europäischen und internationalen Rahmen den wissenschaftlichen Fortschritt für unser Land sichert und Hilfen für entwicklungsfähige Länder leistet. *Deshalb muß der Anteil der Ausgaben für Wissenschaft und Forschung am Bruttosozialprodukt ständig weiter erhöht werden*.

54. Die Förderung der Forschung und der technischen Entwicklung muß Vorrang haben. Soweit die Zusammenarbeit zwischen Bund und Ländern nicht zukünftig als Gemeinschaftsaufgabe geregelt wird, soll weiterhin durch Verwaltungsabkommen zusammengearbeitet werden. Für die Großforschung muß der Bund voll zuständig sein.

Die nichtstaatliche Wissenschaftsförderung ist durch entsprechende steuerliche Regelungen und durch ein bundeseinheitliches Stiftungsrecht zu erleichtern. Die Forschung der gewerblichen Wirtschaft zur Entwicklung neuer Technologien muß durch langfristige Kredite, bei risikoreichen Großprojekten auch durch bedingt rückzahlbare Darlehen ermöglicht werden; eine verstärkte staatliche Auftragsforschung muß ergänzend hinzutreten.

55. Aufgaben der Ressortforschung sind weiterhin vorwiegend in Bundes- oder Landesanstalten zu lösen. Die Großforschung soll durch privatrecht- liche Gesellschaften im Besitz der öffentlichen Hand betrieben werden. Für die Grundlagenforschung muß der Bund den Selbstverwaltungsorga- nen der Wissenschaft verstärkt Mittel zuweisen. Bei der angewandten Forschung und der projektorientierten technischen Entwicklung sind, soweit sie öffentlich gefördert werden, umfassende nationale Programme in der Zusammenarbeit von Staat, Wissenschaft und Wirtschaft zu ver- wirklichen. In der angewandten Forschung sind die verschiedenen Be- mühungen von Staat, Wissenschaft und Wirtschaft zu koordinieren; für die wirtschaftliche Verwertung von Forschungsergebnissen ist zu sorgen.

56. Um Forschungsergebnisse in Wissenschaft und Wirtschaft voll aus- schöpfen und vorausschauend planen zu können, soll die wissenschaft- liche Dokumentation mit Methoden der Datenverarbeitung ausgebaut und gefördert werden; der Bund soll ein *Dokumentationszentrum* errichten.

(9) WIESBADENER REGIERUNGSPROGRAMM FÜR CDU UND CSU 1972[6]

[...]

3. Unsere jungen Menschen haben ein Recht auf bessere Bildung und zweckmäßigere Ausbildung. Dazu legen wir ein modernes Programm für Bildung und Jugendhilfe vor, das *gerechte Chancen für jedermann* eröffnet.

[...]

10. Wir wollen – zusammen mit den Ländern – ein Bildungssystem ver- wirklichen, das unserem Leitbild von der humanen Leistungsgesellschaft entspricht. Es muß die Leistungsbereitschaft des einzelnen wecken und ihn *seiner Begabung und Neigung* entsprechend fördern.

Unsere Forderung nach Wiederherstellung der Stabilität der Staatsfi-
nanzen dient auch zur Sicherung der bildungspolitischen Priorität. [...]
Zu den Schwerpunkten hierzu gehören:

a) Reform und Ausbau der beruflichen Bildung. Wir haben hierzu unser
Sofortprogramm vorgelegt.

b) Gezielter Abbau des Lehrermangels und der überfüllten Klassen sowie
bessere Ausbildung der Lehrer.

c) *Ausbau der Vorschulerziehung durch gezielte Förderung der Kinder-
garten- und Vorschulplätze im Zusammenwirken mit den freien Trägern.*

d) Zur Sicherung der Freiheit von Forschung, Lehre und Lernen haben
wir den Entwurf eines Hochschulrechtsrahmengesetzes vorgelegt, der
unsere konkreten Vorschläge zur Hochschul- und Studienreform
enthält.

e) Wir werden das Angebot an Studienplätzen durch den verstärkten
Aus- und Neubau der Hochschulen sowie durch eine bessere Nutzung
der vorhandenen räumlichen und personellen Kapazitäten erweitern.

11. Die freie Gesellschaft muß sich vor den Herausforderungen des
technischen Zeitalters bewähren. Wissenschaft und Technik haben uns
eine gewaltige Steigerung der Produktion und der Güterversorgung,
der Lebenserwartung und des Wohlstands gebracht. Große soziale Not-
stände wurden damit überwunden. Nun gilt es, mit ihren Folgeerschei-
nungen und mit ihren Nebenwirkungen fertig zu werden. Es ist unsere
Aufgabe, die natürlichen Lebensbedingungen und mitmenschlichen
Beziehungen nicht unter dem Einfluß von Wissenschaft und Technik
zerstören zu lassen, sondern sie mit deren Hilfe zu verbessern. Wir
werden hierzu ein enges Zusammenwirken von Staat, Wissenschaft
und Wirtschaft bewirken und die aktive Mitarbeit der Bürger erbitten.
Die CDU/CSU wird hier einen neuen Schwerpunkt ihrer Gesellschaftspolitik setzen.

(10) „BILDUNGSPOLITIK AUF KLAREN WEGEN EIN SCHWERPUNKTPROGRAMM DER CDU/CSU"

EIN PAPIER DER KULTUSMINISTER
WALTER BRAUN, WILHELM HAHN, HANS MAIER,
WERNER SCHERER, BERNHARD VOGEL
UND DES VORM. MDB BERTHOLD MARTIN[7]
(WOHL SEPTEMBER 1972)

I. VORSCHULISCHE ERZIEHUNG

Ziele:

Die familienergänzende Bildung und Erziehung der drei- bis fünfjährigen Kinder in Kindergärten und vorschulischen Einrichtungen muß durch die öffentliche Hand und durch die freien Träger entscheidend gefördert werden. Dabei ist der Übergang vom Elementarbereich zur Grundschule und die curriculare Abstimmung der beiden Bereiche besonders zu beachten. Dies gilt vor allem für die Altersgruppe der Fünfjährigen.

Während manche Kinder aufgrund des Interesses und Bildungswillens ihres Elternhauses frühzeitig in ihrer Entwicklung gefördert werden, *fehlt diese Unterstützung bei anderen.*

In Familien mit ein oder zwei Kindern sind die Erfahrungsmöglichkeiten dieser Kinder häufig so eingeschränkt, daß ihnen wichtige Anregungen für ihre körperliche, geistige und soziale Entwicklung fehlen. Hier muß die vorschulische Erziehung individuell fördern und helfen.

Ziel der so verstandenen vorschulischen Erziehung ist es daher:

- Die Kinder zu befähigen, sich ihrer selbst bewußt zu werden und ihre eigene Leistungsfähigkeit erkennen und richtig einschätzen zu können,
- die besonderen Begabungen der Kinder *frühzeitig zu wecken und zu fördern,*
- sie durch die *Begegnung mit anderen Kindern in eine Gemeinschaft einzuführen, in der sie verantwortlich* handeln sollen,
- umweltbedingte Benachteiligungen des Kindes, insbesondere *Sprachbarrieren*, zu überwinden und seine Fähigkeiten systematisch zu entwickeln,
- sie besser auf den Eintritt in die Grundschule vorzubereiten.

Dabei darf jedoch weder die Freiheit der Eltern bei der Erziehung ihrer Kinder noch auch ihre Verantwortung für die Erziehung beeinträchtigt werden.

Maßnahmen:

a) Die Zahl der Plätze im vorschulischen Bereich soll so vergrößert werden, daß bis zum Jahre 1980 70% der Drei- und Vierjährigen und 85% der Fünfjährigen Kindergärten oder vorschulische Einrichtungen besuchen können. Bei dem Ausbau sollen regionale Schwerpunkte gebildet werden, die dem Bedarf an Plätzen in besonders benachteiligten Gebieten, z.B. auf dem Lande und in Ballungsräumen, Rechnung tragen. Die finanzielle Förderung der freien Träger durch die öffentliche Hand im Bereich der familienergänzenden Erziehung, Bildung und Betreuung der Kinder im vorschulischen Alter ist zu verstärken.

b) Durch wissenschaftlich vorbereitete und begleitete Versuche ist zu klären, ob die vorschulische Erziehung der Fünfjährigen im Kindergarten oder in einer Eingangsstufe der Grundschule erfolgen soll. Dabei geht es insbesondere darum, geeignete Übergänge vom spielerischen Lernen zu den Arbeitsweisen der Grundschule zu entwickeln.

c) Die Bildungsangebote für die Fünfjährigen müssen der geistigen, seelischen und körperlichen Entwicklung der Kinder angemessen sein und soziale Verhaltensweisen einüben. Verfrühte Lernleistungen dürfen nicht gefordert werden.

d) Die bestehenden Ausbildungsgänge zum Erzieher und zum Sozialpädagogen haben den besonderen pädagogischen und psychologischen Erfordernissen der vorschulischen Erziehung bestmöglichst Rechnung zu tragen. Auch die Fortbildung der im vorschulischen Bereich bereits tätigen Kräfte ist zu intensivieren und entsprechend zu gestalten.

e) Durch geeignete Informationsprogramme soll das Interesse der Eltern an der vorschulischen Erziehung und ihre Bereitschaft zur Mitarbeit geweckt werden.

II. SCHULE

1. Grundschule

Ziele:

Die pädagogische Arbeit in der Grundschule muß über die bisherigen Aufgaben hinaus mit dem Ziel verbessert werden, jedes Kind durch gezielte Lernanregungen zu fördern und soziale Startnachteile soweit wie möglich auszugleichen. Dabei ist ein organischer Übergang von der vorschulischen Erziehung anzustreben. Die Kinder sollen angeleitet werden, die Eindrücke der Umwelt zu erleben, rational zu erfassen und danach ihr Verhalten zu bestimmen. Dies bedingt die Weiterentwicklung bisheriger und die Einführung neuer Arbeitsweisen sowie eine stärkere Betonung fachlicher Gesichtspunkte im Unterricht (wissenschaftsorientiertes Lernen).

Maßnahmen:

a) Die innere Reform der Grundschule erfordert vor allem folgende Maßnahmen:

Der muttersprachliche Unterricht muß stärker als bisher darauf angelegt sein, durch gezielte Anregungen und Hilfen sprachliche Rückstände bei einzelnen Kindern auszugleichen und die Fähigkeit zu situationsgerechtem Sprachgebrauch bei allen Kindern auszubilden.

Der bisherige Rechenunterricht muß durch die Inhalte und Arbeitsweisen der „Modernen Mathematik" erweitert werden. Dadurch soll erreicht werden, daß alle Kinder die Voraussetzungen für moderne Rechenoperationen, wie wir sie in vielen Bereichen der Wirtschaft, der Technik und des alltäglichen Lebens heute zunehmend brauchen, in sinnvollen und pädagogisch verständlichen Schritten erlernen.

Der Gesamtunterricht geht mit zunehmendem Alter der Kinder in den „Sachunterricht" über, der auch naturwissenschaftlich-technische Fragestellungen berücksichtigt. *In Schulversuchen muß erprobt werden, ob die Einführung in eine Fremdsprache schon in der Grundschule sinnvoll ist.*

Im Unterricht in Musik und Kunst ist stärker als bisher das Empfindungs-
vermögen und die Gestaltungsfreude der Kinder anzusprechen. Dabei
sollen allen Kindern vor allem grundlegende Fertigkeiten und Fähigkeiten
vermittelt werden.

b) Individuelle Förderung und ausgleichende Erziehung bedingen schon
früh eine innere Differenzierung des Unterrichts durch entsprechende
Lerninhalte, Unterrichtsmethoden, Arbeitsformen, Lernmittel und technische Medien. Ein verbesserter Grundschulunterricht erfordert folgende
organisatorische Voraussetzungen:

Durch eine Verkleinerung der Klassenstärken sind verbesserte Arbeitsbedingungen zu schaffen.

Dringlichstes organisatorisches Anliegen ist in den nächsten Jahren die
Zusammenfassung der letzten noch bestehenden ungegliederten Grundschulen zu jahrgangsweise gegliederten Einheiten. Diese Zusammenfassung der Grundschulen findet jedoch ihre Grenze in der altersbedingten
Belastbarkeit der Kinder durch den Schulweg. Hier sind Funktionsfähigkeit der Grundschule und größtmögliche Wohnortnähe gegeneinander
abzuwägen.

2. Orientierungsstufe

Ziele:

Die Orientierungsstufe umfaßt das 5. und 6. Schuljahr. Sie bildet eine
pädagogische Einheit. Organisatorisch kann sie sowohl den verschiedenen Schulformen (Hauptschule, Realschule oder Gymnasium) zugeordnet
als auch schulformunabhängig gestaltet werden.

Aufgabe der Orientierungsstufe ist es, Begabungsschwerpunkte und
Leistungsfähigkeit des einzelnen Schülers festzustellen und ihm einen
seiner Begabungsrichtung entsprechenden Weg in das gegliederte
System weiterführender Schulen zu erschließen. Dementsprechend sind
an den Schüler unterschiedliche Anforderungen zu stellen; organisatorisch erfordert dies eine Gliederung in Gruppen. Die äußere Differenzierung muß mit einem System verstärkter Durchlässigkeit verbunden
werden, das gleiche Stundentafeln, Lehrpläne mit gleichen Grundanfor-
derungen für alle sowie Stütz- und Förderkurse zur Voraussetzung hat.

Im Interesse der Fortentwicklung eines funktionsfähigen und am Leistungsprinzip orientierten Schulwesen ist die Orientierungsstufe zügig einzuführen.

Maßnahmen:

a) Neue Lehrpläne mit Angaben über Lernziele, Inhalte und Lernerfolgskontrollen sind so auszuarbeiten, daß sie sowohl den unterschiedlichen Anforderungen als auch dem Prinzip der Durchlässigkeit entsprechen.

b) Alle Kinder werden in der Orientierungsstufe nach einer einheitlichen Stundentafel unterrichtet.

c) Verschiedene Formen der äußeren Differenzierung sind zu entwickeln und zu erproben.

d) Im Zuge der Einführung der Orientierungsstufe gewinnt die Beratung der Eltern über Eignung und Möglichkeit ihrer Kinder besondere Bedeutung. Sie erfolgt im Zusammenwirken von Schule und Schullaufbahnberatung, z.B. durch Gutachten der Schule und Fähigkeitstests.

e) Die Zusammenarbeit der Lehrer aller beteiligten weiterführenden Schulen muß z.B. durch Lehreraustausch, gemeinsame Fachkonferenzen, Jahrgangskonferenzen und Fortbildungsmaßnahmen gewährleistet sein.

3. Berufliche Bildung

Ziele:

Der Erfolg der Bildungsreform hängt entscheidend ab von der Reform der beruflichen Bildung. Berufliche und allgemeine Bildung sind *gleichwertig.* Eine Reform des beruflichen Bildungswesens setzt daher eine enge Abstimmung mit den Bildungsgängen und der Entwicklung des allgemeinbildenden Schulwesens voraus. In einer hochdifferenzierten und hochtechnisierten Arbeitswelt verlangt gerade die berufliche Bildung besondere Qualität, deren Sicherung eine *Absage an alle ideologisch begründeten Integrationsabsichten bedingt.*

Das berufliche Bildungswesen ist – entsprechend den sich ändernden Anforderungen der modernen Industriegesellschaft – in enger Abstimmung zwischen Staat und Wirtschaft weiter zu entwickeln. Die erforderliche Praxisnähe der beruflichen Bildung kann nur durch das duale System von Schule und Betrieb gewährleistet werden. Dazu sind Lehrpläne und Ausbildungsordnungen aufeinander abzustimmen.

Diese Reform des beruflichen Bildungswesens bietet attraktive Alternativen zum allgemeinbildenden Schulwesen. *Gleichzeitig schließt sie bei entsprechender Qualifikation die Möglichkeit ein, eine Studienberechtigung zu erreichen.*

Maßnahmen:

a) Das Unterrichtsangebot der Berufsschule ist in zwei Stufen zu gliedern:

In der beruflichen Grundbildung soll die Vielzahl der Ausbildungsberufe in wenige Berufsfelder zusammengefaßt werden. Auf der Grundbildung baut die Fachbildung auf, in der durch zunehmende Spezialisierung den unterschiedlichen Anforderungen der einzelnen Berufe entsprochen wird. Hierfür sind entsprechende Lehrpläne und Ausbildungsordnungen zu entwickeln.

b) Die *Unterrichtsbedingungen im beruflichen Schulwesen* sind durch Maßnahmen zur Beseitigung der Lehrermangels, zur Verbesserung der räumlichen Verhältnisse und der Ausstattung und durch die Einführung neuer Formen der Unterrichtsorganisation (z.B. Blockunterricht und Kursunterricht) zu *verbessern.*

c) Ein regional ausgewogenes Angebot von beruflichen Vollzeitschulen muß geschaffen werden. Ihre Abschlüsse sind berufsqualifizierend und können auch eine *Studienberechtigung* eröffnen.

d) Die Zusammenarbeit im Bereich des beruflichen Schulwesens soll durch die Schaffung von Berufsbildungszentren gefördert und durch Modellversuche weiterentwickelt werden. Bei der Standortwahl sollte eine Verbindung von überbetrieblichen Ausbildungsstätten mit beruflichen Schulen vorgesehen werden.

e) Das Berufsgrundbildungsjahr ist – in der Regel als 10. Schuljahr – schrittweise einzuführen.

Es bedingt eine Berufsfeldorientierung und bereitet auf die berufliche Spezialisierung in der Fachbildung vor. Das Berufsgrundbildungsjahr soll in Vollzeitform oder auch im dualen System in kooperativer Form entwickelt werden.

Vorrangig ist die Entwicklung und Erprobung von Modellen. Bei ihrer Vorbereitung und wissenschaftlichen Begleitung ist eine enge Kooperation aller Beteiligter, insbesondere von Schulen und Wirtschaft, zu gewähr- leisten.

f) Die Entwicklung überbetrieblicher Ausbildungsstätten soll gefördert und mit der Reform des beruflichen Schulwesens abgestimmt werden. Dabei ist vor allem zu berücksichtigen, daß sie sowohl der beruflichen Grundbildung als auch der beruflichen Fachbildung dienen sollen und ihr Ausbau vor allem den bisher benachteiligten Regionen und Berufs- gruppen zugute kommt.

g) Die Reform der beruflichen Bildungsgänge soll auch eine verstärkte Förderung derjenigen gewährleisten, die es besonders schwer haben, überhaupt einen geeigneten Ausbildungsplatz zu finden. In einem Förde- rungsprogramm zugunsten schulisch Benachteiligter und Leistungs- schwacher sind insbesondere folgende Maßnahmen zu ergreifen:

- Der Aufbau *beruflicher Sonderschulen* einschließlich „beschützender Werkstätten".
- Erprobung neuer Formen des Berufsgrundbildungsjahres, wobei die ärztliche, pädagogische und psychologische Betreuung nach Maß- gabe des vorhandenen Bildungsgrades individuell zu gestalten ist. Für den Bereich der Fachbildung sind neue Modelle zu entwickeln.
- Die Einführung von Stützkursen.
- Die Einbeziehung der Jugendlichen ohne Ausbildungsverhältnis in die berufliche Grundbildung.

4. Sonderschule

Ziele:

Ziel der Sonderschule ist die soziale und berufliche Eingliederung der behinderten Kinder und Jugendlichen in die Gesellschaft *durch eine ihrer Begabung und Eigenart entsprechende Bildung und Erziehung*. Der Staat hat vor allem die Aufgabe, denen zu helfen, die sich am wenigsten selbst helfen können. Daher ist Lebenshilfe ein Grundprinzip der Sonderschule. Behinderungen und Störungen müssen früh erkannt werden, damit eine spätere Sonderschulbedürftigkeit durch rechzeitige Sonder- und Förderungsmaßnahmen nach Möglichkeit verhindert oder begrenzt wird.

Schüler mit soziokulturellen Benachteiligungen sind durch Sondermaßnahmen so zu fördern, daß sie zur vollen Begabungsentfaltung gelangen.

Die Durchlässigkeit zwischen Sonderschulen und den übrigen Schulen muß gewahrt werden.

Wie in allen Bereichen des Bildungswesens ist auch im Sonderschulbereich die Beteiligung der freien Träger zu unterstützen und finanziell zu fördern.

Maßnahmen:

a) Durch die Einrichtung von Beratungsstellen soll die Möglichkeit geschaffen werden, sinnesgeschädigte, körperbehinderte und anderweitig schwer behinderte Kinder möglichst schon im ersten Lebensjahr zu erkennen, um sie sonderpädagogisch zu fördern. Verhaltensstörungen und Lernbehinderungen sollen ebenfalls möglichst schon im Vorschulalter erkannt werden, damit entsprechende Maßnahmen eingeleitet werden können. Auch für schwer sprachbehinderte Kinder muß schon im vorschulischen Alter eine entsprechende Betreuung beginnen.

b) Die Grundschule soll allen lerngestörten, nicht eindeutig sonderschulbedürftigen Kindern wirksame begleitende Hilfsmaßnahmen anbieten. Dazu gehört insbesondere die Betreuung der lese-rechtschreibschwachen Schüler.

c) Zur klaren Erkennung von Behinderungen ist der schulärztliche und schulpsychologische Dienst in Zusammenarbeit mit den entsprechend ausgebildeten Sonderschullehrern einzuschalten und für die Wahrnehmung seiner Aufgaben ausreichend auszustatten.

d) Es ist ein funktional gegliedertes Sonderschulwesen aufzubauen, das die verschiedenen Arten der Behinderungen in differenzierten Lehrplänen berücksichtigt. Die grundsätzliche Zusammenfassung aller Schüler eines Jahrganges ist unzweckmäßig.

e) Besonderer Entwicklung bedarf die Betreuung von Sonderschülern in beruflichen Schulen. Soweit Behinderte in den allgemeinen Berufsschulen nicht gefördert werden können, werden sie in Sonderberufsschulen oder eigenen Berufsfachschulen ausgebildet. Hierfür ist ein genügend differenziertes Angebot, ggf. durch überregionale Einrichtungen, zu schaffen.

f) Damit die Sonderschule ihre Aufgaben erfüllen kann, sind die Klassenstärken den pädagogischen Erfordernissen anzupassen. Dazu ist entsprechend qualifiziertes Lehrer- und Betreuungspersonal in ausreichender Anzahl auszubilden. Die Ausbildungsstätten sind entsprechend auszubauen. Die derzeit in den Sonderschulen für Lernbehinderte tätigen Lehrer der Grund- und Hauptschule sind durch Fortbildungsmaßnahmen zu fördern.

5. Lehrerbildung

Ziele:

Eine erfolgreiche Schulreform hängt entscheidend ab von einer verbesserten Ausbildung der Lehrer.

Die Reform der Lehrerbildung muß der Struktur und der Entwicklung des Schulwesens entsprechen.

Ein differenziertes Schulsystem erfordert eine differenzierte Lehrerbildung. Diesen Anforderungen entspricht nur eine *stufenbezogene Ausbildung* der Lehrer in zwei Fächern und in Erziehungswissenschaften. Ein Lehrer, der in einem einzigen Fach ausgebildet ist, kann ihnen auf keiner Stufe genügen.

Maßnahmen:

Deshalb müssen für die Ausbildung, die Besoldung sowie die Fort- und Weiterbildung der Lehrer folgende Grundsätze gelten:

A. Ausbildung

1. Die Ausbildung für alle Lehrämter gliedert sich in

   a) das Studium (erste Phase)
   b) den Vorbereitungsdienst (zweite Phase)

Die beiden Ausbildungsphasen sind eng aufeinander bezogen.

2. Studium

Das Studium für alle Lehrämter erfolgt an wissenschaftlichen Hochschulen. Dabei sind vergleichbare Hochschulen für bildende Kunst, für Musik und für Sport mit eingeschlossen.
Es umfaßt Erziehungswissenschaft und Fachwissenschaft. Zum Studium der Erziehungswissenschaft gehören gesellschaftswissenschaftliche Studien. Das Studium der Fachwissenschaft umfaßt auch fachdidaktische Studien. Praktika sind einzubeziehen.
Die Mindeststudiendauer richtet sich nach dem angestrebten Lehramt.
Das Studium wird durch die erste Staatsprüfung abgeschlossen.

3. Vorbereitungsdienst

Der Vorbereitungsdienst für alle Lehrämter erfolgt an besonderen Ausbildungsinstitutionen. Er soll 18 Monate betragen. Aufgabe des Vorbereitungsdienstes ist die theoretisch fundierte schulpraktische Ausbildung für ein Lehramt. Diese Ausbildung soll der Differenzierung des Schulsystems Rechnung tragen. Zur Ausbildung im Vorbereitungsdienst gehört selbständige Unterrichtstätigkeit im begrenzten Umfang. Der Vorbereitungsdienst wird mit der zweiten Staatsprüfung abgeschlossen.
Mit der zweiten Staatsprüfung wird die Befähigung zu einem Lehramt erworben.

B. Lehrämter

1. Es gibt folgende Lehrämter mit stufenbezogenem Schwerpunkt:

    a) Lehramt mit Schwerpunkt in der Primarstufe
    b) Lehramt mit Schwerpunkt in der Sekundarstufe I
    c) Lehramt mit Schwerpunkt in der Sekundarstufe II

2. Das Studium zum Lehramt mit Schwerpunkt in der Primarstufe umfaßt:
Ein für alle Lehrämter verbindliches erziehungswissenschaftliches Studium, ein erziehungswissenschaftliches Studium mit dem Schwerpunkt auf der Didaktik der Primarstufe, das Studium eines weiteren Faches. Die Mindeststudiendauer beträgt 6 Semester.

Das Studium zum Lehramt mit Schwerpunkt in der Sekundarstufe I umfaßt:
Ein für alle Lehrämter verbindliches erziehungswissenschaftliches Studium, das Studium von zwei Fächern. Die Mindestdauer beträgt 6 Semester.

Das Studium zum Lehramt mit dem Schwerpunkt in Sekundarstufe II umfaßt:
Ein für alle Lehrämter verbindliches erziehungswissenschaftliches Studium, das vertiefte Studium eines Faches, das Studium eines weiteren Faches. Die Mindeststudiendauer beträgt 8 Semester.

Dem vertieften Studium eines Faches entspricht das Studium der Schulpsychologie, einer sonderpädagogischen oder einer berufsbildenden Fachrichtung. Die Möglichkeit eines grundständigen schulpsychologischen oder sonderpädagogischen Studiums in der ersten Ausbildungsphase soll vorgesehen werden.

3. Alle Lehrämter können erweitert werden. Die Befähigung für ein erweitertes Lehramt kann während des Studiums oder auf der Grundlage der Befähigung für ein stufenbezogenes Lehramt erworben werden. Die Erweiterung kann erfolgen durch das Studium eines zusätzlichen Faches oder durch das vertiefte Studium eines Faches oder durch das Studium der Didaktik der Primarstufe oder durch den Erwerb einer pädagogischen Spezialqualifikation.

C. Besoldung

Die Neugliederung der Lehrämter hat Auswirkungen auf die Besoldung. Dabei ist in der Eingangsstufe zwischen Lehrämtern mit 6 und 8 Semestern Mindeststudiendauer zu unterscheiden.

Die Erweiterung eines Lehramtes ist besoldungswirksam, wenn die Einweisung in eine entsprechende Tätigkeit erfolgt ist. Die Besoldungswirksamkeit kann in Zulage oder Höhergruppierung bestehen.

D. Fort- und Weiterbildung

Ständige und intensive Fort- und Weiterbildung ermöglicht den Lehrern aller Schularten den Erwerb zusätzlicher Qualifikationen und *bewahrt sie durch engen Kontakt mit dem Entwicklungsstand der Erziehungswissenschaft,* Fachwissenschaft und Fachdidaktik vor dem Veralten einmal erworbener Kenntnisse.

Das Angebot von Fort- und Weiterbildungsmaßnahmen für Lehrer muß in differenzierten organisatorischen Formen schrittweise erweitert werden; dabei ist der Initiative des einzelnen Lehrers hinreichend Raum zu lassen. Der Staat darf in der Lehrerfort- und -weiterbildung kein Monopol beanspruchen; die Initiativen freier Träger verdienen auch in diesem Bereich eine gleichberechtigte Förderung.

6. Ausgleich des Lehrerbedarfs

Ziele:

Der Ausgleich des Lehrerbedarfs ist eine unerläßliche Voraussetzung für die Differenzierung des Unterrichts sowie für die Gewinnung wünschenswerter Klassenstärken und damit für die Verwirklichung von *Chancengleichheit* und individueller Förderung in der Schule.

Die Verbesserung der Leistungsfähigkeit der Schule verlangt, daß der Lehrermangel vorrangig in den besonderen Engpässen abgebaut wird. Solche Engpässe bestehen

- in einzelnen Schularten, insbesondere in den beruflichen Schulen und in den Sonderschulen,

- in einzelnen Fächern, insbesondere in den mathematisch-naturwissen-schaftlichen und musischen Fächern und
- in der regionalen Verteilung.

Maßnahmen:

Als besondere Maßnahmen zum Abbau dieser Engpässe sind erforderlich:

a) Gewinnung von Lehrkräften in den Schularten, in denen ein besonders dringender Bedarf besteht (z.B. Lehrer, Ausbilder, und Werkstattlehrer in beruflichen Schulen, sonderpädagogisch geschulte Lehrkräfte).

b) Deckung des fächerspezifischen Lehrerbedarfs, z.B. durch Rückgewinnung aus dem Schuldienst ausgeschiedener Lehrkräfte.

c) Schaffung der Möglichkeit von Zusatzstudien für Lehrbefähigungen in den Mangelfächern.

d) Intensivierung der Studienberatung für Lehramtsstudierende.

e) Stärkere Förderung des *programmierten Unterrichts* und der technischen Medien sowie Schaffung eines entsprechenden Ausbildungsangebotes in der Lehrerbildung.

f) Eine in den Ländern nach einheitlichen Kriterien geregelte regionale Lehrerverteilung sowie die Schaffung gleicher Fortbildungsmöglichkeiten in den einzelnen Landesteilen.

III. HOCHSCHULE

Ziele:

Als Teile des staatlichen Bildungswesens und zugleich als Stätten wissenschaftlicher Forschung sind die Hochschulen so zu organisieren, daß der Staat seiner Verantwortung für die Gewährleistung

- der Freiheit von Forschung, Lehre und Studium und der Rechtsstaatlichkeit an den Hochschulen,
- einer leistungs- und berufszielorientierten wissenschaftlichen Ausbildung, die den mit einer Hochschulausbildung verbundenen beruflichen Erwartungen Rechnung trägt und

- einer sachgerechten Verwendung der für die Hochschule bereitgestellten finanziellen Mittel gerecht werden kann.

An diesen Zielen sind die Hochschulgesetzgebung, der Aus- und Neubau von Hochschulen und die Studienreform auszurichten. Die Neuordnung der Studiengänge muß dabei unter der Verantwortung des Staates im Zusammenwirken von Hochschule, Staat und beruflicher Praxis erfolgen und differenzierte Studienziele, eine unterschiedliche Ausbildungsdauer und eine gestufte Teilnahme an der Forschung anstreben.

Ein ausreichendes und ausgeglichenes Angebot von Studienplätzen muß neben dem Studienwunsch des Einzelnen auch den *Bedarf an entsprechend ausgebildeten Kräften berücksichtigen*.

Maßnahmen:

a) Die Länder bilden im Zusammenwirken mit den Hochschulen die Reformkommissionen. Diese haben die Aufgabe, Empfehlungen für Studienordnungen, Studiengänge und Prüfungsordnungen zu erarbeiten. Dabei ist grundsätzlich für jeden Studiengang eine Studienordnung aufzustellen, die das Studienziel und den Studieninhalt festlegt. Durch die Entwicklung von Studiengängen, eine Intensivierung der Studienberatung und organisatorische Maßnahmen muß den Studierenden ermöglicht werden, Regelstudienzeiten einzuhalten. Sofern die sachlichen Voraussetzungen für die Einhaltung von Regelstudienzeiten gegeben sind, soll die Möglichkeit einer zeitlichen Begrenzung der Immatrikulation vorgesehen werden.

b) Soweit es der Neuordnung der Studiengänge, einem differenzierten Studienangebot und der Verbesserung der Forschung dient, *sollen die verschiedenen Hochschularten zu kooperativen oder integrierten Gesamthochschulen zusammengeführt werden*.

c) Zur besseren Nutzung der vorhandenen Kapazitäten im Hochschulbereich

- sind einheitliche Kapazitätsberechnungsmethoden zu entwickeln sowie zur Vermeidung von fachlichen und regionalen Kapazitätsengpässen überregionale Kapazitätserfassungs- und Koordinierungsstellen einzurichten;

- ist die Verlängerung der Vorlesungszeiten vorzusehen und sind Modellversuche mit der Einführung des *Studienjahres* einzuleiten;
- ist der vorhandene Raumbestand durch Rationalisierungsmaßnahmen – wie z.B. eine zentrale Raumverteilung – voll zu nutzen;
- ist das lehrende Personal in den Hochschulen von Verwaltungsaufgaben mit Hilfe von ausgebildetem Verwaltungspersonal zu entlasten. Für die zeitliche Belastung der Hochschullehrer mit Lehraufgaben sind verbindliche Regelungen zu treffen.

d) Neben der besseren Nutzung von vorhandenen Kapazitäten muß die Erweiterung der Hochschulkapazität durch den Ausbau bestehender und die Gründung neuer Hochschulen erfolgen. Dies gilt insbesondere für den Bereich der Studienfächer, die bisher Zulassungsbeschränkungen unterliegen oder von ihnen bedroht sind und in denen ein erheblicher Bedarf besteht.

e) Neben dem Numerus clausus gefährdet an vielen Hochschulen auch der Mangel an Wohnraum für Studenten zunehmend die Studienmöglichkeiten. Daher ist die Förderung des Studentenwohnraumbaues durch Bund, Länder und freie Träger zu verstärken.

IV. WEITERBILDUNG

Ziele:

Die Weiterbildung hat die Aufgabe, es dem Einzelnen nach Beendigung einer Ausbildung oder nach Aufnahme einer Berufstätigkeit zu ermöglichen, seine Kenntnisse und Fähigkeiten zu ergänzen, zu vertiefen und zu erweitern. *Sie muß neben der allgemeinen und berufsbezogenen Bildung auch die politische Bildung einschließen.* Im Blick auf die zunehmende Technisierung und die wachsende Freizeit fördert die Weiterbildung auch die Kreativität des Einzelnen und dient damit der Entfaltung und Selbstverwirklichung seiner Persönlichkeit. Weiterbildung setzt die Initiative des Einzelnen voraus. Die Weiterbildung wird in unserer Pluralistischen Gesellschaft von einer Vielzahl von Einrichtungen getragen. Die Eigenverantwortung und Eigenständigkeit der freien Träger wie auch ihre Gleichberechtigung mit öffentlichen Trägern sind zu sichern. Die Förderung des Auf- und Ausbaues der Weiterbildung ist eine öffentliche Aufgabe.

Maßnahmen:

a) Eine planmäßige und kontinuierliche Bildungsarbeit im Bereich der Weiterbildung verlangt eine verstärkte Förderung durch die öffentliche Hand.

b) Die freien Träger werden bei entsprechender Leistung gleichberechtigt an allen Maßnahmen und Einrichtungen sowie an der öffentlichen Förderung beteiligt.

c) Innerhalb des künftigen Weiterbildungssystems ist eine Zusammenarbeit der Einrichtungen und Träger sowie die Abstimmung ihrer Bildungsangebote notwendig. Schule, Hochschule und außerschulische Jugendbildung sind hierbei einzubeziehen.

d) Es sollen auf lokaler und regionaler Ebene Gremien gebildet werden, in denen alle Richtungen und Träger der Weiterbildung zusammenarbeiten. Darüber hinaus sollen Koordinationsgremien der Weiterbildungsorganisation auf Landesebene gebildet werden.

e) Bund, Länder und Gemeinden können ihre Zuwendungen an Weiterbildungsorganisationen und -einrichtungen von deren Mitarbeit in Kooperationsgremien abhängig machen.

f) Insbesondere muß im Bereich der beruflichen Weiterbildung sichergestellt werden, daß durch geeignete Ausbildungsgänge mit staatlich anerkannten Abschlüssen (Zertifikate) den Ausbildungserwartungen Rechnung getragen wird.

g) Die Aus- und Fortbildung der in der Weiterbildung Tätigen muß verbessert werden. Dazu sind besondere Ausbildungsgänge zu entwickeln und Fortbildungsmöglichkeiten zu schaffen. Durch die Errichtung von Lehrstühlen und die Erteilung von Lehraufträgen müssen die *Voraussetzungen für die wissenschaftliche Ausbildung von hauptberuflichen Mitarbeitern* geschaffen werden.

(11) HAMBURGER BESCHLÜSSE
22. BUNDESPARTEITAG DER CDU,
18.–20. NOVEMBER 1973, HAMBURG

V. REFORM DER BERUFLICHEN BILDUNG

I. Grundsatzthesen zur beruflichen Bildung

Vorwort

Bildungspolitik muß die Voraussetzungen schaffen für die *Selbstverwirklichung* des einzelnen in der Gesellschaft. *Bildung und Ausbildung bestimmen die Leistungen des Menschen in der Gesellschaft und sein Verhältnis zu ihr*; sie helfen ihm, sich *in die humane Wertordnung einer freiheitlichen und demokratischen Gesellschaft einzufügen* und diese mitzugestalten. Die CDU bekennt sich zum Leistungsprinzip und zu der im Grundgesetz festgelegten Pflicht des Staates, allen jungen Menschen *gleiche Chancen im Bildungswesen* zu sichern. Eine verantwortungsbewußte und realistische Bildungspolitik hat dabei auch den Bedarf und die finanziellen Möglichkeiten zu berücksichtigen.

Die Reform der beruflichen Bildung muß sich an diesen Grundsätzen orientieren.

1. Die CDU wird die *Gleichwertigkeit* der beruflichen Bildung mit anderen Bildungswegen in ihrem politischen Handeln durchsetzen. Berufliche Bildung ist Teil eines umfassenden Gesamtbildungskonzepts.

Berufliche Bildung soll den jungen Menschen zu *beruflicher und sozialer Mündigkeit* befähigen. Die berufliche Bildung muß ihm eine hohe fachliche Qualifikation für seinen Beruf vermitteln, um ihm die Mobilität und die Aufstiegschancen zu geben, die er in einer vom Strukturwandel geprägten Wirtschaft zur eigenen Sicherung und zur Entwicklung seiner Persönlichkeit braucht.

Die berufliche Bildung muß den jungen Menschen in die Lage versetzen, die Lebenschancen in unserer Gesellschaft seinen Möglichkeiten, Fähigkeiten und Neigungen entsprechend zu nutzen. *Der junge Mensch soll lernen, sich mit den bestehenden Verhältnissen kritisch auseinanderzu-*

*setzen und in Selbständigkeit, Verantwortlichkeit und Leistungsbereit-
schaft zur Gestaltung unserer Gesellschaft beizutragen.*

2. Die Verwirklichung dieses *Zieles erfordert einen stärkeren Lebensbezug unseres gesamten Bildungswesens.* Er muß im allgemeinbildenden
Schulwesen stärker als bisher zur Geltung kommen. Berufliche Bildung
muß diesen Lebensbezug auch in Zukunft sichern, ohne wie heute vielfach zu eng auf betriebliche Arbeitsabläufe ausgerichtet zu sein. Sie
muß nach einem bildungspolitischen und pädagogischen Konzept gestaltet werden, das die Möglichkeit der Schule auf die Arbeitswelt gleichermaßen nutzt.

3. Allgemeine und berufliche Bildung sind *gleichwertig.* Sie müssen
stärker aufeinander abgestimmt werden. *Für den berufsbezogenen
Weg muß die Durchlässigkeit zur Hochschule hin eröffnet werden.* Für
Abiturienten müssen als Alternative zum Studium qualifizierte berufsbezogene Bildungswege im dualen System eine dem Hochschulabschluß
gleichwertige Berufsqualifikation ermöglichen.

4. Theorie und Praxis stehen in der beruflichen Bildung in engem Zusammenhang. Sie müssen durch die Weiterentwicklung des dualen Systems
besser als bisher verbunden werden. Der Anteil der Theorie muß in allen
Berufsfeldern so bemessen sein, daß qualifizierte Ausbildung gesichert
ist.

5. Berufliche Bildung hat theoretische und praktische Seiten. Dementsprechend muß eine pädagogisch sinnvolle funktionale Aufteilung der
beruflichen Bildung auf die Lernorte Schule und Betrieb einschließlich
überbetrieblicher Ausbildungsstätten erfolgen. In vielen Berufsfeldern
ist der Lernort Betrieb unverzichtbarer Teil der Berufsausbildung. Wegen
der notwendigen Verklammerung von Fachtheorie und breit angelegtem
berufspraktischen Lernen bedürfen betriebliche und überbetriebliche
Ausbildungsstätten einer engen Verzahnung mit den Berufsschulen.

6. *Zur Verwirklichung der Freizügigkeit aller Arbeitnehmer ist eine ge-
meinsame gleichwertige europäische Berufsbildungspolitik unerläßlich.*
Vordringlich ist die gegenseitige Anerkennung der Berufsabschlüsse, der
Zeugnisse und Diplome.

7. Die Finanzhilfe für Schulen in freier Trägerschaft ist auf den gesamten berufsbildenden Bereich auszudehnen und zu verbessern. Staatliche Anerkennung der Abschlüsse ist Voraussetzung.

II. BERUFSBERATUNG UND BERUFSWAHL

1. Die Vielgestaltigkeit unseres Bildungssystems und die Notwendigkeit lebenslangen Lernens erfordern eine fortlaufende individuelle Beratung aller Bildungswilligen. Die Beratung muß insbesondere auf die Anforderungen des Bildungsweges, Aufstiegsmöglichkeiten, die Durchlässigkeit zu anderen Bildungswegen, Neigung und Eignung und die beruflichen Zukunftschancen abgestellt sein. Die hierfür zuständigen Beratungsdienste, insbesondere die *Schullaufbahnberatung*, unterstützt durch den schulpsychologischen und schulärztlichen Dienst und die Berufsberatung, Arbeits- und Förderungsberatung, unterstützt durch den arbeitspsychologischen und arbeitsärztlichen Dienst, sind quantitativ und qualitativ auszubauen. Eine Koordinierung und Abstimmung der Beratungsdienste ist sicherzustellen. Der Aufbau eines alle Stufen des Bildungswesens umfassenden Dokumentations- und Informationswesens ist die Grundlage für eine wirksame Beratung in allen Bereichen.

2. Da Schule den Schüler nicht einseitig fördern, sondern differenzierte Wege erschließen soll, muß sie möglichst früh allen Schülern auch die Möglichkeit geben, *manuelle Fähigkeiten zu entwickeln und zu erproben.* Aufbauend auf diesen Erfahrungen sind kontinuierliche Informationen und Entscheidungshilfen bereits in den Klassenstufen 7 bis 9 notwendig, um den Schüler zu einer Berufswahl anzuregen, die *seiner Eignung und Neigung* entspricht. Diese Aufgabe wird an allen Schulen von Schullaufbahnberatern übernommen, die mit den Beratungsdiensten der Arbeitsverwaltung (Berufs- und Studienberatung) und dem schulpsychologischen Dienst zusammenarbeiten; freiwillige Eignungsuntersuchungen in Zusammenarbeit von Schule und Berufsberatung erleichtern die Berufsfindung und objektivieren die Auswahlmethoden der Betriebe.

3. Die richtige Berufswahl für den jungen Menschen setzt die verantwortliche Mitarbeit der Eltern voraus. Berufsberatung muß so gestaltet werden, daß möglichst viele Eltern die Chancen dieser Berufsberatung erkennen und von ihr Gebrauch machen.

4. Die *Probleme behinderter Jugendlicher sowie ausländischer Jugend-*
licher aus den EG-Staaten und den Staaten, mit denen Anwerbeverein-
barungen getroffen wurden, sind bei der Entwicklung der Beratungs- und
Bildungspläne besonders zu berücksichtigen.

III. BERUFLICHE BILDUNG IN SCHULE UND BETRIEB

1. Berufliche Bildung vollzieht sich an den Lernorten Betrieb und Schule
in öffentlicher Verantwortung. Kernpunkt der Reform ist die Verbesserung
der Ausbildung in beiden Bereichen und die wirksame Verzahnung von
Praxis und Theorie. Berufliche Bildung erfolgt vorwiegend im Bereich
der Sekundarstufe 11. *Sie muß mit dem allgemeinbildenden Schulwesen*
durch abgestufte und differenzierte Ausbildungswege in Pflicht- und
Wahlschulen mehr verbunden werden und ein berufsübergreifendes
Unterrichtsangebot einschließen, zu dem auch das Fach Sport gehört.
Berufliche Bildung vermittelt gestufte berufsqualifizierende und allgemeinbildende Abschlüsse. Sie vollzieht sich in den Betrieben der Wirtschaft, in der öffentlichen Verwaltung und in den freien Berufen.

Berufliche Grundbildung

2. Voraussetzung für eine moderne, leistungsfähige Ausbildung ist die
Gliederung in berufsfeldbezogene Grundbildung und darauf aufbauende,
berufsqualifizierende Fachbildung. *Die Schule braucht dabei einen an-*
gemessenen, gegenüber früher erweiterten Anteil und eine wirksamere
Stellung im System der beruflichen Bildung. Berufliche Grundbildung
darf nicht eng spezialisieren, sondern muß eine ausreichende Breite von
Berufsfeldern und allgemeine Bildungsinhalte anbieten.

Berufliche Grundbildung vollzieht sich ohne Beeinflussung durch Produktion, auch wenn sie die Lernorte Schule und Betrieb umfaßt. Dabei ist
der Hinführung zu sozialpflegerischen und sozialpädagogischen Berufen
in Pflegeschulen bei der beruflichen Grundbildung eine besondere Stellung einzuräumen.

Berufliche Grundbildung vollzieht sich als Berufsgrundbildungsjahr

- in rein schulischer Form,
- in Betrieb und Schule in kooperativer Form.

Um die Anrechenbarkeit der beruflichen Grundbildung auf eine anschließende Fachbildung sicherzustellen, müssen Rahmenlehrpläne und Ausbildungsordnungen aufeinander abgestimmt sein. Für Jugendliche, die im
Anschluß an die berufliche Grundbildung nicht in eine weitere Fachbildung
eintreten, müssen besondere Formen der Förderung eingerichtet werden.

Berufliche Fachbildung

Berufliche Fachbildung muß sich differenzieren nach

- den Ausbildungszielen und der Ausbildungsdauer
- der Intensität der Anforderungen in Fachtheorie und betrieblicher
  Praxis
- den individuellen Interessen und Schwerpunkten der Auszubildenden.

Diesen Forderungen muß durch eine entsprechende Gestaltung der
Rahmenrichtlinien und Ausbildungsordnungen Rechnung getragen werden. Die Schule antwortet auf diese Forderungen durch:

- Einführung einer Leistungsdifferenzierung in den Berufsschulen und
  Entwicklung eines Systems gestufter Abschlüsse
- Einführung von Wahlpflicht- und Wahlfächern neben den Pflichtfächern,
  so daß bei entsprechender Leistungsfähigkeit und Leistungswilligkeit
  der Schüler berufsqualifizierende und allgemeinbildende Abschlüsse
  erworben werden können.
- Ausbau der beruflichen Wahlschulen.

Der Betrieb antwortet auf diese Forderungen durch:

- Stufung der Ausbildung
- Einführung von Zwischenabschlüssen
- systematische Ergänzung durch überbetriebliche Unterweisungen.

Schulische, betriebliche und überbetriebliche Ausbildungsinhalte sind
in einem flexiblen System als aufeinander abgestimmte Lerneinheiten
zusammenzufassen. Geeignete Kooperationsformen sind zu schaffen.

Für eine Verbesserung der beruflichen Fachbildung kommt der Bildung
von Fachklassen besondere Bedeutung zu. Sie muß auch in ländlichen
Gebieten erreicht werden. Entsprechende Organisationsformen sind dafür

vorzusehen. Der Blockunterricht mit seinen wechselnden Phasen betrieblicher Ausbildung und geschlossenen Unterrichtsblöcken übernimmt dabei eine zentrale Aufgabe. Er führt zu höherer Wirksamkeit der schulischen wie der betrieblichen Ausbildung und zwingt zu sorgfältiger Abstimmung und Ergänzung schulischer und betrieblicher Ausbildungsphasen.

Prüfungen

Beim Abschluß der beruflichen Bildung durch Prüfungen sind die einzelnen Träger beruflicher Bildung gleichberechtigt zu beteiligen. *Insbesondere ist die Verantwortung und Zuständigkeit der Schule für die Prüfung der in ihr vermittelten Bildungsinhalte zu sichern.*

Berufliche Wahlschulen

Berufliche Wahlschulen, insbesondere in Vollzeitform, führen zu schulischen und beruflichen Abschlüssen. Sie sichern die *Gleichwertigkeit von beruflicher und allgemeiner Bildung*, ermöglichen sowohl den Erwerb von doppelt profilierten Bildungsabschlüssen wie den von nachträglichen Qualifikationen. Die Entwicklung der berufsbildenden Wahlschulen erfordert die Erarbeitung geeigneter Schullaufbahnen (Curricula), damit dieser Bereich überschaubar und mit dem Bereich der beruflichen Erstausbildung besser verbunden wird. Berufsfachschulen und Berufsaufbauschulen sind dementsprechend weiterzuentwickeln. *Fachoberschulen und berufliche Gymnasien dürfen nicht nur zu einer Studienberechtigung führen, sie müssen in Zukunft auch den gleichzeitigen Erwerb einer Berufsqualifikation ermöglichen. Fachschulen bedürfen eines Ausbaus,* vor allem weil sie außerhalb der Hochschule Aufstieg durch berufliche Weiterqualifikation ermöglichen. Dabei sind die Fachseminare für sozialpflegerische Berufe, z.B. für Familienpflege und Altenpflege, Bildungsstätten eigener Art.

Für Abiturienten sind außerhalb der Hochschule attraktive Ausbildungsmöglichkeiten zu schaffen, die sich durch die enge Verzahnung von Theorie und Praxis auszeichnen und zu einem dem Hochschulabschluß gleichwertigen Bildungsabschluß führen (z.B. *Berufsakademien*). Diese Abschlüsse sind in die Laufbahnverordnungen aufzunehmen.

Lehrer und Ausbilder

Berufliche Bildung in der Schule bedarf einer entschiedenen Verbesserung durch

- Vermehrung der Zahl der Lehrer, gegebenenfalls durch besondere Werbemaßnahmen,
- qualitative Verbesserung der Ausbildung der Lehrer,
- Entwicklung spezieller qualifizierter Ausbildungsgänge für das Lehramt an berufsbildenden Schulen,
- Durchlässigkeit der Lehrerlaufbahnen in der Sekundarstufe II,
- Intensivierung der allgemeinen und fachlichen Fortbildung für die Lehrer.

Berufliche Bildung im Betrieb bedarf einer Verbesserung durch

- grundsätzliche fachliche Mindestqualifikation der Ausbilder,
- qualitative Verbesserung von berufs- und arbeitspädagogischen Kenntnissen,
- Intensivierung der allgemeinen und fachlichen Fortbildung
- Erweiterung des Angebots an besonderen Bildungsmaßnahmen für Ausbilder.

Die Kooperationsmöglichkeit und Kooperationsbereitschaft zwischen Lehrern und Ausbildern muß verbessert werden. Dabei kommt Fortbildungsmaßnahmen, die zur Begegnung beider Gruppen führen, besondere Bedeutung zu.

Besondere Aufgaben im Bereich der beruflichen Bildung

a) Jugendliche ohne Hauptschulabschluß

25 v. H. aller Jugendlichen verlassen die Hauptschule ohne Abschluß – nur mit einem Abgangszeugnis. Durch ein Angebot zusätzlicher Förderkurse soll ihnen die Möglichkeit geboten werden, den Hauptschulabschluß nachzuholen. Die Förderkurse der Bundesanstalt für Arbeit sind auf der Basis ärztlich-psychologischer Eignungsuntersuchungen umfassend auszubauen. Ziel ist es, diese Jugendlichen in ein normales Ausbildungsverhältnis zu vermitteln.

Jugendliche, die einer solchen Ausbildung nicht gewachsen sind, sollen die Möglichkeit zu einer weniger anspruchsvollen Ausbildung erhalten. Sie sollen zumindest eine einjährige abgeschlossene Grundbildung erhalten, an die sich eine verkürzte oder normale Ausbildung anschließt.

Neue Formen des Berufsgrundschuljahres sind für diese Jugendlichen nach ärztlichen, pädagogischen und psychologischen Erkenntnissen zu entwickeln.

b) Spätausgesiedelte Jugendliche

Eine besondere Gruppe unter den bei der Berufsausbildung Benachteiligten sind spätausgesiedelte Jugendliche. Für sie muß der Besuch von Förderschulen oder Förderschulheimen gesichert werden, ohne daß ihre Eltern (wie bisher) zu den Kosten herangezogen werden.

c) Berufsbildung ausländischer Jugendlicher

Unterschiedliche Aufenthaltsdauer, sprachliche Schwierigkeiten, andersartige Ausbildungsvoraussetzungen dürfen nicht dazu führen, diese Jugendlichen von Ausbildungsverhältnissen fernzuhalten. Für sie müssen besondere Maßnahmen, insbesondere der sprachlichen Förderung, eingesetzt werden. Da nur ausländische Jugendliche aus EG-Ländern Berufsausbildungsbeihilfe aus Mitteln der Bundesanstalt für Arbeit erhalten, fordert die CDU Maßnahmen zur finanziellen und organisatorischen Unterstützung der Ausbildungsmaßnahmen für ausländische Jugendliche aus Ländern außerhalb der Europäischen Gemeinschaft.

d) Behinderte Jugendliche

Lernbehinderte, körperbehinderte und geistig behinderte Jugendliche sollen in anerkannten Ausbildungsberufen oder entsprechenden stufenbezogenen Ausbildungsgängen zu den für sie erreichbaren Abschlüssen / Qualifikationen geführt werden. Für Schwerstbehinderte, die nicht in die Berufs- und Arbeitswelt eingegliedert werden können, muß ein eigener Behindertenplan entwickelt werden. Den Abgängern von Sonderschulen darf die Aufnahme eines Berufsbildungsverhältnisses nicht erschwert werden. Betriebe, die behinderte Jugendliche ausbilden und Arbeitsplätze zur Verfügung stellen, sollen steuerliche Vergünstigungen erhalten.

e) Jugendliche in Heimen der öffentlichen Erziehung

Jugendliche in Heimen der öffentlichen Erziehung müssen die Möglichkeit erhalten, Schulabschlüsse nachzuholen und eine berufliche Grundbildung bzw. Ausbildung zu erfahren. Die Berufsausbildung ist hier Teil eines individuell abzustimmenden Sozialisationsplanes.

f) Jugendliche im Strafvollzug

Jugendliche im Strafvollzug weisen überproportional eine unzureichende Schulbildung auf. Eine Verbesserung ihres Bildungsstandes muß daher im Allgemeinen einer wirksamen Berufsförderung vorausgehen. Je nach der individuellen Eignung ist eine Ausbildung in anerkannten Berufen mit Zukunftsaussichten fortzusetzen oder neu zu beginnen. Zusätzlich sind arbeitstherapeutische Maßnahmen erforderlich.

IV. ZUSTÄNDIGKEIT UND KONTROLLE

A. Bundesebene

Um die Abstimmung zwischen Betrieb und Schule zu ermöglichen, fordert die CDU eine Umstrukturierung des Bundesausschusses für Berufsbildung. Im Bundesausschuß sollen Vertreter von Bund, Ländern, Arbeitgebern, Arbeitnehmern und Lehrern an berufsbildenden Schulen gleichberechtigt vertreten sein. Die Bundesanstalt für Arbeit entsendet einen Vertreter.

Durch Vereinbarung zwischen Bund und Ländern ist anzustreben, daß die von dem Bundesausschuß erarbeiteten Grundlagen für die berufliche Bildung (vor allem Rahmenrichtlinien, Ausbildungsverordnungen, Prüfungsordnungen) von Bund und Ländern realisiert werden. Er wird bei dieser Arbeit vom Bundesinstitut für Beförderungsforschung unterstützt.

Der Bundesausschuß beschließt Richtlinien für die Eignung der Ausbildungsbetriebe und einen bundeseinheitlichen Daten und Statistikkatalog, um eine stärkere Kontrolle und bessere Durchschaubarkeit zu gewährleisten.

B. Landesebene

Der Landesausschuß für berufliche Bildung berät die Landesregierung bei der Durchführung der beruflichen Bildung auf Landesebene; die Landesregierung ist verpflichtet, in wichtigen Fragen der beruflichen Bildung die Meinung des Landesausschusses einzuholen. Die Rahmenlehrpläne für das berufsbildende Schulwesen werden vom Kultusminister im Benehmen mit dem Landesausschuß für Berufsbildung erlassen. Der Landesausschuß hat insbesondere im Interesse einer einheitlichen beruflichen Bildung auf eine Zusammenarbeit zwischen der schulischen und außerschulischen Berufsbildung sowie auf eine Berücksichtigung der beruflichen Bildung bei der Neuordnung und Weiterentwicklung des Schulwesens hinzuwirken.

Der Landesausschuß für Berufsbildung setzt sich zu gleichen Teilen aus Vertretern der Arbeitgeber, der Arbeitnehmer und der Lehrer an berufsbildenden Schulen zusammen. Die Mitglieder werden von der Landesregierung auf Vorschlag der Arbeitgeberorganisationen, der Arbeitnehmerorganisationen und der Verbände der Lehrer an berufsbildenden Schulen berufen.

C. Regionale Ebene

Auf der regionalen Ebene wirken staatliche Aufsichtsbehörde, Bezirksausschuß für berufliche Bildung und Kammern bei der Durchführung der beruflichen Bildung zusammen.

1. Die Kammern sind im Rahmen der folgenden Regelungen zuständige Stelle für die Durchführung der außerschulischen beruflichen Bildung.

2. Der Bezirksausschuß für berufliche Bildung setzt sich zu gleichen Teilen gleichberechtigt aus Vertretern der Arbeitgeber, der Arbeitnehmer und der Lehrer an berufsbildenden Schulen zusammen. Seine Mitglieder werden von der Landesregierung auf Vorschlag der Arbeitgeber- und Arbeitnehmerorganisationen sowie der Verbände der Lehrer an berufsbildenden Schulen berufen. Eine angemessene Vertretung der Auszubildenden muß gewährleistet werden. Der Bezirksausschuß ist für die Koordinierung der Ausbildung in Betrieb und Schule zuständig.

3. Die Kontrolle der außerschulischen beruflichen Bildung, insbesondere der Eignung der Ausbildungsbetriebe und der Einhaltung der Qualitätsanforderungen, erfolgt durch staatliche Aufsicht. Die zuständige Behörde ist dem Ausschuß berichts- und auskunftspflichtig.

4. Die Akkreditierung der Ausbildungsbetriebe wird von den Kammern nach bundeseinheitlichen Richtlinien vorgenommen.

5. Die Mitglieder der Prüfungsausschüsse werden von der zuständigen staatlichen Behörde – im betrieblichen Bereich auf Vorschlag der Kammern – berufen. Die Durchführung der Prüfungen nach bundeseinheitlichen Richtlinien wird den Kammern übertragen.

6. In Bundesländern, die nicht in Regierungsbezirke gegliedert sind, gelten die entsprechenden Bestimmungen unter Fortfall der Bezirksausschüsse sinngemäß.

V. FINANZIERUNG DER AUSSERSCHULISCHEN BERUFLICHEN BILDUNG

Die jetzige Form der Finanzierung der außerschulischen Berufsbildung durch die ausbildenden Betriebe führt zu Ungerechtigkeiten und Strukturverzerrungen. Sie ist durch ein Finanzierungsverfahren zu ersetzen, das die Verbesserung der Ausbildung durch eine gerechte Verteilung der Ausbildungslasten unter Berücksichtigung des Prinzips der Selbstverwaltung gewährleistet. Es soll branchengegliedert und geeignet sein, regionale Besonderheiten zu berücksichtigen. Es soll der zunehmenden Konzentration der Ausbildungsmöglichkeiten in den Ballungsräumen zugunsten der ländlichen Gebiete entgegenwirken.

ENTSCHLIESSUNG ZUR REFORM DER BERUFLICHEN BILDUNG

1. Der Bundesvorstand wird beauftragt, in absehbarer Zeit für die Erarbeitung eines umfassenden Konzepts der CDU zur Weiterbildung Sorge zu tragen.

[...]

(12) MANNHEIMER ERKLÄRUNG „FRAU UND GESELLSCHAFT" 1975
23. PARTEITAG, 23.–25. JUNI 1975, MANNHEIM[8]

[...]

4. Bereits bei der Kindererziehung im Elternhaus müssen geschlechtstypische Rollenklischees vermieden werden. Dazu bedarf es einer verstärkter Schulung und Fortbildung der Eltern.

5. Jungen und Mädchen sind in der Sekundarstufe I und II grundsätzlich auf ihre Aufgabe in der partnerschaftlichen Familie vorzubereiten. Hierzu gehört eine Grundinformation in Erziehungslehre und Hauswirtschaft.

6. Die Information und Beratung über alle weiterführenden Schulen und Ausbildungsgänge ist zu verbessern.

7. Die Aufnahme einer Berufsausbildung für Mädchen ist stärker und gezielter durch Elternhaus, Schule und Berufsberatung zu fördern. Der Konzentration der Mädchen auf nur wenige Berufsbereiche muß durch eine differenzierte Form der Berufsberatung entgegengewirkt werden.

8. Die Mindest- und Höchstaltersgrenzen bei der Aufnahme in Einrichtungen der beruflichen Bildung sind flexibler zu handhaben, damit sie dem Lebenslauf der Frau entsprechen.

9. Hauswirtschaft ist im berufsbildenden Bereich als beruflicher Schwerpunkt mit gestuften Anforderungen (Grund- und Fachbildung) zu entwickeln. Es sind Berufsfelder festzulegen, die auf der Tätigkeit in der Familie aufbauen.

10. Bei Umschulungs-, Fortbildungs- und Weiterbildungsmaßnahmen ist zu gewährleisten, daß die jeweilige Lebenssituation der Frau in den Unterrichtsmethoden und in der organisatorischen Durchführung mehr als bisher berücksichtigt wird.

11. Im Rahmen der Weiterbildung, insbesondere beim Bildungsurlaub, soll innerhalb vorhandener Bildungseinrichtungen eine Bildungszeit für die in der Familie tätige Frau vorgesehen werden.

(13) KULTURPOLITISCHES PROGRAMM 1976
VORGELEGT VON DEN KULTUSMINISTERN DER VON CDU UND CSU REGIERTEN BUNDESLÄNDER[9]

VORWORT

Für die Union ist Bildungs- und Kulturpolitik zentraler Bestandteil einer zukunftsorientierten Gesellschaftspolitik. *Nur ein realistischer, an den Bedürfnissen der Menschen orientierter Ansatz sichert die Berufs- und Lebenschancen des einzelnen, fördert eine gedeihliche Entwicklung unserer Gesellschaft und schafft eine der wesentlichen Voraussetzungen für den Bestand unserer Demokratie: Urteilsfähige Bürger, die politische, soziale und kulturelle Zusammenhänge erkennen und die fähig und bereit sind, unsere freiheitliche Ordnung zu bewahren und weiterzuentwickeln.*

Dies ist die Leitlinie christlich-demokratischer Bildungs- und Kulturpolitik, wie sie CDU und CSU in Bund und Ländern verfolgen. Sie tun dies mit einem Konzept realistischer und kontinuierlicher Politik, mit einem Konzept, das nicht kurzfristig angelegt ist, das Durststrecken in Kauf nimmt und das auch die Bereitschaft zu unpopulären Maßnahmen einschließt. Die bildungs- und kulturpolitischen Zielvorstellungen der Union sind stets mit der Angabe verbunden, wie diese neben den anderen öffentlichen Aufgaben zu verwirklichen sind und welche Prioritäten kurz- und mittelfristig gesetzt werden müssen. Ausgangspunkt für diese Politik ist ein Grundverständnis der CDU/CSU von Reform, das gleich weit entfernt ist von unbeweglichem Beharren auf überkommenen Strukturen und Inhalten wie von der unkritischen Übernahme nur scheinbar fortschrittlicher Entwicklungen.

Prüfstein für die Glaubwürdigkeit programmatischer Äußerungen ist das politische Handeln in der Regierungsverantwortung. In ihm wird deutlich, ob Programme mehr wert sind als das Papier, auf dem sie gedruckt sind. Regierungsverantwortung macht deutlich, ob hinter Konzeptionen und Programmen auch der politische Wille steht, der zu ihrer Durchsetzung erforderlich ist. Regierungsverantwortung macht aber auch deutlich, ob Konzeptionen und Programme an der Wirklichkeit orientiert – und für die Bildungspolitik heißt das: pädagogisch, gesellschaftspolitisch und ökonomisch angemessen – sind.

Seit 1969 war die Bildungspolitik von SPD und FDP dazu ausersehen, in Bund und Ländern Hilfsdienste zur Veränderung der Gesellschaft zu leisten. Nachdem dieses Ziel zurückgestellt werden mußte, als leere Kassen und mehr als eine Million Arbeitslose das Scheitern einer verfehlten Wirtschafts- und Finanzpolitik anzeigten, hat die Bildungs- und Kulturpolitik das Interesse der sozialliberalen Koalition verloren. Bereits in der Regierungserklärung, mit der Bundeskanzler Helmut Schmidt am 17. Mai 1974 sein Amt antrat, war die Bildungs- und Kultur-Politik in die hinteren Ränge der öffentlichen Aufgaben abgedrängt worden. Wie diese Platzierung zu verstehen war, hat das politische Handeln des Kanzlers und der ihn tragenden Parteien inzwischen hinreichend bewiesen: Anstelle des „absoluten Vorrangs" der schrankenlosen Reformeuphorie drohen Stagnation und Rückschritt zu treten.

Bildungs- und Kulturpolitik in unserem Land stehen unter dem Gebot des kooperativen Föderalismus. So will es die Verfassung und so fordert es politische Vernunft. Der Einheit unseres Bildungswesens ist es nicht dienlich gewesen, daß SPD und FDP in der Vergangenheit gerade die Bildungspolitik als Feld der Konfrontation statt der Kooperation ausersehen hatten. Nicht nur die Einheitlichkeit unseres Bildungswesens wurde dadurch gefährdet: in zentralen Fragen der Bildungspolitik – wie der beruflichen Bildung und der Hochschulrahmengesetzgebung – haben SPD und FDP darüber hinaus dem Bund verwehrt, in konstruktiver Weise den Auftrag auszufüllen, der ihm durch die Verfassung zugewiesen wurde. Es war daher die Pflicht der Länder, in denen die Bürger der CDU und CSU die Regierungsverantwortung übertragen haben, im Bundesrat ihre Mitverantwortung für das Hochschulrahmengesetz und das Berufsbildungsgesetz zur Geltung zu bringen, um Schaden abzuwenden und der Bundesregierung bzw. den SPD/FDP-regierten Ländern Wege für eine sachgerechte Lösung aufzuzeigen. Beim Hochschulrahmengesetz konnte dies erreicht werden, nachdem die Bundesregierung sich schließlich dazu bereit fand, ihr verfehltes Konzept aufzugeben. Leider scheint ein vergleichbarer Kompromiß in der Diskussion über das Berufsbildungsgesetz gegenwärtig nicht erreichbar zu sein, da Bundesregierung und Koalition hier wahltaktischen Erwägungen den Vorrang vor der Sache, d.h. vor dem Schicksal der betroffenen jungen Menschen, geben.

Die Kultusminister der Länder Baden-Württemberg, Bayern, Niedersachsen, Rheinland-Pfalz, Saarland und Schleswig-Holstein legen hier ein Programm vor, dessen Inhalt an der politischen Praxis der bereits seit vielen Jahren von der Union geführten Länder nachprüfbar ist. Für Niedersachsen bedeutet dieses Programm eine Perspektive, deren Verwirklichung unter den erschwerten Bedingungen in Angriff genommen werden muß, die sechs Jahre sozialdemokratischer Bildungspolitik in diesem Land geschaffen haben. Die Kultusminister der Länder, in denen die Union die Regierungsverantwortung trägt, formulieren ihr gemeinsames Konzept von Bildungs- und Kulturpolitik, zu dessen Zielen, zu dessen Kontinuität und zu dessen hervorragender Bedeutung für die Zukunft unseres Staates und seiner Bürger sie sich auch in einer Zeit leerer Kassen und der Versuchung zu kurzsichtigem Pragmatismus bekennen. Es ist ein Programm, dessen differenzierte Sachdarstellung darauf angelegt ist, die Fragen des an Bildungs- und Kulturpolitik Interessierten zu beantworten. Ebenso wie mit ihrem bildungspolitischen Schwerpunktprogramm „Bildungspolitik auf klaren Wegen" vor der Bundestagswahl 1972 wollen die vom Vertrauen von CDU und CSU getragenen Kultusminister damit auch zur Bundestagswahl 1976 eine Orientierungshilfe geben, die dem Bürger eine sachbezogene Entscheidung über die zukünftige Politik in unserem Lande erleichtern soll.

[...]

1. BILDUNGSZIELE UND BILDUNGSINHALTE

1.1 Zielvorstellungen des Bildungswesens

Jedem Menschen soll ein Bildungsgang eröffnet werden, der seiner *Begabung, seinen Fähigkeiten und seinen Neigungen entspricht und zu einer beruflichen Tätigkeit führt*. Daher muß bei der Weiterentwicklung des Bildungswesens auf das Beschäftigungssystem Rücksicht genommen werden.

Ziele und Inhalte aller Bildungsgänge müssen *verfassungskonform* sein und politisch verantwortet werden. Da das Bildungswesen in unsere demokratische, soziale und rechtsstaatliche Ordnung einbezogen ist, sind *Bildungsziele und Erziehungsziele aus dem Grundgesetz und den jeweiligen Landesverfassungen abzuleiten*. Die Schule *erzieht in Verantwortung vor Gott und den Mitmenschen zu verantworteter Freiheit und*

*sozialer Verantwortung, zur Achtung vor religiöser Überzeugung, zu
Toleranz, Gerechtigkeit, Friedensliebe, Liebe zur Heimat, Urteils- und
Entscheidungsfähigkeit, Leistungswillen und Eigenverantwortung.*

Die Kompetenz für die Verwirklichung dieser Erziehungs- und Bildungsziele liegt bei den Ländern. Die Bildungsinhalte sind an diese Ziele gebunden und dürfen *nicht Instrumente der Gesellschaftsveränderung* sein.
Der freie und demokratische Staat kann staatliche und gesellschaftliche
Strukturen durchaus in Frage stellen, um sie an verpflichtenden Normen
und Werten kritisch zu messen. Diese Möglichkeit erfährt aber ihre Begrenzung durch die Rechte des Mitmenschen und durch die verfassungsmäßige Ordnung. *Bildungs- und Erziehungsziele müssen den Werten
und Normen unserer freiheitlich-demokratischen Gesellschaftsordnung
verpflichtet sein.* Jede Regierung trägt gegenüber dem Parlament die
Verantwortung dafür, daß die Bildungsziele auf dem im Grundgesetz und
in den Landesverfassungen erreichten Grundkonsens von Werten und
Normen beruhen.

Die Institutionen des Bildungswesens sind gegen ideologischen Mißbrauch zu schützen. Die freien Träger im Bildungs- und Erziehungswesen
müssen in ihrem Handeln ihre Wert- und Normvorstellungen sichtbar
werden lassen. *Im Rahmen der politischen Bildung müssen Werte und
Normen einer freiheitlich-demokratischen Gesellschaftsordnung einsichtig gemacht* und die Bereitschaft zu ihrer Beachtung und Einhaltung und
zur Wachsamkeit gegenüber freiheitsbedrohenden Strategien gefördert
werden. Die politischen Aspekte einzelner Bildungsinhalte sollen unverkürzt und *frei von Einseitigkeit* behandelt werden. Bildungsziele und
Bildungsinhalte müssen die Selbständigkeit und die Verantwortungsbereitschaft des einzelnen fördern. *Der Mensch soll befähigt werden,
seine Zukunft im privaten, beruflichen und öffentlichen Leben selbst zu
gestalten. Die Selbstverwirklichung des einzelnen steht nicht im Gegensatz zu Ausbildungsanforderungen; denn Selbstverwirklichung setzt
voraus, daß der einzelne auf die Übernahme von Aufgaben in verschiedenen Lebensbereichen vorbereitet ist.*

Bildung und Erziehung müssen *zum Bejahen* des demokratischen und
sozialen Rechtsstaates führen, der das Recht des einzelnen gegen totalitäre Ansprüche garantiert, ihm einen Staat- und politikfreien Raum
sichert und ihm *seine persönliche Freiheit* gegenüber den Interessen einzelner und von Gruppen der Gesellschaft *gewährleistet.*

Erziehung muß sich daran orientieren, daß zur Freiheit nur findet, wer auch Selbstbeherrschung und Selbstüberwindung gelernt hat. Soziales Miteinander verwirklicht nur, wer auch unter Zurückstellung eigener Interessen zur Rücksichtnahme auf den Mitmenschen fähig ist. Ein solcher Prozeß der Persönlichkeitsfindung vollzieht sich nicht ohne Erfahrung von Vorbild und Autorität.

Zur Wahrung der *Chancengerechtigkeit* müssen Bildungsziele und Bildungsinhalte den individuellen Begabungen, Fähigkeiten und Neigungen angemessenen sein, Anspruchsstufungen zulassen und zu klar definierten Abschlüssen hinführen. Sie müssen sich als tragfähige Voraussetzungen für den Eintritt in einen Beruf erweisen.

1.2 Lehr- und Studienpläne

Nach diesen Zielvorstellungen richtet sich die innere Reform von Schule und Hochschule, der Kern aller Bemühungen der CDU/CSU um die weitere Entwicklung des Bildungswesens. Auch Richtlinien für die Förderung vor der Schule sind diesen Zielvorstellungen verpflichtet. Für die Gestaltung neuer Lehr- und Studienpläne sind daraus folgende inhaltliche Konsequenzen zu ziehen:

Lehrpläne, die auf das Erreichen eines einzigen obersten Lernzieles ausgerichtet sind, verfehlen ihre Aufgabe, den jungen Menschen zu Selbständigkeit und Verantwortlichkeit zu führen, denn Urteilsfähigkeit macht den selbständigen und verantwortlichen Menschen aus. Daher müssen Lehr- und Studienpläne anleiten, Urteilskriterien und Wissen nicht unbefragt zu übernehmen, sondern auf ihre Inhalte zu prüfen, zu gewichten und für das eigene Handeln verfügbar zu machen.

Lehrpläne müssen zur Entfaltung der Person beitragen. *Selbstverwirklichung des Menschen vollzieht sich nur in der Verbindung von personaler und sozialer Dimension. Eine Verabsolutierung der individuellen Erziehung gefährdet die Mitmenschlichkeit und die staatsbürgerliche Verantwortung, eine Verabsolutierung der sozialen Erziehung gefährdet Eigenverantwortlichkeit und Freiheitlichkeit.* Lehrpläne müssen deshalb auch Maßstäbe für die Beurteilung von Autorität und Vorbild in einer freiheitlich-demokratischen Gesellschaftsordnung gewinnen lassen. In unserer Gesellschaft wird der Autorität abverlangt, daß sie sich legitimiert. Auch dazu bedarf es der Bildung.

Daß unsere Gesellschaft ohne Konflikt nicht denkbar ist, daß Konsens und Toleranz erst persönliches, politisches und gesellschaftliches Leben möglich machen, ist in den Lehrplänen zu verankern. Ein junger Mensch muß zu seinem Ich finden und zugleich in die bestehende Gesellschaft hineinwachsen können. Konflikte müssen aus der Pluralität der Gesellschaft heraus verstanden und auf der Basis des Grundkonsenses als Gegeneinander grundsätzlich gleichberechtigter Positionen gesehen werden. Die Opposition ist unverzichtbarer Bestandteil einer demokratischen Staatsordnung. Sie hat die berechtigten Interessen einer Minderheit gegenüber der Regierung zu vertreten.

In allen Disziplinen ist die geschichtliche Dimension zur Geltung zu bringen. Geschichte ist nicht nur Belegmaterial für gegenwärtige Verhältnisse und Auffassungen und sie demonstriert nicht nur die Veränderbarkeit menschlichen Lebens, sie fordert von uns, das Andersartige verstehend zu begreifen und sie konfrontiert uns mit der Erfahrung des Fremden. Damit rückt sie die Maßstäbe für das Heute zurecht und fördert jenes Abstandnehmen, das die Grundlage der Toleranz bildet. Die großen geschichtlichen Entwicklungen und strukturellen Zusammenhänge lassen Grenzen und Möglichkeiten menschlichen Handelns Sichtbarwerden.

Die freie Entfaltung der Persönlichkeit und die unterschiedlichen Begabungen, Fähigkeiten und Neigungen setzen voraus, daß kein Einheitsmaßstab für die Bildungsangebote aller Heranwachsenden angelegt wird. *Schule und Hochschule müssen die Bedingungen für Leistungsfähigkeit schaffen und Leistung als Möglichkeit menschlicher Bewährung fordern.*

Individuelle Förderung wird im Bildungswesen mit unterschiedlichen Anforderungen und Schwerpunkten verwirklicht. Lehrpläne, die nur ein „Fundamentum", das Grundwissen für alle, enthalten, geben die Vergleichbarkeit und die Stufung von Lernleistungen preis. *Der Anspruch des einzelnen auf alternative Lernangebote kann nur durch ein System unterschiedlicher, jedoch aufeinander abgestimmter Bildungsgänge und Abschlüsse befriedigt werden.*

Lehr- und Studienpläne müssen *wissenschaftlich begründet*, dem jeweiligen Alter angemessen und verständlich sein. Auf die Belastbarkeit ist dadurch Rücksicht zu nehmen, daß überzogene wissenschaftliche Anforderungen ausgeschlossen werden und die unstrukturierte Anhäufung von Wissensstoffen unterbleibt.

*Aus dem aktiven Wertpluralismus und dem Erziehungsauftrag der Schule
ist auch die Stellung des Religionsunterrichts als ordentliches Unterrichtsfach in der öffentlichen Schule begründet. Glaubens- und Gewissensfreiheit (Art. 4 Abs. 1 GG) setzen Kenntnisse voraus, wie sie im Religionsunterricht vermittelt werden sollen.* Der individuellen Gewissensentscheidung wird durch die Möglichkeit der Abmeldung Rechnung getragen.
Dadurch darf aber nicht die Alternative Freistunde oder Religionsunterricht entstehen.

Die Achtung vor der Sinngebundenheit und Wertorientierung menschlichen Daseins und das Verständnis vom Menschen als einer Ganzheit
verlangen, daß den *Fragen nach dem Woher und Wohin des Menschen
in allen entsprechenden Unterrichtsfächern Raum gegeben wird.* Diese
Fragen ausschließlich dem Religionsunterricht zuzuordnen, hieße, die
menschliche Bildungsmöglichkeit des Schülers verkürzen. Im Unterricht
der öffentlichen Schule dürfen zu diesen Fragen keine verbindlichen Antworten vorgeschrieben werden, es muß aber auf die Bedeutung dieser
Fragen hingewiesen werden. Nur so kann die Urteils- und Willenskraft
des einzelnen so entfaltet und gestärkt werden, daß er sich totalitären
Ansprüchen begründet und sicher widersetzt.

In Lehr- und Studienplänen müssen Unterrichtsinhalte, Methode und
Strukturen der Fachdisziplinen miteinander verknüpft werden. In der
Schule darf der Unterricht nicht bis ins letzte Detail vorprogrammiert
werden. Der Lehrer muß die Möglichkeit haben, im Rahmen der erlasse-
nen Lehrpläne den Unterricht unter Wahrung seiner pädagogischen Freiheit zu planen, zu gestalten und durchzuführen. Hierzu sind Unterrichtsinhalte zur Wahl anzubieten. Die einzelne Schule entwickelt keine Lehrpläne, sondern setzt die Lehrpläne in Unterricht um. Die Verantwortung
für den Erlaß von Lehrplänen tragen die Kultusminister der Länder. Die
*Vergleichbarkeit der Bildungsziele und der Bildungsinhalte setzt voraus,
daß sich die Länder auf die Vermittlung eines gemeinsamen Grundwis-
sens einigen.*

2. MODELLVERSUCHE IM BILDUNGSWESEN

Zur Weiterentwicklung des Bildungswesens sind in allen Bereichen
auch künftig Modellversuche notwendig. Durch Modellversuche sollen
die Möglichkeiten künftiger Entwicklungen unter pädagogischen, medizi-
nischen, psychologischen, soziologischen, organisatorischen und ökono-

mischen Aspekten erprobt werden. Ihr Ziel ist es, nicht ideologische Einseitigkeit durchzusetzen, sondern die Förderung des jungen Menschen aufgrund praktischer Erfahrungen zu verbessern.

In den Modellversuchen muß gewährleistet werden, daß den Kindern und Jugendlichen aus ihrer Teilnahme kein Nachteil erwächst und der Erwerb bestehender schulischer Abschlüsse oder das Erreichen vergleichbarer Abschlüsse möglich ist. Es ist sicherzustellen, daß Übergänge in bestehende Bildungseinrichtungen ohne größere Schwierigkeiten erfolgen können. Im Bereich der Modellversuche sind überregionale Absprachen erforderlich. Dies gilt vor allem für die Anerkennung der Abschlüsse.

Modellversuche müssen in beschränkter Anzahl unter genau festgelegten Fragestellungen mit wissenschaftlicher Begleitung und intensiver Kontrolle eingerichtet werden. Bei ihrer Planung ist die beabsichtigte Verbesserung klar herauszuarbeiten. Die Modellversuche müssen an bestehende Strukturen des Bildungswesens pädagogisch anknüpfen und hinsichtlich der Abschlüsse an seinen Normen gemessen werden.

Modellversuche dürfen nicht die Verantwortlichkeit von Regierung und Parlament unterlaufen, sondern müssen so angelegt sein, daß nach ihrem Ablauf eine politische Entscheidung für oder gegen das zur Erprobung gestellte Modell und gegebenenfalls eine Umstellung auf das bestehende Bildungswesen möglich ist. Dies gilt insbesondere für Versuche, die sich auf die Struktur des Bildungswesens beziehen.

Die aufgrund eines Modellversuchs zu treffende Entscheidung muß sowohl durch wissenschaftliche Begleituntersuchungen wie durch einen unmittelbaren Vergleich der Leistungen mit denen an bestehenden Bildungseinrichtungen vorbereitet werden. Wissenschaftliche Begleituntersuchungen haben darauf zu achten, daß empirisch gesicherte und nachprüfbare Ergebnisse erzielt werden. Entsprechend ist die Dauer jedes Modellversuchs zu bemessen. Den Modellversuchen sind vergleichbar ausgestattete Bildungseinrichtungen im bestehenden System gegenüberzustellen. Es muß eine Aussage darüber gemacht werden, in welchem Umfang versuchsbedingte Mehrkosten bei allgemeiner Einführung abgebaut werden können.

3. FÖRDERUNG VOR DER SCHULE

Die frühe Förderung des Kindes, die oft seinen späteren Lebensweg entscheidend beeinflußt, kann nur dann verwirklicht werden, wenn Familie
und familienergänzende Einrichtungen vor der Schulzeit des Kindes
zusammenarbeiten. Der Erfahrungsaustausch zwischen Eltern und Erziehern ist zu verstärken, denn frühpädagogische Förderung, die nicht die
Familie einbezieht, erzielt keine dauerhaften Wirkungen. Die CDU/CSU
sieht deshalb eine wichtige Aufgabe darin, die Erziehungsfähigkeit der
Familie zu stärken und den Eltern Hilfen für eine entwicklungsgerechte
Förderung ihrer Kinder anzubieten. Dafür sind sowohl Maßnahmen der
Elternbildungsarbeit als auch spezielle Formen der Familienförderung
einzusetzen, damit für die Kinder ein günstiges Erziehungsfeld geschaffen
werden kann.

*Die familienergänzende Förderung vor der Schule darf nicht zur Pflicht
gemacht werden, aber das Platzangebot soll so ausgeweitet werden,
daß alle Kinder, deren Eltern es wünschen, Plätze im Kindergarten erhalten können.* Zur Erhaltung der Vielfalt muß das Angebot von freien und
öffentlichen Trägern gesichert werden. Die CDU/CSU wird dafür eintreten,
daß auch in schwächer besiedelten Regionen ausreichend Kindergarten-
plätze angeboten werden.

Bei der Förderung vor der Schule kommt den Fünfjährigen besondere
Bedeutung zu. *Entscheidend ist jedoch in dieser Phase, daß auch schon
in den vorangehenden Entwicklungsstufen die geistigen, seelischen und
körperlichen Kräfte des Kindes angeregt und entfaltet werden.* Eine
kindgemäße Förderung darf weder einseitig intellektuell noch einseitig
auf Sozialisation abgestellt sein. Dagegen muß diese Förderung auf
freiem und gestaltendem Spiel aufbauen, auf eine breite wertorientierte
Persönlichkeit ausgerichtet sein und *dem Ausgleich umweltbedingter
Benachteiligungen*, der Erweiterung von Erfahrungen in der sachlichen
und sozialen Umwelt sowie der *sorgfältigen Pflege der sprachlichen und
musischen Fähigkeiten dienen.* Diesen Zielsetzungen müssen die organisatorischen Regelungen über die Förderung der Fünfjährigen gerecht
werden.

Daher sind *Anregungen für eine kindgemäße Förderung* („Handreichungen" bzw. „Richtlinien") zu entwickeln, die – soweit möglich – in unterschiedlichen Organisationsformen verwendet werden können. Kindergar-

ten und Grundschule sollen zusammenarbeiten und inhaltliche Kontinuität ermöglichen. Dabei soll beachtet werden, daß, wo immer es möglich und der Siedlungsstruktur entsprechend sinnvoll ist, Kindergärten in der Nähe von Grundschulen und Grundschulen in der Nähe von Kindergärten errichtet werden. Allerdings sind unzumutbare Transport- und Wegezeiten zu vermeiden. In Modellversuchen soll die Frage der gemeinsamen oder wechselnden Förderung der Kinder durch Erzieher(innen) und Grundschullehrer(innen) im Blick auf die Gruppenbildung der Kinder und die Intensität der Förderung, besonders der Fünf- und Sechsjährigen, erprobt werden.

4. GRUNDSCHULE

Die Grundschule soll das Kind allmählich in die Formen schulischen Lernens einführen, die die Grundlage für weiterführende Bildungsgänge (u.a. Hauptschule, Realschule, Gymnasium) schaffen. Sie hat zum Ausgleich unterschiedlicher Bildungschancen beizutragen. Daher sollen Lernbedürfnisse und Lernfähigkeit der Schüler in besonderem Umfang durch innere Differenzierung des Unterrichts gefördert werden. Eine äußere Differenzierung des Unterrichts findet dagegen nicht statt. Die Kinder sollen herausgefordert, aber nicht überlastet werden. Ihre physische und psychische Entwicklung ist jeweils besonders zu berücksichtigen.

Aus diesem Grunde müssen *Lehrpläne* und organisatorische Maßnahmen darauf überprüft werden, ob durch sie die Kinder der verschiedenen Jahrgangsstufen nicht überfordert werden. Auch Hausaufgaben sollen auf die *unterschiedliche Leistungsfähigkeit der Kinder* Rücksicht nehmen und sind daher nach Umfang und Anforderung dem Leistungsstand der Kinder angemessen zu gestalten.

Für das Kind ist es entscheidend, daß es eine *personale Beziehung zum Lehrer* aufbauen kann. Geborgenheit erfährt das Kind in der organisatorischen Einheit seiner Klasse. Die fächerspezifische Gliederung des Unterrichts darf nicht dazu führen, daß der Unterricht durch die Tätigkeit zu vieler Lehrer in einer Klasse zersplittert wird.

Das *Fächer- und Stoffangebot* der Grundschule soll mit dem Ziel weiterentwickelt werden, daß jeder Schüler nicht nur sein Wissen erweitern, sondern auch seine seelischen Kräfte ausbilden, seine Begabungen *im* *handwerklich-technischen und künstlerischen B*ereich sowie auf dem Gebiet des *Sports* entfalten und *soziales Verhalten üben* kann. Im Sachkundeunterricht sind auch *heimatkundliche Elemente* angemessen zu berücksichtigen; dadurch kann die Anschaulichkeit gefördert und die Verbundenheit zur Heimat gestärkt werden.

5. SONDERSCHULE

Aufgabe der Sonderschule ist in erster Linie, zur Entwicklung und Persönlichkeit des Behinderten beizutragen und die soziale und berufliche Eingliederung behinderter Kinder und Jugendlicher durch eine ihrer Begabung und Eigenart entsprechende Bildung und Erziehung zu ermöglichen. Möglichst viele Behinderte sollen die Chance erhalten, einen Beruf zu erlernen.

Behinderungen und Störungen müssen frühzeitig erkannt werden, damit durch rechtzeitige Förderungsmaßnahmen die Auswirkung der Beeinträchtigung möglichst gering gehalten und die Aufnahme in eine Sonderschule begrenzt werden kann. Schüler mit leichteren, auf Teilbereiche beschränkten oder nur zeitweiligen Beeinträchtigungen oder Lernstörungen sollen möglichst in den Regelschulen unterrichtet werden. Zur Förderung dieser Kinder sind besondere didaktische Materialien zu entwickeln. Erzieher und Lehrer sollen dazu ausgebildet werden, solche Behinderungen und Störungen zu erkennen.

Bei schwerwiegenden und langdauernden Beeinträchtigungen brauchen die Schüler weitgehend individuelle Zuwendung und besondere Hilfe. Die *Beibehaltung eines eigenständigen Sonderschulwesens, das auf die unterschiedlichen Behinderungsarten und -grade Rücksicht nimmt, ist dafür unverzichtbar.* Das schließt eine Kooperation mit anderen Schularten nicht aus. Schülern, deren Leistungsfähigkeit und Leistungswille trotz der bestehenden Behinderung den Besuch weiterführender Schulen zulassen, sind entsprechende Bildungsgänge anzubieten.

Hierzu ist es erforderlich, *Lehrpläne und Unterrichtsmaterialien zu entwickeln, die den einzelnen Behinderungsarten angemessen sind und schulische Abschlüsse ermöglichen.* Die Elternberatung und die Zusammenarbeit mit der Berufsberatung müssen intensiviert werden. Durch Absprachen mit den Kammern und Berufsverbänden muß auf lokaler Ebene für behinderte Jugendliche der Weg in den Beruf geebnet werden.

Sonderpädagogische Schulversuche sollen mit dem Ziel durchgeführt werden, Möglichkeiten es Übergangs an Schulen des allgemeinbildenden oder beruflichen Schulwesens zu erproben. Das Angebot an allgemeinbildenden und beruflichen Sonderschulen (Sonderrealschulen, Sondergymnasien, Sonderberufsschulen) muß, differenziert nach Behinderungsarten, ausgebaut werden. Dabei ist es erforderlich, auch überregional leistungsfähige Sonderschularten zu errichten. Eine *ganztägige Betreuung der Schüler wird angestrebt.*

6. DIFFERENZIERUNG UND DURCHLÄSSIGKEIT NACH DER GRUNDSCHULE

Wer Schule unter pädagogischen und humanen Gesichtspunkten gestalten will, muß auf die unterschiedlichen Neigungen und Fähigkeiten in höchstmöglicher Weise Rücksicht nehmen. *Hohes Niveau und soziale Gerechtigkeit im Schulwesen können durch ein nach Begabungsrichtungen, Fähigkeiten und Neigungen gegliedertes, in sich nach Leistungshöhe differenzierendes System verwirklicht werden.* Hauptschule, Realschule und Gymnasium stellen als weiterführende Schularten erste Lernschwerpunkte dar und bieten in sich jeweils wieder verschiedene Ausbildungsrichtungen. Mit ihren unterschiedlichen Abschlüssen sind sie auf den Eintritt in eine berufliche Ausbildung im Rahmen der Einrichtungen des beruflichen Bildungswesens oder der Hochschulen ausgerichtet. In allen Schularten muß methodisches Lernen so geübt werden, daß dem Schüler ermöglicht wird, in seinem späteren Berufs- und Lebensweg Weiterbildungschancen wahrzunehmen.

Die Leistungsfähigkeit der Schule ist durch ihre Differenzierung und nicht durch eine nivellierende Integration zu stärken. Integration macht in der Regel einen einzigen Maßstab für alle verbindlich und schränkt damit die Möglichkeiten einer individuellen Förderung ein.

Der Zugang zu weiterführenden Bildungsgängen steht allen Schülern offen, *die entsprechend ihrer Begabung und ihrer Leistungsfähigkeit* den angestrebten Bildungsgang erfolgreich abzuschließen versprechen. Aufbauend auf den Erfahrungen der Grundschule treffen in der Regel Eltern, Schüler und Schule eine erste Entscheidung über den weiteren Bildungsweg, die jedoch überprüft wird und korrigierbar sein muß. Die Jahrgangsstufen 5 und 6 (Orientierungsstufe) müssen daher als Phase der Beobachtung, Förderung und Orientierung ausgestaltet werden. Die Organisationsform dieser Orientierungsphase stellt eine sekundäre, Frage dar. Die Orientierungsstufe bildet jedoch keine eigene Schulart, sie darf auch keineswegs als Vorstufe der integrierten Gesamtschule verstanden werden. Ein besonderes Maß an Durchlässigkeit infolge aufeinander abgestimmter Lehrpläne und schulartübergreifenden Lehrereinsatzes wird dazu beitragen, daß ein Schüler der ihm entsprechenden Schulart zugeführt werden kann, sobald seine Befähigung zu einem anderen als dem gewählten Bildungsgang klar erkennbar ist.

Das nach Schularten und Schulstufen gegliederte Schulwesen stellt auf keiner Stufe eine Sackgasse dar und ermöglicht *Durchlässigkeit* trotz unterschiedlicher Anforderungen. Dies gilt auch zwischen allgemeinbildenden und beruflichen Schulen. Die Durchlässigkeit findet aber ihre Grenzen darin, daß in den einzelnen Schularten ein kontinuierliches und zielgerichtetes Lernen gewährleistet werden muß. Dennoch soll auch mit fortschreitendem Bildungsgang begabten Schülern noch der Anschluß an Bildungsgänge mit höher qualifizierten Abschlüssen ermöglicht werden.

Die gebotene Differenzierung der einzelnen Bildungswege verlangt gleichzeitig eine enge Kooperation im gegliederten Schulwesen und zwischen benachbarten Schulen. Diese Kooperation ist ein unerläßlicher Schritt, um die Orientierung innerhalb der Ausbildungsgänge zu verbessern und die Durchlässigkeit zu steigern. Die Abstimmung der Stundentafeln und der Lehrpläne zwischen den Schularten schafft dafür günstige Voraussetzungen. Diese Maßnahmen dürfen aber nicht dazu führen, daß die Ziele der einzelnen Schularten nicht mehr erreicht werden können. Die pädagogische Zusammenarbeit benachbarter Schulen zielt auf die Abstimmung der Lernangebote, Lernverfahren sowie Lehr- und Lernmittel und trägt zu einer gemeinsamen Grundbildung und zur Durchlässigkeit zwischen den Schularten bei.

Um systematisches und kontinuierliches Lernen auf der einen und eine möglichst gerechte Förderung und Auslese, verbunden mit der entsprechenden Durchlässigkeit, auf der anderen Seite zugleich zu sichern, soll der Wechsel zwischen den Schullaufbahnen vornehmlich nach Abschluß ganzer Bildungsgänge vorgenommen werden, und zwar

- am Ende der Grundschule
- am Ende der Jahrgangsstufe 6 (nach der Orientierungsstufe),
- am Ende der Jahrgangsstufe 9/10 mit den dort erzielten abgestuften, doch aufeinander bezogenen Abschlüssen, die den Anschluß weiterer Bildungsgänge ermöglichen.

In Versuchen mit verschiedenen Modellen von Gesamtschulen wird derzeit erprobt, ob in ihnen Differenzierung und Durchlässigkeit besser als in den bestehenden Schularten verwirklicht werden können. Neben den für die Schüler bedrückenden und schädlichen Auswirkungen der Massenschule zeigen sich zahlreiche ungelöste pädagogische und organisatorische Probleme, die eine Einführung der Gesamtschule als einer Regelschule nicht rechtfertigen. Das schließt die Fortführung der Schulversuche in begrenztem Umfang und mit sorgfältiger wissenschaftlicher Begleitung nicht aus. *Wer beim heutigen Stand der Entwicklung der integrierten Gesamtschule ihrer Einführung als Regelschule das Wort redet, verfestigt Fehler, führt weniger statt mehr Durchlässigkeit herbei, überfordert Lehrer, Schüler und Eltern.*

Im differenzierten Bildungswesen muß Eltern und Schülern geholfen werden, den Bildungsgang einzuschlagen und erfolgreich abzuschließen, der *den Anlagen und Fähigkeiten des einzelnen am ehesten entspricht und in dem der einzelne am besten gefördert* wird. Daher ist es auch Aufgabe der Beratung, ein evtl. vorhandenes überzogenes Anspruchsdenken zu korrigieren.

Beratung gehört zu den unverzichtbaren Aufgaben jedes Lehrers. Sie kann nicht pauschal an neue Institutionen abgeschoben werden. Für eine besondere und vertiefte Beratung ist ein Beratungsdienst (z.B. Beratungslehrer, Schulpsychologen, Bildungsberatungsstelle) erforderlich, der Schülern und Eltern helfend zur Seite steht. Die CDU/CSU wird sich für eine gute Ausbildung von Beratungslehrern einsetzen und dafür sorgen, daß schrittweise in Stadt und Land ein Beratungsdienst aufgebaut wird.

7. HAUPTSCHULE

Die Hauptschule hat ein eigenständiges Profil. Es ist ihre Aufgabe, eine *grundlegende Allgemeinbildung* zu vermitteln, insbesondere die *praktischen, personalen und sozialen Fähigkeiten des Menschen zu fördern* und die ihr anvertrauten Schüler zu einer sachlich begründeten Berufsentscheidung zu befähigen. In der Erfüllung dieses Bildungsauftrags muß sie stärker als bisher die individuelle Begabungsstruktur der Schüler berücksichtigen. Dies ist auch ein Weg, die Zahl der Abgänger ohne Hauptschulabschluß zu verringern. Von der Leistungsfähigkeit der Hauptschule, *die auch künftig von der Mehrheit der Schüler besucht werden wird*, hängt die Funktionsfähigkeit des gegliederten Schulwesens in hohem Maße ab. Aus der Hauptschule muß wieder die Hauptsache werden.

Ohne etwa eine berufliche Verengung verfrüht einzuleiten, muß die Hauptschule intensiver und früher als bisher den unmittelbaren Bezug zur beruflichen Bildung herstellen. Durch die Einführung des Lernbereichs Arbeit/Wirtschaft/Technik erhält sie einen Schwerpunkt, der den Zusammenhang wirtschaftlicher, technischer, beruflicher, sozialer und politischer Fragen für den Jugendlichen verständlich werden läßt. Dieser Unterricht muß in der Regel von fachlich vorgebildeten Kräften abgehalten werden. In unmittelbarem Bezug zur Lebenswirklichkeit kann hier vorberufliche Bildung so gestaltet werden, daß die Jugendlichen einen leichteren Zugang zur Wirtschafts- und Arbeitswelt finden, ihre elementaren Strukturen kennenlernen und die Entscheidung, einen bestimmten Beruf zu ergreifen, bewusster treffen können.

Die Fremdsprachenvermittlung der Hauptschule muß auf die besonderen Belange und Fähigkeiten der Schüler bezogen werden. Für Schüler, die im fremdsprachlichen Unterricht überfordert werden, muß ein Weg gefunden werden, sie von dieser Verpflichtung zu befreien und ihnen Übungsmöglichkeiten in den Fächern zu erschließen, durch die sie zu einem erfolgreichen Schulabschluß gelangen können.

Die CDU/CSU will sich dafür einsetzen, daß die Hauptschule eigenständige und gestufte Abschlüsse erhält, die in der Öffentlichkeit anerkannt werden. Industrie, Wirtschaft und staatliche Verwaltungen sollen den eigenständigen Bildungsauftrag der Hauptschule erkennen, der gleichwertig neben dem Bildungsauftrag anderer Schularten steht, und ihre Eingangsvoraussetzungen für Berufsanfänger auf die neuen Abschlußqualifikationen der Hauptschule hin überprüfen.

Die Inhalte der künftigen Lehrpläne der Hauptschulen und der beruflichen Schulen müssen aufeinander abgestimmt werden. Die Abschlußqualifikationen der Hauptschule als Ziel und Grundlage für ihre Lehrpläne und als Basis für die anschließenden beruflichen Schulen, das Berufsgrundbildungsjahr und die zweijährigen Berufsfachschulen müssen klar definiert werden. Die Zusammenarbeit der Hauptschullehrer mit den Lehrern beruflicher Schulen soll in die Wege geleitet werden.

Gerade in der Hauptschule spielt die aktive Zusammenarbeit mit den Eltern eine besondere Rolle. Von Beginn an muß versucht werden, das erzieherische Interesse der Eltern wach zu halten und sie durch gute Beratung auf die Entscheidung für den Berufsweg ihres Kindes vorzubereiten.

8. REALSCHULE

Die Realschule soll *neben der Vermittlung einer grundlegenden Allgemeinbildung* für ein breites Feld beruflicher Bildungswege zwischen Wissenschaft und Praxis die notwendigen schulischen Voraussetzungen schaffen. Sie benötigt dazu eine etwas längere Schulzeit als die allgemeine Pflichtschule. Ihr Besuch setzt eine besondere Lernfähigkeit und Leistungsbereitschaft voraus.

Die Realschule stellt eine im gegliederten Schulsystem eigenständige Schulart dar. Sie unterscheidet sich in ihrem Profil von Hauptschule und Gymnasium, ist aber durch ihren Fächerkanon und durch ihre Lehrpläne zu enger Zusammenarbeit mit ihnen verpflichtet.

Die Realschule nimmt eine Brückenfunktion zu qualifizierten Berufen und den entsprechenden schulischen Einrichtungen (z.B. Berufskolleg, Fachakademie, Fachoberschule, Berufsfachschule) sowie – für besonders qualifizierte Schüler – auch zur gymnasialen Oberstufe wahr. In ihr sollen die Möglichkeiten individueller Förderung nach Neigungs- und Begabungsschwerpunkten und die Möglichkeiten eines verbesserten Übergangs in die berufliche Ausbildung verstärkt werden. Durch diese Schwerpunktbildung im Wahlpflichtbereich erfolgt eine Vororientierung für die am Ende der Realschule zu treffende Entscheidung über den Eintritt in einen qualifizierten Beruf. Schwerpunktbildungen sind z.B. im sprachlichen, mathematischen, naturwissenschaftlichen, technischen, sozialkundlichen und wirtschaftskundlichen Bereich möglich. *In allen Lehrplänen sollen musische, kreative, praktische und berufliche Elemente* stärker berücksichtigt werden.

In einer Abschlußprüfung bzw. einem Abschlußverfahren soll der Realschüler seinen qualifizierten Bildungsabschluß nachweisen, mit dem er die Voraussetzungen für die anschließende Berufsausbildung erworben hat. Durch besondere Leistungen kann er sieh in dieser Abschlußprüfung auch für den Eintritt in weiterführende Schulen der Sekundarstufe II qualifizieren.

9. GYMNASIUM

Der Bildungsauftrag des Gymnasiums verlangt einen einheitlich angelegten Bildungsgang, der seine Schüler bis zur Hochschulreife oder bis
zum Eintritt in eine berufliche Ausbildung fördert.

Das Gymnasium von heute ist keine schichtenspezifische Schule mehr;
es ist Schülern aus allen Schichten zugänglich, die sich den auf zunehmend höherem Abstraktionsniveau verlangten Anforderungen stellen
können. Die früher sehr ausgeprägte Trennung der verschiedenen
Gymnasialtypen, die den Schüler zwang, schon früh seine spezifischen
Interessen festzulegen (altsprachlich, neusprachlich, mathematisch-
naturwissenschaftlich), ist heute durch Wahlmöglichkeiten auf verschiedenen Stufen weiterentwickelt, die diese Entscheidung länger offen
halten. Im Fortgang des Bildungsweges kann der Schüler durch die
Wahl einer weiteren Fremdsprache oder durch die zusätzliche Betonung
anderer Bereiche seine besonderen Fähigkeiten zur Geltung bringen.
Die Sprachenfolge kann unterschiedlich sein. Die CDU/CSU wird sich
für die Erhaltung der Wahlmöglichkeiten nachdrücklich einsetzen.

Damit nur diejenigen Schüler in die Oberstufe eintreten, die mit hoher
Wahrscheinlichkeit die Studierfähigkeit oder die Fähigkeit zu einer vergleichbaren beruflichen Tätigkeit erreichen, wird sich die CDU/CSU dafür
einsetzen, daß *eine Leistungsfeststellung vor Eintritt in die Oberstufe eingeführt* wird. Die Ergebnisse dieser Leistungsüberprüfung und die letzte
Jahresleistung sollen zusammen einen Überblick über die Leistungsfähigkeit des Schülers vermitteln.

Durch die Einführung der *neugestalteten gymnasialen Oberstufe* wird
das schulische Angebot erweitert. Die Oberstufenreform hat Struktur
und Arbeitsweise des Gymnasiums entscheidend verändert. Statt starrer
Schultypen wird ein differenziertes Kurssystem angeboten; die Gliederung in Leistungs- und Grundkurse ermöglicht eine individuelle Schwerpunktbildung mit dem Ziel einer verbesserten Studierfähigkeit. Die
CDU/CSU wird die neue Form der Oberstufe besonnen entwickeln und
auch ihre Schwierigkeiten kritisch aufnehmen und auswerten. Es muß
verhindert werden,

- daß durch ein Unterlaufen der Vereinbarung der Kultusministerkonferenz vom 7.7.1972 über die neugestaltete gymnasiale Oberstufe
die Vergleichbarkeit der Anforderungen in verschiedenen Ländern in
Frage gestellt wird;
- daß durch ein Überangebot von Spezialisierung die grundlegende
Allgemeinbildung gefährdet wird;
- daß die Einführung der neugestalteten Oberstufe zu Lasten der Unter-
und Mittelstufe des Gymnasiums erfolgt, auch wenn für eine Übergangszeit gewisse Beschränkungen in personeller, räumlicher und
sachlicher Hinsicht hingenommen werden müssen und
- daß überzogener Leistungsdruck aufgrund des Numerus clausus geistige Leistung gefährdet und Notengebung pervertiert.

10. BERUFLICHE BILDUNG

Die berufliche Bildung muß den einzelnen in die Lage versetzen, die
Lebenschancen in unserer Gesellschaft *seinen Möglichkeiten, Fähigkeiten
und Neigungen* entsprechend zu nutzen. Die berufliche Bildung muß
ihm die fachliche Qualifikation für seinen Beruf vermitteln, um ihm die
Mobilität und die Aufstiegschancen zu geben, die er in einer Arbeitswelt
mit sich stetig wandelnden beruflichen Anforderungen zur eigenen
Sicherung und zur Entwicklung seiner Persönlichkeit braucht. Ein breites
Spektrum berufsorientierter und berufsqualifizierender Bildungsgänge
bis hin in den tertiären Bereich soll eine attraktive Alternative zu den
studienbezogenen Bildungsgängen darstellen.

Dabei muß die *Eigenständigkeit der beruflichen Bildung erhalten* werden:
*Eine Integration von allgemeiner und beruflicher Bildung gefährdet die
Qualität und Eigenständigkeit beider Bereiche und mißachtet die differenzierten Bildungsansprüche der Jugend.* Unabhängig davon sollten aber
die Möglichkeiten für eine sinnvolle Kooperation genutzt werden, wo sie
sich räumlich und personell anbieten.

Vorrangige Aufgabe in der beruflichen Bildung ist gegenwärtig die Sicherung eines quantitativ ausreichenden Angebotes an qualifizierten Ausbildungsplätzen sowie die Verwirklichung der Gleichwertigkeit von beruflicher und allgemeiner Bildung. Die Weiterentwicklung beruflicher Bildung
muß in sinnvoller Aufgabenteilung und partnerschaftlichem Zusammenwirken von Staat und Wirtschaft erfolgen. Die erforderliche Praxisnähe
der beruflichen Bildung kann nur durch das duale System von Schule und
Betrieb gewährleistet werden. Inhalt und Struktur der Bildungsgänge

müssen von den Möglichkeiten der Lernorte her entwickelt und aufeinander bezogen werden.

Bund und Länder müssen in Wahrnehmung ihrer öffentlichen Verantwortung durch eine entsprechende Gestaltung des Berufsbildungsrechts als wichtigem Bindeglied zwischen Bildungssystem und Beschäftigungssystem sicherstellen, daß

- die berufliche Erstausbildung aller Jugendlicher, auch die Ausbildung leistungsschwacher und behinderter Jugendlicher ermöglicht wird,
- durch leistungsfähige Strukturen die berufliche Bildung verbessert und dabei eine wirksame Kooperation der Partner gewährleistet wird,
- Veranstaltungen zur beruflichen Fort- und Weiterbildung in sinnvoller Verteilung der Aufgaben und in gegenseitiger Abstimmung von Schulen und Betrieben durchgeführt werden,
- an den Abschlußprüfungen die einzelnen Träger gleichberechtigt beteiligt und
- die erforderlichen Finanzmittel gesichert sind.

Berufliche Bildung im dualen System erfordert ein einheitliches Konzept für Betrieb und Schule. Deshalb müssen Ausbildungsordnungen und Rahmenlehrpläne von den Möglichkeiten der Lernorte her entwickelt und stärker aufeinander bezogen und abgestimmt werden. Bund und Länder regeln die Einzelheiten des Zusammenwirkens in einem besonderen Verwaltungsabkommen außerhalb des Berufsbildungsgesetzes.

Das Ja zum dualen System von Betrieb und Schule erfordert die aktive Förderung der betrieblichen Ausbildung. Ein breiter Fächer von ausbildenden Betrieben ist Voraussetzung für ein ausreichendes Angebot an Ausbildungsplätzen und die Sicherung wirtschaftlicher und sozialer Leistungsfähigkeit unseres Staates; deshalb ist die Ausbildung in der mittelständischen Wirtschaft, auch in kleineren und mittleren Betrieben unverzichtbar. Dabei muß sichergestellt werden, daß nicht durch übertriebene Anforderungen an Ausbildungsplätze und Ausbilder diesen Betrieben die Möglichkeit genommen wird, eine sachgerechte Ausbildung zu leisten.

Die betriebliche Ausbildung kann bei entsprechendem regionalem oder fachlichem Bedarf durch überbetriebliche Ausbildungsstätten ergänzt werden. Die Planungen für Standorte, Aufgaben, Organisation der überbetrieblichen Ausbildungsstätten sind jeweils auf die betrieblichen und schulischen Gegebenheiten abzustellen.

Finanzielle Regelung und Förderungsmaßnahmen für die betrieblichen bzw. überbetrieblichen Ausbildungsstätten müssen die Ausbildungsbereitschaft der Betriebe stärken und dazu beitragen, ein ausreichendes Angebot an Ausbildungsplätzen zu sichern. Der Sicherung dieser Ziele dienen der Entwurf eines Gesetzes zur Änderung des Berufsbildungsgesetzes und der Antrag betr. Programm zur Sicherung des Ausbildungsplatzangebots, die gleichlautend von der CDU/CSU-Bundestagsfraktion im Deutschen Bundestag und von den Ländern Baden-Württemberg, Bayern, Rheinland-Pfalz, Saarland und Schleswig-Holstein im Bundesrat eingebracht wurden. Damit hat die Union zugleich eine konstruktive Alternative zu der Gesetzesinitiative der Bundesregierung vorgelegt, die bei ihrer Verwirklichung in den kommenden Jahren die Berufsbildungschancen der jungen Generation ernsthaft gefährden würde.

Die Weiterentwicklung des dualen Systems erfordert verstärkte Anstrengungen zur Verbesserung des beruflichen Schulwesens. Bei den Bildungsinhalten der beruflichen Schulen ist je nach Zielsetzung der Schulart *ein ausgewogenes Verhältnis zwischen Erweiterung und Vertiefung der Allgemeinbildung einerseits* und der Grund- und Fachbildung andererseits anzustreben.

Voraussetzung für eine leistungsfähige Erstausbildung ist die Gliederung in berufsfeldbezogene Grundbildung und darauf aufbauende berufsqualifizierende Fachbildung. Berufliche Grundbildung vollzieht sich als Berufsgrundbildungsjahr in schulischer oder kooperativer Form und muß entsprechend den regionalen und sektoralen Erfordernissen ausgebaut werden. In der berufsqualifizierenden Fachbildung wird den unterschiedlichen Anforderungen der einzelnen Berufe durch zunehmende Spezialisierung Rechnung getragen. Eine qualifizierte Grund- und Fachbildung erfordert die Verbesserung der Unterrichtsbedingungen im beruflichen Schulwesen, und zwar insbesondere bei en Teilzeitschulen. Der Teilzeitunterricht in der Berufsschule ist, wo es von der Sache her erforderlich ist, möglichst in Blockform auszubauen. Die Möglichkeiten eines differenzierten Unterrichtes sind zu verbessern. Im Rahmen der inneren Reform der Berufsschule sind ergänzende und stützende Unterrichtseinheiten vorzusehen, damit auch die Voraussetzungen für berufliche Ausbildungsgänge mit höherer Abschlußqualifikation erreicht werden können.

Neben den Teilzeitschulen kommt den beruflichen Vollzeitschulen besondere Bedeutung zu. Dabei steht die Einführung und Ausgestaltung doppeltqualifizierender Bildungsgänge (z.B. Fachakademie, Berufskolleg, Berufsoberschule, berufliches Gymnasium) im Vordergrund. Ihr Abschluß soll so ausgestaltet sein, daß er einerseits den Zugang zu einem weiterführenden Bildungsgang eröffnet, gleichzeitig aber auch eine Berufsqualifikation verleiht, von der im Beschäftigungssystem unmittelbar Gebrauch gemacht werden kann. Berufliche Bildungsgänge außerhalb der Hochschulen für Bewerber mit Studienberechtigungen sollen ausgebaut werden.

Jugendliche ohne Hauptschulabschluß und behinderte Jugendliche, die keinen Ausbildungsplatz erhalten können, sollen durch eigene Formen des Berufsgrundbildungsjahres und ergänzende Maßnahmen der Arbeitsverwaltung besonders gefördert werden. Besondere Maßnahmen sollen den späteren Erwerb des Hauptschulabschlusses im Rahmen der Berufsschule ermöglichen. Spätaussiedler und jugendliche Ausländer brauchen vor allem zusätzliche sprachfördernde Bildungsangebote. Sie sollen verstärkt angeboten und auf die Schulbesuchspflicht angerechnet werden.

11. LEHRERBILDUNG, FORTBILDUNG VON LEHRERN UND ERZIEHERN

Der Beruf des Lehrers ist nicht ohne personale Zuwendung zum Schüler zu vollziehen. Der Lehrer ist damit *Anwalt des Kindes. Er muß auch Vorbild des Schülers* sein. Diese Funktion als autoritär beiseite zu schieben heißt, autoritäres Verhalten und Autorität zu verwechseln.

Der Lehrer muß sich in seinem Verhalten nach der Entwicklung seiner Schüler richten und gegenüber dem einzelnen Schüler einen erzieherischen Anspruch verwirklichen. Er würde allerdings überfordert, würde man von ihm die Verwirklichung aller erzieherischen Ansprüche erwarten. Die CDU/CSU wird sich dafür einsetzen, daß in einem funktional begründeten Erziehungskonzept der Lehrer ermutigt wird, personale Verantwortung zu übernehmen. In einem solchen Erziehungskonzept müssen alle am Schulleben Beteiligten unter Wahrung ihrer Rechte und unter Wahrnehmung ihrer Pflicht auf der Basis gegenseitigen Vertrauens partnerschaftlich zusammenwirken.

Damit der Lehrer auf die Vielzahl dieser Aufgaben in geeigneterweise vorbereitet wird, muß Lehrerbildung so organisiert sein, daß in ihr eine breite fachliche Qualifikation, Praxisbezug und erziehungswissenschaftliche Erkenntnisse gefördert und vermittelt werden. Ein nur in einem Unterrichtsfach ausgebildeter Lehrer entspricht diesen Anforderungen nicht.

Das nach Schularten und Schulstufen gegliederte Bildungswesen läßt den Einheitslehrer nicht zu. In der Regel ist von drei Lehrämtern auszugehen:

- Lehramt mit Schwerpunkt in der Primarstufe
- Lehramt mit Schwerpunkt in der Sekundarstufe I und
- Lehramt mit Schwerpunkt in der Sekundarstufe II.

Das Studium für alle Lehrämter wird an wissenschaftlichen Hochschulen (Universitäten, Pädagogischen Hochschulen, Hochschulen für bildende Kunst, Hochschulen für Musik und für Sport) mit einer Mindestdauer von sechs Semestern (für das Lehramt mit Schwerpunkt in der Primär- oder Sekundarstufe I) bzw. acht Semestern (für das Lehramt mit Schwerpunkt in der Sekundarstufe II und die Sonderschullehrer) absolviert und mit einer Ersten Staatsprüfung abgeschlossen. Es umfaßt Erziehungswissenschaft, Fachwissenschaften und Fachdidaktik und schließt Praktika ein.

Im sechssemestrigen Studium für das Lehramt mit Schwerpunkt in der Primarstufe soll in besonderer Weise den erzieherischen Aufgaben und fächerübergreifenden Aspekten des Unterrichts dieser Schulart entsprochen werden. Hier kommt der Erziehungswissenschaft mit dem Schwerpunkt auf der Grundschuldidaktik erhöhte Bedeutung zu.

Das achtsemestrige Studium zum Lehramt mit dem Schwerpunkt in der Sekundarstufe II umfaßt neben dem erziehungswissenschaftlichen Studium das Studium von zwei Fächern, davon ist ein Fach vertieft zu studieren. Für das Lehramt an beruflichen Schulen bzw. an Sonderschulen ist die gleiche Ausbildungsdauer vorzusehen. Ein Lehramt mit dem Schwerpunkt der Sekundarstufe II am Gymnasium schließt die Befähigung für den Unterricht in der Unter- und Mittelstufe des Gymnasiums ein.

An jedes Lehrerstudium soll sich ein Vorbereitungsdienst von mindestens 18 Monaten anschließen, der an besonderen Ausbildungsinstitutionen abgeleistet wird und mit der Zweiten Staatsprüfung und der Zuerkennung der Befähigung zu einem Lehramt endet. Der Vorbereitungsdienst erfolgt für ein Lehramt und besteht in einer theoretisch fundierten schulpraktischen Ausbildung.

Die sinnvolle Umsetzung neuer Lehrpläne in die Praxis und die Beteiligung von Lehrern und Erziehern an der Vorbereitung von Maßnahmen zur Weiterentwicklung des Bildungswesens sowie die ständige Aktualisierung des Wissens verlangen eine erhebliche Intensivierung der Fortbildung. Für die Fortbildung von Lehrern und Erziehern soll unter Einbeziehung von Fernstudienmaterialien eine umfassende Konzeption entwickelt werden, in die neben pädagogischen Themen auch psychologische, medizinische und organisatorische Probleme einbezogen sind. Die CDU/CSU will sich dafür einsetzen, daß möglichst viele Lehrer befähigt werden, leichtere und vorübergehende Lernstörungen oder -behinderungen von Kindern und Jugendlichen zu erkennen, um ihnen zu helfen und dadurch die Zahl der Schüler zu senken, die in sonderschulische Einrichtungen zu überweisen sind. Ziel aller Fortbildungsmaßnahmen muß sein, daß Lehrer und Erzieher befähigt werden, ihre pädagogische Gestaltungsfreiheit zu nutzen. Die Möglichkeit, einzelne Lehrer und Erzieher zur Teilnahme an Fortbildungsveranstaltungen zu verpflichten, muß geschaffen werden.

12. SCHULE ALS GEMEINSAME AUFGABE FÜR SCHÜLER, ELTERN UND LEHRER

Die gemeinsame Verantwortung der Eltern und der Schule für die Erziehung und Bildung der Jugend fordert die *vertrauensvolle Zusammenarbeit* dieser beiden Erziehungsträger. Lehrer, Eltern und Schüler sollen in partnerschaftlichem Zusammenwirken gemeinsame Verantwortung für Bildung und Erziehung tragen.

Die CDU/CSU tritt dafür ein, daß die Lehrer in pädagogischer Verantwortung zusammen mit den Schülern den Bildungsauftrag der Schule verwirklichen. Wer die Aufgabe der Lehrer einer Wahl durch Minderjährige ausliefert, schädigt Schüler und die Gesellschaft der Zukunft. Lehrer erfüllen ihren Auftrag in pädagogischer Freiheit, aber gebunden an Grundgesetz, Landesverfassungen, Schulgesetze, Beamtenrecht und Richtlinien. Eltern sind in diesem Konzept Partner der Schule.

Die Unterrichts- und Erziehungsarbeit der Schule ist auf die ergänzende Funktion der häuslichen Arbeit der Schüler und der Hausaufgaben angewiesen, sofern nicht besondere Übungsphasen in den schulischen Unterricht einbezogen werden können, wie das in Ganztagsschulen der Fall ist. *Die Hausaufgaben dienen der Festigung des Unterrichtsstoffes durch intensives Einüben.* Sie sollen außerdem den Schüler dazu anleiten, selbständig zu lernen und einmal formulierte Probleme eigenständig zu lösen zu versuchen. *Hausaufgaben dürfen dagegen nicht so gestellt werden, daß sie die Mitarbeit der Eltern voraussetzen und in Anspruch nehmen. Aufgabenstellungen, die diese Forderung mißachten, erfüllen ihren Zweck nicht und tragen zu sozialer Ungerechtigkeit bei; denn in der Regel können nur Eltern mit qualifizierten Bildungsabschlüssen ihre Kinder bei der Erledigung von Hausaufgaben unterstützen bzw. können nur begüterte Eltern Privatunterricht finanzieren.* Hausaufgaben sollen so gestellt werden, daß sie ihre erzieherische Funktion erfüllen und den Unterrichtsstoff sinnvoll ergänzen.

Das Recht und die Aufgabe, die Erziehungsarbeit der Schule zu fördern und mit zu gestalten, nehmen die Eltern in den entsprechenden Gremien (z.B. Schulkonferenz, Klassenpflegschaft, Elternversammlung und in den Elternbeiräten) wahr.

Der Schüler hat Mitwirkungsaufgaben keineswegs nur in den Vertretungsgremien (Schülermitverantwortung). *Die CDU/CSU will die Mitwirkung des Schülers an Planung und Gestaltung seines Unterrichts seinem Alter und seiner Entwicklung entsprechend verstärken.* Das Erziehungsziel der Schule kann nur erreicht werden, wenn Schüler aktiv mitarbeiten. Eine rein passive Haltung entspricht nicht dem Grundverständnis von Rechten und Pflichten in der Schule.

Bei der inhaltlichen Gestaltung und Durchführung des Unterrichts muß die Verantwortlichkeit der Lehrer und des Schulleiters gewährleistet sein. Die Mitentscheidung und Mitwirkung im Bereich des Schulwesens finden ihre Grenzen in den Bestimmungen des Grundgesetzes und der jeweiligen Landesverfassung insbesondere über die staatliche Schulaufsicht, in der staatlichen Gesetzgebung und Organisationsgewalt sowie durch den Gesichtspunkt der Einheitlichkeit des Schulwesens, der auch um der *Chancengerechtigkeit* willen notwendig ist. Eine Mitwirkung der Schulträger und Eltern ist auf Landesebene durch Gremien wie einen Landesschulbeirat oder einen Landeselternbeirat möglich.

Auf der Ebene der einzelnen Schule wirken Eltern und Schüler vor allem in folgenden Bereichen mit:

- grundlegende Fragen der Erziehung in der Schule und der Organisation des Unterrichtsbetriebes,
- Verbesserung der äußeren Schulverhältnisse,
- soziale Einrichtungen,
- Veranstaltungen, die der Pflege und Förderung der Zusammenarbeit von Schule, Eltern und Schüler dienen,
- Zusammenwirken bei der Lösung besonderer erzieherischer Probleme,
- Vermittlung in Konfliktfällen.

13. AUSSERSCHULISCHE JUGENDBILDUNG

Neben Familie, Schule und Berufsausbildung hat die *außerschulische Jugendbildung* an Bedeutung gewonnen. Sie stellt ein Erziehungsfeld dar, in dem vorwiegend durch Selbstorganisation Jugendlicher *soziale und politische Lernvorgänge* möglich werden.

Junge Menschen lernen, sich in wechselnden Gruppen Gleichaltriger zusammenzuschließen, die Inhalte ihrer Aktivitäten weitgehend selbst zu bestimmen und in Solidarität mit anderen Gruppen oder Verbänden sich an Entwicklungen in ihrem sozialen Erfahrungsbereich zu beteiligen. Außerschulische Jugendbildung ist auf Gesellschaft und Politik bezogen, wobei insbesondere die Lebensbereiche Jugendlicher zum Gegenstand der Auseinandersetzung werden.

In der außerschulischen Jugendbildung ist eine Vielfalt von Formen und Organisationen vorhanden. Sie wird überwiegend von freien Vereinigungen, insbesondere den Jugendverbänden und Jugendringen getragen, die von Staat und Gemeinden gefördert werden.

Die Pluralität der Träger in der außerschulischen Jugendbildung gewährleistet am ehesten die erforderliche Pluralität des Angebots und die Eigenständigkeit der einzelnen Träger.

Die CDU/CSU wird sich dafür einsetzen, die Grundlagen zur öffentlichen Förderung und Sicherung der außerschulischen Jugendbildung zu verbessern.

Dazu gehören im Einzelnen:

- Schaffung einer gesetzlichen Grundlage zur öffentlichen Förderung der außerschulischen Jugendbildung,
- Harmonisierung und langfristige Gestaltung der Förderungsplanung von Bund, Ländern und Gemeinden,
- Sicherung der infrastrukturellen Bedingungen der außerschulischen Jugendbildung (Einrichtungen, Mitarbeiter).

14. WISSENSCHAFT UND FORSCHUNG

Wissenschaft und Forschung sind nicht nur die Grundlage des materiellen, kulturellen und sozialen Wohlstandes von heute und morgen, sie sind auch der Motor jeden technischen Fortschritts. Wissenschaft und Forschung sind deshalb so zu gestalten, daß sie dem Fortschritt auf allen Lebensgebieten dienen.

Wissenschaft in Forschung und Lehre soll auch in Zukunft an den Hochschulen konzentriert sein. Struktur und Weiterentwicklung der Hochschulen sind ursächlich verbunden mit der Qualität von Wissenschaft und Forschung. Wenn wir den Fortschritt von morgen nicht gefährden wollen, muß die Diffamierung der Hochschulen beendet werden.

14.1 Ziele der Hochschulpolitik

Beim Ausbau der Hochschulen ist darauf zu achten, daß der Staat seiner Verantwortung für die Gewährleistung

- der Freiheit von Forschung, Lehre und Studium und der Rechtsstaatlichkeit an den Hochschulen,
- einer leistungs- und berufszielorientierten wissenschaftlichen Ausbildung, die den mit einer Hochschulausbildung verbundenen beruflichen Erwartungen Rechnung trägt,
- einer leistungsfähigen Organisation des gesamten Hochschulbereichs und damit einer effizienteren Verwendung der für die Hochschule bereitgestellten finanziellen Mittel gerecht wird.

Die CDU/CSU unterstützt dabei die Zielsetzung des Hochschulrahmengesetzes, zumal sich bei den entscheidenden Regelungen in diesem Gesetz SPD und FDP den Vorstellungen der CDU/CSU gebeugt haben.

Zugleich wird die CDU/CSU dafür sorgen, daß alle vorhandenen Kapazitäten in den Hochschulen in vollem Umfang ausgelastet werden. Es
müssen Mittel und Wege gesucht werden, um eine Übergangsphase mit
Engpässen in der personellen und räumlichen Kapazität sachgerecht
zu bewältige n. *Studienplätze in Ausbildungsgängen, für die der Bedarf
rückläufig ist, müssen zugunsten solcher Ausbildungsgänge umgewidmet
werden, für die auch in Zukunft Bedarf besteht.* Als flankierende Maßnahmen kommen ein weiterer Ausbau der Fachhochschulen, das Fernstudium
im Medienverbund und berufliche Ausbildungsgänge für Abiturienten in
Betracht.

14.2 Hochschulzugang

Die gegenwärtige Finanzlage, die strukturellen Prioritäten innerhalb
des Bildungswesens und der voraussichtliche gesellschaftliche Bedarf an
Akademikern erlauben nur noch eine begrenzte Steigerung der Ausbau-
leistungen für den Hochschulbereich. *Angesichts des starken Geburtenrückgangs, der sich ab 1985 auch auf die Hochschulen auswirken wird,
ist es außerdem nicht vertretbar, die langfristige Ausbauplanung allein
auf die in den nächsten Jahren noch steigende Zahl von Studienbewer-
bern abzustellen.*

Das Massenproblem an den Hochschulen und die sich immer weiter
öffnende Schere zwischen der Nachfrage nach Studienplätzen und der
vorhandenen bzw. zu schaffenden Kapazität an Studienplätzen zwingen
zu klaren Aussagen insbesondere zur Frage des Hochschulzugangs bzw.
der Hochschulzugangsberechtigung.

Für die CDU/CSU bleibt das *Abitur entscheidende Voraussetzung* für
den Hochschulzugang, da es in einem auf Studierfähigkeit angelegten
Bildungsgang und aufgrund jahrelanger Beobachtung und Beurteilung
erworben wird. Die *Vergleichbarkeit der Abiturnoten* muß jedoch durch
Vereinheitlichung der Prüfungsanforderungen und der Notengebung verbessert werden. Dazu können Normenbücher und u.U. zentrale Abitur-
prüfungsverfahren dienen.

Die CDU/CSU setzt sich auf der Grundlage des Hochschulrahmengesetzes
für eine Verbesserung des Zulassungsverfahrens zu den Hochschulen ein
und will vor allem in den Fächern, in denen ein besonderer Engpaß beim
Hochschulzugang besteht, durch ergänzende Verfahren sichern, daß auch

der durchschnittliche, aber möglicherweise für einen Beruf besonders befähigte Abiturient seine Studienchance erhält. Neben einer *fachspezifischen Gewichtung der Abiturnoten sollen zusätzliche Testverfahren und auf das Studium ausgerichtete, mit Leistungsnachweisen verbundene praktische Tätigkeiten* auf ihre Anwendbarkeit geprüft werden.

Hochschulzugangsberechtigungen neben dem Abitur müssen reduziert werden, wobei der Zweite Bildungsweg erhalten bleibt. Die Übergänge von den Fachhochschulen zu den Universitäten müssen eingeschränkt werden. *Eignungs- und Begabtenprüfungen müssen so gestaltet werden, daß sie nur noch den wirklich Qualifizierten ein Studium eröffnen.*

Solange die überproportionale Nachfrage nach Studienplätzen anhält, sollen entsprechend den Regelungen im Hochschulrahmengesetz vorübergehend Länderkontingente eingeführt werden.

Da bislang die Übergänge und die Verteilungshilfen für eine begabungsgerechte und auf das Beschäftigungssystem bezogene Förderung nicht voll entwickelt sind, müssen für Abiturienten Ausbildungswege angeboten werden, die auch im Blick auf die späteren Berufschancen eine überzeugende Alternative zum Hochschulstudium darstellen (z.B. *Berufsakademie*).

14.3 Struktur und Organisation der Hochschulen

Im Vordergrund der Hochschulreform muß die innere Reform stehen. Studienpläne und Prüfungsordnungen sollen so gestaltet sein, daß ein Hochschulstudium innerhalb einer *Regelstudienzeit* abgeschlossen werden kann.

Dazu bedarf es auch einer besseren Stoffauswahl und einer *Entrümpelung der Studiengänge*. Art und Inhalt der Abschlüsse müssen sich stärker an den beruflichen Erfordernissen ausrichten.

Studienreformkommissionen sollen die Studienziele, Studiengänge, Studienpläne und Prüfungsordnungen überarbeiten, damit u.a. auch die aufwendigen Hochschuleinrichtungen besser als bisher genutzt werden können. Die Qualität der Prüfungen und Abschlüsse ist zu gewährleisten. *Der Belastbarkeit der Studenten ist dabei Rechnung zu tragen.*

Eine durchgreifende Studienreform setzt eine *bessere Organisation der Lehre* voraus. Die Bemühungen, die *Hochschuldidaktik* für Lehre und Studium nutzbar zu machen, müssen intensiviert werden. Schwerpunkte müssen dabei die Erforschung der Studienziele sowie der Studien- und Prüfungsinhalte und die Koordination von allgemeiner und Fachdidaktik sein. Alle in der Lehre tätigen Angehörigen der Hochschule sollen systematisch mit den neuesten didaktischen und methodischen Erkenntnissen vertraut gemacht werden.

Die *Studienberatung* ist auszubauen, um die große Zahl der Studienfachwechsler Studienabbrecher und Langzeitstudenten zu verringern. Das System der Studienberatung soll besonders auch für das Studium des Lehramts eingerichtet werden, um den Bewerbern die Wahl der Fächer und Lehrämter zu ermöglichen, in denen noch ein spezifischer Mangel besteht und in denen die spätere Übernahme in den Schuldienst am ehesten möglich ist.

An Hochschulen soll eine *funktionsgerechte Mitbestimmung der Gruppen* ermöglicht werden. Die Freiheit von Forschung und Lehre darf aber nicht dazu mißbraucht werden, daß einzelne bei der Durchsetzung ihrer Interessen und Ziele die rechtsstaatliche Ordnung gefährden. In allen Gremien muß die Gruppe der Professoren über die Mehrheit der Stimmen verfügen. Um eine effiziente Verwaltung zu sichern und den Hochschullehrer und Studenten gleichermaßen belastenden Gremienwirrwarr zu überwinden, strebt die Union eine organisatorische Straffung der akademischen Selbstverwaltung an, durch die auch Zuständigkeit und Verantwortlichkeit klar geregelt werden muß.

Hochschulen mit zu großen Studentenzahlen gefährden die Effizienz des Studiums und benachteiligen den einzelnen Studierenden. Die Universitäten sollen daher hinsichtlich ihrer *Größenordnung überschaubar* bleiben. Eine Kooperation zwischen den Hochschularten wird angestrebt. Hierzu sind *geeignete Modelle zu entwickeln (z.B. Gesamthochschulen)*. Ein auf Differenzierung und Kooperation ausgerichtetes System entspricht den wissenschaftlichen und beruflichen Anforderungen einer differenzierten Gesellschaft.

Zur Entlastung der Universitäten und zur Erprobung neuer didaktischer Modelle ist das Fernstudium aufzubauen. Die Kapazitäten des Fernstudiums können nach dem Absinken der Studentenzahlen in den Jahren

nach 1990 für allgemeine Fort- und Weiterbildung und für das Kontaktstudium Verwendung finden.

14.4 Forschung

Eine wichtige Voraussetzung für den Fortschritt in Wissenschaft und
Technik ist eine breit angelegte Grundlagenforschung. Sie ist eine notwendige Voraussetzung dafür, daß neue Möglichkeiten erschlossen werden, um die Probleme der Menschen zu lösen und ihre Lebensbedingungen zu verbessern. Die Grundlagenforschung muß unabhängig von
Zielvorgaben gefördert werden.

Die *„gesellschaftliche Relevanz" der Forschung darf kein zentraler Wert*
der Forschung sein, vor allem nicht der Grundlagenforschung. Damit
sich Forschung und Lehre am Bemühen um Wahrheit und Leistung ausrichten können, muß der Freiraum des Wissenschaftlers geschützt werden. Unmittelbare Beeinflussung durch den Staat verbietet sich damit
ebenso wie der Mißbrauch der Forschungsförderung und ihres Instrumen-
tariums für politische Zwecke.

Im Gegensatz zur Grundlagenforschung kommt der Auftrags- und
Ressortforschung gerade als Hilfsmittel politischen und administrativen
Handelns und zur Vorbereitung entsprechender Entscheidungen beson-
dere Bedeutung zu.

Die Hochschulforschung und die Forschung der gewerblichen Wirtschaft
müssen einander ergänzen. Nur durch ein enges Zusammenwirken beider lassen sich wissenschaftliche und technologische Zukunftsaufgaben
wirkungsvoll bewältigen. Um dies sicherzustellen, ist auch notwendig,
daß die Annahme von Forschungsaufträgen in der Hochschule nicht durch
sachfremde Verfahrensregelungen behindert wird. Dies liegt auch im
Interesse der künftigen Hochschulabsolventen, deren berufliches Ziel
die Tätigkeit in der Industrieforschung ist.

Die nichtstaatliche Wissenschaftsförderung ist durch entsprechende
steuerliche Regelungen und durch ein bundeseinheitliches Stiftungsrecht
zu erleichtern.

15. WEITERBILDUNG

Die stetige Weiterentwicklung von Wissenschaft und Technik und der soziale Wandel verändern unsere Lebens-, Arbeits- und Umweltbedingungen. Gestern erworbene Kenntnisse und Fähigkeiten können morgen schon veraltet sein. Dem Bürger müssen deshalb auch nach Schule, Hochschule und beruflicher Ausbildung breitgefächerte Bildungsangebote zur Verfügung stehen. Die sollen durch Aktualisierung seines Bildungsstandes zu seiner sozialen Sicherung beitragen und ihm helfen, Antworten auf neue Fragestellungen im persönlichen, beruflichen und öffentlichen Leben zu finden, sich sozialen Aufstieg unabhängig vom Schulzeugnis zu sichern, neue Berechtigungen zu erwerben, Versäumtes nachzuholen und sein Leben eigenverantwortlich zu gestalten. Weiterbildung dient daher der Chancengerechtigkeit im Bildungswesen.

Die *Inhalte der Weiterbildung* werden durch die *unterschiedlichen Bedürfnisse, Fähigkeiten, Interessen und Neigungen des einzelnen und seine Aufgaben in Staat und Gesellschaft bestimmt.*

Angebote allgemeiner, politisch-sozialer und berufsbezogener Weiterbildung sind gleichwertig, die Wahlfreiheit des einzelnen muß unverkürzt erhalten bleiben. *Die CDU/CSU lehnt deshalb ein Sonderprivileg für die politische Bildung zu Lasten der anderen Lernfelder ab. Sie wendet sich insbesondere gegen Versuche einseitiger Beeinflussung der Teilnehmer. Ideologisierung und Indoktrination widersprechen dem Konzept pluraler Weiterbildung und entmündigen den Bürger.*

Die Weiterbildungsangebote sollen nach Form, Inhalt und Methode die Entwicklung von Eigeninitiativen fördern und jedem seine Chance zur Teilnahme an weiterbildenden Veranstaltungen sichern. Besonders im Bereich der beruflichen Weiterbildung sind geeignete Bildungsgänge mit staatlich anerkannten Abschlüssen (Zertifikaten) zu entwickeln.

Weiterbildung darf sich aber nicht in bloßer Stoffvermittlung erschöpfen. Sie soll ebenso zur *Lösung personaler und familiärer Fragestellungen* beitragen und Anregungen für eine kreative Gestaltung der Freizeit geben.

Weiterbildung soll bei der Wahrnehmung ihres Erziehungsauftrages helfen, die Generationen zusammenführen und dem *älteren Menschen durch attraktive Angebote die Teilnahme an Bildungsveranstaltungen ermöglichen. Behinderten und Benachteiligten ist durch besondere Anreize der Zugang zur Weiterbildung zu erleichtern.* Mehr *Chancengerechtigkeit* durch Weiterbildung setzt ein bedarfsgerechtes, flächendeckendes Bildungsangebot voraus, das mindestens *ein Grundangebot aller Lernfelder* umfaßt. Es ist entsprechend den jeweiligen örtlichen oder regionalen Bedingungen in partnerschaftlichem Zusammenwirken aller Träger und Einrichtungen so zu planen, daß dem einzelnen in zumutbarer Entfernung die Verwirklichung seiner Bildungsbedürfnisse ermöglicht und soziales und regionales Bildungsgefälle weiter abgebaut wird.

Bei dem *stufenweisen Ausbau der Weiterbildung zu einem eigenständigen Teil* des Bildungswesens muß die gewachsene und bewährte Vielfalt der Träger erhalten und garantiert werden.

Freie Initiativen sind nicht nur geduldet, sondern zur Sicherung breitgefächerter, alternativer Bildungsangebote notwendig und erwünscht; die CDU/CSU lehnt staatliche oder kommunale Weiterbildungsmonopole ab: sie gefährden die Pluralität im Bildungswesen als Grundbedingung unserer freiheitlichen Ordnung.

Weiterbildung wird daher von öffentlichen Trägern (Einrichtungen des Staates und der Kommunen) und freien Trägern (wie den Bildungswerken der Kirchen, Gewerkschaften und anderer gesellschaftlicher Gruppen) grundsätzlich gleichberechtigt und mit dem Anspruch auf gleiche staatliche Förderung bei gleicher Leistung angeboten. Staatliche Zuwendungen können nur Einrichtungen erhalten, die nach Zweck, Organisation, Inhalt, Qualität und Umfang ihrer Bildungsarbeit bestimmten Mindestanforderungen genügen und *auf der Grundlage unserer verfassungsmäßigen Ordnung tätig sind.*

Eine gleichmäßige Entwicklung der Weiterbildung macht eine partnerschaftliche Kooperation der Träger auf Landesebene und der Einrichtungen im örtlichen oder regionalen Bereich erforderlich. Weitgehende Abstimmung von Bildungsmaßnahmen und Zusammenarbeit mit anderen Bildungsbereichen dienen der Verbesserung des Angebotes und dem effizienten Einsatz öffentlicher Mittel. Dafür sind unter Berücksichtigung der Eigenständigkeit und der Gleichberechtigung öffentlicher und freier Träger entsprechende organisatorische Formen zu entwickeln. Ein staatlicher oder kommunaler Koordinator wird abgelehnt.

Qualifizierte Weiterbildung hängt von geeigneten pädagogischen Mitarbeitern ab. Das Berufsbild der hauptberuflich in der Weiterbildung Tätigen muß ihrer besonderen Funktion entsprechen. Der Zugang muß Absolventen aller Fachrichtungen offenstehen.

Durch die notwendige Erhöhung des Anteils an hauptberuflichem Personal werden nebenberufliche und ehrenamtliche Mitarbeiter nicht verdrängt. Sie erfüllen auch in Zukunft eigenständige und unverzichtbare Aufgaben.

Die Weiterbildung kann ihren Auftrag nur erfüllen, wenn sie durch sachgerechte wissenschaftliche Aktivitäten unterstützt wird. Die Zusammenarbeit mit den Hochschulen ist deshalb zügig auszubauen. *Weiterbildung muß verstärkt Gegenstand der wissenschaftlichen Forschung werden.* Die Aus- und Fortbildung der pädagogischen Mitarbeiter bedarf der Förderung durch die Hochschulen.

Film, Bild und Ton sollen verstärkt in die Weiterbildung einbezogen, die pädagogischen Möglichkeiten des Medieneinsatzes durch Fortentwicklung vorhandener oder den Ausbau neuer Verbundsysteme gefördert werden. Weiterbildung soll den einzelnen zu *sachgerechtem und kritischem Umgang mit den Medienangeboten* und den Informationstechniken der Massenmedien befähigen.

Die Freistellung von der Arbeit zur Teilnahme an Bildungsmaßnahmen (*Bildungsurlaub*) soll bundeseinheitlich geregelt und stufenweise verwirklicht werden. Im Zuge einer schrittweisen Einführung des Bildungsurlaubs sollen zunächst vor allem solche Gruppen berücksichtigt werden, denen besondere Lebens- und Arbeitsbedingungen den Zugang zu Weiterbildungsangeboten erschweren.

Zu den vordringlichen Aufgaben der Weiterbildung gehört der Ausbau des *Bibliothekswesens*. Bibliotheken ermöglichen eine breit angelegte Information in Freiheit, tragen zur Verbesserung der Chancengerechtigkeit bei und sind unerläßliche Bestandteile für lebenslanges Lernen. Eine sinnvoll organisierte Zusammenarbeit der Bibliotheken aller Typen und

Träger unter schrittweisem Einschluß der audiovisuellen Medien und in Kooperation mit den Bildstellen soll Informationen zur Verfügung stellen. Zum weiteren Abbau des regionalen Bildungsgefälles soll die Entwicklung des Bibliothekswesens unter Einbeziehung von Fachbibliotheken einen besonderen Schwerpunkt bilden.

16. KUNST UND KUNSTFÖRDERUNG

Die Entfaltung der Kunst ist der Gradmesser des geistigen Reichtums, der Kreativität und Toleranz eines Volkes. Kunstwerke fassen die Gedanken, Stimmungen und Erkenntnisse ihrer Zeit wie in einem Brennpunkt zusammen. Sie sind Kristallisationskerne einer Gegenwart, die Vergangenes und Zukünftiges in sich trägt. Die Entfaltung der Kunst ist auch Ausdruck der Freiheitlichkeit eines Staates. *Freiheit ohne Bindung bedeutet jedoch Anarchie*. Der Künstler hat Macht, und er muß sich dieser Macht bewußt sein. Er muß aus moralischer Verpflichtung Konsequenzen ziehen, in der Erkenntnis, daß seine Werke weitreichende Folgen haben können.

Es ist eine Verpflichtung des Staates, zu den Voraussetzungen für eine zeitgemäße und zukunftsrichtige Entfaltung der Kunst beizutragen. Dies gilt auch für die Pflege des Verhältnisses zwischen Gesellschaft und Kunst: Die CDU/CSU wird sich dafür einsetzen, daß durch geeignete Maßnahmen der Kunstförderung die gegenwärtig zu beobachtende Divergenz zwischen dem modernen künstlerischen Schaffen und dem Kunstverständnis unserer Bevölkerung überwunden wird. Ziel der Union ist es, daß breite Schichten der Gesellschaft sich mit den Werken der Künstler identifizieren und an ihnen geistig und materiell Anteil nehmen können. Die CDU/CSU will mit dieser Art der Kunstförderung zugleich auch zu einem Mehr an gemeinsamem Wertbewußtsein beitragen.

Es ist konkrete Aufgabe der *musischen Bildung*, Begabungen, Neigungen und Fähigkeiten junger Menschen in den Bereichen der Musik, der bildenden und darstellenden Kunst sowie des literarischen Schaffens zu fördern und zu entfalten. Dieser Aufgabe müssen alle Einrichtungen des Bildungswesens gerecht werden. Darüber hinaus sind Bund und Länder in gleicher Weise aufgerufen, Maßnahmen zur Kunstförderung, zur Verbesserung der Arbeitsmöglichkeiten künstlerischer Berufe und zur Förderung des künstlerischen Nachwuchses zu ergreifen.

Die CDU/CSU wird sich für die Förderung eines qualifizierten künstlerischen Nachwuchses nachhaltig einsetzen. Gegenwärtig sind gerade die Förderungsmöglichkeiten im fortgeschrittenen Stadium der künstlerischen Entwicklung äußerst begrenzt. Die gegenwärtige Förderung des künstlerischen Nachwuchses hält einen Vergleich mit der Förderung des wissenschaftlichen Nachwuchses auch nicht annähernd aus. Das verfassungsrechtliche Gebot der Ranggleichheit von Kunst und Wissenschaft ist damit nicht verwirklicht. Deshalb strebt die CDU/CSU eine gesetzliche Regelung der künstlerischen graduierten Ausbildung an, die derjenigen des Graduierten-Förderungsgesetzes für den Bereich des wissenschaftlichen Nachwuchses entspricht.

Aktive Beschäftigung mit Werken der Kunst trägt zur Sensibilisierung und Bereicherung des Betrachters, Hörers und Lesers bei. Sie braucht Anleitung. *Kunst braucht Vermittlung.* Die Dokumente vergangener Epochen müssen den Menschen genauso nahegebracht werden wie zeitgenössische Werke. Kenntnis vergangener Epochen ist die Grundlage für Traditionspflege von klassischen Theaterstücken bis hin zur Denkmalpflege. Verständnis zeitgenössischer Kunst hilft die Entwicklungen der Gegenwart zu erklären. Kunstvereine und Verbände sind – neben ihrer legitimen Aufgabe als Vertreter der Interessen ihrer Mitglieder – wesentliche Träger der Kunstvermittlung. Sie können die Absicht der Künstler verdeutlichen, die Bedeutung ihrer Werke begründen und das Verständnis eines breiten Publikums für die Arbeit der Künstler wecken. Auch der Kunsthandel trägt durch seine Arbeit zur Vermittlung bei.

16.1 Bildende Künstler

Es folgen Ausführungen zu einzelnen Sparten, ein vielfältiges Kunstangebot [...]

- Stärkere *Einbeziehung der Künstler in das Bildungswesen*, in die Umwelt- und Freizeitgestaltung: Durch die stärkere Einbeziehung der Künstler werden ihnen nicht nur neue Einkommensquellen erschlossen; Künstler und Gesellschaft werden wieder in engere Beziehung zueinander geführt.

Der Staat hat die Institutionen zu unterhalten und zu fördern, die den *Bürgern die Teilnahme am künstlerischen Geschehen* ermöglichen. In der Bevölkerung muß die lebenswichtige Bedeutung der bildenden Kunst verdeutlicht, die Aufnahmefähigkeit des einzelnen erweitert und das Verständnis breiterer Kreise für die Arbeit der zeitgenössischen Künstler geweckt werden. Weite Teile der Bevölkerung müssen angeregt und ermutigt werden, in stärkerem Umfange als bisher eigene künstlerische Aktivitäten zu entfalten, weil eigene schöpferische Tätigkeit ein unersetzbares Erfolgserlebnis vermittelt und darüber hinaus das Verständnis für die künstlerischen Werke anderer im besonderen Maße vertieft.

16.2 Musik

Musikalität zu wecken und zu fördern, Begabungen festzustellen und Verständnis für die verschiedenen musikalischen Ausdrucksformen zu schaffen, ist eine wichtige Aufgabe unseres Bildungswesens. Die personale Bildung des Menschen wird durch Musik wesentlich getragen.

Dagegen muß den in der Massengesellschaft begründeten Gefahren einer stärker konsum- und marktorientierten Musikausübung wirksam begegnet werden, weil sie zu einer *Entfremdung von kulturellen Werten und damit auch zu einer Selbstentfremdung des Menschen* führen können. Kulturelle Vermassung kann dazu führen, daß die persönliche Unfreiheit nicht mehr als Gefahr erkannt und damit politischer Unfreiheit Vorschub geleistet wird. [...]

Die CDU/CSU wird sich darum bemühen, *den Mangel an Musiklehrern für das öffentliche Bildungswesen zu beheben und die Musikschulen auszubauen.* Sie wird auch dafür eintreten, daß Kontaktstudien für die im Beruf stehenden Musiker zur Erlangung pädagogischer Qualifikationen angeboten werden.

16.3 Schriftsteller

Problematisch wird der Zusammenschluß von Schriftstellern dort, wo er im demokratischen Staat durch Politisierung und einseitige Parteinahme gekennzeichnet ist: Eine Kollektivierung durch Organisationen, durch meinungsbildende Gruppen oder durch die Vermittler der literarischen Leistungen und die Medien gefährdet die Unabhängigkeit der Schriftsteller.

16.4 Theater

Dem Theater kommt bei der Schaffung eines gemeinsamen Wertbewußt-
seins in einer Gesellschaft eine nicht zu unterschätzende Bedeutung zu.

16.5 Film

Im Hinblick auf die gesellschaftspolitische Funktion des Films sollte der
Medienbildung und der Medienkunde in Schule und Erwachsenenbildung
ein breiterer Raum als bisher eingeräumt werden.

17. DENKMÄLER UND ZEUGNISSE DER VERGANGENHEIT

Die CDU/CSU wird sich deshalb dafür einsetzen, daß Aufgaben des Denk-
malschutzes und der Denkmalpflege der ganzen Bevölkerung bewußt gemacht werden und daß diese Themen in die Lehrerausbildung einbezogen
sowie im schulischen Unterricht und in der Weiterbildung aufgegriffen
werden.

Daneben sind folgende konkrete Maßnahmen erforderlich: [...]

Insgesamt müssen die Museen der Bevölkerung besser erschlossen
werden. Die CDU/CSU wird sich daher für eine verstärkte Beziehung
von Museum und schulischem Unterricht einsetzen. Der Unterricht im
Museum soll der heranwachsenden Generation durch die Begegnung
mit der Vergangenheit Wertvorstellungen vermitteln. Die in den Museen
vorhandenen Materialien sind bei der Planung des Unterrichts zu berücksichtigen, weil nur so sinnvoller Unterricht im Museum sichergestellt
werden kann. Fragen der Museumspädagogik müssen in die Lehrerausbildung und die Lehrerfortbildung einbezogen werden. Die Begegnung
mit den Zeugnissen vergangener Kulturen muß auch im Rahmen der
Weiterbildung gepflegt werden.

(14) WAHLPROGRAMM DER CDU UND CSU 1976
24. BUNDESPARTEITAG DER CDU, 24.–26. MAI 1976, HANNOVER

Die Union wird deshalb uneingeschränkt und nachdrücklich eintreten [...] für eine Schul- und Bildungspolitik, die der jungen Generation ihre Zukunftschancen sichert; *gegen gefährliche Experimente und sozialistische Schulung* auf Kosten unserer Kinder, ihrer Eltern und unser aller Zukunft.

Wir wollen die freie, gerechte und solidarische Gemeinschaft. *Jeder soll sich frei entfalten, wie es seinen Fähigkeiten entspricht.* Wir wollen das Glück der Menschen, nicht die Zwangsbeglückung durch den Staat. *Nur im geordneten sozialen Gemeinwesen kann sich der einzelne frei entfalten.* Einen Staat, der allen alles andient, dient in Wirklichkeit niemanden Wir wollen keinen Staat der Funktionäre und Bürokraten, sondern eine lebendige Republik freier Bürger. Staat und Gemeinschaft dürfen nicht zulassen daß die Stimmen der Schwachen und Hilfesuchenden vom Chor der mächtigen Gruppen übertönt werden.

Die Schul- und Bildungspolitik der SPD/FDP ist gescheitert. Die Koalition hat Schufen und Hochschulen als ideologisches Experimentierfeld mißbraucht – auf Kosten der Eltern, der Schüler und unserer gemeinsamen Zukunft.

Wir werden den Jugendlichen die bittere Erfahrung ersparen, daß sie an der Schwelle zum Berufsleben auf eine Gesellschaft der vergebenen Plätze und der vertanen Chancen stoßen. Diese in ihren Hoffnungen enttäuschte Generation darf nicht in Anpassung und Mutlosigkeit verfallen. Wir brauchen junge Menschen, die wach, kritisch und solidarisch zur Gemeinschaft stehen und ihr frischen Ansporn geben.

Die Traditionen unserer deutschen Geschichte sind lebendiges Unterpfand für eine kraftvolle Erneuerung. Ein Volk, das seine Geschichte vergißt hat keine Zukunft. *Wir müssen unsere gemeinsamen Werte zu neuem Leben erwecken, und dazu gehören Bekenntnis zur Geschichte und Liebe zum Vaterland.* Groß sind die Gefahren und Herausforderungen unserer Zeit, größer jedoch die Chancen entschlossenen und gemeinsamen Handelns.

Wir gründen unsere Zukunft auf ein solides Fundament: zufriedene Familien, unbeschwerte Kinder und eine zuversichtliche Jugend.

1. Ehe und Familie sind die erste und wichtigste Gemeinschaft des Menschen. *Wer die Familie benachteiligt, gefährdet die Gemeinschaft* [...]

2. Die Jugend hat das Recht, unsere Gesellschaft verantwortlich mitzugestalten. Wir brauchen ihre Hilfe, wenn wir größere soziale Gerechtigkeit und mehr Menschlichkeit in unserem Lande verwirklichen wollen. Wir werden die außerschulische Jugendbildung und die Arbeit der Jugendverbände zielstrebig fördern.

ERBE UND AUFTRAG

Gegenwart und Zukunft sind ohne unser kulturelles und geschichtliches Erbe nicht zu meistern. Wir bewahren, was sich bewährt hat, und verändern, was verbessert werden kann.

1. *Bildung vermittelt unser kulturelles und geschichtliches Erbe.* Sie soll den Menschen befähigen, seinen beruflichen und gesellschaftlichen Aufgaben in der Familie und der Gemeinschaft gerecht zu werden, damit er seine Erfüllung und sein Lebensglück findet. Bildung soll insbesondere unsere Jugend darauf vorbereiten, *als mündige Bürger in der demokratischen Gesellschaft frei und verantwortlich* zu handeln sowie zur Lösung humaner und sozialer Probleme beizutragen. Bildung muß die Bereitschaft zu Menschlichkeit, Toleranz und Leistungsbereitschaft wecken.

Chancengerechtigkeit in der Bildungspolitik bedeutet, nicht jedem den gleichen, sondern jedem seinen Weg zu eröffnen.

2. Wir setzen uns ein für die *Erhaltung von Inhalt und Form der deutschen Sprache*. Wir wenden uns gegen die Verfälschung ihrer Begriffe und Inhalte im Dienste revolutionärer Ideologien. Wir richten unser Augenmerk hier vor allem auf unsere Schulbücher und den *Deutschunterricht* an unseren Schulen.

3. *Die Kenntnis der Geschichte* läßt uns Chancen und Grenzen menschlichen Handelns in der Gegenwart begreifen und schützt vor den Gefahren totalitärer Heilslehren. Verständnis für unsere Geschichte stärkt Verantwortungsbereitschaft und Toleranz. Für uns hat deshalb der Geschichtsunterricht in den Schulen besondere Bedeutung. Wir bekennen uns zu unserer Geschichte. Wir wollen neben den großen Leistungen im Leben unseres Volkes auch die dunklen Kapitel nicht aussparen. *Wir*

werden die Schulbücher wieder von der einseitigen Beeinflussung durch sozialistische und marxistische Lehrinhalte befreien. Die junge Generation soll sich selbst ein Urteil bilden können, um endlich wieder ein ungebrochenes Verhältnis zu Deutschland zu bekommen. *Dazu gehört auch die Kenntnis der Geschichte des deutschen Ostens.*

4. Die *Entfaltung künstlerischer und musischer Neigungen* sowie das Verständnis für die Zeugnisse der Vergangenheit bereichern das Leben der Menschen. Wir wollen deshalb die Voraussetzungen dafür schaffen, daß die schöpferischen Kräfte des einzelnen, sein Reichtum an Ideen und sein Sinn für Schönheit erschlossen werden. Kultur und Kunst haben hier eine große Aufgabe. Zur Förderung dieses kulturellen Lebens werden wir die Arbeitsbedingungen sowie die wirtschaftliche und soziale Lage der literarisch und künstlerisch Schaffenden wirksam verbessern.

5. *Bewegung, Spiel und Sport tragen zur Entwicklung und Gesundheit des Menschen bei. Sie fördern das Erlebnis der Gemeinschaft.* Wir werden den Sport als Breitensport im Sinne der Freizeitbeschäftigung und der Gesundheitsvorsorge, den Schulsport und den Leistungssport gleichermaßen fördern. Besondere Unterstützung verdient die vielfältige Arbeit der Sportvereine.

FÜR JEDEN EINE GERECHTE CHANCE

Jeder Mensch muß die Chance haben, im Leben den Platz einzunehmen, der *seinen Begabungen und Fähigkeiten entspricht.*

1. Wir wollen die humane Schule. Das Kind soll *nach seiner Begabung und Leistungsfähigkeit gefördert und nicht überfordert werden. Die Kinder müssen die Anforderungen der Schule wieder ohne ständige elterliche Hilfe erfüllen kön*nen. Schule darf nicht nur Wissen vermitteln. Die Entfaltung praktischer Anlagen und Fähigkeiten des Kindes, seiner künstlerischen und musischen Begabungen sowie seiner sportlichen Neigungen muß ebenso zu ihrem Recht kommen. *Diese Ziele lassen sich nur in einem vielfältig differenzierten Bildungs- und Ausbildungssystem verwirklichen.* Die Schule soll wieder vom gegenseitigen Vertrauen zwischen Eltern, Lehrern und Schülern getragen werden. *Wir lehnen eine Erziehung ab, die nur Konflikte und keine Gemeinsamkeiten schafft.* Wir wenden uns gegen die Anwendung marxistischer Rahmenrichtlinien, die durch Ideologisierung die Freiheitlichkeit unseres Bildungswesens gefährden.

Die übermäßige Konzentration der bildungspolitischen Anstrengungen auf die Gymnasien und die einseitige Heraushebung der akademischen Ausbildung haben zu schweren Engpässen im Bildungswesen und zu Zulassungsbeschränkungen an den Hochschulen geführt.

Eine Schule, die echte Lebenschancen bieten soll, *kann auf Leistung nicht verzichten. Die Leistungsanforderungen müssen jedoch die unterschiedlichen Fähigkeiten und Interessen der Schüler berücksichtigen.* Ein leistungsorientiertes Bildungswesen muß den Schwächeren mehr fördern, den Starken mehr fordern. *Der Einsatz des Stärkeren ermöglicht die Hilfe für den Schwächeren. So wird Leistung auch zum Ausdruck der Solidarität.*

2. Allgemeine und berufliche Bildung sind *gleichwertig*. Um diesem Grundsatz gerecht zu werden, wollen wir die Ausbildungsbereitschaft der Betriebe stärken und die Zusammenarbeit zwischen Betrieb und Berufsschule verbessern. Bei den meisten jungen Menschen entscheidet die berufliche Bildung über ihre Zukunftschancen. Wir werden deshalb für ein ausreichendes Angebot an qualifizierten Ausbildungsplätzen sorgen und die dazu erforderlichen finanziellen Anreize schaffen. Wegen der großen Zahl von Schulabgängern in den nächsten Jahren ist die Aufgabe besonders vordringlich.

3. Wir werden die Freiheit von Forschung und Lehre sichern, die Leistungsfähigkeit der Hochschule gewährleisten und durch eine *Reform der Studiengänge für kürzere Studienzeiten sorgen.* Zugleich werden wir dazu beitragen, daß sich die Hochschulen stärker an den Grundsätzen der Wirtschaftlichkeit orientieren und besser als bisher ausgelastet werden. Auf diese Weise werden wir die bestehenden Zugangsbeschränkungen mildern. Wir wollen den Hochschulzugang gerechter regeln.

Die Qualität unserer Hochschulen hat entscheidenden Einfluß auf den Ausbildungsstand der nächsten Generation sowie die wissenschaftliche, technische und wirtschaftliche Zukunft unseres Volkes. Die Bundesrepublik Deutschland – rohstoffarm, aber industriell hochentwickelt – ist mehr als andere Länder auf eine gute Ausbildung und auf eine leistungsfähige Forschung angewiesen. *Die rasche Zunahme der Studentenzahlen und das damit verbundene übermäßige Wachstum der Universitäten haben die Einheit von Forschung und Lehre in Gefahr gebracht.* Wir werden dieser Entwicklung entgegentreten und diejenigen, die in Forschung und Lehre mehr leisten als die große Mehrheit, ermutigen und fördern.

Das gleiche gilt für Studenten, die während ihres Studiums besondere Leistungen erbringen.

4. Bei der Erwachsenenbildung müssen die beruflichen *und allgemeinen Fortbildungsmöglichkeiten im Vordergrund stehen*. Nur so kann der einzelne seine Fähigkeiten den ständig veränderten Anforderungen im beruflichen Leben anpassen.

FÜR JEDEN EINE SICHERE ZUKUNFT

Um ihre Zukunft zu sichern, brauchen junge Menschen Ausbildungs- und Arbeitsplätze.

1. Wichtigste Aufgabe ist, die bedrückende Jugendarbeitslosigkeit zu beseitigen Durch unsere Wirtschafts- und Arbeitsmarktpolitik werden wir dafür sorgen, daß für Berufsanfänger wieder genügend Arbeitsplätze zur Verfügung gestellt werden. Wirtschaft und Staat müssen gemeinsam dazu beitragen, daß junge Menschen an der Schwelle zum Berufsleben nicht länger vor verschlossenen Türen stehen, gleichgültig, ob sie Berufsanfänger nach der Ausbildung sind, Abiturienten, Lehrlinge, Hauptschüler mit oder ohne Schulabschluß oder Sonderschüler.

Wir werden uns bemühen, die Zahl der Schulabgänger ohne Hauptschulabschluß zu vermindern und die Berufschancen der Schulabgänger ohne Hauptschulabschluß durch gezielte Förderung zu verbessern. Der wachsenden Gefahr der Arbeitslosigkeit von Akademikern werden wir durch die gründliche Beratung von Schülern und Studenten über ihre beruflichen Möglichkeiten begegnen. Wir werden die Voraussetzungen dafür schaffen, daß Abiturienten vermehrt Ausbildungsgänge auch außerhalb der Hochschule, z.B. *in Berufsakademien*, einschlagen können.

2. Berufliche Bildung und Beschäftigungsmöglichkeiten müssen besser als bisher aufeinander abgestimmt werden. Für das berufliche Weiterkommen müssen Bildungsabschlüsse und praktische Bewährung im Beruf gleiche Bedeutung haben.

INVESTITIONEN FÜR DIE ZUKUNFT

Bildung und Forschung sind Investitionen für unsere Zukunft.

(15) „FREIHEIT, SOLIDARITÄT, GERECHTIGKEIT"
GRUNDSATZPROGRAMM 1978
26. BUNDESPARTEITAG, 23.–25. OKTOBER 1978,
LUDWIGSHAFEN

PRÄAMBEL

1. Die Christlich Demokratische Union Deutschlands ist eine Volkspartei. Sie wendet sich an alle Menschen in allen Schichten und Gruppen unseres Volkes. *Die Politik der CDU beruht auf dem christlichen Verständnis vom Menschen und seiner Verantwortung vor Gott.*

2. Im Jahre 1945 hat die CDU einen neuen Anfang in der deutschen Parteiengeschichte gesetzt. Als Volkspartei ist sie die Antwort auf die Zerrissenheit der Demokraten in der Weimarer Republik. Freiheit und Menschlichkeit sollen sich nicht wieder in *verhängnisvoller Gegnerschaft zwischen sozialen, liberalen und konservativen politischen Strömungen* verlieren. Konfessionelle Gegensätze sollen überwunden werden. Die CDU gibt dafür das Beispiel. Die Menschen in Deutschland haben verstanden, daß die Zeit der Klassenkämpfe und Gesinnungskriege vorbei ist. Sie sind dem Aufruf gefolgt, den geistigen und materiellen Wiederaufbau gemeinsam in Angriff zu nehmen. [...]

5. Aus christlichem Glauben läßt sich kein bestimmtes politisches Programm ableiten. Aber er gibt uns mit seinem Verständnis vom Menschen *eine ethische Grundlage für verantwortliche Politik. Auf dieser Grundlage ist gemeinsames Handeln von Christen und Nicht-Christen möglich.*

I. DAS VERSTÄNDNIS VOM MENSCHEN

6. Wir bekennen uns zur Würde des Menschen. Würde und Leben des Menschen – auch des ungeborenen – sind unantastbar. Die Würde des Menschen bleibt unabhängig von seinem Erfolg oder Mißerfolg und unberührt vom Urteil des anderen. Wir achten jeden Menschen als eine einmalige und unverfügbare *Person*.

7. *Der Mensch ist zur freien Entfaltung im Zusammenleben mit anderen geschaffen. Seine Freiheit beruht auf einer Wirklichkeit, welche die menschliche Welt überschreitet. Der Mensch verdankt sie weder sich*

selbst noch der Gesellschaft. Er ist nicht das letzte Maß aller Dinge. *Seinem Bedürfnis, sich und der Welt einen Sinn zu geben, kann er aus eigener Kraft nicht gerecht werden. Der Mensch ist zur sittlichen Entscheidung befähigt.* Er steht in der *Verantwortung vor seinem Gewissen und damit nach christlichem Verständnis vor Gott.* In verantworteter Freiheit sein Leben und die Welt zu gestalten, ist Gabe und Aufgabe für den Menschen.

8. *Der Mensch ist auf Zusammenleben mit anderen – vornehmlich in festen sozialen Lebensformen – angelegt.* Sein Leben verkümmert, wenn er sich isoliert oder im Kollektiv untergeht. Sein Wesen erfüllt sich in der *Zuwendung zum Mitmenschen*, wie es dem christlichen Verständnis der Nächstenliebe entspricht.

11. Jeder Mensch ist *Irrtum und Schuld ausgesetzt*. Diese Einsicht bewahrt uns vor der Gefahr, Politik zu ideologisieren. Sie läßt uns den Menschen nüchtern sehen und gibt unserer Leidenschaft in der Politik das menschliche Maß.

II. GRUNDWERTE

12. Wir treten ein für die Grundwerte Freiheit, Solidarität und Gerechtigkeit. Dabei ist unser Verständnis vom Menschen Grundlage und Maßstab zugleich.

Freiheit

13. Der Mensch ist frei. Als sittliches Wesen soll er vernünftig und verantwortlich entscheiden und handeln können. Wer Freiheit für sich fordert, muß die Freiheit seines Mitmenschen anerkennen. Die Freiheit des anderen bedingt und begrenzt die eigene Freiheit. Freiheit umfaßt Recht und Pflicht. Es ist Aufgabe der Politik, dem Menschen den notwendigen Freiheitsraum zu sichern.

14. Um sich frei entfalten zu können, *muß der Mensch lernen, in Gemeinschaft mit anderen zu leben.* Wer sich von jeder mitmenschlichen Verpflichtung lösen und von jedem Verzicht befreit sein möchte, macht sein Leben nicht frei, sondern arm und einsam. Es gibt Abhängigkeiten, die den Menschen erniedrigen. Aber es gibt auch Bindungen, in denen Freiheit sich erst entfaltet.

15. Recht, das die *personale Würde* des Menschen schützt, sichert Freiheit. Es regelt das geordnete und friedliche Zusammenleben der Menschen in Freiheit.

16. *Verwirklichung der Freiheit bedarf der sozialen Gerechtigkeit.* Die Verhältnisse, unter denen der Mensch lebt, dürfen der Freiheit nicht im Wege stehen. Aufgabe der Politik ist es daher, der Not zu wehren, unzumutbare Abhängigkeiten zu beseitigen und die *materiellen Bedingungen der Freiheit zu sichern.* Die freie Entfaltung der Person wächst auf dem Boden möglichst gerecht verteilter Chancen und Güter. Persönliches Eigentum erweitert den Freiheitsraum des einzelnen für eine persönliche und eigenverantwortliche Lebensgestaltung.

17. Die Verwirklichung der Freiheit bedarf der eigenverantwortlichen Lebensgestaltung nach dem *Prinzip der Subsidiarität.* Deshalb muß der Staat auf die Übernahme von Aufgaben verzichten, die der einzelne oder jeweils kleinere Gemeinschaften erfüllen können. Was der Bürger allein, in der Familie und im freiwilligen Zusammenwirken mit anderen ebenso gut leisten kann, soll ihm vorbehalten bleiben. Der Grundsatz der Subsidiarität gilt auch zwischen kleineren und größeren Gemeinschaften sowie zwischen freien Verbänden und staatlichen Einrichtungen. [...]

Gerechtigkeit

26. Grundlage der Gerechtigkeit ist die Gleichheit aller Menschen in ihrer Würde und Freiheit ohne Rücksicht auf Macht, Leistung oder Versagen des einzelnen.

27. Gerechtigkeit bedeutet gleiches Recht für alle, auch für die, denen geholfen werden muß, ihr Recht wahrzunehmen. Recht schützt vor Willkür und Machtmißbrauch. Recht macht Freiheit auch für den Schwächeren möglich.

28. Gerechtigkeit gibt jedem die gleiche Chance, sich frei zu entfalten und für sich und für andere Verantwortung zu übernehmen. *Chancengerechtigkeit ist die notwendige Ergänzung der Gleichheit vor dem Recht. Sie soll jedermann die Möglichkeit geben, sich in gleicher Freiheit so unterschiedlich zu entfalten, wie es der persönlichen Eigenart des einzelnen entspricht. Dazu gehört zunächst ein gerechter Zugang zu allen Bildungseinrichtungen unter Ausgleich nachteiliger Vorbedingungen.*

Chancengerechtigkeit bezieht sich aber auch auf die Eröffnung von Mitsprache und Mitverantwortung, auf die Nutzung lebenswichtiger Güter und auf den Erwerb persönlichen Eigentums. Chancengerechtigkeit schließt den Versuch aus, die menschlichen Existenzen als solche gleichzumachen. Wer dies wollte, dürfte nicht Chancen versprechen, weil sie immer nur nach den unterschiedlichen persönlichen Anlagen des einzelnen genutzt werden können. Er müßte Gleichheit der Ergebnisse zusagen und damit von der Vorstellung ausgehen, als wäre der Mensch total verfügbar. Wer die Menschen gleichmachen will, leugnet ihr zur freien Selbstbestimmung geschaffenes verantwortliches Wesen.

29. Gerechtigkeit verlangt, Gleiches gleich und Ungleiches ungleich zu behandeln. Gerechtigkeit schließt die Anerkennung persönlicher Anstrengung und Leistung ein.

30. Gerechtigkeit gebietet, ausgleichende Maßnahmen zugunsten derer zu treffen, die sonst zurückbleiben würden. Hilfe ist vor allem für die Menschen bestimmt, welche nur unzureichend zur Selbsthilfe befähigt sind und ihre Belange nicht wirkungsvoll öffentlich vertreten und durchsetzen können.

31. *Absolute Gerechtigkeit ist nicht erreichbar*. Auch politisches Handeln im Staat stößt auf die Unzulänglichkeiten des Menschen und dessen Grenzen. *Aber auch wenn die Welt von Menschenhand nicht vollendbar ist, so ist dennoch Fortschritt möglich*. Wir bekennen uns zur äußersten Anstrengung, um jedem Menschen seine Lebenschancen zu gewährleisten, und darüber hinaus zu umfassenden Maßnahmen ausgleichender Gerechtigkeit.

Grundwerte als Maßstab und Orientierung

32. Die Grundwerte Freiheit, Solidarität und Gerechtigkeit geben unserer Politik die Orientierung und sind Maßstäbe unseres politischen Handelns. Entsprechend den sich wandelnden Herausforderungen stehen wir immer von neuem vor der Aufgabe, das Verhältnis der Grundwerte zueinander so zu gestalten, daß sie zusammen ihre Wirkung entfalten. Denn die Grundwerte erfordern und begrenzen sich gegenseitig. Keiner erfüllt ohne die anderen seinen Sinn. Ihre Gewichtung untereinander richtig zu gestalten, ist Kern der politischen Auseinandersetzung. Die Grundwerte dienen nicht der Politik einer Partei, sondern dem Menschen und dem

Gemeinwesen im Ganzen. Sie sind auch nicht auf nationale Grenzen beschränkt und sind verpflichtende Grundlage für unsere Außenpolitik.
Die Bindung an Grundwerte öffnet parteipolitisches Handeln für die gemeinsamen Aufgaben im Staat. Die praktische Verwirklichung der Grundwerte ist Sache freier Bürger und demokratischer Entscheidung. *Sittlichen Zielen verpflichtet* und vernünftiger Überprüfung zugänglich, entfaltet wertorientierte Politik die Fähigkeit zum notwendigen Ausgleich der Interessen und die Kraft zur ständigen Erneuerung. So sichert sie dem Menschen die Voraussetzung zur freien und verantwortlichen Entfaltung seiner Person.

III. ENTFALTUNG DER PERSON

Familie

33. [...] Die Familie ist als Lebens- und *Erziehungsgemeinschaft der erste und wichtigste Ort individueller Geborgenheit und Sinnvermittlung.* [...]

34. Die Familie ist die erste und wichtigste Erziehungsgemeinschaft für das Kind, da gerade in den ersten Lebensjahren die entschei*denden Weichen für das ganze Leben gestellt.* [...]

Erziehung, Bildung und Kultur

41. Die Zukunft des einzelnen und die Lebensbedingungen unserer Gesellschaft werden maßgeblich von der Qualität des Erziehungs- und Bildungswesens *beeinfluß*t. Erziehung und Bildung sind *wesentliche Voraussetzungen für die persönliche Entfaltung des einzelnen* und eine gerechte Verwirklichung seiner Lebenschancen. Sie sollen den Menschen *befähigen, sein Leben in verantworteter Freiheit zu gestalten* und seinen Platz in Beruf und Gesellschaft zu finden.

Bildungspolitik muß von der grundlegenden Rechtsgleichheit aller Menschen ausgehen und zugleich die *Unterschiede ihrer Anlagen und Fähigkeiten* berücksichtigen. Sie ist ein Kernstück zukunftsorientierter Politik. Chancengerechtigkeit erfordert ein Bildungswesen, das *in gleichwertige Bildungswege gegliedert i*st. Gliederung und Durchlässigkeit der Bildungs- und Weiterbildungseinrichtungen entsprechen den *unterschiedlichen Begabungen* und wirken Schranken sozialer Herkunft entgegen.

42. Die freiheitliche Demokratie braucht Bürger, die selbständig urteilen und entscheiden können. *Aufgabe von Erziehung und Bildung kann weder weltanschauliche Parteilichkeit noch wertneutrale Beliebigkeit sein. Der Mensch muß lernen*, seine Würde und Freiheit zu erkennen, Pflichten zu erfüllen und Rechte zu gebrauchen, Toleranz und Mitmenschlichkeit zu üben und *den demokratischen und sozialen Rechtsstaat zu bejahen*. Konfliktorientierte Pädagogik erzeugt Isolierung und Feindseligkeit. Erziehung soll aber die Erkenntnis vermitteln, daß wir ein *Mindestmaß an Übereinstimmung im Umgang miteinander und im Wertbewußtsein brauchen, wenn wir frei und friedlich zusammenleben wollen.*

Neben der Schule muß insbesondere die *politische Erwachsenenbildung* verstärkt Hilfen anbieten, die eine Orientierung in der sozialen und politischen Umwelt und; die Übernahme von Verantwortung in der Gemeinschaft fördern. *Der Bürger muß in den Stand gesetzt werden, seine Bindung an die freiheitlich-demokratisch*e Ordnung unseres Staates auch argumentativ zu verteidigen.

43. Die Schule soll dem jungen Menschen helfen, einen religiösen und ethischen Standpunkt zu *finden. Sie darf seinen Fragen nach dem Sinn des Lebens nicht ausweichen. Den Glauben an Gott kann sie nicht erzwingen.*

44. Bildung und Erziehung sollen *Geschichtsbewußtsein vermitteln*. Alle Bestrebungen, die Kenntnis der Geschichte abzubauen, die Orientierung an der Geschichte aufzugeben, führen zur geistigen Entmündigung. Systematisch vermittelte geschichtliche Kenntnisse helfen mit, Urteilsfähigkeit zu begründen, nationales Selbstverständnis zu erwerben und die Widerstandsfähigkeit gegen ideologische Verführungen zu stärken. Wir wollen der eigenen Geschichte nicht ausweichen. Sie rückt unsere Maßstabe zurecht, erleichtert Toleranz und hilft, die heutigen Aufgaben besser zu verstehen. Wer seine Geschichte leugnet, gefährdet seine Zukunft.

45. Bildung die zu *personaler Verantwortung* führen soll, muß mehr vermitteln als Anpassungsfähigkeit, berufliches Rüstzeug und das Verstehen von Funktionszusammenhängen. Sie soll dem Menschen helfen, sein Leben und seine Umwelt selbst zu gestalten.

Dafür ist es von besonderer Bedeutung, die schöpferischen Kräfte des Menschen, seinen Reichtum an Ideen, seine Gestaltungskraft und seinen Sinn für Schönheit zu erschließen. Deswegen gehört ein *gleichwertiges Angebot musischer Fächer* zu einem wirklich umfassenden Bildungsangebot. In der Begegnung mit der Kunst gewinnt der Mensch ein vertieftes Verständnis vom Leben. Wir treten dafür ein, der Kunst Entfaltungsräume zu schaffen, die Künstler zu fördern und möglichst vielen Menschen eine Beziehung zur Kunst zu eröffnen. Der Zugang zu Bibliotheken, Museen und Theatern ist allen Bevölkerungskreisen zu erschließen. Das kulturelle Leben unseres Gemeinwesens ist ein wichtiger Gradmesser für seine Freiheit, seine Toleranz gegenüber Kritik und seinen geistigen Reichtum.

46. Leistung ist ein unentbehrlicher Ansporn für den Menschen. Sie hilft ihm, seine sozialen intellektuellen, praktischen und künstlerischen Begabungen zu entfalten. Leistung ist auch gerechter Maßstab beruflicher und gesellschaftlicher Qualifikation, wenn Herkunft und soziale Stellung der Eltern, Wohnort und Erziehungswille der Umwelt für den Lebensweg des Einzelnen nicht ausschlaggebend sein sollen.

Menschlich ist die Schule, wenn sie Freude macht und auf das Leben vorbereitet. Dazu darf sie weder dem Ruf nach Leistungsverweigerung nachgeben noch sich technokratischer Härte verschreiben und es an Verständnis für Schülerinteresse und Leistungsgrenzen fehlen lassen. Unangemessene Verwissenschaftlichung und übertriebene Stofffülle sind zu vermeiden. *Es hat sich als Illusion erwiesen, daß grundsätzlich jeder Schüler jeden Schulabschluß erreichen könne. Diese Vorstellung hat von den angeborenen Fähigkeiten eines Menschen zu wenig und von seiner Förderung durch die Schule zu viel erwartet.*

Auch in der Schule ist Leistung mehr als nur Nachweis von Wissen und Durchsetzungsvermögen. Im Leistungsanspruch müssen auch *Einsatzbereitschaft für den Schwächeren, Rücksicht und Achtung für den Mitmenschen gefördert und anerkannt werden.* Ein leistungsorientiertes Bildungswesen muß dem Schwächeren mehr Förderung geben, dem Starken mehr Leistung abverlangen. *Es muß die Einsicht vermitteln, daß der Einsatz des Stärkeren die Hilfe für den Schwächeren ermöglicht.* Damit wird Leistung zugleich zum Ausdruck der Solidarität.

47. Das Grundrecht der Eltern, die Erziehung ihrer Kinder zu bestimmen, wird besonders durch *freie Entscheidung innerhalb eines angemessenen Angebots unterschiedlicher Bildungsgänge verwirklicht.* Eltern und Kinder haben ein Recht darauf, daß die Bildungsinhalte an den *Wertentscheidungen und Normen des Grundgesetzes orientiert sind.* Die Schule kann ihr pädagogisches Ziel nur erreichen, wenn in ihr Eltern, Lehrer und Schüler vertrauensvoll zusammenwirken. Der Lehrer braucht für seinen pädagogischen Auftrag Vertrauen und Autorität. Dies erfordert vor allem eine Lehrerbildung, die erzieherische Verantwortung fördert und *zu personaler Erziehung* befähigt.

48. Ausbildung soll jedem Jugendlichen helfen, einen Beruf zu finden, in dem er seine Fähigkeiten entfalten und sich bewähren kann. Abschlüsse und Zertifikate für sich allein begründen keinen Anspruch auf einen bestimmten Beruf. Der Ausbildung zum praktischen Beruf *kommt gleicher Wert zu* wie stärker theoretisch angelegter Bildung. Die berufliche Bildung, vor allem im dualen System, ist in gleicher Weise zu fördern wie der Ausbau des allgemeinbildenden Schulwesens. Sie vermittelt neben fachlichem Können die Fähigkeit, mit den künftigen Entwicklungen des Arbeitsmarktes Schritt zu halten.

Wir befürworten eine verstärkte Berufsberatung und eine bessere Orientierung des Ausbildungsangebots an den späteren Berufschancen. Die Berufsberatung und die Orientierung des Ausbildungsangebots müssen jedoch langfristig erfolgen, um Schwankungen in der Nachfrage des Arbeitsmarktes auszugleichen und Jugendliche geburtenstarker Jahrgänge nicht zu benachteiligen. Auch sie haben Anspruch auf eine qualifizierte Ausbildung und auf ein Angebot an Ausbildungsplätzen, das sie nicht zu einem rücksichtslosen Konkurrenzkampf zwingt.

Eine perfekte Harmonisierung von Bildungs- und Beschäftigungssystem und eine administrative Lenkung der Jugendlichen im Bildungswesen ist jedoch mit den Grundsätzen einer freiheitlichen Ordnung nicht zu vereinbaren.

Die Lehrpläne sind stärker auf die Berufswelt auszurichten. Das gilt auch für die gymnasiale Bildung. Als Alternative zur theoretischen Hochschulausbildung brauchen wir ein breites Angebot praktischer Ausbildung, das Jugendliche mit unterschiedlicher Schulbildung auf Berufe vorbereitet, in denen sie Arbeit finden können. Wir treten für den Ausbau und

die Weiterentwicklung des dualen Systems von betrieblicher und schulischer Berufsausbildung ein. Die Finanzierung der notwendigen Ausbildungsplätze ist durch eine gerechte Entlastung der Ausbildungsbetriebe
zu sichern.

Der beruflichen Fort- und Weiterbildung kommt künftig für den einzelnen
wie für den Arbeitsmarkt eine verstärkte Bedeutung zu. Die Anforderungen, denen sich der einzelne im persönlichen und im öffentlichen Leben
gegenübersieht, machen darüber Taus umfassende Angebote zu kontinuierlicher Fort- und Weiterung notwendig. Das dafür erforderliche
Bildungsangebot der freien Träger, der Wirtschaft und der öffentlichen
Bildungseinrichtungen ist zu fördern.

Die Berufslaufbahnen müssen durchlässiger gestaltet werden.

49. Die Bundesrepublik Deutschland ist als hochentwickeltes Land auf
leistungsfähige Hochschulen angewiesen. Die Hochschulen brauchen den
Wettbewerb wissenschaftlicher Ideen, sie dürfen nicht in die Hände von
Ideologen fallen. Unserer Kultur entspricht die Freiheit der Forschung,
der Lehre und des Lernens Sie ist Voraussetzung für die Leistungsfähigkeit der Hochschulen. Forschung von heute ist die Lehre von morgen.
*In der Lehre ist eine Reform der Studieninhalte vordringlich. Die wissen-
schaftliche Ausbildung muß stärker als bisher auf den späteren Beruf
vorbereiten und kürzer dauern.*

Angesichts knapper werdender Rohstoff- und Energievorräte und der
wachsenden Aufgaben des Umweltschutzes kommt Wissenschaft und
Forschung in den nächsten Jahren eine erhöhte Bedeutung zu. Auch
dafür ist eine freie Hochschulforschung neben der zweckgebundenen
Forschung unverzichtbar.

(16) „MIT DER JUGEND – UNSER LAND BRAUCHT EINEN NEUEN ANFANG"

30. BUNDESPARTEITAG, 2.–5. NOVEMBER 1981, HAMBURG

PRÄAMBEL

1. Unser Land braucht einen neuen Anfang. In wenig mehr als einem Jahrzehnt hat sich unsere Lage verändert, ist das politische Klima umgeschlagen. Den meisten Menschen geht es gut und sie haben doch Angst vor der Zukunft. Wir leben in Frieden und doch haben viele Angst vor einem neuen Krieg. Sie fürchten auch, daß unsere herkömmliche Lebensweise selbstzerstörerische Folgen haben wird.

Die Bundesrepublik Deutschland und ihre Bürger haben in den vergangenen Jahrzehnten große Leistungen vollbracht. Viele junge Menschen erleben wirtschaftlichen Wohlstand und soziale Sicherheit als selbstverständlich. Sie stellen aber Fragen, die darüber hinaus gehen. Es scheint ihnen kaum möglich zu sein, die Erfahrungen und Wertvorstellungen der älteren Generation vorbehaltlos zu übernehmen. Auf ihre Art suchen sie nach Werten und fragen nach dem Sinn des Lebens. Sie wollen für ihre Zukunft einen neuen Lebensstil verwirklichen. Sie wünschen, in eigener Verantwortung handeln zu können. Ihre Lebensbezüge sollen überschaubar sein und konkrete Möglichkeiten der Mitwirkung anbieten. In den vergangenen Jahren jedoch hat die Politik bei den Menschen die Erwartung genährt, der Staat könne ihnen alle Probleme abnehmen. Der Staat hat den Menschen zu viel versprochen, und die Menschen haben zu viel vom Staat erwartet. So kam es, daß die Ansprüche immer mehr wuchsen und der Gemeinsinn immer mehr schwand. *Das Selbstvertrauen in die eigene Kraft muß wieder hergestellt, Gemeinsinn wieder entwickelt werden*. Immer mehr Menschen wollen sich mit der Zukunftsangst und dem Pessimismus unserer Tage nicht abfinden. Für uns christliche Demokraten gibt es keinen neuen Anfang ohne Hoffnung auf die Zukunft und ohne den Glauben an Gott.

Zu diesen Veränderungen unserer seelischen und geistigen Verfassung kommen objektive Herausforderungen, die uns vor neue Aufgaben auch für kommende Generationen stellen: Den Frieden zu sichern angesichts wachsender Spannungen zwischen Ost und West und Nord und Süd; zum Frieden beizutragen durch Linderung von Hunger, Not und Elend in der

Welt; den tiefgreifenden wirtschaftlichen Strukturwandel zu bewältigen; den sozialen Frieden auch in Zeiten geringeren wirtschaftlichen Wachstums zu erhalten und den technischen Fortschritt in den Dienst des Menschen zu stellen.

Diese Herausforderungen können wir dann bestehen, wenn wir

- Frieden und Freiheit sichern,
- die Soziale Marktwirtschaft erneuern,
- der Jugend in Bildung und Beruf neue Zukunftschancen schaffen [...]

48. Durch die großen Anstrengungen der letzten 20 Jahre ist im Bildungsbereich viel geleistet worden: Die durchschnittliche Klassengröße war noch nie so niedrig, die Versorgung mit Lehrern noch nie so gut und die Zahl von modernen, zweckmäßigen Schulbauten noch nie so groß wie heute. Dennoch verzeichnen wir eine breite Unzufriedenheit von Schülern, Eltern und Lehrern mit unserem Bildungswesen. Wir stehen heute vor der Aufgabe, Fehlentwicklungen zu korrigieren, um so der jungen Generation Chancen für die Zukunft zu erhalten.

Zu den Fehlentwicklungen gehören:

- *Verzicht auf Wertorientierung*
- *Verlust des Erzieherischen*
- *Überbetonung schulorganisatorischer Fragen gegenüber Bildungszielen und -inhalten*
- *die Vernachlässigung einer breiten Grundbildung*
- *die Verwissenschaftlichung der Schule.*

I. BILDUNG UND ERZIEHUNG ALS ÖFFENTLICHE AUFGABE

49. *Erziehung ist nicht denkbar ohne die Vermittlung von Werten und Normen.*

Auch in einer pluralistischen Gesellschaft ist es möglich, eine Übereinstimmung über fundamentale Werte zu erzielen. *Solcher Grundkonsens ist im Grundgesetz und in den Landesverfassungen erreicht.* Bildungs- und Erziehungsziele haben sich daran zu orientieren. Danach sind die Lehrpläne zu gestalten, ist die Zulassung von Schulbüchern zu regeln und müssen sich vor allem Unterricht und Schulalltag richten. Dafür trägt jede Regierung gegenüber Parlament und Bevölkerung Verantwortung. *Die Schule muß ihren Beitrag dazu leisten, daß junge Menschen den demokratischen und sozialen Rechtsstaat aus Überzeugung bejahen und für die Erhaltung unserer freiheitlichen Ordnung eintreten. Die Schule muß die Bedeutung wichtiger Grundwerte des gesellschaftlichen Zusammenlebens wie Gemeinsinn, Solidarität, Verantwortungsbewußtsein, Toleranz, Rechtsstaatsbewußtsein, Wahrhaftigkeit und Nächstenliebe vermitteln.* Den Schülern ist die Notwendigkeit zu verdeutlichen, daß Freiheit in Frieden aktiv geschützt werden muß. Dazu zählt auch, daß die Schule Formen der Mitgestaltung anbietet, die eine Einübung dieser Ziele durch konkrete Aktivitäten möglich macht. Jungen und Mädchen sollen für ihre künftigen Aufgaben eine qualitativ gleichwertige Erziehung erhalten. *Der Unterricht muß ein vertieftes Verständnis für unsere jüngere Geschichte, unsere Gesellschaft und eine klare Vorstellung von Deutschland vermitteln. Die Pflege guter Traditionen und verständlicher Symbole soll ein natürliches Zugehörigkeitsgefühl zum eigenen Vaterland erleichtern.*

50. Das Schulwesen muß die *unterschiedlichen Begabungen und Fähigkeiten* und das unterschiedliche Leistungsvermögen der Menschen berücksichtigen. Nur ein *vielfältig gegliedertes Schulwesen* wird dieser Aufgabe gerecht, indem es unterschiedliche, aber gleichwertige Bildungswege anbietet. Hauptschule, Realschule, Gymnasium, Sonderschule und berufliche Schulen haben einen jeweils besonderen pädagogischen Auftrag und deshalb ein eigenständiges Profil. Nivellierende *Integrationssysteme lehnt die CDU auch weiterhin entschieden ab. Gesamtschule*n müssen – dort, wo sie bestehen – in ihrem fachlichen Angebot, in ihren Leistungsanforderungen und in der Vermittlung qualifizierter Abschlüsse dem gegliederten Schulwesen *gleichwertig* sein. Die Gesamtschule ist für uns keine Regelschule.

51. Der Vielfältigkeit der Begabungen entspricht ein differenziertes, eigenständiges und durchlässiges System der *beruflichen Bildung – gleichwertig* dem allgemeinbildenden Schulwesen –, das das „duale System" ebenso umfaßt wie die verschiedenen beruflichen Vollzeitschulen. Die Ausbildung in einem Lehrberuf verdient die gleiche gesellschaftliche Anerkennung wie der Bereich der gymnasialen Oberstufe und der Universität. Die Gleichstellung beruflicher Ausbildungen mit allgemeinen Ausbildungsabschlüssen muß im Rahmen des gegliederten Berechtigungswesens Anerkennung finden.

52. Die Schule kann auf *Leistung* genauso wenig verzichten wie unsere Gesellschaft. Bildungseinrichtungen haben auch die Aufgabe, den jungen Menschen an die Leistungsanforderungen, die im späteren Leben an ihn gestellt werden, schrittweise und altersgemäß heranzuführen. *Aber der ökonomisch verengte Leistungsbegriff aus der Berufswelt kann weder auf die Schule noch auf die ganze Gesellschaft übertragen werden. Die Leistung muß auch in der Schule ihre soziale Dimension behalten: Leistung nicht nur im Wettbewerb, sondern auch in der Solidarität mit anderen. Jede Begabung ist für die Entwicklung der Einzelperson wichtig, sie ist aber zugleich auch eine Verpflichtung für die Gemeinschaft. Wer den Leistungsgedanken in Bildung und Ausbildung durch grundsätzliche Leistungsfeindlichkeit oder durch Nivellierung untergräbt, zerstört die Voraussetzungen der sozialen Sicherheit.* Besonderer Förderung bedürfen Kinder und Jugendliche mit Lern- und Verhaltensproblemen. Die Schule muß den unterschiedlichen Begabungen im theoretischen und praktischen Können mehr gerecht werden. *Bei der Integration behinderter Menschen kommt der Schule eine entscheidende Rolle zu. Körperbehinderte und nach Möglichkeit auch lernbehinderte Kinder sollten gemeinsam mit Nichtbehinderten erzogen werden.* So werden sie fähig, auch später als Erwachsene miteinander zu leben, Vorurteile abzubauen, Behinderte aus der Isolation herauszuholen. Behinderte haben Anspruch auf Förderung; auch sie sind zur Leistung fähig. Bereitschaft zur Leistung setzt voraus, daß überzeugende und gerechte Leistungsmaßstäbe angewandt werden. Die CDU setzt sich daher für eine grundlegende *Reform des Zulassungsverfahrens* zum Hochschulstudium ein, um einer Pervertierung der Leistungsmessung zu begegnen und die negativen Rückwirkungen auf die Schule abzubauen.

53. Die Leistung unseres Bildungswesens muß internationalen Vergleichsmaßstäben gerecht werden. Ein internationales Bildungsgefälle zu Lasten der Bundesrepublik Deutschland muß im Interesse der Lebenschancen der jungen Generation verhindert werden. *Die CDU setzt sich daher für die Förderung von Hochbegabten ein*, aus welchen gesellschaftlichen Schichten auch immer sie kommen. Unser Land braucht sie in allen Bereichen kultureller, wirtschaftlicher und sozialer Tätigkeit, den Forscher ebenso wie den qualifizierten Facharbeiter. Die knapper werdenden öffentlichen Mittel sind bevorzugt dort einzusetzen, wo die Empfänger nach Leistungsfähigkeit und Leistungswillen einen solchen Einsatz gerechtfertigt erscheinen lassen. Eine so verstandene *Heranbildung von Eliten* muß als eine Aufgabe des gesamten Bildungssystems begriffen werden.

54. Den Eltern kommt ein *umfassendes Erziehungsrecht* als Grundrecht zu. Der Staat hat auch in Schule und Unterricht die Aufgabe, das elterliche Erziehungsrecht zu schützen. Die Schule darf nicht länger eine Veranstaltung allein zwischen Lehrern und Schülern sein. Bildungspolitik und Schulalltag müssen mit den Eltern, sie dürfen nicht gegen sie gestaltet werden. *Fragen des Unterrichtsinhalts, der Auswahl der Schulbücher und der Behandlung zeitgeschichtlicher, politischer und kultureller Themen müssen ebenso wie das gesamte Schulleben von den Eltern mitgeprägt werden können.* Insbesondere haben die Eltern das Recht, sich zwischen unterschiedlichen Bildungswegen, die im Anschluß an die Grundschule gewählt werden können, frei zu entscheiden.

II. MEHR MENSCHLICHKEIT IN DER SCHULE

55. Mehr Menschlichkeit in der Schule setzt voraus, daß die Schule überschaubar bleibt. Deshalb fordert die CDU, daß wohnortnahe Schulstandorte, die das Zusammengehörigkeitsgefühl der Schüler stärken und ihnen unzumutbar lange Schulwege ersparen, auch bei zurückgehenden Schülerzahlen erhalten bleiben. Auch in Zeiten knapper Kassen darf dies nicht aus finanziellen Gründen scheitern. Die überschaubare Schule mit kleinen Klassen trägt wesentlich dazu bei, den personalen Bezug zwischen Lehrern und Schülern, auf den es für den Erfolg der Erziehung entscheidend ankommt, zu stärken. Der übertriebene Wechsel von Lehrern, Mitschülern und Unterrichtsräumen verhindert personelle, sachliche und räumliche Bindungen.

Deshalb sollen das Klassenlehrerprinzip verstärkt, mehr Unterricht in der Stammklasse angestrebt, große Schulen untergliedert werden.

56. Die CDU setzt sich für die *Verkürzung der überlangen Ausbildungszeiten* ein. Eine vernünftige Relation zwischen Schuldauer und Lerninhalten sollte das bildungspolitische Ziel sein. *Auf dieser Grundlage strebt die CDU bis zum Ende der 80er Jahre die Verkürzung der gymnasialen Schulzeit auf zwölf Jahre an.* Probleme des Arbeitsmarktes können nicht durch eine Verlängerung der Schul- und Ausbildungszeiten gelöst werden. Die CDU sieht das Gymnasium als pädagogische Einheit an und lehnt eine Abtrennung der Jahrgangsstufen 5 und 6 sowie der Oberstufe ab. Ein Ziel der Studienreform muß es sein, die Studienzeiten zu verkürzen. Ein zehntes Pflichtschuljahr in der Hauptschule lehnt die CDU ab. Eine stärkere Differenzierung und Flexibilität der Dauer der beruflichen Erstausbildung, etwa durch vermehrte Möglichkeiten der vorgezogenen Abschluß-

prüfungen oder durch Phaseneinteilungen mit Teilabschlüssen, werden ebenso der generellen Straffung der Erstausbildung dienen wie der Verbesserung der individuellen Erfolgschancen.

57. Das Lernziel der Schule, die Sprache im Unterricht und der Inhalt der Schulbücher müssen von falschem wissenschaftlichem Ehrgeiz befreit werden. Die allgemeinbildenden Schulen müssen sich wieder auf ihren *eigentlichen Bildungsauftrag besinnen: eine möglichst breite Basis an Allgemeinbildung zu vermitteln.* Frühzeitige Einengung und Spezialisierung sind zu vermeiden. Es kann nicht *bei einer Entwicklung bleiben, daß Schüler immer mehr lernen müssen und dennoch immer weniger wissen.* Am Anfang des schulischen Lernens muß wieder die *sichere Beherrschung der Grundfertigkeiten* Lesen, Schreiben und Rechnen stehen. Darauf aufbauend soll die Schule in den einzelnen Fächern ein solides Grundwissen vermitteln sowie die allgemeine Sprach-, Denk- und Lernfähigkeit fördern. *Schullaufbahn und Ausbildungserfolg dürfen nicht länger abhängig sein von familiären oder anderen außerschulischen Leistungen und Hilfen.* Allgemeinbildung bedeutet die Entfaltung aller menschlichen Fähigkeiten. Unterricht muß sowohl das rationale als auch das emotionale, soziale und leibliche Wesen des Menschen berücksichtigen. Die Schule soll den Schüler zur praktischen Lebens- und Problembewältigung befähigen. Eine lebensvorbereitende Schule muß auch offen gegenüber der Arbeitswelt sein, so daß die persönliche Einstellung des Schülers zur Arbeit an der Realität orientiert ist. Die Vermehrung des Wissens, der schnelle Wandel unserer Zeit und die verstärkt notwendige Mobilität erfordern eine Erziehung zu *lebenslangem Lernen.* Die Schule muß sowohl die Notwendigkeit hierzu verdeutlichen als auch die Motivation vermitteln.

58. Die CDU tritt für eine *verstärkte Förderung der staatlich anerkannten Privatschulen und gleichwertige Schulen in freier Trägerschaft* ein. Auch in Zeiten knapper Kassen muß den Privatschulen möglich sein, ihre Arbeit auf dem anerkannt hohen Niveau fortzusetzen. Es kann der Qualität der öffentlichen Schulen nur zugute kommen, wenn sie im Wettbewerb mit attraktiven Schulen in privater und freier Trägerschaft stehen. *Auch im Hochschulbereich kann größere Vielfalt durch Universitäten in freier Trägerschaft entstehen.* Die Kultusminister der unionsregierten Länder werden aufgefordert, Modellvorschläge zu entwickeln. Diese können sich auch auf Teilbereiche der Hochschule beschränken, wie z.B. auf postgraduierte Studiengänge.

59. Der CDU ist die Verbesserung der *Ausbildungschancen für die Kinder ausländischer Mitbürger ein besonderes Anliegen.* Die Schule muß dem ausländischen Schüler die Möglichkeit geben, insbesondere durch intensiven Unterricht in der deutschen Sprache, an den Bildungsangeboten in Deutschland in vollem Umfang teilzunehmen. *Die Schulorganisation muß so angelegt sein, daß die deutschen Schüler nicht in ihren Bildungsmöglichkeiten durch einen übergroßen Ausländeranteil mit mangelhaften Kenntnissen der deutschen Sprache behindert werden.*

III. BILDUNG UND AUSBILDUNG DURCH INDIVIDUELLE FÖRDERUNG

60. Die *Hauptschule* soll ihren geachteten Platz im Bildungswesen wieder zurückgewinnen, indem sie in ihrer spezifischen Aufgabe als weiterführende Schule in das berufliche Bildungswesen begriffen und danach gestaltet wird. Die CDU wird deshalb dafür sorgen, daß die Hauptschule wieder eigene Vorzüge erhält, zum Beispiel:

- kleine Klassen, überschaubare Schulen,
- familiennaher Schulort,
- besonders qualifizierte und ortsverbundene Lehrer,
- ein auf die individuelle Begabung zugeschnittenes und sie förderndes Bildungsangebot,
- kürzere, nicht über neun Jahre hinausgehende Regelschulzeit,
- enge Berufsbezogenheit durch ein breites Angebot von berufsnahen Arbeitsgemeinschaften und durch eine Intensivierung der Zusammenarbeit mit der berufsbildenden Schule,
- günstigere Regelung der Zugangsvoraussetzungen zu bestimmten Berufen. Die CDU setzt sich dafür ein, daß alle Ausbildungsgänge, für die ohne ausreichende Begründung ein mittlerer Bildungsabschluß oder das Abitur als Eingangsvoraussetzung gefordert werden, wieder für Hauptschulabgänger geöffnet werden.

61. Das duale System, d.h. die praxisnahe Kombination von betrieblicher Ausbildung und Berufsschule, ist auch im Blick auf sinkende Nachwuchszahlen zu erhalten und qualitativ weiter auszubauen. Die Rahmenlehrpläne der Berufsschulen sind besser mit den Ausbildungsordnungen abzustimmen, um eine wirklich duale Ausbildung zu sichern. Das Berufsgrundbildungsjahr in Schule und Betrieb (sog. „kooperatives Grundbildungsjahr") ist dem schulischen Berufsgrundbildungsjahr dort vorzu-

ziehen, wo die organisatorischen und pädagogischen Voraussetzungen dafür vorliegen. Das Berufsgrundbildungsjahr ist kein Schul-, sondern ein Lehrjahr. Der Unterricht der Berufsschule soll je nach den Gegebenheiten in Blockform oder in Teilzeitform möglich sein. Die verschiedenen beruflichen Vollzeitschulen sind in quantitativer und qualitativer Abstimmung mit dem „dualen System" den modernen beruflichen und pädagogischen Anforderungen immer wieder anzupassen. Der Fortbildung der Berufsschullehrer kommt wegen ihrer Nähe zur beruflichen Praxis besondere Bedeutung zu. Benachteiligte Jugendliche müssen besonders intensiv gefördert werden.

Die berufliche Weiterbildung gewinnt im Zuge fortschreitender technologischer und gesellschaftlicher Entwicklung zunehmend an Bedeutung. Sie muß deshalb den Aufstieg in einen Beruf, die Anpassung in einem Berufsfeld, das Training einmal erworbener Kenntnisse und Fertigkeiten, wie auch die Umschulung in andere Berufsbereiche gewährleisten Durch gezielte Bildungswerbung und die Förderung der Erwachsenenbildung sind diese Ziele zu unterstützen. In besonderem Maße sind Frauen, die ihre Erwerbstätigkeit wegen familiärer Verpflichtungen unterbrechen, Hilfen für eine qualifizierte Weiterbildung anzubieten.

62. In der Oberstufe des Gymnasiums sind erhebliche Korrekturen notwendig, um erkennbare Mängel zu beheben. Dazu gehört eine überschaubare Organisation, Vergleichbarkeit und Eindeutigkeit bei den Leistungsanforderungen, eine Vereinfachung des Notensystems und eine spürbare Verringerung des Verwaltungsaufwandes. Wir fordern eine stärkere Berücksichtigung der Kernfächer bei der Wahl der Leistungskurse. Voraussetzung für die allgemeine Hochschulreife ist eine breite Grundbildung. Deshalb müssen bei der Weiterentwicklung der Oberstufe die Grundkurse stärker gewichtet werden, um eine zu frühe und einseitige Spezialisierung zu vermeiden. *Die CDU tritt dafür ein, daß im Pflichtkanon der Oberstufe des Gymnasiums die Fächer Deutsch, mindestens eine Fremdsprache, Mathematik und ein naturwissenschaftliches Fach sowie Geschichte bis zum Abitur geführt werden* müssen. Dabei ist zugleich dem Prinzip der Wahlfreiheit für Oberstufenschüler angemessen Rechnung zu tragen.

63. *Die notwendige Abstimmung zwischen Bildungs- und Beschäftigungswesen muß verbessert werden, darf aber weder durch individuelle Zuordnung des einzelnen zu bestimmten* Berufen noch durch planwirt-

schaftliche Steuerung der Ausbildungsangebote erfolgen. Auch ein bedarfsorientierter Ausbau des Bildungswesens darf nicht als Garantie für einen gesicherten und den individuellen Erwartungen entsprechenden Arbeitsplatz mißverstanden werden.

Aufgabe des Staates ist es allerdings, die Berufsentscheidung durch Information und Beratung über die möglichen Berufe und ihre Berufsaussichten zu erleichtern *Die allgemeinbildenden Schulen müssen eine gründliche Berufsvorbereitung durch eine stärkere Berücksichtigung der Arbeitswelt in den Lehrplänen bieten.* Dabei ist verstärkt darauf zu achten, daß Mädchen und Jungen nicht einseitig auf traditionelle, angeblich geschlechtsspezifische Berufe hin beraten werden.

Im Studium müssen Formen einer extremen beruflichen Spezialisierung abgebaut werden. Abiturienten müssen vermehrt auf Alternativen zum Studium, vor allem im beruflichen Bildungssystem hingewiesen werden. Die berufsqualifizierenden Abschlüsse müssen allgemein anerkannt werden. *Die CDU setzt sich dafür ein, die Zugangsvoraussetzungen im staatlichen Laufbahnwesen unabhängiger vom Niveau bestimmter Bildungsabschlüsse zu gestalten.* Es muß sichergestellt werden, daß in Bildung und Beruf die Leistung über Aufstiegs- und Einkommenschancen entscheidet.

IV. LEHRERBILDUNG

64. Die CDU tritt dafür ein, daß in der Lehrerbildung die *pädagogischen Fähigkeiten wieder wesentlich stärker gefördert werden* als bisher. Der Lehrerberuf bedarf einer besonders ausgeprägten inneren Beziehung des Lehrers zu seiner Aufgabe. In der Ausbildung der Lehrer muß auch die Vermittlung eines *pädagogischen Berufsethos* wieder stärker Beachtung finden. Die Lehrerausbildung muß so gestaltet sein, daß sie dem gegliederten Schulwesen entspricht. Die unterschiedlichen Aufgaben der Lehrer erfordern eine unterschiedliche Vorbereitung auf ihre Berufspraxis. Um eine verbesserte Ausbildung der Lehrer für die schulische Praxis zu erreichen, fordert die CDU die Einrichtung von *Praxisphasen für alle Lehramtsstudiengänge.* Nur der Lehramtsstudent, der die Praxis kennengelernt hat, weiß, welche Anforderungen an ihn gestellt werden und richtet sein Studium danach aus.

65. Die CDU fordert *von allen Lehrern die Bereitschaft, unsere Verfassung und den politischen Grundkonsens unserer Gesellschaft zur Grundlage der Erziehung in der Schule zu machen und der jungen Generation Sympathie und eine positive Haltung zu unserer staatlichen und vom Grundgesetz gewollten Gesellschaftsordnung zu vermitteln.*

66. Lehrer sind bei der Erfüllung ihrer Aufgaben gleichermaßen den Eltern wie der staatlichen Gemeinschaft verantwortlich. Die CDU setzt sich dafür ein, daß qualifizierte Lehrer den notwendigen pädagogischen Freiraum zur Erfüllung ihrer erzieherischen Aufgaben haben. *Lehrpläne sollen auf das Wesentliche reduziert werden*, damit eine lebendige Weiterentwicklung der Unterrichtspraxis ermöglicht wird und die einzelnen Schulen wie auch ihre Lehrer in der Lage sind, eigene Akzente zu setzen und flexibel auf die individuelle Unterrichtssituation einzugehen.

V. HOCHSCHULE

67. In der Hochschul- und Wissenschaftspolitik müssen wieder deutliche Prioritätsentscheidungen zugunsten einer höheren Qualität von Wissenschaft, Lehre und Forschung geschaffen werden. Die gegenwärtige Überlastung der Hochschulen mit sehr vielen Studenten auf knappen Studienplätzen darf wegen der damit verbundenen Auswirkungen auf die Qualität von Lehre, Studium und Forschung nicht zu einem Dauerzustand werden.

68. Eine kontinuierliche und behutsame Weiterentwicklung der Studieninhalte durch die Studienreform gehört zu den wichtigsten Aufgaben der Hochschulen. Dabei ist das fachübergreifende Grundlagenwissen zu sichern, entbehrlicher Stoff zu streichen und das Studium nicht nur an wissenschaftlichen Anforderungen, sondern auch den Bedürfnissen der Praxis auszurichten. *Das Studium muß dem jungen Menschen sowohl zur Ausbildung als auch zur Entwicklung seiner Persönlichkeit dienen. Deshalb ist es wichtig, daß dem Studenten genügend Freiraum zu eigenverantwortlichem Handeln in der Hochschule zur Verfügung steht.* Dazu müssen auch die Organe der verfaßten Studentenschaften dienen. Wir wollen qualifizierte Akademiker, die über ihre fachliche Bildung hinaus in der Lage und bereit sind, Verantwortung in Staat und Gesellschaft zu tragen.

69. Für viele Familien bedeutet das Studium ihrer Kinder eine hohe
finanzielle Belastung. Deshalb setzt sich die CDU für eine gerechte Unterstützung von Studenten aus Elternhäusern mit geringem Einkommen
nach dem Bundesausbildungsförderungsgesetz (BAföG) ein. Die CDU
hält es allerdings für dringend geboten, eine Alternative zur derzeitigen
Ausbildungsförderung zu entwickeln, damit die knappen Mittel sinnvoll
eingesetzt werden können.

70. Staat und Gesellschaft sind heute mehr als je zuvor auf die Forschung angewiesen. Der wirtschaftliche und soziale Fortschritt eines
Landes hängt ebenso wie seine internationale Konkurrenzfähigkeit entscheidend von dem Beitrag ab, den es zum wissenschaftlich-technischen
Fortschritt zu leisten vermag. Wichtigstes Ziel der Hochschulpolitik muß
es daher in Zukunft sein, die Leistungsfähigkeit der Hochschulforschung
zu sichern und zu stärken. Dazu gehört auch eine nachhaltige Förderung
der Spitzenforschung, die es qualifizierten Wissenschaftlern ermöglicht,
für einen begrenzten Zeitraum eine zusätzliche Ausstattung für bestimmte Forschungsvorhaben zur Verfügung gestellt zu bekommen. Außerdem
ist zu prüfen, unter welchen Voraussetzungen und in welchem Umfang
Lehrverpflichtungen von Wissenschaftlern zugunsten ihrer Forschungsarbeit vermindert werden können. Dem Technologietransfer von Hochschulen in die Wirtschaft kommt besondere Bedeutung zu. Deshalb
muß bei anwendungsbezogener Forschung die rasche Vermittlung der
Erkenntnisse in die Industrie gesichert sein. Zu den wesentlichen Voraussetzungen zur Steigerung des Standards an den Hochschulen gehört eine
intensive Förderung des qualifizierten wissenschaftlichen Nachwuchses.

(17) STUTTGARTER LEITSÄTZE FÜR DIE 80ER JAHRE: „DEUTSCHLANDS ZUKUNFT ALS MODERNE UND HUMANE INDUSTRIENATION"
32. BUNDESPARTEITAG, 9.–11. MAI 1984, STUTTGART

[...]

47. Die Ausbildung für die Arbeitsplätze von morgen muß bereits heute
beginnen. Hochqualifizierte Arbeitskräfte sind für die Leistungsfähigkeit
unserer Wirtschaft von großer Bedeutung. Weil der technische Fortschritt
unsere Tätigkeitsstrukturen stark verändert und dadurch neue Berufe
entstehen, sind Bund und Länder innerhalb ihrer Zuständigkeiten auf-

gerufen, bei der Weiterentwicklung des Bildungswesens diese Veränderungen zu berücksichtigen. Dies macht eine verstärkte Berücksichtigung der neuen Informations- und Kommunikationstechniken in Bildung und Ausbildung erforderlich. Künftig kommt es weniger darauf an, einen bestimmten Lehrstoff mit einer Fülle von Spezialwissen zu bewältigen; erforderlich ist vielmehr ein *breiteres Grundlagenwissen, auf dem ein ständiges, lebenslanges Lernen* aufbauen kann. Dies erfordert nicht nur eine größere Anpassungsfähigkeit der Lehrpläne an neue Entwicklungen, eine verstärkte Aufmerksamkeit für lebensnahe und praxisorientierte Ausbildung der Ausbilder und Lehrer sowie die Erhaltung eines ausreichenden Angebots an Berufsschulunterricht. Gefordert ist auch die Bereitschaft des einzelnen zur beruflichen Mobilität. Der Vielfältigkeit der Begabungen entspricht ein differenziertes, eigenständiges und durchlässiges System der beruflichen Bildung, das das „duale System" ebenso umfaßt wie die verschiedenen beruflichen Vollzeitschulen. Dem Ausbau der beruflichen Weiterbildung kommt künftig eine besondere Bedeutung zu. Die Ausbildung in einem Lehrberuf verdient die gleiche gesellschaftliche Anerkennung wie in der gymnasialen Oberstufe und an der Universität.

(18) LEITSÄTZE DER CDU FÜR EINE NEUE PARTNERSCHAFT ZWISCHEN MANN UND FRAU
33. BUNDESPARTEITAG, 20.–22. MÄRZ 1985, ESSEN

BILDUNG, AUSBILDUNG, BERUFSBILDUNG

[...]

24. Frauen haben im Vergleich zu Männern eine geringere Auswahl an Ausbildungs- und Arbeitsplätzen. Obwohl junge Frauen eine gleich gute Allgemeinbildung haben wie junge Männer und teilweise sogar bessere Abschlüsse erzielen, sind sie in der beruflichen Ausbildung und im Berufsleben benachteiligt. Es besteht noch immer ein für Männer und Frauen geteilter Ausbildungs- und Arbeitsmarkt. Diese Benachteiligung von Frauen kann beseitigt werden, wenn die traditionellen Berufsorientierungen überwunden werden, wenn Mädchen und junge Frauen in der Ausbildung die gleichen Chancen wie junge Männer haben und Frauen den gleichen Zugang zu Berufen und die gleichen Aufstiegschancen erhalten.

Die Ausbildung in der Hauswirtschaft als qualifizierte und zukunftsorientierte Berufsausbildung sollte wieder vorwiegend im dualen System erfolgen.

25. Die Hälfte aller Ausbildungsplätze wird ausschließlich Jungen angeboten. Viele der von Mädchen bevorzugt besetzten Ausbildungsgänge sind kürzer und weniger qualifiziert als die Ausbildungsgänge in traditionellen Männerberufen. Dadurch wird deren berufliche Perspektive hinsichtlich der Aufstiegsmöglichkeiten und der Bezahlung eingeschränkt. Alle Angebote der dualen Berufsausbildung und der vollzeitschulischen Ausbildungsgänge müssen Mädchen wie Jungen offenstehen. Frauen sollten sich an zukunftsträchtigen Berufsfeldern und qualifizierten Berufsanforderungen orientieren. Eine Verbesserung des Familienlastenausgleichs, die die Ausbildungsförderung mit umfaßt, soll es Eltern erleichtern, auch Mädchen eine qualifizierte Ausbildung zu ermöglichen.

26. Eltern, Erzieher, Bildungs- und Berufsberater, Ausbilder sowie junge Frauen selbst haben häufig noch eine traditionelle Berufsorientierung. Die berufliche Tätigkeit der Frauen ist bislang stark an Zielvorstellungen der Männer orientiert gewesen. Frauen werden zu wenig in unkonventionellen Beruf s wünschen unterstützt und auch zu selten auf neue Berufswege hingewiesen. *Deshalb sollten in Schulbüchern, Unterrichtsmaterialien und Lehrplänen neue Berufe beschrieben und ein Unterricht eingeführt werden, der die Berufswahl erleichtert.* In Arbeitslehre und Berufswahlkundeunterricht sollten Praktiker soweit wie möglich einbezogen werden, damit Jungen und Mädchen Einblicke in interessante Berufsfelder gewinnen können. Die Berufsberatung hat die Aufgabe, Mädchen und Jungen unter Einbeziehung der Eltern und der Schule möglichst frühzeitig über alle Berufe zu informieren. Betriebe sollten Frauen verstärkt Praktika in Berufen anbieten, die bisher als untypisch für Frauen galten. Die Erfahrung hat gezeigt, daß sich Mädchen und Frauen auch in technischen Berufen bewährt haben. Die Öffnung von typischen Männerberufen für Frauen hat oft dazu geführt, daß von Frauen im Berufsleben „männliche" Eigenschaften erwartet wurden. Dies ist ein Grund dafür, daß das öffentliche Leben in der Bundesrepublik Deutschland Domäne der Männer geblieben ist. Die CDU setzt sich zum Ziel, hier eine Änderung im Bewusstsein von Männern und Frauen herbeizuführen. Erst dann wird die rein rechtliche Gleichberechtigung der Frau eine Chance haben, von Männern und Frauen im Alltag tatsächlich gelebt zu werden. [...]

29. Durch die Entwicklung und Anwendung neuer Technologien können aber auch qualifizierte neue Arbeitsplätze geschaffen werden. Weil der Anteil der Frauen in diesen Tätigkeitsbereichen noch gering ist, sind besondere Bildungs- und Weiterbildungsmaßnahmen zur Vorbereitung auf solche qualifizierte und zukunftsorientierte Tätigkeiten anzubieten. [...]

30. In der Schule und in der beruflichen Ausbildung sollen Mädchen stärker mit Zusammenhängen der Wirtschaft, mit Naturwissenschaften und Technik vertraut gemacht werden. Ein Schwerpunkt ist der Umgang mit Computern. Mädchen müssen genauso wie Jungen ein Grundverständnis der neuen Technologien erwerben, weil diese Kenntnisse in Zukunft für die meisten beruflichen Tätigkeiten von großem Wert sein werden. Eltern müssen frühzeitig über die Bedeutung der neuen Technologien auch für Erziehung und Berufswahl von Mädchen informiert werden.

(19) POLITIK AUF DER GRUNDLAGE DES CHRISTLICHEN MENSCHENBILDES
36. BUNDESPARTEITAG, 13.–15. JUNI 1988, WIESBADEN, UND BUNDESAUSSCHÜSSE AM 12. UND 26. SEPTEMBER 1988

Der 36. Bundesparteitag bekräftigt die im Grundsatzprogramm der CDU vom 25. Oktober 1978 beschlossenen Prinzipien für eine Politik auf der Grundlage des christlichen Menschenbildes:

„Die Politik der CDU beruht auf dem christlichen Verständnis vom Menschen und seiner Verantwortung vor Gott. Aus christlichem Glauben läßt sich kein bestimmtes politisches Programm ableiten. Aber er gibt uns mit seinem Verständnis vom Menschen eine ethische Grundlage für verantwortliche Politik. Auf dieser Grundlage ist gemeinsames Handeln von Christen und Nicht-Christen möglich.

Der Mensch ist zur freien Entfaltung im Zusammenleben mit anderen geschaffen. Seine Freiheit beruht auf einer Wirklichkeit, welche die menschliche Welt überschreitet. Der Mensch verdankt sie weder sich selbst noch der Gesellschaft. Er ist nicht das letzte Maß aller Dinge. Seinem Bedürfnis, sich und der Welt einen Sinn zu geben, kann er aus eigener Kraft nicht gerecht werden. Der Mensch ist zur sittlichen Entscheidung befähigt. Er steht in der Verantwortung vor seinem Gewissen und damit nach christlichem Verständnis vor Gott. In verantworteter Freiheit sein Leben und die Welt zu gestalten, ist Gabe und Aufgabe für den Menschen.

Die Grundwerte Freiheit, Solidarität und Gerechtigkeit geben unserer Politik die Orientierung und sind Maßstäbe unseres politischen Handelns. Entsprechend den sich wandelnden Herausforderungen stehen wir immer von neuem vor der Aufgabe, das Verhältnis der Grundwerte zueinander so zu gestalten, daß sie zusammen ihre Wirkung entfalten. Denn die Grundwerte erfordern und begrenzen sich gegenseitig. Keiner erfüllt ohne die anderen seinen Sinn. Ihre Gewichtung untereinander richtig zu gestalten, ist Kern der politischen Auseinandersetzung.

Sittlichen Zielen verpflichtet und vernünftiger Überprüfung zugänglich, entfaltet wertorientierte Politik die Fähigkeit zum notwendigen Ausgleich der Interessen und die Kraft zur ständigen Erneuerung. So sichert sie dem Menschen die Voraussetzung zur freien und verantwortlichen Entfaltung seiner Person."

Mit den Stuttgarter und Essener Leitsätzen und mit dem Zukunftsmanifest hat die CDU in den zurückliegenden Jahren das Bild einer fortschrittlichen und menschlichen Gesellschaft von morgen entworfen. Die Bundesrepublik Deutschland steht in einem wirtschaftlichen, technischen und sozialen Wandel, dessen Bewältigung und Gestaltung über eine Legislaturperiode hinaus alle Kräfte erfordert. Auf der Grundlage des christlichen Menschenbildes entwickelt die CDU als führende Regierungspartei programmatische Perspektiven für eine menschliche Gesellschaft, die Würde und Leben des Menschen schützt, den technischen und wirtschaftlichen Fortschritt in den Dienst des Menschen stellt und die jedem Bürger Freiheit, Vielfalt der Chancen und Geborgenheit sichert.

„Die Leistungsfähigkeit unserer Gesellschaft und die Glaubwürdigkeit, mit der wir unsere Grundwerte der Freiheit, Solidarität und Gerechtigkeit zu Hause verwirklichen, sind von ausschlaggebender Bedeutung dafür, daß wir unseren Interessen und unserer Mitverantwortung in der Welt gerecht werden können. [...]"

(20) UNSERE VERANTWORTUNG FÜR DIE SCHÖPFUNG
37. BUNDESPARTEITAG, 11.–13. SEPTEMBER 1989, BREMEN

Die Schöpfung bewahren – die Zukunft gewinnen: dies ist Auftrag und Ziel unserer Politik. [...] Die Christlich Demokratische Union Deutschlands hat die besondere Verpflichtung, die Natur und die Umwelt zu schützen, zu gestalten und zu nutzen *und damit das Werk des Schöpfers für uns, unsere Kinder und Kindeskinder zu erhalten* und Ökologie und Ökonomie in einer Ökologischen und Sozialen Marktwirtschaft miteinander zu versöhnen.

UNSERE VERANTWORTUNG FÜR DIE SCHÖPFUNG

1. Wir stehen in der Schöpfung, wir sind Teil der Schöpfung, wir haben Verantwortung zu übernehmen für die Vielfalt der Schöpfung, die nicht nur nach Nützlichkeit und Verwertbarkeit beurteilt werden darf. Pflanzen und Tiere sind Mitgeschöpfe, nicht bloße Werkzeuge des Menschen. Wir sind daher verpflichtet, die Natur auch um ihrer selbst willen und nicht nur als Lebensgrundlage des Menschen zu schützen. *Die Sorge um die Vielfalt ist aber auch Ausdruck unserer Achtung vor der Schöpfung und Verpflichtung aus der christlichen Wertordnung, die Grundlage unserer Politik ist.*

(21) MANIFEST ZUR VEREINIGUNG DER CHRISTLICH DEMOKRATISCHEN UNION DEUTSCHLANDS: „JA ZU DEUTSCHLAND - JA ZUR ZUKUNFT"
1. PARTEITAG, 1.–2. OKTOBER 1990, HAMBURG

1. Am 3. Oktober 1990 ist der Auftrag des Grundgesetzes erfüllt, in freier Selbstbestimmung die Einheit und Freiheit Deutschlands zu vollenden.

2. Die CDU hat ihren *Ursprung im Widerstand gegen das totalitäre Unrechtsregime der nationalsozialistischen Diktatur.* Christliche Demokraten wie Konrad Adenauer, Andreas Hermes und Jakob Kaiser stellten die *Achtung vor der Freiheit und Würde* des Menschen in den Mittelpunkt

des politischen Neuaufbaus Deutschlands. Die CDU hat mit den Gründungsaufrufen insbesondere von Berlin und Köln im Jahr 1945 *einen neuen Anfang in der Parteiengeschichte* gesetzt. Als Union wollte sie die Zerrissenheit der Demokraten in der Weimarer Republik überwinden. Freiheit und Menschlichkeit sollten nicht wieder einer verhängnisvollen *Gegnerschaft zwischen sozialen, liberalen und konservativen Strömungen* sowie konfessionellen Gegensätzen zum Opfer fallen (das meint etwas anderes als „Wurzeln"). Als große Volkspartei der Mitte wendet sich die CDU Deutschlands an die Menschen in allen Schichten und Gruppen unseres Volkes.

3. Uns Christliche Demokraten verbinden gemeinsame Werte und Überzeugungen.

Unsere Politik beruht *auf dem christlichen Verständnis vom Menschen und seiner Verantwortung vor Gott.* Würde und Leben des Menschen – auch des ungeborenen – sind unantastbar. In verantworteter Freiheit sein Leben und die Welt zu gestalten, ist Gabe und Aufgabe für den Menschen. *Den christlichen Kirchen sind wir in besonderer Weise verbunden.* Ihr Dienst am Nächsten, ihre Mitverantwortung und ihre Mitgestaltung sind unverzichtbar für das Gemeinwohl. Unser Handeln in Staat und Gesellschaft ist ausgerichtet an den Grundwerten Freiheit, Solidarität und Gerechtigkeit:

*Der Mensch ist frei. Es ist Aufgabe der Politik, dem Menschen den notwendigen Freiraum zu sichern. Die Freiheit des anderen bedingt und begrenzt die eigene Freiheit .*Der Mensch hat Anspruch auf persönliche Zuwendung und Hilfe. Das ist sein Recht auf Solidarität. Er steht aber auch für die Gemeinschaft aller ein. Das ist seine solidarische Pflicht.

Gerechtigkeit soll jedermann die Möglichkeit geben, sich in gleicher Freiheit so unterschiedlich zu entfalten, wie es *der persönlichen Eigenart* des einzelnen entspricht. *Gerechtigkeit schließt die Anerkennung persönlicher Anstrengung und Leistung ein.* Das Grundgesetz für die Bundesrepublik Deutschland ist Grundlage für unser Zusammenleben in Freiheit, Solidarität und Gerechtigkeit. Es ist auch Grundlage unserer repräsentativen Demokratie.

Wir leben in einer pluralen Gesellschaft. Das erfordert eine demokratische Willensbildung, in welcher aus widerstreitenden Meinungen und Interessen Mehrheitsentscheidungen erwachsen, die aber auch die Anliegen und Überzeugungen von Minderheiten achtet. Rechtsstaatlichkeit, Föderalismus und kommunale Selbstverwaltung sind wesentliche Ordnungs- und Gestaltungsprinzipien unseres Staates zur Sicherung der Bürgerfreiheit.

Verwirklichung der Freiheit bedarf der sozialen Gerechtigkeit und der eigenverantwortlichen Lebensgestaltung. *Die soziale Sicherung soll die Risiken absichern, die der einzelne allein nicht bewältigen kann.* Gerechtigkeit gebietet, ausgleichende Maßnahmen zugunsten derer zu treffen, die sonst zurückbleiben würden. Eine zukunftsorientierte Sozialpolitik muß auch dafür sorgen, daß die Sozialleistungen den wirklich Bedürftigen zugute kommen. Dabei gilt der Grundsatz: Es ist besser, soziale Übel zu verhindern, als sie nachträglich zu beseitigen. Der Staat muß auch für die Interessen derer eintreten, die keine Lobby haben.

(22) DRESDNER MANIFEST
„DIE ZUKUNFT GEMEINSAM GESTALTEN.
DIE NEUEN AUFGABEN DEUTSCHER POLITIK"
2. PARTEITAG, 14.–17. DEZEMBER 1991, DRESDEN

I PRÄAMBEL

[...]

In Europa hat ein neues Zeitalter der Freiheit begonnen. Die Völker haben die ihnen aufgezwungenen totalitären Herrschaftssysteme abgeschüttelt. Mit ihrem Einsatz für Freiheit und Gerechtigkeit, Selbstbestimmung, Demokratie und Soziale Marktwirtschaft haben die Menschen die marxistische Theorie und die sozialistische Praxis eindrucksvoll widerlegt. Wir sind verpflichtet, die materiellen und ökologischen, aber auch die persönlichen Wunden, die der Sozialismus geschlagen hat, zu heilen und unseren Beitrag zu Freiheit und Gerechtigkeit, für den Frieden und zur Bewahrung der Schöpfung zu leisten.

Der Sozialismus hat die Welt als verfügbare Materie betrachtet und behandelt. Er hat den Menschen als Werkzeug mißbraucht und zu einem Kollektivwesen degradiert. Wir aber begreifen die Welt in ihrem Eigenwert als Schöpfung Gottes und den Menschen als ein Geschöpf mit besonderer Würde. Wir haben jetzt die Chance, diese Würde voll zur Geltung zu bringen. Wir gewinnen Ermutigung aus der Leistung der Menschen, die eine vierzigjährige Diktatur bestanden haben, die sich in vielen Formen persönlicher Solidarität gegenseitig Schutz und Hilfe gaben und sich schließlich durch eine friedliche Revolution aus ihrer Unterdrückung befreiten.

Das christliche Menschenbild gibt die ethische Grundlage für verantwortliches Handeln. Es bewahrt uns zugleich vor dem Trugschluß, eine vollkommene Welt schaffen zu können. Nach unserem Verständnis ist der Mensch frei zu Eigenverantwortlichkeit, aber auch zu solidarischem Handeln verpflichtet und zur Gestaltung einer gerechteren Welt berufen. Auf dieser Grundlage ist gemeinsames Handeln von Christen und Nicht-Christen möglich.

Wir wollen die innere Einheit Deutschlands vollenden, die politische Einheit Europas voranbringen und dort den Menschen helfen, wo sie von Hunger, Elend oder Krieg bedroht sind. [...]

16. Wir freuen uns, *unser kulturelles Erbe* wieder gemeinsam wahrnehmen zu können. Besonders in Zeiten des Wandels geben Kunst, Kultur und Bildung die notwendigen Anstöße, um sich mit der Vergangenheit zu beschäftigen, sich in der Gegenwart zu orientieren und um Phantasie für die Gestaltung der Zukunft freizusetzen. Kunst und Kultur sind eine Grundlage der Kreativität unserer Gesellschaft.

Wir wollen *die in Jahrhunderten gewachsene deutsche Kultur erhalten*. Kultur und Geschichte der Regionen sowie das Wiederaufleben und die Pflege alter Traditionen schaffen lebendige Beziehungen zur Heimat und zur bundesstaatlichen Ordnung in Deutschland. Die deutschen Länder verfügen über einen reichen Schatz kultureller Vielfalt aus Vergangenheit und Gegenwart. Dafür tragen wir gemeinsam Verantwortung.

Insbesondere der Pflege des Musik- und Sprachtheaters, der bildenden Kunst, der Literaturförderung und dem Denkmalschutz kommen in den Ländern besondere Bedeutung zu.

Alle Sparten moderner und traditioneller Kunst finden unsere Unterstützung. Wir sind dem Prinzip des kulturellen Pluralismus verpflichtet und sehen es als unsere Aufgabe an, allen Bevölkerungsgruppen den Zugang zu Kunst und Kultur zu ermöglichen. Wir suchen die Begegnung mit den Künstlern der Gegenwart und unterstützen das breite Spektrum der freien Kulturarbeit in den Städten und Gemeinden. *Wir wollen die kulturelle Bildungsarbeit insbesondere für die junge Generation, aber auch für die wachsende Zahl älterer Menschen intensivieren.* Der Kunst- und Kulturbereich ermöglicht vielfältige persönliche Entfaltung und trägt in unserer Gesellschaft zu einer verantwortlichen und bewußten Lebensgestaltung bei.

CHANCEN DER ERNEUERUNG FÜR GANZ DEUTSCHLAND NUTZEN

17. [...]
Junge Menschen müssen die Chance haben, in der *Konkurrenz mit europäischen Mitbewerbern bestehen zu können. Die Neuordnung des Bildungswesens in den neuen Ländern eröffnet die Möglichkeit, in ganz Deutschland zu einer Verkürzung der im europäischen Vergleich überlangen Schul- und Studienzeiten zu kommen und die Leistungsfähigkeit des deutschen Bildungssystems von der Erstausbildung bis zur Weiterbildung zu verbessern. Die CDU fordert die Verkürzung der Schulzeit bis zum Abitur auf 12 Jahre.*

Der Reichtum unseres Landes liegt in der Leistungsbereitschaft, Intelligenz und Kreativität seiner Menschen. Die Menschen in den neuen Ländern bringen ihre Erfahrungen und Fertigkeiten, ihren Leistungswillen und Ideenreichtum ein. Die Einheit hat uns Deutsche reicher gemacht.

(23) „ERZIEHUNG UND AUSBILDUNG IN UNSEREM FREIHEITLICHEN UND DEMOKRATISCHEN BILDUNGSSYSTEM – ZUKUNFTSSICHERUNG DURCH LEISTUNG, VERANTWORTUNG UND GEMEINSINN"

4. PARTEITAG, 12.–14 SEPTEMBER 1993, BERLIN

1. Herausforderungen

1.1 Einleitung

- Deutsche Einheit
- Europa
- Bildungs- und Beschäftigungssystem
- Ökonomische Leistungsfähigkeit der Bundesrepublik Deutschland

1.2 Konzentration und Straffung der Bildungs- und Ausbildungszeiten

1.3 Integration von Ausländern und Aussiedlern

2. Grundlagen

2.1 Erziehungsziele

2.2 Erziehungsauftrag der Eltern

2.3 Humanes Leistungsprinzip und Chancengerechtigkeit

2.4 Föderalismus als Chance und Verpflichtung

2.5 Begabtenförderung

2.6 Bildungseinrichtungen in freier Trägerschaft

3. Schule

3.1 Die Humane Leistungsschule

3.2 Inhalte der Bildungsgänge der Humanen Leistungsschule

3.3 Die Grundschule

3.4 Die Schularten des gegliederten Systems

3.5 Die Gesamtschule

3.6 Betreuungsangebote auf freiwilliger Grundlage

3.7 Lehrerbildung

4. Berufliche Bildung

5. Hochschulen und Wissenschaft

6. Allgemeine und berufliche Weiterbildung

1. HERAUSFORDERUNGEN

1.1 Einleitung

1. Erziehung, Ausbildung und Bildung sind wesentliche Grundlagen für die freie Entfaltung der Persönlichkeit: Bildung befähigt den Menschen, sein Leben selbständig und verantwortlich zu gestalten, Rechte wahrzunehmen und Pflichten zu übernehmen, das Leben als Chance zu begreifen und seinen Platz in Familie, Gesellschaft und Beruf zu finden. Zu diesen Rechten und Pflichten bekennen wir uns *aus einem christlichen Verständnis vom Menschen*. Erziehung und Ausbildung sind *gleichermaßen* wesentliche Grundlagen für die Leistungsfähigkeit von Staat, Wirtschaft und Gesellschaft wie für die Sicherung des sozialen Zusammenlebens. *Unser Bildungssystem hat somit auch eine Gemeinwohlfunktion*: Es dient über die Entfaltung der Person und die Bildung der Bürger der Zukunftssicherung von Staat und Gesellschaft in Deutschland.

Angesichts der Wiedergewinnung der deutschen Einheit, der Vollendung des Europäischen Binnenmarkts und des Umbruchs in Mittel-, Ost- und Südosteuropa müssen auch in Erziehung und Ausbildung aus den sich daraus ergebenden Veränderungen Konsequenzen gezogen werden.

Deutsche Einheit

2. Die Teilung Deutschlands hat tiefe Spuren hinterlassen. In den Jahrzehnten der Trennung haben sich nicht nur unterschiedliche Gesellschaftssysteme und Lebensbedingungen, sondern auch unterschiedliche Einstellungen und Sichtweisen entwickelt.

Erziehung, Bildung und Ausbildung müssen zur geistigen und kulturellen Einheit Deutschlands beitragen. Die geistige Überwindung der Teilung durch die Anerkennung und Verwirklichung der Werte einer freiheitlichen Demokratie ist in den alten wie in den neuen Ländern die unabdingbare Voraussetzung für die Verständigung zwischen allen Deutschen.

Die kulturelle Identität der Menschen in ganz Deutschland hängt nicht davon ab, daß in Schule und Ausbildung überall alles gleich geregelt ist. Der Aufbau eines freien und leistungsfähigen Schul- und Hochschulsystems in den neuen Ländern eröffnet die Möglichkeit, neue Wege zu gehen, Erfahrungen der alten Länder zu berücksichtigen, ohne deren

Fehler zu wiederholen, aber auch Erfahrungen der neuen Länder zu nutzen, die sie aus ihrer Vergangenheit herleiten und die sie beim Aufbau eines eigenen neuen Schul- und Hochschulsystem gewinnen. Kulturelle Identität in ganz Deutschland wird nur erreichbar sein, wenn nicht Wert und Nutzen des Menschen für irgendeine Zielsetzung oder Ideologie, sondern seine Personalität und Würde zur Grundlage unseres gesellschaftlichen Verständnisses und des Umgangs miteinander gemacht werden.

Erziehung und Bildung müssen dazu befähigen und beitragen, daß der einzelne über seine persönlichen Interessen hinaus Verantwortung entwickelt und wahrzunehmen bereit ist. Die Unantastbarkeit der Würde des Menschen und seine Einbindung in die Gemeinschaft sind Maß und Grundlage jedes freiheitlichen Bildungssystems.

Europa

3. Europa wächst zusammen – wirtschaftlich, politisch und kulturell. Austausch, gegenseitige Offenheit und Wettbewerb beziehen sich allerdings nicht nur auf den Raum der Europäischen Gemeinschaft. Durch die friedlichen Revolutionen in Mittel- und Osteuropa sind Staaten entstanden, die sich an Erfahrungen und Erfolgen der westlichen Demokratie und der Sozialen Marktwirtschaft orientieren wollen. Die Länder der Europäischen Gemeinschaft sind bereit, ihnen dabei zu helfen.

Die europäische Einigung ist neben der Überwindung der Spaltung Deutschlands die zweite große Herausforderung für unser Bildungssystem. Freie Berufswahl und Berufsausübung sind nur bei gegenseitiger Anerkennung der Bildungs- und Ausbildungsabschlüsse möglich. Die Stärken des deutschen Bildungssystems, das Erziehung und Ausbildung miteinander verbindet, müssen gepflegt werden; seine begabungsgerechte Gliederung und Differenzierung in verschiedenen Schularten, die Ausbildung im Betrieb und das berufliche Schulwesen müssen weiterentwickelt werden. Das Duale Ausbildungssystem mit seiner Verbindung von Betrieb und Schule ist ein bewährtes Modell, das sich auch für die Europäische Gemeinschaft empfiehlt.

Es geht bei dem weiteren Weg der europäischen Integration nicht um Anpassung, sondern um inhaltliche Weiterentwicklung, gegenseitige Anregung, Voneinander-Lernen und Förderung der kulturellen Gemeinsamkeit. Insbesondere die Bildungs- und Ausbildungszeiten sind unter Wahrung bzw. Steigerung der Qualität an europäische Standards anzunähern, um Nachteile für junge Menschen wie für unsere Wirtschaft zu vermeiden.

In dem Maße, wie Kultur- und Bildungspolitik – anknüpfend an lokale, regionale und nationale Erfahrungen – personale Identität fördert, muß sie künftig verstärkt darauf abzielen, junge Menschen in die Lage zu versetzen, das Bewußtsein für eine verbindende europäische Identität zu fördern.

Bildungs- und Beschäftigungssystem

4. Das Bildungs- bzw. Ausbildungssystem und das Beschäftigungssystem laufen zunehmend auseinander. Auf der einen Seite gibt es immer mehr Abiturienten, die ein wissenschaftliches Studium aufnehmen wollen, ohne dafür geeignet zu sein; auf der anderen Seite nimmt trotz des qualitativ hohen Standards der deutschen Berufsausbildung und guter Beschäftigungsperspektiven für Fachkräfte das Interesse junger Menschen an dieser Ausbildung ab. Aus dem Mangel an qualifizierten Fachkräften erwächst eine weitreichende Gefährdung der Leistungsfähigkeit unserer Volkswirtschaft. Eine Korrektur der Bildungspolitik zugunsten berufsbezogener Bildung ist unverzichtbar. In der öffentlichen Diskussion, in der Wirtschaft wie in der Schule müssen große Anstrengungen unternommen werden, um die Attraktivität beruflicher Bildung zu stärken.

Ökonomische Leistungsfähigkeit der Bundesrepublik Deutschland

5. Die ökonomische Leistungsfähigkeit der Bundesrepublik Deutschland ist begrenzt. Die deutsche Einheit, Verpflichtungen in Europa wie in der weiten Welt belasten die öffentlichen Haushalte. Das Bildungswesen zählt zu den finanzaufwendigsten staatlichen Aufgabenfeldern. Fiskalische Zwänge wie ökonomische Vernunft machen notwendig, die aufgewendeten Mittel in Schule wie Hochschule so effizient und sparsam wie möglich einzusetzen. Das Bildungswesen darf sich einer notwendigen Überprüfung im Hinblick auf Effizienz und sparsamen Einsatz der Mittel nicht von vornherein entziehen. Es stehen in der Schule nicht nur Stundentafeln, Klassenfrequenzen, Lehrerdeputate und Entlastungsstunden zur Disposition; Schularten, die trotz wesentlich erhöhten Aufwands nicht leistungsfähiger sind bzw. die Leistungen des differenzierten Systems in

aller Regel nicht erreichen, sind mit Blick auf den Steuerzahler und Gerechtigkeit in unserer Gesellschaft finanziell nicht zu verantworten. Die steigenden Kosten wie die sich häufenden Probleme des Hochschulbereiches müssen Konsequenzen bezüglich der Struktur der Hochschulen sowie der Dauer und Form des Studiums zur Folge haben.

1.2 Konzentration und Straffung der Bildungs- und Ausbildungszeiten

6. Der Ausbau von Bildung und Ausbildung in den alten Ländern der Bundesrepublik Deutschland war mit einer erheblichen Verlängerung der Bildungs- und Ausbildungszeiten verbunden, einschließlich der Konsequenz, daß persönliche und berufliche Selbständigkeit in aller Regel erst wesentlich später erreicht werden kann. Im gesamten Bildungswesen sind Konzentration der Inhalte und Straffung der Arbeit unverzichtbar. Dies bedeutet für alle Bereiche des Schulwesens:

- regelmäßige Überprüfung der Inhalte,
- Konzentration auf die Vermittlung des Wesentlichen,
- systematische Vermittlung von Arbeits- und Lerntechniken, mit denen die Fülle der Informationen besser bewältigt werden kann,
- Abbau von Leerlauf und organisatorischen Mängeln,
- Abbau des Unterrichtsausfalls,
- bessere Abstimmung der Stundentafeln und Lehrpläne sowie engere Verzahnung der Fächer.

Inhaltliche Konzentration und organisatorische Straffung sind kein Selbstzweck; sie verbessern die Qualität der Arbeit, sichern mehr pädagogischen Freiraum und ermöglichen Verkürzung der Bildungsgänge.

1.3 Integration von Ausländern und Aussiedlern

7. Eine wichtige Aufgabe unseres Bildungssystems ist die unterstützende Hilfe bei der Eingliederung von Menschen anderer Nationalitäten, Sprachen, Kulturen und Religionen in unser Gesellschafts- und Wirtschaftssystem. Die Integration der Kinder aus Aussiedler- und Ausländerfamilien erfolgt in erster Linie über Schule und Betrieb. Diese wichtige Leistung bedarf in Zukunft nicht nur größerer öffentlicher Anerkennung, sondern auch weiterhin besonderer Unterstützung durch Bund und Länder. Der Integrationsprozeß bietet für beide Seiten neben Problemen auch große Chancen. Er setzt Offenheit und die Bereitschaft, auf den anderen zuzu-

gehen, voraus. Zu einem besseren Verständnis der Menschen anderer Länder wie anderer Kulturen können alle Unterrichtsfächer, eine entsprechende Gestaltung des Schullebens und der Schulgemeinschaft beitragen. Zum Erziehungsauftrag unserer Schulen gehört die Förderung internationaler Verständigung, Erziehung zum Frieden, Überwindung von Vorurteilen und die Bereitschaft, aufkommende Konflikte friedlich zu lösen.

2. GRUNDLAGEN

2.1 Erziehungsziele

8. Erziehung vollzieht sich vor allem in Familie, Schule und Betrieb. Die Erziehungsziele von Familie, Schule und Betrieb greifen ineinander und ergänzen sich:

- Ehrfurcht vor Gott, Achtung vor der Würde jedes Menschen, ausgeprägter Gemeinsinn,
- Selbstvertrauen; Vertrauen zum Leben und zur Welt,
- Bereitschaft zur Eigenverantwortung, Eigeninitiative und zur Leistung,
- realistisches Selbst- und Weltverständnis,
- Mitmenschlichkeit, Höflichkeit, Hilfsbereitschaft und Zuverlässigkeit,
- partnerschaftliches Verhalten und die Fähigkeit, Konflikte gewaltfrei zu lösen,
- Toleranz, Kritikfähigkeit und Bereitschaft zum Kompromiß,
- Patriotismus und Weltoffenheit,
- Aufgeschlossenheit für andere, auch für das Fremde,
- Ehrfurcht vor der Schöpfung und Verantwortung für die Umwelt

sind unverzichtbare Grundhaltungen, zu deren Vermittlung alle Einrichtungen des Bildungswesens verpflichtet sind, wenn die Grundlagen unseres freiheitlichen und sozialen Rechtsstaates und seine Einbindung in die europäische Kultur auf Dauer gesichert sein sollen. Diese Erziehungsziele sind Haltungen, die für das Zusammenleben in Staat und Gesellschaft grundlegend wichtig sind. Die für die Erziehung Verantwortlichen haben die Verpflichtung, durch ihr persönliches Vorbild dazu beizutragen, daß diese Ziele erreicht werden können.

Die Erziehungsziele des Staates gelten zwar nur für die Erziehung in der Schule; sie sind jedoch zugleich Ausdruck des moralischen Wertkonsenses, der gesellschaftlichen Ideale der im Staat organisierten Nation. Verbindliche Wertvorstellungen, aus dem Grundgesetz und den Länderverfassungen abgeleitet, zu deren Vermittlung die Schule in Erziehung und Unterricht verpflichtet ist, sind Grundlage des auf Dauer zu sichernden freiheitlichen und sozialen Rechtsstaates.

9. Für den Schüler gelten die Grundrechte ebenso wie für jeden Bürger unseres Staates. Seine Handlungsfreiheit und seine Verantwortlichkeit sind zu seinem Schutz durch Gesetz eingeschränkt, bis er die Volljährigkeit erlangt. Daran hat sich schulische Erziehung zu orientieren. Die Schule hat den Auftrag, den Schüler zur Wahrnehmung seiner Rechte und Pflichten zu erziehen, indem sie Schülerinnen und Schüler ihrem Alter und ihrer Entwicklung entsprechend an Planung und Gestaltung des Unterrichtes und des Schullebens beteiligt.

10. Jeder hat einen Anspruch auf Erziehung und Ausbildung. Nur Bildung versetzt den Menschen in die Lage, seine Würde und Freiheit zu erkennen, Pflichten zu erfüllen, Verantwortung zu übernehmen und Rechte zu gebrauchen. Bildung ist Voraussetzung für die Teilhabe an Kultur und gesellschaftlichen Entscheidungsprozessen.

Die Grundsätze der Verfassung setzen den Rahmen für die Pluralität unterschiedlicher weltanschaulicher Positionen in der Schule. Erziehung in einem freiheitlichen sozialen Rechtsstaat kann sich nur innerhalb der Grenzen vollziehen, die das Grundgesetz gezogen hat.

Die freiheitliche Demokratie lebt durch die Bürger, die selbständig urteilen und entscheiden und zur Übernahme von Verantwortung bereit sind. Erziehung zielt deshalb auf die Bejahung des demokratischen und sozialen Rechtsstaates; weltanschauliche Parteilichkeit wie wertneutrale Beliebigkeit verbieten sich gleichermaßen. Ziel der Erziehung ist die Heranbildung von mündigen, urteilsfähigen und verantwortungsbereiten Menschen, die fähig sind, sich in einer rasch verändernden hochtechnisierten Welt zurechtzufinden. Dies setzt voraus, Probleme in ihrer unterschiedlichen menschlichen, religiösen, sozialen, politischen, technischen, wirtschaftlichen und ökologischen Dimension begreifen zu können. Da unsere Welt immer mehr zu einer globalen Schicksalsgemeinschaft zusammenwächst, gewinnt die Sensibilität für komplexe grenzüberschreitende Entwicklungen zunehmend an Bedeutung. Bildung braucht Neugierde, Bereitschaft zur Offenheit und Information, sie zielt auf die Fähigkeit zur Innovation, Kreativität und Antwort auf Veränderungen.

Bildung ist zugleich die Bereitschaft zu lebenslanger Auseinandersetzung mit den Anforderungen im persönlichen Lebenskreis, im Beruf und in der Gesellschaft. Die Gesellschaft ist nicht nur durch zunehmend schnelleren Wandel gekennzeichnet Es gibt auch beständige Werte im Zusammenleben der Menschen, die auf die Erziehung der Jugend ausstrahlen und – weil häufig anstrengend und unbequem zu leben – nachhaltiger Betonung bedürfen. Dazu gehört das Beharren darauf, daß der Maßstab für die individuellen Lebenschancen die jeweiligen Leistungen des Menschen sind, die Verteidigung oft in Frage gestellter Tugenden wie Pünktlichkeit, Ordnung, Ausdauer, Belastbarkeit und Höflichkeit. Der junge Mensch muß erfahren können, daß das Leben nicht allein durch Konflikte, sondern auch durch Liebe, Solidarität und gegenseitige Rücksichtnahme geprägt werden kann. Bildung ist zugleich die Bereitschaft zu lebenslanger Auseinandersetzung mit der Frage nach dem Sinn des Lebens sowie die Auseinandersetzung mit Beruf Lebenskreis und Welt. Ziel der Erziehung ist somit auch die Fähigkeit zu lebenslangem Lernen.

2.2 Erziehungsauftrag der Eltern

11. Erziehung orientiert sich an dem Wohl des Kindes. Sie ist in erster Linie Aufgabe der Eltern. Das ist Elternrecht und Elternpflicht zugleich. Viele Eltern stellen sich ihren erzieherischen Aufgaben auch heute in hervorragender Weise.

Staatliche und private Erziehungseinrichtungen müssen das Elternrecht respektieren, daraus ergibt sich die Notwendigkeit einer Erziehungspartnerschaft von Eltern und Schule. Dem Staat kommt außerhalb der Schule keine mit dem Elternrecht konkurrierende Erziehungskompetenz zu. Dennoch brauchen Familien zur Bewältigung der erzieherischen Aufgaben vielfältige Formen der Ermutigung, Unterstützung und Entlastung.

- Viele Eltern fühlen sich angesichts der Flut von Angeboten, Wahlmöglichkeiten und unterschiedlichen Lebensstilen überfordert, wertorientiert zu erziehen.

- Viele Eltern glauben, Kindern „Glück" durch uneingeschränkte Konsumangebote in Technik und Freizeit kaufen zu können.
- Viele Eltern erwarten von der Schule den vermeintlich besten, im Interesse ihres Kindes liegenden Abschluß, ohne hinreichende Berücksichtigung seiner Begabung und Leistungsfähigkeit.

Es ist Aufgabe des Staates, Eltern auf ihren Erziehungsauftrag und die Verantwortung dafür hinzuweisen und die Erziehungskraft der Familien zu stärken. Die Schule ist auf das Engagement der Eltern angewiesen. Eine klare Wertorientierung setzt Konsens zwischen Elternhaus und Schule voraus. Nur dann, wenn das Elternrecht nicht wahrgenommen oder mißbraucht wird, muß das Wohl des Kindes durch die Gemeinschaft sichergestellt werden.

2.3 Humanes Leistungsprinzip und Chancengerechtigkeit

12. Das Bildungssystem soll die Voraussetzungen schaffen und den Freiraum eröffnen, die individuellen Anlagen und Begabungen zu entfalten und eigene Neigungen zu entwickeln. Die Bildungspolitik muß dabei von der grundlegenden Rechtsgleichheit aller Menschen ausgehen und Gleichheit der äußeren Startchancen im Rahmen des Möglichen verwirklichen.

Zu den Grundlagen des Bildungssystems gehören das humane Leistungsprinzip und das Prinzip der Chancengerechtigkeit:

- Das gegliederte Schulsystem fördert durch auf den einzelnen abgestellte differenzierte Anforderungen. Das humane Leistungsprinzip bedeutet, daß jeder die Leistungen erbringen soll, die er erbringen kann und daß er dafür die gebührende Anerkennung erhält. Ein humanes Leistungsprinzip ist im Gegensatz zu ideologiegeprägten Auswahlmechanismen das sozial gerechteste Aufstiegs- und Differenzierungskriterium und als einziges einer freiheitlichen Demokratie angemessen.

- Chancengerechtigkeit bedeutet im Rahmen des Möglichen Gleichheit der Startchancen, aber nicht Gleichheit der Ergebnisse. Benachteiligte Kinder müssen eine besondere Förderung erhalten, um Defizite ausgleichen und ihre Begabung entfalten zu können. Dies darf jedoch andere in ihrer Entwicklung nicht beeinträchtigen: Chancengerechtigkeit muß die Verschiedenheit der Menschen berücksichtigen und darf deshalb nicht durch Nivellierung und die Einschränkung der Chancen anderer erreicht werden.

Das humane Leistungsprinzip und das Prinzip der Chancengerechtigkeit bedingen einander. Ein an diesen Prinzipien orientiertes Bildungssystem schafft die Voraussetzung, um den Schwächeren zu fördern und dem Starken mehr Leistung abzuverlangen.

2.4 Föderalismus als Chance und Verpflichtung

13. Vielfalt und Wettbewerb sind Voraussetzungen, um Leistungsfähigkeit und Kreativität anzuregen und zu sichern. Die verfassungsrechtliche Aufgabenverteilung von Bund und Ländern im Bildungswesen hat sich bewährt; weder die besondere Verantwortung der Länder im Schul- und Hochschulbereich noch die rahmenrechtlichen Kompetenzen des Bundes und die bundeseinheitliche Geltung der beruflichen Ausbildungsordnungen stehen für die Union zur Disposition.

Wenn mit unterschiedlichen Bildungsgängen Abschlüsse verbunden sind, die in allen Ländern gleich bewertet werden, dann stehen die Länder in der besonderen Verantwortung, nicht nur die grundsätzliche Gleichwertigkeit der jeweiligen Bildungsgänge, sondern auch ein gleichwertiges Niveau in den unterschiedlichen Abschlüssen zu gewährleisten.

In einem zusammenwachsenden Europa muß auch die Vergleichbarkeit der mit den Abschlüssen verbundenen Berechtigungen über die Grenzen der Bundesrepublik hinaus angestrebt werden.

Schulabschlüsse sind Schritte, Marksteine auf dem Weg jedes Einzelnen. Deshalb müssen die mit Blick auf die Abschlüsse gestellten Anforderungen innerhalb Deutschlands alles in allem gleichwertig sein. Es ist ein Verstoß gegen das Gebot der Gerechtigkeit, wenn ein und derselbe Abschluß in einem Land oder an einem Ort hart erarbeitet werden muß, während er andernorts mit wesentlich geringerem Aufwand erworben werden kann.

2.5 Begabtenförderung

14. In der Humanen Leistungsschule ist Begabtenförderung zu allererst Förderung der individuellen Begabung jedes einzelnen Kindes. Die Förderung aller, die gezielte Förderung von Kindern aus sozial schwierigen Verhältnissen und benachteiligten Gruppen wie die Förderung Hochbegabter schließen sich nicht aus, sondern ergänzen sich. Jedes Kind hat

starke Seiten; sie zu entwickeln, ist wichtige Aufgabe der Schule. Äußere Differenzierung ist immer zugleich ein Stück Begabtenförderung, da so homogenere Arbeits- und Leistungsgruppen entstehen, in denen zielgerichtete Förderung besser möglich ist. Darüber hinaus ist die Durchlässigkeit des gegliederten Systems eine in das System eingepflanzte Form der Begabtenförderung. Pädagogischer Freiraum, Wahlpflichtfächer, freiwillige Arbeitsgemeinschaften, Schülerwettbewerbe usw. eröffnen vielfältige Formen der Begabtenförderung in allen Schularten. Leistungsstarken Kindern und Jugendlichen muß in Zukunft durch eine besondere Förderung die Möglichkeit gegeben werden, ihrem Recht auf eine eigene ungewöhnliche Leistung zu entsprechen.

15. Den Fremdsprachen kommt bei der Begabtenförderung eine besonders wichtige Rolle zu. Die Begegnung mit der Fremdsprache bereits in der Grundschule, ein höherer Anteil des Fremdsprachenunterrichts in allen Schularten, ein früheres Einsetzen der 2. und 3. Fremdsprache, breitere *Angebote in Spanisch, Italienisch, Russisch sowie den Sprachen der unmittelbaren Nachbarn* sind nicht nur notwendig und sinnvoll mit Blick auf die europäische Integration und die wachsende Zusammenarbeit mit unseren östlichen und südöstlichen Nachbarn, sie werden zu immer wichtigeren Elementen der Begabtenförderung.

16. Mit der Verkürzung der Bildungs- und Ausbildungszeiten vollzieht sich zugleich auch Begabtenförderung. Solange eine grundlegende Revision im Sinne einer durchgehenden Straffung der Bildungsinhalte und einer weitreichenden Kürzung der Bildungswege noch nicht überall möglich ist, *muß begabten Jugendlichen die Möglichkeit eröffnet werden, Schulabschlüsse schneller und damit früher als üblich zu erwerben.*

17. Die Hochbegabtenförderung muß ausgebaut werden. Neben der Begabtenförderung in Schule Hochschule und Wissenschaft müssen *Instrumente der Begabtenförderung in der beruflichen Bildung weiterentwickelt werden.*

18. In Absprache mit unseren europäischen Partnern ist eine *europäische Begabtenförderung* einzurichten.

[...]

2.6 Bildungseinrichtungen in freier Trägerschaft

Bildungseinrichtungen in freier Trägerschaft sind neben den staatlichen Einrichtungen *gleichrangige Bestandteile* des öffentlichen Bildungswesens. Sie wirken neben den staatlichen Einrichtungen an der Verwirklichung eines vielfältigen Bildungsangebotes mit und sind somit Ausdruck der Freiheit in Staat und Gesellschaft. Sie sind zudem eine Bereicherung der Vielfalt des Bildungswesens und eine Herausforderung für das öffentliche Bildungsangebot. Bildungseinrichtungen in freier Trägerschaft haben die besondere Chance, religiöse Positionen, weltanschauliche Prägungen und besondere Wertvorstellungen in den Bildungsbereich einzubringen. Das Grundgesetz und seine Wertvorstellungen sind dabei Maßgaben, deren Einhaltung vom Staat gesichert sein muß.

Bildungseinrichtungen in freier Trägerschaft sind durch den Staat *als grundsätzlich gleichberechtigt mit öffentlichen Bildungseinrichtungen zu fördern.*

3. SCHULE

3.1 Die Humane Leistungsschule

20. Ziel der Schul- und Bildungspolitik der CDU ist die Erhaltung und Entwicklung der Humanen Leistungsschule.

■ Die Humane Leistungsschule fördert die individuellen Anlagen und Begabungen; sie fördert durch Vorbild, Beispiel, Fordern, Lernen, Handeln und Üben; so ermöglicht sie Leistung und Qualität.

■ Die Humane Leistungsschule praktiziert die Grundregeln des menschlichen Zusammenlebens und erzieht zur Partnerschaft der Geschlechter; sie erzieht zu Toleranz, Kompromißbereitschaft, Höflichkeit, Hilfsbereitschaft und Verantwortung gegenüber dem Mitmenschen und der Gemeinschaft. Sie orientiert sich in ihren Zielen an den Werten des Grundgesetzes.

- Die Humane Leistungsschule verwirklicht Wahlfreiheit durch ein vielfältiges Angebot unterschiedlicher Schularten und Bildungsgängen
in staatlicher und freier Trägerschaft. Sie bietet Alternative und Wettbewerb; eine solche Schule ist der Gegensatz zur Einheitsschule, zur
Stufenschule und zur Anonymisierung als Ausdruck sozialistischen
Menschenverständnisses.

- Die Humane Leistungsschule gliedert sich mit Blick auf unterschiedliche
Begabungen und individuelle Leistungsfähigkeit in verschiedene Schularten bzw. Bildungsgänge; sie ermöglicht so die Vielfalt, die der Begabung und Neigung entsprechenden Leistungsformen des gegliederten
Schulsystems.

- Die Humane Leistungsschule garantiert durch eine Vielzahl von Übergängen zu bestimmten Zeitpunkten ein Höchstmaß an institutionalisier-
ter Durchlässigkeit. Ein erfolgreicher Abschluß ermöglicht den Zugang
zu weiterführenden Bildungsgängen und Abschlüssen und schafft die
Möglichkeit der Korrektur getroffener Entscheidungen. Sie ist unverzichtbar zur Schaffung von Chancengerechtigkeit.

- Die Humane Leistungsschule vermittelt in unterschiedlichen Schularten
bzw. Bildungsgängen mit unterschiedlicher Dauer die bestmögliche
Voraussetzung, sich in einer rasch verändernden Welt zurechtzufinden;
sie konzentriert sich dabei auf Vermittlung von allgemeiner Grundbildung. Sie vermeidet einseitige Spezialisierungen in einzelnen Fächern
und nimmt keine ins Einzelne gehende Vorbereitung auf bestimmte
Berufsfelder vorweg.

- Die Humane Leistungsschule hat auch die Aufgabe, die Schüler auf
eine berufliche Tätigkeit vorzubereiten. Um ihnen eine Berufswahl zu
ermöglichen, soll ihnen eine Orientierungshilfe gegeben werden. Sie
soll den Schülern ihre speziellen Fähigkeiten und Eignungen bewußt
machen und ausprägen helfen.

- Die Humane Leistungsschule bietet mit ihrer Ausrichtung auf Allgemeinbildung und Grundlagenwissen die beste Voraussetzung für die
Berufsbildung in Betrieb und Schule wie die speziellen Formen des berufsbildenden Schulwesens, die praxisorientierten Bildungsgänge im
tertiären Bereich wie Fachhochschule, Berufsintegrierende Studiengänge oder Berufsakademie, das Studium als Berufsvorbereitung durch
Beschäftigung mit der Wissenschaft.

- Die Humane Leistungsschule als gegliedertes, differenziertes und begabungsgerechtes System ist die beste Grundlage, bei weitgehender
Gleichheit der Startchancen ein Höchstmaß an Chancengerechtigkeit
zu verwirklichen, den einzelnen gemäß seiner Anlagen und Neigungen
bestmöglich zu fördern und die Leistungsfähigkeit unseres Wirtschafts-
und Gesellschaftssystems in einem offenen Europa und einer veränderten Welt dauerhaft zu sichern.

3.2 Inhalte der Bildungsgänge der Humanen Leistungsschule

21. Die Humane Leistungsschule konzentriert sich auf die Vermittlung
einer breiten allgemeinen Grundbildung. Von besonderer Bedeutung sind
dabei die Kulturtechniken Lesen, Schreiben und Rechnen, vor allem die
sichere Beherrschung der deutschen Sprache in Wort und Schrift. Eine
unangemessene Gewichtung einzelner Fächer wie eine zu starke Spezialisierung stehen dem Ziel der Allgemeinbildung ebenso entgegen wie die
vorweggenommene detaillierte Vorbereitung auf konkrete Berufsfelder.
Die Entwicklungen in Wissenschaft, Technik und Politik und die damit
verbundene ständige Vermehrung des Wissens, die Entwicklung neuer
Fachgebiete sowie der Trend zu einer stärkeren Spezialisierung erfordern
Konzentration auf das für Wesentlich Erkannte bei gleichzeitiger Straffung
der Inhalte.

Da Schule nicht in der Stoffülle ertrinken darf, muß in regelmäßigen Abständen eine Überprüfung des Notwendigen und Wesentlichen vorgenommen werden Schule ist nicht für alles, schon gar nicht für die Aufarbeitung aller Defizite einer Gesellschaft zuständig. Sie kann insbesondere
nicht die Aufgaben übernehmen, die der Familie obliegen. Deshalb
muß Schule gegen die Flut der Ansprüche und Anforderungen geschützt
werden; die Inhalte bedürfen der Legitimation mit Blick auf die Entwicklung des Kindes und des jungen Menschen, *mit Blick auf die wesentlichen
Traditionen der deutschen und europäischen Kultur wie die Entwicklung
unserer modernen Welt So gehört nach wie vor die Vergegenwärtigung
der christlichen Tradition und ihrer biblischen Begründung als formendes
Element auch der Gegenwart zu den unverzichtbaren Inhalten der Schule.*

22. Die *europäische Integration* muß in der Schule wesentlicher Unter-
richtsinhalt sein. Die *Landeskund*e unserer Nachbarländer sollte verstärkt
Eingang in die dafür geeigneten Fächer finden; aber auch die *Geographie
und Geschichte Deutschlands* dürfen nicht vernachlässigt werden.

23. Eine der vordringlichen Aufgaben der Schule ist, den Schülern die *deutsche Sprache und Literatur* zu vermitteln. Das sprachliche Fundament, die sichere Beherrschung der deutschen Sprache ist eine entscheidende Voraussetzung für eine erfolgreiche Teilnahme am gesellschaftlichen Leben in allen Bereichen. In der gemeinsamen Sprache und Geschichte verwirklicht sie die kulturelle Identität Das Lernen in der Schule schafft den Schülern die Möglichkeit, sich diese anzueignen und daran teilzuhaben.

24. Fremdsprachen erleichtern die Kenntnis der Welt. Das Erlernen jeder fremden Sprache bedeutet in erster Linie Verständigung mit anderen Menschen und damit Zugang zum Kern einer anderen Kultur. *Fremdsprachenkenntnisse* werden darüber hinaus immer mehr zur Voraussetzung für die alltägliche Berufsausübung. In allen Schulen müssen daher gute Kenntnisse *zumindest in einer Nachbarsprache* vermittelt werden. Zweisprachige Schulen in Grenzregionen sind deshalb vermehrt anzubieten Dazu sollte in der Regel Englisch und wo immer möglich eine dritte Fremdsprache treten. Der Schüleraustausch muß stärker gefördert werden.

25. Der Erwerb *elementarer Kenntnisse* in den *Naturwissenschaften* ist Voraussetzung für das Verständnis von Natur und Technik sowie den mit der Anwendung der Technik verbundenen Chancen und Gefährdungen. Ein solches Verständnis ist auch Voraussetzung für den verantwortlichen Umgang mit der Schöpfung.

26. *Mathematik* ist Grundlagenfach. Mathematische Denkweisen, Begriffe und Verfahren sind Grundlagen vieler Berufe und Wissenschaften. Der Mathematikunterricht hat die Aufgabe, die hierfür notwendigen Grundkenntnisse zu vermitteln. Er soll sich nicht auf die Behandlung innermathematischer Fragestellungen beschränken Vielmehr sollen die Schüler mit *Anwendungssituationen* vertraut gemacht und befähigt werden, ihr Wissen zur Lösung entsprechender Probleme einzusetzen.

Die zunehmende Rolle der Kommunikations- und Informationstechniken in unserer Gesellschaft erfordert eine qualifizierte informationstechnische Grundbildung aller Jugendlichen sowie eine ständige Auseinandersetzung mit der technischen Informationsverarbeitung. Durch die zunehmende Verwendung der elektronischen Datenverarbeitung in allen Bereichen der Gesellschaft werden mehr und mehr kognitive Prozesse auf die Informationstechnik übertragen; menschliches Denken und technische Informationsverarbeitung müssen sich angemessen ergänzen. Das Bildungswesen muß auf diese gravierende Herausforderung angemessen reagieren.

Das *Interesse von Mädchen an naturwissenschaftlich-technischen Themen* ist besonders groß im Zusammenhang mit Umwelt-, Natur- und Gesellschaftsfragen. Es gilt, die andersgearteten Zugangsweisen von Mädchen und Jungen zu naturwissenschaftlichen und technischen Sachverhalten in Unterrichtsmaterialien, Lehrplänen und Lernmethoden zu berücksichtigen, um so das Interesse zu wecken und zu fördern.

27. Die Medien, vor allem Rundfunk und Fernsehen, beeinflussen in hohem Maße Lebenseinstellungen und Alltag vieler Menschen. Die Wahrnehmungs- und Erfahrungsebenen wandeln sich, viele Kinder gewinnen ihr Bild von der Welt nicht mehr durch direktes Erleben und auch nicht mehr aus Büchern, sondern über den Bildschirm. Die Vielfalt der so vermittelten Informationen, Meinungen und Leitbilder erfordert eine *kritische Medienerziehung*. Kinder und Jugendliche brauchen Hilfe und Anleitung, um mit Informationen und Medien besonnen und kritisch umgehen zu können.

28. *Geschichtsbewußtsein* ist ein elementarer Bestandteil einer umfassenden Allgemeinbildung. Systematisch vermittelte Geschichtskenntnisse über historische Ereignisse und wirtschaftliche und soziale Zusammenhänge, einschließlich der Grundzüge der Geschichte anderer Völker, helfen, Urteilsfähigkeit zu begründen und die eigene Position richtig einzuschätzen.

Die Auseinandersetzung mit der neuesten deutschen Geschichte ist zugleich Voraussetzung für Toleranz zwischen den Generationen und für das Verständnis zwischen den Menschen in den östlichen und westlichen Bundesländern. Geschichtsbewußtsein rückt die eigenen Maßstäbe zurecht und hilft, künftige Aufgaben besser zu bewältigen. Die Kenntnis unserer gemeinsamen europäischen Geschichte hilft, auch eine europäische Identität bewußt zu machen. Die Auseinandersetzung mit Geschichte und Kultur der Heimatländer der ausländischen Schülerinnen und Schüler in unseren Schulen stärkt das Verständnis füreinander und dient der gegenseitigen Toleranz.

Historisch-politische Bildung und Grundwissen in Geschichte, Politik, Wirtschaft und Recht sind die Grundlage für das Handeln als mitverantwortlicher Staatsbürger. Grundkenntnisse der wirtschaftlichen Abläufe, der Geld- und Währungsfragen erleichtern eine realistische Einschätzung der ökonomischen und fiskalischen Zwänge und Abläufe der modernen Volkswirtschaft.

29. Bei der Suche junger Menschen nach *Antwort auf ethische und religiöse Fragen* muß die Schule Orientierung geben. Orientierung ist Aufgabe aller Fächer, nicht zuletzt aber eine *wichtige Aufgabe des Religionsunterrichtes; er ist nicht nur Teil des Verkündigungsauftrages der Kirchen. Nach dem Grundgesetz ist er als ordentliches, in Übereinstimmung mit den Grundsätzen der Religionsgemeinschaften zu erteilendes Lehrfach eine staatliche Aufgabe.*

Jedenfalls muß auch Schule jungen Menschen helfen, der Frage nach Gott nachzugehen und Antworten auf die Frage nach dem Sinn des Lebens zu geben. In jedem Fall müssen den Schülern auch *Kenntnisse über nichtchristliche Religionen und Weltanschauungen* vermittelt werden, damit sie andere Völker und Kulturen besser verstehen. Auf die Gefahr der gefährlichen Psychokulte und Jugendsekten ist hinzuweisen.

Schüler, die nicht am Religionsunterricht teilnehmen wollen oder sollen, ist ein *verpflichtender philosophisch-ethischer Unterricht* anzubieten.

30. Bildende Kunst und Musik sind ästhetische Schöpfungen, die unsere Wirklichkeit deuten und bereichern. Die künstlerische Tätigkeit ist unverzichtbarer Bestandteil menschlicher Existenz. *Die musisch-kulturelle Bildung ist im Hinblick auf die ganzheitliche Entwicklung nicht weniger wichtig als muttersprachliche, fremdsprachliche und mathematisch-naturwissenschaftliche Kenntnisse.* Die Auseinandersetzung mit Kunstwerken, mehr noch aber das eigene kreative Schaffen müssen in der Schule gefördert werden. Dabei soll insbesondere ästhetisches Gespür und differenzierende Sensibilität geweckt werden.

31. Regelmäßig durchzuführender *Schulsport* ist mit Blick auf die individuelle Entwicklung wichtig; Sport fördert die Fairneß und den Gemeinsinn, hat positive Folgen für die gesundheitliche Entwicklung und läßt die körperliche Leistungsfähigkeit erfahren.

3.3 Die Grundschule

32. Die in Deutschland derzeit geltende Einschulungsregelung geht nicht von der Unterschiedlichkeit der Reifeentwicklung aus, sondern macht eine weniger pädagogisch als mehr historisch gewachsene Regelung zur Norm. Die CDU setzt sich für eine flexible Regelung der Einschulung ein. Kinder, die bis zum 31.12. eines Jahres das 6. Lebensjahr vollenden und die die erforderliche Reife besitzen, müssen zum 1. August desselben Jahres ohne besonderen Antrag eingeschult werden können. Ein besonderer Antrag einschließlich der nachfolgenden Begutachtung darf nur dann notwendig sein, wenn Eltern auf der Einschulung bestehen, auch wenn das Kind bis zum 31.12. das 6. Lebensjahr noch nicht vollendet hat.

Die Grundschule muß auch der Tatsache Rechnung tragen, daß sich nicht alle Kinder in der gleichen Zeit den schulischen Anforderungen anpassen können. Es ist Aufgabe der Schule, die individuelle Ausgangslage zu erkennen und von dieser Grundlage aus die Kinder allmählich zu den Formen schulischen Lernens zu führen.

33. Die Grundschule ist der für alle Kinder gemeinsame Bildungsgang in den ersten vier Schuljahren. Grundschulen sollen möglichst wohnortnah eingerichtet werden.

34. Die Grundschule muß die geistige und seelische Entwicklung des Kindes zu Beginn des Schulbesuches berücksichtigen. Die Grundschule erwirkt so einen für unsere Leistungsgesellschaft unverzichtbaren Chancenausgleich, erleichtert die Gleichheit der Startchancen in unserem Bildungswesen und ermöglicht Chancengerechtigkeit. Die Grundschule ist keine einseitige Vorbereitungsschule für das Gymnasium, sondern Basis für alle differenzierten Bildungsgänge innerhalb der Humanen Leistungsschule.

35. Die Grundschule ist Lebensraum und Lernstätte. Beide Prinzipien bedürfen der kindgerechten Abwägung. Das Prinzip des Lebensraums darf das Ziel des Lernens nicht in den Hintergrund drängen und die Erfahrung der eigenen Leistungsfähigkeit nicht unmöglich machen. Grundschule lebt von der Freude des Kindes an Leistung und Erfolg. Dies heißt: Auch die Grundschule braucht Leistungsermittlung und Leistungsbewertung; Zeugnisnoten sind spätestens ab Klasse 3 unverzichtbar, um Kindern wie

Eltern eine klare Orientierung zu geben. In Zusammenarbeit von erfahrenen Pädagogen, Wissenschaft, Schulaufsicht und Kultusbehörde erarbeitete Leistungskriterien, die ihren Niederschlag in Noten finden, sind kindgerechter als oft undurchsichtige verbale Beurteilungen, die in vielen Fällen weder dem Kind noch den Eltern gerecht werden oder weiterhelfen.

36. Im Vordergrund der Arbeit der Grundschule steht die *Vermittlung der Kulturtechniken* Schreiben, Rechnen und Lesen. Die Beherrschung der Kulturtechniken ist Voraussetzung für Chancenausgleich und Chancengerechtigkeit. Als wichtigste inhaltliche Aufgabe der Grundschule muß die Vermittlung der Kulturtechniken einen entsprechenden Niederschlag in Stundentafel und Lehrplänen finden.

37. Im *3. Schuljahr sollte für alle Kinder der Grundschule die erste Begegnung mit einer Fremdsprache vorgesehen werden.* Fremdsprache auf freiwilliger Grundlage verschärft das Mißverständnis der Grundschule als Vorbereitungsschule für das Gymnasium und benachteiligt die Kinder, die stärker praxisorientierte Bildungswege einschlagen.

Die Begegnung mit der Fremdsprache darf nicht in ein benotetes „Fach" münden, sondern muß in spielerischer Form in den Unterricht integriert werden. Dazu bedarf es nicht nur didaktischer Konzepte, sondern auch der Aufnahme der Fremdsprachenarbeit der Grundschule in die Lehrerbildung. Die jeweils wichtigsten Sprachen unserer Nachbarn sind in die Ausbildung für die Grundschule einzubeziehen.

38. Für Schüler mit Leistungsschwächen muß ein Angebot an individueller Förderung bestehen. Je unterschiedlicher die Grundschulklasse ist, umso größer muß das Kontingent zusätzlicher Stunden für Maßnahmen der Differenzierung und Individualisierung bemessen sein.

39. Die *vierjährige Grundschule ist in der Lage, für die überwiegende Mehrheit der Kinder eine sachgerechte Empfehlung bezüglich des weiteren Bildungsganges auszusprechen.* Diese Empfehlung muß im Gespräch mit den Erziehungsberechtigten intensiv erörtert werden, um sie gegebenenfalls auf den Konflikt zwischen Elternwunsch hinsichtlich des Übertritts in eine weiterführende Schule und Kindeswohl aufmerksam zu machen. Die Eltern müssen das Recht haben, unter Beachtung des Eignungsgrundsatzes unter verschiedenen Schularten zu wählen. Die

Schule muß die Möglichkeit haben, im Falle des Dissenses zwischen Elternentscheidung und Grundschulempfehlung die Eignung des Kindes für die gewählte Schulart zu überprüfen, um dem Kind nach Möglichkeit Mißerfolgserlebnisse und Schulversagen zu ersparen.

3.4. Die Schularten des gegliederten differenzierten Systems

40. Schulabschlüsse können am besten in Schularten mit klarem Leistungsprofil und durchgehender Lehrerverantwortung vermittelt werden. Deshalb ist das gegliederte, differenzierte System trotz geringeren Personalaufwands und geringeren Einsatzes an Sachmitteln integrierten Systemen überlegen.

Die Schularten des gegliederten Systems beginnen unmittelbar nach der Grundschule, in der Regel mit dem 5. Schuljahrgang.

Die einzelnen Schularten müssen überprüfen, ob das einzelne Kind in der gewählten Schulart ausreichend gefördert werden kann. Sollte dies nicht (mehr) der Fall sein, ist ein Schulwechsel vorzunehmen/Deshalb ist horizontale Durchlässigkeit unabdingbar.

41. Die Hauptschule bzw. der Hauptschulbildungsgang

Die Hauptschule bzw. der Hauptschulbildungsgang sind auch in Zukunft unverzichtbar. Die CDU verweist mit großem Nachdruck auf den Bildungsanspruch der Kinder, die handlungs-, anschauungs- und praxisorientiert lernen und die für ihre Lernprozesse mehr Zeit brauchen als andere. Hauptschulen bzw. Hauptschulbildungsgänge gibt es in mehreren Formen. Nach wie vor gibt es Regionen, in denen die leistungsfähige Hauptschule besteht, die von mehr als 40 Prozent eines Jahrganges besucht wird. Daneben gibt es in Ballungsräumen die Hauptschule, die zur Förderschule geworden ist und die die ebenso wichtige wie schwierige Aufgabe übernimmt, intellektuell schwächere, zum Teil auch verhaltensgestörte Kinder zu unterrichten und zu erziehen. Hauptschulen gibt es neben diesen beiden Schulformen auch in Gestalt des Hauptschulbildungsganges in unterschiedlicher Zuordnung.

Zur Sicherung ihrer Zukunftschancen braucht die Hauptschule bzw. der Hauptschulbildungsgang:

- ein klares, eigenständiges Leistungsprofil,
- eigene Lehrpläne,
- die Möglichkeit der Schwerpunktbildung: Der richtige Ansatz der Arbeitslehre muß durch Schwerpunkte wie Technik, Pflege oder Hauswirtschaft erweitert werden.

Die Hauptschule bzw. der Hauptschulbildungsgang brauchen Lern- und Arbeitsbedingungen, die individuelles Eingehen auf die Kinder ermöglichen. Notwendig sind:

- kleine Klassen,
- mehrere Fächer mit hoher Stundenzahl beim Klassenleiter,
- Verfügungs- und Beratungsstunden.

Eigenständiges Profil und Durchlässigkeit zu anderen Bildungsgängen schließen sich nicht aus. Die Hauptschule ist in besonderem Maße auf institutionalisierte Durchlässigkeit angewiesen, wenn sie auch in Zukunft von den Eltern angenommen werden soll.

Der Abschluß nach Klasse 9 (Berufs- oder Berufsschulreife) wird nur von der Hauptschule verliehen. Für Schüler der Realschule und des Gymnasiums ist die Möglichkeit des Erwerbs des Hauptschulabschlusses auf dem Wege einer durch die Hauptschule durchgeführten Prüfung zu eröffnen. Die Hauptschule verleiht nach neun Jahren im Falle einer besonderen Qualifikation einen qualifizierenden Abschluß; dieser qualifizierende Abschluß muß in Verbindung mit einem guten Abschluß der betrieblichen Ausbildung und einem guten Zeugnis der Berufsschule zur Verleihung eines der mittleren Reife gleichwertigen Abschlusses führen. In den Ländern mit neunjähriger Hauptschule eröffnet dieser qualifizierende Abschluß zugleich den Zugang zu einem freiwilligen 10. Jahr; es verleiht einen gleichberechtigten mittleren Abschluß und somit die Zugangsberechtigung zu Fachoberschulen und Fachschulen, es berechtigt im Falle eines guten Zeugnisses zum Zugang zur gymnasialen Oberstufe.

42. Die Realschule bzw. der Realschulbildungsgang

Das Selbstverständnis der Realschule erwächst aus einer langen Tradition und der Bewährung der letzten Jahrzehnte. Die CDU sieht in der Eigenständigkeit des Schultyps Realschule bzw. der Eigenständigkeit des Realschulbildungsgangs auch in Zukunft große Entwicklungschancen. Die weitere wirtschaftsnahe und praxisnahe Ausgestaltung der Wahlpflichtfächer auf den Feldern der Fremdsprachen, der Informatik, der Technik, der Naturwissenschaften, von Wirtschaftsrecht und Hauswirtschaft/ Sozialpädagogik ist dabei von besonderer Bedeutung. Die Realschule bietet sowohl Chancen für den Zugang zu anspruchsvollen Berufen als auch Möglichkeiten des unmittelbaren Übergangs in Schulen der Sekundarstufe 11.

Die Dauer des Realschul-Bildungsganges beträgt sechs Jahre.

Der Realschulabschluß darf nur von der Realschule verliehen werden. Für Schüler des Gymnasiums muß die Möglichkeit des Erwerbs des Realschulabschlusses über eine eigene von der Realschule durchgeführte Prüfung eröffnet werden. Der Realschulabschluß soll in allen Ländern mit einer Prüfung verbunden sein; ein besonders qualifizierter Abschluß der Realschule muß auch zum Eintritt in die gymnasiale Oberstufe berechtigen.

43. Additive bzw. kooperative Formen mit eigenständigem Hauptschul- und Realschulbildungsgang (Mittel-, Regel- oder Sekundärschule bzw. differenzierte Mittelschule)

Wenn Hauptschule und Realschule als Hauptschulbildungsgang und Realschulbildungsgang in einer Schule angeboten werden, müssen die speziellen Profile und Stärken beider Bildungsgänge gewährleistet bleiben. Nur ein hohes Maß an Differenzierung und Eigenständigkeit gewährleistet,

- daß die Bildungsziele von Hauptschule und Realschule bei der Zusammenführung der beiden Bildungswege unter einem Dach auch tatsächlich erreicht werden und
- daß sowohl eine Grundlegung für die Berufsbildung erfolgt wie auch die Möglichkeit eröffnet wird, im Fall der Eignung in die gymnasiale Oberstufe zu wechseln.

Additive Formen aus Hauptschul- und Realschulbildungsgang können dort eingerichtet werden, wo Eltern, Schulbehörde und Schulträger übereinstimmend diese Organisationsform wählen.

44. *Sonderpädagogische Förderung* in den Sonderschulen und im allgemeinbildenden Schulwesen

Ziel der Förderung behinderter Kinder ist die Rehabilitation, die Eingliederung in die Gesellschaft und das Berufsleben. Das Konzept

- Sonderschule in unterschiedlicher Ausprägung,
- Einzelintegration unterstützt durch ambulante, behinderungsspezifische Hilfe,
- gemeinsamer Unterricht in Integrationsklassen,
- Kooperation von Allgemeinbildenden Schulen und Sonderschulen

ist auch für die Zukunft eine gute und breite Grundlage, um allen behinderten und beeinträchtigten Kindern die bestmögliche Förderung zukommen zu lassen.

Es ist verstärkt darauf hinzuwirken, daß drohende oder bereits manifeste Behinderungen frühzeitig, also schon im Kleinkindalter, diagnostiziert und therapeutische Maßnahmen entsprechend frühzeitig begonnen werden können. Sonderpädagogische Förderung entzieht sich jeder Ideologie und Voreingenommenheit. Der für das einzelne Kind jeweils richtige Weg muß in jedem einzelnen Fall in Zusammenarbeit von Eltern, Sonderpädagogen, Ärzten und Pädagogen des Allgemeinbildenden Schulwesens gefunden werden.

Integration soweit wie möglich, gezielte, besondere Förderung soweit wie nötig: das bleibt auch in Zukunft Leitlinie der Politik der CDU mit Blick auf behinderte und beeinträchtigte Kinder. Schul-Neubauten müssen, Altbauten sollten so ausgestattet sein, daß sie von körperbehinderten Kindern besucht werden können.

Eine zum Prinzip erhobene Integration aller behinderten Kinder in die Regelschule ist abzulehnen; die Integration ist über die Grundschule hinaus dann sinnvoll und vernünftig, wenn eine Chance besteht, daß das behinderte Kind den Abschluß der jeweiligen Schulart erreichen kann.

45. *Das Gymnasium*

Die CDU tritt für ein anspruchsvolles Gymnasium ein, das zu einer breiten und vertieften Allgemeinbildung führt und die allgemeine Studierfähigkeit vermittelt. Das Profil des Gymnasiums als *studienvorbereitende Schule muß auch im Interesse von Haupt- und Realschule gestärkt werden.* Das Abitur muß in Zukunft wieder eine *verläßliche Aussage über die Studierfähigkeit sein.* Die CDU fordert, *nach entsprechender Vorbereitungs- und Übergangszeit, die allgemeine Hochschulreife nach achtjährigem Gymnasialbesuch zu verleihen.*

Dies setzt voraus, daß das Gymnasium als organisatorische und pädagogische Einheit der Klassen 5 bis 12 verstanden wird. Das achtjährige Gymnasium gliedert sich in eine fünfjährige Unter- und Mittelstufe und eine dreijährige gymnasiale Oberstufe. Beim Zugang zum verkürzten Gymnasium muß der Eignungsgrundsatz konsequent beachtet werden. Die Möglichkeit, die getroffene Schullaufbahn zu korrigieren, muß erhalten bleiben; *die Korrektur sollte spätestens nach der Jahrgangsstufe 5 vorgenommen sein.* Die Orientierungs- und Förderstufe hat sich nicht bewährt. Sie bedeutet alles in allem einen unverantwortlichen Zeitverlust.

Die *zweite Fremdsprache muß ab Klasse 6,* die dritte Fremdsprache ab Klasse 8 einsetzen.

Die Beschränkung der Unter- und Mittelstufe auf fünf Jahre erhöht die Anforderungen, da dasselbe Ziel in kürzerer Zeit erreicht werden soll; die dreijährige gymnasiale Oberstufe eröffnet dennoch qualifizierten Abgängern der Hauptschule (nach dem freiwilligen zehnten Jahr) und der Realschule die Möglichkeit, in die gymnasiale Oberstufe überzuwechseln.

Die CDU fordert in der gymnasialen Oberstufe eine gründliche und vertiefte Allgemeinbildung in den Fächern, die die Studierfähigkeit garantieren. In der Abiturprüfung sind Deutsch, Mathematik und eine fortgeführte Fremdsprache als schriftliche Prüfungsfächer festzulegen.

Beim vierten schriftlichen Prüfungsfach sollen eine Naturwissenschaft oder Geschichte, die beide bis zum Abitur belegt werden müssen, zur Wahl stehen, das fünfte Prüfungsfach liegt in der Wahlentscheidung der Schülerin oder des Schülers. Um ein weiteres Auseinanderdriften der

Leistungsprofile zwischen Gymnasien und den Oberstufen der Integrierten Gesamtschulen, zwischen den einzelnen Ländern, aber auch innerhalb eines Landes zu verhindern, muß im jeweiligen Land beim schriftlichen Abitur *eine zentrale Aufgabenstellung* erfolgen. Die Höhe der Anforderungen ist zwischen den Ländern innerhalb der Kultusministerkonferenz abzustimmen. Nur so ist mehr Gerechtigkeit gegenüber der jungen Generation und mehr Gerechtigkeit beim Zugang zur Hochschule zu verwirklichen.

3.5 Die Gesamtschule

46. Kooperative Gesamtschulen wie andere Formen des Schulverbundes müssen die Eigenständigkeit und Selbständigkeit der Bildungsgänge des gegliederten Systems wahren. Ihre Einführung ist deshalb ausschließlich eine Frage der örtlichen Gegebenheiten, darf jedoch nicht zur Einführung der integrierten Form mißbraucht werden.

Integrierte Gesamtschulen sind nicht nur finanziell wesentlich aufwendiger, in keinem Fall erreichen sie bessere Leistungen als die Schulen des gegliederten Systems, in vielen Fällen sind sie den Schulen des gegliederten Systems weit unterlegen. Den Gesamtschulen, die als vierte Schulform im Regelschulsystem gegründet worden sind bzw. gegründet werden, gelingt es gerade nicht, in nennenswerter Zahl andere Schüler als die, die ansonsten Hauptschulen besuchen würden, zu gewinnen. Die Schüler, die diese Gesamtschulen besuchen, repräsentieren weder das gesamte Begabungs- und Leistungsspektrum noch alle sozialen Schichten der Bevölkerung. Sie erfassen nur noch einen Teil der Kinder und Jugendlichen, sie können ihren Anspruch „Gesamtschule" von der Zusammensetzung ihrer Schülerschaft her nicht erfüllen. Hinzu kommt, daß viele großen Gesamtschulen durch Unüberschaubarkeit, damit verbundener Anonymität und mangelnde Geborgenheit gekennzeichnet sind. Sie rechtfertigen nicht die Privilegierung durch hohe Personal- und Sachkosten.

Die CDU lehnt daher die Integrierte Gesamtschule als politisch-pädagogische Zielsetzung ab. Wo die Integrierte Gesamtschule aufgrund politischer Mehrheiten eingerichtet worden ist bzw. aus politischen Gründen fortbesteht, darf es in der personellen und sächlichen Ausstattung keine Bevorzugung gegenüber gegliederten Schulformen geben. Im Rahmen der Vergabe von Abschlüssen und Berechtigungen muß sie dieselbe

Qualität erreichen wie die Schulen des differenzierten Systems. Die Gleichwertigkeit der Abschlüsse ist über Richtlinien und Lehrpläne, die zentrale Aufgabenstellung beim Abitur sowie eine fächerspezifische Fachaufsicht sicherzustellen.

3.6. Betreuungsangebote auf freiwilliger Grundlage

47. Unsere Gesellschaft hat sich verändert; immer mehr Eltern wollen Familie und Beruf miteinander verbinden, in immer mehr Familien erzieht die alleinstehende Mutter oder der alleinstehende Vater. Die Schule muß deshalb in ihrer ergänzenden sozialen Funktion gestärkt werden; *halb- und ganztägige Betreuungsangebote auf freiwilliger Grundlage sind in allen Schularten einzurichten*. Eine Bevorzugung einzelner Schularten in personeller, sächlicher und finanzieller Hinsicht bei der Einrichtung solcher Betreuungsangebote ist abzulehnen. Durch die Einbeziehung des Nachmittags kann der Wahlunterricht ausgebaut, die Begabtenförderung intensiviert, muttersprachlicher Unterricht und Förderunterricht für Schülerinnen und Schüler mit partiellen Leistungsschwächen angeboten werden.

Soweit sozial zumutbar und vertretbar, müssen die *Erziehungsberechtigten die Kosten für die über den Unterricht hinausgehende Ganztagsbetreuung aufbringen*.

3.7 Lehrerbildung

48. Die Qualität der Arbeit der Schule wird durch nichts so bestimmt wie durch die Qualität der Arbeit, des Engagements und des Vorbilds der Lehrerinnen und Lehrer. *Eine vorbildliche pädagogische Arbeit im Schulalltag vermittelt nicht zuletzt jungen Menschen die Anregung, selbst Lehrer zu werden. Die Schule braucht einen erheblichen Anteil unter den Besten des Jahrgangs, wenn sie als Schule auf Dauer Schule der Nation sein will*. Die Lehrerausbildung muß so angelegt sein, daß sowohl attraktive Karrieren im Lehrerberuf wie auch berufliche Veränderungen möglich sind. Die CDU tritt auch in Zukunft für eine schulartbezogene, mehrphasige Ausbildung in mindestens zwei Fächern ein. Grundschullehrer sollten in mindestens drei Fächern die Unterrichtsbefähigung besitzen. In der Ausbildung müssen die Anforderungen der einzelnen Schularten sowohl in der Struktur des Studiums wie in den Inhalten stärker als bisher zur Geltung kommen. Die Studiengänge müssen sich fachwissen-

schaftlich wie fachdidaktisch stärker an dem angestrebten Ausbildungsziel orientieren. Die Ausbildung der Lehrer muß die Vermittlung sozialer
Handlungskompetenz stärker gewichten. Dazu gehören auch ethische,
pädagogische und psychologische Inhalte. Innerhalb der Lehrerausbildung muß die Fremdsprachenkenntnis intensiviert werden. Jede Lehrerin
und jeder Lehrer braucht die Beherrschung einer Fremdsprache, um
gegebenenfalls in bilingualen Schulen und neuen Formen des Unterrichts
eingesetzt werden zu können. Der Austausch von Lehrern europäischer
Partnerschulen ist zu fördern.

49. Die drei Phasen der Lehrerbildung müssen als Einheit gesehen werden:

a) Die erste Phase vermittelt die wissenschaftliche Ausbildung in den
Fächern. Sie führt auch in die Grundlagen der Erziehungswissenschaften
unter Berücksichtigung der sozialpädagogischen Probleme der Gegenwart
und der Didaktik der Fächer ein. Neben den Fach- und Erziehungswissenschaften darf die Fachdidaktik nicht zu kurz kommen. Dies ist bei der
Personalzuweisung und der Aufgabenbeschreibung der Professoren in
Zukunft stärker zu berücksichtigen. Für alle Schularten ist bereits während der ersten Phase eine Verknüpfung von Theorie und Praxis in Form
von ausgiebigen, begleitenden Schulpraktika notwendig.

b) Die zweite Phase dient der intensiven fachpraktischen Ausbildung
sowie der Methodik und Didaktik. Sie schafft die Grundlagen für die
Umsetzung der wissenschaftlichen Kenntnisse aus der ersten Phase in
die Praxis des Schulalltags. Sie schafft die Grundlagen der Fähigkeit,
die wissenschaftlichen Kenntnisse der ersten Phase in die Praxis des
Schulalltags und des Fachunterrichts umzusetzen. Sie dient darüber
hinaus der Erfahrung, welche Fähigkeiten vom Lehrer über die Vermittlung von Fachwissen hinaus verlangt werden, wenn Bildung und Erziehung, aber auch Beratung und Hilfe Teil der täglichen Arbeit der Schule
sein sollen.

c) Die *dritte Phase der Fort- und Weiterbildung* dient nicht nur der Auffrischung der fachwissenschaftlichen Grundlagen und der Aufarbeitung
neuer Erkenntnisse in der Fachwissenschaft, sie hat darüber hinaus die
wichtige Aufgabe, den Lehrerinnen und Lehrern die Veränderungen ihres
Umfeldes aufzuzeigen und Handreichungen zu vermitteln, mit diesen Veränderungen umzugehen. In den neuen Bundesländern ist eine gezielte

Aus- und Weiterbildung in den Fächern Fremdsprachen, Religion und
Ethik dringend erforderlich. Diese dritte Phase hat auch die Aufgabe,
die innerhalb der Schularten wie im ganzen gegliederten Schulsystem
notwendig gewordenen neuen Schwerpunkte und Veränderungen verwirklichen zu helfen.

Die dritte Phase muß aus der Zufälligkeit des persönlichen Interesses
herausgeführt und in einer angemessenen Form *als Pflicht institutiona-*
lisiert werden.

Das bedeutet: Lehrerfort- und -weiterbildung müssen stärker als bisher
auf professionell solider Basis erfolgen und sowohl allgemeinen pädagogischen, psychologischen wie soziologischen als auch didaktisch-
methodischen und fachwissenschaftlichen Anfordernissen und Weiter-
entwicklungen Rechnung tragen. Fort- und Weiterbildungsveranstaltungen für Lehrer sind in der Regel während der unterrichtsfreien Zeit
durchzuführen. Die Ausbildung schulischer Führungskräfte, insbesondere
die von Schulleitern, muß auf eine breitere Basis gestellt werden. Den
pädagogischen Führungsaufgaben ist stärker als bisher Aufmerksamkeit
zu widmen. Die Ausbildung hat rechtzeitig vor Übernahme eines neuen
Amtes zu erfolgen.

4. BERUFLICHE BILDUNG

50. Kein Berufsbildungssystem eines anderen Landes hat sich als so
erfolgreich erwiesen wie *„die duale Ausbildung"* in Betrieb und Schule
*in der Bundes*republik Deutschland. Das duale System ist eine der Ursachen unseres wirtschaftlichen Aufstiegs; seine Leistungsfähigkeit ist
eine wichtige Grundlage bei der Bewältigung der großen Zukunftsaufgaben und der Sicherung des Wirtschaftsstandorts Deutschland. Unabhängig davon sind *Bildungssystem und Beschäftigungssystem aus dem*
Gleichgewicht geraten, der einseitige Drang nach Abitur und Studium
verkennt Bildungswert und Chance beruflicher Bildung.

Wir brauchen eine große, gemeinsame Offensive aller für Berufsbildung
Verantwortlichen, um die Chancen innerhalb der beruflichen Bildung
wieder ins Bewußtsein zu rücken und eine zeitgemäße Weiterentwicklung
voranzutreiben. Um dieses Ziel zu erreichen, bedarf es auch einer verstärkten öffentlichen Anerkennung, d.h. einer entsprechenden Propagie-
rung in der Wirtschaft und im Öffentlichen Dienst. Die verfassungsrecht-

lich garantierte freie Berufswahl verbietet staatliche Lenkungsmechanismen. Korrekturen müssen daher auf anderen Wegen bewirkt werden: durch die Veränderung bildungspolitischer Rahmenbedingungen wie durch marktwirtschaftliche Mechanismen, die sich stärker an Leistung und Qualität als an formalen Bildungsabschlüssen orientieren.

Wir erteilen einer Verschulung beruflicher Bildung, wie sie die SPD durch eine Integration von beruflicher und allgemeiner Bildung praktiziert, eine eindeutige Absage.

51. Die Bildungs- und Berufsberatung ist zu intensivieren. Eltern, Schüler wie Lehrer sind besser zu informieren, welche Chancen mit den Bildungs- und Berufswegen, die nicht über Gymnasien und Studium führen, verbunden sind. Eine besondere Aufgabe der Berufsberatung liegt darin, den Mädchen aufzuzeigen, wie durch Berufswahl Benachteiligungen vermieden und Aufstiegschancen eröffnet werden können. Die Arbeitsämter führen zum geeigneten Zeitpunkt eine qualifizierte Pflichtberatung in den Schulen durch, an der Schüler, Lehrer und Eltern beteiligt werden. An dieser Beratung sollten auch die ausbildenden Kammern und Unternehmen mitwirken.

52. Die berufliche Bildung bedarf in Betrieb und Schule insgesamt *stärkerer Differenzierung*, um den breiter gewordenen Fähigkeiten, Neigungen und den veränderten Eingangsvoraussetzungen der Auszubildenden besser gerecht zu werden. Die Differenzierung darf die allgemeinen Anforderungen an die Abschlußprüfung nicht beeinträchtigen. In Betrieb wie Schule sind Zusatzangebote für besonders begabte, aber auch für leistungsschwache Jugendliche unverzichtbar. Zusätzliche Förderung vollzieht sich auch in überbetrieblichen Ausbildungsstätten, die mit Betrieb und Schule reibungslos zusammenarbeiten.

53. *Die Berufsschule ist sowohl in ihrer Vermittlung von fachtheoretischen, allgemeinbildenden und fachpraktischen Inhalten zu stärken.* Das gilt vor allem für die Vermittlung zukunftsorientierter Schlüsselqualifikationen. Ziel der beruflichen Bildung muß sein, bei den Auszubildenden Handlungskompetenz in fachlicher, sozialer und humaner Hinsicht zu entwickeln.

Ohne eine Stärkung der Berufsschule als Partner im Dualen System, ohne eine Verbesserung ihrer Arbeitsmöglichkeiten und ohne eine Hebung ihres Ansehens wird die Kurskorrektur zugunsten der beruflichen Bildung nicht gelingen. Notwendig sind:

- eine weitere Verbesserung der materiellen und personellen Ausstattung; die Verbesserung der personellen Ausstattung ist die Voraussetzung des Abbaus des Unterrichtsausfalles;
- eine intensive Integration moderner Medien in den Unterricht;
- eine Intensivierung des Praxisbezugs, vor allem eine Intensivierung der praxisorientierten Lehrerfortbildung (regelmäßige Betriebspraktika);
- permanente, kurzfristige Anpassung der Berufsbilder und der dazugehörenden Ausbildungsordnungen und Richtlinien an die dynamische Entwicklung der Wirtschaft;
- Verstärkung der äußeren und Vertiefung der inneren Differenzierung in der alltäglichen Unterrichtsarbeit, um sowohl Begabte wie Leistungsschwächere stärker zu fördern;
- Stärkung des theoretischen Anspruchs, einschließlich der Vertiefung der Kenntnisse in Deutsch und des Angebots an Fremdsprachen, der berufsintegrierend umgesetzt werden muß.

Die während der Ausbildungszeit an den Lernorten Schule und Betrieb erbrachten Leistungen der Auszubildenden müssen kontinuierlich erhoben werden und angemessen in die Abschlußqualifikation einfließen. Die *gegenwärtig praktizierte punktuelle Abschlußprüfung ist für die Ermittlung der Berufsqualifikation ungeeignet und für die Entwicklung einer modernen, zukunftsorientierten Berufsausbildung hinderlich.*

54. Die Berufsschule braucht die zur Verwirklichung ihres Bildungsauftrags angemessene Zeit. So muß eine Fremdsprache (Englisch oder die jeweilige Nachbarsprache) als Pflichtfach vermittelt, eine zweite Sprache als freiwilliges Fach angeboten werden. Mittelfristig ist ein zweiter Berufsschultag einzuführen.

55. Das Berufsbildende Schulwesen hat mit Berufsschulen, Berufsfachschulen, Fachschulen, Fachoberschulen und Beruflichen Gymnasien eine außerordentliche Band- und Leistungsbreite gewonnen. Es entsprach damit nicht zuletzt der Verbreiterung im Angebot der Bildungsabschlüsse, mit denen junge Menschen heute in das System der Berufsbildung eintreten. Mit rund einer Million Schülerinnen und Schülern in schulischen

Vollzeitformen oder Teilzeitformen (nach Abschluß der Ausbildung) leisten die berufsbildenden Schulen einen wichtigen Beitrag zur Qualifikation in Wirtschaft und Gesellschaft. Die beruflichen Gymnasien haben sich bewährt; sie sind in der bisherigen Form zu erhalten.

56. Das Berufsbildende Schulwesen hat die wichtige Aufgabe übernommen, *Jugendliche ohne Hauptschulabschluß mit Lern- und Verhaltensstörungen* in Berufsvorbereitungsjahren auf eine Ausbildung vorzubereiten. Dieser außerordentlich wichtige wie schwierige Auftrag ist in der Öffentlichkeit noch nicht zur Kenntnis genommen worden; er ist in der Personalausstattung besser als bisher zu berücksichtigen; Sonderpädagogen bzw. Berufspädagogen mit sonderpädagogischen Kenntnissen sind unverzichtbar.

57. Die Anforderungen der neu konzipierten Ausbildungsordnungen überfordern die Leistungsfähigkeit vieler Jugendlicher. Im Interesse aller Kinder und Jugendlichen, die durch die neuen Ausbildungsordnungen nachweislich überfordert werden, müssen neue, anerkannte Ausbildungsberufe im Rahmen des Berufsbildungsgesetzes und der Handwerksordnung geschaffen werden. Dabei ist eine stärkere Gewichtung der praktischen Anforderungen notwendig. *Die Gewerkschaften werden aufgefordert, die Blockade der Entwicklung dieser neuen Ausbildungsordnungen aufzugeben, die Wirtschaft ist aufgefordert, für einen solchen Weg im Interesse hunderttausender junger Menschen in Deutschland endlich auch öffentlich zu streiten.*

58. Berufliche Bildung ist *konsequenter als bisher als eigenständiger Weg bis in die Fachhochschule zu konzipieren und auszubauen.* Dieser Weg kann von der Grundschule über Hauptschule oder Realschule mit ihren berufsvorbereitenden Inhalten, über die duale Ausbildung oder Vollzeitschulformen bei entsprechendem Leistungsnachweis bis in die Fachhochschule führen.

59. Über qualifizierte Berufsbildung muß der *Hochschulzugang möglich sein. Für qualifizierte Berufstätige sind Zugangsvoraussetzungen für Universitäten und Fachhochschulen zu bestimmen*, in denen fachliche Leistungen und theoretische Kenntnisse im Hinblick auf das ins Auge gefaßte Studium nachgewiesen werden.

60. Die Länder müssen ihre Anstrengungen in der Ausbildung und Fortbildung der Berufsschullehrer vergrößern, wenn die Qualität der Berufsbildung in Deutschland gesichert bleiben soll.
Dazu gehören:

- Werbung in den Abschlußklassen der allgemeinbildenden, vor allem aber der beruflichen Gymnasien, für den Beruf des Lehrers an berufsbildenden Schulen,
- Werbung in den einschlägigen Studiengängen an Universitäten und Technischen Hochschulen,
- Öffnung des Vorbereitungsdienstes im Lehramtsstudiengang Berufsschule in Mangelfächern für besonders qualifizierte Fachhochschulabsolventen mit mehrjähriger Berufserfahrung,
- Zahlung von Anwärterzuschlägen in Mangelfächern.

61. Die Wirtschaft muß in viel stärkerem Maße als bisher Qualifizierungs- und Personalpolitik mit Blick auf die Aufstiegschancen junger, im dualen System ausgebildeter Fachkräfte als Chance und Auftrag begreifen. Die in weiten Teilen der Wirtschaft festzustellende Tendenz zur *Akademisierung der Führungsstrukturen steht im Gegensatz zur behaupteten Attraktivität des beruflichen Bildungssystems* und der damit verbundenen Aufstiegschancen. Qualifizierte Aufsteiger müssen, vor allem im Verhältnis zu akademisch vorgebildeten Sachbearbeitern, attraktiv entlohnt werden.

62. Der Öffentliche Dienst muß zur Attraktivität des beruflichen Bildungssystems einen wichtigen Beitrag leisten. *Absolventen aus berufsbildenden Bereichen müssen dieselben Chancen zum beruflichen Aufstieg erhalten wie Absolventen aus akademischen Bildungswegen*. Der berufliche Aufstieg muß darüber hinaus auch dem Leistungsprinzip Rechnung tragen.

5. HOCHSCHULEN UND WISSENSCHAFT

63. Grundlagen und Aufgaben

Die deutsche Wissenschaft hat eine lange Tradition und international ein hohes Ansehen. Leistungsfähige Hochschulen und ein leistungsfähiges außeruniversitäres Forschungssystem sind wichtige Grundlagen für die Zukunft von Staat und Gesellschaft und den Standort Deutschland im europäischen und internationalen Wettbewerb.

Die Zusammenführung der beiden Hochschulsysteme in West- und Ost-
deutschland zu einer gemeinsamen Hochschul- und Forschungslandschaft
ist ein herausragendes politisches Ziel und ein wichtiger Beitrag zur inneren Einigung. Die Neuordnung der Hochschulstrukturen in den neuen
Ländern ist zugleich ein wichtiger Impuls zur notwendigen Erneuerung
des deutschen Hochschulsystems.

64. Einheit von Lehre, Forschung und Lernen

Träger der Wissenschaft sind vornehmlich die Universitäten als Ort der
Einheit von freier Forschung und freier Lehre, an dem Studenten zu
wissenschaftlichem Arbeiten befähigt und auf ihre Berufstätigkeit vorbereitet werden.

Aufgabe der Hochschulpolitik ist es, in einem differenzierten Hochschulsystem qualifizierte Lehre und Forschung sowie ein leistungsorientiertes
Studium zu sichern.

Aufgabe der Wissenschaftspolitik ist es, ein leistungsfähiges universitäres
und außeruniversitäres Forschungssystem zu fördern. Wo immer möglich
sollten Hochschulen und Forschungseinrichtungen außerhalb der Hochschulen zusammenarbeiten.

65. Autonomie und Wettbewerb

Die Autonomie von Hochschulen ist nicht nur Ausfluß unseres Wissen-
schaftsverständnisses, sie stärkt auch deren Leistungsfähigkeit. Dies
erfordert eine *deutliche Verringerung der durch Landesrecht geschaffe-
nen Regelungsdichte*. Die Landesregierungen und die Landtage dürfen
jedoch nicht aus ihrer Verantwortung für die Sicherung und die Förderung von Wissenschaft in Forschung und Lehre an den Hochschulen entlassen werden. Die Hochschulen müssen einen größeren Freiraum eigenständiger Gestaltung erhalten; dies gilt für die Gestaltung der Strukturen,
die personelle Zusammensetzung des Lehrkörpers und die Verwendung
der zugewiesenen Mittel. Die sparsame Verwendung der den Universitäten für Forschung und Lehre zur Verfügung stehenden Mittel ist durch
externes Controlling sicherzustellen. Die Leitungsstrukturen der Hochschulen müssen unter Einbeziehung des fachspezifischen Sachverstandes
und der Verantwortung der Dekane gestärkt werden, damit sie von der
ihnen mit der Autonomie übertragenen Verantwortung und der damit

verbundenen Pflicht zur Selbstgestaltung und Selbstkorrektur wirksamer als bisher Gebrauch machen können.

Ein größerer Gestaltungsspielraum ist Voraussetzung für eine Intensivierung des *Wettbewerbs zwischen den Hochschulen und den Professoren innerhalb der einzelnen Hochschule*. So wie im Forschungsbereich die Mittel schon jetzt weitgehend leistungsbezogen vergeben werden, sind auch im Bereich der Lehre *leistungsbezogene Vergabeverfahren* zu entwickeln. Als Kriterien hierfür kommen in Betracht: die durchschnittliche Studiendauer, die Zahl der Absolventen innerhalb der Regelstudienzeit sowie die Beurteilung der Qualität der Lehre in der Verantwortung der Fachbereiche unter Beteiligung der Studenten. Wir brauchen einen verstärkten Wettbewerb um gute Hochschullehrer. Die Qualität von Forschung und Lehre der einzelnen Hochschulen und Professoren muß für die interessierte Öffentlichkeit
nachvollziehbar sein.

66. Europäische und internationale Zusammenarbeit

Hochschule und Wissenschaft haben *mit Austausch und Zusammenarbeit* einen speziellen Beitrag zur europäischen Einigung, zum gemeinsamen europäischen Markt und zur Einbeziehung der mittel- und osteuropäischen Hochschul- und Wissenschaftseinrichtungen in ein gemeinsames Europa zu leisten. Bei dieser Aufgabe kann an weit zurückreichende Traditionen angeknüpft werden. Wissenschaft ist ohne internationale Zusammenarbeit nicht denkbar. Hierzu gehört ein breiter Studentenaustausch wie eine Intensivierung des Austauschs von Hochschullehrern und Wissenschaftlern. Im Rahmen dieser internationalen Dimension der Hochschulen sind verstärkt international integrierte Studiengänge zu entwickeln und an ausländischen Hochschulen erbrachte Studienleistungen anzuerkennen sowie inhaltlich spezifisch europäisch ausgeprägte Abschlüsse anzubieten. Der Fremdsprachenunterricht ist auszubauen.

Für die Konkurrenzfähigkeit Deutschlands ist es *unerläßlich, daß die Studenten besser als bisher auf das vereinte Europa vorbereitet werden;* europäische Themen sind daher verstärkt in die Studienpläne aufzunehmen. Die Intensivierung der wissenschaftlichen Zusammenarbeit darf nicht auf Europa beschränkt bleiben.

67. Schwerpunkte der Hochschulpolitik in den nächsten Jahren

Die gegenwärtige Situation an den meisten Hochschulen in den alten
Ländern ist gekennzeichnet durch eine massive Überfüllung in vielen
Fachbereichen. Die Konsequenz daraus sind Zulassungsbeschränkungen,
Verteilungs- und Auswahlverfahren. Die Zahl der Studenten steigt, die
der Absolventen stagniert. Häufiger Studienfachwechsel, hohe Abbre-
cherquoten, lange Studiendauer und ein im internationalen Vergleich
zu hohes Lebensalter beim ersten Studienabschluß und Berufseintritt
kennzeichnen die gegenwärtige Krise unseres Hochschulsystems. Oft
stehen unzureichende räumliche Voraussetzungen, überfüllte Seminare
sowie Wartezeiten für Praktika- und Seminarplätze einem schnellen
Studienabschluß entgegen.

Die Anstrengungen für den Aufbau freier und leistungsfähiger Hochschulen in den neuen Ländern eröffnen die Möglichkeit, neue Ansätze zu entwickeln und Erfahrungen aus den alten Ländern zu berücksichtigen, ohne
deren Fehler zu wiederholen.

Die Situation der deutschen Hochschullandschaft erfordert eine Reihe
von Maßnahmen, die über die Forderung nach mehr Geld hinaus durch
Erneuerung und Weiterentwicklung der Strukturen die Leistungsfähigkeit
der Hochschulen in den alten und in den neuen Ländern sicherstellt:

68. Ausbau des Hochschulsystems

Das Hochschulsystem muß differenziert ausgebaut werden. Wir brauchen
eine stärkere Differenzierung des Hochschulbereichs unter Wahrung
des besonderen Profils der jeweiligen Hochschulart. *Schwerpunkt des
Ausbaus sind praxisorientierte Studiengänge an dezentralen überschau-
baren Fachhochschulen. Das berufsbegleitende Studium ist auszubauen.
Die Möglichkeiten des Fernstudiums sind verstärkt zu nutzen. Neue duale
Bildungswege unter Einbeziehung betrieblicher Weiterbildung sind zu
entwickeln. Berufsakademien nach dem baden-württembergischen Vorbild sind, wo immer möglich, einzurichten.* Ihre Abschlüsse sind durch
Änderung des Hochschulrahmengesetzes denen einer Staatlichen Fachhochschule bundesweit gleichzustellen; eine EG-weite Anerkennung ist
anzustreben.

69. Hochschulzugang

An dem Abitur als allgemeine Hochschulzugangsberechtigung ist festzuhalten. Das Abitur muß aber in Zukunft wieder eine *verläßliche Aussage
über die Studierfähigkeit* machen. *Darüber hinaus sind die Hochschulen
für besonders qualifizierte Berufstätige zu öffnen*. Dafür sind besondere
Zugangsvoraussetzungen zu bestimmen, in denen fachliche Leistungen
und theoretische Kenntnisse mit Blick auf das gewünschte Studium nachgewiesen werden. Die Hochschulen müssen gesetzlich in die Lage versetzt bzw. verpflichtet werden, sich *stärker an der Auswahl geeigneter
Studenten zu beteiligen*. Dabei geht es nicht um eine allgemeine staatliche Eingangsprüfung, sondern um *fachorientierte Zugangsregelungen*
in Verantwortung der einzelnen Hochschulen bzw. Fachbereiche. Dies
gilt insbesondere in den Fächern, in denen die Zahl der Bewerbungen
die Kapazität übersteigt. Ein *Katalog möglicher Auswahlverfahren*, wie
Berücksichtigung des Abiturnotendurchschnitts, studienfachbezogene
Gewichtung der Abiturnoten, Auswahlgespräche und ergänzende Tests,
ist im Hochschulrahmengesetz bzw. den Landeshochschulgesetzen zu
verankern. Ihre Auswahl und Anwendung liegt im Einzelnen in der Verantwortung der jeweiligen Hochschule.

70. Beratung

Um die Zahl der Studienabbrecher und Fachwechsler zu mindern, ist
eine den ganzen Bildungsweg begleitende intensive Beratung notwendig.
Beratung an der Schule, Berufsberatung durch das Arbeitsamt und
Studienberatung der Hochschule müssen jungen Menschen helfen, den
richtigen Weg zu finden. Dazu gehört auch eine intensive Beratung über
Alternativen zum Studium.

71. Studienreform und Studienzeitverkürzungen

*Die überlangen Studienzeiten müssen verkürzt werden. Studien- und
Prüfungsordnungen sind im Sinne einer wissenschaftlichen Grundbildung
auf das im jeweiligen Studiengang Wesentliche einer kritischen Durch-
sicht zu unterziehen*. Die Fülle des Studienstoffs und der Umfang der
Prüfungsanforderungen sind zu reduzieren, die Prüfungsabläufe sind
zu verkürzen, um die Voraussetzungen dafür zu schaffen, daß ein wissenschaftliches Studium auch innerhalb der Regelstudienzeit abgeschlossen werden kann. Es müssen vermehrt Anreize geschaffen werden, sich

frühzeitig zu Prüfungen anzumelden. Wiederholungsmöglichkeiten nach dem Modell des sog. „Freiversuches" können dazu beitragen, das Studium eher als bisher mit einem Examen zu beenden.

Im Rahmen der zu intensivierenden Studienreform sind die Studiengänge an den wissenschaftlichen Hochschulen nach berufsbefähigendem grundständigem Studium und darauf aufbauend einer Ausbildung des wissenschaftlichen Nachwuchses für die wissenschaftliche Tätigkeit zu stufen. Die wissenschaftliche Orientierung des Grundstudiums darf durch diese Neuorganisation nicht angetastet werden. Das Studium bis zum ersten berufsqualifizierenden Abschluß *muß grundsätzlich in der Regelstudienzeit* durchgeführt werden. Bei einer erheblichen Überschreitung der Regelstudienzeit sind Studiengebühren zu erheben.

Die Bildungs- und Ausbildungsinhalte sind besser auf Erstausbildung und auf Weiterbildung zu verteilen. Im Rahmen der *Intensivierung der Weiterbildung* müssen auch die Hochschulen zunehmend wichtiger werdende Aufgaben übernehmen. Dies gilt vor allem für die Fachhochschulen.

72. Es ist künftig zu berücksichtigen, daß eine bessere Vertretung von Frauen an den Hochschulen nur dann erreicht werden kann, wenn die aus ihrer biologischen Rolle sich ergebenden Nachteile ausgeglichen werden. Der *eklatante Mangel an Kinderbetreuung an den Hochschulen ist zu beseitigen.* Bei der Ausgestaltung von Dienstverhältnissen sind Verzögerungen durch Kinderbetreuung und andere für Frauen typische Gründe voll zu berücksichtigen. Besser ausgeschöpft werden sollten die heute schon gegebenen Möglichkeiten wie Teilzeitbeschäftigung, familiengerechte gleitende Arbeitszeit, Teilzeitstipendien sowie Beurlaubung aus familiären Gründen. Es sind Rahmenbedingungen zu schaffen, die es Universitäten und Fachhochschulen ermöglichen, durch Sonderstudienpläne schwangeren Studentinnen zu helfen, damit diese ihr Studium in angemessener Zeit erfolgreich absolvieren können. Das gleiche muß gelten für junge Frauen oder junge Männer mit Verpflichtungen gegenüber Kindern.

Mögliche Hilfen könnten sein:

- Verlegung von Prüfungen (Vor- und Nachzeiten) mit Hinweisen zur Themenstraffung;
- Verlagerung von Studienabschnitten;
- Austausch von Praktika;
- Kinderbetreuungsangebote an den Hochschulen für Kinder aller Altersgruppen

73. Wissenschaftlicher Nachwuchs

Da im Verlauf der nächsten zehn Jahre rund die Hälfte aller Professoren aus Altersgründen ausscheidet, wächst der Bedarf an qualifiziertem wissenschaftlichem Nachwuchs sprunghaft. Die Förderung des wissenschaftlichen Nachwuchses muß intensiviert werden. *Die Stellenstruktur muß dem wissenschaftlichen Nachwuchs eine Berufsperspektive geben.* Zeiten und Verfahrensaufwand für Promotion und Habilitation müssen verkürzt werden. Hervorragende Leistungen in der beruflichen Praxis sind stärker als bisher bei der Bewerbung um eine Hochschullehrerstelle zu berücksichtigen.

74. Dienstrechtliche Stellung von Hochschullehrern

Die Neuberufung von Hochschullehrern muß für eine strukturelle Reform genutzt werden, die eine *Verbeamtung der Hochschullehrer auf Lebenszeit bei Erstberufungen nur als Ausnahme vorsieht.* Zur Stärkung von Wettbewerb und Leistungsfähigkeit in und zwischen den Hochschulen sowie zur Förderung der notwendigen Mobilität zwischen Wissenschaft, Wirtschaft und öffentlicher Verwaltung müssen die vorhandenen gesetzlichen Möglichkeiten der Anstellung von Hochschullehrern außerhalb eines Beamtenverhältnisses stärker als bisher in Anspruch genommen werden. Wir treten dafür ein, die aus demographischen Gründen in den nächsten Jahren in großem Umfang notwendige Neuberufung von Hochschullehrern für eine solche Personalreform zu nutzen.

75. Qualität der Lehre

Aufgabe der Hochschullehrer ist es, einerseits in ihrem Fach zu forschen und wissenschaftliche Weiter- und Neuentwicklungen voranzubringen, andererseits Fachwissen und wissenschaftliche Methodik zu vermitteln

sowie die Studenten zu selbständigem wissenschaftlichen Arbeiten an-
zuleiten. Bei Berufungen ist nicht nur Wert auf Leistungen in speziellen
Forschungsbereichen zu legen. Auch pädagogisch-didaktische Fähigkeiten, die Breite des wissenschaftlichen Überblicks sowie die persönliche
Integrität müssen als wichtige Kriterien in die Bewertung einbezogen
werden. Die Leistungsfähigkeit und Leistungsbereitschaft der Hochschullehrer müssen durch flexiblere finanzielle Regelungen für besonderes
Engagement in der Lehre gestärkt werden.

Die ständige Verbindung zur beruflichen Praxis ist eine wichtige Voraussetzung für gute Lehre und effektives Studium an der Fachhochschule.
Deshalb ist insbesondere Fachhochschullehrern verstärkt die Gelegenheit
zu Praxiskontakten zu geben. Hierzu gehört die Auffrischung des Praxisbezugs in regelmäßigen Abständen sowie die Ausübung entwicklungsbe-
zogener Forschung. Die Steigerung der Qualität der Lehre kann nur
erreicht werden, wenn auch die Betreuungsrelation – *insbesondere an
den Fachhochschulen – verbessert* und also die Zahl der wissenschaftlichen Planstellen an den Hochschulen gesteigert wird.

Die Studierenden müssen stärker als bisher zu Mitbeteiligten bei der
Lehre werden. Eine gemeinsame Erörterung von Struktur, Aufbau und
Ziel vor Lehrveranstaltungen zu Semesterbeginn, wie eine kritische
Nachlese zu Semesterschluß, müssen Selbstverständlichkeit sein.

Die Verbesserung der Qualität der Lehre ist in erster Linie Aufgabe der
Professoren und Fachbereiche. An der Bewertung der Qualität der Lehre
wirken die Studenten mit; auch außerhochschulische unabhängige Institutionen können beteiligt werden.

76. Soziale Situation der Studierenden

Die sozialen Rahmenbedingungen haben einen bedeutenden Einfluß
auf Studienentscheidung und -abschluß. Deshalb ist eine angemessene
Förderung der Studenten auch in Zukunft für die Durchsetzung der
Chancengerechtigkeit unverzichtbar. *Die Bedarfssätze und Freibeträge
der Ausbildungsförderung im Rahmen des BAföG sind regelmäßig an
die allgemeine wirtschaftliche Lage anzupassen.* Ein frühzeitiger Studienabschluß muß auch in Zukunft besonders gewichtet werden. Der Bau
von Studentenwohnungen muß verstärkt werden. Die Möglichkeiten des
sozialen Wohnungsbaus sind stärker zu nutzen. Privaten Investoren sind

Anreize zu geben, sich auf diesem Sektor zu engagieren. Die besondere Situation von behinderten Studierenden und Studierenden mit Kindern muß mehr als bisher berücksichtigt werden. Es sind behindertengerechte und kindgerechte Wohnungen für alleinerziehende und studierende Eltern zu schaffen. Die Möglichkeiten der Kinderbetreuung an der Hochschule sind zu verbessern.

77. Abbau der Benachteiligung von Wissenschaftlerinnen

Nach wie vor ist der *Anteil der Frauen* an der Assistenten- und Professorenschaft viel zu gering. Die Schwierigkeiten, die Frauen entgegenstehen, wenn sie Wissenschaft als Beruf ergreifen wollen, sind nicht nur ein Verstoß gegen Gleichberechtigung und Benachteiligungsverbot. Die Hochschulen müssen das Problem der Benachteiligung endlich als eine Aufgabe erkennen und lösen. Die Regierungen und Parlamente des Bundes und der Länder sind aufgefordert, durch Förderprogramme, ggf. auch durch gesetzgeberische Maßnahmen, die vorhandenen Schwierigkeiten schrittweise zu überwinden. Die bestehenden Förderungsprogramme müssen mit Blick auf ihre Voraussetzungen, ihre Laufzeit und die Höhe der finanziellen Hilfen weiterentwickelt werden.

6. ALLGEMEINE UND BERUFLICHE WEITERBILDUNG

78. Erziehung und Ausbildung zielen auf die Fähigkeit, sich in einer rasch ändernden Welt zurechtzufinden. In der Erstausbildung geht es in Schule, Betrieb und Hochschule vor allem um Grundlegung, weniger um Spezialisierung. In der Erstausbildung erworbenes Spezialwissen wird immer schneller durch neue Erkenntnisse ersetzt. Der rasche technische und wissenschaftliche Fortschritt erfordert die Bereitschaft, auch nach dem Abschluß der Erstausbildung den eigenen Kenntnisstand ständig zu ergänzen und zu erneuern. Die Straffung der Erstausbildung ist notwendig, sie ist mit Blick auf die Notwendigkeit regelmäßiger und organisierter Weiterbildung auch möglich. Das Verhältnis von Aus- und Weiterbildungszeiten im Lebenszyklus muß neu verteilt werden.

79. Weiterbildung gewinnt *durch die wachsenden beruflichen Anforderungen, die technische Entwicklung, den Wunsch nach staatsbürgerlichem Engagement, der Persönlichkeitsentfaltung des einzelnen und individueller Freizeitgestaltung zunehmend an Bedeutung.* Weiterbildung muß mit gleichem Rang und Gewicht als vierter Bildungsbereich neben

die Schulbildung, die Berufsausbildung und das Hochschulstudium treten. Der Bereich der Weiterbildung umfaßt alle Formen der Fortsetzung oder Wiederaufnahme organisierten Lernens nach Abschluß einer ersten Bildungsphase und nach Aufnahme einer Berufstätigkeit einschließlich der Hausfrauentätigkeit.

80. Jeder Bürger muß grundsätzlich die Möglichkeit haben, an Veranstaltungen der Weiterbildung teilzunehmen. Hierfür sind die notwendigen Voraussetzungen zu schaffen, und es ist die *Eigeninitiative des einzelnen zu stärken*. Soweit Weiterbildung nicht außerhalb der Arbeitszeit stattfinden kann, ist die Teilnahme an Weiterbildungsveranstaltungen für Erwerbstätige vor allem durch entsprechende Vereinbarungen der Sozialpartner zu ermöglichen.

81. Der Verpflichtung des einzelnen zur Weiterbildung entspricht die Verpflichtung von Wirtschaft und öffentlicher Hand, in die weitere Qualifizierung der Mitarbeiterinnen und Mitarbeiter zu investieren. Investitionen in Weiterbildung sind ebenso wichtig wie Investitionen in Maschinen, Anlagen und Gebäude. Vielfalt und Flexibilität sind für die Zukunft der beruflichen Weiterbildung die einzig erfolgversprechende Grundlage; der Staat (einschließlich der Kommunen) hat nur dort Aufgaben wahrzunehmen, wo er subsidiär das Handeln anderer ergänzt. *Die Organisation der Weiterbildung ist Aufgabe einer Vielzahl privater und öffentlicher Träger*. Die CDU sieht in den Angeboten des Zweiten Bildungsweges eine wesentliche Möglichkeit zur Herstellung größerer Chancengerechtigkeit. Es ist zu prüfen, inwieweit die Berufsschulen noch stärker als bisher Fort- und Weiterbildungsangebote machen können. Während weite Bereiche in der Hand nicht-öffentlicher Einrichtungen wie Betrieben, Gewerkschaften, Kirchen, Verbänden und Privatschulen liegen, trägt die öffentliche Hand die politische Rahmenverantwortung dafür, daß die Bürger ein ausreichendes Weiterbildungsangebot vorfinden. Diese Aufteilung der Verantwortung sichert einerseits die unbedingt notwendige Angebotsvielfalt und damit einen gesunden Wettbewerb und schafft andererseits Möglichkeiten der Kooperation.

82. Weiterbildung ist umfassend zu verstehen; sie darf sich nicht nur auf einen Teilbereich beschränken. Bedeutsame Veränderungen in Wirtschaft und Gesellschaft, auf die wir uns einstellen müssen, sind über technologische Entwicklungen hinaus *auch von sozialer und kultureller Bedeutung*. Allein die neuen Technologien bringen eine erhebliche quali-

tative Veränderung der geforderten Qualifikationsinhalte mit sich. Sie fordern nicht nur neue fachliche Kompetenzen, sondern machen soziale und personelle Kompetenzen wie Verantwortungsbewußtsein, Ideenreichtum, die Fähigkeit zur Initiative und zur Zusammenarbeit, Umsicht und Mitdenken immer wichtiger. *Damit werden zugleich die Grenzen zwischen sogenannter allgemeiner, politischer und berufsbezogener Weiterbildung fließend und sollten in Zukunft mehr als bisher in ihrer Verbindung gesehen und gefördert werden.*

83. Weiterbildung bedarf der Vorbereitung bereits im Rahmen der Erstausbildung, bietet kontinuierliche Hilfen zur Bewältigung der Aufgaben in Beruf, Familie und Gesellschaft und sollte auch älteren Menschen ermöglichen, persönlichen Wünschen gerecht zu werden und Versäumtes nachzuholen. Das Ziel der besseren Vereinbarkeit von Familie und Beruf erfordert entsprechende Rahmenbedingungen.

Weiterbildungseinrichtungen, Verbände, Betriebe und Verwaltungen sowie Hochschulen müssen verstärkt Weiterbildung zur Wiedereingliederung von Frauen in den Beruf anbieten; eine Rückkehrgarantie erhöht die Weiterbildungsbereitschaft.

84. Die berufliche Erstausbildung kann die Qualifikation für den Berufseintritt, aber nicht für eine auf Dauer angelegte, anforderungsgerechte Berufsausübung vermitteln. Das Mißverständnis, Berufsausbildung müsse umfassende Berufsqualifikation vermitteln, führt zur zunehmenden Überforderung aller Formen berufsqualifzierender Bildungsgänge und zum Teil zu ihrer unnötigen Verlängerung. Über das vorhandene Weiterbildungssystem der Wirtschaft, der Kommunen und privater Träger hinaus sind vor allem an den Fachhochschulen und Universitäten Bildungsangebote zu entwickeln, die Fortbildung auch in späteren Phasen des Berufslebens ermöglichen.

85. *Die verantwortliche Mitwirkung des mündigen Bürgers ist ein unverzichtbares Element der lebendigen Demokratie. Angebote der politischen Weiterbildung erhöhen die Fähigkeit der Bürger zur politischen Mitwirkung, gerade auch in einem sich zusammenschließenden Europa. Die politische Weiterbildung in den neuen Bundesländern soll weiterhin einen hohen Stellenwert genießen, denn sie leistet einen wichtigen Beitrag zum Einleben und Verstehen in eine freiheitlich demokratische Grundordnung. Politische Weiterbildung soll vor allem dazu befähigen, zwischen Agitation*

und Information zu unterscheiden, Andersdenkende zu tolerieren
und ehrenamtliche Tätigkeiten in Volksvertretungen, Bürgerinitiativen,
Selbstverwaltungsorganen und Betriebs- und Personalräten zu über-
nehmen.

86. Information und Transparenz der Angebote sowie Weiterbildungsberatung und -Werbung sind wichtige Voraussetzungen für eine Stärkung
der Weiterbildungsbereitschaft. Eine umfassende Information und Über-
sicht über Weiterbildungsangebote erleichtert sachgerechte Entscheidungen bildungswilliger Bürger sowie interessierter Unternehmen und
erspart Fehlversuche, Enttäuschungen und Kosten. Information wird
erleichtert durch Einrichtung kompatibler Datenbanken. Freiwillige Güte-
prüfungen können Entscheidungshilfen bieten und Qualitätsunterschiede
verdeutlichen. Weiterbildungs-Informationen werden erst verwertbar
durch ergänzende Weiterbildungsberatung. Sie verhilft dem interessierten Bürger zu sachgerechter Auswahl und gibt dem Unternehmen Hinweise zum Angebotsprofil. Beratungen können von Arbeitsämtern,
Kammern, Kommunen, Weiterbildungseinrichtungen und Datenbanken
wahrgenommen werden.

87. Zur Verankerung der Weiterbildung als eigenständigem Bildungsbereich sind qualifizierte Mitarbeiter und Mitarbeiterinnen erforderlich.
Weiterbildungsveranstaltungen können hauptberuflich, nebenberuflich
und ehrenamtlich tätigen Personen übertragen werden. Weiterbildungseinrichtungen sollten in der Regel hauptberuflich geleitet werden. Entsprechende fachliche und methodisch-didaktische Qualifikationen sind
Voraussetzung. Der Einsatz nebenberuflicher, ehrenamtlicher Kräfte
stellt sicher, daß Kenntnisse und Erfahrungen aus allen gesellschaftlichen
Bereichen Eingang in die Weiterbildung finden.

88. Die Hochschulen sind gefordert, sowohl in Hauptstudiengängen als
auch im Rahmen begleitender Studiengänge für Funktionen in der Weiterbildung zu qualifizieren sowie entsprechende Fortbildungsangebote
zu entwickeln. Ebenso ist die Weiterbildung der Fachkräfte eine vordringliche Aufgabe der Betriebe, Kammern, Verbände und Einrichtungen. Darin
liegt zugleich ein große Chance, Arbeitsmarkt und Bildungssystem wieder
stärker miteinander zu verzahnen.

(24) GRUNDSATZPROGRAMM „FREIHEIT IN VERANTWORTUNG"

5. PARTEITAG, 21.–23. FEBRUAR 1994, HAMBURG

KAPITEL I
WIR CHRISTLICHE DEMOKRATEN

1. Wer wir sind

1. Die Christlich Demokratische Union Deutschlands ist eine Volkspartei. Sie wendet sich an alle Menschen in allen Schichten und Gruppen unseres Landes. Unsere Politik beruht auf dem *christlichen Verständnis vom Menschen* und seiner Verantwortung vor Gott. Für uns ist der *Mensch Geschöpf Gottes* und nicht das letzte Maß aller Dinge. Wir wissen um die Fehlbarkeit des Menschen und die Grenzen politischen Handelns. *Gleichwohl sind wir davon überzeugt, daß der Mensch zur ethisch verantwortlichen Gestaltung der Welt berufen und befähigt ist.*

2. Wir wissen, daß sich aus christlichem Glauben kein bestimmtes politisches Programm ableiten läßt. Aber das christliche Verständnis vom Menschen gibt uns eine ethische Grundlage für verantwortliche Politik. Aus der Berufung auf christliche Überzeugungen folgt für uns nicht der Anspruch, nur innerhalb der Christlich Demokratischen Union sei Politik aus christlicher Verantwortung gestaltbar. Die CDU ist für jeden offen, der die Würde und Freiheit aller Menschen und die daraus abgeleiteten Grundüberzeugungen unserer Politik bejaht. Dies ist die Grundlage für das gemeinsame Handeln von Christen und Nichtchristen in der CDU.

3. Die Christlich Demokratische Union Deutschlands wurde von Menschen gegründet, die nach dem Scheitern der Weimarer Republik, den Verbrechen des Nationalsozialismus und angesichts des kommunistischen Herrschaftsanspruchs nach 1945 die Zukunft Deutschlands mit einer christlich geprägten, überkonfessionellen Volkspartei gestalten wollten. Konrad Adenauer und Ludwig Erhard, Jakob Kaiser und Helene Weber, Andreas Hermes und Gebhard Müller, Hermann Ehlers, Eugen Gerstenmaier und Karl Arnold, Elisabeth Schwarzhaupt und Heinrich von Brentano haben gemeinsam mit vielen anderen die CDU geprägt und eine christlich-demokratische Tradition in Deutschland begründet. *So entstand eine neue Volkspartei, in der sich katholische und evangeli-*

*sche Christen, Konservative, Liberale und Christlich-Soziale, Frauen
und Männer aus verschiedenen Regionen, aus allen sozialen Schichten
und demokratischen Traditionen zusammenfanden.* Die CDU hat damit
einen neuen Anfang in der deutschen Parteiengeschichte gesetzt. *Ihre
geistigen und politischen Wurzeln liegen im christlich motivierten Widerstand gegen das nationalsozialistische Terrorregime, in der Sozialethik
der christlichen Kirchen und in der liberalen Tradition der europäischen
Aufklärung.*

4. Auf der Grundlage gemeinsamer Wertüberzeugungen haben sich
die Mitglieder der CDU ihrer Verantwortung gestellt und die politischen
Grundentscheidungen im freien Teil Deutschlands durchgesetzt – für die
freiheitliche und rechtsstaatliche Demokratie, für die Soziale Marktwirtschaft und die Einbindung der Bundesrepublik Deutschland in die westliche Werte- und Verteidigungsgemeinschaft, für die Einheit der Nation
und die Einigung Europas.

5. Es gehört zur Tragik der deutschen Nachkriegsgeschichte, daß
Deutschland geteilt wurde und die Menschen im Osten Deutschlands
erneut den Diktaturen eines totalitären Systems unterworfen wurden.
Von aufrechten Frauen und Männern gegründet, geriet die CDU in der
Sowjetischen Besatzungszone und in der DDR zunehmend in das Mahl-
werk des totalitären Regimes. Die CDU nimmt die ganze Geschichte
Deutschlands und damit auch die der eigenen Partei an und stellt sich
dem notwendigen Prozeß der Aufarbeitung und Erneuerung.

6. Das christliche Verständnis vom Menschen ist unser geistiges Fundament und der historische Ausgangspunkt unserer Partei. *Zu ihr gehören
wertkonservative Gedanken ebenso wie christlich-soziale und liberale
Überzeugungen.* Diese Parteitradition wollen wir fortschreiben und dabei
Bewährtes erhalten und Neues entwickeln. Die CDU will unterschiedliche
Standpunkte durch gemeinsame Werte und Ziele verbinden. Unterschiede
in den Meinungen und Interessen sollen offen, in gegenseitiger Achtung
und Toleranz ausgetragen werden.

Unser Verständnis vom Menschen

7. Wir bekennen uns zur Würde des Menschen. Würde und Leben des
Menschen – auch des ungeborenen – sind unantastbar. *Wir achten jeden
Menschen als einmalige und unverfügbare Person in allen Lebensphasen.*

Die Würde aller ist gleich – unabhängig von Geschlecht, Rasse, Nationalität, Alter, Behinderung, von religiöser und politischer Überzeugung, von Gesundheit und Leistungskraft, von Erfolg oder Mißerfolg und vom Urteil anderer.

8. Aus der Würde des Menschen erwächst das Recht eines jeden auf die *freie Entfaltung der Persönlichkeit.* Die Freiheit gibt dem Menschen die *Möglichkeit zur sittlichen Entscheidung.* Jeder Mensch trägt dafür die Verantwortung vor seinem *Gewissen* und nach christlichem Verständnis vor Gott.

9. Jeder Mensch ist auf *Gemeinschaft mit seinen Mitmenschen angelegt* und angewiesen. *Die Freiheit des einzelnen verwirklicht und bewährt sich in der Zuwendung zum Nächsten und in der Gestaltung des menschlichen Zusammenlebens.* Das bedeutet, daß der einzelne Verantwortung für sich und seine Mitmenschen tragen muß.

10. Jeder Mensch ist *Irrtum und Schuld ausgesetzt.* Die Unvollkommenheit und Endlichkeit des Menschen, die Begrenztheit seiner Planungs- und Gestaltungsfähigkeit setzen auch der Politik Grenzen. Die Einsicht in diese Begrenztheit bewahrt uns vor ideologischen Heilslehren und einem totalitären Politikverständnis und schafft Bereitschaft zur Versöhnung. Bei allem Engagement können wir die vollkommene Welt nicht schaffen.

11. Wir Christliche Demokraten verstehen den *Menschen als Teil der Schöpfung.* Die Natur ist nicht nur Voraussetzung und Instrument unseres Lebens, sondern Schöpfung Gottes, der eine Eigenbedeutung zukommt. Es steht uns nicht zu, nach Belieben über die Schöpfung zu verfügen. Sie ist dem Menschen zur Gestaltung und Bewahrung anvertraut.

Die Grundwerte unserer Politik – Freiheit, Solidarität, Gerechtigkeit

12. Unser Gemeinwesen lebt von geistigen Grundlagen, die nicht selbstverständlich und für alle Zeiten gesichert sind. Es ist die besondere Selbstverpflichtung der CDU, *die christlich geprägten Wertgrundlagen unserer freiheitlichen Demokratie zu bewahren und zu stärken. Dies unterscheidet uns Christliche Demokraten wesentlich von sozialistischem, nationalistischem und liberalistischem Denken.*

Grundlage und Orientierung unseres politischen Handelns sind das christliche Verständnis vom Menschen und die daraus abgeleiteten Grundwerte Freiheit, Solidarität und Gerechtigkeit. Die Grundwerte erfordern und begrenzen sich gegenseitig. Keiner erfüllt ohne die anderen seinen Sinn. Ihre Gewichtung untereinander richtig zu gestalten ist Kern der politischen Auseinandersetzung. Die Grundwerte sind *als unteilbare Menschenrechte* nicht auf nationale Grenzen beschränkt und sind verpflichtende Grundlage für unsere Außenpolitik.

Freiheit

13. Wir Christliche Demokraten treten für das Recht des einzelnen auf freie Entfaltung der Person ein. Als *sittliches Wesen* kann der Mensch vernünftig und verantwortlich entscheiden und handeln. Es ist Aufgabe der Politik, den Menschen den notwendigen Freiheitsraum zu sichern. Freiheit umfaßt Rechte und Pflichten. Wer Freiheit für sich fordert, muß die Freiheit seines Mitmenschen anerkennen. Die Freiheit des einzelnen findet ihre Grenzen in der Freiheit des anderen und in der Verantwortung für die zukünftigen Generationen und für die Bewahrung der Schöpfung.

14. *Der Mensch entfaltet sich in der Gemeinschaft.* Freiheit verwirklicht sich durch Selbstverantwortung und Mitverantwortung. Jeder Bürger soll im geeinten Deutschland Freiheit in Familie, Nachbarschaft, Arbeitswelt und Freizeit sowie in Gemeinde und Staat erfahren und verwirklichen können. *Die Verwirklichung der Freiheit des einzelnen ist ohne die Übernahme von Verantwortung für sich und die Gemeinschaft ethisch nicht möglich*. Wir wenden uns gegen einen falsch verstandenen Individualismus auf Kosten anderer. *Wir wollen den Sinn für Verantwortung und Gemeinwohl, für Pflichten und Bürgertugenden* stärken.

15. Recht, daß die personale Würde des Menschen schützt, sichert Freiheit. Es regelt das geordnete und friedliche Zusammenleben der Menschen in Freiheit. *Die Verwirklichung der Freiheit bedarf der sozialen Gerechtigkeit*. Die Verhältnisse, unter denen der Mensch lebt, dürfen der Freiheit nicht im Wege stehen. Aufgabe der Politik ist es daher, *der Not zu wehren*, unzumutbare Abhängigkeiten zu beseitigen und die materiellen Bedingungen der Freiheit zu sichern. Persönliches Eigentum erweitert den Freiheitsraum des einzelnen für seine persönliche Lebensgestaltung.

16. Die Verwirklichung der Freiheit bedarf der eigenverantwortlichen Lebensgestaltung. Aus ihr ergibt sich für die Ordnung des gesellschaftlichen Lebens das Prinzip der Subsidiarität, nach dem Staat und Gemeinden auf die Übernahme von Aufgaben verzichten, die von den einzelnen Bürgern oder jeweils kleineren Gemeinschaften erfüllt werden können. Was der Bürger allein, in der Familie und im freiwilligen Zusammenwirken mit anderen ebenso gut leisten kann, soll ihm vorbehalten bleiben. Der Grundsatz der Subsidiarität gilt auch zwischen kleineren und größeren Gemeinschaften sowie zwischen freien Verbänden und staatlichen Einrichtungen. Zur Verpflichtung des Staates und der Gemeinschaft gehört es, die subsidiäre Aufgabenwahrnehmung zu erleichtern und zu fördern. Das Prinzip der Subsidiarität verlangt aber auch, daß die größeren Gemeinschaften, zuletzt auch die staatliche Ebene, tätig zu werden haben, wenn gesellschaftspolitische Erfordernisse die Leistungskraft der einzelnen oder der kleineren Gemeinschaften überfordern. [...]

18. Der freien Entfaltung der Person entspricht unsere plurale Gesellschaft. Sie ist Ausdruck der Vielfalt der Meinungen, Bedürfnisse und Interessen der Bürger und damit Grundlage unserer freiheitlichen Demokratie. Nur eine freiheitliche, solidarische und gerechte Gesellschaft und ein nach diesen Grundwerten handelnder Staat werden der Würde des Menschen gerecht.

19. Die eigene Leistung gehört zur freien Entfaltung der Person. Unsere Gesellschaft ist auf die Leistungsbereitschaft ihrer Mitglieder angewiesen. Sie ist eine der wesentlichen Grundlagen für Wohlstand und sozialen Frieden. *Wir wollen den persönlichen Leistungswillen und die Initiative einzelner anerkennen und fördern.* Seine Würde und sein Recht hat der Mensch unabhängig von jeder Leistung.

20. Zur Freiheit gehört die Bereitschaft, sie nach außen und innen zu schützen und für sie zu kämpfen. Wir bekennen uns zum Prinzip der wehrhaften Demokratie und Rechtsstaatlichkeit. Wer frei ist, hat die Pflicht, für die Freiheit derer einzutreten, denen Freiheit vorenthalten wird. Wir wollen Freiheit für alle, nicht nur für wenige. Sie darf nicht auf wenige Völker oder gesellschaftliche Gruppen beschränkt sein. Wir wollen dazu beitragen, unzumutbare Abhängigkeiten und Not zu beseitigen sowie weltweit für Recht, soziale Gerechtigkeit und Demokratie eintreten.

Solidarität

21. Solidarität heißt füreinander da sein, weil der einzelne und die Gemeinschaft darauf angewiesen sind. Solidarität ist Ausdruck der sozialen Natur des Menschen und folgt aus dem *Gebot der Nächstenliebe*. Ihren ethischen Maßstab gewinnt sie aus der Würde des Menschen. Das Ziel, ein menschenwürdiges Leben für alle zu ermöglichen, verpflichtet uns zu solidarischem Handeln. Solidarität muß deshalb vor allem den Menschen gelten, die ihre Rechte nicht selbst vertreten können.

22. Der einzelne und die Gemeinschaft sind auf die solidarische Mitwirkung aller angewiesen. Jeder hat das Recht auf und die Pflicht zur Solidarität und trägt mit seiner Arbeit und Leistung dazu bei, daß die Gemeinschaft aller für die einzelnen eintreten kann. Wir bekennen uns zu dieser wechselseitigen Verantwortung des einzelnen und der Gemeinschaft. Elementare Formen der Solidarität sind Hilfe und Unterstützung im unmittelbaren persönlichen Miteinander – in der Familie, unter Nachbarn und in privaten Gemeinschaften Dort aber, wo die Kräfte des einzelnen, von freien Verbänden oder Gruppen überfordert sind, müssen die Gemeinschaft und der Staat helfen.

Er muß die verantwortliche Selbsthilfe im Rahmen des Möglichen erleichtern und zumuten. Die CDU bekennt sich zu dieser wechselseitigen Verantwortlichkeit, die gleich weit entfernt ist vom *ungebundenen Individualismus wie vom Kollektivismus*.

23. Die soziale Sicherung beruht auf den Prinzipien der Solidarität und Subsidiarität. Durch die soziale Sicherung werden gemeinschaftlich die Risiken abgesichert, die der einzelne allein nicht bewältigen kann. Die soziale Sicherung hat befriedende und befreiende Wirkung. Solidarität verbietet den Mißbrauch des Systems der sozialen Sicherung. Durch die soziale Sicherung werden keine widerruflichen Almosen, sondern es wird für den einzelnen ein Recht auf Sicherheit begründet.

Solidarität ist ohne Opfer nicht denkbar. Wer Hilfe und Solidarität von anderen erwartet, muß selbst bereit sein, anderen zu helfen. Wer sich davon ausschließt und nur für seinen persönlichen Vorteil wirtschaftet und lebt, entzieht der Gemeinschaft die Grundlage für den sozialen Frieden. Solidarität verbindet nicht nur Interessengruppen in der Wahrnehmung ihrer berechtigten Anliegen, sondern greift über die widerstreitenden Interessen hinaus. Solidarität verpflichtet die Starken zum Einsatz für die Schwachen und alle im Zusammenwirken für das Wohl des Ganzen.

24. Gelebte Solidarität ist das Kennzeichen der Menschen eines Volkes im Umgang miteinander. In Deutschland ist die Solidarität nach der Wiedervereinigung besonders gefordert. Wir werden die innere Einheit nur finden, wenn sich alle Deutschen als solidarische Gemeinschaft verstehen.

25. Solidarität verpflichtet uns auch gegenüber den künftigen Generationen. Alle politischen Entscheidungen müssen dieser Verantwortung gerecht werden. Wir dürfen nicht weiter auf Kosten unserer Kinder und Kindeskinder leben. Der Eigenwert der Schöpfung und unsere Verantwortung für die kommenden Generationen verpflichten uns, die Lebensgrundlagen der Menschheit zu erhalten und die Schöpfung zu bewahren. Wir setzen uns für eine weltweite Solidarität in der Völkergemeinschaft ein. Ohne sie ist die Überwindung der Kluft zwischen Arm und Reich in unserer Welt und die Bewahrung der Schöpfung nicht möglich.

Gerechtigkeit

26. Grundlage der Gerechtigkeit ist die Gleichheit aller Menschen in ihrer *von Gott gegebenen Würde und Freiheit*. Gerechtigkeit bedeutet gleiches Recht für alle. Recht schützt vor Willkür und Machtmißbrauch. Es sichert Freiheit auch für den Schwächeren und schützt ihn.

27. Gerechtigkeit fordert die Anerkennung der persönlichen Leistung und Anstrengung ebenso wie den sozialen Ausgleich. Gerechtigkeit verlangt, Gleiches gleich und Ungleiches ungleich zu behandeln. Chancengerechtigkeit ist die notwendige Ergänzung der Gleichheit vor dem Recht. Sie soll jedem die Möglichkeit geben, sich in gleicher Freiheit so zu entfalten, wie es seiner persönlichen Eigenart entspricht. Wir setzen uns dafür ein, daß jeder Mensch seine Lebenschancen frei und verantwortlich wahrnehmen kann. Deshalb treten wir für eine Politik ausgleichender Gerechtigkeit ein. *Chancengerechtigkeit wächst auf dem Boden möglichst gerecht verteilter Lebenschancen; dazu gehört ein offener Zugang zu den Bildungseinrichtungen unter Ausgleich nachteiliger Vorbedingungen* ebenso wie die Möglichkeit der Mitsprache und Mitverantwortung, die Nutzung lebenswichtiger Güter und der Erwerb persönlichen Eigentums.

28. Absolute Gerechtigkeit ist nicht erreichbar. Auch politisches Handeln stößt wegen der Unzulänglichkeit des Menschen an Grenzen. Aber wir setzen uns mit äußerster Anstrengung für mehr Gerechtigkeit in unserer Gesellschaft und eine gerechtere Welt ein.

29. Gerechtigkeit schließt *die Übernahme von Pflichten entsprechend der Leistungsfähigkeit des einzelnen zum Wohle des Ganzen ein*. Soziale Gerechtigkeit verlangt, vor allem denjenigen Menschen zu helfen, die nur unzureichend zur Selbsthilfe fähig sind und allein ihre Belange nicht wirkungsvoll vertreten und durchsetzen können. Wir fühlen uns den Schwachen und sozial Benachteiligten besonders verpflichtet. Für uns gilt, niemanden fallen zu lassen und jedem in unserer Gesellschaft men- schenwürdige Lebensverhältnisse zu sichern.

30. Jede Bürgerin und jeder Bürger in Deutschland soll Recht finden, soll Chancen wahrnehmen und durch Leistung verbessern können, soll Eigen- tum und Bildung erwerben und mit der eigenen Kraft zur ausgleichenden Gerechtigkeit beitragen. Im geeinten Deutschland ist es unsere beson- dere Aufgabe, uns um Gerechtigkeit für die Burger zu bemühen, denen sie über Jahrzehnte vorenthalten wurde. Auch wo Gerechtigkeit nicht mehr erreichbar ist, muß Hilfe für die Opfer und Förderung der einst Benachteiligten im Zentrum stehen. Unter Unrechtsbedingungen erwor- bene Besitzansprüche bedürfen einer Überprüfung. Der feste Wille zur Gerechtigkeit muß die innere Einheit unseres Landes bestimmen und ihre Gestaltung leiten.

31. Wo das Recht der Menschen auf ein menschenwürdiges Leben miß- achtet wird, wo die Freiheit einzelner, bestimmter Gruppen oder ganzer Völker unterdrückt wird, herrschen Gewalt und Unfrieden. Wir treten ein für die Achtung der Menschen- und Burgerrechte und die Überwindung sozialer und wirtschaftlicher Not. Damit leisten wir unseren Beitrag zum Frieden zwischen den Völkern und für eine gerechtere Welt.

[...]

3. Unsere Kultur – Ausdruck nationaler Identität und Weltoffenheit

53. Unsere Kultur prägt die Identität unseres Landes und seiner Men- schen. Kultur ist sowohl historisch gewachsene Tradition als auch Lebens- äußerung von Menschen der Gegenwart. Sie entfaltet sich in den ver-

schiedensten Formen und Institutionen und bestimmt die Art und Weise unseres Zusammenlebens. Wir Deutschen haben auf der Grundlage der europäischen Zivilisation im Laufe der Geschichte unsere nationale Identität und Kultur entwickelt, die sich in unserer Sprache und den Künsten, in unseren Sitten und Gebräuchen, in unserem Verständnis von Recht und Demokratie, von Freiheit und Bürgerpflicht niederschlägt. *Die Kultur des deutschen Ostens und der aus ihrer Heimat vertriebenen Deutschen ist ein Bestandteil des Erbes der ganzen deutschen Nation, das wir pflegen und erhalten wollen.* Deutschland gehört zur Wertegemeinschaft des christlichen Abendlandes. Wir sind Teil der europäischen Kulturgemeinschaft. Die Völker Europas haben in der Offenheit füreinander und in wechselseitigem Austausch untereinander ihre jeweiligen kulturellen Eigenarten entwickelt. In unserer Kultur werden vielfältige Einflüsse anderer Kulturen sichtbar. Wir wollen das friedliche Miteinander der unterschiedlichen Kulturen Europas und der Welt erhalten und fördern. Wir achten, schützen und fördern die kulturelle Identität der seit langem in Deutschland in geschlossenen Siedlungsgebieten lebenden Volksgruppen und nationalen Minderheiten deutscher Staatszugehörigkeit.

Erziehung und Bildung erneuern

54. Erziehung und Bildung sind wesentliche Voraussetzungen für die *freie Entfaltung der Person und für die Wahrnehmung von Freiheitsrechten und Bürgerpflichten. Sie müssen zur Persönlichkeitsbildung beitragen, soziale Fähigkeiten und fachliche Kenntnisse vermitteln und den Anforderungen unserer gesellschaftlichen und wirtschaftlichen Entwicklung gerecht werden.* Die freiheitliche Demokratie ist auf selbständig urteilende Bürgerinnen und Bürger angewiesen, die zur Übernahme von Verantwortung bereit sind. Erziehung und Bildung zielen auf die *Bejahung* des demokratischen und sozialen Rechtsstaates und die im Grundgesetz verankerte Wertordnung. Weltanschauliche Parteilichkeit oder wertneutrale Beliebigkeit sind mit dem Bildungswesen des demokratischen Staates unvereinbar.

55. Vielfalt und Leistungsfähigkeit, Wettbewerb und Förderung müssen wesentliche Elemente unseres Bildungs- und Ausbildungssystems sein. *Grundlagen unserer Bildungspolitik sind das Prinzip der Chancengerechtigkeit und das humane Leistungsprinzip*: Chancengerechtigkeit erfordert, die Verschiedenheit der Menschen in ihren Begabungen, Leistungen und

ihrem sozialen Herkommen zu berücksichtigen. Sie kann nicht durch Nivellierung oder durch die Einschränkung der Chancen anderer erreicht werden, sondern nur durch die Förderung der Anlagen jedes einzelnen. Das Leistungsprinzip verlangt, daß die Leistungsmöglichkeiten des einzelnen gefordert und gefördert werden und daß alle für ihre Leistung die gebührende Anerkennung erhalten. *Leistung ist das sozial gerechteste Aufstiegs- und Differenzierungskriterium in einer demokratischen Gesellschaft.* Die gemeinsame Erziehung und Bildung von Mädchen und Jungen bildet die Grundlage für ein partnerschaftliches Miteinander; sie darf jedoch nicht die spezifischen Bedürfnisse von Mädchen und Jungen außer acht lassen.

56. Wir treten dafür ein, Lehrinhalte und Ausbildungsgänge zu *straffen*, Ausbildungszeiten zu kürzen und das Angebot zu differenzieren. Nur so können wir den gewachsenen und neuen Anforderungen, auch im internationalen Vergleich, gerecht werden. Die Verbindung von Bildungs- und Beschäftigungssystem muß ständige Aufgabe von Politik und Wirtschaft sein. Die Länder stehen in der besonderen Verantwortung, ein vergleichbares Niveau in den Bildungsabschlüssen sicherzustellen und auf diese Weise Qualität und Mobilität zu fördern. Bildungseinrichtungen in freier Trägerschaft sind ein unverzichtbarer Bestandteil unseres Bildungswesens. Sie müssen von Ländern und Kommunen gleichberechtigt mit öffentlichen Bildungseinrichtungen gefördert werden.

57. Im zusammenwachsenden Europa sind *Kenntnisse der anderen Kulturen, Sprachen und Lebensbedingungen unverzichtbar*. In Schulen, praktischer und akademischer Ausbildung tragen sie zur Urteilsfähigkeit, zu Toleranz und Völkerverständigung bei. Wir wollen den europäischen Austausch auf allen Ebenen fördern.

58. Unser Gemeinwesen braucht *in allen Bereichen und auf allen Ebenen Eliten, die ihr Wissen und Können im Bewußtsein der Verantwortung für andere und im Dienst an der Sache einsetzen.* Wir setzen uns für die Förderung besonders Begabter ein. Gleichzeitig gilt für uns, daß wir diejenigen besonders fördern wollen und müssen, die sich überfordert und den gesellschaftlichen Anforderungen nicht gewachsen fühlen. Wir müssen ihnen helfen, daß sie ihr Leben selbstverantwortlich gestalten können. Wir treten für eine Neuordnung der Ausbildungsförderung ein, die für praktische und akademische Bildungsgänge einschließlich der Aufstiegsfortbildung vergleichbare Chancen eröffnet.

59. Wir treten für *ein gegliedertes Schulsystem ein, das die Verschieden-artigkeit von Neigungen und Begabungen berücksichtigt* und den Wechsel zwischen verschiedenen Bildungsgängen ermöglicht. Deshalb halten wir an der Hauptschule neben der Realschule und dem Gymnasium als selbständigen Bildungsgängen mit unterschiedlichem Profil und jeweils eigenen Abschlüssen fest. *Um den Schülern eine ihren Begabungen und Leistungen gerechte Ausbildung zu ermöglichen und die Vielfalt und Qualität der Schulformen zu sichern, muß beim Übergang zu einer wei-terführenden Schule neben dem Wunsch der Eltern die Empfehlung der Schule ein stärkeres Gewicht erhalten.*

Auftrag der Schule ist die Vermittlung von Allgemeinbildung und Grund-lagenwissen, von Kulturtechniken, der deutschen Sprache und von Wer-ten. *Wir setzen uns für den gesetzlich geschützten evangelischen und katholischen Religionsunterricht an unseren Schulen ein.* Daneben muß auch die religiöse Erziehung für Angehörige anderer Religionsgemein-schaften möglich sein.

Die Schule hat auch den Auftrag, auf die Zeit nach der Schule vorzube-reiten. Die Schulen sollen über den Unterricht hinaus Raum lassen für die Entwicklung eines sozialen und kulturellen Gemeinschaftslebens. Schüler und Eltern müssen entsprechende Mitwirkungsrechte besitzen. Wir treten dafür ein, daß *Ganztagsangebote auf freiwilliger Grundlage in allen Schulformen eingerichtet werden.* Die Schule hilft bei der Einglie-derung von Kindern und jungen Menschen in unsere Gesellschaft und Kultur; besonders Kinder anderer Nationalität und Sprache sind darauf angewiesen. Lehrern kommt in Partnerschaft mit der Familie ein eigener erzieherischer Auftrag zu.

60. Unser *duales Bildungssystem* mit Betrieb und Schule hat sich be-währt und ist eine wesentliche Grundlage für unsere internationale Wettbewerbsfähigkeit. Betriebe, öffentliche Verwaltung und Tarifpartner müssen die Attraktivität einer praktischen Berufsausbildung durch leistungsgerechte Bezahlung, Durchlässigkeit der Laufbahnen und quali-fizierte Fort- und Weiterbildung stärken, um so die Gleichwertigkeit der beruflichen mit der akademischen Ausbildung zu verwirklichen. Die beruf-liche Bildung bedarf in Betrieb und Schule *stärkerer Differenzierung* mit Zusatzangeboten für besonders Begabte ebenso wie für leistungs-schwächere Jugendliche. Wir wollen *die Berufsschule durch die Verbesse-rung ihrer Arbeitsmöglichkeiten und ihres Ansehens stärken.* Für beson-

ders begabte Absolventen einer praktischen Berufsausbildung muß besser als bisher auch der Hochschulzugang eröffnet werden. Frauen und Männer in handwerklichen und sozialen Berufen leisten einen unersetzlichen Beitrag für die wirtschaftliche und soziale Leistungskraft sowie für das Ansehen Deutschlands in der Welt. Wir setzen uns nachdrücklich dafür ein, daß neben der gesellschaftlichen Anerkennung auch die Verdienstmöglichkeiten, insbesondere in den sozialen Berufen, deutlich verbessert werden. Wir wollen, daß der Dienst am Menschen nicht schlechter bezahlt wird als die Arbeit an der Maschine.

61. *Einheit und Freiheit von Forschung und Lehre* bleiben eine notwendige Voraussetzung für die hohe Qualität akademischer Ausbildung und für die wissenschaftliche Leistung. Der Ausbau der Hochschulen ist hinter den stetig steigenden Studentenzahlen zurückgeblieben; die damit verbundene Überlastung gefährdet die Leistungsfähigkeit unserer Hochschulen. Dieser Entwicklung müssen die Länder und der Bund *durch den weiteren Ausbau, insbesondere der Fachhochschulen,* Rechnung tragen und zugleich durch neue Ausbildungsformen überzeugende Alternativen zum Studium schaffen. *Deshalb müssen Verwaltungs-, Wirtschafts- und Berufsakademien weiterentwickelt werden.* Die Autonomie der Hochschulen muß sich ebenso bei der notwendigen Verkürzung der durchschnittlichen Studienzeiten und der erforderlichen Neuordnung der Studiengänge und Studienabschlüsse bewähren wie bei der Beteiligung an der Auswahl der Studienbewerber, insbesondere in solchen Fächern, in denen die Zahl der Bewerbungen die der vorhandenen Studienplätze übersteigt. Wir wollen am Abitur als allgemeiner Hochschulzugangsvoraussetzung festhalten. Das Abitur muß aber wieder eine verläßliche Aussage über die Studierfähigkeit machen. *Wir wollen, daß die Hochschulen vermehrt selbstverantwortlich über ihren Haushalt verfügen können, um ihnen so einen wirtschaftlichen Einsatz der stärker nach Leistungskriterien zu vergebenden Finanzmittel zu ermöglichen.* Zur Stärkung von Wettbewerb und Leistungsfähigkeit in und zwischen den Hochschulen sowie zur Förderung der notwendigen Mobilität zwischen Wissenschaft, Wirtschaft und öffentlicher Verwaltung müssen die *Möglichkeiten der Anstellung von Hochschullehrern außerhalb eines Beamtenverhältnisses auf Lebenszeit,* insbesondere bei Erstberufungen, stärker als bisher in Anspruch genommen werden.

62. Die dauernden und tiefgreifenden Veränderungen der Arbeitswelt bedingen in allen Berufen sich wandelnde und neue Qualifikationen. Die Anforderungen, denen sich der einzelne sowohl im privaten und persönlichen als auch im öffentlichen und beruflichen Leben gegenübersieht, *machen umfassende Angebote zu kontinuierlicher Fort- und Weiterbildung notwendig. Weiterbildung muß mit gleichem Rang und Gewicht als vierter Bildungsbereich neben die Schul-, Berufs- und Hochschulausbildung treten.* Sie stellt ein noch unausgeschöpftes Aufgabenfeld sowohl der Bildungs- als auch der Tarifpolitik dar. Arbeitsmarkt und Bildungssystem können dadurch wieder stärker miteinander verbunden und auch die Rückkehr ins Berufsleben nach der Familienphase erleichtert werden. *Die Hochschulen sollen zukünftig auf diesem Feld mit berufsbegleitenden Aufbaustudien zusätzliche Aufgaben überneh*men. Wir wollen ihre Angebote und das der freien Träger, der Wirtschaft und der öffentlichen Bildungseinrichtungen fördern. *Die schulische wie außerschulische politische Bildung hat für uns einen besonderen Stellenwert. Wir treten für eine Verbesserung der Bildungsmöglichkeiten für ältere Menschen ein.*

[...]

64. Wir setzen uns für die Einführung *medienkundlicher Unterrichtsinhalte* an den Schulen ein. Zu einem wirksamen Jugendschutz gehört eine qualifizierte Medienerziehung bereits vom Kindergartenalter an. Ziel ist, daß der einzelne den eigenverantwortlichen Umgang mit den Medien lernt und ihre positiven Impulse nutzen kann.

(25) „AUFBRUCH IN DIE LERNENDE GESELLSCHAFT"
BILDUNGSPOLITISCHE LEITSÄTZE
BESCHLUSS DES BUNDESAUSSCHUSSES DER CDU
DEUTSCHLANDS VOM 20. NOVEMBER 2000, STUTTGART

1. Nur eine lernende Gesellschaft ist eine zukunftsfähige Gesellschaft. Bildung ist Schlüssel für individuelle Lebenschancen und Motor für gesellschaftliche Entwicklung. Bildung begründet Wohlstand. Kulturelle Teilhabe, politische Mündigkeit und eine berufliche Perspektive durch Bildung für alle zu ermöglichen, ist eine zentrale gesellschaftspolitische Aufgabe.

Bildungspolitik muss im Zentrum der politischen Aufmerksamkeit stehen. *Sie muss insbesondere bei der Finanzplanung Priorität haben. Bildungsausgaben sind keine Konsumausgaben, sondern Investitionen in die Zukunft unseres Landes.*

I. GRUNDLAGEN UNSERER BILDUNGSPOLITIK

2. Die CDU Deutschlands verfügt über *ein bildungspolitisches Grundsatzprogramm* („Erziehung und Bildung in unserem freiheitlichen und demokratischen Bildungssystem", Beschluss des 4. Parteitags der CDU Deutschlands, 1993). *Darauf bauen die vorliegenden Leitsätze auf.*

Der Übergang zur Wissensgesellschaft, die Globalisierung der Wirtschaft, sozialer und ökologischer Wandel sowie tiefgreifende Veränderungen in der Arbeitswelt, nicht zuletzt durch die neuen Technologien – das sind die großen Herausforderungen, denen wir uns mit diesen Leitsätzen stellen.

Das Bildungswesen leistet einen unverzichtbaren Beitrag zur Vollendung der deutschen Einheit, zum Aufbau eines vereinten Europas und zur Integration von Aussiedlern und Ausländern in die deutsche Gesellschaft.

3. Unsere Grundprinzipien haben auch in Zukunft Geltung:

- Das Erziehungsrecht der Eltern hat Vorrang. Es nimmt sie zugleich in die Pflicht.

- Wir bekennen uns zum *Erziehungsauftrag der öffentlichen Schulen* in staatlicher und privater Trägerschaft, der über die Vermittlung von Wissen hinausgeht. *Die Schule muss auf der Grundlage unserer christlich-abendländischen Kultur in enger Zusammenarbeit mit den Eltern ethische Orientierung geben, Werthaltungen einüben und soziale Kompetenzen vermitteln.* Dazu gehört auch der verantwortliche Umgang mit den natürlichen Lebensgrundlagen.

- Wichtigstes Ziel eines *begabungsgerechten, gegliederten Schulwesens* ist es, Kinder und Jugendliche zu stärken und nach ihren Talenten zu fördern. Unsere besondere Aufmerksamkeit gilt den Behinderten.

- Wir setzen auf Förderung aller unter besonderer Berücksichtigung sowohl der Lernschwachen als auch der Begabten. Elitebildung und -förderung sind notwendig zur Entwicklung unserer Gesellschaft, unserer Wirtschaft und unseres Staates.

- Wir wollen gerechte Chancen für alle im Bildungswesen und durch das Bildungswesen verwirklichen.

- Wir bekennen uns zur öffentlichen Verantwortung für Bildung und Erziehung und unterstützen zugleich Bildungseinrichtungen in freier Trägerschaft.

- Wir bejahen das Leistungsprinzip und setzen uns für Chancengerechtigkeit ein. Wir wollen eine Gesellschaft, in der sich jeder nach seinen individuellen Begabungen und Talenten optimal entfalten kann. *Wir müssen das Leistungsprinzip an unseren Schulen wieder überzeugend in den Mittelpunkt stellen.*

- Wir wollen den Föderalismus im Bildungswesen zu einem *Wettbewerbsföderalismus ausbauen.*

- Wir halten Bildung auch im Alter für unverzichtbar.

4. Unser Leitbild von der lernenden Gesellschaft entspricht der Wertgrundlage, die wir 1993 formuliert haben: „Jeder hat einen Anspruch auf Erziehung und Ausbildung. Nur Bildung versetzt den Menschen in die Lage, seine Würde und Freiheit zu erkennen, Pflichten zu erfüllen, Verantwortung zu übernehmen und Rechte zu gebrauchen. Bildung ist Voraussetzung für die Teilhabe an Kultur und gesellschaftlichen Entscheidungsprozessen. Bildung ist zugleich die Bereitschaft zu lebenslanger Auseinandersetzung mit der Frage nach dem Sinn des Lebens sowie die Auseinandersetzung mit Beruf, Lebenskreis und Welt. Ziel der Erziehung ist somit auch die Fähigkeit zu lebenslangem Lernen" (Beschluss des 4. Parteitages).

5. Die vorliegenden Leitsätze benennen Stärken und Schwächen unseres Bildungswesens, sie beschreiben Ziele und konkrete Umsetzungsperspektiven. Auch im Bildungswesen stellen wir uns dem hohen Anspruch unseres Zukunftsprogramms, die modernste Gesellschaft Europas zu schaffen.

II. LEITBILD LERNENDE GESELLSCHAFT

6. Es gibt in Deutschland und Europa einen weitgehenden gesellschaftlichen und politischen Konsens darüber, dass die gegenwärtigen Herausforderungen des globalen Wandels neue Anstrengungen im Bildungsbereich nötig machen.

Das Wissen der Menschheit nimmt immer rascher zu und gewinnt eine
immer größere Bedeutung als Produktionsfaktor. Außerdem bietet eine
neue Qualität des Wissenszugangs durch die Informations- und Kommunikationstechnologien neue Chancen. Dadurch wird der Lernbedarf der
gesamten Gesellschaft wachsen. Zugleich wird die Bevölkerung aufgrund
steigender Lebenserwartung und sinkender Geburtenzahlen insgesamt
älter. Wie lässt sich also die Innovationsbereitschaft und -fähigkeit mit
einem steigenden Anteil älterer Menschen sichern? Die lernende Gesellschaft muss die Konsequenzen aus dem demographischen Wandel ziehen.

*Es geht darum, Wissen, Können und Problemlösefähigkeiten möglichst
aller Menschen zu fördern und ihre Talente zur Entfaltung kommen zu
lassen.* Es geht um eine verantwortungsbewusste Zukunftsgestaltung,
die Wohlstand und humane Lebensqualität fördert und sichert. Es geht
schließlich um die Frage: „Wie wollen wir leben?"

7. Lernkultur heißt nicht „Belehrungskultur". Wichtige Lernprozesse
ergeben sich auch aus Praxissituationen im Alltag. Bildung wird auch
außerhalb von formalisierten Bildungsgängen erworben.

„Informelles Lernen" und „selbstgesteuertes Lernen" gewinnen an Bedeutung. Dabei geht es um freies und selbstverantwortetes Lernen, das in
die Fähigkeit zur Anwendung von Wissen und Können mündet. Nur die
Praxis kann die Kunst des Handelns lehren.

Lebenslanges Lernen gehört für die CDU zu ihrem Verständnis vom
Menschen. *Es bedeutet Freiheit und Entfaltung der Persönlichkeit.* Wir
wollen keine pädagogische Betreuung von der Wiege bis zur Bahre.

Die lernende Gesellschaft fordert vom Menschen, sich aus eigener Kraft weiterzubilden, sie unterstützt Lernende und schafft durch neue Anreize ein lernfreundliches Klima für alle Altersgruppen.

8. Bildung und Erziehung tragen zur Chancengerechtigkeit und somit zum sozialen Ausgleich bei. Niemand darf durch fehlende Bildungsangebote von der kulturellen Teilhabe ausgeschlossen werden.

Lebenslanges Lernen sichert die Grundlagen der Ökologischen und Sozialen Marktwirtschaft und erhöht ihre Leistungsfähigkeit. Lebenslanges Lernen schafft mehr Wohlstand für alle.

9. Die Schule muss Schlüsselqualifikationen als Grundlagen für lebenslanges Lernen vermitteln. Wer einen Schulabschluss erworben hat, muss das Lernen gelernt haben. Er muss aber noch nicht alles wissen und können, was er auf die Dauer für Ausbildung, Leben und Beruf braucht.

Schule, berufliche Bildung, Hochschule und Weiterbildung sollen zum lebenslangen Weiterlernen motivieren sowie die dazu notwendigen Kenntnisse vermitteln und Kompetenzen entwickeln.

Das setzt voraus, dass sich die Einrichtungen des Bildungswesens selbst als lernende Organisationen verstehen.

10. Die lernende Gesellschaft eröffnet Freiräume für informelles Lernen und honoriert Kompetenz und Leistung unabhängig davon, wo die Voraussetzungen dafür erworben wurden.

11. Bund, Länder und Kommunen sind Partner in der lernenden Gesellschaft. Ohne das Engagement der Kirchen, der Verbände und Vereine, der Sozialpartner, privater Stiftungen und freier Unternehmen bleibt das notwendige staatliche Engagement unvollständig.

Die CDU bekennt sich im Rahmen der Werteordnung des Grundgesetzes und der Länderverfassungen zur weltanschaulichen Pluralität in Bildung und Weiterbildung.

12. Der Anfang aller guten Politik ist die Betrachtung der Wirklichkeit und das Lernen an der Wirklichkeit. Die Bildungspolitik der CDU orientiert sich deshalb auch daran, wie die Menschen in Deutschland heute tatsächlich leben und wie sie morgen leben wollen.

Wir werden das deutsche Bildungswesen so weiterentwickeln, dass seine Absolventen national und international bestehen können.

III. KOPF, HERZ UND HAND: BILDUNG FÜR DEN GANZEN MENSCHEN

13. *Es gibt keine Bildung ohne Erziehung und keine Erziehung ohne Werte. Wir brauchen Mut zur Erziehung.*

Persönlichkeitsbildung und Werteerziehung gehören auch in die Schule, weil Kopf, Herz und Hand zusammengehören. Qualifikation und Wissen erhalten ihren Sinn durch Mitmenschlichkeit, Urteilskraft und Handlungsfähigkeit.

14. Schulische Bildung braucht die Erziehungspartnerschaft zwischen Schule und Elternhaus. Erziehung und Bildung dürfen nicht allein an die Schule delegiert werden. Erziehung ist vorrangig Aufgabe der Eltern.

Es gibt eine Tendenz zur Erziehungsverweigerung in der Gesellschaft. Die Schule darf sich davon nicht anstecken lassen. Sie kann aber auch nicht alles leisten. Beide – Elternhaus und Schule – haben nicht nur ein Recht, sondern auch die Pflicht zu erziehen.

15. *Musische Bildung ist* grundlegend für weiteres Lernen, und sie ist persönlichkeitsbildend. Kunst, Musik und die Förderung der Bewegungsfreude – nicht nur im Sportunterricht – setzen Lernfähigkeit bei Kindern und Jugendlichen frei und eröffnen spielerische Zugänge zum Wissenserwerb.

16. *Sicherheit in der Muttersprache* – für Ausländerinnen und Ausländer: Beherrschung der deutschen Sprache – und Erwerb mindestens einer Fremdsprache werden ergänzt durch *Mathematik* als universaler „Sprache" der wissenschaftlich-technischen Zivilisation.

17. *Der christliche Religionsunterricht – und damit die Frage nach Gott – muss im Fächerkanon verankert sein.* Dabei geht es nicht nur um ein historisches Bildungsgut des Abendlandes, sondern auch um Hilfe zur Lebensorientierung und sinnvollen Lebensgestaltung.

Auf der Basis des *Grundgesetzes soll islamischer Religionsunterricht eingerichtet werden in deutscher Sprache, mit in Deutschland ausgebildeten Lehrern und unter deutscher Schulaufsicht.*

Die Einrichtung eines Faches Ethik als Wahlpflichtfach neben dem Religionsunterricht verstehen wir als ein Bekenntnis zum ethischen Auftrag der öffentlichen Schule.

Werteerziehung darf nicht auf den Religions- und Ethikunterricht begrenzt bleiben. Alle Fächer und auch die außerunterrichtlichen Aktivitä-ten der Schule können und sollen Wissen und Werte verbinden.

18. Wir brauchen eine umfassende Neubewertung des praktischen Lernens in allen Schularten. Lerninhalte und Lernformen sollen nicht einseitig auf wissenschaftliche Abstraktion ausgerichtet sein, sondern auch die Handlungs- und Sozialkompetenz der Lernenden fördern und entwickeln.

Die Hauptschule ist dabei besonders herausgefordert, ihr eigenständiges pädagogisches Profil zu stärken, das die praktischen Fähigkeiten der Schüler in den Mittelpunkt stellt. Die Hauptschule muss in der gesellschaftlichen Wahrnehmung aufgewertet werden.

19. Innovative pädagogische Konzepte, die neue Lernkulturen entwickeln helfen und das nachhaltige und selbstgesteuerte Lernen fördern, gehören zur ständigen Weiterentwicklung der Schule und werden bereits vielerorts umgesetzt.

Wer Schulreform will, darf sich *nicht am Schlechtreden der Schule beteiligen.* Die Leistungen unserer Schulen anzuerkennen heißt, ihre Erziehungskraft zu stärken.

Die lernende Gesellschaft muss geprägt sein von der Wertschätzung pädagogischer Arbeit. Lehrerinnen und Lehrer leisten eine unverzichtbare und herausragende kulturelle Grundlagenarbeit.

20. Die Schule soll Kinder und Jugendliche durch *Wissen*, Bildung und Erziehung zu wertgebundener Freiheit hinführen und zu staatsbürgerlicher Mündigkeit befähigen. *Der Sinn für Selbständigkeit und Eigenverantwortung muss auch in der Schule gefördert werden. Das schließt den* Unterricht über wirtschaftliche Zusammenhänge *sowie eine positive Grundeinstellung zu unternehmerischer Selbständigkeit in der freien Wirtschaft ein.*

Nur mit der erzieherischen Verbindung von Kopf, Herz und Hand kann es gelingen, Mut, Kreativität und Unternehmergeist in jungen Menschen zu wecken.

Die Schule muss vorbereiten auf die *zunehmende Globalisierung, indem sie hilft, einen Standpunkt und eine Heimat zu finden. In der Erziehung zu Weltoffenheit und Heimatverbundenheit sieht die CDU einen Schlüssel für eine gelungene Persönlichkeitsbildung.*
Dafür setzen wir uns ein:

21. Wir brauchen *neue Modelle der Zusammenarbeit zwischen Eltern und Schule*. Dazu gehört, dass Eltern Mitverantwortung für Schulprogramme übernehmen, ihre besonderen Fähigkeiten in das Schulleben einbringen und so zur Öffnung der Schule nach außen zur qualitativen Entwicklung nach innen beitragen.

Durch Elternseminare über Erziehungsfragen soll der Austausch zwischen Schule und Elternhaus gefördert und inhaltlich ausgestaltet werden. Eltern und Lehrer müssen sich in ihrer Erziehungsarbeit gegenseitig unterstützen.

Kopfnoten zur Beurteilung des Lern- und Sozialverhaltens sind ein bewährtes Element der erziehenden Schule. Sie sind nicht das Ziel, sondern der Ausgangspunkt für den Dialog zwischen Lehrern, Eltern und Schülern über Erziehung.

22. Fördervereine an Schulen und Vereine von ehemaligen Schülerinnen und Schülern können Orte des Dialogs über Erziehung und Bildung werden. Die Gründung von Fördervereinen – gerade auch an Hauptschulen – soll unterstützt werden.

Schulen sollen verstärkt eingebunden werden in Netzwerke lokaler Institutionen, Vereine und Unternehmen, die eine Mitverantwortung für die Schulentwicklung übernehmen, indem sie z.B. Einblicke in die Berufs- und Lebenswelt anbieten.

23. *Ganztagesangebote, Ganztagsschulen,* Schulsozialarbeit, Schuljugendarbeit und Kooperation mit der Jugendhilfe sollen schrittweise und bedarfsgerecht ausgeweitet werden. Erziehung ist Aufgabe der ganzen Schulgemeinschaft.

Die verlässliche Erteilung der im Stundenplan vorgesehenen Unterrichtsstunden sowie die bedarfsgerechte Ausweitung ergänzender Betreuungsangebote – insbesondere an der Grundschule – verstehen wir als Chance für pädagogische Erneuerung und mehr Familienfreundlichkeit.

24. Die Lehrerausbildung ist der Schlüssel für die erzieherische Qualität der Schule. *Ein ethisch-philosophisches Grundlagenstudium muss Teil jeder Lehrerausbildung sein.*

Praktika müssen ein Kernbestandteil des Lehrerstudiums sein. Der pädagogische „Ernstfall" muss im Mittelpunkt der Lehrerbildung stehen. Lehrerinnen und Lehrer müssen in Aus- und Fortbildung über das fachliche und fachdidaktische Studium hinaus zur Erziehung in der Schule befähigt werden.

Medienkompetenz gehört unabdingbar zu einer modernen Lehrerbildung. Die Medienkompetenz des Lehrers muss im Studium grundgelegt und durch regelmäßige Fortbildung aktualisiert werden.

Schulleiter müssen in der Pädagogik, der Administration und der Personalführung für ihre besonderen Aufgaben ausgebildet werden.

25. Das Thema *„Gewalt und Drogen in der Schule"* darf nicht tabuisiert werden; es muss als pädagogische Herausforderung begriffen werden. Strategien der Prävention sollen im Dialog der gesamten Schulgemeinschaft entwickelt und umgesetzt werden.

Die Schülerinnen und Schüler sind an der Ursachenerforschung und an der aktiven Vermeidung von Gewalt unmittelbar zu beteiligen.

Lokale Bemühungen zur Gewaltprävention sollen durch kommunale, regionale und länderbezogene Arbeitsgruppen unter Einbeziehung von Polizei und Justiz fachlich unterstützt werden.

Fehlverhalten und Rücksichtslosigkeit gegenüber Mitschülerinnen und Mitschülern sowie Lehrkräften dürfen nicht länger Bestandteil des Schulalltags sein. Lehrerinnen und Lehrer müssen einschreiten, wo dies nötig ist. Schulleitung und Schulverwaltung dürfen sie mit dieser Aufgabe nicht allein lassen. Neue Formen pädagogisch sinnvoller Sanktionen müssen diskutiert und eingeführt werden.

26. *Erziehung und Bildung außerhalb der Familie beginnen im Kindergarten*. Spielen und Lernen gehören zusammen. Bessere Zusammenarbeit zwischen Kindergärten und Schulen führt zu einem intensiveren Dialog über den Bildungs- und Erziehungsauftrag von Kindergarten und Schule. Kindergärten und Grundschulen sollen verstärkt kooperieren, um den Einstieg in das schulische Lernen fließend zu gestalten. Vorschulen oder Schulkindergärten können bei dieser Aufgabe einen sinnvollen Beitrag leisten.

IV. SCHULQUALITÄT IST EINE GESELLSCHAFTLICHE AUFGABE

27. Schulqualität ist im Kern Unterrichtsqualität. Guter Unterricht lebt davon, dass die Schülerinnen und Schüler ernst genommen werden und durch Angemessenheit und Vielfalt der Methoden individuelle Lernprozesse ermöglicht werden.

Schulqualität setzt eine ausreichende Zahl von qualifizierten Lehrerinnen und Lehrern voraus.

28. Schulqualität zeigt sich in der lernenden Gesellschaft daran, wie gut es gelingt, die Grundlagen für lebenslanges Lernen zu legen. Deshalb müssen die Vermittlung der Kulturtechniken und die Lernmotivation noch mehr im Zentrum der Schule stehen.

Grundlegende mathematische Fähigkeiten und naturwissenschaftliche Kenntnisse, Sprachkompetenz in Wort und Schrift, eine aktive Lesefähigkeit, die Selbstorganisation von Lernprozessen, die das Beschaffen, Befragen und Bewerten von Informationen ebenso einschließt wie den

Umgang mit neuen Informations- und Kommunikationstechniken, ge-
hören zum Kernbereich des schulischen Auftrages. Der Erwerb solcher
Grundkompetenzen lässt sich nicht auf spätere Lebens- und Lernphasen
vertagen.

29. Die Debatte über die Ergebnisse von internationalen Vergleichsuntersuchungen zur Leistungsfähigkeit von Schulen (TIMSS u.a.) hat
der schulischen Qualitätsentwicklung genutzt.

Deshalb plädiert die CDU *für regelmäßige Vergleichstests – auch zwi-*
schen den Ländern der Bundesrepublik – und fordert deren Einbindung
in umfassende Entwicklungsprozesse, die sowohl Lehrerbildung und
Bildungspläne als auch Innovation bei Unterrichts- und Prüfungsformen
mit umfassen.

30. Gute Schulqualität lässt sich nicht allein durch Zuweisung finanzieller
Mittel bewirken. Schulqualität braucht ein lernförderndes und leistungs-
freundliches Klima auch außerhalb der Schule. Sie ist deshalb eine Aufgabe der ganzen Gesellschaft.

Die Gesamtschule hat sich nicht bewährt. Trotz eines überdurchschnitt-
lichen Ressourcenverbrauchs an Lehrkräften und Finanzmitteln fördert
sie die Schülerinnen und Schüler – lernschwache wie lernstarke – nachweislich in der Regel schlechter als andere Schularten.

Deshalb wird die CDU keine neuen integrierten Gesamtschulen einrichten.

31. Eine gute fach- und erziehungswissenschaftliche Lehrerbildung ist die
wichtigste Voraussetzung für Schulqualität. Sie muss den ihr gebühren-
den Stellenwert an den Hochschulen bekommen.

Frühe umfassende *Praxiserfahrungen in der Lehrerbildung* sollen dazu
beitragen, dass diejenigen den Lehrberuf anstreben, die ihm in der Praxis
gewachsen sind und die erforderlichen Talente im Umgang mit Kindern
und Jugendlichen mitbringen.

Fachdidaktik und praktische Pädagogik müssen in der Ausbildung von
Lehrerinnen und Lehrern stärker gewichtet werden.

32. Schulqualität braucht eine funktionsfähige Schulaufsicht. Sie muss Qualitätskontrolle mit Beratung bei der Qualitätsentwicklung verbinden.

Mehr Gestaltungsräume für die einzelne Schule und *zentrale Prüfungen*, die die Gleichwertigkeit der Abschlüsse innerhalb des Landes und in der Bundesrepublik Deutschland sicherstellen, gehören zusammen, um Qualitätsentwicklung nachhaltig und Qualitätsstandards transparent zu machen.

Mehr Eigenverantwortung der einzelnen Schule im Blick auf Budget, Schulprogramm und Lernmethoden sollen mit regelmäßiger Evaluation verbunden werden.

Erweiterte Handlungsspielräume und größere Eigenverantwortung der Schulen lassen sich nur mit entsprechend ausgestatteten Schulverwaltungen und qualifiziertem Schulmanagement umsetzen.

33. Die Neuen Medien sind eine Herausforderung für Schule und lebenslanges Lernen. Wer den Zug ins Informationszeitalter verpasst, wird auch den Anschluss an die gesellschaftlichen und kulturellen Entwicklungen in der Welt verlieren. Der Umgang mit den Neuen Medien ist ein gutes Beispiel für die Innovationsfähigkeit einzelner Schulen und ganzer Schulsysteme; er sollte in allen Schulformen eine Grundlage neuen Lernens werden.

Beim Einsatz *Neuer Medien in der Schule* gilt es nun, die vielfältigen Anstrengungen besser zu vernetzen, die pädagogische Ausrichtung zu klären und langfristige Perspektiven zu definieren. Die Schule ist hierbei auf die Unterstützung der Wirtschaft angewiesen, um mit dem technologischen Fortschritt mithalten zu können.

Das Lernen mit Neuen Medien wird wichtige Impulse für die Lernkultur der Zukunft geben und die Rolle der Lehrkräfte verändern. Computer und Internet fordern die Lehrenden heraus, stärker mit den Lernenden zu arbeiten, sie zu motivieren und ihnen angesichts der Informationsfülle Orientierung zu geben – als Navigator und Moderator.

Dafür setzen wir uns ein:

34. Wir brauchen mehr eigenständige fachliche, fachdidaktische und erziehungswissenschaftliche Lehrerbildung an den Hochschulen.

Die Hauptschulpädagogik muss im Hinblick auf die besonderen pädagogischen Herausforderungen in dieser Schulart aufgewertet werden.

Der Praxisanteil in der Lehrerbildung muss stärker gewichtet werden und früher einsetzen.

Die einzelne Schule muss größeren Einfluss auf die Anstellung von Lehrern bekommen, um ihr pädagogisches Profil entwickeln zu können.

Zusatzqualifikationen, die z.B. in Jugendarbeit, Erwachsenenbildung, im musischen Bereich erworben worden sind, müssen bei der Entscheidung über die Einstellung in den Schuldienst stärkere Berücksichtigung finden.

35. Die *Bildungspläne sind konsequent auf die Leitidee des lebenslangen Lernens auszurichten.*

Leseverständnis ist eine Grundlage für lebenslanges Lernen. Die *Leseförderung* für benachteiligte Jugendliche muss intensiviert und methodisch verbessert werden, um Ausbildungsfähigkeit zu sichern.

Die Kernfächer Deutsch, Mathematik, Fremdsprache, Naturwissenschaften und Geschichte müssen in allen Schulformen aufgewertet werden.

Die CDU plädiert für die Einführung einer Fremdsprache ab Klasse 1 mit dem Ziel eines anwendungsorientierten Spracherwerbs in der Grundschule, auf dem die weiterführenden Schulen aufbauen können.

Für ein Zusammenwachsen Europas müssen bilinguale Angebote in allen Schularten ausgebaut werden.

Im allgemein bildenden Gymnasium sollen mindestens zwei Fremdsprachen bis zum Abitur gelernt werden.

Die internationale Wettbewerbsfähigkeit unserer Wirtschaft erfordert eine Stärkung der naturwissenschaftlichen und technischen Bildung. Die Kenntnis von Grundlagen wirtschaftlicher Zusammenhänge ist wichtig, um sich im beruflichen Leben erfolgreich zurechtfinden zu können.

Das pädagogische Profil der Hauptschule soll durch regelmäßige Praxistage in Betrieben bzw. Betriebspraktika und durch praxisorientierte Projektprüfungen ergänzt werden.

36. Die CDU *befürwortet integrative Maßnahmen, wenn die personellen, sächlichen und organisatorischen Voraussetzungen dafür gegeben sind, sie der individuellen Förderung der Schülerinnen und Schüler mit Behinderung entsprechen und die Beteiligten (Förderzentrum, Regelschule, Eltern) sich auf ihre Durchführung geeinigt haben. Da die Regelschulen den Bedürfnissen von Kindern mit Behinderung häufig nicht gerecht wird, müssen die zuständigen Sonderschulen erhalten bleiben und gestärkt werden.*

Den Bedürfnissen von lern- und geistigbehinderten Kindern kann in den entsprechenden Sonderschulen in effektiver Weise entsprochen werden. Diese Sonderschulen müssen deshalb weiter entwickelt und ausgebaut werden. Das Ziel der Kooperation mit Regelschulen muss stärker verfolgt werden. Damit Ein-/Umschulungen in Sonderschulen so gering wie möglich gehalten werden können, bedarf es einer massiven Ausweitung von präventiven Maßnahmen im vorschulischen Bereich und in der Grundschule.

37. Die neuen Informations- und Kommunikationstechnologien sind längst in der Schule angekommen. Es reicht aber nicht, Schulen mit Computern auszustatten und ans Internet anzuschließen. *Gefragt sind jetzt neue Lehr- und Lernkonzepte*, die Computer und Internet in den Unterricht verschiedener Fächer systematisch einbinden. Dazu müssen Bildungspläne überarbeitet, schultaugliche Software entwickelt und neue Akzente in der Lehrerbildung gesetzt werden.

38. Neue Kompetenzbeschreibungen und neue Lernformen verlangen in allen Schularten neue Formen der Leistungsbewertung, bei denen das praktische Lernen und Teamarbeit stärker gewichtet werden.

Kinder und Jugendliche haben am Ende einer Bildungsphase Anspruch auf transparente und vergleichbare Abschlüsse. Die CDU fordert deshalb *zentrale Prüfungen* an allen weiterführenden Schulen.

Vergleichsuntersuchungen zwischen einzelnen Schulen, Schularten und Schulsystemen sind für die Sicherung von Schulqualität unverzichtbar. Ideologische Verhärtungen müssen aufgebrochen werden, damit Vergleichstests ein alltägliches Element in umfassenden Prozessen der Qualitätsentwicklung werden können.

39. Auch für Lehrerinnen und Lehrer muss sich Leistung lohnen. Die CDU fordert eine offene Diskussion über *unterschiedliche Leistungen im Lehrberuf*. Aus der Debatte müssen klare Konsequenzen im Dienstrecht und bei der Besoldung folgen. Für die Gewinnung und Förderung leistungsbereiter Lehrkräfte muss das jetzige Dienstrecht modernisiert werden.

40. Die CDU tritt für ein flächendeckendes Angebot eines *achtjährigen gymnasialen Bildungsganges in allen Bundesländern ein.* Unser Ziel ist eine Verkürzung der Ausbildungszeiten insgesamt.

Bestehende Gesamtschulen müssen bei der Vergabe von Schulabschlüssen die Leistungsanforderungen des gegliederten Systems erfüllen. Dies ist durch qualitätssichernde Leistungsvergleiche mit dem differenzierten System sicherzustellen. Eine Annäherung der Gesamtschule an differenzierte Lernwege ist erforderlich, damit in Zukunft in ihnen eine individuelle Förderung der Schülerinnen und Schüler besser gelingen kann und die Chancengerechtigkeit verbessert wird.

Bei der Ausstattung mit Personal- und Sachmitteln dürfen Gesamtschulen nicht bevorzugt werden.

41. Wer dauerhaft in Deutschland leben will, muss die Bereitschaft haben, die deutsche Sprache zu erlernen. Die CDU fordert *mehr Mittel für eine möglichst frühzeitige Förderung der Deutschkenntnisse bei Kindern und Jugendlichen, deren Muttersprache* nicht Deutsch ist. Eltern, die nicht ausreichend Deutsch sprechen, können zugunsten eines nachhaltigen Erfolgs in die Sprachförderung einbezogen werden. Wir plädieren für Modellversuche zum gemeinsamen Deutschunterricht für ausländische Mütter und ihre Kinder. Notwendig sind obligatorische Sprachtests vor dem Eintritt in die Grundschule und in die weiterführenden Schulen,

um die Sprachfähigkeit verbindlich festzustellen und bei erkennbaren Defiziten eine intensive Förderung möglichst früh beginnen zu lassen.

V. DIE LERNENDE GESELLSCHAFT BAUEN, DIE WEITERBILDUNG AUSBAUEN

42. *Weiterbildung ist eine Wachstumsbranche.* In den letzten fünfzehn Jahren hat sich die Zahl der Menschen, die Weiterbildungsangebote wahrnehmen, verdoppelt. Nahezu die Hälfte aller erwachsenen Deutschen bildet sich aktiv weiter.

Verstärkte private und öffentliche Investitionen in die Weiterbildung – auch auf dem Land – sind für die lernende Gesellschaft der Zukunft unverzichtbar.

Wir wollen keine zusätzliche staatliche Reglementierung, sondern mehr Anreize und bessere Rahmenbedingungen für den Weiterbildungsmarkt. Die Innovationsfähigkeit von Unternehmen, Institutionen und Verwaltungen wird wesentlich durch das interne Weiterbildungsklima bestimmt. Weiterbildung entscheidet über Wettbewerbsfähigkeit. Betriebliche Weiterbildung darf kein Privileg für Führungskräfte oder die jungen und hochqualifizierten Beschäftigten sein.

Deutschland verfügt vor allem durch das Engagement der Länder, der Kommunen, der Kirchen, der freien Träger und der Sozialpartner über ein flächendeckendes Netz der Weiterbildung. Die CDU bekennt sich zum Prinzip der Subsidiarität in der Weiterbildung.

43. Lebenslanges Lernen wird für die individuellen Lebenschancen immer wichtiger. Es besteht dabei die Gefahr, dass sozial Schwache und sogenannte „Lernschwache" von der Weiterbildung ausgeschlossen bleiben.

Allgemeine Teilhabe am lebenslangen Lernen wird deshalb zunehmend zu einer Frage des sozialen Ausgleichs. Wir wollen keine staatlich verordnete Weiterbildungspflicht, sondern Motivation und Chancen zum lebenslangen Lernen für alle.

44. Weiterbildung muss planbar und verlässlich sein. Wir brauchen eine klare Aufgabenteilung und kooperative Abstimmung zwischen den verschiedenen Lernphasen und Lerninstitutionen. Nur so können sich Schu-

len, Hochschulen und Erstausbilder auf ihren grundlegenden Part beim lebenslangen Lernen sinnvoll konzentrieren.

45. Der Weiterbildungsmarkt braucht Transparenz und Qualitätsstandards. Öffentliche Förderung und Anreizsysteme zur vermehrten Nutzung von Weiterbildungsangeboten müssen mit Verbraucherschutz verbunden werden.

Die CDU ist für eine Organisation der Weiterbildung im Ordnungsrahmen der Ökologischen und Sozialen Marktwirtschaft. Deshalb wollen wir nicht vorrangig in Institutionen investieren, sondern die Bürgerinnen und Bürger so unterstützen, dass sie Lern- und Beratungsmöglichkeiten ihrer Wahl nachfragen und damit die Institutionen zu mehr Flexibilität und Innovation herausfordern.

Die Bildungsinstitutionen müssen konsequent auf das Leitbild der lernenden Gesellschaft ausgerichtet werden. Sie müssen Brücken bauen zum lebenslangen Lernen.

Dafür setzen wir uns ein:

46. Schule und Hochschule sollen sich für die Weiterbildung öffnen und selbst Angebote zum lebenslangen Lernen machen.

Im Sinne einer engeren Verknüpfung zwischen Schule und Weiterbildung plädieren wir für mehr Durchlässigkeit beim Einsatz von Lehrkräften in Schule und Erwachsenenbildung. Denn wer Erfahrungen aus der Erwachsenenbildung mitbringt, kann in der Schule besser an das lebenslange Lernen heranführen.

47. Allgemein bildende und berufliche Schulen sollen Kinder und Jugendliche durch ständige enge Kooperation mit örtlichen Bibliotheken und Mediatheken an das Lesen, den Mediengebrauch und an das lebenslange Lernen heranführen. Die Schule muss Brücken zu anderen Lernorten bauen.

Öffentliche Bibliotheken und Mediatheken sollen zu offenen Beratungszentren, Stützpunkten und Ateliers für das lebenslange Lernen ausgebaut werden.

48. Mit jedem Abschlusszeugnis einer anerkannten Bildungseinrichtung sollen alle Absolventinnen und Absolventen in Zukunft ein auf die Region abgestimmtes Weiterbildungshandbuch und einen Beratungsgutschein ausgehändigt bekommen. Dieser personengebundene Gutschein ist nach freier Wahl in einer zertifizierten Beratungseinrichtung einlösbar. Zeugnisse und Zertifikate sollen damit in Zukunft nicht nur den Abschluss einer Lehrphase dokumentieren, sondern deutlicher auch zum Auftakt für eine neue Lernphase werden.

Lernagenturen in öffentlicher und privater Verantwortung sollen als Zentren für die Weiterbildungsberatung und die Vermittlung von Kursen, Materialien, Hilfen und Partnern für das lebenslange Lernen aufgebaut und gefördert werden.

Die CDU fordert die Gründung einer unabhängigen „Stiftung Bildungstest", für Transparenz, Offenheit, Qualität und Verbraucherschutz in der Weiterbildung. Sie soll anerkannte Standards in der Weiterbildung durchsetzen.

49. Wir rufen Kirchen, Gewerkschaften, Verbände und Vereine auf, ihren Beitrag zur lernenden Gesellschaft zu formulieren und öffentlich zu diskutieren.

Wir rufen Städte und Gemeinden auf, gemeinsam mit öffentlichen Bildungseinrichtungen, freien Trägern, privaten Partnern und Unternehmen ein regionales Leitbild für das lebenslange Lernen zu entwerfen und ein „Regionales Netzwerk Weiterbildung" zu knüpfen.

50. *Seniorinnen und Senioren* werden die Weiterbildung der Zukunft wesentlich prägen und gestalten. Ihre Kompetenzen und Erfahrungen können besonders in der Weiterbildung genutzt werden.

Über klassische Angebote hinaus soll in neue Formen und in die Qualitätsentwicklung der Weiterbildung für Seniorinnen und Senioren investiert werden.

Die Neuen Medien werden für ältere Menschen und für Menschen mit eingeschränkter Mobilität zunehmend interessant, weil sie Bildungs- und Informationsangebote zu Hause verfügbar machen. Hier ist das Engagement der Weiterbildungseinrichtungen gefragt.

51. Weiterbildung ist auch eine Chance für Männer und Frauen, die sich vorwiegend ihrer Familie widmen. Weiterbildungsangebote sollen familienfreundlich gestaltet werden und auf den möglichen Wiedereinstieg in den Beruf nach einer Familienzeit vorbereiten.

Neue Informations- und Kommunikationstechnologien bieten neue Chancen für das lebenslange Lernen. Durch Telelearning und Internet-Angebote kann die Weiterbildung der konkreten Lebenssituation der Lernenden besser angepasst werden.

52. Das bestehende Prüfungswesen soll so weiterentwickelt werden, dass auch die durch Lebenserfahrung, Berufspraxis und Mediennutzung erworbenen Kenntnisse und Kompetenzen angemessen zertifiziert und anerkannt werden können.

VI. INNOVATIONEN IN DER BERUFLICHEN BILDUNG MACHEN DEUTSCHLAND ZUKUNFTSFÄHIG

53. *Das duale System der beruflichen Bildung ist erwiesenermaßen die beste Vorbeugung gegen Jugendarbeitslosigkeit.* Die CDU sieht deshalb in der Sicherung der Zukunftsfähigkeit des dualen Systems eine zentrale gesellschaftspolitische Aufgabe.

Die Rahmenbedingungen des Ausbildungsmarktes müssen so gestaltet sein, dass die Ausbildungsbereitschaft der Betriebe und der öffentlichen Institutionen nachhaltig gesteigert wird. In den neuen Ländern bedarf das System der dualen Ausbildung intensiver Förderung.

Vollzeitschulische Angebote sind in Branchen notwendig, in denen keine duale Ausbildung existiert bzw. nicht hinreichend Ausbildungsplätze angeboten werden. *Der allgemeine Trend zu immer mehr vollzeitschulischen Angeboten muss gestoppt werden.* Neu entstehende Branchen und Berufsfelder – insbesondere in den Bereichen Informationstechnik und Dienstleistungen – müssen durch flexible Rahmenbedingungen für die duale Ausbildung gewonnen werden, um einen Weg zur Verringerung der vollzeitschulischen Angebote zu finden.

Der schulische Anteil an der dualen Ausbildung dient nicht zuletzt der Stärkung der Weiterbildungsfähigkeit. Er ist ein unverzichtbares Element der lernenden Gesellschaft und trägt entscheidend zum international

hervorragenden Ruf deutscher Fachkräfte bei. Technischer und wirtschaftlicher Wandel fordern uns heraus, die Spitzenposition mit neuen
Reformanstrengungen zu verteidigen.

54. Das System der beruflichen Bildung braucht mehr Vernetzung
zwischen allen öffentlichen und privaten Akteuren im Bildungswesen:

- Die Ausbildungsfähigkeit der Schulabgängerinnen und -abgänger ist
  von zentraler Bedeutung. Über den Erfolg des dualen Systems wird
  somit auch in den allgemein bildenden Schulen entschieden.

- Ein verlässliches System der Weiterbildung muss die duale Erstausbildung ergänzen, vertiefen und erweitern. Der gesicherte Zugang zu
  hochwertiger Weiterbildung ist Voraussetzung für die Straffung von
  Erstausbildungen.

- *Die Hochschulen müssen stärker in Modelle dualer Ausbildung einbezogen werden. Fachhochschulen und Berufsakademien sind dabei
  erfolgreiche Vorreiter.*

- Der Zusammenschluss mehrerer Betriebe zu Ausbildungsverbünden
  steigert die Zahl der Ausbildungsplätze und stärkt das Fachkräfte-
  potential der beteiligten Unternehmen.

- Die Organisation des schulischen Teils der dualen Ausbildung muss
  auf die jeweils aktuellen Anforderungen der Betriebe noch besser abgestimmt werden. Gemeinsame Ausbildungsordnungen und Prüfungen
  erhöhen die Ausbildungsbereitschaft der Betriebe und die Beschäfti-
  gungsfähigkeit der Absolventinnen und Absolventen.

55. Die Beschreibung klarer Berufsbilder ist das Grundprinzip der beruflichen Bildung. Das Berufskonzept muss so weiterentwickelt werden,

- dass flexibel auf die Anforderungen der Betriebe und die Begabungen
  der Auszubildenden eingegangen werden kann,
- dass eine Ausbildung dauerhafte Grundlage für Beschäftigung ist,
- dass überbetriebliche und überregionale Anerkennung gesichert bleiben
  und Europafähigkeit hergestellt wird.

56. Ein kritischer Faktor für den Erfolg der Berufsbilder wird die Geschwindigkeit sein, mit der sie kontinuierlich an wirtschaftliche Wandlungsprozesse angeglichen werden können. Es geht nicht darum, ein starres System angesichts neuer Herausforderungen immer mehr zu erweitern. Das ganze System der Berufe und Ausbildungen muss flexibler werden.

57. Wir brauchen innerhalb einzelner dualer Ausbildungen *mehr Differenzierungsmöglichkeiten je nach der Leistungsstärke der Auszubildenden*. Hierzu gehört auch ein erster berufsqualifizierender Abschluss nach der Zwischenprüfung.

Dafür setzen wir uns ein:

58. Die CDU setzt sich dafür ein, allen Jugendlichen dauerhafte Perspektiven auf dem ersten Arbeitsmarkt zu eröffnen. Kurzfristige Programme, die den staatlich geförderten Arbeitsmarkt aufblähen, lehnen wir ab. Benachteiligte Jugendliche brauchen Weiterqualifizierung statt Warteschleifen, sie brauchen neue Spielräume in bewährten Berufen und neue Berufe, die ihrer Leistungsfähigkeit entsprechen und am Markt erfolgreich sind.

59. Das Berufsbildungsgesetz gehört auf den Prüfstand. Es darf die Wettbewerbsfähigkeit der deutschen Wirtschaft nicht behindern und muss die Integration in den Arbeitsmarkt erleichtern.

Im Dialog mit den Sozialpartnern muss eine flexiblere Grundordnung der Ausbildungsberufe entwickelt werden, in deren Rahmen auf künftige Anpassungserfordernisse schnell reagiert werden kann.

Erstausbildungen sollen grundsätzlich in einen Pflicht-, einen Wahlpflicht- und einen Wahlbereich gegliedert sein. Diese sind auf anerkannte Weiterbildungsmodule abzustimmen.

Je nach Vorbildung und Leistung der Auszubildenden muss die Ausbildungsdauer weiter flexibilisiert werden.

Die duale Berufsausbildung muss zu einer attraktiven Alternative zum Studium entwickelt werden. Um die Gleichberechtigung von Ausbildungsbetrieb und Berufsschule zu erreichen, müssen schulische Leistungen angemessen berücksichtigt werden.

60. Die CDU ist *gegen neue gesetzliche Abgaben zu Lasten der Wirtschaft.* Eine Verminderung der Abgabenlast im Rahmen einer umfassenden Unternehmenssteuerreform muss zur Förderung der Ausbildungsbereitschaft genutzt werden.

Eine *Zwangsabgabe für nicht ausbildende Betriebe* lehnen wir ab. Diese würde die Kostenbelastung der Unternehmen erhöhen, zu mehr Bürokratie führen und Arbeits- und Ausbildungsplätze abbauen.

61. Die CDU plädiert dafür, die Meisterausbildung im Handwerk nachhaltig zu reformieren.

Im Rahmen des „Großen Befähigungsnachweises" müssen diejenigen Anteile gestärkt werden, die zur Existenzgründung befähigen, zum Erfolg am Markt führen und die Ausbildungskultur in den Betrieben stärken. Der Erwerb des „Großen Befähigungsnachweises" dient der Qualitätssicherung der handwerklichen Ausbildung. Er steht auch im europäischen Wettbewerb für die CDU nicht zur Disposition.

Das „Meister-Bafög" muss weiter ausgebaut werden.
Die Meisterfortbildung der Zukunft muss noch schneller als in der Vergangenheit auf Veränderungen reagieren und diese in die Fortbildung integrieren.

62. Leistungsbezogene Differenzierung innerhalb bestehender Berufe trägt zum sozialen Ausgleich und zur kulturellen Teilhabe durch Beschäftigung bei. Die Forschung zum beruflichen Lernen von „Lernschwachen" muss nachhaltig gefördert werden.

Jugendberufshilfe und Schulsozialarbeit sollen ausgebaut werden, um die menschlichen und sozialen Voraussetzungen für Bildung und Beschäftigung bei besonders Benachteiligten zu schaffen.

63. Allgemein bildende Schulen sollen mit beruflichen Schulen und Betrieben enger kooperieren. Praktika für Schülerinnen und Schüler fördern die Lernmotivation und helfen bei der Berufswahl.

64. Berufsorientierung und Berufsberatung müssen in den allgemein bildenden Schulen verstärkt werden. Sie müssen differenziert über die jeweilige Ausbildung, die Berufspraxis und die in der Praxis bestehenden Weiterbildungsmöglichkeiten informieren.

VII. FORSCHUNG UND LEHRE BRAUCHEN MEHR FREIHEIT UND MEHR EFFIZIENZ

65. Die *Einheit von Forschung und Lehre war die Voraussetzung für die Erfolgsgeschichte der deutschen Hochschule seit Wilhelm von Humboldt.* Die Verbindung von Qualität und Effizienz ist Bedingung für ihren Erfolg in der Zukunft.

Hochschulen sind *Kultureinrichtungen* mit Langzeitperspektive. Sie sollen historisches Bewusstsein und Zukunftsverantwortung miteinander verbinden und in die Gesellschaft vermitteln.

Kurz- und mittelfristige Zweckorientierung in Forschung und Lehre darf die *nachhaltige Pflege kultureller Traditionen und die naturwissenschaftliche wie auch geisteswissenschaftliche Grundlagenforschung nicht einschränken.*

66. Der internationale Ruf der deutschen Hochschule nimmt dauerhaft Schaden, wenn notwendige Reformen jetzt nicht entschlossen umgesetzt werden und es den Hochschulen nicht gelingt, ihre Leistungsschwerpunkte im Sinn einer Profilbildung herauszuarbeiten.

Mehr Qualität der Hochschulen braucht mehr Wettbewerb, mehr Wettbewerb braucht mehr Freiheit. Gute Forschung und Lehre sowie ein effizientes Management der Hochschulen lässt sich nicht durch Verbote, Anordnungen und zentrale Vorgaben steigern.

Einen effizienten Umbau der Hochschulen wird es nicht geben, wenn die politische Steuerung sich nicht ändert. Strategische Hochschulpolitik wird zunehmend an die Stelle von Detailsteuerung und Fachaufsicht der entsprechenden Ministerien treten.

Notwendig ist ein „Durchforsten" der Lehrpläne und Studienordnungen. Ziel ist es hierbei, unnötigen Ballast abzuwerfen und zu international wettbewerbsfähigen Studieninhalten und -zeiten zu kommen, die auch den Anforderungen des modernen Berufslebens entsprechen.

67. Das differenzierte System von Universitäten, Fachhochschulen, Pädagogischen Hochschulen, Musik- und Kunsthochschulen sowie Berufsakademien fördert den Wettbewerb. Kein Hochschultyp darf in

seiner Entwicklung behindert werden. *Die CDU begrüßt Initiativen zur Gründung privater Hochschulen.*

Zum Wettbewerb zwischen den Hochschulen und in den Hochschulen gehört auch der Wettbewerb um die Studierenden. Als „Kundinnen" und „Kunden" der Hochschule haben die Studierenden ein Recht auf Qualität und Leistung. *Umgekehrt müssen die Hochschulen aber auch auf einer gesicherten Studierfähigkeit der Abiturienten aufbauen können.*

68. Deutsche Hochschulen müssen *für ausländische Studentinnen und Studenten attraktiver werden.* Dazu müssen deutsche Abschlüsse international vergleichbar sein. Zugleich soll der Erwerb von internationalen Abschlüssen in Deutschland ermöglicht werden. Die deutschen Hochschulen müssen verstärkt ihre Leistungen weltweit kommunizieren und für sich werben.

Unter ungünstigen Rahmenbedingungen erbringen deutsche Universitäten, Fachhochschulen und Berufsakademien hervorragende Leistungen. Aber nirgendwo im Bildungsbereich ist der internationale Wettbewerb so ausgeprägt wie bei den Hochschulen. Deshalb kann sich Deutschland als Wirtschafts- und als Wissenschaftsstandort schlechte Arbeitsbedingungen für seine besten Köpfe nicht länger leisten.

Das Dienstrecht und die Besoldungsstrukturen müssen für alle Bereiche reformiert werden, damit besondere Leistungen sich auszahlen und die Besten in Lehre, Forschung und Entwicklung sich für die deutschen Hochschulen engagieren.

69. Die Reform der Hochschulen und deren Qualitätsentwicklung sind wesentliche Voraussetzungen, um große und mittlere Unternehmen an den Standort Deutschland zu binden.

Gerade die Unternehmen mittlerer Größe, die Deutschlands Wirtschaftskraft wesentlich ausmachen, aber nicht über eigene Forschungsabteilungen verfügen, brauchen die Nähe zu innovativen Hochschulen.

70. Die Studienförderung ist ein wichtiges Mittel des sozialen Ausgleichs. Sie ist notwendig, um allen, die dazu befähigt sind, ein Studium zu ermöglichen.

Begabtenförderung ist im internationalen Wettbewerb unerlässlich.
Sie ist darüber hinaus ein wichtiger Faktor der Elitenbildung und Eliten-
erneuerung in der Demokratie.

Die Lösung der technischen, wirtschaftlichen und politischen Zukunfts-
probleme erfordert öffentliche und private Begabtenförderung. Sie trägt
entscheidend zum kulturellen Reichtum und zur humanen Lebensqualität
bei.

71. Engere Kooperationen der Hochschulen mit der Wirtschaft fördern
die Praxisnähe ihrer Ausbildungen. Sie sind für deren Qualitätsentwicklung und Finanzierung von zunehmender Bedeutung.
Die Trennung zwischen dem Hochschulsektor und den Klein- und Mittel-
betrieben muss beseitigt werden. Das beträchtliche Interesse des Hand-
werks an Kontakten und Zusammenarbeit mit Hochschulen muss genutzt
werden, um den Transfer von Wissen, Technologie und Personal in das
Handwerk zu ermöglichen.

72. Studium und Beruf werden nicht mehr nur getrennt aufeinander
folgen. Nach Berufs- oder Familienphasen werden sich mehr weiter-
qualifizierende Phasen des Studiums anschließen. Dafür müssen die
Hochschulen ihre Strukturen öffnen. Auch auf diesem neuen Bildungs-
markt sollen sie miteinander konkurrieren.

Die Hochschulen sollen auch Angebote für Fern- und Abendstudium mit
anerkannten akademischen Abschlüssen schaffen und erweitern.

Dafür setzen wir uns ein:

73. Die Studienbewerberinnen und -bewerber sollen ihre Hochschule
und die Hochschulen ihre Studierenden *selber auswählen* können. *Die*
Zentralstelle zur Vergabe von Studienplätzen (ZVS) muss deshalb ab-
geschafft werden. Das bestehende System zur Festlegung der Zahl der
Studienplätze, insbesondere die Kapazitätsverordnungen, soll durch
Hochschulverträge ersetzt werden.

74. Die Abschlüsse deutscher Hochschulen müssen zum *internationalen*
System kompatibel sein. Die Modularisierung von Studiengängen kommt
vielen Studierenden entgegen, ermöglicht einen früheren Berufseintritt
und eine spätere Rückkehr an die Hochschule.

Das Angebot internationaler Studiengänge an deutschen Hochschulen muss ausgeweitet werden. Internationale Hochschulpartnerschaften sollen Auslandssemester und integrierte Auslandsaufenthalte ermöglichen. Die Anerkennung von im Ausland erworbenen Hochschulabschlüssen muss erleichtert werden.

75. Die Durchlässigkeit zwischen beruflicher Bildung, Berufsakademien, Fachhochschulen und Universitäten muss erhöht werden.

76. Rechtliche und administrative Hindernisse für ausländische Studierende und Nachwuchswissenschaftler in Deutschland müssen abgebaut werden.

Wir müssen den *Frauenanteil in Wissenschaft, Forschung und Technik erhöhen* und die bestehenden Hindernisse und Barrieren, die die wissenschaftliche Laufbahn von Frauen verhindern, abbauen.

77. Die Leitung der Hochschule muss gegenüber der Ministerialverwaltung mehr unternehmerische Gestaltungsfreiheit bekommen. Dabei muss es klare persönliche Verantwortlichkeiten und unabhängige interne wie externe Kontrollen geben. Die staatlichen Finanzzuweisungen sollen in *Form von Globalhaushalten* erfolgen. Hochschulen sollen ihre Gremienstrukturen zugunsten von mehr Selbstverantwortung und mehr Effizienz reformieren. Die Länder müssen dafür die gesetzlichen Voraussetzungen schaffen.

Dienstrecht und Besoldung der Hochschullehrerinnen und -lehrer sowie der Mitarbeiterinnen und Mitarbeiter müssen Leistungskriterien stärker berücksichtigen und flexibler gestaltet werden. Im Wettbewerb um die besten Köpfe dürfen die deutschen Hochschulen gegenüber ihrer globalen Konkurrenz in Wissenschaft und Wirtschaft nicht durch ein starres Dienst- und Besoldungsrecht behindert werden. Die Anstellung von Hochschullehrern außerhalb des Beamtenverhältnisses sollte möglich sein.

78. Die CDU spricht sich für ein zukunftsweisendes *Gesamtkonzept der Hochschulfinanzierung* aus. Dabei muss die Mittelzuweisung an die Hochschulen auch die tatsächliche Nachfrage der Studierenden, die Quote der innerhalb der Regelstudienzeit erworbenen Abschlüsse sowie die Förderung des wissenschaftlichen Nachwuchses berücksichtigen.

Hochschulen sollen ihr Budget für Forschung und Lehre durch Nutzungs-
entgelte, Abgaben für Nebentätigkeiten, Drittmittel-Overheads, For-
schungsaufträge, Technologietransfer, Weiterqualifizierung von Berufstätigen und neue Formen von Public-Private-Partnership aufbessern können. Stifter und Sponsoren müssen bessere Möglichkeiten zur Förderung
der Wissenschaften haben.

Interne und externe, international geprägte *Evaluation* ist als Element
kontinuierlicher Qualitätsentwicklung von Hochschulen und als Voraussetzung für die Zuweisung öffentlicher Mittel flächendeckend einzuführen.

Die Hochschulhaushalte sind verstärkt nach Leistungs- und Belastungs-
kriterien und durch Hochschulverträge zu gestalten.

79. *Die Finanzierung des Studiums und des Lebensunterhalts der Studierenden muss so gestaltet werden, dass Studienwillige nicht vom Studium
abgeschreckt und Studierende nicht zum Erwerb durch Nebentätigkeiten
gezwungen werden.* Eine angemessene Erhöhung der BAföG-Freibeträge
und -Fördersätze und eine Ausweitung des Stipendienwesens sind dafür
Voraussetzung. Das Kindergeld soll dabei nicht angerechnet werden.

Die Sozialverträglichkeit des Studienfinanzierungssystems muss gewahrt
und die Qualität von Studium und Lehre muss verbessert werden. *Es
ist zu prüfen, ob beide Ziele durch die sinnvolle Kombination von BAföG,
Bildungssparen, Bildungsdarlehen und Gebühren bei einkommensabhän-
giger Darlehensrückzahlung sowie Freiplätzen für Begabte und Bedürftige
miteinander vereinbart werden können.*

80. Berufsbezogene Elemente im Hochschulstudium erhöhen die Beschäf-
tigungsfähigkeit der Absolventinnen und Absolventen.

Das System der *Berufsakademien* ist ein bewährter Weg des dualen
Studiums. Fachhochschulen müssen einen größeren Anteil von Studien-
berechtigten als bisher aufnehmen können. Dazu ist auch ihr Fächerspektrum auszudehnen. Die verschiedenen Hochschultypen sollen enger
kooperieren.

Hochschulen sollen ihre Studierenden systematisch bei der Existenzgründung unterstützen.

VIII. NACHHALTIGE POLITIK FÜR DIE LERNENDE GESELLSCHAFT

81. Das Grundprinzip nachhaltiger Politik ist die Gerechtigkeit zwischen den Generationen. Die Generation, die jetzt in Verantwortung für Politik, Wirtschaft und Gesellschaft steht, soll so handeln, dass den nachfolgenden Generationen mindestens dieselben Handlungsspielräume zur Verfügung stehen. Dieses Grundprinzip muss Bildung und Erziehung mit einschließen.

- Wir schulden es den nachfolgenden Generationen, das Bildungswesen zu erhalten und zu verbessern.

- Wir schulden es den nachfolgenden Generationen, ihnen das Recht einzugestehen, für sich und ihre Zukunft selbst Verantwortung zu übernehmen.

- Wir schulden es den nachfolgenden Generationen, dass sie das Richtige richtig lernen können. Orientierungswissen ist nachhaltiges Wissen. Das Lernen zu lernen heißt, nachhaltig zu lernen.

Es gibt Wissensbestände und Kulturgüter, die nicht veralten. Es gibt Kompetenzen und Qualifikationen, die ein ganzes Leben lang wichtig sind. Sie müssen im Mittelpunkt des nachhaltigen Lernens in den Einrichtungen des Bildungswesens stehen.

82. Bildungspolitik gehört in den Gesamtzusammenhang nachhaltiger Politik. Sie muss auf die Situation der öffentlichen Haushalte Rücksicht nehmen. Bildungsausgaben sind Investitionen in die Zukunft und nicht Konsumausgaben. Sie haben deshalb hohe Priorität im Gesamtzusammenhang der Politik.

Die erforderliche Qualitätsentwicklung in Schule und Hochschule, in Ausbildung und Weiterbildung ist nur mit zusätzlichen öffentlichen und privaten Investitionen möglich.

Wer Ressourcen für das Bildungswesen fordert, muss sparsam und effizient damit umgehen.

83. Bildung und Erziehung sind die Grundlage für Wohlstand und Freiheit, für Frieden und Gerechtigkeit. Veränderte globale Bedingungen und tiefgreifender Wandel der konkreten Lebenswelten verlangen immer neue individuelle und gesellschaftliche Anpassungs- und Lernprozesse. Deshalb gilt: Unsere Werte in der Welt von morgen zu verwirklichen – das erfordert den Aufbruch in die lernende Gesellschaft.

(26) CHRISTLICHE WERTE
DIE NEUE AKTUALITÄT DES CHRISTLICHEN MENSCHENBILDES
WERTEKOMMISSION DER CDU, 2001

[...]

8. BILDUNGS- UND ERZIEHUNGSPOLITIK

Grundlegende bildungspolitische oder pädagogische Entscheidungen lassen sich jenseits von Empirie und Pragmatik letztlich nur durch den Rückgriff auf das zugrunde liegende Verständnis vom Menschen begründen und beurteilen.

8.1. Der Mensch bedarf der Bildung und Erziehung

Der Mensch bedarf der Bildung und Erziehung und ist zu diesen fähig. Dabei beschreiben Bildung und Erziehung nur unterschiedliche Aspekte und Reichweiten eines als Einheit zu verstehenden Prozesses: Bildung betont das Wissen, Können und Urteilen, Erziehung das Wollen und Handeln; Bildung ist im Idealfall ein lebenslanger Prozess, Erziehung hat ihre Grenze üblicherweise am Erwachsenenalter. Der Mensch ist ein weltoffenes Wesen, befähigt und genötigt, sich die Welt selbst zu erschließen, sich in ihr zu orientieren, sie zu gestalten und sein Leben durch Handeln selbst zu führen. Sein Selbst-, Welt- und Sozialbezug ist nicht einfach durch die Natur vorgegeben und unmittelbar, sein Handeln nicht durch vorgegebene Regeln festgelegt.

Daher entwickeln sich seine Anlagen und Fähigkeiten nicht von selbst; sie bedürfen der gelenkten Entfaltung und Entwicklung. Das unabhängig von gesellschaftlichen Rahmenbedingungen unumgängliche Mittel dazu ist die planmäßige und organisierte Bildung und Erziehung des Menschen durch den Menschen mit den immer auf einander bezogenen Zielen der

- Kultivierung, d.h. die Vermittlung von Kenntnissen und Fertigkeiten, die im Einzelnen bis auf die elementare Sprachkompetenz nur in Grenzen überzeitlich bestimmbar sind. Die heute beliebte nur formale Bestimmung, man müsse nur das „Lernen des Lernens" lernen, übersieht allerdings, dass immer angeleiteter grundbildender Prozesse bedarf und Inhalte nicht beliebig sind. Es bedarf daher gerade heute wieder eines grundbildenden Kanons, der durch einheitliche und überprüfbare Standards „Chancengleichheit durch Wissen" sichert;

- Zivilisierung, d.h. die Befähigung zum geselligen und gesellschaftlichen Umgang mit anderen Menschen;

- Moralisierung, d.h. die Bildung der moralischen Persönlichkeit, die Ausbildung von Tugenden, wertorientierten Haltungen und Handlungsdispositionen und die Gewissensbildung; es bedarf wieder eines öffentlichen Bewusstseins der Bedeutung von Grundwerten und Tugenden für den Zusammenhalt und die Identität unserer Gesellschaft; und schließlich der

- (Selbst-)Disziplinierung, d.h. die Gewöhnung der Heranwachsenden an das Einhalten von Regeln mit dem Ziel, ihr eigenes Verhalten kontrollieren und Regelverletzungen als solche empfinden zu können und korrigieren zu wollen.

Daher sind Bildung und Erziehung nie bloße Privatsache. Lebenskompetenz insgesamt umfasst gleichermaßen Selbst- und Sozialkompetenz, sie äußert sich in Urteilskraft, Selbständigkeit, Verantwortungsbereitschaft, Toleranz, Kultur- und Weltoffenheit, Herzensbildung und Mitmenschlichkeit.

Sowohl für die Lebenschancen des Einzelnen wie auch für Staat und Gesellschaft kommt daher der Bildungs- und Erziehungsfähigkeit der Familie und der Ausgestaltung und der Leistungsfähigkeit des öffentlichen Bildungswesens eine zentrale Bedeutung zu.

8.2. Das christliche Menschenbild als ganzheitliches Konzept

Menschenwürde und sozial gebundene Freiheit sind normative Grundlage und Ziel des bildungspolitischen Handelns aus christlicher Verantwortung „vor Gott und den Menschen".

Damit grenzt sich das christliche von anderen, nur eindimensionalen, gleichfalls pädagogisch wirksamen Menschenbildern ab (kollektivistisch, szientistisch, biologistisch, ökonomistisch) und verbietet ihr totalitäre Politikkonzepte und deren Vermittlung ebenso wie die Instrumentalisierung des Menschen für außerhalb seiner selbst liegende Zwecke. Es nimmt ihn vielmehr in seiner Ganzheit und über alle Lebensstufen hin an und ermöglicht ihm über Grund- wie Weiterbildung Teilhabe an der Welt: wissende Teilhabe durch sein Erkenntnisstreben, seine Neugier und seine Interessen; schaffende Teilhabe durch seinen Gestaltungsdrang; mitmenschliche Teilhabe durch seinen Gesellungsdrang; liebende Teilhabe durch seine Hingabe an einen anderen oder etwas anderes; verpflichtende Teilhabe durch seine Freude an der Verantwortung; entlastende Teilhabe durch sein von Hoffnung geleitetes Bedürfnis nach Transzendenz und nach Einsicht in die Sinnhaftigkeit seines Lebens.

8.3. Das christliche Menschenbild als realistisches Konzept

Diese Verantwortung ist sich aber zugleich und immer der „gefallenen Schöpfung" bewusst, das gebietet ihr anthropologischer und pädagogischer Realismus.

- Realismus, das bedeutet zum ersten die Anerkennung der Tatsache, dass der Mensch die Befähigung zur Vernunft besitzt: sein Erkennen, Urteilen und Handeln öffnen sich der Fähigkeit zur Unterscheidung von richtig und falsch, von gut und böse, unterliegen aber stets auch Neigungen, Trieben, Bedürfnissen, Launen, Emotionen und anderen nichtvernünftigen und ungeregelten Regungen.

- Realismus, das bedeutet zum zweiten die Anerkennung der Unterschiedlichkeit des Menschen aus der Einsicht heraus, dass sich deren Gleichheit nicht auf die Begabung, auf die Leistungsfähigkeit und die Neigungen bezieht und „Chancengleichheit" nur die Illusion gleicher Ergebnisse suggeriert.

Daraus leitet sich notwendig ein Bekenntnis zum Leistungsprinzip und zu einem differenzierten und leistungsgerechten Schulwesen ebenso ab wie die pädagogische Erkenntnis, dass Fordern und Fördern individuell und daher gegliedert zu geschehen habe und dass Chancengerechtigkeit durch einen nur an der Leistungsfähigkeit orientierten Zugang zum und durch die Durchlässigkeit im Bildungswesen zu gewährleisten sei. Daher sind leistungsstarke und -schwächere Schüler individuell zu fördern; behinderte Kinder müssen die für sie besten Fördermöglichkeiten erhalten. Bei der Schulwahl hat das Kindeswohl Vorrang.

- Realismus, das bedeutet zum dritten, dass die Entfaltung der Person (Persönlichkeit) und ihrer Dimensionen – individuell, gemeinschafts-, sittlich und sinnbezogen – nur dann gelingen kann, wenn ganzheitliche Bildungs- und Erziehungsprozesse und -ziele und die optimale Gestalt der daran beteiligten Institutionen – v.a. Familie und Schule – ebenso zugrunde liegen wie ein kinder- und jugendfreundliches Umfeld auch im Medienangebot. Es leitet sich aus dem sozialstaatlichen Auftrag ab, die realen Voraussetzungen und die Rahmenbedingungen dafür schaffen, dass junge Menschen überhaupt in die Lage versetzt werden, ihre Freiheitsräume zunehmend selbst zu gestalten.

So kann z.B. ein Ausbau ganztagsbetreuender Angebote vor allem in sozialen Brennpunkten (nicht mit Ganztagsschulen zu verwechseln) und stabile Schulzeiten schon in der Grundschule die Familie frei machen für eine intensivere Erziehungszuwendung in der gemeinsamen Zeit. So kann die moralische Selbstbindung der Medien die Erziehungswirkung von Familie und Schule verstärken, statt sie zu mindern. So kann eine Ausbildungsverantwortung der Wirtschaft, die auch dem schwächer Begabten eine Chance zur beruflichen Eingliederung eröffnet, zur Lösung vieler sozialer Probleme (Gewalt, politischer Radikalismus) beitragen, die sich auf mangelndes Selbstwertgefühl und fehlende Anerkennung zurückführen lassen. So kann eine vorausschauende Lehrerbildungs- und -einstellungspolitik des Staates dazu beitragen, die besten Absolventen für diesen Beruf zu gewinnen.

8.4. Das Ziel schulischer Bildung ist die Persönlichkeit

Ziel eines im christlichen Menschenbild begründeten Bildungs- und Erziehungsverständnisses ist nicht die Bildung „zur", sondern „der" Persönlichkeit und ihrer Anlagen. Daher hat „Bildungs"politik über das Instrument
Schule und Hochschule größere oder kleinere Schnittmengen mit Sozialpolitik, Wirtschaftspolitik, Arbeitsmarktpolitik, Familienpolitik, Jugendpolitik, Kriminalpolitik. Aber sie darf sich nicht nur instrumentalisieren lassen, sondern muss ihren Eigenwert behaupten.

Das gilt insbesondere für die Demokratie, die wie keine andere Staats-
form aufgrund aktiver Partizipationsrechte am politischen Entscheidungs-
prozess des gebildeten und aufgeklärten Bürgers bedarf. Er muss verstehen, dass und warum er in einer Gemeinschaft lebt, der gegen über
er verantwortlich ist, welches die Quellen ihres Selbstverständnisses sind,
was sich in ihrer Geschichte bewährt hat und welchen allgemeinen sittlichen Regeln und Grundwerten sie verpflichtet ist.

Bildung und Erziehung aus christlichem Verständnis widerspricht daher
der heute weit verbreiteten Reduktion des Menschen auf seine Funktio-
nalität und der Vorstellung, nur das sei in der Bildung wichtig und wert-
voll, was sich – im Sinne einer schlichten Zweck- Mittel-Relation – ökonomisch verwerten lasse. Bildung ist mehr als Ausbildung. Bildung ist
kulturelle Teilhabe, Bildung beinhaltet Urteilskraft, die Fähigkeit zum
Selbstdenken, zur rationalen Argumentation und zum eigenen Standpunkt. Bildung zielt auf das „sittliche Subjekt", Gewissen, Tugenden,
Charakter, Selbstachtung, Fähigkeit zur Distanz und die Fähigkeit, sich
selbst auf Lebenssinn hin zu entwerfen. Daher kommt dem kulturellen,
allgemeinbildenden, auf Vermittlung von Grundwerten, Tugenden (auch
„Sekundär"tugenden) und Sinnkonzepten angelegten Auftrag von Bildung
und Erziehung Vorrang vor reiner Berufsbefähigung, gar Berufsfertigkeit
zu, der auch die beruflichen Schulen einbezieht.

8.5. Einheit von Wissen, Werten und Urteilen

Schul-Bildung im engeren Sinne bezieht sich auf das Fächerspektrum der
Schule, das primär der Entfaltung der anthropologischen Dimensionen
des Menschen dienen muss und ihn dadurch „lebenstüchtig" macht:
der Mensch als geschichtliches (Geschichte), sprachliches (Deutsch,
Fremdsprachen), wissbegieriges (Mathematik, Naturwissenschaften),

politisches (Politische Bildung im weitesten Sinne), ästhetisches (Kunst, Musik, Literatur), motorisches (Sport), sinnsuchendes, sittliches und religiöses (Religion, Philosophie) Wesen.

Daher hat Schule die Balance zwischen Tradition und Innovation zu wahren. Eine bloße Selbst-, Gegenwarts- und Erlebnisorientierung der Schule unter dem Prinzip falsch verstandener Kindgemäßheit würde die Teilhabe junger Menschen an der Welt verengen und den Kindern die Zukunft rauben. Denn ein augenblicks- und lustorientiertes Verständnis von Teilhabe würde Kinder in einer ewigen Gegenwart einkerkern: was sie an selbsterlebten Paradigmen bereithält, wäre absolut. Bildung vor einem christlichem Horizont kann in diesem Kontext von Wissen, Können und Urteilen daher nicht nur bei der Auswahl „wert"voller Unterrichtsinhalte ihr besonders Profil zeigen, sondern auch in Form „erziehenden Unterrichts" und fächerübergreifend in der Verbindung von Wissen, Werten und moralischem Urteil, von „Sachlichkeit" und „Sittlichkeit", die den Schüler zur wertenden Selbstunterrichtung und Selbstbestimmung motiviert: Die Beschäftigung mit Fragen der Ethik und Transzendenz helfen jungen Menschen gerade in der Moderne mit ihrer unüberschaubaren Komplexität, den Sinn des Lebens und des eigenen Lebens zu ergründen. Ohne Beschäftigung mit solchen Fragen entgingen den Heranwachsenden wesentliche Dimensionen menschlichen Daseins – Fragen wie: Wozu leben wir? Ist mit unserem Tod alles zu Ende? Was ist Gott, Schöpfung, Glück, Angst, Leid, Schuld, Sünde, Endlichkeit, Unendlichkeit [...]?

So kann der Unterricht in den Naturwissenschaften deren Lösungspotential und die daraus sich ergebenden Chancen ebenso deutlich machen wie ihre Risiken und Grenzen und diedamit verbundenen ethischen Optionen und Folgen, kann der musisch-ästhetische Unterricht emotional-affektive Weltzugänge eröffnen, kann der Unterricht in Literatur, Geschichte, Philosophie zur Einführung werden in Formen „geglückten Lebens" wie auch in die Brüchigkeit der conditio humana, in die Verführbarkeit durch immanente Heilslehren, kann vermitteln, dass nicht alles „machbar" ist, man nicht „alles im Griff" hat, sondern auch das Scheitern, die Endlichkeit, die Demut dazugehören, dass das Haben nicht das Sein und das Fremddenken nicht das Selbstdenken ersetzt, dass „Zeitgeist" und „zeitgemäß" nicht dasselbe sind, dass schließlich zum „Ich", im privaten wie im gesellschaftlichen Leben, immer das „Du" gehören muss. Auch im Zeitalter von Gentechnologie und Hirnforschung bleiben die alten, immer auch religiös inspirierten Menschheitsfragen: Was kann ich wissen, was soll ich tun, was darf ich hoffen, was ist der Mensch?

8.6. Profilierung der religiösen Grundbildung

Dabei kommt dem auch weiterhin als Fach an allen Schulformen, auch in der Berufsschule, gemäß Grundgesetz zu verankernden und konfessionell ausgerichteten Religionsunterricht eine eigene Bedeutung zu. Sein Bildungsauftrag kann durch Ersatzfächer wie Ethik oder Philosophie nicht erfüllt werden, zumal Philosophie mehr ist als Ethik. Das religiöse Angebot überschreitet wiederum Ethik und Philosophie. Religiöses Wissen und Bibelkenntnis sind unumgängliche Grundlage für Teilhabe an der christlichabendländischen Kultur. Der Religionsunterricht muss das für diese Kultur auch weiterhin prägende und besondere Deutungspotential des Christentums gegenüber andern Weltdeutungen in seiner pluralen Erscheinungsform vermitteln und zugleich als überzeitliches sinnstiftendes Angebot erschließen. Das schließt andere Religionen als Fächer (allerdings mit in Deutschland ausgebildeten Lehrern, in deutscher Sprache und unter deutscher Schulaufsicht) ebenso wenig aus (sofern der Anspruch verfassungsrechtlich anerkannt ist) wie die Information innerhalb des christlichen Religionsunterrichts, aber auch in anderen Fächern (zum Beispiel Geschichte) über andere Weltreligionen. Aber Toleranz und Diskurs mit anderen Religionen setzen einen eigenen Standpunkt voraus, der erst ein Urteil begründen kann. Die heute weit verbreitete Reduktion der religiösen Grundbildung auf sozialkundliche oder politische Themen oder auf nur religionskundlich orientierte Ersatzangebote (LER) greifen daher zu kurz und befördern höchstens den immer weiter um sich greifenden religiösen „Analphabetismus". Wenn alles gleich gültig ist, wird alles gleichgültig.

8.7. Vorbild und „gute Schule"

Es ist ebenso ein Irrglaube anzunehmen, Schule könne gegen die sie umgebende Gesellschaft (Medien, Politik) ernsthaft ankommen, wie zu suggerieren, alle Bildungsprobleme seien gelöst, wären erst einmal alle Schulen „am Netz". Mit dieser Alibi-Diskussion verabschieden sich Politik und Wirtschaft aus einer ernsthaften Bildungsdebatte. Das betrifft vor allem die Erziehung. Die Verinnerlichung von Grundwerten („Werteerziehung") und Tugenden ist immer auf das Vorbild angewiesen, das vorlebt, in der Familie und als Lehrer. Daher sind es weniger Unterrichtskonzepte als vielmehr der im Dialog bildende und erziehende, fachlich gut ausgebildete Pädagoge, nicht der Coach oder Lernmoderator, dem hier eine entscheidende Rolle zukommt, die auch in der Aus- und Weiterbildung zu würdigen ist. Und die Schule kann letztlich nur auf der Grundlage einer Erziehungsgemeinschaft mit den Eltern erfolgreich sein, eine „gute Schule" ist nur im partnerschaftlichen Zusammenwirken auch in Erziehungsfragen zu verwirklichen. Die Schule selbst kann jedoch komplementär tätig werden, kann gegen gesellschaftliche Defizite angehen, durch Entwicklung einer „Schulkultur", die christliche Lebensgrundsätze und Zukunftshoffnung im Alltag zu leben versucht. Dabei ist Erziehung nicht mit „alles dulden" zu verwechseln: ob man den jungen Menschen" von vornherein aus „krummem Holz" sein lässt oder als sittlich gleichermaßen zum Guten wie zum Bösen fähiges Wesen, Erziehung aus christlicher Verantwortung bedeutet in beiden Fällen: klare Regeln, Sanktionen setzen und Orientierung und Führung geben.

Bildung und Erziehung sind heute in eine pluralistische, sich immer weiter säkularisierende Gesellschaft eingebunden; im Sinne dieses Pluralismus findet auch das Schulwesen in kirchlicher Trägerschaft seinen durch das Elternrecht legitimierten und daher staatlich garantierten Ort; anhaltend hohe Schülerzahlen müssen sich auch in öffentlicher Förderung niederschlagen. Das genuin „Konfessionell-Christliche" hat dort naturgemäß einen anderen Stellenwert als im staatlichen Schulwesen, daher hat es die Chance, im Wettbewerb mit staatlichen Schulen als Vorbild und Modell zu wirken. Aber auch die staatliche Schule hat einen „christlichen" Auftrag: Denn die Frage nach der „Bildung der Persönlichkeit", nach dem Zusammenhalt unserer Gesellschaft auf der Grundlage gemeinsamer Kulturbestände und schließlich die Frage nach Sittlichkeit und Sinn bestehen unabhängig von der Trägerschaft einer Schule. Das sind allgemeine und daher verbindliche Themen, die allem Pluralismus vorangehen müssen.

8.8. Der Bildungsauftrag der Hochschule

Auch die Hochschulen haben nicht nur einen Ausbildungs-, sie haben einen Bildungsauftrag: Das Verhältnis der studierenden Generation und künftigen Eliten zum Gemeinwesen, zur Deutung von Vergangenheit und Gegenwart und ihre Einstellung zur Zukunft wird wesentlich von Klima und Angebot an den und durch das Selbstverständnis der Hochschulen geprägt. Die aktuelle Tendenz, die historische Dimension auch hier auszublenden und die Geistes- und Kulturwissenschaften auch materiell zurückzustellen, bringt nicht nur negative Folgen für die Lehrerbildung und das Lehrerbild mit sich. Auch eine wie immer bestimmte „Wissensgesellschaft" bedarf des historischen Gedächtnisses, bedarf über die ökonomische Verwertbarkeit hinausgehender Orientierungs- und Identitätspotentiale und ist schließlich angewiesen auf einen Fundus gemeinsamer Wertüberzeugungen. Die Prinzipien des christlichen Menschenbildes bedürfen immer wieder der Vermittlung zur Wirklichkeit, die nur aus der Universalität des Wissens heraus gelingen kann. Daher repräsentieren die Geisteswissenschaften, Philosophie und Theologie nicht nur den kulturellen Standard der Gesellschaft. Sie sind gleichberechtigte Dialogpartner, wenn es die sozialen und ethischen Folgen moderner Naturwissenschaft zu erörtern gilt. Sie sind schließlich unvermeidbar, wenn es um Leitbilder, Modelle, Normativität, Geltung, Begründung und Sinn geht.

9. DIE RELIGIÖSE BEGRÜNDUNG DES CHRISTLICHEN MENSCHENBILDES

9.1. Der Mensch ist von Gott geschaffen

Der Mensch hat sich nicht selbst geschaffen. Er ist auch nicht belangloses naturgeschichtliches Ereignis. Der Mensch ist von Gott geschaffen. Wenn der Mensch nicht sein eigener Ursprung und wenn er auch nicht ein Zufallsprodukt ist, so weist seine Bestimmung über ihn hinaus. Er war, ist und wird mehr und etwas anderes sein als das, was er von sich selbst weiß und was er mit sich vorhat. Das christliche Menschenbild legt Wert darauf, dass Gott es bei der Erschaffung gut mit dem Menschen gemeint hat. Der Mensch verdankt sich der Liebe des Schöpfers. Christen haben das Grundvertrauen, dass dieses Wohlwollen Gottes nicht auf eine zurückliegende Schöpfung beschränkt bleibt. Das christliche Menschenbild ist zuversichtlich. Es herrscht die Gewissheit, dass durch alle Widrigkeiten hindurch Gott den Menschen nicht sich selbst überlässt und nicht endgültig scheitern lässt.

9.2. Der Mensch ist zur Freiheit gerufen

Der Mensch ist niemals nur Mittel für einen Zweck und auch nicht programmiert. Er ist zur Freiheit gerufen, Geschöpf und Schöpfer zugleich. Der Mensch hat eine einzigartige Stellung in der Welt. Seine Freiheit hebt ihn von der bloßen Natur ab. Im christlichen Glauben ist der Mensch Ebenbild Gottes und beauftragt, Gottes gute Absichten, die er mit seiner Schöpfung hat, zu unterstützen und wirklich werden zu lassen. Freiheit ist nicht etwas, das dem Menschen nur „unter anderem" oder „in der Folge" zukommt, sondern sie steht am Anfang. Alle ethischen, politischen und gesellschaftlichen Überlegungen müssen die Freiheit zum Ausgangspunkt nehmen.

Die Freiheit des Menschen ist nie ohne Verantwortung zu denken. Seine Verantwortung hat zwei Adressaten: Als einzelner ist der Mensch immer vor Gott verantwortlich, er legt Rechenschaft ab. Gleichzeitig ist ihm die Verantwortung für seine Mitmenschen und die gesamte Schöpfung übertragen. Der Mensch ist ein soziales Wesen, das ohne Gemeinschaft nicht leben kann. Dabei müssen die Ableitung und damit die Prioritäten klar sein. Die Freiheit des Menschen verdankt sich dem Schöpfer, die Verantwortung gegenüber den anderen folgt aus ihr. Die Freiheit steht somit im Mittelpunkt. Steht die Freiheit im Mittelpunkt, verbietet sich auch eine Auflösung des Menschlichen in Naturgesetzlichkeit. Was einer früheren Wissenschaftsepoche die Mechanik war, ist heute die Genetik: der Versuch, den Menschen gänzlich aus Naturgesetzen zu erklären. Eine solche Sicht ist mit dem christlichen Menschenbild nicht zu vereinbaren. Sie führt in die Barbarei.

9.3. Die Freiheit begründet die Würde des Menschen

Die unveräußerliche Freiheit des Menschen und die Einzigartigkeit als Person begründen seine Würde. Der Mensch als Person besitzt eine Unantastbarkeit, die ihm nicht erst durch die Gesellschaft zuerkannt wird, sondern die schlichtweg anerkannt werden muss. Die Unverletzlichkeit und Unveräußerlichkeit der Menschenrechte ist nicht eine beliebige Vorstellung, sondern notwendige Folge aus der freien Stellung des Menschen im Verhältnis zu Gott.

Das Wohlwollen und die Anerkennung Gottes gelten ausnahmslos für alle Menschen. Menschen können sich in vielerlei unterscheiden, sie sind unterschiedlich begabt und befähigt. Der Wert und die Würde des einzelnen Menschen ist davon aber nie betroffen. Die Würde des Menschen ist deswegen unantastbar, weil sie von menschlichen Maßstäben alleine nicht beurteilt werden kann. Niemand kann den Wert einer Person ermessen und beurteilen, deswegen besitzt auch niemand das Recht, sie herabzuwürdigen. Überall, wo von „unwerten" oder „wertlosen" Personen die Rede ist, ist das christliche Menschenbild aufgehoben.

Auch bei den größten inneren und äußeren Unterschieden zwischen den Menschen sind sie als Geschöpfe einander gleichwertig. Leistungen und Besitz können nicht endgültige Wertmaßstäbe bilden.

9.4. Die Fehlbarkeit des Menschen

Der Mensch lebt unter göttlichem Vorbehalt, denn nur Gott ist Fülle und Vollendung. Menschen werden schuldig, Menschen irren, sie bleiben hinter ihren Möglichkeiten zurück. Dennoch verfällt der Christ darüber nicht in Resignation. Er versteht dies als Aspekt einer natürlichen Ordnung, in der Gott vollkommen und der Mensch unvollkommen ist. Indem er dies akzeptiert, ist er davor gefeit, menschliche Vorstellungen und Taten absolut zu setzen oder deren absolute Perfektion anzustreben. Sich selbst gegenüber befähigt dies zu einer gelassenen und realistischen Skepsis. Der Christ prüft sich einerseits ständig an einem höheren Maßstab (dieses Prüfen ist sein „Gewissen"); er weiß darum, dass das Erreichte immer hinter diesen Maßstab zurückfällt. Andererseits fordert er von sich nichts Unerreichbares. Das Wort Kants, der Mensch sei „aus krummem Holze geschnitzt", wendet er auch auf seine Mitmenschen an. Im christlichen Menschenbild fehlen die Führer und politischen Erlöser, der Christ weiß auch um deren Fehlbarkeit. Andererseits werden für den Christen die Fehler der anderen nie dazu führen, den Stab über sie zu brechen. Die Einsicht in die Fehlbarkeit des Menschen bedeutet aber gerade nicht Genügsamkeit oder Resignation. Innerhalb des Rahmens seiner Möglichkeiten kann er sich zuversichtlich seiner Freiheit bedienen. Wer frei ist, darf seine Freiheit in Verantwortung vor Gott und den Menschen ausschöpfen und sie nicht an andere und die Gemeinschaft zwecks besserer Sachwaltung abgeben. Das christliche Bild vom Menschen schützt vor Überbeanspruchung, ist aber auch anspruchsvoll. Die Folgen von Freiheit und Würde Steht die Freiheit am Anfang und im Mittelpunkt, so ist nur eine Gesellschaftsordnung zu rechtfertigen, die der freien Entfaltung der menschlichen Betätigungen und Ideen Vorrang gibt. Dies bedeutet das Gegenbild zu einem Gesellschaftsmuster, in dem die Freiheit als Variable von den Erfordernissen und Regularien der Gemeinschaft abhängig gemacht wird.

Die Frage darf nicht lauten. „Wie viel Freiheit ist noch möglich?", sondern: „Wie viel Regelungen sind noch nötig?" Falsch verstandene Fürsorge führt zu Bevormundung und Misstrauen. Eine christliche Gesellschaft ist eine Gesellschaft, die den Bürgern den Vertrauensvorschuss gibt, dass sie ihre Freiheit sinnvoll anwenden.

Das angemessene Ordnungsprinzip dazu ist die Subsidiarität: Der Mensch soll tun können, wozu er kraft seiner Freiheit und vermöge seiner Fähigkeiten und Talente in der Lage ist. Erst bei dem, wozu er nicht in der Lage ist, hilft die Gemeinschaft. Totalitäre, also unchristliche Gesellschaften denken umgekehrt: Der Mensch darf nur das tun, womit er der allwissenden Gemeinschaft nicht mehr schaden kann. Mit der Freiheit steht die Subsidiarität am Anfang, die Solidarität ist aber ihr unverzichtbares Pendant: die Hilfe dem gegenüber, der sich nicht selbst zu helfen weiß oder in der Lage ist. Die christliche Prägung einer Gesellschaft macht sich daran fest, dass dem Hilfebedürftigen alle Möglichkeiten geboten werden, sich selbst zu helfen. Es ist mit der Achtung vor der Freiheit und der Würde der Person nicht vereinbar, Menschen in vorauseilendem Betreuungswillen keine Chance zur Selbsthilfe zu geben.

Die Grenzen der Freiheit liegen immer nur in der Freiheit des anderen. Die Abwägung so eng auszulegen, dass die einen dadurch bevorzugt und die anderen benachteiligt werden, ist nicht zulässig. Freiheit und Würde der Person gebieten, dass der Mensch niemals nur Instrument und Mittel sein darf, sondern immer Mittelpunkt der Politik ist. Dem heutigen Denken liegt nahe, dies auf die verheerenden totalitären Ideologien des 20. Jahrhunderts zu beziehen, in denen Menschen für die Volks- oder die sozialistische Menschengemeinschaft „verbraucht" wurden. Dem Christen ist aufgetragen, wachsam zu sein: auch gegenüber jenen Verheißungen, zu deren Erfüllung es notwendig ist, Menschen in ihrem frühesten Lebensstadium zu „verbrauchen". Niemals dürfen Menschen darüber bestimmen, dass Menschen um anderer Menschen willen Niemals dürfen Menschen darüber bestimmen, dass Menschen um anderer Menschen willen geopfert werden, auch nicht zum Zwecke der Heilung.

Mit der Würde der Person ist ein Gesellschaftsmodell unvereinbar, das Wert- und Wesensunterschiede zwischen den Menschen festschreibt. Entscheidend ist die Unterscheidung zwischen Gleichheit und Gleichwertigkeit: die Gleichheit vor Gott, also die Gleichwertigkeit der Menschen untereinander, bedeutet nicht Unterschiedslosigkeit. Aus ihr ist kein egalitäres, kollektivistisches Gesellschaftsmodell ableitbar. Die Vielseitigkeit der Schöpfung und die Freiheit sorgen dafür, dass Menschen sich in vielerlei Hinsicht unterscheiden. Der Christ nimmt die Eigenheit der Person ernst, also auch ihre Unterschiede. Es verbietet sich aber, daraus Unterschiede in Wert und Würde abzuleiten und diese Abstufung zur Grundlage eines Gesellschaftsmodells zu machen. Vor Gott gibt es keine Rangordnung von Klassen und Nationen.

9.6. Die Folgen der Fehlbarkeit

Fehlbarkeit bedeutet, dass den Christen kein Führer, keine Ideologie, keine Lehre völlig für sich einnehmen können. Im christlichen Weltbild fehlen die politischen Heils- und Erlösungslehren, der unbedingte Fortschrittsglaube und die Unterwerfung unter einen Führer oder ein Prinzip. Der Christ weiß, dass, wer den Himmel auf Erden will, stets nur die Hölle schafft. Das christliche Menschenbild ist antitotalitär und unfanatisch. Aus der Fehlbarkeit des Menschen folgt Trost. Sie schützt im Misserfolg vor Verzweiflung und im Erfolg vor Übermut.

Ist der Mensch fehlbar und liegt ein höherer Maßstab vor, so können die Absprachen unter Menschen, gesellschaftliche Übereinkünfte, und seien sie auch noch so formal korrekt vollzogen oder auf breitem Konsens beruhend, nicht die alleinige Richtschnur des Handelns sein. Der Christ ist angehalten, auch diese noch mit seinem Gewissen zu prüfen. Wird die Absprache zum Kriterium der Gesellschaftsordnung, so kommt der unter die Räder, mit dem keine Absprachen getroffen werden oder der dies nicht kann oder will. Ebenso reicht der Blick auf den größtmöglichen Nutzen aller für die ethische Beurteilung nicht aus. Im christlichen Weltbild ist denkbar, dass auch der größte allgemeine Nutzen moralisch zu verwerfen ist. Der Mensch steht für den Christen in einem besonderen Sinne im Mittelpunkt: er bildet die Mitte zwischen Gott und Natur. Das befähigt ihn dazu, die Mitte auch zu halten: Ablehnend gegenüber allen Versuchen, den Menschen zu vergöttlichen oder zu verdinglichen. Bei der Rede vom Himmel daran denken, ob dazu eine Erde passt und umgekehrt. Realistisch, aber nicht materialistisch, geistig, aber nicht illusionär.

(27) „KLEIN UND EINZIGARTIG – AUF DEN ANFANG KOMMT ES AN! BILDUNGSCHANCEN FÖRDERN, ERZIEHUNG STÄRKEN."

BESCHLUSS DES 20. PARTEITAGES DER
CDU DEUTSCHLANDS, 27.–28. NOVEMBER 2006, DRESDEN

PRÄAMBEL

1. Die Bedingungen im 21. Jahrhundert fordern die Menschen in Deutschland neu heraus: Leben in Frieden und Freiheit, in Wohlstand und sozialer Sicherheit muss unter den Bedingungen der Globalisierung und des demografischen Wandels neu begründet werden. Unser Land braucht für alle die bestmöglichen Bildungschancen und insbesondere für die nachwachsenden Generationen optimale Erziehungs- und Entwicklungsbedingungen.

Jede Generation wächst unter anderen Bedingungen auf. Der Weg in die Wissensgesellschaft geht einher mit neuen Anforderungen an die frühzeitige Entfaltung der Fähigkeit zu lernen, an den lebenslangen Erhalt dieser Fähigkeit sowie die stetige Weiterentwicklung vorhandener Kompetenzen. Dies verlangt vom Einzelnen ein hohes Maß an Beweglichkeit, Initiative, Neugier, Lernbereitschaft sowie Verantwortung sich selbst und anderen gegenüber.

Jeder muss die Chance erhalten, *seine individuellen Fähigkeiten zu entfalten und sie ebenso zum eigenen Wohl wie zum Wohl der Gemeinschaft einzusetzen.* Die CDU bekennt sich zum Recht jedes Menschen, seinen Begabungen, Wünschen und Neigungen entsprechend am Leben der Gesellschaft teilzunehmen.

2. Armut beginnt heute vor allem als Bildungsarmut, dies kann lebenslang nachwirken.

Kinder zu fördern und zu fordern und ihnen dabei zu helfen, ihre Talente zu entfalten und eines Tages selbstbewusst und in Freiheit Verantwortung zu übernehmen, ist eine wichtige Aufgabe. Unser Ziel ist es, die Startchancen von Kindern unabhängig von ihrer sozialen Herkunft zu verbessern. Kinder müssen auf der Werteskala unserer Gesellschaft ganz nach oben rücken.

Eine vorausschauende Politik muss den Rahmen verbessern, damit Kinder vom Lebensanfang an ihre Potenziale entwickeln und vorhandene Stärken ausbauen können.

Damit verbunden ist die Pflicht jedes Einzelnen, nach seinen Möglichkeiten für das Wohl der Gemeinschaft *zu wirken.* Chancengerechtigkeit ist eine wesentliche Bedingung für den Zusammenhalt unserer Gesellschaft und damit zentraler Bestandteil einer vorausschauenden Politik. Das Verständnis der CDU von der Aufgabenteilung zwischen Familie und Staat bei der Kindererziehung sieht die Aufgabe des Staates nicht vorrangig darin, zu intervenieren oder zu kompensieren, sondern die Voraussetzungen dafür zu schaffen, dass Eltern ihren Aufgaben erfolgreich nachkommen können.

Mut zur Erziehung

3. Mut zur Erziehung bedeutet heute vor allem, sich für Kinder zu entscheiden, mit ihnen zu leben, das eigene Glück in ihnen zu sehen, sie großzuziehen, zu fördern und zu bilden.

Eine gelungene Erziehung ist nach wie vor der Regelfall. Doch der gesellschaftliche Wandel bringt Veränderung und Neuorientierung in der Lebens- und Arbeitswelt und führt zu einem Wandel der Beziehungen in den Familien und zwischen den Generationen. Verändert haben sich auch das Rollenverständnis von Männern und Frauen, die Erziehungskonzepte von Eltern und die Ausprägung der Eltern-Kind-Beziehung. Die überwiegende Zahl der Eltern kümmert sich liebevoll um ihre Kinder, ist aufmerksam und engagiert in deren Erziehung. Die Familie ist der Kern unserer Gesellschaft. *In ihr werden die grundlegenden Werte des Zusammenlebens vermittelt und gelebt.* In der Familie werden Kinder um ihrer selbst willen geliebt und lernen das Leben in der *Gemeinschaft.* In der Familie wird Solidarität gelebt, Gerechtigkeit eingeübt und Freiheit in Verantwortung ganz praktisch vorgelebt. Die Familie ist unersetzlich. Die Erziehungsleistung, die sie erbringt, ist unersetzlich. Keine andere Institution kann diese Aufgabe besser erfüllen.

Zugleich dürfen wir nicht die Augen vor der Tatsache verschließen, dass es eine steigende Zahl von Eltern gibt, die verunsichert oder mit der Erziehung ihrer Kinder überfordert sind, was in Einzelfällen zur Verwahrlosung der Kinder und zu Erziehungskatastrophen führt. Um Risiken erkennen, Hilfen frühzeitig anbieten sowie benachteiligte und vernachlässigte Kinder besser schützen zu können, *müssen besonders Kinder aus Risikofamilien von einem stabilen Netz der Hilfe umgeben werden*. Risikofamilien sind insbesondere jene Familien, in denen es zu Gewalt gegen Erwachsene und Kinder kommt, in denen Alkohol- oder Drogenprobleme den Alltag bestimmen, in denen Kinder vernachlässigt, misshandelt oder missbraucht werden oder in denen die wirtschaftlichen und psychischen Folgen lang andauernder Arbeitslosigkeit oder Abhängigkeit von staatlicher Hilfe zu verkraften sind. Kinder, die in solchen Familien aufwachsen, entwickeln sich überdurchschnittlich häufig selbst zu Problemkindern und Erwachsenen mit Problemen.

4. Neue Forschungsergebnisse weisen auf eine bisher in dieser Deutlichkeit nicht erkannte *besondere Bedeutung der frühen Lebensjahre* hin, die neues Nachdenken über Bildung und Erziehung für alle erforderlich macht. Ohne ein am Anfang gelegtes Fundament aus verlässlichen Beziehungen und die Erfahrung, sich in dieser Sicherheit entfalten zu können, bleiben die Entwicklungsmöglichkeiten für Kinder allzu oft begrenzt. Das auf einem solchen Fundament wachsende Vertrauen bildet die Grundlage für die Offenheit und Lernfähigkeit, Entdeckerfreude und Gestaltungslust, mit der Kinder sich ihre Welt erschließen sowie für die Ausbildung sozialer Kompetenzen. Wenn dieses Potenzial der frühen Kindheit keine Früchte tragen kann, so liegt das nicht an mangelnder Begabung, sondern an fehlenden Anregungen und mangelhaften Rahmenbedingungen, unter denen diese Kinder die ersten Lebensjahre verbringen.

Erziehung beginnt im Elternhaus. Doch *Erziehung geht über den unmittelbaren familiären Raum hinaus.* Der Staat trägt Verantwortung für Kinderbetreuung und Schule. Er schafft damit Räume, in denen Eltern ihm ihre Kinder anvertrauen. *Sie erwarten, dass dort Bildung und Erziehung stattfinden und auch gelingen.*

Es ist eine wichtige politische und staatliche Aufgabe, die öffentliche Wertschätzung von Familien mit Kindern, die zahlreichen Lehr- und Erziehungstätigkeiten im privaten und im staatlichen Bereich sowie bürgerschaftliches Engagement in diesem Bereich in den Vordergrund der Aufmerksamkeit und der Kommunikation zu stellen. Erziehung braucht eine breite gesellschaftliche Anerkennung.

5. Wertegebundene Erziehung fängt im Alltäglichen an. Auf dieser Ebene sind Werte wenig umstritten. Gegen die Maßlosigkeit der Wünsche und die Beliebigkeit des Unverbindlichen gilt es, Werte stark zu machen. Viele Eltern sind unsicher, wie und welche Werte vermittelt werden sollen.

Auf der Grundlage des christlichen Menschenbildes sind die Grundwerte der CDU Freiheit, Solidarität und Gerechtigkeit. Sie prägen auch unser Bild von der Verantwortung des Einzelnen und auch von verantwortungsbewusster Erziehung.

Schon kleine Kinder können ein Bewusstsein dafür entwickeln, dass Freiheit mit Rechten, aber auch mit Pflichten und mit Verantwortung verbunden ist. Anderen Menschen zu helfen, wenn sie Hilfe brauchen, ist als grundlegende Verhaltensnorm früh erfahrbar und vermittelbar. Dabei geht es um die Fähigkeit, sich in die Lage anderer Menschen hineinzuversetzen, ihre Interessen und Gefühle zu achten und aufeinander Rücksicht zunehmen. Dass Gerechtigkeit die Anerkennung der persönlichen Leistung erfordert und zugleich sozialen Ausgleich verlangt, ist schon in der lernenden Gemeinschaft von Kindern zu vermitteln. *Das Erleben von Gerechtigkeit, Solidarität und Toleranz schon im Kindesalter legt den entscheidenden Grundstein für die Wertorientierung im späteren Leben.*

Ebenso notwendig ist es, Kindern Grenzen zu ziehen, wenn sich ihr Verhalten gegen die Interessen und Bedürfnisse anderer richtet. Kinder und Jugendliche, denen nichts abverlangt wird, beginnen ebenso wie jene, die niemals in die Schranken gewiesen werden, schnell daran zu zweifeln, ob sie uns wichtig sind.

Wissensvermittlung ist nicht ohne Wertevermittlung möglich. Religiöse Bildung und Werteerziehung sollen jungen Menschen eine Hilfe zur Lebensorientierung und zur sinnvollen Lebensgestaltung geben. Damit werden die Grundlagen für die Persönlichkeitsentwicklung gefestigt. Starke Persönlichkeiten sind nötig, damit Veränderungen auch als Chance begriffen und selbstverantwortlich mit gestaltet werden können. Das Bedürfnis nach wertebezogener Erziehung steigt.

Der Frage, nach welchen Werten wir zusammenleben wollen, können wir uns nicht entziehen. Nur wer sich selbst kennt und weiß, woher er kommt und wohin er will, ist offen für andere Lebensentwürfe und andere

Kulturen. *Kulturelle „Bodenlosigkeit" ist eine der Quellen von Fremden-*
hass und Gewalt gegen Menschen mit anderer kultureller Identität und
anderer Tradition oder anderer Hautfarbe. Beliebigkeit, Orientierungs-
losigkeit und Maßlosigkeit sind auch Gefahren für den gesellschaftlichen
Zusammenhalt.

Die frühe Kindheit entscheidet

6. Bildungschancen sind individuelle Lebenschancen für kulturelle Teilhabe, für beruflichen Erfolg und für Entwicklung und Innovation in unserem Land. Die Teilhabe aller an Bildung und Ausbildung ist Voraussetzung
dafür, dass möglichst jede Begabung entdeckt und gefördert wird.

Jedes Kind ist begabt und verfügt über unterschiedliche Stärken. Eine
besondere Aufmerksamkeit gilt *Menschen mit Behinderung.* Die Stärken
vieler Kinder werden nicht oder zu spät erkannt, halbherzig gefördert
oder sie verkümmern ganz. Nur wenn die Kinder ihre Stärken entdecken
und entwickeln können, sind erfolgreiches Lernen und umfassende Bildung möglich. Was am Lebensanfang versäumt oder vernachlässigt wird,
lässt sich später nur in Grenzen und mit hohem Aufwand ausgleichen.
Auch vor dem Hintergrund der demografischen Entwicklung muss unsere
Gesellschaft so früh wie möglich in Erziehung und Bildung investieren.
Die gemeinsame Verantwortung von Eltern, Kinderbetreuungseinrichtungen, Tagespflege und Schule für diese Grundlage, auf der einzufriedenes
und glückliches Leben in Ehe, Familie, Gesellschaft und Staat fußt, ist Teil
des Generationenvertrages.

Kinder und Jugendliche müssen im Mittelpunkt stehen. Eine pädagogisch
qualifizierte Betreuung kann die Bildungschancen von Kindern entscheidend verbessern. Kinderbetreuungseinrichtungen und Tagespflege tragen
dann sowohl zur Vereinbarkeit von Familie und Beruf als auch zur besseren Bildung der Kinder bei. Kinder, die in ihren Familien nicht genügend
Anregungen bekommen, benötigen besondere und leicht zugängliche Angebote sowie verstärkte Aufmerksamkeit.

I. VERÄNDERTE RAHMENBEDINGUNGEN FÜR BILDUNG UND ERZIEHUNG

7. Bildung und Erziehung stehen in Wechselbeziehung zu allgemeinen gesellschaftlichen und ökonomischen Prozessen. Unsere Gesellschaft altert und die Bevölkerungszahl ist rückläufig. Technologische Fortschritte haben einen tief greifenden Wandel der individuellen Arbeits- und Lebensmuster bewirkt. Die Gesellschaft der Zukunft muss daher von einer das gesamte Leben umspannenden Bildungsbereitschaft geprägt sein. Eine starre Dreiteilung des Lebens in Ausbildung, Arbeit und Ruhestand genügt den Anforderungen einer längeren Lebenserwartung innerhalb einer globalisierten Wissensgesellschaft nicht mehr. Höhere Bereitschaft zu lebenslangem Lernen, der Wechsel zwischen Phasen der Erwerbsarbeit, der Fortbildung oder der Fürsorge für Familienangehörige wird zunehmen.

Neue Lebensverläufe, neue Familienbilder

8. Die Lebensverläufe von Menschen haben sich in den letzten Jahrzehnten grundlegend gewandelt. In den zurückliegenden etwa zwei Generationen ist die durchschnittliche Lebenserwartung um 12 Jahre gestiegen, soviel wie in den drei Jahrhunderten zuvor. *Familie ist nach unserem Verständnis überall dort, wo Eltern für Kinder und Kinder für Eltern Verantwortung tragen.*

Drei Viertel der Kinder wachsen heute in einer auf Ehe gegründeten Familie auf. Daneben entstehen neue Familien- und Partnerschaftsstrukturen mit komplexen Verwandtschafts- und Beziehungsverhältnissen. Insgesamt nimmt die Zahl der Familien mit minderjährigen Kindern ab. Familien sind auch kleiner geworden; dementsprechend hat sich der Rahmen, in dem Kinder aufwachsen, verändert.

9. Mädchen wie Jungen haben inzwischen gleichen Zugang zu Bildung und damit sowohl Optionen für als auch Erwartungen an eine Berufslaufbahn. Dies gilt auch vor dem Hintergrund, dass die längere Lebenserwartung verstärkte Verantwortung im Erwerbsleben zum Aufbau einer eigenständigen Alterssicherung sowohl von Frauen als auch von Männern erfordert.

Die demografische Entwicklung in den OECD-Staaten zeigt: Berufstätigkeit von Frauen und Männern muss nicht mit einem Verzicht auf Kinder einhergehen. Aber: Je schwerer es jungen Paaren gemacht wird, Kinder und Beruf zu vereinbaren, desto weiter wird der Kinderwunsch verschoben oder schließlich nicht mehr realisiert. Junge Frauen sind heute so gut ausgebildet und qualifiziert wie nie zuvor. Sie sind auch dadurch wertvolle wirtschaftliche Leistungsträger für unser Land. Sie wollen teilhaben an der modernen Arbeitswelt, an Entscheidungsprozessen und am Wohlstand – und sie werden benötigt.

Eine Schlüsselfrage für die Vereinbarkeit von Familien- und Erwerbsarbeit ist das Wohl des Kindes. Ohne entsprechende Infrastruktur der Kinderbetreuung und ohne eine familienbewusste Arbeitswelt gibt es keine schlüssige Antwort. Kinder fordern zu Recht ihre Eltern. Kinder brauchen Mutter und Vater. Es fehlt aber heute noch weitgehend die Akzeptanz in der Gesellschaft und in den Unternehmen, wenn Väter verstärkt Erziehungsaufgaben übernehmen wollen. Voraussetzung für ein kinderfreundliches Klima in unserem Land ist eine familienbewusste Arbeitswelt. Insgesamt ist es bisher nur ungenügend gelungen, Lebensverläufe zu flexibilisieren und dadurch die Rahmenbedingungen für eine familienorientierte Lebensplanung zu verbessern. Immer mehr muss in immer kürzerer Zeit geschafft werden: Berufseinstieg, erste Karriereschritte, beruflich geforderte Mobilität und Partnerschaft, die Entscheidung für Kinder und Zeit für Kinder sind in Übereinstimmung zu bringen.

Starke Kinder brauchen starke Eltern, damit die grundlegende Erziehung im Elternhaus stattfinden kann. Mit haushaltsnahen Dienstleistungen können nicht nur neue Arbeitsplätze entstehen, es wird auch der Zeitdruck im Familienalltag verringert. Mehr gemeinsame Zeit erleichtert die Familiengründung, macht Mut zu Mehrkindfamilien und erlaubt, dass die zusätzlichen Lebensjahre besser genutzt werden.

Dafür setzen wir uns ein:

Eine Gesellschaft, in der Kinder willkommen sind, muss durch sinnvolle finanzielle Förderung Gerechtigkeit zwischen Familien und Kinderlosen herstellen. Die Erziehungsleistung der Eltern muss sich positiv in ihrer Altersversorgung niederschlagen. Die Familienförderung muss transparent, überschaubar und gezielt sein. Sie muss bei Eltern und Familien ansetzen und individuelle Hilfestellungen leisten. Eltern müssen eine faire

Chance und Wahlfreiheit hinsichtlich ihrer Lebensgestaltung und der Erziehung ihrer Kinder haben.

Mütter und Väter sollen gemeinsam Verantwortung für ihre Kinder wahrnehmen können. Wir wollen insbesondere den Vätern Mut machen, sich stärker bei der Familienarbeit und in der Erziehung zu engagieren. Mütter und Väter sollen verlässlich Zeit für ihre Familie haben.

Wichtig ist eine familienbewusste Arbeitsorganisation innerhalb von Unternehmen. Fortbildungsmaßnahmen während und nach der Elternzeit erleichtern den Wiedereinstieg ins Berufsleben. Wir wollen die Rahmenbedingungen für bezahlbare und flexible haushaltsnahe Dienstleistungen verbessern und transparente Angebote dafür schaffen.

Die Einrichtung von Betriebskindergärten und Kindertagesstätten, auch in der Zusammenarbeit mehrerer Unternehmen, muss verstärkt gefördert werden.

Kinderbejahende Gesellschaft: Bildung und Betreuung besser verzahnen

10. Bildung und Erziehung zu stärken bedeutet, Lernerfahrungen im familiären Umfeld, in Kinderbetreuungseinrichtungen, in der Schule sowie in allen Bereichen der außerschulischen Jugendbildung aufeinander abzustimmen. Erziehung, Bildung und Betreuung gehören zusammen. Eine Trennung zwischen einem „Schonraum" vor der Schule und der Vorbereitung auf das Leben ab der Grundschule übersieht, dass sich Bildungsfenster bei Kindern zu unterschiedlichen Zeitpunkten öffnen und dass bereits Spielen intensives Lernen beinhaltet. Kinderbetreuungseinrichtungen sind für Kinder ebenso Lebens- und Lernraum wie ihre Familien. Eltern und Bildungseinrichtungen müssen sich als *Partner* verstehen, denn beide verfügen über Erziehungskompetenz. Die elterliche Erziehungskompetenz zu fördern bedeutet dann, Mütter und Väter für die Stärken und Schwächen ihrer Kinder zu sensibilisieren und sie in die Lage zu versetzen, frühzeitig bestmögliche Voraussetzungen für deren Entwicklung und Entfaltung zu schaffen.

Nur wenn sich *Kindergarten und Grundschule* füreinander öffnen durch verbindliche Formen der Zusammenarbeit, wird der Übergang zwischen beiden für Kinder erleichtert.

Erziehungs- und Lehrpersonal benötigt auf allen Ebenen Kenntnisse über die abgebende und aufnehmende Institution, um vertrauensvoll zusammenzuarbeiten. Klare Anforderungen an die Leistung und an die Leistungsbereitschaft der Kinder sind ein unverzichtbares Element, um ihre Fähigkeiten zu entfalten und negative soziale Ausgangsbedingungen auszugleichen.

11. Kulturelle Bildung trägt entscheidend dazu bei, den Lernerfolg auch in anderen Bereichen zu verbessern. Sie unterstützt die *Vermittlung eines verbindlichen Wertegerüstes*. Damit weist sie einen Weg in ein verantwortungsvolles, selbstsicheres Erwachsenenleben. Auch die *frühe Musik-, Kunst- und Bewegungserziehung sowie das spielerische Sprachenlernen* ist ein elementarer Bestandteil von Bildung. *Die früh- zeitige Begegnung mit Kultur, mit Liedern, Märchen und Gedichten in den Familien ebenso wie im Kindergarten und der Grundschule stiftet Identität und schafft Verbundenheit mit den eigenen kulturellen Wurzeln.* Außerdem liegt ein beträchtliches Potenzial für die soziale Integration im *Gemeinschaftserleben von Musik und Sport.*

12. Die Bildung der Kinder ist die Grundlage für die *Wettbewerbsfähigkeit* des Wirtschaftsstandortes Deutschland. In Deutschland werden gegen- wärtig lediglich 0,5 Prozent des Bruttoinlandproduktes für Maßnahmen der Betreuung, Erziehung und Bildung im Vorschulalter ausgegeben. In den westlichen Bundesländern ist der Bedarf an Betreuungsmöglichkeiten für unter dreijährige Kinder und für jüngere Schulkinder besonders hoch.

Dafür setzen wir uns ein:

Wer Bildungschancen grundlegend verbessern will, muss damit früh be- ginnen. Es ist Aufgabe der Länder, entsprechende Bildungskonzepte zu entwickeln, die Brüche im Übergang zwischen den Entwicklungsstufen vermeiden helfen, die ein Kind in den ersten zehn Jahren durchläuft. So kann die Entwicklung von Kindern gezielter gefördert werden. Gemein- same Fortbildungen von Erzieherinnen und Erziehern mit Lehrkräften in Grundschulen können ebenso der besseren Verknüpfung dienen. *Wir treten für eine Reform der Fachkräfteausbildung ein*, Laufbahnen müssen durchlässiger werden. Der Erfahrungsaustausch zwischen den Ländern kann bei der Verbesserung der Qualität helfen. Erfolgreiche Projekte dienen als Orientierung für spezifische Anforderungen vor Ort.

- Um die Potenziale aller Kinder frühzeitig zu unterstützen, ist vor allem der Kindergartenbesuch bei Kindern aus *bildungsfernen Elternhäusern* auch im Hinblick auf den Spracherwerb zu fördern. Frühkindliche Bildung nimmt hier die Stelle eines öffentlichen Gutes ein, um Kinder möglichst gut auf die Schule vorzubereiten und ihnen damit gleiche Chancen auf Bildung zu eröffnen.

- Die Kinderbetreuung außerhalb der Familie ist gesetzliche Pflichtaufgabe der Kommunen. Angesichts der herausragenden Bedeutung der Kinderbetreuung für die Chancen der Heranwachsenden und damit für unsere gemeinsame Zukunft, ist jedoch im Rahmen der Föderalismusreform II zu prüfen, *wie die Aufgaben und Finanzströme zwischen Bund, Ländern und Kommunen besser organisiert werden können, um dem gemeinsamen Anliegen einer bestmöglichen Bildung in den frühen Jahren gerecht zu werden*. Bei der Finanzierung muss Transparenz herrschen.

Die Ausgaben für Einrichtungen und Maßnahmen zur Bildung, Erziehung und Betreuung von Kindern sollen künftig Priorität bei der Verteilung der Ressourcen einnehmen. *Wir wollen mittelfristig mindestens das letzte Kindergartenjahr verpflichtend und beitragsfrei anbieten*. Voraussetzung ist eine nachhaltige und solide Finanzierung, die nicht einseitig zu Lasten der Kommunen gehen.

Die CDU unterstützt den *bedarfsgerechten Ausbau von Ganztagsschulen*. Das ist an die Erwartung gebunden, dass sie einen pädagogisch strukturierten Tagesrhythmus schaffen, der Lernen sowohl in den klassischen Schulfächern als auch in Sport und der Gesundheitserziehung, in musisch-künstlerischen Feldern und die Vermittlung von sozialen Kompetenzen umfasst. Voraussetzung sind hohe Qualitätsstandards der Schule, Transparenz der Inhalte und Formen sowie eine konsequente Einbindung der Eltern in die Schulgestaltung und die Öffnung für Träger der Jugendhilfe. Die eindeutige Beschreibung von Bildungszielen und Instrumenten für Diagnose und Vergleichbarkeit des Lernfortschritts ist der richtige Weg, Selbsttäuschungen über den Bildungserfolg zu entgehen.

Erziehungs- und Lehrpersonal ist in der Ausbildung darauf vorzubereiten, auch den *Zugang zu den Eltern zu finden, die zu einer partnerschaft-*

lichen Zusammenarbeit nicht in der Lage sind oder sich dieser entziehen. Eine aufsuchende Elternarbeit wird hier die einladende ergänzen müssen. Familienfreundliche Kindergärten und Grundschulen sind daran zu messen, wie es ihnen gelingt, zwischen den Elternhäusern und Schulen bzw. Kinderbetreuung gemeinsame Erziehungsvorstellungen und Erziehungsvereinbarungen sowie familiengerechte Rahmenbedingungen zu entwickeln und umzusetzen.

Angebote der Familienberatung und Familienbildung müssen ausgebaut, breiter bekannt gemacht und durch bessere Vernetzung sowie regionale Koordinierung leichter erreichbar werden. Sie müssen Eltern und Großeltern praktische Erziehungshilfen vermitteln. Der Zugang muss allen Eltern und auch Großeltern nach Bedarf offen stehen. Hierfür kann der Ausbau von Kindergärten zu „Familienzentren" sinnvoll sein. Kirchen, Verbände, Vereine und anerkannte Träger der freien Jugendbildung und der außerschulischen Jugendbildung können Kindern und Jugendlichen in besonderem Maße Werte vermitteln, sie zu sozialem Verhalten anleiten und ihre Persönlichkeit somit bilden. Dieser Beitrag muss stärker berücksichtigt werden.

- *Neue Erkenntnisse der Entwicklungspsychologie* müssen in die Lehrpläne und berufsbegleitenden Fortbildungen einfließen, um individuell angepasste Beratungsprozesse zu verbessern. Damit dies gelingen kann, muss die Frühpädagogik sowie deren Verknüpfung zur empirischen Bildungsforschung an deutschen Hochschulen ausgebaut werden. *Das frühzeitige Erkennen und die angemessene Förderung von Kindern mit Lernschwächen wie auch von Hochbegabten soll ein fester Bestandteil der Ausbildung von Erzieherinnen und Erziehern sowie der Lehrerbildung werden.* Dies muss durch eine gezielte Lern- und Sprachstandsdiagnostik unterstützt werden, die es erlaubt, den individuellen Förderbedarf besser zu erkennen.

- In der Ausbildung von Erzieherinnen und Erziehern, bei der Lehrerbildung sowie in grundsätzlich verpflichtenden Weiterbildungsangeboten muss *besonderer Wert auf die musische und sportliche Bildung gelegt werden.* Zu prüfen ist, ob das Erlernen eines Musikinstruments und die Vermittlung eines Liederkanons zum Bestandteil der Grundschullehrerausbildung gemacht werden kann. Darüber hinaus müssen Erzieherinnen und Erzieher in ihrer Aus- und Weiterbildung auch dafür vorbereitet werden, Kinder und *Jugendliche an Natur und Technik, deren*

Zusammenhänge, Ursachen und Wirkungen heranzuführen. Insbesondere bei Mädchen muss frühzeitig das Interesse an technischen Berufen geweckt werden.

Kinderbejahende Gesellschaft: Neue Generationenbeziehungen

13. In dem Maße, in dem Mehrgenerationenfamilien und der selbstverständliche Zusammenhalt der Generationen schwinden, müssen neue Formen entwickelt werden, um das generationenübergreifende Zusammenleben besser in die heutige Gesellschaft einzufügen. Mehrgenerationenhäuser bieten hierfür eine Plattform, indem sie bislang voneinander getrennte Angebote bündeln. Fürsorge für andere und Solidarität zwischen den Generationen bilden das Fundament unserer Gesellschaft. Beides wird maßgeblich in der Familie gelernt, ermöglicht und praktiziert; es basiert wesentlich auf der Fürsorge der Familienmitglieder füreinander. Veränderungen der Lebensverläufe und im Bevölkerungsaufbau der Bundesrepublik Deutschland lassen *diese Form privater Solidarität* in Zukunft noch wichtiger werden. Staatliche Sozialpolitik kann die Fürsorge in der Familie nicht ersetzen.

Zur Familie gehören alle Generationen. Doch die beruflich geforderte Mobilität und die demografische Entwicklung führen dazu, dass Alt und Jung häufig getrennt voneinander leben. Es gibt immer weniger Kontakte zwischen den Generationen, der Trend zur Vereinzelung und Vereinsamung wächst. Dies kann die Bildung von Vorurteilen und Ablehnung zwischen den Generationen nähren. Entscheidend ist, ob es gelingt, ein gutes Verhältnis zwischen den einzelnen Generationen zu bewahren oder wieder zu schaffen, damit die absehbaren Probleme gemeinsam bewältigt werden können.

Dafür setzen wir uns ein:

- Politik für Familien muss die veränderten Lebensverläufe stärker berücksichtigen, um die Solidarität der Generationen zu festigen. Junge Menschen brauchen die Zuversicht, dass sie in der Familienphase nicht überfordert werden.

- Menschen müssen heute in jeder Alterstufe lernen und sich der vorher-
gehenden, wie auch der nachwachsenden Generation öffnen. Es gibt
zunehmend alte Menschen, die an gesellschaftlichen Entwicklungen
interessiert sind und sich einbringen wollen. Entsprechend müssen
wir generationsübergreifende Begegnungen und Projekte ermöglichen
und für sinnvolle Beschäftigungs- und Weiterbildungsmöglichkeiten
für Ältere nach der Phase der aktiven Erwerbstätigkeit sorgen. Kirchen,
Verbände, Bürgerstiftungen, Freiwilligenagenturen können bei der
Schaffung eines ehrenamtlichen Netzwerkes zur Familienunterstützung
wichtige Arbeit leisten.

Mehrgenerationenhäuser sollten in jedem Landkreis und in jeder kreis-
freien Stadt in Deutschland eingerichtet werden. Sie ermöglichen zusätz-
liches bürgerschaftliches Engagement. Dies ist wichtig, da bürgerschaftliches Engagement längst nicht mehr nur in den Formen des klassischen
Ehrenamtes geschieht und lebenslanges und zwischen den Generationen
tradiertes soziales Engagement in Institutionen zurückgeht.

Mehrgenerationenhäuser sollen ebenso zur Etablierung eines lokalen
Marktes für haushaltsnahe, Familien unterstützende Dienstleistungen
beitragen. Entscheidend ist ihre Vernetzung mit Jugendhilfe, Schule und
Kinderbetreuung, um eine verlässliche koordinierte Grundversorgung zu
gewährleisten. Ziel ist es, das Verständnis und die Solidarität unter den
Generationen zu stärken, Netzwerke zwischen den Generationen rund um
Kinder und ihre Erziehung wieder dichter zu knüpfen.

II. PARALLELE KINDERWELTEN

14. Seit den 70er Jahren des 20. Jahrhunderts ist jede neue Kindergene-
ration zahlenmäßig etwa ein Drittel kleiner als ihre Elterngeneration.
Es gibt zu wenig junge Menschen in unserem Land. Durch die Veränderungen im Bevölkerungsaufbau hat sich auch die Situation der Kinder
verändert. Früher bot der Vierklang von Familienverbund, Nachbarschaft,
Schule und Kirche den Eltern ein Netzwerk der Hilfe und den Kindern
Orientierung. Dies war nicht immer konfliktfrei, doch jungen Eltern
diente es als Stütze beim Erlernen von Erziehungskompetenzen. Hinzu
kam: Es war selbstverständlich, dass Kinder mit zumeist mehreren Ge-
schwistern und vielen anderen Kindern aufwuchsen. Heute erleben Kinder
dagegen seltener andere Kinder. Die Erziehung liegt in den Händen ganz
weniger Menschen. Meist ist es vor allem die Mutter, die erzieht; selbst

der Vater ist oft relativ fern. Ohne ein unterstützendes Netzwerk steigt die Verantwortung der Eltern für die Chancen ihrer Kinder. Eltern stehen heute, anders als die Generationen vor ihnen, unter einem enormen Erwartungsdruck.

Es entstehen parallele Kinderwelten: Einerseits gibt es jene Kinder, die umsorgende, liebevolle und engagierte Eltern haben. Ihre Entwicklung wird durch vielfältige Förderung und Motivation bereichert. Daneben wachsen Kinder auf, die überbehütet sind und daran gehindert werden, eigene Erfahrungen bei der Bewältigung von Schwierigkeiten und Problemen zu machen. Sie finden nicht genügend Freiräume, um ihre eigene Kreativität spielerisch zu entdecken. Ein weiterer, wachsender Anteil von Kindern erfährt keine oder zu wenig Anregungen. Nicht selten werden sie vernachlässigt und bekommen keine Gelegenheit, sich aktiv an der Gestaltung der Welt zu beteiligen. Passiver Medienkonsum dominiert ihren Alltag.

Parallele Kinderwelten: Unterschiedliche Erziehungsstile und Erziehungsziele

15. Indem es weniger Kinder gibt, hat sich auch das *Verhältnis zwischen Eltern und Kindern verändert*. Eltern sind heute häufig selbst in die Rolle des hauptsächlichen Begleit- und Spielpartners gerückt. Da zudem örtlich zerstreute Freundschaften und Spielkontakte üblich und schon deshalb nötig geworden sind, weil es nur wenige Kinder gibt, hat dies für Eltern Konsequenzen: Sie müssen für ihre Kinder Beziehungen zu anderen Kindern oder Aktivitäten organisieren. Dies hat zu dem Phänomen der „Transport"- und „Terminkindheit" geführt.

Die zunehmenden Brüche im Leben einer steigenden Zahl von Eltern bleiben nicht ohne Auswirkungen auf ihren Lebensstandard. So können Trennung, Scheidung oder Arbeitslosigkeit für viele Familien und Alleinerziehende in eine Abhängigkeit von Transferleistungen führen, die für immer mehr Menschen auch kein Übergangsphänomen mehr bleibt. Ein dauerhafter Bezug staatlicher Transferleistungen führt häufig zu Desillusionierung, Vereinsamung, Perspektivlosigkeit und im Empfinden nicht weniger Menschen zum Verlust ihrer Würde. Das familiäre Zusammenleben wird durch diese Auswirkungen zunehmend beeinträchtigt.

16. Vor allem in großen Städten weicht der soziale Zusammenhalt einer
mitunter beunruhigenden *Entsolidarisierung.* In manchen Stadtteilen
leben Kinder und Heranwachsende in einem Umfeld, in dem sie fast niemanden mit stetiger Erwerbsbiographie kennen lernen. *In einem Milieu,
in dem Vorbilder fehlen, die den Wer von Bildung in ihrer eigenen Bio-
grafie nachvollziehbar macht, wird Bildung als Chance zwangsläufig ent-
wertet.* Andere Wert- und Anerkennungsstrukturen treten an ihre Stelle.

Hinzu kommt, dass etwa ein Drittel der Eltern ein geringes oder gar kein
Interesse für den *Medienkonsum ihrer Kinder aufbringt. Zu mangelnder
Kommunikation innerhalb der Familie tritt damit eine weitere* Form von
Desinteresse. Besonders sozial schwache Eltern und Familien mit Migrationshintergrund statten das Kinderzimmer ihres Nachwuchses, insbesondere der Jungen, mit Fernseher und Unterhaltungselektronik großzügig
aus.

Intensiver, unreflektierter Medienkonsum vermindert zusätzlich die Fähigkeit für gelingende soziale Integration. Damit verstärken sich bestehende Defizite, während Selbstverwirklichung und Teilhabe über negative
Vorbilder gesucht werden. Kommunikationsdefizite, Vereinsamung und
„Sprachlosigkeit" im Lernprozess sind aber nicht Folge der neuen Medien,
sondern Folge ihrer falschen und einseitigen Nutzung.

Sinnvoll und reflektiert eingesetzt können die modernen Medien eine
vielfältige Bereicherung des methodischen Spektrums von Lehr- und
Lernprozessen sein. Um so wichtiger ist es, dass schon in den Familien
über Medienangebote wie etwa Fernsehen, Computer und Mobiltelefone
geredet wird, man sich auf Regeln der Nutzung verständigt und über
deren Einhaltung wacht, vor allem aber *kreative Alternativen für die Freizeitgestaltung gemeinsam mit den Kindern entwickelt.*

Dafür setzen wir uns ein:

- Um Kindern im Alltag Halt und Orientierung zu geben sowie eine sinn-
hafte Freizeitgestaltung zu ermöglichen, *benötigen wir umfangreiche
und vielfältige Angebote der außerschulischen Kinder- und Jugendbildung.* Dazu gehören neben der Bewegungserziehung auch künstle-
risch-kreative Anreize. Sie bieten die Chance, in Zusammenarbeit mit
Schulen insbesondere Kinder zu fördern, die aufgrund ihres sozialen
oder familiären Hintergrundes aus einem anregungsarmen Umfeld
kommen.

- Die *Fülle der Medienangebote bietet gerade Kindern neue Wissens-zugänge und Bildungsmöglichkeiten.* Um diese verantwortlich und sinn-voll nutzen zu können, ist eine frühzeitige *und altersgerechte Medien-bildung* nötig. Erzieherinnen und Erzieher, Lehrerinnen und Lehrer müssen sich in ihrer Ausbildung oder durch Fortbildungen eine solide Medienkompetenz aneignen. Auch zur Medienberatung von Eltern müssen Angebote geschaffen, ausgebaut und weiterentwickelt werden.

- Kinder sind durch Medienangebote vielfältigen Einflüssen ausgesetzt. Medienanbieter und Medienschaffende müssen sich ihrer damit ver-bundenen Verantwortung bewusst sein. Eine verstärkte freiwillige Selbstkontrolle ist daher notwendig. Klare Regeln und rechtliche Be-stimmungen des Jugendschutzes sind einzuhalten. Der Staat muss seiner Vorbildfunktion gerecht werden und die Einhaltung der Regeln auch durchsetzen.

Parallele Kinderwelten: Prävention und Früherkennung

17. *Eine Vernachlässigung elterlicher Fürsorge und Erziehungspflichten darf kein Tabu darstellen.* Defizite bei der Erziehung frühzeitig zu be-heben bedeutet, Perspektiven dort zu schaffen, wo sonst nur Aussichts-losigkeit herrscht.

Die Übergänge zwischen mangelhafter Förderung und Verwahrlosung sind fließend. Die bisherigen freiwilligen Früherkennungsuntersuchungen sind insgesamt eines der am besten akzeptierten Präventionsprogramme in Deutschland. Insbesondere Fälle von Vernachlässigung, Misshandlung und Missbrauch von Kindern legen jedoch nahe, dass bestehende Struk-turen verbessert werden müssen.

18. Risikofamilien benötigen besondere Aufmerksamkeit und ein Netz an Hilfen. Durch die bisherigen Angebote wurden sie vielfach nur un-genügend erreicht. Der frühe und unkomplizierte Zugang zu Beratungs- und Hilfsangeboten – möglichst eine Begleitung schon während der Schwangerschaft – ist daher genauso wichtig wie die Kooperation von Gesundheitswesen und Kinder- und Jugendhilfe. Die Bandbreite der erforderlichen Maßnahmen und Kompetenzen kann eine dieser Säulen allein nicht abdecken. Strukturelle Unterschiede dürfen eine engere Zusammenarbeit von Gesundheitswesen, Jugendhilfe, Kindergarten oder Schule nicht behindern, zumal alle vier mit der körperlichen, geistigen,

sozialen und emotionalen Förderung von Kindern ähnliche Ziele verfolgen.

Werden Beratungs- und Hilfsangebote von Risikofamilien nicht angenommen oder abgelehnt, ist eine aufsuchende Elternarbeit unerlässlich.

Dafür setzen wir uns ein:

- Der Rückgang bei den *Früherkennungsuntersuchungen* mit steigendem Alter des Kindes hängt zusammen mit unzureichendem Wissen über deren Nutzen, mit Nachlässigkeit, mangelnder Fähigkeit oder gar Bereitschaft zur Sorge für das eigene Kind. Damit die Prävention durch Früherkennungsuntersuchungen verbessert werden kann, setzt sich die CDU dafür ein, dass alle Kinder an diesen Untersuchungen teilnehmen. Wird trotz Aufforderung eine Teilnahme verweigert, kann dies ein Hinweis auf Vernachlässigung sein. Daher müssen die bestehenden datenschutzrechtlichen Vorschriften überprüft werden. Nur so lassen sich Maßnahmen zum Wohl des Kindes rechtzeitig einleiten. Tagespflege, Kindertageseinrichtungen und Kinderärzte sollen verstärkt für ein soziales Frühwarnsystem gewonnen werden, das in der engen Zusammenarbeit von Schule, Kinder- und Jugendhilfe auf kommunaler Ebene eine Grundlage findet.

- Für die Arbeit mit Risikofamilien muss ein dichtes Netz der frühen aufsuchenden Hilfe geknüpft werden. Geburtshilfe und Hebammen, Kinderärzte, Jugendhilfe und Jugendämter müssen sich untereinander abstimmen und Risikofamilien in den ersten Lebensjahren von Kindern koordiniert begleiten. Eine gezielte Betreuung durch Fallmanager ist sinnvoll. Prävention verhindert so spätere hohe Integrationskosten. Bund, Länder und Kommunen sind aufgefordert, wohnortnahe soziale Frühwarnsysteme zu entwickeln und damit den staatlichen Schutzauftrag zu stärken.

- Fachkräfte in unterschiedlichen Praxisfeldern der Jugendhilfe und Lehrpersonal müssen bei ihrer Aus- und Fortbildung die Arbeit mit schwierigen Elternhäusern einüben. Im Sinne einer weiteren Stärkung der konkreten Hilfe zur Selbsthilfe sind auch Eltern aus Risikogruppen durch fachliche Anleitung und Begleitung zu befähigen, andere zu unterstützen und damit selbst soziale Kontakte zu knüpfen.

III. MIGRATION UND INTEGRATION

19. Rund ein Fünftel aller in Deutschland lebenden Menschen sowie jedes dritte Kind unter sechs Jahren hat einen Migrationshintergrund. In einigen Großstädten gilt dies bereits für mehr als 40 Prozent der Kinder und Jugendlichen. Die Mehrzahl der Migrantinnen und Migranten lebt seit langer Zeit in Deutschland. Zwei Drittel der Kinder und Jugendlichen mit Migrationshintergrund sind hier geboren.

Sprachkompetenz und Integration fördern

20. Jedes Kind ist willkommen, keines darf uns bei der Entfaltung seiner Potenziale verloren gehen. Deshalb müssen wir den Blick vor allem auf ihre Chancen in den frühen Jahren richten. Die *deutsche Sprache ist unerlässliche Voraussetzung* für Bildung und Schulerfolg in Deutschland, für die Integration in den Beruf und in die Gesellschaft. Die Sprachentwicklung beginnt mit der Geburt und muss bereits im familiären Umfeld gefördert werden. Ein erheblicher Anteil der Grundschulkinder, insbesondere jener mit Migrationshintergrund, verfügt bei der Einschulung nicht über ausreichende Deutschkenntnisse.

In den ersten Lebensjahren lernt ein Kind eine zweite Sprache ebenso leicht wie seine Muttersprache. *Dieses Zeitfenster muss genutzt werden, um allen Kindern, die dauerhaft bei uns leben, die deutsche Sprache zu vermitteln.*

21. Der *Kindergarten* ist für den natürlichen, spielerischen Spracherwerb besonders wichtig. Allerdings nehmen nur zwei Drittel der Dreijährigen aus Familien mit Migrationshintergrund Kindergartenangebote in Anspruch. Obwohl es bei den Vier- und Fünfjährigen immerhin über 80 Prozent sind, liegt ihr Anteil bei allen drei Jahrgängen um zehn Prozentpunkte signifikant unter jenem von Kindern ohne Migrationshintergrund. Je geringer der Bildungsgrad des Elternhauses, desto geringer ist auch die Wahrscheinlichkeit, dass ein Kind ausreichend gefördert wird und den Kindergarten besucht. Dies gilt unabhängig davon, ob Familien einen Migrationshintergrund besitzen oder nicht. Die Verbindung von geringem sozialem Status und Migrationshintergrund verringert die Wahrscheinlichkeit nochmals erheblich, dass Kindergartenangebote genutzt werden. *Jedes fünfte Kind aus Familien mit Migrationshintergrund und geringem Bildungsgrad der Eltern besucht keinen Kinder-*

garten. Ohne vorherige Förderung haben Kinder aus einem solchen familiären Umfeld beim Schuleintritt hochproblematische Startbedingungen. Negative Lernerfahrungen, frühzeitige Versagensängste und Frustration sind nahezu unausweichlich.

22. Frühkindliche Bildung lässt sich nicht auf die Förderung der Sprachkompetenz reduzieren. Sprachliche Bildung ist jedoch ein entscheidendes Qualitätsmerkmal der Erziehung und Bildung im Kindergarten. Dabei muss neben einer allgemeinen Förderung auch Raum sein für individuelle Förderung. Kinder lernen unterschiedlich und verschieden schnell. Frühzeitige diagnostische Verfahren geben Aufschluss darüber, welche Kompetenzen ein Kind bereits mitbringt und welche Förderung gegebenenfalls nötig ist.

Es sind die Eltern, die als Vorbilder Herausforderungen meistern. Deshalb müssen Eltern auch besonders in die Pflicht genommen werden. Nicht eine abstrakte Erwartung an schulische Erfolge eröffnet Bildungschancen, sondern *die Bereitschaft der Eltern, am kulturellen, sozialen und wirtschaftlichen Leben in Deutschland teilzunehmen und sich dabei auf hier gewachsene kulturelle Werte und Orientierungen einzulassen*. Engagierte und motivierte Eltern können als Multiplikatoren gewonnen werden, um anderen ebenfalls Wert und Nutzen von Sprache und Bildung zu vermitteln.

Dafür setzen wir uns ein:

- *Wir brauchen verbindliche Sprachtandstests für alle Kinder im Alter von vier Jahren sowie bei festgestelltem Bedarf eine verpflichtende Sprachförderung.* Für diese Kinder ist der frühzeitige und regelmäßige Besuch einer Kindertageseinrichtung besonders wichtig. Unser Ziel ist, dass alle Kinder zumindest im letzten Jahr vor der Einschulung eine Kindertagesstätte besuchen.

- Um der zunehmenden „Sprachlosigkeit" in vielen Familien zu begegnen und nachhaltigen Erfolg zu gewährleisten, ist bei der Sprachförderarbeit stets das Elternhaus intensiv einzubeziehen. Das gilt nicht nur für Familien mit Migrationshintergrund.

- Auch *Menschen mit Migrationshintergrund müssen ermutigt werden, den Erzieher- und den Lehrerberuf zu ergreifen*, um als Vorbilder und Brückenbauer wirksam zu werden. Interkulturelle Erziehungskompetenzen, bei denen ein Verständnis und der Umgang mit kulturspezifischem Rollenverhalten vermittelt werden, sind zunehmend bedeutsam und erleichtern die Integration.

- *Kinder und Jugendliche müssen an allen Angeboten des schulischen Lebens teilnehmen können und dürfen.* Eltern dürfen ihre Kinder nicht von Klassenfahrten, Sportunterricht und sonstigen Aktivitäten fernhalten. Jungen und Mädchen müssen die gleichen Chancen auf die Entfaltung ihrer Persönlichkeit, gesellschaftliche Teilhabe und den Zugang zu Bildung haben. *Für alle Kinder gilt, dass sie die Normen und Werte der Gesellschaft, in der sie leben, verinnerlichen müssen.*

- Jedes Gemeinwesen basiert auf gemeinsamen moralischen Grundlagen. Bei der Suche junger Menschen nach Antworten auf die Frage nach dem Sinn des Lebens müssen auch Kindergarten und Schule Orientierung geben. Wer seine religiösen und kulturellen Wurzeln nicht kennt, besitzt weder ein verlässliches Wertefundament für sein Leben noch die Fähigkeit zur Integration und zur Toleranz. *Daher brauchen wir neben der festen Verankerung des christlichen Religionsunterrichts im Fächerkanon auch Religionsunterricht in anderen Weltreligionen, insbesondere des Islam, der an öffentlichen Schulen in deutscher Sprache, unter deutscher Schulaufsicht und mit in Deutschland ausgebildeten Lehrern erteilt wird.* Die Einrichtung eines Faches „Ethik als Wahlpflichtfach neben dem Religionsunterricht verstehen wir als ein Bekenntnis zum ethischen Auftrag der öffentlichen Schule.

(28) „FREIHEIT UND SICHERHEIT. GRUNDSÄTZE FÜR DEUTSCHLAND"

GRUNDSATZPROGRAMM 2007

PRÄAMBEL

[...] Wir wollen Deutschland voranbringen, indem wir die bürgerlichen Werte und Tugenden stärken, die unser Land erfolgreich gemacht haben. Unser Leitbild für Deutschland ist die Chancengesellschaft, in der die Bürger frei und sicher leben. Sie steht für Respekt vor Leistung und Erfolg. Und wir wollen die soziale Verankerung in die gesellschaftliche Mitte auch für jene, die bisher davon ausgeschlossen sind. Die Schlüssel für bessere Chancen auf dem Arbeitsmarkt liegen insbesondere in gleichen Bildungschancen und lebenslangem Lernen.

I. WIR CHRISTLICHE DEMOKRATEN

1. Wer wir sind – Menschenbild und Grundwerte der CDU

Die Volkspartei der Mitte

1. Die Christlich Demokratische Union Deutschlands ist die Volkspartei der Mitte. Sie wendet sich an alle Menschen in allen Schichten und Gruppen unseres Landes. Unsere Politik beruht auf dem christlichen Verständnis vom Menschen und seiner Verantwortung vor Gott.

2. Das christliche Verständnis vom Menschen gibt uns die ethische Grundlage für verantwortliche Politik. Dennoch wissen wir, dass sich aus christlichem Glauben kein bestimmtes politisches Programm ableiten lässt. Die CDU ist für jeden offen, der Würde, Freiheit und Gleichheit aller Menschen anerkennt und die hieraus folgenden Grundüberzeugungen unserer Politik bejaht. Auf diesem Fundament baut unser gemeinsames Handeln in der CDU auf.

3. Die CDU wurde von Bürgerinnen und Bürgern gegründet, die nach dem Scheitern der Weimarer Republik, den Verbrechen des Nationalsozialismus und angesichts des kommunistischen Herrschaftsanspruchs nach 1945 die Zukunft Deutschlands mit einer christlich geprägten Volkspartei gestalten wollten. In ihr fanden sich katholische und evangelische Christen, Frauen und Männer aus allen Regionen und sozialen Schichten

zusammen. *Die CDU hat konservative, liberale und christlich-soziale Wurzeln.* Auf der Grundlage gemeinsamer Wertüberzeugungen haben Mitglieder der CDU im Parlamentarischen Rat an der Erarbeitung des Grundgesetzes aktiv mitgewirkt und für Jahrzehnte die politischen Grundentscheidungen im freien Teil Deutschlands bestimmt – zum Beispiel die Soziale Marktwirtschaft, alle großen Sozialgesetze, die Einbindung der Bundesrepublik Deutschland in die westliche Werte- und Verteidigungsgemeinschaft und die Einigung Deutschlands und Europas. Der CDU im sowjetisch besetzten Teil Deutschlands blieb dies verwehrt.

4. Die geistigen und politischen Grundlagen der CDU sind in der *Sozialethik der christlichen Kirchen, in der liberalen Tradition der Aufklärung, in der wertkonservativen Pflege von Bindungen und dem Wissen darum, dass der Staat nicht allmächtig sein darf, sowie im christlich und patriotisch motivierten Widerstand gegen den Nationalsozialismus zu finden.* Zur Identität der CDU gehören auch die friedliche Revolution von 1989, die die kommunistische Diktatur der DDR überwand, und die Wiedervereinigung unseres Vaterlandes. Die Leistungen und die Erfahrungen von Bürgerinnen und Bürgern aus den neuen Ländern bereichern unser Gemeinwesen und die CDU. Die Christlich Demokratische Union Deutschlands ist die Partei der deutschen Einheit.

Das christliche Menschenbild

5. Für uns ist der Mensch von Gott *nach seinem Bilde* geschaffen. Aus dem christlichen Bild vom Menschen folgt, dass wir uns zu seiner *unantastbaren Würde* bekennen. Die Würde aller Menschen ist gleich, unabhängig von Geschlecht, Hautfarbe, Nationalität, Alter, von religiöser und politischer Überzeugung, von Behinderung, Gesundheit und Leistungskraft, von Erfolg oder Misserfolg und vom Urteil anderer. Wir achten jeden Menschen als einmalige und unverfügbare Person in allen Lebensphasen. Die Würde des Menschen – auch des ungeborenen und des sterbenden – ist unantastbar.

6. Aus der Würde des Menschen erwächst sein Recht auf die freie Entfaltung der Persönlichkeit und zugleich die Verantwortung gegenüber dem Nächsten. Der Mensch besitzt die Freiheit zur sittlichen Entscheidung. Er steht nach christlichem Verständnis in der Verantwortung vor Gott und *vor seinem Gewissen* und ist auf *Gemeinschaft mit seinen Mitmenschen angelegt.*

7. Jeder Mensch ist Irrtum und Schuld ausgesetzt. Darum sind auch der Planungs- und Gestaltungsfähigkeit der Politik Grenzen gesetzt. Diese Einsicht bewahrt uns vorideologischen Heilslehren und einem totalitären Politikverständnis. Sie schafft Bereitschaft zur Versöhnung.

8. Wir verstehen den Menschen als *Teil der Schöpfung*. Es steht ihm nicht zu, nach Belieben über die Natur zu verfügen. Sie ist uns zur Gestaltung und Bewahrung anvertraut.

Wir sind dafür verantwortlich, wie wir sie den nachfolgenden Generationen weitergeben.

9. Auf diesem Menschenbild beruhen die Grundlagen der demokratischen Rechts- und Verfassungsstaaten. Das gilt auch für diejenigen, die Würde, Gleichheit und Freiheit des Menschen nicht aus dem christlichen Glauben herleiten. [...]

Unsere Grundwerte: Freiheit, Solidarität und Gerechtigkeit

15. (*Bildungsziel im Grundsatzteil*):
Wir wollen den Sinn für Verantwortung und Gemeinwohl, für Pflichten und Bürgertugenden stärken.

16. (*Bildungsziel*): Leistung ist ein unentbehrlicher Antrieb. Es gilt daher, persönlichen Leistungswillen und Initiative zu fördern, ob auf Erwerb gerichtet oder nicht. Ohne persönliche Leistung kann kein Gemeinwesen gedeihen, Wohlstand erlangen und bewahren.

17. (*Bildungsziel*): Zur Freiheit gehört die Bereitschaft, sich für sie einzusetzen und sie nach außen und innen zu verteidigen. [...]

Solidarität

19. (*Bildungsziel*): Jeder hat das Recht auf und die Pflicht zur Solidarität und trägt mit seiner Arbeit und Leistung dazu bei, dass die Gemeinschaft für den Einzelnen eintreten kann. Wir bekennen uns zu dieser wechselseitigen Verantwortung. [...]

23. *(Bildungsziel):* Grundlage der Gerechtigkeit ist die Gleichheit aller Menschen in ihrer von Gott gegebenen Würde und Freiheit. Gerechtigkeit wahrt diese Würde und Freiheit.

24 *Chancengerechtigkeit:* schaffen, ist die notwendige Ergänzung der Gleichheit vor dem Recht. Jeder soll die gleiche Möglichkeit haben, sich in Freiheit so zu entfalten, *wie es seinen persönlichen Fähigkeiten entspricht.* Wir setzen uns dafür ein, dass jeder Mensch seine Lebenschancen frei und verantwortlich wahrnehmen kann. Dafür bietet die Chancengesellschaft die Voraussetzungen und Möglichkeiten. Sie wächst auf dem Boden möglichst gerecht verteilter Lebenschancen. Das erfordert gleiche Startchancen in Bildungswege und in die Arbeitswelt. Dazu gehört nicht, *Unterschiede in den persönlichen Anlagen des Einzelnen zu leugnen.* Wir wollen gleiche Chancen eröffnen, nicht gleiche Ergebnisse versprechen.

2. Unser Gesellschaftsbild

Freie Entfaltung der Person

28. [...] Auf der Suche nach Lebenssinn und Lebensglück müssen alle die Chance haben, sich so zu entwickeln*, wie es ihren Neigungen und Fähigkeiten entspricht.* Nach christlichem Verständnis gelingt freie Entfaltung nur in der Gemeinschaft.

Bildungsziel: Um Verantwortung übernehmen zu können, muss der Mensch seine *Kräfte und Anlagen frei entwickeln.*

29. *(Fundament Familie als Bildungseinrichtung)*

In der Familie erlebt der Mensch zuerst das Wechselspiel von Freiheit und Verantwortung.

29. *(Bedeutung von Erziehung und Bildung)*

Erziehung und Bildung schaffen wesentliche Voraussetzungen für die *freie Entfaltung der Person* und für die Fähigkeit zur Wahrnehmung von Freiheitsrechten und Bürgerpflichten. Die CDU will *differenzierte Bildungsangebote so verbessern, dass jeder die beste Chance auf die Entwicklung seiner Anlagen* wahrnehmen kann.

30. Die Gleichberechtigung von Frauen und Männern ist ein Grundrecht. Ziel unserer Politik ist, für Frauen und Männer, *Mädchen und Jungen gleiche Chancen zu schaffen und Benachteiligungen in allen Bereichen abzubauen*.

31. *(Bildungsziel)* Wo der Mensch sich frei entfalten kann, *entsteht Gemeinsinn*.

32. *(Bildungsziel):* Der Zusammenhalt unserer Gesellschaft hat sein Fundament in unserer Zusammengehörigkeit als Nation. Unsere gemeinsame Sprache, unsere Geschichte sowie das Leben und Handeln in einem wieder vereinten Nationalstaat begründen *ein patriotisches Zusammengehörigkeitsgefühl.* Jeder, der zu uns kommt und auf Dauer bei uns bleiben will, ist aufgefordert, sich mit diesem Land und *seiner Geschichte* vertraut zu machen und dadurch seinen Platz in unserem Land zu finden.

33. *(auch positives Verhältnis zur eigenen Geschichte):*
Ohne die gemeinsame Wertschätzung unseres freiheitlichen Gemeinwesens, ohne *Patriotismus*, ohne die Bereitschaft, in Heimat und Nation Pflichten zu erfüllen, Verantwortung zu übernehmen und Solidarität zu üben, kann ein Staat nicht gedeihen. *Unsere Geschichte ist voller Erfahrungen und großer Leistungen* in Wissenschaft und Kunst, in Wirtschaft und Politik. Wir blicken zurück auf eine beachtliche Tradition von Rechtsstaat, Verfassung und guter Verwaltung, wir haben den Sozialstaat begründet und die Soziale Marktwirtschaft entwickelt, wir leben seit vielen Jahrzehnten in Frieden und in einer stabilen Demokratie als Teil der europäischen Völkerfamilie, und wir haben die Wiedervereinigung friedlich vollendet. Zu unserer Identität gehört aber auch, dass wir die beschämenden Jahre des menschenverachtenden Nationalsozialismus als dauernde Mahnung bewusst halten, sie nicht verdrängen und gegen nichts aufrechnen. *Patriotismus* bedeutet für uns, im Bewusstsein der Vergangenheit unseres Landes seine Zukunft verantwortlich zu gestalten.

34. *(Bildungsziel):* Jeder Bürger muss zudem die für uns alle verbindlichen kulturellen Grundlagen unserer gesellschaftlichen und politischen Ordnung anerkennen. Das sind Werte, die unserer Geschichte als einer europäischen Nation entstammen und in unser Grundgesetz eingegangen sind.

Dabei ist für die CDU die Integration von Zuwanderern und ihren Kindern in unsere Gesellschaft eine politische Schlüsselaufgabe. Sie führt zu gleichberechtigter Teilhabe, zu wechselseitigem Verständnis und zugleich zur Identifikation mit unserem Land. [...]

36. Unsere politische Kultur ist geprägt von den *Gemeinsamkeiten der europäischen und den Besonderheiten der deutschen Geschichte*. Dazu gehören vor allem die föderale und die konfessionelle Tradition, das besondere Verhältnis zwischen Staat und Kirche und die Verantwortung, die den Deutschen aus den Erfahrungen zweier totalitärer Regime auch für die Zukunft erwächst.

37 *(Bildungsziel):* Diese *kulturellen Werte* und historischen Erfahrungen sind die Grundlage für den Zusammenhalt in unserer Gesellschaft und bilden unsere *Leitkultur* in Deutschland. Wir wollen sie mit Leben erfüllen. Unsere Kultur ist in Geschichte, Gegenwart und Zukunft europäisch geprägt und orientiert.

II. HERAUSFORDERUNGEN UNSERER ZEIT – GESTALTUNGSANSPRUCH DER CDU

Die Anforderungen der Wissensgesellschaft

46. [...] Die moderne Informations- und Kommunikationstechnologie treibt die Entwicklung zur *Wissensgesellschaft* voran. Der Anteil des Wissens an der Wertschöpfung nimmt zu. Damit entstehen völlig neue Wissensbereiche und Beschäftigungsmöglichkeiten.

47. Wissen wird zur wichtigsten Ressource. Darin liegt zwar eine große Chance für ein Land wie Deutschland, das immer arm an Rohstoffen war und auf eine *große Bildungs- und Forschungstradition* zurückblickt.

48. In dem Maße, in dem heute das Wissen der Menschheit wächst und der wissenschaftlich-technische Fortschritt bislang Unbekanntes erschließt, wächst die Bedeutung von Bildung. Denn dem Einzelnen gelingt es kaum noch, die immer größer werdende Menge der Informationen, die zur Verfügung steht, zu neuem Wissen zu verarbeiten. Wissen ist ungleich verteilt und *es veraltet schneller*. Umso schwieriger ist es, *möglichst viele Menschen daran teilhaben zu lassen*. [...]

55. Die soziale Herkunft des Einzelnen darf nicht über seine Zukunft entscheiden. Für die CDU ist *Chancengerechtigkeit* und damit die Befähigung zu eigenverantwortlicher Lebensgestaltung das Ziel, *nicht die Gleichheit der Ergebnisse*. Jeder Mensch ist ein unverwechselbares Individuum, das es zu schützen und zu bewahren gilt. Für uns steht *dieser freie und verantwortliche Mensch im Mittelpunkt* aller unserer politischen Überlegungen, nicht der Staat.

(Bildungsziel Soziale Marktwirtschaft)
Dafür gestalten wir Bedingungen, die Leistungsbereitschaft und Tüchtigkeit, Vertrauen in die eigene Kraft, soziale Verantwortung und Gemeinsinn stärken.

56. [Die großen Herausforderungen...] zu bewältigen, erfordert nicht nur Leistungswillen, Ausdauer und Disziplin, sondern vor allem *Neugier und Kreativität*. Nur mit neuen und mutigen Ideen – mit *wissenschaftlichen, kulturellen*, sozialen, wirtschaftlichen, politischen – werden wir das Land bleiben können, in dem wir gut und gerne leben.

57. Sicherheit hat heute viele Dimensionen. Die *Stärkung der Familie* und des Zusammenhalts der Generationen, die *Verbesserung von Erziehung und Bildung* sowie die Erneuerung der Sozialen Marktwirtschaft schaffen die Bedingungen für soziale Sicherheit.

Kulturelle Identität bietet den Menschen in unserem Land die Sicherheit, aus der heraus sie die Kraft zur Gestaltung ihrer Zukunft schöpfen. Wenn wir uns dessen versichern, was uns leitet, dann gewinnen wir inneren Halt, um Freiheit in Verantwortung wahrnehmen zu können. Die gesellschaftliche *Integration von Zuwanderern* auf der *Basis der Leitkultur* in Deutschland ist ein wichtiger Beitrag zur kulturellen Sicherheit. [...]

72. Familie: Kinder bereichern unser Leben. Deshalb kann *von einem Bedeutungsverlust der Familie keine Rede sein*, ganz im Gegenteil. [...]

74. Wir wollen starke Familien, in denen die *Kinder zu starken Persönlichkeiten* heranwachsen, fähig zu Eigenverantwortung und Solidarität.

75. Unsere Politik für die Familien orientiert sich *an traditionellen Werten und neuen Wirklichkeiten*.

76. *(Bildungsraum Familie):* In der Familie lernen *Menschen soziale Tugenden, wechselseitige Verpflichtungen, Vertrauen und Verantwortung.* Hier erfahren sie das Miteinander der Generationen. Die Familienwerte, *wie wir sie kennen,* sind elementar für die Entwicklung des Einzelnen, aber auch für den sozialen Zusammenhalt. Aus diesen Gründen ist uns die Bewahrung solcher Familienwerte eine Verpflichtung. [...]

78. Gerade weil Liebe und Zuwendung, wechselseitige Verantwortung und Verpflichtung in der Familie eine Zukunft haben sollen, *müssen wir Familie neu denken und gestalten.* Zu den Familienwerten gehören Hingabe und Verlässlichkeit, aber auch Respekt vor Individualität und Entfaltungswünschen des Partners und der Kinder. [...]

88. *Recht und Pflicht zur Erziehung der Kinder liegen in erster Linie bei den Eltern. Der Staat kann und soll die Erziehungsleistung der Eltern nicht ersetzen.* Er muss aber leicht zugängliche Angebote der Erziehungsberatung und -hilfe vorhalten und im Bedarfsfalle mit aufsuchender Arbeit bei Jugendlichen und Eltern Unterstützung leisten. Er muss darüber hinaus seiner Schutzpflicht Kindern gegenüber gerecht werden. Gewalt gegen Kinder und ihrer Verwahrlosung muss entschlossen entgegengetreten werden. Das Wohl der Kinder in unserem Land ist uns ein besonderes Anliegen. [...]

IV. BILDUNGS- UND KULTURNATION DEUTSCHLAND – ANTWORTEN AUF DIE WISSENSGESELLSCHAFT

1. Mehr Bildung für alle. Von Anfang an, ein Leben lang

90. Bildung ist der Schlüssel für individuelle Lebenschancen und hat *überragende Bedeutung für die Werte, die wir bewahren, und für die Werte, die wir entfalten wollen.* Nur bessere Bildung für mehr Menschen wird Wohlstand nachhaltig sichern. Sie wird es ermöglichen, die Herausforderungen der Zukunft zu bewältigen und die Chancen des Wandels zu ergreifen.

91. Die Freiheit und die Würde des Menschen, der Reichtum und die Fülle menschlicher Möglichkeiten kommen erst zur Entfaltung, wenn die *Talente und Fähigkeiten* junger Menschen von Anfang an gefördert, gefordert und entwickelt werden. *Leistungsbereitschaft und Leistungsfähigkeit* entwickeln sich am besten in einem Klima der Neugier und des Entdeckergeistes, auch außerhalb der Schule.

92. Die soziale Herkunft von Menschen darf nicht über ihre Zukunft entscheiden. „Aufstieg durch Bildung", so lautet unser gesellschaftspolitisches Ziel. Alle müssen einbezogen, keiner darf zurückgelassen werden. Armut beginnt allzu oft als Bildungsarmut. Die Teilhabe aller an Bildung und Ausbildung ist ein *Gebot der Chancengerechtigkeit*.

93. Die soziale Sicherheit und der gesellschaftliche Zusammenhalt erfordern, dass wir Kinder zu *starken Persönlichkeiten* heranbilden, die Vertrauen haben in ihre eigenen Fähigkeiten, soziale Rücksicht lernen und fähig sind zu Eigenverantwortung und Solidarität.

94. Durch ein freies, gerechtes und leistungsfähiges Bildungswesen werden wir jene *Werte weitergeben und bewahren können, auf denen Wohlstand und Sicherheit gründen.* Um unsere moralischen und ökonomischen Werte zu vermitteln, *ist Bildung von strategischer Bedeutung.*

95. Eine Wissensgesellschaft lebt davon, *möglichst jede Begabung zu entdecken und von früh an zu fördern*: Es kann gar nicht genug gut ausgebildete Menschen geben. Wenn Menschen länger leben und arbeiten, ist es ein Gebot ökonomischer und sozialer Vernunft und eine Verpflichtung für jeden, in allen Phasen des Lebens neue Kompetenzen zu erwerben. *Lebenslanges Lernen* wird zur besten Versicherung gegen die Wechselfälle des Lebens. Wenn sich das Wissen rascher als früher erneuert und künftige Berufe anspruchsvoller werden, dann ist die Frage einer *optimalen Bildung und Ausbildung die soziale Frage des 21. Jahrhunderts.*

96. Um sie zu beantworten, orientieren wir uns an mehreren Leitlinien. Wir *wollen mehr Differenzierung, mehr Flexibilität und mehr Durchlässigkeit im Bildungswesen*. Wir wollen Qualität und Leistung auf allen Gebieten verbessern. Wir wollen das Lernen in und mit der Praxis aufwerten und den Bildungsbegriff so erweitern, dass er den bewahrenswerten Idealen wie auch den neuen Notwendigkeiten gerecht wird. Wir wollen Bildung von Anfang an und ein Leben lang, und das aus humanen, sozialen und ökonomischen Gründen. Es ist, bei Kindern wie bei Erwachsenen, besser, gerechter und ökonomischer, in Bildung und Weiterbildung zu investieren, als zu versuchen, durch Transferzahlungen oder soziale Maßnahmen Fehlentwicklungen zu korrigieren. Oft genug gelingt dies auch nicht mit viel Geld. Deshalb gilt für uns die Maxime: Vorbeugen statt nachbessern.

Bildung von Anfang an

97. Kinder und junge Menschen sind kreativ und aufgeschlossen, wenn man ihnen eine entsprechende Umgebung bietet. Wir wollen deshalb Familien stärken sowie neue und anregende Bildungsorte für Kinder schaffen. Eine stärkere Verzahnung von frühkindlicher und schulischer Bildung ist nötig. Die Trennung von Bildung und Betreuung halten wir für künstlich und nicht mehr zeitgemäß. Kinder brauchen frühzeitig eine anregende Umgebung, in der sie die Welt spielerisch erforschen und entdecken können. Betreuungs- und Kindertagesstätten sind auch Bildungseinrichtungen. Deshalb wollen wir die Voraussetzungen dafür schaffen, dass die Drei- bis Zehnjährigen individuell *entsprechend ihren Fähigkeiten und Begabungen* gefördert werden. Wir treten für eine Weiterentwicklung der Fachkräfteausbildung ein, Laufbahnen müssen durchlässiger werden.

98. Das vielfältige gegliederte Schulwesen hat sich bewährt und erfolgreich weiterentwickelt. Das Konzept der Einheitsschule lehnen wir ab. Unsere Devise lautet vielmehr. Für jeden Abschluss einen Anschluss. Es müssen die richtigen Rahmenbedingungen geschaffen werden, damit die Schulen stetig besser und damit den Schülern gerecht werden. Jeder Schüler kann etwas und hat eine Schule verdient, die es schafft, seine Stärken zu stärken. Wir erwarten, dass eine Schule unter ähnlichen Bedingungen keine schlechtere Bilanz aufweist als vergleichbare Schulen.

99. Für den Wettbewerb der Schulen um die beste Bildung wollen wir neue Wege gehen. Wir wollen *verbindliche nationale Standards* und eine wirksame, öffentlich sichtbare Evaluierung, dann aber auch mehr Freiheit und Eigenverantwortung für die Schulen, um ihren Weg für eine bessere Unterrichtsqualität zu finden. Wir müssen einen neuen Schwerpunkt auf eine fundierte empirische Bildungsforschung und eine kontinuierliche Bildungsberichterstattung legen. Beschlossene Bildungsstandards müssen in allen sechzehn Ländern konsequent umgesetzt werden. Die Zusammenarbeit zwischen den Ländern muss Vergleichbarkeit, vor allem bei den Abschlussprüfungen, und damit Mobilität ermöglichen. Wir halten an der öffentlichen Verantwortung für das Schul- und Bildungswesen fest; Bildungseinrichtungen in freier Trägerschaft sind ein unverzichtbarer Bestandteil dieses Bildungswesens.

100. Mehr Eigenverantwortung ist der bessere Weg, dieser Aufgabe gerecht zu werden und die Schulen zu befähigen, ihren Auftrag umfassend zu erfüllen. *Lehrer* leisten einen herausragend wichtigen Beitrag für unsere Gesellschaft. Ihre Ausbildung ist der Schlüssel für die erzieherische Kraft der Schule. Neben der differenzierten und fundierten fachlichen Ausbildung muss die pädagogische Praxis im Mittelpunkt stehen. Aus- und Fortbildungen müssen die erworbenen Kompetenzen regelmäßig ergänzen und aktualisieren. Schulqualität setzt eine ausreichende Zahl qualifizierter Lehrerinnen und Lehrer voraus. Auch für sie muss sich Leistung lohnen.

101. Der Auftrag von Schule und Lehrern geht über die *Vermittlung von Wissen weit hinaus. Junge Menschen brauchen auch Werte und soziale Tugenden,* um ihr Leben erfolgreich zu meistern. Die Achtung vor Demokratie und Rechtsstaat muss immer wieder neu vermittelt werden. *Politische Bildung* ist unverzichtbar, den Schüler- und Jugendaustausch in Europa gilt es zu fördern. *Musische und religiöse* Bildung sind notwendig für eine ganzheitliche Entwicklung der Persönlichkeit. Die CDU tritt dafür ein, dass *konfessioneller Religionsunterricht in allen Ländern zum Kanon der Pflichtfächer* zählt. Neben dem evangelischen und katholischen Religionsunterricht soll bei Bedarf auch Unterricht in anderen Religionen in deutscher Sprache mit in Deutschland ausgebildeten Lehrern und unter staatlicher Schulaufsicht angeboten werden.

102. Bildung beginnt nicht erst in der Schule, und sie hört nicht mit der Schule auf. Die eigentliche Schul-, Bildungs- und Ausbildungsphase in der *Jugend muss kürzer werden, frühebeginnen und früher enden*, dafür aber immer wieder durch Bildungsphasen im weiteren Lebensverlauf ergänzt werden. Die Fähigkeit, *lebenslang zu lernen*, muss am Lebensanfang begründet, in Schule und Ausbildung gefördert und durch eine hochwertige und sinnvolle *Weiterbildung* (wie steht es um kulturelle oder politische?) in allen Phasen des Lebens ergänzt werden. Hierzu gehört auch die Verantwortung der Unternehmen jungen Menschen Ausbildungsplätze anzubieten und die Fort- und Weiterbildung von Mitarbeitern zu ermöglichen.

Vielfalt, Differenzierung und Flexibilität

103. Zu den Stärken unseres Bildungswesens gehört die Vielfalt an Lernkonzepten und Lernwegen. Wir bekennen uns zu einem *begabungsgerechten, differenzierten Schulwesen (s.o.)*, das sowohl praxis- als auch theorieorientierte Ausbildungsmöglichkeiten eröffnet. Die verschiedenen Wege müssen dabei so durchlässig und flexibel wie möglich bleiben. Spitzenleistungen sind für die Zukunft unseres Landes von großer Bedeutung. Hochbegabte müssen entsprechend gefördert werden.

104. Die CDU befürwortet *den bedarfsgerechten Ausbau von Ganztagsschulen* unter Einbeziehung von Vereinen und ehrenamtlichem Engagement. Wir verbinden damit die Erwartung, dass die Ganztagsschulen einen pädagogisch strukturierten Tagesrhythmus bieten, der sowohl die herkömmlichen Schulfächer als auch *Gesundheitserziehung und Sport, musisch-künstlerische Tätigkeiten* und die Vermittlung von sozialen Kompetenzen umfasst.

105. *Lernschwache und Menschen mit Behinderung* brauchen Förderung und Hilfen, die auf ihre individuellen Bedürfnisse eingehen. Das selbstverständliche Miteinander von Behinderten und Nichtbehinderten, ihren Stärken und Schwächen, ist Kindern schon früh zu vermitteln, damit Barrieren in den Köpfen und im Verhalten gar nicht erst entstehen.

Qualität und Leistung

106. Wir wollen, dass Qualität und *Leistung* wesentliche Kriterien für das gesamte Bildungswesen sind. In dem Prinzip *„Fordern und Fördern"* sehen wir eine allgemeine Maxime für das pädagogische und bildungspolitische Handeln. Sinn und Zweck aller Anstrengungen ist es, bei allen jungen Menschen die Stärken auszubauen, ihren Glauben an sich und ihre Fähigkeiten zu fördern, sowie sie immer wieder die nützliche Erfahrung machen zu lassen, etwas erreichen zu können.

Diese Prinzipien und Maximen gelten nach unserem Verständnis für alle, so *vielfältig die Unterschiede nach Talenten, Herkunft oder Begabungen* auch sein mögen. Wer von anderen etwas fordert oder ihnen etwas zutraut, was sie leisten können, handelt sozial.

107. Wir wollen deshalb mehr und bessere Bildung für alle. *Darüber hinaus wollen wir möglichst viele Schülerinnen und Schüler zu Spitzenleistungen* befähigen. Die *verbindliche Festlegung* von überprüfbaren Lerninhalten und Schlüsselkompetenzen in Kerncurricula leistet hierfür einen entscheidenden Beitrag.

108. Bildung für alle, soziale Durchlässigkeit und Spitzenleistungen sind nur denkbar mit *Sprachkompetenz.* Sprache ist der Schlüssel für Bildung und Ausbildung, für Integration in den Beruf und in die Gesellschaft. Ein zunehmender Anteil der Kinder, insbesondere mit Migrationshintergrund, verfügt nur über ungenügende Deutschkenntnisse. Damit alle Kinder vom ersten Tag in der Schule mitsprechen und gleichberechtigt an Bildung und Ausbildung *teilhaben können, brauchen wir eine gezielte Sprachförderung im Kindergarten, verbindliche Sprachtests vor der Einschulung, bei erkannten Defiziten eine intensive Förderung und schulbegleitende Sprachprogramme. Hierbei ist das Elternhaus intensiv einzubeziehen. Gleichzeitig sollen die Mehrsprachigkeit und die interkulturelle Kompetenz dieser Kinder stärker erkannt und gezielt gefördert werden.* <u>Für alle Schüler gilt: Ab der ersten Klasse sollen sie neben der deutschen Sprache altersgerecht mindestens eine Fremdsprache erlernen.</u>

109. Die Qualität der <u>Hochschulausbildung</u> und damit auch die Qualifikation von Hochschulabsolventen und Forschern sind von entscheidender Bedeutung in der Wissensgesellschaft. Wir wollen Qualifikationsvorsprünge sichern und Deutschlands Stellung als international anerkannte Talentschmiede weiterentwickeln. Dieses Ziel zu erreichen, setzt ein differenziertes System von Universitäten, pädagogischen Hochschulen, Musik- und Kunsthochschulen, Fachhochschulen, Berufsakademien sowie privaten Hochschulen voraus. (**Duale Systeme?**) Jeder Hochschultyp soll in seiner Entwicklung gefördert werden. Damit staatliche Hochschulen ihren Aufgaben gerecht werden können, bedarf es einer angemessenen Grundausstattung aus dem Staatshaushalt. Mit *sozialverträglichen Studienbeiträgen* sollen die Hochschulen ihre Lehrangebote gezielt verbessern und besondere Lehrprofile entwickeln können. *Exzellenz auch in der Lehre* muss zum Selbstverständnis deutscher Hochschulen gehören. Studentinnen und Studenten müssen ermutigt werden, ihre Stärken weiter zu entwickeln, sei es bei praxisorientierten Studiengängen oder bei der wissenschaftlichen Ausbildung und in der Forschung. Ein *Wechsel zwischen den Hochschultypen* muss bei entsprechender Qualifikation möglich sein.

Verstärkter internationaler Studentenaustausch fördert den Erwerb von Schlüsselqualifikationen, die später dem Wirtschaftsstandort Deutschland zugute kommen werden. Hierzu trägt auch eine bessere Vereinbarkeit von Studium, wissenschaftlicher Karriere und Familie bei. Voraussetzung ist ebenso eine Ausweitung des Stipendienwesens.

110. Die *Einheit von Forschung und Lehre* bleibt eine wesentliche Voraussetzung für die Erfolgsgeschichte der deutschen Hochschulen. Damit sie diesen Weg fortsetzen können, muss universitäre Spitzenforschung gefördert und der Wettbewerb der Hochschulen weiter gestärkt werden. Wir wollen für die Hochschulen mehr Freiheit und Eigenverantwortung und weniger staatliche Vorgaben. Wir werden Forschung in Deutschland von bürokratischen Fesseln befreien.

Praktisches Wissen und Können

Wir wollen Theorie und Praxis wieder in ein vernünftiges Gleichgewicht bringen. Viele praktische Berufe brauchen in Zukunft mehr theoretisches Wissen als früher. In vielen akademischen Berufen ist es von Vorteil, früher und intensiver mit der Praxis in Berührung zu kommen. Wir wollen das Lernen in und mit der Praxis aufwerten. Berufsakademien und Fachhochschulen sind auch deshalb eine Erfolgsgeschichte, weil ihnen diese wechselseitige Durchdringung von Theorie und Praxis, Beruf und Studium besonders gut gelungen ist. [...]

112. Für die berufliche Bildung in Deutschland ist das duale System das Modell zur Verbindung von Theorie und Praxis. *Es ist ein Standortvorteil im internationalen Wettbewerb und die beste Vorbeugung gegen Jugendarbeitslosigkeit.* Betriebe und Schulen tragen in ihm gemeinsame Verantwortung für die Ausbildung. Es bietet Grundlagen für Einstiegs- und Aufstiegschancen und für das lebenslange berufliche Lernen. Dabei gilt es auch, Mädchen und Jungen bei ihrer Berufsorientierung Lust auf die Vielfalt der Wege und Ausbildungsmöglichkeiten zu machen.

Manche junge Menschen sind nicht in der Lage, auf Anhieb eine reguläre Berufsausbildung erfolgreich zu absolvieren. Ihnen wird heute zu oft bescheinigt, was sie nicht können, statt ihnen zu bescheinigen, was sie können. Für uns gilt: Jeder kann etwas. Deshalb *brauchen leistungsschwächere Jugendliche zusätzliche Einstiegschancen,* die zu arbeitsmarktverwertbaren und bescheinigten Qualifikationen führen und Anschlüsse offen halten. Jeder Einstieg in Ausbildung ist besser als keine Ausbildung. Dazu brauchen wir flexible Wege in der dualen Ausbildung. Hierzu dienen mehr qualifizierte Stufenausbildungen sowie insbesondere Ausbildungsbausteine als abgegrenzte und standardisierte Lerneinheiten, die eigenständig bescheinigt und als Ausbildungsleistung angerechnet werden. Daneben ist die Zusammenarbeit aller Beteiligter, insbesondere zwischen den allgemeinbildenden Schulen und den Einrichtungen der beruflichen Bildung, zu verstärken. Die duale Ausbildung soll auch dadurch attraktiver werden, dass die *Übergangs- und Anrechnungsmöglichkeiten für die Zulassung von Absolventen einer beruflichen Ausbildung zum Hochschulstudium* verbessert werden.

113. Junge Menschen entfalten ihre kreative Kraft, wenn sie sich am Beginn ihres Berufslebens gebraucht und ermutigt fühlen. Die Rahmenbedingungen müssen deshalb so gestaltet sein, dass die privaten und öffentlichen Arbeitgeber mehr als bislang bereit sind, Ausbildungsplätze anzubieten. Dabei setzen wir auf *Freiwilligkeit, Verantwortungsbewusstsein und gezielte Anreize statt auf staatlichen Zwang.*

114. Zu den Anforderungen der Arbeitswelt gehört es, mobil zu sein. Deshalb brauchen wir einen *europäischen Bildungsraum*, in dem Ausbildungsgänge und Bildungsabschlüsse vergleichbar sind und gegenseitig anerkannt werden.

Bildung ganzheitlich

115. Wir sind im Bildungswesen einem großen Erbe verpflichtet. Bildung ist die Anregung aller Kräfte des Menschen, damit dieser sich entfalten und zu einer sich selbst bestimmenden Individualität und Persönlichkeit entwickeln kann. Wir werden das Bildungswesen bewahren, indem wir es erneuern. Gerade in einer unübersichtlichen, aber chancenreichen Zeit gewinnt die *Allgemeinbildung* eine neue Bedeutung. Und wir wollen das Wissen darum lebendig halten, dass *Ideen und Ideale ihren eigenen Wert besitzen.* Zugleich werden wir an unseren Schulen die *ökonomische und die mathematisch-naturwissenschaftliche Bildung verstärken.*

Eine Bildungs- und Forschungspolitik, deren Horizont nur die praktische Verwertbarkeit kennt, wird auch diese verfehlen. Teilhabe, Sicherheit und Wohlstand für alle durch Bildung für alle wird es nur geben, *wenn Bildung ihren Sinn und Zweck in sich selber trägt und ihr Wert anerkannt wird.*
[...]

120. Zu moderner Forschung gehört das Denken über Fachgrenzen hinweg. Die Probleme und Herausforderungen unserer Zeit erfordern in zunehmendem Maße interdisziplinäre Ansätze. Zukunftsorientierte Lösungen entstehen oft in fachübergreifenden Forschungsprojekten. Die CDU erwartet die *Bereitschaft zum Zusammenwirken von allen Disziplinen, von Geistes-, Sozial-, Natur- und Ingenieurwissenschaften*.

Freiheit und Eigenverantwortung, *Exzellenz* und Wettbewerb sowie ein hohes Ausbildungsniveau sind die Leitlinien der CDU. [...]

3. Kultur: Ausdruck nationaler Identität und Weltoffenheit

125. Deutschland ist eine europäische Kulturnation, geprägt vor allem durch die christlich-jüdische Tradition und die Aufklärung. Kunst und Kultur formen nicht nur die Identität des Einzelnen, sondern auch die unserer ganzen Nation. *Wir wollen das reiche kulturelle Erbe unseres Landes bewahren*, das geprägt ist durch die Vielfalt seiner Länder und Regionen. [...]

129. Lebendige Erinnerung ist Teil unserer Kultur und *umfasst für uns die gesamte deutsche Geschichte mit allen Höhen und Tiefen.*

Prägend für die Bundesrepublik Deutschland sind die Erfahrungen aus der Zeit des *Nationalsozialismus*, insbesondere die Singularität des Holocausts.

Einen besonderen Rang besitzt auch die Aufarbeitung *der SED-Diktatur*. Herausragende Bedeutung kommt der friedlichen Revolution vom Herbst 1989 und der Wiedervereinigung zu. Die Geschichte des Kommunismus in der DDR ist nicht lediglich ein ostdeutsches Ereignis, sondern – wie die Geschichte des Nationalsozialismus – Teil der deutschen National-geschichte wie der europäischen Geschichte.

Das gilt auch für das *Schicksal der Heimatvertriebenen*. Das Gedenken an die Opfer der Vertreibung und ihr kulturelles Erbe gehören in den Er-innerungsbogen des ganzen Volkes. Ebenso wenig werden wir die groß-artige Aufbauleistung und die Integration der Vertriebenen und Flücht-linge nach dem Zweiten Weltkrieg vergessen.

Ein angemessenes würdiges Gedenken an die Freiheits- und Widerstandsbewegungen, die Friedensund Versöhnungsbeiträge und die wirtschaftlichen und politischen Aufbauleistungen ist nicht nur für einen *ehrlichen Umgang mit der eigenen Geschichte unverzichtbar, sondern auch konstitutiv für das Selbstverständnis der Nation und ihre demokratische Traditionsbildung.* Dazu gehört insbesondere die Ablehnung jeglicher Form von totalitären und diktatorischen Systemen.

Vor allem *Bildung und Wissenschaft*, Literatur und Kunst sind aufgerufen, zum Bewusstsein und zur Auseinandersetzung mit der ganzen deutschen Geschichte beizutragen.

130. *Ohne Kultur entsteht keine Bildung, ohne Bildung wächst keine Kultur. Kulturelle Bildung ist unerlässlich, um dem Einzelnen zu helfen, seine Persönlichkeit zu entfalten und an Demokratie und Gesellschaft teilzuhaben. Die kulturelle Dimension ist eine wesentliche Voraussetzung zur Vermittlung von Orientierung und Wissen. Insbesondere junge Menschen müssen frühzeitig an Kunst und Kultur herangeführt werden.*

Nur so können in Zukunft Angebot und Nachfrage für künstlerische Berufe und Kultureinrichtungen nachwachsen. Kulturelle Bildung muss in der Familie beginnen und darf mit der Schule nicht aufhören. Für die CDU ist kulturelle Bildung ein unverzichtbarer Bestandteil des öffentlich verantworteten und geförderten Bildungssystems.

131. Die *deutsche Sprache* ist mehr als ein Mittel der Verständigung. Sie ist ein herausragendes Merkmal der Kultur unseres Landes und ein die Gesellschaft einigendes Band. Deshalb haben wir eine besondere Verantwortung für den sorgfältigen und behutsamen Umgang mit der deutschen Sprache. [...]

134. Medienanbieter und Journalisten sind angesichts ihrer besonderen Einflussmöglichkeiten in hohem Maße mitverantwortlich für das gesellschaftliche und kulturelle Leben sowie für die politische Bildung. *Die Vermittlung einer grundlegenden Medienkompetenz als Orientierungshilfe gehört zum Bildungs- und Erziehungsauftrag von* Familie, Kindergarten und Schule.

(29) AUF DEM WEG ZUR BILDUNGSREPUBLIK
GEMEINSAM BILDUNG IN DEUTSCHLAND STÄRKEN
BESCHLUSS DES BUNDESVORSTANDS DER CDU,
13. OKTOBER 2008[10]

DIE BILDUNGSREPUBLIK IST REALITÄT UND VISION ZUGLEICH

Bildungschancen sind individuelle Lebenschancen für kulturelle Teilhabe, für beruflichen Erfolg und für Entwicklung und Innovation in unserem Land. Der Schlüssel für diese Teilhabe ist Bildung. „Wohlstand für alle", lautet die Kurzformel der Sozialen Marktwirtschaft, die Deutschland wirtschaftlichen Aufschwung und gesellschaftlichen Zusammenhalt gebracht hat. Heute müssen wir diese Formel weiterschreiben in „Bildung für alle". Deshalb wollen wir die Bundesrepublik noch stärker als bisher zur Bildungsrepublik machen.

Die Bildungsrepublik hält Chancen für alle bereit, ihre Begabungen und Talente zu entfalten. Alle haben die Chance zu einer qualifizierten Bildung und Ausbildung. Den Zugang zum Studium erhält, wer sich dazu entschließt und die dafür notwendigen Voraussetzungen mitbringt. Die Bildungsrepublik ist ein Land, das offen ist für neue Ideen und in dem der Föderalismus im Bildungswesen durch Vielfalt und Wettbewerb Chancen bietet, Menschen, die Herausforderungen anpacken und den Mut haben, Neues zu wagen, sind die Grundlage für unseren Erfolg im globalen Wettbewerb.

Die Bildungsrepublik ist ein Land, in dem Grundlagen für den wirtschaftlichen Erfolg geschaffen werden und das den Zusammenhalt in der Gesellschaft stärkt. Es ist besser, frühzeitig in die Bildung zu investieren als Bildungsdefizite durch Sozialleistungen aufzufangen. Deshalb werden Talente in der Spitze und in der Breite gefördert. Schon in der frühkindlichen Bildung werden Schwächen erkannt und gezielt behoben, damit niemand zum Bildungsverlierer wird. *Bildung schafft die Voraussetzung für den Eintritt in ein selbstverantwortetes Leben, für kulturelle Identität, für die Übernahme von Aufgaben in der Gemeinschaft, für die Erarbeitung der ökonomischen Grundlagen. Deshalb ist für uns Bildung mehr als die reine Vermittlung von Wissen. Bildung umfasst auch die Entwicklung von Urteilskraft und die Fähigkeit zur Orientierung am Gewissen als* innerem Kompass. Deshalb sind kulturelle und religiöse Bildung Grundlage für die Entwicklung einer gefestigten Persönlichkeit.

Kinder und Jugendliche stehen im Mittelpunkt unserer Bemühungen für Bildung und Erziehung. Bei ihren Lebenswelten und Bedürfnissen müssen Bildung und Erziehung ansetzen, um Bildungsbiografien erfolgreich zu begleiten und durch Bildung Lebenschancen zu eröffnen. „Fördern und fordern" lautet dabei unsere Maxime.

Wir verstehen Bildung umfassend. Sie reicht von der Förderung in den frühen Jahren bis zur allgemeinen beruflichen und wissenschaftlichen Weiterbildung. Wir wollen Bildung von Anfang an und ein Leben lang. Deshalb wollen wir Bildung in allen ihren Facetten stärken. Dafür muss die Fähigkeit, lebenslang zu lernen, am Lebensanfang begründet, in Schule und Ausbildung gefördert und durch hochwertige Weiterbildungsangebote in allen Phasen des Lebens ergänzt werden. Unser Bildungssystem befindet sich in einem tief greifenden Veränderungsprozess. Viele leisten dazu tagtäglich einen wichtigen Beitrag – Lehrerinnen und Lehrer, Erzieherinnen und Erzieher, Ausbilderinnen und Ausbilder sowie Familien.

Zugleich gibt es weitere Herausforderungen. Wir werden die frühkindliche Bildung weiter stärken, den Übergang in die Ausbildung verbessern, die Durchlässigkeit fördern *und mehr junge Menschen für ein Studium gewinnen.* Mit den eingeleiteten Bildungsreformen ist Deutschland auf einem guten Weg, aber noch nicht am Ziel.
Für uns Christdemokraten steht fest: Die soziale Herkunft darf nicht über Bildungschancen entscheiden. *Die Teilhabe aller an Bildung und Ausbildung ist ein Gebot der Chancengerechtigkeit.* So wird Aufstieg durch Bildung möglich und eröffnet sichere Lebenschancen.

DIESE LEITGEDANKEN PRÄGEN DIE BILDUNGSREPUBLIK:

1. Auf den Anfang kommt es an: Bildung und Erziehung beginnen im Elternhaus. Eine gelungene Erziehungsleistung, die die Familie erbringt, kann von keiner Institution ersetzt werden. Die CDU steht an der Seite der Eltern bei der Bewältigung dieser für unsere Gesellschaft wichtigen Aufgaben. In der Familie wird Solidarität gelebt, Gerechtigkeit erfahren und Freiheit in Verantwortung praktisch vorgelebt.

2. Frühkindliche Bildung in den Kindertagesstätten unterstützt Eltern in ihrer Erziehung, schafft Bildungschancen, indem sie Kinder in ihrer Entwicklung fördert, und ermöglicht bessere *Ausgangsbedingungen* am Schulbeginn. Dies ist die Hauptaufgabe der Kindertagesstätten. Wo die Familie außer Stande ist, können Kindertagesstätten notwendige Hilfe und Unterstützung bieten.

3. Bildung ist der Schlüssel zur Integration. Der hohe Anteil junger Menschen mit Migrationshintergrund, der in den kommenden Jahren weiter wachsen wird, verstärkt den Anspruch an die Schulen, Teilhabe und Aufstiegschancen für alle zu ermöglichen. Jedes Kind zählt. Wir können und wollen auf kein Talent verzichten.

4. In Kindergarten, Schule und Ausbildung werden die Grundlagen für die Bereitschaft und das Interesse am Lernen gelegt. *Bildung darf nicht an den fehlenden finanziellen oder erzieherischen Möglichkeiten der Eltern scheitern.*

5. Der *Lehrerberuf verdient mehr Respekt und Anerkennung in unserer Gesellschaft*.

Professionell ausgebildete Lehrerinnen und Lehrer sind wichtig für die Qualität von Schule und Unterricht. Daran muss sich die Lehrerbildung orientieren – in Erstausbildung und regelmäßiger Weiterbildung.

6. Schulqualität ist Unterrichtsqualität. Internationale Studien haben gezeigt, dass entscheidend für gute Bildung nicht bestimmte Strukturen sind, sondern die *Qualität des Unterrichts* sowie eine attraktive schulische Lernkultur. Die Stärkung der Qualität von Bildung muss an der internationalen Spitzengruppe orientiert sein.

7. Zu den Stärken des Bildungssystems gehört die Vielfalt an Lernkonzepten und Lernwegen zur individuellen Förderung. Schulen in freier Trägerschaft erhalten eine faire Förderung. *Wir wollen schulische Vielfalt statt Einheitsschule. Da jeder Mensch andere Potenziale und Begabungen hat, ist ein vielfältiges Bildungsangebot die wichtigste Voraussetzung für die Einlösung dieses Anspruchs. Dies gilt erst recht im Blick auf Schüler mit Behinderungen und Beeinträchtigungen.*

8. Mobilität – auch innerhalb Deutschlands – hat an Bedeutung gewonnen. Dem muss sich das Bildungssystem stellen. Deshalb sind *verbindliche Bildungsstandards und vergleichbare Abschlussprüfungen wichtig und notwendig*.

9. Jeder Abschluss muss auch die Chance auf einen Anschluss eröffnen. Jedem, der einen Bildungsaufstieg machen will, müssen Aufstiegswege offen stehen.

10. Das duale System der beruflichen Bildung ist die beste Vorkehrung gegen Jugendarbeitslosigkeit. Die berufliche Bildung ermöglicht der Mehrheit aller Jugendlichen den Einstieg in den Beruf und ist zugleich ein Aufstiegsweg. Die Durchlässigkeit zwischen beruflicher und allgemeiner Bildung muss für den Aufstieg geschaffen werden.

11. Eine neue Wertschätzung von Bildung erfordert höhere Investitionen. Mehr Geld allein reicht aber nicht. Kirchen, Unternehmen, Vereine und Verbände arbeiten im Rahmen ihrer Möglichkeiten an der Bildungsrepublik mit. In regionalen Bildungsnetzwerken leisten sie ihren Beitrag, um die Lern- und Leistungsbereitschaft junger Menschen zu steigern und insbesondere lernschwache Schülerinnen und Schüler zu motivieren. Stiftungen fördern mit ihren Möglichkeiten Bildungsprojekte, die ohne ihre Unterstützung so nicht möglich wären.

12. Die Teilhabe aller an Bildung und Ausbildung ist nicht nur ein Gebot der Chancengerechtigkeit, sondern ebenso *der ökonomischen Vernunft*. Viele praktische Berufe brauchen in Zukunft mehr theoretisches Wissen als früher; in vielen akademischen Berufen ist der Praxisbezug von Vorteil. Lebensbegleitendes Lernen und Weiterbildung sind wichtige Bausteine für beruflichen Erfolg und soziale Sicherheit jedes Einzelnen. Die Veränderungen der Arbeitswelt machen es nötig, sich fortwährend weiterzubilden und sich etwa während einer Familienzeit auf einen Wiedereinstieg in den Beruf vorzubereiten. Das sichert Beschäftigungschancen und erhält Erwerbsfähigkeit.

DAFÜR SETZEN WIR UNS IN DER BILDUNGSREPUBLIK MIT VORRANG EIN:

Wir wollen die besten Bildungschancen von Anfang an

- Wir bringen den *Ausbau von Betreuungsangeboten voran und verwirklichen den Rechtsanspruch auf einen Krippen- oder Tagespflegeplatz.* Wir wollen Familien bei den Gebühren für die frühkindliche Bildung und Betreuung entlasten. Das muss Hand in Hand gehen mit dem Ausbau der Angebote. *Mittelfristig wollen wir ein verpflichtend beitragsfreies letztes Kindergartenjahr.*

- Kindergärten sind Orte der Bildung. Der Ausbau der Kinderbetreuung muss begleitet werden von entsprechender pädagogischer Qualität. Deshalb gehört zur Ausbildung der Erzieherinnen und Erzieher die Kompetenz, Bildungsprozesse anzuregen und zu begleiten. Für Kinder von drei bis zehn Jahren sind gemeinsame Lernkonzepte sinnvoll. Deshalb müssen Bildungskonzepte entwickelt und umgesetzt werden, die Kindergarten und Grundschule besser verzahnen. Ein Modell hierfür sind „Bildungshäuser". Bildungshäuser gewährleisten beim Übergang von einer Entwicklungsstufe zur nächsten Kontinuität und ermöglichen gemeinsames Lernen über Altersstufen hinweg.

- Kindergärten und Grundschulen müssen zum selbständigen und spielerischen Erforschen der Welt anregen. Initiativen wie das „Haus der kleinen Forscher" und Kinderuniversitäten werden flächendeckend eingeführt. *Sie fördern bei Kindern Neugier, Entdeckergeist und das Interesse an Wissenschaft und Technik.*

- Wo Sprache verkümmert, wird Bildung schlechter. Wir brauchen *gezielte Sprachförderung* bereits im Kindergarten, verbindliche Sprachstandstests für alle Kinder im Alter ab vier Jahren und eine intensive Förderung bei erkannten Defiziten sowie unterrichtsbegleitende Sprachprogramme. Hier gilt es, bei Bedarf auch die Eltern in die Sprachförderung einzubeziehen und eine Kultur des Lesens zu begründen. Mehrsprachigkeit soll gezielt gefördert werden.

Wir wollen die besten Schulen für unsere Kinder

- Wir setzen uns für eine Initiative „Schule der Zukunft" ein, mit der in die Modernisierung der Schulen investiert werden soll. Dabei gilt: Räume zur Umsetzung individueller Lernkonzepte und ganztägiger Unterrichtsgestaltung sowie modernste Ausstattung mit Blick auf den MINT-Bereich müssen Standard werden. Es sollen auch innovative Projekte gefördert werden, die die Berufsvorbereitung und den Übergang in Ausbildung verbessern und individuelle Förderung ermöglichen.

- Gute Schulen sind *selbstständige Schulen*. So wie wir mehr Entscheidungsfreiheit für Hochschulen durchgesetzt haben, wollen wir diesen Weg auch für die Schulen weiter gehen. Die selbstständige und damit eigenverantwortliche Schule braucht einen verlässlichenorganisatorischen Rahmen und eine kompetente Beratung. In ihr entwickelt sich eine neue Schulkultur der Offenheit, Kooperation und der Verantwortung aller Beteiligten für die Ergebnisse. Was die Schule im Ergebnis leisten muss, muss der Staat festlegen und nachprüfen. Wie es geleistet wird, soll stärker vor Ort entschieden werden. Wir wollen die Qualität der Bildung deutlich verbessern. Dafür brauchen wir ausreichend Personal und *festgelegte Inhalte, die sich an internationalem Niveau orientieren.*

- Gute Schulen brauchen gute Lehrer. Die Lehrerausbildung muss auf den pädagogischen „Ernstfall" vorbereiten. Sie muss deshalb *einen stärkeren Berufsbezug haben*. Es gibt viele gute Konzepte in den Ländern. Eine Exzellenzinitiative „Lehrerbildung" soll helfen davon die besten Ausbildungskonzepte an deutschen Hochschulen weiter zu entwickeln. Damit die Lehrerinnen und Lehrer im Berufsalltag nicht allein gelassen werden, müssen sie die Freiräume erhalten, um regelmäßig an Weiterbildungen teilzunehmen.

- Erfolgreiche Integration verlangt Vorbilder. Deshalb werben wir gezielt dafür, dass *insbesondere Menschen mit Migrationshintergrund den Erzieher- und den Lehrerberuf ergreifen.*

- Um ihr pädagogisches Profil besser schärfen zu können, soll jede Schule größeren Einfluss auf die Anstellung von Lehrerinnen und Lehrern bekommen. Die Leiter von Schulen und Kindertagesstätten müssen durch gezielte Aus- und Weiterbildung entsprechende Kompetenzen erwerben.

- Die Überprüfung ihres Angebots durch *unabhängige Einrichtungen gibt Schulen wichtige Impulse zur Schärfung ihres Profils. Serviceagenturen* können Schulen unterstützend beraten und ein Qualitätssiegel verleihen, das gleichzeitig mehr Transparenz und Orientierung schafft.

- Schulen an sozialen Brennpunkten brauchen unsere besondere Aufmerksamkeit, um langfristig auch dem Entstehen von Parallelgesellschaften vorzubeugen. Deshalb wollen wir, dass Schulen, Jugendhilfe und Sozialarbeit enger zusammenarbeiten.

- Die Schule ist ein Lern- und Lebensort. Deshalb unterstützen wir *den bedarfsgerechten Ausbau von Ganztagsschulen.* Das Prinzip der Wahlfreiheit muss gewährleistet sein. Voraussetzung für erfolgreiche, freiwillige Ganztagsangebote sind hohe Qualitätsstandards, Transparenz der Inhalte und Formen sowie eine verstärkte Einbindung von Eltern, Vereinen und ehrenamtlichem Engagement. Aber auch an Schulen ohne Ganztagsangebot wollen wir diese Zusammenarbeit verstärken.

- Um Qualität zu sichern und mehr Mobilität zu ermöglichen, brauchen wir die Vergleichbarkeit von Abschlüssen. Beschlossene Bildungsstandards müssen in allen sechzehn Ländern konsequent umgesetzt werden. *Deutschlandweite Abschlussprüfungen, zumindest in den Kernfächern Deutsch und Mathematik, sollen für alle Schulen verbindlich werden.* Das sichert die Qualität des Unterrichts, schafft mehr Gerechtigkeit im Wettbewerb um besonders nachgefragte Ausbildungs- oder Studienplätze und ermöglicht durch bessere Vergleichbarkeit mehr Mobilität.

- Internationalisierung und interkulturelle Erfahrungen sind Voraussetzungen für das Bestehen in einer globalisierten Welt. Wir fördern das *frühe Fremdsprachenlernen*, die Begegnung und den Austausch von Jugendlichen und die berufliche Ausbildung im Ausland. Dafür darf es keine sozialen Barrieren geben.

Wir wollen Aufstieg durch Bildung ermöglichen

- Wir stehen für ein *gegliedertes Schulsystem*, das Durchlässigkeit ermöglicht. Deshalb wollen wir, dass erreichte Kompetenzen und Abschlüsse bei Übergängen besser anerkannt und angerechnet werden.

- *Wir wollen die Zahl der jungen Menschen ohne Schul- und Berufs-abschluss innerhalb der nächsten fünf Jahre im Bundesdurchschnitt halbieren.* Um die Ausbildungsreife von Schülerinnen und Schülern zu verbessern, sollen deshalb ein Jahr vor dem Schulabschluss die vorhandenen Kompetenzen überprüft und gegebenenfalls durch gezielte Förderung verbessert werden. Wir konzentrieren uns dabei auf die Anstrengungen im Schulsystem. Dies ist besser als nachholende Maßnahmen im Rahmen der Sozial- und Arbeitsmarktförderung.

- Jugendliche dürfen nach dem Schulabschluss nicht in „Warteschleifen" entmutigt werden. Durch echte und anschlussfähige Weiterqualifizierung sollen sie die nötigen Kompetenzen für eine Ausbildung erwerben. Wir wollen Schülerinnen und Schüler rechtzeitig über das ganze Spektrum chancenreicher Berufe informieren.

- Die Übergänge zwischen beruflicher und akademischer Bildung müssen durchlässiger werden. Viele praktische Berufe brauchen in Zukunft mehr theoretisches Wissen als früher. In vielen akademischen Berufen ist es von Vorteil, früher und intensiver mit der Praxis in Berührung zu kommen. Deshalb wollen wir die Möglichkeiten eines dualen Studiums deutlich ausbauen. Berufsakademien sind auch deshalb eine Erfolgsgeschichte, weil ihnen diese wechselseitige Durchdringung von Theorie und Praxis, Beruf und Studium besonders gut gelungen ist.

- Die Ausbildung von *Technikern und Meistern ist international hoch anerkannt. Sie soll künftig auch den Zugang zu Hochschulen erleichtern.* Wer berufliche Qualifikationen nachweisen kann, muss die Chance auf ein Studium haben. Berufsbegleitende Studiengänge sollen all jenen ein Studium ermöglichen, die aus der beruflichen Bildung kommen und ihren Beruf nicht aufgeben wollen oder können.

- Wir brauchen mehr berufsbegleitende Studienangebote. Wir unterstützen die Gründung einer Offenen Universität, die neue Zugangschancen zur akademischen Bildung eröffnet und innovative Wege der Weiterqualifizierung beschreitet.

- Die Bildungsrepublik braucht nachhaltige und innovative Finanzierungsmöglichkeiten, die allen offen stehen. Deshalb wollen wir durch *Aufstiegsstipendien, Weiterbildungsprämie und Weiterbildungsdarlehen sowie durch die Öffnung des Vermögensbildungsgesetzes Sparen für*

Bildung und Erwerbsfähigkeit attraktiver machen. Neue Studienfinan-
zierungsmodelle sollen die Handlungsfähigkeit der Hochschulen stärken
und sicherstellen, dass niemand allein auf Grund seiner wirtschaftlichen
Lage von einem Hochschulstudium abgehalten wird.

- Durch „Forschungsstipendien" sollen begabte Schülerinnen und Schüler
  für einen bestimmten Zeitraum einen Einblick in Wissenschaft und
  Forschung gewinnen. *Insbesondere Mädchen und junge Frauen wollen
  wir durch diese Angebote mehr für die MINT-Fächer interessieren.*

- Um allen jungen Menschen, die das wollen und auch können, die
  Möglichkeit für ein Studium zu geben, müssen in den nächsten Jahren
  deutlich mehr Studienplätze entstehen. Wir setzen uns dafür ein, den
  Hochschulpakt über das Jahr 2010 hinaus fortzusetzen. Zur Stärkung
  der Forschung an unseren Hochschulen streben wir die *Verstetigung
  der Exzellenzinitiative und des Paktes für Forschung und Innovation an.*

Zur Bildungsrepublik gehört der Ehrgeiz, unser Bildungs- und Wissen-
schaftssystem zu einem der weltweit besten auszubauen. Deshalb gilt für
uns: *Bei sinkenden Schülerzahlen werden frei werdende Mittel für neue
inhaltliche Aufgaben wie frühe Förderung, Ausbau von Ganztagsschulen,
Ausbau der Qualitätssicherung, Qualifizierung von Lehrkräften gebraucht.
Wir wollen bis 2015 gesamtstaatlich 10 Prozent des BIP in die Zukunft
und damit in Bildung und Forschung investieren.*

(30) „FAIRE CHANCEN – FÜR JEDES KIND!"
BESCHLUSS DES 23. PARTEITAGES,
14.–16. NOVEMBER 2010, KARLSRUHE

Für die CDU Deutschlands sind Familien das Fundament unserer Gesellschaft. Der Staat kann die Erziehungsleistung der Eltern nicht ersetzen.
Er muss seiner Schutzpflicht gegenüber Kindern und Jugendlichen gerecht werden. Deshalb leistet er im Bedarfsfall Unterstützung und tritt
der Gewalt gegen Kinder und ihrer Verwahrlosung entschlossen entgegen. Das Wohl aller Kinder in unserem Land ist uns ein besonderes
Anliegen.

Die CDU übernimmt auch für kommende Generationen Verantwortung. Wir messen uns daran, dass Entscheidungen, die wir heute treffen, auch in Zukunft tragfähig sind.

I. DIE CHANCENGESELLSCHAFT – LEITBILD FÜR DEUTSCHLAND

Unser Land eröffnet viele Chancen – gerade für Kinder. Sehr Viele nutzen diese Möglichkeiten. Die allermeisten Eltern unterstützen ihre Kinder und ermöglichen ihnen einen erfolgreichen Bildungsweg. Sie wissen, dass Bildung das Rüstzeug für ein erfolgreiches Leben ist. Sie erkennen, dass faire Chancen für Kinder zuerst im Elternhaus und in der elterlichen Verantwortung entstehen. Die Eltern in dieser Verantwortung zu bestärken und dort, wo es erforderlich ist, sie dazu anzuhalten, liegt im gesamtgesellschaftlichen Interesse und ist daher die primäre Aufgabe des Staates.

Aber es gibt eine wachsende Gruppe von Menschen, die die Chancen nicht nutzen können. Immer mehr Kinder wachsen in schwierigen Verhältnissen auf und sind deshalb auf die Unterstützung des Staates angewiesen.

Während sich die Zahl der Geburten in Deutschland seit 1965 fast halbierte, hat sich die Anzahl der Kinder, die staatliche Unterstützungsleistungen erhalten, nahezu verzehnfacht. Heute lebt ca. jedes sechste Kind unter 7 Jahren von staatlichen Transferleistungen. Dies wollen wir ändern. Es entspricht nicht dem Leitbild der Chancengesellschaft. Unser Land hat nur Zukunftschancen, wenn die nachfolgenden Generationen motiviert und gut ausgebildet heranwachsen. Das gilt umso mehr, weil wir vor gewaltigen Veränderungen im Bevölkerungsaufbau stehen: Die Zahl der älteren Menschen wächst, aber die Gesamtzahl der Bevölkerung schrumpft. Das stellt uns vor Herausforderungen, die insbesondere in den sozialen Sicherungssystemen, im Bildungsbereich und auf dem Arbeitsmarkt beachtet werden müssen. Kein Kind darf verloren gehen, jedes ist uns gleich viel wert und bereichert unsere Gesellschaft. Jedes Kind soll wissen: Du bist wichtig und leistest einen Beitrag für unsere Gesellschaft.

Subsidiarität und Solidarität

Es entspricht unserem christlichen Menschenbild, unserer Auffassung von einer fairen und sozialen Gesellschaft, dass jeder auf seinem Lebensweg Zugang zu den vielfältigen Chancen haben muss, die unser Land bietet, um seine eigenen Fähigkeiten und Begabungen entwickeln zu können. Deshalb ist unser Leitbild eine Gesellschaft, die allen gerechte Chancen eröffnet – die Chancengesellschaft. Sie hält zusammen, weil jeder durch eigene Leistung Aufstiegschancen nutzen kann, und die Stärkeren Verantwortung für die Schwächeren übernehmen. Sie setzt gleichermaßen auf Subsidiarität und Solidarität. Es geht um Leistung und Anstrengung ebenso wie um Chancengerechtigkeit.

Ob junge Menschen die Chance auf einen guten Lebensweg haben, hängt nicht zuletzt davon ab, ob ihnen ihre Lebensverhältnisse eine gute Entwicklung ihrer Begabungen und Stärken ermöglichen. Besonders wichtig sind Liebe, Vertrauen, Fürsorge und Erziehung in der Familie. Selbstständigkeit, Neugier und Leistungsbereitschaft müssen geweckt werden. Werte und Normen, gegenseitiger Respekt und gegenseitige Achtung sowie Toleranz sind wichtige Bausteine für die Entwicklung. Jedem Kind in unserer Gesellschaft steht ein solcher Bildungsweg zu. Er gewährleistet Begabungen und Fähigkeiten von Kindern zu erkennen und zu fördern. Die elterliche Erziehung ist unverzichtbar.

Unsere Anerkennung gilt den vielen Müttern und Vätern unserer Gesellschaft, die sich mit großem Engagement jeden Tag ihrer Elternverantwortung stellen. Sie legen den Grundstein für eine gesunde Entwicklung unserer Kinder. Es ist unsere politische Aufgabe, alle Eltern in die Lage zu versetzen, diese Verantwortung tragen zu können. Wenn Eltern mit der Erziehung und Förderung ihrer Kinder überfordert sind, helfen wir ihnen, diese Verantwortung wahrzunehmen. Erst wenn dies nicht oder nicht mehr möglich ist, liegt die letzte Verantwortung auch bei der Gesellschaft.

Die meisten Kinder in Deutschland wachsen – dank ihrer Eltern sowie der Unterstützung durch die Gemeinschaft – in einer Umgebung auf, die ihnen gute Chancen für ihr zukünftiges Leben eröffnet. Auch Eltern mit geringem Einkommen oder mit staatlichen Transferleistungen nehmen ihre Verantwortung ernst und motivieren ihre Kinder zu Bildung, Leistung und Selbstständigkeit.

Leider lebt aber auch eine zu große Zahl von Kindern in relativer Armut. Sie spiegelt sich nicht nur in finanzieller Hinsicht wider, sondern auch in unzureichender schulischer und kultureller Bildung, mangelnder Zuwendung sowie fehlender Vorbildfunktion der Eltern. Armut kann auch häufig verbunden sein mit gesundheitlichen Problemen sowohl körperlicher als auch seelischer Natur. Sie grenzt aus, verhindert Teilhabechancen und spaltet die Gesellschaft. Die Chancengesellschaft will hier ansetzen und den Zusammenhalt fördern.

Bildung ist eine Zukunftsinvestition

Die CDU setzt sich dafür ein, dass jedes Kind unter Bedingungen aufwachsen kann, die seine Möglichkeiten und Fähigkeiten bestmöglich fördern. Unser Ziel ist es, allen Kindern die Chance auf eine gute Zukunft zu bieten und sie nicht alleine zu lassen.

Kaum etwas prägt unsere Zukunft so sehr wie die Bevölkerungsveränderung infolge von Geburtenrückgang, Alterung und Zuwanderung. Schon heute zeichnet sich ab, dass es für unsere im globalen Wettbewerb stehenden Unternehmen zunehmend schwieriger wird, den Bedarf an gut qualifizierten Nachwuchskräften zu decken. Deutschland verliert pro Jahr 250 000 bis 300 000 Arbeitskräfte, weil geburtenstarke Jahrgänge aus dem Erwerbsleben ausscheiden und nicht genug junge und gut ausgebildete Menschen nachrücken. Wenn es hierzulande an Fachkräften fehlt, drohen schwerwiegende Folgen für Wachstum, Beschäftigung und Wohlstand. Deutschland ist ein reiches Land. Wir sind stolz auf die Leistungsfähigkeit unserer Menschen. Unsere Ingenieurkunst ist weltweit gefragt, „Made in Germany" ein geachtetes Qualitätsmerkmal. Unser Erfolg fußt auf guten Fachkräften, einer modernen Infrastruktur und einer vielfältigen Bildungslandschaft. Die wirtschaftliche Wettbewerbsfähigkeit Deutschlands, die Leistungsfähigkeit unseres Sozialstaats und der soziale Friede sind nicht nur durch den Wandel in der Bevölkerung neuen Herausforderungen ausgesetzt, sondern auch durch die steigende Bedeutung von Wissen und seiner Vernetzung sowie die rasanten technischen und wirtschaftlichen Veränderungen.

Wir müssen uns als rohstoffarmes Land darauf einstellen, dass unsere Arbeitswelt noch anspruchsvoller wird. Der Bedarf an ungelernten Arbeitskräften ist schon heute niedrig und wird weiter sinken. Die Nachfrage nach Mitarbeiterinnen und Mitarbeitern für anspruchsvolle Arbeitsplätze dagegen wird steigen. Deutschland wird als Volkswirtschaft, die besonders von Wissen und Können abhängig ist, seine Wettbewerbsfähigkeit nur durch Vorsprung bei technischen und wirtschaftlichen Innovationen sichern können.

Im weltweiten Wettbewerb werden wir uns nur behaupten können, wenn jeder Einzelne bereit und imstande ist, alle Leistungsmöglichkeiten, die in ihm stecken, auszuschöpfen. Beschäftigung, Wachstum und damit unser aller Wohlstand hängen davon ab, ob es uns gelingt, unsere Kinder durch umfassende Bildung und werteorientierte Erziehung erfolgreich auf das Leben vorzubereiten.

Die CDU setzt vorbeugend an, damit wir die Probleme von morgen lösen und eine gute Zukunft für unser Land gestalten können. Kinder am Rande der Gesellschaft gehören in die Mitte unserer Aufmerksamkeit und politischen Arbeit. So wie wir uns heute für Spitzenleistungen in Forschung und Wissenschaft einsetzen, müssen wir uns anstrengen, die Aufstiegsperspektiven unserer Kinder zu verbessern. Jeder muss faire Chancen bekommen. Wir wollen, dass jedes Kind seine Fähigkeiten entwickeln und angemessen nutzen kann, um ein eigenverantwortliches Leben zu führen.

II. HERAUSFORDERUNG KINDERARMUT

Fakten zur Kinderarmut

Armut hat viele Ausprägungen. Es geht darum, Wege aufzuzeigen, der Armut durch faire Chancen für Kinder und Jugendliche entgegenzuwirken.

In Deutschland gelten 2,5 Millionen Kinder und Jugendliche unter 18 Jahren als relativ arm. Das bedeutet: Rund 18 Prozent der Kinder und Jugendlichen leben – gemessen am durchschnittlichen Haushaltseinkommen – in relativ armen Haushalten. Betroffen sind vor allem Kinder von Alleinerziehenden, Großfamilien und Kinder aus Familien mit Zuwanderungsgeschichte. Eine der häufigsten Gründe für Armut der Kinder ist die Arbeitslosigkeit der Eltern.

Staatliche Geldleistungen sichern in den allermeisten Fällen die Lebensgrundlage. Von der CDU-geführten Bundesregierung wurde ein Bündel
an gezielten Maßnahmen entwickelt, das Familien und Kinder vor Armut
schützt und ihnen Bildungschancen eröffnet. Dieses besteht aus gezielten
finanziellen Hilfen, mehr Familienorientierung in der Arbeitswelt sowie
dem planmäßigen Ausbau der Kinderbetreuung und -förderung bis 2013.

Das 2009 und 2010 jeweils angehobene Kindergeld erreicht 1,8 Millionen
Kinder in einkommensschwachen Familien. Vom Kindergeldzuschlag
für gering verdienende Eltern profitieren inzwischen mehr als 300 000
Kinder, vor allem aus kinderreichen Familien. Der Unterhaltsvorschuss
sichert zusammen mit dem Kindergeld den gesetzlichen Mindestunterhalt
für ca. eine halbe Million Kinder von Alleinerziehenden. Schließlich erhalten seit 2009 etwa 1,3 Millionen Kinder ein Schulbedarfspaket von
jährlich 100 Euro bis zur 13. Klasse für Lernmittel bzw. für schulische
Bildung, um für Schüler von einkommensschwachen Eltern bessere Bildungschancen herzustellen.

Ohne staatliche Unterstützung wären heute etwa doppelt so viele Kinder
und Jugendliche armutsgefährdet. Auch das Urteil des Bundesverfas-
sungsgerichts zu den Hartz IV-Regelsätzen hat deutlich gemacht, dass
der Staat in besonderer Verantwortung für Kinder aus sozial schwachen
Familien steht. Kinder und ihre Familien haben Anspruch auf ein menschenwürdiges Existenzminimum, das auch Teilhabe in der Gesellschaft
ermöglicht. Gleichwohl können Sozialsysteme keine Dauerlösung darstellen, sondern nur eine vorübergehende Hilfsfunktion haben. Unser Ziel
ist es, Eltern in die Lage zu versetzen, selbst für sich und ihre Kinder zu
sorgen.

Begleiterscheinungen von Kinderarmut

Kinderarmut geht häufig einher mit sozialen, gesundheitlichen und seelischen Problemen und Auffälligkeiten.

Kinder und Jugendliche aus sozial schwachen Schichten leiden häufiger
unter Verhaltensauffälligkeiten, gesundheitlichen Problemen und Kontakt-
schwierigkeiten. Sie sind weniger eingebunden in das Schul- und Vereins-
leben und fallen oft durch übermäßigen Medienkonsum auf. Erhebungen
zu Einschulungsdaten belegen, dass in der unteren sozialen Schicht
deutlich mehr Kinder ein eigenes Fernsehgerät besitzen als dies in der

oberen sozialen Schicht der Fall ist. Sie verbringen zu viel Zeit mit Internet und fragwürdigen Computerspielen und werden zu selten motiviert, sich in Sportvereinen, Musikschulen oder Jugendgruppen einzubringen.

Bewegungsarmut, falsche Ernährung und ungelöste Familienkonflikte führen bei vielen Kindern zu Übergewicht, Diabetes, Störungen im Bewegungsapparat sowie zu Verhaltensstörungen und psychischen Krankheiten. In den letzten Jahren haben Forscher einen direkten Zusammenhangzwischen sozialer Herkunft und Gesundheit herstellen können. So gibt es in sozial schwachen Familien 5-mal so viele Kinder mit emotionalen und sozialen Störungen und 14-mal so viele Kinder mit erheblichen mentalen Beeinträchtigungen als in anderen Familien. Ebenso ist der Anteil an übergewichtigen Kindern deutlich höher und fast ein Drittel dieser Kinder haben schlechte Zähne.

Vorsorge- und Früherkennungsuntersuchungen werden bei Kindern aus armen Familien deutlich seltener und unregelmäßiger wahrgenommen. Vor allem spielt in vielen von diesen Familien Nikotin- und Alkoholmissbrauch der Eltern zum Schaden der Kinder eine überdurchschnittlich große Rolle. Auch der Alkoholkonsum der Kinder und Jugendlichen selbst ist vielfach erschreckend.

Unter allen Begleiterscheinungen von Kinderarmut wiegen Verwahrlosung, Vernachlässigung und Misshandlung am schwersten. Auch wenn solche Vorfälle in allen Bevölkerungsgruppen vorkommen, so gibt es doch eine Häufung in sozialen Brennpunkten.

Rund 100 000 Kinder sind täglich in Gefahr, Opfer von Vernachlässigung und Misshandlung zu werden. Schätzungen gehen davon aus, dass fünf bis zehn Prozent aller in Deutschland lebenden Kinder von Vernachlässigung betroffen sind. Jugendämter nehmen immer mehr Kinder und Jugendliche in Obhut: 2008 waren es 32 300 und damit 5 000 mehr als fünf Jahre zuvor. Einer der am häufigsten hierfür genannten Gründe war die massive Überforderung der Eltern.

Defizite erkennen und Ursachen bekämpfen

Kinderarmut hat viele Ursachen und betrifft vor allem bildungsferne Schichten, denn der Mangel an ausreichender Bildung und Qualifikation geht nicht selten einher mit dem Mangel an Erziehungskompetenz und erzieherischem Engagement. Wo Eltern mangels ausreichender Bildung und Qualifikation keine Perspektiven haben, geraten Kinder und Jugendliche ins Hintertreffen. Die Erfahrung zeigt, dass gerade arbeitslose Eltern es nicht schaffen, sich ausreichend Zeit für ihre Kinder zu nehmen. Insofern muss durch entsprechende Maßnahmen die Erziehungskompetenz der Eltern gestärkt werden.

Eine Untersuchung aus Berlin zeigt bspw., dass ein Viertel der Kinder aus der unteren sozialen Schicht Probleme in der sprachlichen Entwicklung haben und fast jedes zweite Kind aus einer Familie mit Zuwanderungsgeschichte bei der Einschulung nicht oder nur fehlerhaft deutsch spricht. Es ist nicht hinzunehmen, wenn Eltern es versäumen, ihren Kindern die deutsche Sprache zu vermitteln. Die Ursachen dieses Verhaltens müssen stärker untersucht und mit den Mitteln des Förderns und Forderns bis hin zu Sanktionen unterbunden werden.

Die Chancen dieser Kinder auf einen erfolgreichen Bildungsweg sind bereits gering, bevor dieser Weg überhaupt richtig begonnen hat. So ist bei den jungen Erwachsenen ohne Bildungsabschlüsse in den letzten Jahren eine beängstigende Entwicklung zu beobachten: Der Anteil der Personen, die im Alter von 20 bis 30 Jahren keinen Berufs- oder Hochschulabschluss haben und nicht mehr in Bildung sind, ist von 15 Prozent im Jahr 2000 auf 17 Prozent im Jahr 2008 weiter gestiegen. Besonders dramatisch ist die Entwicklung bei Zuwanderern, von denen aktuell 31 Prozent dieser Altersgruppe keinen Berufsabschluss haben.

In den letzten Jahren gab es erfolgreiche Projekte, die zeigen, dass das rechtzeitige Ansprechen und Aufmerksammachen der Eltern, diese in ihren Erziehungsaufgaben unterstützt und von diesen angenommen werden. Dazu zählt auch die aufsuchende Betreuung durch speziell qualifizierte Fachkräfte, mit der eine grundlegende und nachhaltige Verbesserung der Situation von Kindern erreicht werden kann.

Der Teufelskreis aus Armut, nicht genutzten Bildungschancen und infolgedessen schlechten Berufs- und Teilhabechancen lässt sich durch Geldleistungen allein nicht durchbrechen. Die Herausforderung der Zukunft liegt darin, allen Kindern und Jugendlichen unabhängig von ihrer Herkunft, vom Bildungshintergrund und von der finanziellen Leistungsfähigkeit der Eltern die Chance auf einen erfolgreichen Bildungsweg zu eröffnen.

Bildung ist die Chance, um aus eigener Kraft aufzusteigen. *Die gemeinsame Anstrengung von Bund, Ländern und Gemeinden zum Ausbau der Kinderbetreuung ist ein wichtiger Schritt, um in Deutschland frühkindliche Erziehungs-, Bildungs- und Betreuungsangebote für Kinder ab dem vollendeten ersten Lebensjahr bedarfsgerecht bereitzustellen.* Kinder müssen passgenau unterstützt werden, damit ihnen bestmögliche Bildungschancen offen stehen. Dafür gilt es auch, die Eltern zu gewinnen.

Bildung kostet, aber es handelt sich um gut investiertes Geld: Wo heute faire Bildungschancen für Kinder nicht genutzt werden, müssen wir morgen viel Geld in die Hand nehmen, um junge Menschen ohne Perspektiven dauerhaft zu unterstützen.

III. FAIRE CHANCEN FÜR JEDES KIND!

1. Für verantwortungsfähige Eltern und Familien

Die Erfahrung von Zuwendung, Geborgenheit, Vertrauen und Verlässlichkeit sowie das Erlernen von gegenseitiger Achtung, Rücksichtnahme und Verantwortung sind für ein Kind unverzichtbarer Teil der Persönlichkeitsbildung.
Der erste und wichtigste Bildungsort ist die Familie. Hier entwickeln und erwerben Kinder grundlegende soziale, kognitive und sprachliche Fähigkeiten und Fertigkeiten. Wie Familienmitglieder miteinander umgehen, was Eltern ihren Kindern vorleben, welche Strukturen, Gewohnheiten und Werte das Familienleben prägen, entscheidet in erheblichem Maße über die Chancen und Entwicklungsperspektiven von Kindern und Jugendlichen.

Kindergärten, Schulen, Hochschulen und Ausbildungsbetriebe allein können diese umfassende Bildung der Persönlichkeit nicht ermöglichen. Darum muss der Bildungs- und Erziehungsort „Familie" als kleinster und wichtigster Baustein unserer Gesellschaft gestärkt werden.

Die meisten Eltern wollen das Beste für ihre Kinder und tun alles, um ihnen einen guten Start ins Leben zu ermöglichen. Es gibt jedoch eine wachsende Zahl von Eltern, die mit ihrer Erziehungsaufgabe überfordert sind oder diese nicht wahrnehmen. Allen Kindern zu fairen Chancen zu verhelfen heißt, diesen Eltern die Hilfe zu geben, die sie brauchen, aber auch deren Annahme und Umsetzung konsequent einzufordern.

Unser Grundsatz heißt: Wir unterstützen Eltern dabei, ihrer Verantwortung für ihre Kinder gerecht zu werden. Wo dies nicht gelingt, muss Kindeswohl vor Elternrecht gehen.

Ehe und Familie bleiben das Fundament unserer Gesellschaft. Dennoch hat sich das Verständnis von Partnerschaft, Ehe und Familie in den zurückliegenden Jahrzehnten grundlegend gewandelt.

Jedes fünfte Kind in Deutschland wächst in einem Alleinerziehenden-Haushalt auf, zu 90 Prozent sind dies alleinerziehende Mütter.

Für Kinder ist das wichtigste Startkapital in ihr Leben eine verlässliche und stabile Familienbeziehung, in der sich neben den Müttern auch die Väter einer dauerhaften Verantwortung für ihren Nachwuchs nicht entziehen dürfen.

Eine Trennung führt nahezu immer zu finanziellen Schwierigkeiten: Über 40 Prozent aller Alleinerziehenden sind auf staatliche Unterstützung angewiesen. In rund 640 000 Haushalten von Alleinerziehenden, die auf Arbeitslosengeld II angewiesen waren, lebten Ende 2009 rund 960 000 Kinder. Damit lebte fast jedes zweite Kind, das in einem alleinerziehenden Haushalt aufwächst, in einer sogenannten „SGB II-Bedarfsgemeinschaft".

Im Vergleich zu anderen sozialen Transferempfängern sind alleinerziehende Frauen deutlich jünger und höher qualifiziert. Aber nur ein Drittel von ihnen ist berufstätig. Viele der übrigen würden gerne arbeiten. Dies macht deutlich: Es gibt eine große Gruppe von Leistungsempfängerinnen wider Willen. Dabei verfügen sie über Qualifikationen und Kompetenzen, auf die unsere Gesellschaft nicht verzichten kann. Sie bei der Arbeitsaufnahme durch eine bessere Vereinbarkeit von Familie und Beruf zu unterstützen, hat hohe Priorität.

Deshalb hat die Union auch den bedarfsgerechten Ausbau der Betreuungsplätze für Kinder unter drei Jahren beschlossen und einen Rechtsanspruch bei gleichzeitiger Wahlfreiheit der Eltern zwischen unterschiedlichen Angeboten durchgesetzt. Langfristig wird dies der Gesamtwirtschaft, den öffentlichen Haushalten und den sozialen Sicherungssystemen – also der gesamten Gesellschaft – zugute kommen.

Wir stärken Familien, damit sie Kinder schützen und fördern.

Dafür setzen wir uns ein:

Kinderschutz von Anfang an

- Wir wollen den Schutz des ungeborenen Lebens stärken und Frauen und Männern dabei helfen, sich für das Kind zu entscheiden. Deshalb unterstützt die CDU die Arbeit aller Akteure, die in der Schwangerschaftsberatung tätig sind und dazu ermutigen, nicht abzutreiben.

Wenn Schwangeren in schwierigen Lebenslagen tragfähige Perspektiven eröffnet werden, erleichtert ihnen das die Entscheidung für das Kind. Dies gilt ganz besonders, wenn Eltern die Geburt eines behinderten oder schwerkranken Kindes erwarten. Die meisten in der Schwangeren-konfliktberatung tätigen Organisationen leisten einen bedeutenden Beitrag, um Armut vorzubeugen, wenn notwendige Hilfe in Schwanger-schaftskonfliktlagen nicht oder nur verzögert möglich ist. Sie dienen als Wegweiser durch die verschiedenen Hilfesysteme für werdende Eltern und vermitteln finanzielle Unterstützung, die z.B. durch die Bundesstif-tung Mutter und Kind und andere kirchliche und kommunale Stiftungen sowie Hilfsfonds geleistet wird. Es ist wichtig, die Beratungsstellen noch stärker mit der Tätigkeit von Hebammen, Gynäkologen und anderen Helfern von werdenden Eltern zu verzahnen.

- Wir wollen, dass werdende Eltern auf einen verantwortungsvollen Umgang mit einem Neugeborenen vorbereitet werden. Hebammenhilfe in der Schwangerschaft und während der ersten Lebenswochen eines Kindes fördert dieses Ziel.

Jede Schwangere und junge Mutter hat ein Recht auf die Betreuung durch eine Hebamme. Vor allem viele Zuwanderer kennen diese wichtige Hilfe nicht. Es ist erforderlich, dass die Hebammenhilfe allen Eltern ver-ständlich gemacht wird und damit stärker genutzt werden kann.

- Wir wollen ein *System Früher Hilfen* gegen Kindesvernachlässigung. Für einen dauerhaften Erfolg bei der Vermeidung von Kindesvernach-lässigung ist es wichtig, dass Risikosituationen rechtzeitig erkannt und frühzeitig Hilfen durch die zuständigen Institutionen angeboten werden können.

Dafür ist – neben einem Vertrauensverhältnis zwischen den Familien und den Helfern – eine gute *Zusammenarbeit zwischen den Institutionen* unerlässlich. Diese Kooperation soll netzwerkartig als System der Frühen Hilfen funktionieren und unterschiedliche lokale und regionale Akteure umfassen und verbinden. Für diese „sozialräumliche Vernetzung" sind keine aufwändigen neuen Strukturen erforderlich. Es genügt eine bessere Abstimmung der Informationen und Optimierung der Zusammenarbeit vor Ort, die in verbindlichen Vereinbarungen mit Benennung von konkreten Ansprechpartnern münden sollte.

- Wir wollen den praktischen Kinderschutz vor Ort durch den *aufsuchenden Einsatz* von qualifizierten Fachkräften verbessern. Der Besuch von eigens geschulten Kinderkrankenschwestern oder Familienhebammen führt nicht nur zu einer verbesserten körperlichen und pflegerischen Versorgung eines Kindes, sondern vor allem zu einer entscheidenden Verbesserung der Eltern-Kind-Bindung.

Diese aufsuchende Arbeit findet gleichberechtigt zwischen den Beteiligten statt und stärkt die bei allen Eltern vorhandenen Fähigkeiten, sich selbst liebevoll um ein Kind zu kümmern. Sie verringert das Risiko, dass es zu Kindesvernachlässigung kommt. Wir setzen uns dafür ein, dass die aufsuchende Betreuung in möglichst allen Kommunen in Deutschland erfolgen kann und werden die dazu erforderlichen rechtlichen und finanziellen Voraussetzungen schaffen. Vorrang hat die Nutzung bestehender Einrichtungen vor Ort.

- Wir wollen, dass Kinder gesund aufwachsen. Deshalb will die CDU sich dafür einsetzen, dass alle Kinder an den Vorsorgeuntersuchungen, z.B. durch ein *verbindliches Einladungswesen teilnehmen und ein umfassender Impfschutz erreicht wird.* Auch eine Förderung des Gesundheitsbewusstseins der Eltern, die zu einer gesunden Ernährung der Kinder führt, dient diesem Ziel.

- Wir wollen Kinder vor körperlicher und seelischer Vernachlässigung schützen. Kinder aus sozial benachteiligten Familien sind häufiger krank und leiden unter Vernachlässigung und seelischen Belastungen. Wir setzen uns dafür ein, Erzieherinnen und Erzieher, Tagesmütter und Tagesväter sowie Lehrerinnen und Lehrer noch besser zu befähigen, *Zeichen der Vernachlässigung möglichst früh zu entdecken* und den betroffenen Kindern und deren Eltern Hilfe zu ermöglichen.

- Wir wollen, dass Kinder und Jugendliche *vor Gewalt in den Familien verschont bleiben*. Da Gewalterfahrungen in den Familien einen großen Einfluss auf das spätere Verhalten der Kinder und Jugendlichen haben, ist dies zugleich ein wichtiger Baustein zur Vorbeugung von Kinder- und Jugendgewalt. Dabei müssen wir durch entsprechende Maßnahmen darauf hinwirken, dass aus der Tradition herrührende Vorstellungen von Ehre und Männlichkeit nicht zur Begründung von Gewalt und zur Unterdrückung von jungen Mädchen führen oder es sogar zu Menschenhandel oder Zwangsverheiratung kommt.

Eltern fördern und fordern

- Es ist im Sinne aller Kinder, dass die Förderung von Familien transparent und zielgenau stattfindet. Im Rahmen einer Auswertung aller familienpolitischen Leistungen wollen wir Klarheit über staatliche Zuwendungen an Familien erreichen, um die vorhandenen Mittel wirkungsvoller einzusetzen.

Wir prüfen in diesem Zusammenhang das Zusammenspiel von Kinderzuschlag und Wohngeld sowie eintretender Sozialversicherungs- und Steuerpflicht auf größtmögliche Wirksamkeit.

- Wir wollen Familien mit wenig Einkommen unterstützen, damit sie nicht von Arbeitslosengeld II abhängig werden. Es gibt viele Eltern, die finanziell alleine zurechtkämen, aber wegen ihrer Kinder hilfebedürftig werden. Für sie wollen wir den bestehenden Kinderzuschlag weiterentwickeln und wirkungsvoller machen.

- Wir wollen dem Grundsatz des Förderns und Forderns in der Familienpolitik durch neue Anreizsysteme mehr Geltung verschaffen. Internationale Erfahrungen belegen, dass staatliche Unterstützung, die auf Anreize ausgerichtet ist, das richtige Mittel ist, um Verhaltensänderungen zu bewirken. Wir wollen Möglichkeiten prüfen, überforderte Eltern, die die staatlichen Beratungs- und Bildungsangebote nicht annehmen, stärker zur Inanspruchnahme von Hilfen zu motivieren. Darüber hinaus prüfen wir, wie es gelingt, bestehende gesetzliche Sanktionsmöglichkeiten konsequenter anzuwenden, bspw. bei dauerhafter Verletzung der Schulpflicht.

- Wir wollen die Anlaufstellen für Familien in den Kommunen stärken und Kindertagesstätten, Krippen und Familienbildungsstätten als Familienzentren nutzen. Eltern können dort niedrigschwellige Angebote gemacht werden, bspw. Erziehungshilfen, Angebote zum gewaltfreien Umgang mit Konflikten, zur gesunden Ernährung, zum angemessenen Umgang mit den eigenen finanziellen Mitteln oder zum richtigen Gebrauch der Medien. Damit Eltern diese Angebote annehmen, ist eine offensive Werbung notwendig, die auch offen ist für neue Wege, wie zum Beispiel einer Kooperation mit Frauenvereinen in Moscheen.

- Wir wollen familienfreundliche Arbeitsplätze. Dabei sehen wir Unternehmen als Partner der Familien. Im Wettbewerb um engagierte und gut ausgebildete Fachkräfte ist es im eigenen Interesse der Unternehmen, die Fähigkeiten von Müttern und Vätern zu nutzen und in ihrem Umfeld geeignete Rahmenbedingungen für die Vereinbarkeit von Familie und Beruf zu schaffen, z.B. durch betriebliche Kinderbetreuung. Die CDU unterstützt das Unternehmensprogramm „Erfolgsfaktor Familie", das inzwischen ein Netzwerk von mehreren tausend Unternehmen umfasst und auch im öffentlichen Sektor immer mehr Zuspruch findet. Der Wettbewerb „Gute Arbeit für Alleinerziehende" bietet hervorragende Modelle zur Arbeitsmarktintegration und schafft neue Perspektiven.

Alleinerziehende unterstützen

- Alleinerziehende unterstützen wir durch eine Reform des Unterhaltsvorschussgesetzes. Die Trennung von Eltern darf nicht zu einer finanziellen Katastrophe für die Kinder führen. Alleinerziehende sollen unbürokratischer Unterhaltsvorschuss beantragen können. Die Altersgrenze für berechtigte Kinder soll von 12 auf 14 Jahre steigen.

- Unterhaltspflichtige müssen die Verantwortung für ihre Kinder wahrnehmen. Die Jugendämter müssen besser in die Lage versetzt werden, säumige Unterhaltszahlungen beizutreiben und unter Ausnutzung bestehender rechtlicher Möglichkeiten wirksam dagegen vorzugehen. Für die CDU steht hier – wie beim Sorgerecht – das Kindeswohl an erster Stelle.

- Eine pauschale gesetzliche Regelung für alle Fälle des Sorgerechts bei unverheirateten Eltern lehnen wir ab. Entscheidend ist das Kindeswohl, das im Einzelfall durch Familiengerichte geprüft wird. Das Kindeswohl verlangt, dass die wichtige Rolle des Vaters für die Entwicklung des Kindes berücksichtigt wird.

- Wir wollen, dass Alleinerziehende für sich und ihre Kinder aus eigener Kraft eine wirschaftliche Grundlage schaffen können. Alleinerziehende verfügen über Qualifikationen und Kompetenzen, auf die unser Land nicht verzichten kann. Sie bei der Arbeitsaufnahme zu unterstützen und zu verhindern, dass sie dauerhaft Leistungen der Grundsicherung beziehen müssen, hat Vorrang. Dabei spielt der weitere Ausbau umfassender und kindgerechter Betreuungsangebote eine Schlüsselrolle.

Noch fehlt es an Plätzen in Kindertagesstätten und Ganztagsschulen. Deshalb werden wir auch die Qualifizierung in der Tagespflege fortsetzen und ein verbindliches Berufsbild entwickeln Tagespflegemodelle helfen dabei, die notwendigen Betreuungsplätze bereitzustellen.

Darüber hinaus können in lokalen Netzwerken wie z.B. Lokalen Bündnissen für Familien, Alltagssorgen geteilt und Beratung sowie Hilfe angeboten werden.

Qualität der Arbeit der Jugendämter steigern

- Wir wollen die Qualität und die Vergleichbarkeit der Arbeit der Jugendämter steigern. In dem geplanten Kinderschutzgesetz muss der Weg zu einheitlichen Standards, zu standardisierter Dokumentation und Überprüfung konsequent beschritten werden. Ebenso streben wir an, bei freien Trägern vergleichbare Maßstäbe einzuführen. Freie Träger der Kinder- und Jugendhilfe sind unverzichtbare Bestandteile der staatlichen Jugendhilfe. Mit ihrer Arbeit leisten sie einen wichtigen Beitrag, jungen Menschen Chancen und gute Lebensaussichten zu eröffnen.

2. Für ein leistungsfähiges Bildungssystem und die Stärkung des Lebensortes Schule

Faire Bildungschancen sind zentral für eine menschenwürdige und freiheitliche Gesellschaftsordnung. Bildung sorgt für Aufstiegschancen und Zusammenhalt in unserer Gesellschaft. Sie beugt Armut und Ausgrenzung vor. Bildung entscheidet über die Lebensperspektiven des Einzelnen und über die Zukunftsfähigkeit der Gesellschaft.

Deshalb ist Bildung ein Schwerpunkt unserer Arbeit. Investitionen in diesen Bereich haben für uns Priorität, weil sie der Schlüssel für soziale Gerechtigkeit und individuellen Aufstieg sind.

Eine stabile und von Vertrauen und Liebe geprägte Eltern-Kind-Bindung ist eine der wesentlichsten Grundlagen für eine erfolgreiche Laufbahn in Schule, Ausbildung und Beruf. Sie schafft das Fundament, auf dem das Leben aufgebaut wird. Was in den ersten Jahren im Leben eines Kindes versäumt oder vernachlässigt wird, lässt sich später nur in Grenzen und mit hohem Aufwand ausgleichen.

Wir dürfen es nicht zulassen, dass gerade in einer Zeit, die so grundlegend ist für spätere Bildungschancen, die Herkunft über die Zukunft eines Kindes entscheidet und die Kluft zwischen Kindern aus Elternhäusern mit hohem Bildungsniveau und Kindern aus bildungsfernen Familien am größten ist.

Kindertageseinrichtungen und Schulen müssen Orte sein, wo Kinder in ihrer unterschiedlichen Leistungsbereitschaft und -fähigkeit gefördert werden und sich bestmöglich entwickeln können. Wenn sie möglichst frühzeitig ihre Stärken entdecken und entwickeln, sind erfolgreiches Lernen und umfassende Bildung möglich.

Dazu gehören in unserer Gesellschaft *nicht nur Erwerbsfähigkeit und soziale Kompetenzen, sondern auch Gewissens- und Herzensbildung, religiöse und kulturelle Bildung sowie ethisches Urteilsvermögen.*

Bildung von Anfang an gelingt am besten in partnerschaftlicher Zusammenarbeit zwischen der Kindertageseinrichtung, der Schule und den Eltern. Dabei gilt es, die zunehmenden Unter schiede in Herkunft, Kultur, Bildung oder Status als Chance und Bereicherung zu nutzen.

In einer globalisierten Welt sind Mehrsprachigkeit und kulturelle Vielfalt wertvolle Ressourcen. Tagespflegepersonen, Kindertageseinrichtungen und Schulen, die allen Kindern und ihren Familien wertschätzend und partnerschaftlich begegnen, binden Eltern bei der Bildung und Erziehung der Kinder aktiv ein.

Wir schaffen Chancen von der Geburt bis zum Berufseinstieg.

Dafür setzen wir uns ein:

Frühkindliche Bildung, Betreuung und Erziehung verbessern

- Kinder brauchen eine qualitativ gute frühkindliche Bildung, Betreuung und Erziehung. In vielen Ländern wurden Studiengänge zur Qualifizierung von Erzieherinnen und Erziehern eingerichtet. Diese gilt es auszubauen. Sie befähigen Studierende, selbstständig und zielgerichtet Erziehungs-, Bildungs- und Betreuungsaufgaben für 0- bis 10-jährige Kinder zu übernehmen.

Die frühpädagogische Ausbildung soll mit dem Ziel reformiert werden, dass in Kindertageseinrichtungen – insbesondere im Leitungsbereich – auch Personal zur Verfügung steht, das auf Hochschulniveau ausgebildet ist. Wir streben an, dass auch mehr Männer den verantwortungsvollen Beruf des Erziehers ergreifen. Es soll zur Regel werden, dass sich Erzieherinnen und Erzieher nachweislich fortbilden. Dazu müssen auch passende berufsbegleitende Weiterbildungsstudiengänge an den Hochschulen etabliert werden.

- Schulen, Kommunen und Betroffene werden mit den Problemen der Sprachdefizite von Kindern nicht alleine gelassen. Diese Kinder sollen gefördert werden und müssen deshalb an entsprechenden Kursen teilnehmen. Sprachliche Bildung ist ein entscheidendes Qualitätsmerkmal der Erziehung und Bildung in Kindertageseinrichtungen und in der Tagespflege. Wir unterstützen das Vorhaben der Länder und des Bundes, auf die frühkindliche Bildung zu setzen und die Voraussetzungen *für verbindliche Sprachstandserhebungen für alle Kinder rechtzeitig vor der Einschulung zu schaffen sowie bis 2012 eine bedarfsgerechte intensive Sprachförderung* vor der Einschulung sicherzustellen. Es soll kein Kind eingeschult werden, dass kein Deutsch sprechen kann.

Kindertageseinrichtungen und Schulen sollen echte Bildungsorte für alle Kinder werden

- Wir wollen allen Kindern optimale Bildungschancen geben. Deshalb müssen Kinder und Jugendliche an allen Angeboten schulischen Lebens teilnehmen können. Schulen sind Lern- und Lebensorte. Zur Aus-

stattung sollten vielfältige Literatur, Internetanschluss, Hausaufgaben-
betreuung sowie Zugang zu Lehr- und Lernmitteln gehören. Kinder
haben ein Recht auf Teilnahme an Klassenfahrten, Sportunterricht und
an sonstigen schulischen Aktivitäten. Eltern dürfen ihnen dies nicht
verweigern.

- Alle Kinder von leistungsschwach bis hochbegabt haben einen Anspruch
  darauf, dass sie durch hochwertige und differenzierte Bildungsangebote systematisch, individuell und kontinuierlich gefördert und gefordert werden. Nicht zuletzt deshalb wollen wir Kindertagesstätten und
  Grundschulen enger verzahnen.

Unser Bildungssystem muss von der Elementarbildung über das Schulsystem bis zum Berufseinstieg – und ggf. einer Begleitung im Beruf so
ausgerichtet sein, dass *Kinder und Jugendliche mit Behinderung soweit
wie möglich unterschiedslos an allen Bildungsangeboten teilhaben können und zwar – soweit sie es wünschen – gemeinsam mit Kindern und
Jugendlichen ohne Behinderung.*

Die CDU unterstützt den *bedarfsgerechten Ausbau von Ganztagskinder-
gärten und von Ganztagsschulen* mit einem strukturierten Tagesrhythmus. Das Angebot dieser Einrichtungen soll sowohl klassische Schulfächer als auch Sportangebote, Gesundheitserziehung, musisch-kreative
Angebote sowie die Vermittlung sozialer Kompetenzen umfassen.

Diese Ganztagsprogramme erfordern in den Kindertagesstätten und
Schulen eine entsprechend gut ausgebaute Infrastruktur u.a. mit Ver-
pflegungs-, Aufenthaltsmöglichkeiten und geeigneter Ausstattung mit
geeignetem Spiel- und Lehrmaterial. Um den Kindern und Familien ein
optimales bedarfsgerechtes Angebot machen zu können, sollten die
Eltern, Kirchengemeinden, örtlichen Vereine und die Träger der Jugendhilfe eingebunden werden.

- Es ist wichtig, dass jedes Talent entdeckt und gefördert wird. Wir stehen für die Stärkung außerschulischer Bildungsangebote und die
  Schaffung lokaler Bildungsbündnisse insbesondere für Kinder im
  Grundschulalter. Schule und außerschulische Jugendbildung sollen
  besser verzahnt werden. Unser Ziel ist es, dass möglichst jedes Kind
  seine musischen und kreativen sowie sportlichen Fähigkeiten kennenlernen und entwickeln kann.

- Wir müssen Probleme angehen, bevor sie entstehen. Heranwachsende sollten sich bereits während der Schulzeit damit beschäftigen, was es bedeutet, Verantwortung für Kinder zu übernehmen. *Angebote zur gesunden Ernährung, zum Umgang mit Finanzen, zur Berufs- und Studienorientierung, zum Umgang mit dem Internet und sozialen Netzwerken, zu Erziehungsfragen und zur Sexual- und Sozialerziehung sollen im Rahmen des Unterrichts behandelt werden.* Dabei sollten diese Unterrichtsinhalte in den bestehenden Fächerkanon eingefügt oder in einem Fach zu den allgemeinen Lebensfragen aufgegriffen werden; geschulte Fachkräfte sollten hinzugezogen werden.

Benachteiligte Kinder besonders unterstützen

- Wir wollen benachteiligte junge Menschen kontinuierlich unterstützen. Junge Menschen in schwierigen Lebenslagen und insbesondere „Kinder in vererbender Sozialhilfe", deren Eltern und sogar Großeltern bereits in Abhängigkeit von staatlichen Leistungen lebten, brauchen eine auf sie persönlich ausgerichtete Förderung und Unterstützung, um aus dem Teufelskreis der Armut herauszukommen. Sie benötigen konkrete und dauerhafte Begleitung durch zuverlässige Bezugspersonen.

Durch eine Vielzahl an Förderprogrammen und unterschiedlichen Zuständigkeiten der Leistungsträger sind bürokratische Hürden entstanden, die eine wirksame Hilfe erschweren.

Wir setzen uns dafür ein, dass Zuständigkeiten gebündelt werden und Betroffene einen verlässlichen Ansprechpartner haben. Dieser soll sie ohne Unterbrechungen unterstützen und begleiten. Zugleich soll er klare Anforderungen formulieren und sie zu eigenverantwortlicher Lebensgestaltung auffordern.

- Wir wollen Kindern und Jugendlichen aus Familien mit Zuwanderungsgeschichte Chancen zur Bildungsbeteiligung eröffnen. Die Quoten des Besuchs von Kindertageseinrichtungen sowie des erfolgreichen Abschlusses der Schul- und Berufsausbildung sind bei diesen Kindern noch immer deutlich geringer als bei gleichaltrigen deutschen Kindern. Wir wollen den Zugang zu den Bildungsangeboten und deren erfolgreichen Besuch für Kinder von Zuwanderern verbessern. Dieses Ziel können wir durch einen größeren Anteil von qualifiziertem Personal – angefangen in den Kinderkrippen – und durch verstärkte aufsuchende Elternarbeit erreichen.

- Unser besonderes Augenmerk gilt Jungen aus bildungsfernen Familien und aus Familien mit Zuwanderungsgeschichte, denen oft positive männliche Rollenvorbilder aus unserem Kulturkreis fehlen und die durch große Mediennutzung auffallen. Ihre oft unterdurchschnittliche Lese- und Sprachkompetenz hemmt den Schulerfolg. Schwächen in der Kommunikation und im sozialen Verhalten kommen hinzu. Wir setzen darauf, diesen Jugendlichen mit kombinierten Sport- und Bildungsangeboten, Vermittlung von Medienkompetenz – insbesondere zur Vorbeugung gegen Gewalt – sowie durch Vermittlung positiver Rollenbilder in Unterrichtsinhalten zu helfen und sie zu fördern.

- Wir wollen die Bildungschancen von bedürftigen Kindern stärken und ihnen die Teilhabe an Bildung und Gesellschaft ermöglichen. Kinder haben einen spezifischen Bedarf. Leistungen für Kinder müssen daher den alters- und entwicklungsspezifischen Anforderungen genügen und gezielt Lernen und gesellschaftliche Teilhabe fördern. Hierzu bedarf es der Erprobung anderer Arten von staatlichen Leistungen als bisher, auch in Kombination von Geld- und Sachleistungen. Dabei muss darauf geachtet werden, dass die Empfänger von Sachleistungen sich nicht benachteiligt fühlen.

Schul- und Berufserfolg ermöglichen

- Wir wollen die Schulabbrecherquote mit gezielten Hilfen verringern. Dafür eignen sich vor allem Schulkonzepte, die praktisches Lernen in den Vordergrund stellen sowie Angebote von Praktikumstagen, Lerncamps und Sommerschulen. Besonderen Wert legen wir auf das sichere Beherrschen der Basisfähigkeiten Rechnen, Lesen, Schreiben, Umgang mit Computern und Informationstechnologie und die Entwicklung einer grundsätzlichen Leistungsbereitschaft und von Sozialkompetenz.

Über die vielfältigen Angebote zum Nachholen von Schulabschlüssen, berufsvorbereitenden Bildungsgängen und Berufseinstiegsklassen müssen die Betroffenen in geeigneter Weise informiert und zu einer Inanspruchnahme motiviert werden.

- Wir wollen eine Initiative „Stoppt-den-Schulabbruch" starten. Ehrenamtliche in den Kommunen, wie zum Beispiel ehemalige Lehrer, aber auch viele andere, die über einen großen Erfahrungsschatz verfügen, wollen wir einladen, Kindern und Jugendlichen während der Schulzeit zur Seite zu stehen.

- Wir müssen die Jugendarbeitslosigkeit weiter verringern. Unsere Gesellschaft darf keinen jungen Menschen aufgeben. Jugendliche verdienen auch eine zweite und dritte Chance. Deshalb wird jedem Jugendlichen, der Arbeitslosengeld II beantragt, innerhalb von sechs Wochen von den Jobcentern ein Angebot gemacht.

Dies kann das Nachholen eines Schul- oder Berufsabschlusses, ein Arbeitsplatz oder – bei größeren gesundheitlichen Problemen wie Suchtverhalten – das Angebot einer Therapie sein. Darüber hinaus sollen die Betroffenen einen verlässlichen Ansprechpartner erhalten, der sie beim schwierigen Übergang von der Schule in die Ausbildung bis in den Beruf hinein begleitet. Dieser Ansprechpartner sollte bei Jugendlichen aus Zuwanderungsfamilien, wo immer dies möglich ist, von einem ehrenamtlichen Bildungspaten unterstützt werden. Zur weiteren Verbesserung der Betreuung von Arbeitslosen unter 25 Jahren soll die Zusammenarbeit der Arbeitsagenturen, Arbeitsgemeinschaften und Optionskommunen sowie Schulen und Unternehmen ausgebaut werden.

Lehrerinnen und Lehrer in ihrer Arbeit unterstützen

- Wir wollen den Rückgang der Kinderzahlen für Qualitätsverbesserungen im Betreuungsund Bildungssystem nutzen. Die Zahl der Kinder nimmt infolge des Geburtenrückgangs ab. Diese Entwicklung bietet die Möglichkeit, Erzieherinnen und Erzieher, Lehrerinnen und Lehrer sowie finanzielle Mittel so einzusetzen, dass die Kinder individueller betreut und noch besser gefördert werden können.

- Wir wollen wieder mehr junge Menschen dafür begeistern, Lehrer zu werden. Kaum ein Beruf ist so wichtig für die Zukunft unseres Landes wie der des Pädagogen. Dafür brauchen wir eine *bessere Wertschätzung des Lehrerberufs.* Veränderungen in der Gesellschaft – wie auch neuere wissenschaftliche Erkenntnisse – bedeuten auch Neuerungen im Tätigkeitsfeld der Lehrkräfte.

- Wir wollen die Qualität der Lehrerausbildung verbessern, insbesondere mit Blick auf eine frühzeitige Praxisorientierung und auf die Stellung der Lehramtsstudiengänge an den Hochschulen. Regelmäßige Fort- und Weiterbildungsangebote tragen dazu bei, die Befähigung der Lehrkräfte auch angesichts neuer Herausforderungen zu sichern und auszubauen.

- Wir wollen, dass Lehrerinnen und Lehrer ebenso wie Erzieherinnen und Erzieher stolz sein können, gerade für die Bildung und Erziehung von Kindern und Jugendlichen Verantwortung zu tragen. Zu noch höherer gesellschaftlicher Anerkennung können Projekte beitragen, in denen beispielsweise begabte Hochschulabsolventen für zwei Jahre an Brennpunktschulen das Lehrerkollegium durch Projektarbeit und individuelle Förderangebote für Schülerinnen und Schülern unterstützen. Deshalb unterstützen wir Projekte wie „teach first".

- Wir wollen mehr Menschen mit Zuwanderungsgeschichte als Erzieher und Lehrer gewinnen. Sie können als Vorbilder und Brückenbauer interkulturelle Erziehungskompetenzen einbringen, bei denen ein Verständnis und der Umgang mit kulturspezifischem Rollenverhalten vermittelt werden. Dies erleichtert die Integration.

Bessere Vernetzung von Schule, Ausbildung und Jugendhilfe

- Kinder und Familie brauchen *klare Hilfestrukturen*. Die Wirkung der Arbeit von einzelnen Trägern, die sich im Bereich von benachteiligten Kindern und Jugendlichen engagieren, ist begrenzt. Die vielfältigen Notlagen erfordern ein konzentriertes und abgestimmtes Handeln. Im Nebeneinander der Kinder- und Jugendhilfe, der Grundsicherung für Arbeitsuchende, der Eingliederung von Arbeitslosen, der Gesundheitsfürsorge, der klassischen Sozialhilfe und nicht zuletzt der Schulen können Verantwortlichkeiten, Kompetenzen und Kostentragung nicht eindeutig zugeordnet werden. Durch rechtliche Grenzen und unterschiedliche finanzielle Zuständigkeiten können sich Hilfen oft nicht so effizient wie gewünscht entfalten. Wo es erforderlich ist, werden wir für gesetzliche Änderungen sorgen.

- Wir wollen die Probleme der „Schnittstellen" entschärfen und dazu beitragen, die unterschiedlichen Hilfesysteme durchlässiger zu machen und besser zu vernetzen. Dafür werden wir in geeigneten Regionen Modellprojekte entwickeln und umsetzen.

- Eine umfassende Kinder- und Jugendpolitik, die wir in den nächsten Jahren entwickeln wollen, führt die gesamten Herausforderungen von der Geburt eines Kindes bis zum Übergang in den Beruf und ins Erwachsenenleben zusammen. Dazu werden wir eine Strategie formulieren, die die Grenzen verschiedener Zuständigkeiten überwindet und damit eine Politik ermöglicht, die Kinder und Jugendliche als eigenständige Persönlichkeiten in den Blick nimmt.

3. Für eine verantwortungsfähige Gesellschaft

Allen Kindern zu fairen Chancen zu verhelfen, ist eine gesamtgesellschaftliche Aufgabe. Dafür brauchen wir eine gemeinsame Kraftanstrengung. Die Politik muss die Rahmenbedingungen für eine Chancengesellschaft schaffen. Ihre Verwirklichung hängt maßgeblich von der Bereitschaft jedes Einzelnen ab, Verantwortung zu übernehmen und Engagement zu zeigen.

Deshalb begrüßen und unterstützen wir die Arbeit der über 500 000 Vereine in Deutschland. Dort findet ein Großteil des ehrenamtlichen Engagements statt. Mit ihrem Einsatz, sei es im sportlichen, kulturellen, karitativen oder gesellschaftlichen Bereich, leisten die Vereine einen unverzichtbaren Beitrag für den Zusammenhalt in unserer Gesellschaft. In Vereinen entwickeln Kinder soziale Kompetenzen, stärken ihre körperliche und seelische Gesundheit. Sie lernen durch aktive Mitgestaltung Verantwortung für sich und andere zu übernehmen.

Ein unverzichtbarer Teil des ehrenamtlichen Engagements in Deutschland findet auch im Rahmen der christlichen Kirchen und Religionsgemeinschaften sowie kirchlich und religiös geprägter Verbandsarbeit statt. Wir erkennen diese Leistungen auf der Grundlage gelebter christlicher Nächstenliebe und praktischer Solidarität an und ermuntern die Kirchen und Religionsgemeinschaften, auf diese Weise weiterhin in die Gesellschaft hineinzuwirken.

Eine ganz besondere Herausforderung ist die Chancengesellschaft für unsere Kommunen. Faire Chancen für Kinder brauchen kindernahe Entscheidungen vor Ort. Unsere Kommunalpolitiker entscheiden durch eine verantwortungsvolle Umsetzung der erforderlichen Maßnahmen über den Erfolg der Chancengesellschaft. Die CDU bekennt sich zu dieser Verantwortung und setzt sich für eine angemessene Finanzausstattung der Kommunen ein, damit diese nicht durch gegenwärtige und zukünftige Leistungen überfordert werden. Dabei setzen wir uns für eine konsequente Beachtung des Konnexitätsprinzips ein.

Deutschland ist Integrationsland. Deshalb müssen wir die Menschen mit Zuwanderungsgeschichte von den Vorteilen der Chancengesellschaft überzeugen. Voraussetzung dafür ist es, die Werte und Normen unserer Leitkultur zu achten und zu akzeptieren. *Wer sich der Integration verweigert, muss mit Konsequenzen rechnen.*

Integration braucht das Zusammenwirken aller und berührt alle Lebensbereiche. Sie entscheidet sich ganz besonders im Zusammenleben vor Ort in den Kommunen. Gefordert sind insbesondere die Kirchen, Kultur- und Bildungsorganisationen, die Medien, der Sport, Stiftungen, Vereine und Verbände. Die CDU hat den Nationalen Integrationsplan in Deutschland angestoßen und steht für ein politisches Gesamtkonzept, das Arbeitsmarkt- und Sozialpolitik, Familien-, Bildungs- und Ausländerpolitik zu einer neuen Integrationspolitik verknüpft.

Wir unterstützen Menschen, die hinschauen und sich kümmern. Dafür setzen wir uns ein:

▪ Wir wollen Kinder aus sozial benachteiligten Familien stärker in die Gesellschaft integrieren Kinder aus unteren sozialen Schichten und Kinder aus Zuwandererfamilien sind im Vergleich zu anderen Gruppen unterdurchschnittlich in Vereinen aktiv. Das wollen wir ändern, indem wir Kooperationen zwischen örtlichen Vereinen und Schulen fördern. Vereine sollten sich stärker in der Nachwuchsgewinnung und -förderung an Schulen engagieren können. Zugleich sollten sie die Chance nutzen, dort wo dies räumlich möglich ist, Schulen auch bei der Nachmittagsbetreuung und im Sportunterricht zu unterstützen. Das ist ein wichtiger Beitrag zur erfolgreichen Arbeit der lokalen Bildungslandschaften.

Voraussetzung für das Gelingen dieser Zusammenarbeit zwischen Schule und Bürgergesellschaft ist der Kontakt zu den Eltern. Auch hier müssen deshalb sowohl von Schulen als auch Verbänden und Vereinen Ideen für neue Wege einer aufsuchenden Elternarbeit entwickelt werden.

▪ Wir wollen Verbände und Vereine mit einer breit angelegten Kampagne unterstützen, um ihre wichtige Arbeit im Bewusstsein von Problemfamilien zu verankern und sie als Freizeitalternative zu etablieren. In Vereinen können Kinder aus Problemfamilien Selbstvertrauen und

Selbstwertgefühl entwickeln. Sinnvoll ist eine Einbindung der jeweiligen Kommune. Wir wollen vor Ort Sponsoren gewinnen, die für sozial benachteiligte Kinder die Vereinsbeiträge übernehmen.

- Wir unterstützen das bundesweite Netzwerk „Bildungs- und Ausbildungspaten für Migrantinnen und Migranten". Es stärkt das bürgerschaftliche Engagement im Bereich Bildung und begleitet Kinder bis zum Ende des Grundschulalters durch Bildungs-, Erziehungs- und Lesepaten sowie Jugendliche und junge Erwachsene beim Übergang von Schule zum Beruf. Wir setzen uns dafür ein, dass die Koordination durch regionale Regiestellen fortgeführt werden kann.

(31) INDIVIDUELLE FÖRDERUNG STATT EINHEITSSCHULE (2010)

VON
KULTUSMINISTERIN PROF. DR. MARION SCHICK, BADEN-WÜRTTEMBERG (VORM.)
KULTUSMINISTER DR. LUDWIG SPAENLE, BAYERN
KULTUSMINISTER PROF. DR. ROLAND WÖLLER, SACHSEN

12 THESEN ZUM DIFFERENZIERTEN SCHULSYSTEM: ANSCHLUSSFÄHIG – INDIVIDUELL – ZUKUNFTSFÄHIG

1. „Jeder zählt" ist unser Anspruch

Vom christlichen Menschenbild ausgehend muss die Devise heißen: Jeder zählt! Das ist der Anspruch eines gerechten Schulsystems. Schule leistet durch ihren Bildungs- und Erziehungsauftrag einen wesentlichen Beitrag zur Persönlichkeitsentwicklung, kann allerdings andere Sozialisationsinstanzen – insbesondere das Elternhaus – nicht ersetzen.

2. Bildungsgerechtigkeit fordert Vielfalt – gleich ist nicht gerecht

Bildungsgerechtigkeit in einer pluralen, demokratischen Gesellschaft basiert auf Vielfalt, nicht auf „Gleichmacherei" im Sinne einer Einheitsschule. Nur dies ermöglicht individuelle, flexible Bildungswege gemäß den jeweiligen Lern- und Leistungsvoraussetzungen, dem unterschied-

lichen Entwicklungstempo und den individuellen Neigungen. Der Einzigartigkeit des Einzelnen ist Rechnung zu tragen. Das Bekenntnis zur
Individualität bedeutet zugleich, Heterogenität anzuerkennen und wert-
zuschätzen – nicht zuletzt in der Förderung von Kindern mit Migrationshintergrund. Deshalb streben wir nicht „eine Schule für alle", sondern
durch hinreichende Differenzierung die richtige Schule für jeden an.
Bildungsgerechtigkeit heißt nicht Gleichheit im Ergebnis und in der
Struktur.

3. Gleichwertigkeit von allgemeiner und beruflicher Bildung

Die Angebote in der allgemeinen und der beruflichen Bildung haben
jeweils einen spezifischen Ansatz und eine spezifische Orientierung.
Naturgemäß sind sie deshalb nicht gleichartig, wohl aber gleichwertig.
Diese *Gleichwertigkeit von allgemeiner und beruflicher Bildung muss
im breiten gesellschaftlichen Bewusstsein verankert werden* – auch weil
unsere hoch differenzierte Gesellschaft gleichermaßen auf Fachkräfte
aus dem akademischen und dem berufspraktischen Bereich angewiesen
ist. Es darf zu keiner Diskriminierung der beruflichen Bildung gegenüber
der Allgemeinbildung kommen. Mit Blick auf gewandelte Herausforderungen der Arbeitswelt muss nun konsequent an einer Modernisierung der
beruflichen Bildung gearbeitet werden. Erforderlich ist die Eindämmung
der anhaltenden Überspezialisierung bei den Ausbildungsberufen, z.B.
durch die konsequente Schaffung von Berufsgruppen. Nur so können
angesichts des schnellen Wandels in Berufsbildern und Wirtschaftsbe-
reichen Mobilität und Zukunftsfähigkeit ermöglicht werden. Nur so kann
der Fachkräftebedarf auch angesichts des demografischen Wandels gesichert werden.

4. Kein Abschluss ohne Anschluss

Verantwortungsbewusste Schulpolitik setzt gleichermaßen auf ein klar
strukturiertes, differenziertes Schulsystem wie auf Anschlussfähigkeit
und Durchlässigkeit. Möglichkeiten der Gestaltung des individuellen
Bildungsweges müssen in der Schullaufbahn- und Bildungsberatung
mit Schülern und Eltern immer wieder besprochen werden. Sackgassen
darf es nicht geben. In einem differenzierten, leistungsorientierten Bildungssystem mit vielfältigen Anschlussmöglichkeiten und in einer Zeit,
in der lebenslanges Lernen gefordert ist, sind sowohl für den beruflichen
als auch für den privaten Erfolg des Einzelnen sein Wissen und seine
Fähigkeiten ausschlaggebender als die zunächst besuchte Schulart.

5. Wissen – Kompetenzen – Werte als solide Basis

Ganzheitliche Bildung und Erziehung in einer demokratischen Gesellschaft muss auf die Trias *Wissen – Kompetenzen – Werte* orientieren.
*Dieser Dreiklang ermöglicht Persönlichkeitsentwicklung, Eigenverant-
wortung und verantwortungsbewusste Teilhabe am beruflichen und
gesellschaftlichen Leben.* Der Erwerb von inhaltsbezogenem, flexibel
nutzbarem und anschlussfähigem Wissen – auch als solide Basis für
weiteres lebenslanges Lernen – ist dabei fundamental und durch nichts
zu ersetzen, auch nicht durch allgemeine Kompetenzen. Die sukzessive,
systematische Entwicklung von Methoden- und Sozialkompetenz ist
Grundlage für weiteres Lernen und befähigt dazu, neue Anforderungen
zu bewältigen. Werteorientierung ist zentral sowohl hinsichtlich der Ausbildung individueller Werte als auch hinsichtlich der Vermittlung demokratischer Grundwerte. *Zielperspektive sind in gleicher Weise Selbst-
bestimmungsfähigkeit und Gemeinschaftsfähigkeit. Werteerziehung im
schulischen Kontext gelingt dann, wenn sich das Wissen über Werte
einerseits und die konkrete Erfahrung von Werten andererseits gegenseitig durchdringen.*

6. Fordern und Fördern gehören zusammen

Die Verbindung von Fördern und Fordern sowie eine *klare Leistungs-
orientierung* müssen weiterhin Maßstab bleiben. Gute Bildungspolitik
ist präventive Sozialpolitik.

Bildung ist ein aktiver Prozess. Für den Bildungserfolg des Einzelnen ist
deshalb seine Bereitschaft sich anzustrengen, ein entscheidender Faktor:
Es muss bewusst gemacht werden, dass man Bildung nicht planmäßig
produzieren kann, sondern dass es ganz wesentlich *vom Engagement
des Einzelnen abhängt*, inwiefern die Chancen, die von Seiten des Staates ermöglicht werden, genutzt werden. Hier sind sozialstaatlicher Fürsorge deutliche Grenzen gesetzt. Aufgabe von Schule – und Gradmesser
von Bildungsgerechtigkeit – ist es, jedes Kind – unabhängig von seiner
sozialen Herkunft – in seiner Leistungsentwicklung zu unterstützen und
es zum Ausschöpfen seiner Potentiale zu ermutigen. Natürlich müssen
leistungsschwache Schüler gestärkt werden, aber darüber darf man
nicht vergessen, dass *hochbegabte Schüler den gleichen Förderanspruch
haben*. Die systematische und kontinuierliche *Begabtenförderung* ist auch
wichtig für die Förderung von Leistungs- und Verantwortungseliten, die
unser Land braucht.

7. Schule als Lern- und Erfahrungsraum: Mehr als den ganzen Tag Unterricht

Für alle Schüler, ob leistungsstark oder leistungsschwach, gibt der bedarfsgerechte, an Qualitätskriterien orientierte *Ausbau von ganztags-schulischen Angeboten* wichtige zusätzliche (Förder-)Impulse. Zugleich ermöglicht er weitergehende Erfahrungen und Aktivitäten. Dies gilt nicht nur für bildungsbenachteiligte Kinder. Wichtig ist, dass derartige Angebote nicht von oben als „Zwangsbeglückung" oktroyiert werden, sondern entsprechende pädagogische Konzepte, in Abstimmung mit den Beteiligten vor Ort, den Bedarfen und Möglichkeiten entsprechend entwickelt und umgesetzt werden. Außerdem müssen alle Chancen genutzt werden, sich mit außerschulischen Partnern vor Ort wie Vereinen und Institutionen zu vernetzen. Jede einzelne Schule kann dadurch auch ihr Schulprofil weiter akzentuieren und ausprägen.

8. Kinder mit und ohne Behinderungen: Jeder zählt!

Alle haben ein Recht auf schulische Bildung, denn Bildung ist Schlüssel zu Selbstbestimmung und aktiver gesellschaftlicher Teilhabe. *Das Wohl von Kindern und Jugendlichen mit und ohne Behinderung muss gleichermaßen berücksichtigt werden.* Das wiederum stellt hohe Anforderungen an professionelle Diagnostik, Beratung und schulische Förderung. So ist die sonderpädagogische Förderung konsequent weiter zu entwickeln und im Regelschulsystem auszubauen. Sie soll auch allgemein in der Lehrerbildung verankert und die vorhandene Profilierung und Professionalität der Förderzentren systematisch genutzt werden. Ausgehend von einer *Vielfalt der Förderorte* mit differenzierten Angeboten heißt dies, dass der Lern- und Förderort sowohl im Regelschulsystem als auch an einer Förderschule sein kann. Dies ist mit Blick auf das Ziel größtmöglicher Selbstständigkeit des Einzelnen und seiner Partizipation am beruflichen und gesellschaftlichen Leben jeweils im Einzelfall zu entscheiden.

9. Verlässlichkeit und Berechenbarkeit statt Dauerbaustelle Schulreform

Verlässlichkeit und Berechenbarkeit sowie Kontinuität sind für alle Beteiligten von elementarer Bedeutung. Sie sind zentral für die Glaubwürdigkeit von Schulpolitik und für erfolgreiches Handeln vor Ort. Schüler und Lehrer – aber auch Eltern – dürfen nicht Opfer schulpolitischen Experimentierens und ideologischen Taktierens sein.

10. Ressourceneinsatz für Qualitätsverbesserung statt für Strukturmaßnahmen

Schulische Qualitätsverbesserung, insbesondere *Unterrichtsentwicklung*, hat klaren Vorrang vor Strukturdebatten. Strukturänderungen um ihrer selbst willen verschwenden Zeit und Ressourcen und verunsichern alle Beteiligten. Außerdem erfordern sie neue Investitionen in Ausstattung und Schulhausbau. Steuermittel, die hierfür verwendet werden, stehen folglich nicht mehr für qualitätssichernde Maßnahmen zur Verfügung. Entscheidend für die Leistungsfähigkeit der Schüler ist aber – das zeigen Studien sehr eindeutig – primär die Qualität des Unterrichts. Deshalb wird es darauf ankommen, aus dem demografischen Wandel und dem Rückgang der Schülerzahlen eine pädagogische Rendite zu erzielen.

11. Vergleichbarkeit und Mobilität müssen weiter gesichert werden

Qualitätssicherung durch Vergleichbarkeit heißt, den Weg der Formulierung klarer Anforderungen und verbindlicher Standards sowie der Transparenz und verbindlicher Rechenschaftslegung durch *zentrale Prüfungen und bundesweite Vergleichsarbeiten* konsequent weiter zu beschreiten. *Abschlussbezogene Bildungsstandards* als gemeinsamer Referenzrahmen in den Kernfächern sind eine wesentliche Voraussetzung für Mobilität und Anschlussfähigkeit innerhalb Deutschlands. Und sie sind zugleich Voraussetzung für die Akzeptanz des Bildungsföderalismus, d.h. den Wettbewerb verschiedener Wege zu einem gemeinschaftlich definierten Ziel. Zentrale Prüfungen, die sich an gemeinsamen Bildungsstandards orientieren und bundesweite Vergleichsarbeiten sind damit auch ein wesentliches Instrument, um zu länder- übergreifender Kompatibilität zu gelangen.

12. Bildung ist mehr als Schule

Bildung ist mehr als Schule. Der Staat ist nicht allein für Bildungschancen und den Ausgleich von Bildungschancen verantwortlich. Damit Bildung erfolgreich sein kann, müssen Eltern und andere Akteure vor Ort zusammenwirken. Die aktive Vernetzung von Schule mit ihrem Umfeld, insbesondere mit Kirchen, kulturellen und sozialen Einrichtungen, Vereinen und der Wirtschaft ist entscheidend. Dabei wird der Gedanke der Subsidiarität auch im Kontext von Schule zunehmend wichtiger.

(32) ERKLÄRUNG DER BILDUNGSPOLITISCHEN SPRECHER DER UNION IN DEN BUNDESLÄNDERN
30. JUNI 2010

Die bildungspolitischen Sprecher der CDU/CSU-Landtagsfraktionen stimmen in dem Ziel überein, das in den Bundesländern entstandene, leistungsgerechte und differenzierte Schulwesen als prägendes Element der deutschen Bildungslandschaft gemeinschaftlich weiterentwickeln zu wollen. Für uns steht fest: „Keine Einheitsschule – Vielfalt fördert alle!"

Verantwortungsvolle und faire Bildungspolitik *ermöglicht allen Schülerinnen und Schülern, ihre Talente zu entdecken und zu entfalten.*

Es gilt, die *Begabungsreserven* jeder einzelnen Schülerin und jedes einzelnen Schülers gezielt zu fördern. Hier sind alle gefragt, die Schülerschaft, die Eltern, die Lehrerkräfte und die Wirtschaft.

Um dem prognostizierten Fachkräftemangel wirksam begegnen zu können, muss neben der akademischen Bildung auch die *berufliche Bildung ihren besonderen Stellenwert* behalten. Die Wirtschaft wird in Zukunft wieder auf Schülerinnen und Schüler aller Schulstufen zurückgreifen müssen, was bessere Berufschancen auch für die Schülerschaft des Hauptschulbildungsganges bietet.

Grundsätzlich gilt: Bildung ist der Schlüssel für eine eigenverantwortliche Lebensgestaltung und erfolgreiche berufliche Laufbahn. Bildung ist aber mehr als die Addition von Kompetenzen und abfragbarem Wissen. Bildung vermittelt die Fähigkeit zur Teilhabe am kulturellen und gesellschaftlichen Leben. Bildung ist vor allem Persönlichkeitsbildung.

Bildung und Schule auch in Zukunft leistungsgerecht und fair zu gestalten, ist eine Herausforderung die nach konkreten Antworten verlangt. Dazu wollen die schulpolitischen Sprecher der Unions-Landtagsfraktionen mit gemeinsamen Vorschlägen beitragen.

SCHULFORMÜBERGREIFENDE FORDERUNGEN ZUR QUALITÄTSSICHERUNG IN SCHULE UND UNTERRICHT

- Beachtung des Prinzips der Schulformvielfalt mit dem Ziel der individuellen Förderung.

- Neben Gymnasium, Realschule und Hauptschule soll für die Schulen, an denen sowohl der Hauptschulabschluss als auch ein mittlerer Schulabschluss erworben werden kann, ein einheitlicher Name gefunden werden.

- Steigerung der Durchlässigkeit des Schulsystems bei *Beachtung der leistungs- und begabungsgerechten Beschulung* der Schülerinnen und Schüler.

- Wir achten den *Elternwillen beim Wechsel zur weiterführenden Schule hoch. Er darf jedoch kein Ausschließlichkeitskriterium* sein. Das Interesse und das Leistungsvermögen des Kindes müssen im Mittelpunkt stehen.

- Mittelfristige Senkung der Klassengrößen.

- Stärkung der Eigenverantwortung von Schulen durch mehr Personal- und Budgetverantwortung.

- *Anwendung von sogenannten „Kopfnoten"* zum Arbeits- und Sozialverhalten von Jahrgangsstufe 1 bis 10.

- Möglichkeiten zur Aufhebung von Schuleinzugsbereichen schaffen.

FORDERUNGEN ZUR FRÜHKINDLICHEN BILDUNG

- Zuordnung des *Kindergartens in den fachlichen Kompetenzbereich der Schulbehörden*, hierzu ist eine uneingeschränkte Gesetzgebungskompetenz der Länder in diesem Bereich wünschenswert (KJHG).

- Eine stärkere Verzahnung der Bildungsplanung von Grundschule und Kindergarten

- Reformierung der Ausbildung für Erzieherinnen und Erzieher mit dem Angebot zum Erwerb einer Fachhochschulreife.

- Gemeinsame Fortbildungen für Erzieher/-innen und Grundschullehrkräfte.

- Für Leitungsfunktionen ist eine Ausbildung auf anwendungsorientiertem, *akademischem* Niveau anzustreben.

- Qualifizierungsmöglichkeiten in Teilzeit- und berufsbegleitenden Formen für bereits tätige Erzieher/-innen.

- Ausbau der praxisorientierten Forschung im Bereich „frühkindliche Entwicklung" an den Hochschulen.

- *Durchführung verbindlicher Sprachstandserhebungen* zwei Jahre vor der Einschulung und Sprachförderung im Kindergarten. Bei starken Defiziten muss eine verpflichtende Förderung vor dem Schuleintritt erfolgen (Erarbeitung individueller Förderkonzepte).

FORDERUNGEN ZUR GRUNDSCHULE

- Beginn des *Fremdsprachenunterrichts spätestens ab Klasse 3* unter Abstimmung des Übergangs zu den weiterführenden Schulen.

- Förderung jeden Kindes nach seinen Fähigkeiten und seinen Fertigkeiten; Erarbeitung von individuellen Förderkonzepten.

- Stärkung der Kernkompetenzen bzw. Kulturtechniken: Länderübergreifende Anpassung der Stundenvolumina der Grundschule auf mindestens 100 Jahreswochenstunden.

FORDERUNGEN ZUM SEKUNDARBEREICH I

- Einführung *zentraler Abschlussprüfungen für den Haupt- und den Realschulabschluss* unter Berücksichtigung der in der KMK vereinbarten Bildungsstandards in den jeweiligen Ländern.

- Gewährleistung der Durchlässigkeit des Schulsystems durch das Angebot von Wahlpflichtkursen für die 2. Fremdsprache spätestens ab Jahrgangsstufe 6 parallel zum Fremdsprachenangebot an Gymnasien, in den Bildungsgängen die zum mittleren Bildungsabschluss führen.

- Vereinheitlichung der Abschlussbezeichnungen.

- Intensivierung der Kooperation mit den berufsbildenden Schulen, insbesondere zur besseren Berufsorientierung sowie einem speziellem Angebot zur Erlangung der Hochschulreife.

- Stärkung der Berufsorientierung durch verbindliche Teilnahme an berufsorientierenden Angeboten und durch den flächendeckenden Einsatz des Berufswahlpasses.

- Senkung der Schulabbrecherquoten durch spezielle Fördermaßnahmen.

FORDERUNGEN ZUM GYMNASIUM

- Wir streben ein vergleichbares und qualitativ hochwertiges „Deutschland-Abitur" an. Dieses basiert auf der Grundlage von *leistungsfördernden Bildungsstandards* der Kultusministerkonferenz.

- In den Bundesländern finden zentrale Leistungsfeststellungen in allen Ländern als Klassenarbeit in der Jahrgangsstufe 9 (Klasse 10 bei 13-jährigem Abitur) in den Fächern Deutsch, Mathematik und 1. Fremdsprache mit Eingang in die Versetzungsentscheidung nach Jahrgangsstufe 10 (11).

- *Generelle Einführung bzw. Beibehaltung des Abiturs nach 12 Jahren an allgemein bildenden Gymnasien.*

- Stärkung der gymnasialen Oberstufe durch *drei verbindliche Kernfächer* (Deutsch, Mathematik und Fremdsprache) und insbesondere Stärkung der Naturwissenschaften durch Einführung von Profilfächern mit dem Ziel, der verbesserten Studierfähigkeit.

- Einführung von deutschlandweiten Bildungsstandards beim Abitur.

FORDERUNGEN ZUR SONDERPÄDAGOGIK

- Die UN-Konvention über die Rechte der Menschen mit Behinderungen, zu der sich Deutschland verpflichtet hat, muss unter Beachtung des Vorsatzes umgesetzt werden, dass sich jede Entscheidung am Wohl des Kindes orientiert.

- *Eine an Qualitätsgesichtspunkten orientierte Integration und Inklusion von Schülerinnen und Schülern mit sonderpädagogischem Förderbedarf an anderen Schularten statt Integration nach Quote. Die personellen und sächlichen Voraussetzungen sind Grundlage einer gelungenen Integration.*

- Qualifizierung des Personals im vorschulischen Bereich und der Grundschule zum besseren Umgang mit Kindern mit sonderpädagogischem Förderbedarf.

- Einführung einer intensiven diagnostischen Lernbeobachtung durch Fachpersonal von Beginn an.

- Einführung von bundesweit anerkannten Schulabschlüssen für Kinder und Jugendliche mit sonderpädagogischem Förderbedarf.

- Weiterentwicklung des ausgleichenden Förderschulsystems, wobei Förderschulen zunehmend als Kompetenzzentren verstanden werden, die die Integration und Inklusion von Schülern in allgemein bildende Schulen unterstützen.

FORDERUNGEN ZUR BERUFLICHEN BILDUNG

- *Ausbau von Berufsbildenden Schulen als Kompetenzzentren für die Wirtschaft.*

- Bekenntnis zur *Vorrangigkeit der dualen Ausbildung* vor vollzeitschulischen Ausbildungen.

- Vermeidung von Doppelangeboten bei Vollzeitbeschulung u.a. zur nachfrageorientierten Ausbildung.

- Enge Kooperation mit der Sekundarstufe I zur Optimierung der Berufs-orientierung und Schaffung guter Möglichkeiten zur Erlangung der Hochschulreife. Hierzu gilt es das Angebot an Fachoberschulen, beruf-lichen Gymnasien und Berufsakademien auszubauen.

- Schnellere Anerkennung von neuen aber auch Straffung von alten Berufsfeldern, um den Anforderungen einer modernen Wissens- und Dienstleistungsgesellschaft gerecht zu werden.

- Reduzierung der Anzahl der Ausbildungsberufe durch die Schaffung von gemeinsamen Ausbildungsmodulen – dadurch Verringerung der „Atomisierung" im Bereich der Berufsausbildung.

- Sicherung der Standards im Rahmen von DQR und EQF.

- Verstärkung der Kooperation und Vernetzung der an Ausbildung betei-ligten Partner.

- Berufliche Qualifizierungs- und Eingliederungsmaßnahmen sowie Hilfen für Menschen mit Behinderung und benachteiligten Jugendlichen in die Arbeitswelt.

FORDERUNGEN ZUR LEHRERAUSBILDUNG

- Sicherung des zukünftigen Lehrerbedarfs mit Blick auf den absehbaren Mangel an Lehrkräften mit Fachausbildung durch ausreichend Studien-plätze in den Bundesländern.

- Bundesweite Harmonisierung der Inhalte in der schulformbezogenen Lehrerausbildung mit mehr praxisnahen Bezügen.

- Verbesserung der diagnostischen, didaktischen und methodischen Fähigkeiten unter Beibehaltung des hohen fachwissenschaftlichen Niveaus.

- Stärkung der pädagogischen und (schul-) psychologischen Ausbildung an den Hochschulen.

- *Umgang mit Heterogenität und Binnendifferenzierung als verpflichten-de Elemente.*

(33) „JEDEM KIND GERECHT WERDEN"
LEITANTRAG DES LANDESVORSTANDS DER
CDU NORDRHEIN-WESTFALEN

LEITANTRAG DES LANDESVORSTANDS
DER CDU NORDRHEIN-WESTFALEN
SCHULPOLITISCHES KONZEPT
DER CDU NORDRHEIN-WESTFALEN
33. LANDESPARTEITAG, 12. MÄRZ 2011, SIEGEN

Gute Bildungspolitik sorgt dafür, dass alle jungen Menschen mit ihren je besonderen Begabungen wertgeschätzt und gefördert werden. Kein junger Mensch darf dabei übersehen werden. Dieser Leitsatz entspricht dem Menschenbild der CDU und ist vor dem Hintergrund der demografischen Entwicklung auch ein Gebot der Vernunft. Bildungsgerechtigkeit ist kein Zustand, sondern ein Tun: Es ist die stete Sorge dafür, dass die Begabungen oder Talente jedes Kindes sich zu seinem eigenen Besten entfalten. Diese Sorge ist von vielen zu tragen, zuvorderst von den Eltern und Familien. Eine besondere Verantwortung kommt der Schule zu.

Schulbildung soll dazu beitragen, dass Kinder und Jugendliche die Fähigkeit entwickeln, ein selbstbestimmtes Leben zu führen. Sie soll dazu beitragen, dass junge Menschen

- zu selbständigen und selbstbewussten Persönlichkeiten heranreifen,
- am gesellschaftlichen Leben teilhaben können,
- auf einen ihren Fähigkeiten und Interessen entsprechenden Beruf vorbereitet werden.

Schule muss Freude an lebenslanger Bildung und Neugier auf ihre Inhalte wecken. Sie soll Orientierungsmöglichkeiten in einer Welt bieten, die jedem Einzelnen ein hohes Maß an Fähigkeiten abverlangt und zudem immer unübersichtlicher wird. Sie soll ein geeignetes Umfeld für die Entwicklung sowohl intellektueller als auch emotionaler, musischer, praktischer und sozialer Fähigkeiten sein. Sie soll die religiöse Dimension des Menschen ernst nehmen. Sie darf Bildung nicht auf die berufsorientierte Vermittlung von Wissen und Können reduzieren, sondern muss der persönlichkeitsbildenden Rolle von Sinn- und Wertfragen auch in Zukunft hohes Gewicht beimessen.

Es gibt keinen Beleg dafür, dass gemeinsamer Unterricht aller Kinder in derselben Schulform dem Unterricht in einem differenzierten Schulwesen überlegen ist. Bundesländer mit Tendenz zu Einheitsschul-Systemen stehen im Vergleich nicht besser da, sondern nachweislich schlechter. Es ist deshalb ein Irrweg, das gegliederte Schulwesen aufzugeben und schleichend ein Einheitsschulwesen an seine Stelle treten zu lassen. Für die Zukunft gilt mehr denn je: Vielfalt ist schulpolitisch Trumpf.

Die CDU Nordrhein-Westfalen hält die schulpolitische Strategie der Landesregierung für unverantwortlich. Wir sehen in den Gesamtschulen ein wichtiges Element des gegliederten Schulsystems. Aber einen Weg, der absehbar am Ende auf eine Einheitsschule hinausläuft, werden wir nicht mitgehen.

EIN MODERNES GEGLIEDERTES SCHULSYSTEM

Das gegliederte Schulwesen hat sich bewährt, weil es den unterschiedlichen Fähigkeiten und Neigungen der Schülerinnen und Schüler in höchstmöglichem Maße gerecht wird. Eine Fortentwicklung des bestehenden Systems ist jedoch notwendig. Vielerorts, insbesondere in ländlichen Regionen, bedroht die demografische Entwicklung gewachsene Schulstrukturen in ihrer Existenz. Zudem hat sich die Akzeptanz der verschiedenen Schulformen im Laufe der Zeit unterschiedlich entwickelt. Das betrifft vor allem die Hauptschulen, die trotz hervorragender Arbeit für viele Eltern nicht mehr die Schulen der Wahl sind.

Auf die demografische Entwicklung und auf die Akzeptanzprobleme insbesondere von Hauptschulen wollen und müssen wir reagieren. Wir wollen den schulpolitischen Ordnungsrahmen so justieren, dass auch dort, wo aufgrund der Schülerzahlen und der Anmeldungen eigenständige Haupt- und Realschulen nicht mehr nebeneinander bestehen können, wohnortnah ein differenziertes Schulangebot gewährleistet ist.

Eckpunkte eines modernen gegliederten Schulsystems:

- Jede Schülerin und jeder Schüler in Nordrhein-Westfalen hat einen Anspruch darauf, wohnortnah die Ausbildungsreife (Hauptschulabschluss), die Mittlere Reife oder das Abitur erreichen zu können.

- Zur Vorbereitung auf die Mittlere Reife oder das Abitur muss für 53 jede Schülerin und jeden Schüler ein spezifisches Unterrichtsangebot zur Verfügung stehen, das originär zu dem jeweiligen Abschluss führt.

- Gymnasien und Realschulen sind leistungsstarke und akzeptierte Schulformen, die zum Abitur bzw. zur Mittleren Reife führen. Sie sind auch bei zurückgehender Schülerzahl in einer für jede Schülerin und jeden Schüler zumutbaren Entfernung zu erhalten. Die CDU Nordrhein-Westfalen hält es für richtig, bei Neugründungen von Gymnasien nicht mehr, wie bisher, eine Dreizügigkeit zur Bedingung zu machen, sondern in Zukunft Gymnasien auch mit zwei Gründungszügen zu genehmigen. Die Lehrpläne für „G8" sind an die verkürzte Unterrichtszeit anzupassen und fortlaufend zu überprüfen.

- Die in den letzten Jahren begonnene Profilierung der Hauptschule als berufsqualifizierende Schule ist weiter zu intensivieren. Allen Schülerinnen und Schülern mit einem Hauptschulabschluss (Ausbildungsreife), gleich an welcher Schulform erworben, *soll künftig eine Ausbildungsgarantie nach dem Vorbild des „Gevelsberger Modells" gegeben werden*.

- Angesichts der demografischen Entwicklung soll eine Verbundschule künftig auch dann genehmigungsfähig sein, wenn sie nur zweizügig ist. Dies gilt für Städte ebenso wie für den ländlichen Bereich. Jede Klasse muss grundsätzlich mindestens aus 15 Schülerinnen bzw. Schülern bestehen.

- Auch an Grundschulen in Regionen, die vom Schülerrückgang besonders betroffen sind, sollen – falls dies zum Erhalt eines Schulstandorts erforderlich ist – über die bisherige Ausnahmeregelung hinaus Klassen mit 15 Kindern geführt werden können. Wir werden Schulträger dabei unterstützen, durch die mit dem Schulgesetz von 2006 ermöglichten Grundschulverbünde das Prinzip „Kurze Beine – kurze Wege" weiterhin zu verwirklichen.

- Gesamtschulen sind zu genehmigen, wenn gewährleistet ist, dass dem Anspruch von Schülerinnen und Schülern, den Mittleren Schulabschluss oder das Abitur an einer Realschule oder einem Gymnasium zu erreichen, wohnortnah entsprochen werden kann und zusätzlich ein entsprechender Bedarf besteht. Dieser Bedarf muss durch Anmeldezahlen, die mindestens eine Vierzügigkeit sicherstellen, dokumentiert sein.

- Die Weiterbildungskollegs, Abendrealschulen und Abendgymnasien müssen als wichtige Ergänzung der Bildungslandschaft in Nordrhein-Westfalen weiter gefördert werden. Sie bieten für viele eine zweite Chance.

- Die CDU Nordrhein-Westfalen betrachtet das Berufskolleg als eine wesentliche Säule moderner Bildungspolitik. Es bietet eine breite Palette von beruflichen und allgemeinbildenden Aus- und Weiterbildungsmöglichkeiten an und erhöht dadurch die Durchlässigkeit im vielfältigen Schulsystem. Die Berufskollegs leisten erhebliche Beiträge zu aufstiegsorientierter Bildung, auch durch die Verleihung allgemeinbildender Abschlüsse, nicht zuletzt der Fachhochschulreife. Den Zugang zu den Universitäten über das berufliche Gymnasium wollen wir noch stärker herausstellen.

- Die Durchlässigkeit der Schulformen muss durch konkrete Maßnahmen weiter verbessert werden. Alle Kinder und Jugendlichen müssen unabhängig davon, in welcher Schulform sie ihre Schullaufbahn beginnen, jeden ihnen möglichen Schulabschluss erreichen können. Dafür sollen z.B. annehmende Schulen, die mit einem wirksamen Übergangskonzept arbeiten, eine zusätzliche personelle Ausstattung erhalten.

- Die CDU Nordrhein-Westfalen betrachtet die Schulen in freier Trägerschaft für die Wahlfreiheit der Eltern in einer vielfältigen Schullandschaft als unentbehrlich.

FRÜHER LERNEN

Gesichertes Ergebnis der Bildungs- und Lernforschung ist, dass frühes Lernen nachweisbare Erfolge hat, insbesondere auch dann, wenn es darum geht, Erziehungs-, Lern- und Sprachdefizite auszugleichen. Die CDU Nordrhein-Westfalen befürwortet ein verpflichtendes beitragsfreies

Lernjahr, das dem bisherigen ersten Grundschuljahr in Kooperation von Kindergarten und Schule vorangestellt wird.

INDIVIDUELL FÖRDERN IN KLEINEREN KLASSEN

Kleinere Lerngruppen in allen Schulformen sind eine Voraussetzung für bessere Lernergebnisse. Die demografische Entwicklung bietet die Möglichkeit, Lehrerinnen und Lehrer, Erzieherinnen und Erzieher so einzusetzen, dass individuelle Förderung erleichtert wird. So werden die unterschiedlichen Bedürfnisse von Schülerinnen und Schülern beachtet und differenzierte Fördermöglichkeiten angeboten. Eigenverantwortliche Schulen können hier selbstständige Lösungen finden.

Die CDU Nordrhein-Westfalen fordert, dass in den Grundschulen künftig keine Eingangsklasse mehr als und in den weiterführenden Schulen keine Eingangsklasse mehr als 28 Schülerinnen und Schüler hat. Die durchschnittliche Klassengröße soll in den Grund- und Hauptschulen schrittweise auf 20 und in den Realschulen, Gesamtschulen und Gymnasien auf 24 gesenkt werden.

SCHULSOZIALARBEIT FÖRDERN

Die CDU Nordrhein-Westfalen setzt sich dafür ein, gemeinsam mit den Schulträgern die Schulsozialarbeit und die schulpsychologische Beratung noch weiter auszubauen. Wir wollen der notwendigen Kooperation von Schule und Jugendhilfe neue Impulse geben (Schulmüdenprojekte, Jugendwerkstätten, Beratungsstellen).

INTEGRATION FÖRDERN

Von besonderer Bedeutung für die Integration von Kindern mit Zuwanderungsgeschichte ist die vorschulische Bildung. Nordrhein-Westfalen ist unter der CDU-geführten Landesregierung auf dem Gebiet der Sprachförderung bundesweit zum Vorreiter geworden. Durch die verbindlichen Tests zur Sprachentwicklung der Kinder bereits zwei Jahre vor der Einschulung wird gewährleistet, dass Defizite in der Sprachfähigkeit frühzeitig erkannt und gezielt bis zur Einschulung durch eine verbindliche Sprachförderung abgebaut werden können. Jedes Kind soll befähigt werden, von Anfang an dem Schulunterricht zu folgen.

Insgesamt wollen wir konsequent daran arbeiten, die Lebens-, Bildungs- und Ausbildungsperspektiven von Kindern und Jugendlichen mit einer Zuwanderungsgeschichte weiter zu verbessern.

Die Einführung eines regulären islamischen Religionsunterrichts in deutscher Sprache durch in Deutschland ausgebildete Lehrkräfte und unter deutscher Schulaufsicht bleibt trotz aller Umsetzungsschwierigkeiten erklärtes Ziel der CDU Nordrhein-Westfalen.

UNTERRICHTSVERSORGUNG SICHERSTELLEN

Der Unterrichtsausfall ist durch die grundlegende Verbesserung der Lehrerversorgung und ein weiteres Bündel von Maßnahmen unter der CDU-geführten Landesregierung praktisch halbiert worden. Allerdings wäre dies ohne den gesteigerten Einsatz unserer Lehrkräfte nicht möglich gewesen. Die CDU Nordrhein-Westfalen hält es im Interesse unserer Kinder und Jugendlichen für unabdingbar, auch künftig alle Anstrengungen zu unternehmen, um den Ausfall von Unterricht an unseren Schulen zu verhindern.

GANZTAGSANGEBOT BEDARFSGERECHT AUSBAUEN

Die CDU Nordrhein-Westfalen strebt eine flexible Weiterentwicklung der 2005 eingeleiteten erfolgreichen Offensive zum bedarfsgerechten Ausbau des Ganztags an Grundschulen und weiterführenden Schulen an. Dabei müssen Elternwünsche sowie örtliche Bedingungen berücksichtigt werden. Eine Bevorzugung einzelner Schulformen darf es nicht geben. Neben reinen Ganztagsschulen sollen Schulen Ganztagszüge ergänzend zu Halbtagszügen anbieten können. Selbstverständlich soll es auch weiterhin das Angebot von Halbtagsschulen geben, damit die Eltern eine echte Wahlfreiheit haben.

Die von der CDU-geführten Landesregierung an den weiterführenden Halbtagsschulen eingerichtete Pädagogische Mittagsbetreuung soll als flexibles Instrument durch Erhöhung der Mittel weiter ausgebaut werden.

Die freien Angebote der Jugendhilfe, der Kirchen, der kulturellen Bildung und des Sports sind wesentlich für die kognitive, emotionale und soziale Erziehung und Bildung von Kindern und Jugendlichen. Sie sollen in die

Gestaltung des Ganztags auch in Zukunft einbezogen werden, neben dem offenen Ganztag der Grundschulen nunmehr auch verstärkt im Ganztag der weiterführenden Schulen.

INKLUSION FÖRDERN – ELTERNWILLEN BERÜCKSICHTIGEN

Die CDU Nordrhein-Westfalen ist der Überzeugung, dass das Wohl der Kinder und Jugend lichen mit Behinderung der Maßstab für die richtige Wahl der Schule sein muss. Daher müssen Eltern nach individueller Beratung in die Lage versetzt werden zu entscheiden, wo ihr behindertes Kind am besten gefördert wird, in einer allgemeinen Schule oder in einer Förderschule.

In Nordrhein-Westfalen sollen deshalb die Eltern jedes Kindes, das sonderpädagogische Förderung benötigt, ein grundsätzliches Wahlrecht auf den Besuch einer Förderschule oder einer allgemeinen Schule in zumutbarer Nähe haben. Die Förderschule wird zu einer Angebotsschule fortentwickelt. Die mit dem Schulgesetz von 2006 ermöglichten Kompetenzzentren für sonderpädagogische Förderung sollen zu einem Motor in dem Prozess der Umsetzung der UN-Konvention über die Rechte von Menschen mit Behinderungen werden.

Wir werden alle Anstrengungen verstärken, um hierzu befähigten behinderten Jugendlichen auch eine berufliche Ausbildung zu ermöglichen.

OPTIMALE QUALIFIZIERUNG FÜR LEHRER – GERECHTE BEZAHLUNG UND HOHE ANERKENNUNG

Grundlage für guten Unterricht, gleich an welcher Schule, sind gut ausgebildete, regelmäßig fortgebildete und motivierte Lehrerinnen und Lehrer.

Eine besondere Aufgabe der nächsten Jahre ist die Umsetzung der von der CDU-geführten Landesregierung auf den Weg gebrachten Reform der Lehrerausbildung. Sie gilt bundesweit als vorbildlich. Die neue Lehrerausbildung legt wesentlich mehr Wert auf Unterrichtspraxis und wird zur Folge haben, dass fachliche, methodische und pädagogische Forderungen und Kompetenzen in einem umfassenden Zusammenhang betrachtet werden.

Die Lehrerausbildung wird insgesamt professioneller, profilierter und praxisnäher; alle Lehrämter erhalten durch die künftig gleich lange Ausbildung die gleiche Bedeutung. Die CDU Nordrhein-Westfalen hält es für erforderlich, dass die in der Lehrerausbildung erworbenen Kompetenzen durch exzellente Weiterbildungsangebote und durch eine Pflicht zur regelmäßigen Fortbildung stetig ausgebaut und vertieft werden. Vertretungen sollen dabei den normalen Unterricht weiter gewährleisten. Im Bereich der Fortbildung ist eine Vernetzung mit den Hochschulen erforderlich, die sich dieser Aufgabe annehmen müssen.

INTERNATIONALITÄT DES SCHULSYSTEMS VORANBRINGEN

Die CDU Nordrhein-Westfalen setzt sich dafür ein, die Internationalität unseres Bildungssystems weiter voranzutreiben.

Internationale Schulen sind bei Vorliegen der gesetzlichen Voraussetzungen zuzulassen. Wir werden darauf achten, dass die derzeitige Landesregierung nicht wieder zu ihrer Nichtgenehmigungspraxis von vor 2005 zurückkehrt. Der bilinguale Unterricht ist an unseren Schulen weiter auszubauen. Dafür muss die bundesweit einmalige, 2009 gestartete Initiative zur Gewinnung von ausländischen Lehrkräften für den fremdsprachlichen Unterricht (Teacher Acquisition Programme) fortgesetzt werden.

Wir wollen intensiv Schulen unterstützen, die den gleichzeitigen Erwerb des deutschen Abiturs und des französischen Baccalauréat (AbiBac) sowie den gleichzeitigen Erwerb des 203 Abiturs und des International Baccalaureate (IB) ermöglichen.

(34) AUSZÜGE AUS LANDESVERFASSUNGEN UND SCHULGESETZEN

A) FESTLEGUNGEN IN DEN LANDESVERFASSUNGEN

Baden-Württemberg

Art. 12. [Erziehungsziel, Träger der Erziehung]

(1) Die Jugend ist in der Ehrfurcht vor Gott, im Geiste der christlichen Nächstenliebe, zur Brüderlichkeit aller Menschen und zur Friedensliebe, in der Liebe zu Volk und Heimat, zu sittlicher und politischer Verantwortlichkeit, zu beruflicher und sozialer Bewährung und zu freiheitlicher demokratischer Gesinnung zu erziehen.

Art. 16. [Charakter der christlichen Gemeinschaftsschule]

(1) ¹In christlichen Gemeinschaftsschulen werden die Kinder auf der Grundlage christlicher und abendländischer Bildungs- und Kulturwerte erzogen. ²Der Unterricht wird mit Ausnahme des Religionsunterrichts gemeinsam erteilt.

Art. 18. [Religionsunterricht]

¹Der Religionsunterricht ist an den öffentlichen Schulen ordentliches Lehrfach. ²Er wird nach den Grundsätzen der Religionsgemeinschaften und unbeschadet des allgemeinen Aufsichtsrechts des Staates von deren Beauftragten erteilt und beaufsichtigt. ³Die Teilnahme am Religionsunterricht und an religiösen Schulferien bleibt der Willenserklärung der Erziehungsberechtigten, die Erteilung des Religionsunterrichts der des Lehrers überlassen.

Bayern

Art. 131. [Bildungsziele]

(1) Die Schulen sollen nicht nur Wissen und Können vermitteln, sondern auch Herz und Charakter bilden.

(2) Oberste Bildungsziele sind Ehrfurcht vor Gott, Achtung vor religiöser Überzeugung und vor der Würde des Menschen, Selbstbeherrschung, Verantwortungsgefühl und Verantwortungsfreudigkeit, Hilfsbereitschaft, Aufgeschlossenheit für alles Wahre, Gute und Schöne und Verantwortungsbewusstsein für Natur und Umwelt.

(3) Die Schüler sind im Geiste der Demokratie, in der Liebe zur bayerischen Heimat und zum deutschen Volk und im Sinne der Völkerversöhnung zu erziehen.

(4) Die Mädchen sind außerdem in der Säuglingspflege, Kindererziehung und Hauswirtschaft besonders zu unterweisen.

Art. 136. [Religionsunterricht]
(1) An allen Schulen sind beim Unterricht die religiösen Empfindungen aller zu achten.

(2) ¹Der Religionsunterricht ist ordentliches Lehrfach aller Volksschulen, Berufsschulen, mittleren und höheren Lehranstalten. ²Er wird erteilt in Übereinstimmung mit den Grundsätzen der betreffenden Religionsgemeinschaft.

Art. 137. [Teilnahme am Religionsunterricht]
(2) Für Schüler, die nicht am Religionsunterricht teilnehmen, ist ein Unterricht über die allgemein anerkannten Grundsätze der Sittlichkeit einzurichten.

Brandenburg

Art. 28. Grundsätze der Erziehung und Bildung
Erziehung und Bildung haben die Aufgabe, die Entwicklung der Persönlichkeit, selbstständiges Denken und Handeln, Achtung vor der Würde, dem Glauben und den Überzeugungen anderer, Anerkennung der Demokratie und Freiheit, den Willen sozialer Gerechtigkeit, der Friedfertigkeit und Solidarität im Zusammenleben der Kulturen und Völker und die Verantwortung für Natur und Umwelt zu fördern.

Bremen

Art. 26. [Erziehungs- und Bildungsziele]
Die Erziehung und Bildung der Jugend hat im wesentlichen folgende Aufgaben:

1. Die Erziehung zu einer Gemeinschaftsgesinnung, die auf der Achtung vor der Würde jedes Menschen und auf dem Willen zu sozialer Gerechtigkeit und politischer Verantwortung beruht, zur Sachlichkeit und Duldsamkeit gegenüber den Meinungen anderer führt und zur friedlichen Zusammenarbeit mit anderen Menschen und Völkern aufruft.

2. Die Erziehung zu einem Arbeitswillen, der sich dem allgemeinen Wohl einordnet, sowie die Ausrüstung mit den für den Eintritt ins Berufsleben erforderlichen Kenntnissen und Fähigkeiten.

3. Die Erziehung zum eigenen Denken, zur Achtung vor der Wahrheit, zum Mut, sie zu bekennen und das als richtig und notwendige Erkannte zu tun.

4. Die Erziehung zur Teilnahme am kulturellen Leben des eigenen Volkes und fremder Völker.

5. Die Erziehung zum Verantwortungsbewusstsein für Natur und Umwelt.

Hessen

Art. 55. [Jugenderziehung]
[1]Die Erziehung der Jugend zu Gemeinsinn und zu leiblicher, geistiger und seelischer Tüchtigkeit ist Recht und Pflicht der Eltern. [2]Dieses Recht kann nur durch Richterspruch nach Maßgabe der Gesetze entzogen werden.

Art. 56. [Schulpflicht, Gemeinschaftsschule, Erziehungsziele]
(4) Ziel der Erziehung ist, den jungen Menschen zur sittlichen Persönlichkeit zu bilden, seine beruflichen Tüchtigkeit und die politische Verantwortung vorzubereiten zum selbstständigen und verantwortlichen Dienst am Volk und der Menschheit durch Ehrfurcht und Nächstenliebe, Achtung und Duldsamkeit, Rechtlichkeit und Wahrhaftigkeit.

(5) [1]Der Geschichtsunterricht muss auf getreue, unverfälschte Darstellung der Vergangenheit gerichtet sein. [2]Dabei sind in den Vordergrund zu stellen die großen Wohltäter der Menschheit, die Entwicklung von Staat, Wirtschaft, Zivilisation und Kultur, nicht aber Feldherren, Kriege und Schlachten. [3]Nicht zu dulden sind Auffassungen, welche die Grundlagen des demokratischen Staates gefährden.

Art. 57. [Religionsunterricht]
(1) [1]Der Religionsunterricht ist ordentliches Lehrfach. [2]Der Lehrer ist im Religionsunterricht unbeschadet des staatlichen Aufsichtsrechts an die Lehren und die Ordnungen seiner Kirche oder Religionsgemeinschaft gebunden.

Mecklenburg-Vorpommern

Art. 15. (Schulwesen)

(4) Das Ziel der schulischen Erziehung ist die Entwicklung zur freien Persönlichkeit, die aus Ehrfurcht vor dem Leben und im Geiste der Toleranz bereit ist, Verantwortung für die Gemeinschaft mit anderen Menschen und Völkern sowie gegenüber künftigen Generationen zu tragen.

Niedersachsen

Hat keine Bildungsziele aufgenommen.

Nordrhein-Westfalen

Art. 7. [Erziehungsziele]

(1) Ehrfurcht vor Gott, Achtung vor der Würde des Menschen und der Bereitschaft zum sozialen Handeln zu wecken, ist vornehmstes Ziel der Erziehung.

(2) Die Jugend soll erzogen werden im Geiste der Menschlichkeit, der Demokratie und der Freiheit, zur Duldsamkeit und zur Achtung vor der Überzeugung des anderen, zur Verantwortung für die Erhaltung der natürlichen Lebensgrundlagen, in Liebe zu Volk und Heimat, zur Völkergemeinschaft und Friedensgesinnung.

Art. 14. [Religionsunterricht]

(1) [1]Der Religionsunterricht ist ordentliches Lehrfach an allen Schulen, mit Ausnahme der Weltanschauungsschulen (bekenntnisfreien Schulen). [2]Für die religiöse Unterweisung bedarf der Lehrer der Bevollmächtigung durch die Kirche oder durch die Religionsgemeinschaft. [3]Kein Lehrer darf gezwungen werden, Religionsunterricht zu erteilen.

Rheinland-Pfalz

Art. 33. [Erziehungsziele]

Die Schule hat die Jugend zur Gottesfurcht und Nächstenliebe, Achtung und Duldsamkeit, Rechtlichkeit und Wahrhaftigkeit, zur Liebe zu Volk und Heimat, zum Verantwortungsbewusstsein für Natur und Umwelt, zu sittlicher Haltung und beruflicher Tüchtigkeit und in freier, demokratischer Gesinnung im Geiste der Völkerversöhnung zu erziehen.

Art. 34. [Religionsunterricht]
[1]Der Religionsunterricht ist an allen Schulen mit Ausnahme der bekenntnisfreien Privatschulen ordentliches Lehrfach.

Art. 38. [Höheres Schulwesen]
Bei der Gestaltung des höheren Schulwesens ist das klassisch-humanistische Bildungsideal neben den anderen Bildungszielen gleichberechtigt zu berücksichtigen.

Saarland

Art. 29. [Religionsunterricht]
(1) [1]Der Religionsunterricht ist an allen öffentlichen Grund- und Hauptschulen (Volksschulen), Sonderschulen, Berufsschulen, Realschulen und Gymnasien ordentliches Lehrfach.

Art. 30. [Ziele der Jugenderziehung]
Die Jugend ist in der Ehrfurcht vor Gott, im Geiste der christlichen Nächstenliebe und der Völkerversöhnung, in der Liebe zur Heimat, Volk und Vaterland, zu sorgsamem Umgang mit den natürlichen Lebensgrundlagen, zu sittlicher und politischer Verantwortlichkeit, zu beruflicher und sozialer Bewährung und zu freiheitlicher, demokratischer Gesinnung zu erziehen.

Sachsen

Art. 101. [Erziehungsziele]
(1) Die Jugend ist zur Ehrfurcht vor allem Lebendigen, zur Nächstenliebe, zum Frieden und zur Erhaltung der Umwelt, zur Heimatliebe, zu sittlichem und politischem Verantwortungsbewusstsein, zu Gerechtigkeit und zur Achtung vor der Überzeugung des anderen, zu beruflichem Können, zu sozialem Handeln und zu freiheitlicher demokratischer Haltung zu erziehen.

Sachsen-Anhalt

Art. 27. Erziehungsziel, Ethik- und Religionsunterricht

(1) Ziel der staatlichen und der unter staatlicher Aufsicht stehenden Erziehung und Bildung der Jugend ist die Entwicklung zur freien Persönlichkeit, die im Geiste der Toleranz bereit ist, Verantwortung für die Gemeinschaft mit anderen Menschen und Völkern und gegenüber künftigen Generationen zu tragen.

(2) Schulen und andere Bildungseinrichtungen haben auf die weltanschaulichen und religiösen Überzeugungen ihrer Angehörigen Rücksicht zu nehmen.

(3) [1]Ethikunterricht und Religionsunterricht sind an den Schulen mit Ausnahme der bekenntnisgebundenen und bekenntnisfreien Schulen ordentliche Lehrfächer. [2]Unbeschadet des staatlichen Aufsichtsrechtes wird der Religionsunterricht in Übereinstimmung mit den Grundsätzen der Religionsgemeinschaften erteilt.

Thüringen

Art. 22. [Erziehung und Bildung]

(1) Die Erziehung und Bildung haben die Aufgabe, selbstständiges Denken und Handeln. Achtung vor der Würde des Menschen und Toleranz gegenüber der Überzeugung anderer, Anerkennung der Demokratie und Freiheit, den Willen zu sozialer Gerechtigkeit, die Friedfertigkeit im Zusammenleben der Kulturen und Völker und die Verantwortung für die natürlichen Lebensgrundlagen des Menschen und die Umwelt zu fördern.

(2) Der Geschichtsunterricht muss auf eine unverfälschte Darstellung der Vergangenheit gerichtet sein.

Art. 25. [Religions- und Ethikunterricht]

(1) Religions- und Ethikunterricht sind in den öffentlichen Schulen ordentliche Lehrfächer.

B) AUS EINZELNEN SCHULGESETZEN

Bayern (Mai 2000)

(1) Die Schulen haben insbesondere die Aufgabe,

- Kenntnisse und Fertigkeiten zu vermitteln und Fähigkeiten zu entwickeln,

- zu selbstständigem Urteil und eigenverantwortlichem Handeln zu befähigen,

- zu verantwortlichem Gebrauch der Freiheit, Toleranz, friedlicher Gesinnung und Achtung vor anderen Menschen zu erziehen, zur Anerkennung kultureller und religiöser Werte zu erziehen,

- Kenntnisse von Geschichte, Kultur, Tradition und Brauchtum unter besonderer Berücksichtigung Bayerns zu vermitteln und die Liebe zur Heimat zu wecken,

- zur Förderung des europäischen Bewusstseins beizutragen, im Geist der Völkerverständigung zu erziehen,

- die Bereitschaft zum Einsatz für den freiheitlichdemokratischen und sozialen Rechtsstaat und zu seiner Verteidigung nach innen und nach außen zu fördern,

- die Durchsetzung der Gleichberechtigung von Frauen und Männern zu fördern und auf die Beseitigung bestehender Nachteile hinzuwirken,

- die Schülerinnen und Schüler zur gleichberechtigten Wahrnehmung ihrer Rechte und Pflichten in Familie, Staat und Gesellschaft zu befähigen, insbesondere Buben und junge Männer zu ermutigen, ihre künftige Vaterrolle verantwortlich anzunehmen sowie Familien- und Hausarbeit partnerschaftlich zu teilen,

- auf Arbeitswelt und Beruf vorzubereiten, in der Berufswahl zu unterstützen und dabei insbesondere Mädchen und Frauen zu ermutigen, ihr Berufsspektrum zu erweitern, [...]

Brandenburg (2007)

(5) Bei der Vermittlung von Kenntnissen, Fähigkeiten und Werthaltungen fördert die Schule insbesondere die Fähigkeit und Bereitschaft der Schülerinnen und Schüler,

1. für sich selbst, wie auch gemeinsam mit anderen zu lernen und Leistungen zu erbringen

2. die eigene Wahrnehmungs-, Empfindungs- und Ausdrucksfähigkeit zu entfalten und in diesem Sinne auch mit Medien sachgerecht, kritisch und kreativ umzugehen,

3. sich Informationen zu verschaffen und kritisch zu nutzen sowie die eigene Meinung zu vertreten, die Meinungen anderer zu respektieren und sich mit diesen unvoreingenommen auseinander zu setzen,

4. Kreativität und Eigeninitiative zu entwickeln,

5. Beziehungen zu anderen Menschen auf der Grundlage von Achtung, Gerechtigkeit und Solidarität zu gestalten, Konflikte zu erkennen und zu ertragen sowie an vernunftgemäßen und friedlichen Lösungen zu arbeiten,

6. sich für die Gleichberechtigung von Mann und Frau einzusetzen und den Wert der Gleichberechtigung auch über die Anerkennung der Leistungen von Frauen in Geschichte, Wissenschaft, Kultur und Gesellschaft einzuschätzen,

7. eigene Rechte zu wahren und die Rechte anderer auch gegen sich selbst gelten zu lassen,

8. ihr künftiges privates, berufliches und öffentliches Leben verantwortlich zu gestalten und die Anforderungen des gesellschaftlichen Wandels zu bewältigen,

9. Soziale und politische Mitverantwortung durch individuelles Handeln und durch die Wahrnehmung gemeinsamer Interessen zu übernehmen und zur demokratischen Gestaltung einer gerechten und freien Gesellschaft beizutragen,

10. Ursachen und Gefahren der Ideologie des Nationalsozialismus sowie anderer zur Gewaltherrschaft strebender politischer Lehren zu erkennen und ihnen entgegenzuwirken,

11. die eigene Kultur sowie andere Kulturen, auch innerhalb des eigenen Landes und des eigenen Umfeldes, zu verstehen und zum friedlichen Zusammenleben der Kulturen und der Völker beizutragen sowie für die Würde und die Gleichheit aller Menschen einzutreten,

12. sich auf ihre Aufgaben als Bürgerinnen und Bürger in einem gemeinsamen Europa vorzubereiten,

13. ihre Verantwortung für die eigene Gesundheit, für den Erhalt der Umwelt und die Sicherung der natürlichen Lebensgrundlagen zu begreifen und wahrzunehmen,

14. ein Verständnis für die Lebenssituation von Menschen mit körperlichen, seelischen und geistigen Beeinträchtigungen zu entwickeln und zur Notwendigkeit gemeinsamer Lebenserfahrungen beizutragen.

Bremen (2005)

§ 5 Bildungs- und Erziehungsziele

(1) Schulische Bildung und Erziehung ist den allgemeinen Menschenrechten, den in Grundgesetz und Landesverfassung formulierten Werten sowie den Zielen der sozialen Gerechtigkeit und Mitmenschlichkeit verpflichtet. Die Schule hat ihren Auftrag gemäß Satz 1 gefährdenden Äußerungen religiöser, weltanschaulicher oder politischer Intoleranz entgegenzuwirken.

(2) Die Schule soll insbesondere erziehen:

1. zur Bereitschaft, politische und soziale Verantwortung zu übernehmen;
2. zur Bereitschaft, kritische Solidarität zu üben;
3. zur Bereitschaft, sich für Gerechtigkeit und für die Gleichberechtigung der Geschlechter einzusetzen;

4. zum Bewusstsein, für Natur und Umwelt verantwortlich zu sein, und zu eigenverantwortlichem Gesundheitshandeln;

5. zur Teilnahme am kulturellen Leben;

6. um Verständnis für Menschen mit körperlichen, geistigen und seelischen Beeinträchtigungen und zur Notwendigkeit gemeinsamer Lebens- und Erfahrungsmöglichkeiten;

7. zum Verständnis für die Eigenart und das Existenzrecht anderer Völker sowie ethnischer Minderheiten und Zuwanderer in unserer Gesellschaft und für die Notwendigkeit friedlichen Zusammenlebens;

8. zur Achtung der Werte anderer Kulturen sowie verschiedenen Religionen;

9. zur Bereitschaft, Minderheiten in ihren Eigenarten zu respektieren, sich gegen ihre Diskriminierung zu wenden und Unterdrückung abzuwehren.

(3) Die Schule hat den Auftrag, Basiskompetenzen und Orientierungswissen sowie Problemlösefähigkeiten zu vermitteln, die Leistungsfähigkeit- und bereitschaft von Schülerinnen und Schülern zu fördern und zu fordern und sie zu überlegtem persönlichen, beruflichen und gesellschaftlichen Handeln zu befähigen. Die Schülerinnen und Schüler sollen insbesondere lernen,

1. Informationen kritisch zu nutzen, sich eigenständig an Werten zu orientieren und entsprechend zu handeln;

2. Wahrheit zu respektieren und den Mut zu haben, sie zu bekennen;

3. eigene Rechte zu wahren und die Rechte anderer auch gegen sich selbst gelten zu lassen;

4. Pflichten zu akzeptieren und ihnen nachzukommen;

5. eigene Verhaltensweisen einschätzen und verändern zu können und gegebenenfalls Hilfe anzunehmen;

6. das als richtig und notwendig Erkannte zu tun;

7. Toleranz gegenüber den Meinungen und Lebensweisen anderer zu entwickeln und sich sachlich mit ihnen auseinander zu setzen;

8. selbstkritisch selbstbewusst zu werden;

9. ihre Wahrnehmungs-, Empfindungs- und Ausdrucksfähigkeit zu entfalten, Kreativität und Eigeninitiative zu entwickeln sowie ständig lernen zu können;

484

10. eigenständig wie auch gemeinsam Leistungen zu erbringen;
11. den Wert der Gleichberechtigung von Mann und Frau auch über die Anerkennung der Leistungen von Frauen in Geschichte, Wissenschaft, Kultur und Gesellschaft einzuschätzen.

§ 7 Biblischer Geschichtsunterricht

(1) Nach Art. 32 der Landesverfassung erteilen die allgemeinbildenden öffentlichen Schulen in der Primarstufe und der Sekundarstufe I bekenntnismäßig nicht gebundenen Unterricht in Biblischer Geschichte auf allgemein christlicher Grundlage; in der Gymnasialen Oberstufe können die Schüler und Schülerinnen Kurse mit entsprechenden Inhalten an bestimmten Standorten anwählen.

(2) Schülerinnen und Schüler, die in der Sekundarstufe I nicht am Unterricht in Biblischer Geschichte teilnehmen, besuchen den Unterricht in einem vom Senator für Bildung und Wissenschaft bestimmten geeigneten Alternativfach.

Mecklenburg-Vorpommern (2006)

§ 3 Lernziele

Die Schüler sollen in der Schule insbesondere lernen,

[...]

2. Selbstständigkeit zu entwickeln und eigenverantwortlich zu handeln,
3. die eigene Wahrnehmungs-, Erkenntnis- und Ausdrucksfähigkeit zu entfalten,
4. selbstständig wie auch gemeinsam mit anderen Leistungen zu erbringen,
5. soziale und politische Mitverantwortung zu übernehmen sowie sich zusammenzuschließen, um gemeinsame Interessen wahrzunehmen,
6. sich Informationen zu verschaffen und sie kritisch zu nutzen,
7. die eigene Meinung zu vertreten und die Meinung anderer zu respektieren,
8. die grundlegenden Normen des Grundgesetzes zu verstehen und für ihre Wahrung sowie
9. für Gerechtigkeit, Frieden und Wahrung der Schöpfung einzutreten,

10. in religiösen und weltanschaulichen Fragen persönliche Entscheidungen zu treffen und Verständnis und Toleranz gegenüber den Entscheidungen anderer zu entwickeln,

11. eigene Rechte zu wahren und die Rechte anderer auch gegen sich selbst gelten zu lassen sowie Pflichten zu akzeptieren und ihnen nachzukommen,

12. Konflikte zu erkennen, zu ertragen und sie vernünftig zu lösen,

13. Ursachen und Gefahren totalitärer und autoritärer Herrschaft zu erkennen, ihnen zu widerstehen und entgegenzuwirken,

14. Verständnis für die Eigenart und das Existenzrecht anderer Völker, für die Gleichheit und das Lebensrecht aller Menschen zu entwickeln,

15. mit der Natur und Umwelt verantwortungsvoll umzugehen,

16. für die Gleichstellung von Frauen und Männern einzutreten,

17. Verständnis für wirtschaftliche und ökologische Zusammenhänge zu entwickeln.

Sachsen (2004)

§ 1 Erziehungs- und Bildungsauftrag der Schule

(1) Der Erziehungs- und Bildungsauftrag der Schule wird bestimmt durch das Recht eines jeden jungen Menschen auf eine seinen Fähigkeiten und Neigungen entsprechende Erziehung und Bildung ohne Rücksicht auf Herkunft oder wirtschaftliche Lage.

(2) Die schulische Bildung soll zur Entfaltung der Persönlichkeit der Schüler in der Gemeinschaft beitragen. Diesen Auftrag erfüllt die Schule, indem sie den Schülern insbesondere anknüpfend an die christliche Tradition im europäischen Kulturkreis Werte wie Ehrfurcht vor allem Lebendigen, Nächstenliebe, Frieden und Erhaltung der Umwelt, Heimatliebe, sittliches und politisches Verantwortungsbewusstsein, Gerechtigkeit und Achtung vor der Überzeugung des anderen, berufliches Können, soziales Handeln und freiheitliche demokratische Haltung vermittelt, die zur Lebensorientierung und Persönlichkeitsentwicklung sinnstiftend beitragen und sie zur selbstbestimmten und verantwortungsbewussten Anwendung von Kenntnissen, Fähigkeiten und Fertigkeiten führt und die Freude an einem lebenslangen Lernen weckt. Bei der Gestaltung der Lernprozesse werden die unterschiedliche Lern- und Leistungsfähigkeit der Schüler inhaltlich und didaktisch-methodisch berücksichtigt sowie geschlech-

terspezifische Unterschiede beachtet. Das Grundgesetz für die Bundesrepublik Deutschland und die Verfassung des Freistaates Sachsen bilden hierfür die Grundlage.

1| *Zitiert nach Protokolle (Kapitel 1, Anm. 1) 2, 456f.*

2| *Zitiert nach: Erziehung-Bildung-Ausbildung. Zur Kulturpolitik der CDU/CSU, Bonn 1961.*

3| *Zitiert nach Christliche Demokratie in Deutschland, S. 188*

4| *Zitiert nach Dokumente (Kapitel 3, Anm. 9), S. 195-216.*

5| *Zitiert nach Hintze (Kapitel 1, Anm. 7).*

6| *Zitiert nach Schönbohm (Kapitel 1, Anm. 10), S. 90f.*

7| *Zitiert nach Argumente, Dokumente, Materialien, hrsg. von der CDU Bundes- geschäftsstelle, Bonn, wohl September 1972; teilw. wieder aufgenommen in: Berufliche Bildung – Schwerpunkt der Bildungspolitik der CDU, ebd. lfd. Nr. IV/10.*

8| *Zitiert nach Schönbohm (Kapitel 1, Anm. 10), S. 130.*

9| *Zitiert nach Dokumente (Kapitel 3, Anm. 9), S. 217-251*

10| *Dokumentation: CDU-Bundesgeschäftsstelle, Berlin o.J.*

DER AUTOR

Prof. Dr. Jörg-Dieter Gauger

Stellv. Leiter Hauptabteilung Wissenschaftliche Dienste / Koordinator
Bildungs- und Kulturpolitik (Politik und Beratung) der Konrad-Adenauer-
Stiftung e.V., Sankt Augustin

Beiträge u.a.: Kunst und Kultur verpflichtet: Die kulturpolitische Arbeit
der Konrad-Adenauer-Stiftung, in: O. Zimmermann / Th. Geißler (Hrsg.),
*Kulturpolitik der Parteien: Visionen, Programmatik, Geschichte und
Differenzen*, Berlin 2008, S. 79–80; Kultur und Schule: vom Verschwin-
den des kulturellen Gedächtnisses, in: H.-P. Schwarz (Hrsg.): *Die Bundesrepublik Deutschland. Eine Bilanz nach 60 Jahren*, Köln / Weimar /
Wien, S. 637–654; Ein höchst rudimentäres Bild, in: *Die Politische
Meinung* 478/2009, zu „Dialog mit Polen", S. 31–36; Prinzipientreu. Zum
60. Geburtstag von Josef Kraus, in: *Die Politische Meinung* 480/2009,
S. 71–73; Verantwortung der Politik für wertorientierte Erziehung in
einer wertrelativen Zeit, in: T. Hansel (Hrsg.), *Werterziehung im Fokus
schulischer Bildung*, Freiburg 2009, S. 81–124.
Weitere Publikationshinweise unter *http://www.kas.de/wf/de/37.124/*.

ANSPRECHPARTNER IN DER KONRAD-ADENAUER-STIFTUNG

Prof. Dr. Jörg-Dieter Gauger
Koordinator Bildungs- und Kulturpolitik
Team Gesellschaftspolitik, Hauptabteilung Politik und Beratung
Rathausallee 12
53757 Sankt Augustin
Tel.:   +49(0)-22 41-2 46 23 02
E-Mail: joerg.gauger@kas.de